텔레마케팅 관리사

> **1차 필기**

기출문제 정복하기

오늘날 기업들은 점점 더 어려운 환경에 직면하고 있다. 경쟁은 극심해지고 판매·서비스 비용은 급격히 증가하고 있어 기업의 할 일은 과거 어느 때보다도 많아지고 있다. 소비자들도 정보의 홍수 속에서 어떻게 의사결정을 내려야만 자신의 효용을 충족시키는 것인지 확신 없는 선택을 하는 상황이 증가하고 있다. 능동적이기 보다는 수동적으로 누군가가 방아쇠를 당겨주기 만을 기다리고 있다. 이런 기업과 소비자의 문제를 가장 적은 비용을 들여 해결해 줄 수 있는 방안으로 연구·개발되어 실시되고 있는 마케팅기법이 바로 텔레마케팅(Telemarketing)이다. 텔레마케팅은 한마디로 현대사회에서 경세활동의 네 번째로 중요시하고 있는 정보를 이용한 마케팅 수단의 하나로서, 미국에서는 오래전부터 이를 이용하여 큰 효과를 거두었으며 그 외에 일본을 비롯한 여러 선진국에서도 텔레마케팅을 이용한 경영활동과 이에 대한 연구를 활발히 진행해 왔고 또 현재도 꾸준히 수행하고 있다. 그러나 우리나라에서는 아직 이에 대한 학문적 연구는 물론, 실무에의 과학적 적용이 이루어지지 못하고 있는 실정이다. 물론 업종이나 기업에 따라서는 초보적인 형태로나마 텔레마케팅 기법을 이용해왔고, 이에 대한 이용실적이 매우 우수한 것으로 나타나기도 하였다. 그러나 이는 실질적이고 과학적인 마케팅 기법으로서의 텔레마케팅이라 할 수 없고 단지 전화를 판매와 서비스의 보조 수단으로 이용한 것일 뿐이다.

이러한 상황에서 이제 우리나라도 텔레마케팅을 본격적으로 연구해야 할 시기가 도래하였으나, 이에 대한 국내 자료가 제대로 갖춰지지 않은 상태이므로 우선 외국의 서적을 연구·분석하여 한국적인 텔레마케팅의 첫발을 내딛게 하는 것은 의미 있는 일이라 생각된다.

이를 위해 본서는 지난 7개년 기출문제(2013~2019)를 연도와 과목별로 분류하여 꼼꼼한 해설과 함께 수록하였기 때문에 수험생들이 본서 한 권으로 자격증 시험에 효과적으로 대비할 수 있을 것이다.

▌수행직무

원거리 통신을 이용하여 단순한 전화응대에서부터 컴퓨터를 이용한 최신식 기술까지 동원하여 인바운드와 아웃바운드의 직무를 수행한다.

텔레마케팅에 관한 기초지식을 가지고 판매관리와 시장조사, 텔레마케팅관리, 고객응대(고객관리) 등에 관한 업무를 수행할 수 있는 능력을 갖추어야 한다.

▌취득방법

① 실시기관 : 한국산업인력공단(http://www.q-net.or.kr)

② 응시자격 : 제한이 없으므로 누구나 응시가 가능하다.

③ 시험과목

　　㉠ 필기 : 판매관리, 시장조사, 텔레마케팅관리, 고객응대(고객관리)

　　㉡ 실기 : 텔레마케팅 실무

④ 합격기준

　　㉠ 필기(매 과목 100점) : 매 과목 40점 이상, 전 과목 평균 60점 이상

　　㉡ 실기(100점) : 60점 이상

⑤ 시험시간

　　㉠ 필기 : 2시간 30분

　　㉡ 실기

　　　• 작업형 : 1시간 30분

　　　• 필답형 : 1시간 30분

▌출제경향

① 실기시험은 주관식 시험인 필답형과 작업을 요하는 작업형으로 구분

② 텔레마케팅에 관한 숙련된 기능을 가지고 판매 · 관리를 할 수 있는 능력의 유무

③ 시장조사, 고객응대와 관련된 업무를 수행할 수 있는 능력의 유무

▌ 시험수수료

① 필기 : 19,400원

② 실기 : 20,800원

▌ 출제기준

① 판매관리
- ㉠ 아웃바운드 및 인바운드 텔레마케팅
- ㉡ 마케팅믹스
- ㉢ 마케팅기회의 분석
- ㉣ 시장세분화, 목표시장 선정 및 포지셔닝

② 시장조사
- ㉠ 시장조사의 이해
- ㉡ 자료수집
- ㉢ 자료수집방법
- ㉣ 자료의 측정

③ 텔레마케팅관리
- ㉠ 텔레마케팅 일반
- ㉡ 조직관리
- ㉢ 인사관리
- ㉣ 성과관리

④ 고객응대(고객관리)
- ㉠ 고객관계관리(CRM)의 기본적 이해
- ㉡ 고객상담기술

19 2019년 제1회 기출문제

❶ 판매관리

1 재포지셔닝이 필요한 상황과 가장 거리가 먼 것은?

① 기업 매출 증가   ③ 경쟁우위 열세
④ 소비자 기호의 변화   ② 제품특성 선택 실패

2 아웃바운드 텔레마케팅의 특성으로 옳지 않은 것은?
① 고객주도형의 마케팅유형이다.

최신기출문제

2013년부터 2019년까지 시행된 최신기
출문제를 통해 경향을 한눈에 파악할
수 있습니다.

ANSWER 80.① 81.④

80 커뮤니케이션의 기본요소 의사소통 모델요인!
- 환경 : 상담원의 메시지를 보내고 받는 환경, 즉 나누성, 상점, 진단이나 개방정신은 메시지의 효율성에 영향을 준다.
- 송신자 : 상담원은 고객과 메시지를 시작하면서 송신자의 역할을 맡는다. 반대로 고객이 반응을 보일 때에는 고객이 송신자가 된다.
- 수신자 : 특송에 상담원은 고객이 보내는 메시지의 수신자가 된다. 그러나 일단 상담원이 피드백을 하게 되면, 상담원의 역할은 송신자로 바뀐다.
- 메시지 : 메시지는 상담원이나 고객이 전달하고자 하는 생각이나 개념이다.
- 통로 : 상담원의 메시지를 이전하기 위해 선택하는 방법인 전화, 대면접촉, 팩스, 이메일이나 기타 통신수단을 말한다.
- 부호화 : 상담원의 메시지를 고객이 효과적으로 이해할 수 없는 형태로 바꾸기 위해서 부호화된다. 메시지를 해독할 수 있는 고객의 능력을 정확하게 파악하지 못하면 오류가 올 수 있다.
- 피독 : 해독은 상담원을 고객이 질문과 받은 메시지의 의미를 해석함으로써 전달된 평가으로 전환하는 것이다.
- 피드백 : 피드백은 상담원 의사소통 과정의 가장 중요한 요소 가운데 하나로 피드백이 없다면 상담원은 독백을 하는 것과 마찬가지이다.
- 여과 : 여과는 받은 메시지를 왜곡시키거나 영향을 미치는 요인들이다. 이과에는 태도, 관심, 정량, 기대, 교육 및 신념과 가치 들이 포함된다.
- 잡음 : 정보은 정확한 정보의 수용을 방해하는 생리적이거나 심리적인 요인들인 신체적 특성, 주의의 부족, 메시지의 변화나 메시지의 시끄러움과 같은 환경적 요인들이다.

81 기호화 : 상담원의 메시지를 고객이 효과적으로 이해할 수 있는 형태로 바꾸기 위해서 부호화된다. 메시지를 해독할 수 있는 고객의 능력을 정확하게 과학하지 못하면 오류를 일으킬 수 있다.
- 피드백 : 양방향 의사소통 과정의 가장 중요한 요소 가운데 하나로 피드백이 없다면 상담원은 독백을 하는 것과 마찬가지이다.
- 메시지 : 상담원이나 고객이 전달하고자 하는 생각이나 개념이다.

상세한 해설

학습능률을 높이는 상세하고 꼼꼼한
해설로 합격에 한걸음 가까이 다가갈
수 있습니다

차례 🖉

Contents

텔레마케팅관리사 기출문제

01. 2013년 제1회 기출문제 ·········· 10

02. 2013년 제2회 기출문제 ·········· 43

03. 2013년 제3회 기출문제 ·········· 75

04. 2014년 제1회 기출문제 ·········· 110

05. 2014년 제2회 기출문제 ·········· 150

06. 2014년 제3회 기출문제 ·········· 192

07. 2015년 제1회 기출문제 ·········· 233

08. 2015년 제2회 기출문제 ·········· 273

09. 2015년 제3회 기출문제 ·········· 310

10. 2016년 제1회 기출문제 ·········· 348

11. 2016년 제2회 기출문제 ·········· 386

12. 2016년 제3회 기출문제 ·········· 422

13. 2017년 제1회 기출문제 ·········· 461

14. 2017년 제2회 기출문제 ·········· 495

15. 2017년 제3회 기출문제 ·········· 529

16. 2018년 제1회 기출문제 ·········· 566

17. 2018년 제2회 기출문제 ·········· 600

18. 2018년 제3회 기출문제 ·········· 636

19. 2019년 제1회 기출문제 ·········· 670

20. 2019년 제2회 기출문제 ·········· 705

21. 2019년 제3회 기출문제 ·········· 740

텔레마케팅관리사 기출문제

01. 2013년 제1회 기출문제

02. 2013년 제2회 기출문제

03. 2013년 제3회 기출문제

04. 2014년 제1회 기출문제

05. 2014년 제2회 기출문제

06. 2014년 제3회 기출문제

07. 2015년 제1회 기출문제

08 2015년 제2회 기출문제

09. 2015년 제3회 기출문제

10. 2016년 제1회 기출문제

11. 2016년 제2회 기출문제

12. 2016년 제3회 기출문제

13. 2017년 제1회 기출문제

14. 2017년 제2회 기출문제

15. 2017년 제3회 기출문제

16. 2018년 제1회 기출문제

17. 2018년 제2회 기출문제

18. 2018년 제3회 기출문제

19. 2019년 제1회 기출문제

20. 2019년 제2회 기출문제

21. 2019년 제3회 기출문제

01 2013년 제1회 기출문제

1 아웃바운드 텔레마케팅의 상담내용으로 맞는 것은?

① 상품 문의
② 상품 주문
③ 상담원 서비스 평가
④ 불편사항 신고

2 일반적으로 제품의 도입, 브랜드 인지의 창출, 인적판매 활동의 준비, 시험이용의 장려가 커뮤니케이션 목표로 설정되는 제품수명주기 단계는?

① 도입기
② 성장기
③ 성숙기
④ 쇠퇴기

3 남이 아직 모르는 좋은 곳, 빈틈을 찾아 그곳을 공략하는 마케팅전략은?

① 니치마케팅
② 마이크로마케팅
③ 무점포마케팅
④ 바이러스마케팅

 Answer ─ 1. ③ 2. ① 3. ①

1 상품 문의, 상품 주문, 불편사항 신고는 인바운드 상담내용에 해당한다.

2 ① 제품수명주기(Product life cycle)는 도입기 – 성장기 – 성숙기 – 쇠퇴기로 진행된다. 제품의 도입, 브랜드 인지의 창출, 인적판매 활동의 준비, 시험이용의 장려를 커뮤니케이션의 목표로 설정하는 단계는 도입기이다.

3 니치 마케팅(Niche Marketing) … '니치'란 '빈틈' 또는 '틈새'라는 뜻으로 '남이 아직 모르는 좋은 낚시터'라는 은유적 의미를 담고 있다. 시장의 빈틈을 공략하는 새로운 상품을 시장에 내놓음으로써, 소수의 소비자들을 표적으로 하는 점이 마치 틈새를 비집고 들어가는 것과 같다는 뜻에서 붙여진 이름이다.

4 코틀러(Kotler. P.)가 말하는 제품의 3가지 수준에 해당하지 않는 것은?

① 핵심제품　　　　　　　　　② 유형제품
③ 포괄제품　　　　　　　　　④ 소비제품

5 데이터베이스에 저장할 고객정보로서 회사내부 또는 회사업무수행 중에 축적된 정보로 기업 활동에 활용할 수 있는 것은?

① 반응고객정보　　　　　　　② 내부고객정보
③ 외부고객정보　　　　　　　④ 타기업정보

6 상황분석은 내적 및 외적요인들을 함께 고려할 필요가 있다. 다음 중 상황분석의 일반적인 외적요인으로 틀린 것은?

① 경쟁상태　　　　　　　　　② 기술의 진보
③ 소비자의 수　　　　　　　　④ 부서의 목표

Answer　4. ④　5. ②　6. ④

4 코틀러의 3가지 제품수준
　㉠ 핵심제품(Core product) : 핵심편익이나 서비스를 가리킨다. 즉, 소비자들이 구매를 통해 얻고자 하는 가치 또는 효익을 말한다.
　㉡ 유형제품(Formal or Tangible product) : 핵심제품을 실제의 형태로 개발시키기 위해 물리·화학·상징적 속성을 결합한 것이다.
　㉢ 포괄제품(Augmented product) : 제품의 구매를 통해 고객의 만족을 이끌어 내기 위한 것으로 형태상 제품에 부가되는 여러 가지 특성을 말한다.

5 ② 내부고객(internal customer)은 제품의 생산을 위해 부품을 제공하는 업자나 판매를 담당하는 세일즈맨 등 제품생산이나 서비스 제공을 위해 관련된 기업 내 모든 종사원들도 고객의 범주에 포함시키는 개념으로 합법적으로 기업 활동에 활용할 수 있다.

6 ④ 부서의 목표는 내적요인에 해당한다.

7 다음에서 활용한 시장세분화 기준은?

> 텔레마케터가 생명보험 상품 판매를 위해 고객에게 전화 시 우선적으로 하게 되는 질문은 결혼 여부와 가족이 있는지에 대한 것이다.

① 지리적 특성   ② 행동적 특성
③ 인구통계학적 특성   ④ 심리석 특성

8 고객데이터베이스 분석기법에 대한 설명으로 틀린 것은?

① 회귀분석 – 영향을 주는 변수와 영향을 받는 변수가 서로 선형관계가 있다고 가정하여 이루어지는 분석방법
② 판별분석 – 집단 간의 차이가 어떠한 변수에 의해 영향을 받는가를 분석하는 방법
③ 군집분석 – 여러 대상을 몇 개의 변수를 기초로 서로 비슷한 것끼리 묶어주는 분석 방법
④ RFM – 제품에 대한 특성을 중심으로 분석하는 방법

9 데이터베이스 마케팅에 대한 설명으로 틀린 것은?

① 컴퓨터에 수록된 고객 데이터베이스를 바탕으로 한다.
② 고객과의 장기적인 릴레이션 구축을 위한 활동이다.
③ 고객에게 보다 질 높은 서비스를 제공하고자 한다.
④ 적정 상품을 대량으로 생산하여 대량으로 판매한다.

Answer 7. ③ 8. ④ 9. ④

7 인구통계학적 변수 : 성별, 연령, 소득, 교육수준, 가족구성, 주거환경인구통계학적 변수와 구매자료 간의 교차분석 (cross-tabulation)을 통하여 구매빈도가 높은 소비자 집단과 낮은 소비자 집단으로 세분화하는 시장의 세분화정보 등을 들 수 있다.

8 RFM분석 … 기업입장에서 어떤 사람들이 가장 중요한 고객이 될 것인가를 구별해 내기 위하여 마지막 주문 혹은 구매시점(Recency), 구매빈도(Frequency), 구매량(Monetary Amount)을 이용하여 고객의 예상기여도를 예측하고 고객의 가치를 결정하는 방법이다.

9 데이터베이스 마케팅 … 기업이 고객에 대한 다양한 정보를 컴퓨터를 이용하여 Data Base화하고, 구축된 고객 데이터를 바탕으로 고객 개개인과의 지속적이고 장기적인 관계 구축을 위한 마케팅 전략을 수립하고 집행하는 여러 가지 활동
④ 대량 생산 및 대량판매는 데이터베이스 마케팅과 거리가 멀다.

10 데이터베이스 마케팅의 특징에 관한 설명으로 틀린 것은?

① 고객지향적 마케팅 전개가 가능하다.
② 축적된 정보의 전사적 활용이 불가능하다.
③ 새로운 유통채널 및 서비스 수행시스템으로서의 기능이 있다.
④ 평생고객가치에 근거한 기존고객의 고정 고객화 관리에 기여한다.

11 텔레마케터가 잠재고객에게 판매를 성공시키기 위한 행위로 틀린 것은?

① 잠재고객의 이름, 나이, 학력, 취미, 직업, 성격 등을 상세히 알고 난 후 접촉해야 한다.
② 제품설명(demonstration)시에 상품 구입의 합리적 이유뿐만 아니라 어느 정도 극적인 장면을 연출할 필요가 있다.
③ 친구, 이웃사람, 회사의 직원, 현재고객으로부터 잠재고객의 정보를 얻는다.
④ 잠재고객의 반대질문이 나오지 않도록 설명을 계속해야 한다.

12 제품의 가격 변화에 따른 소비자의 수요 변화나 공급추이에 관한 정도를 의미하는 것은?

① 가격대 성능비
② 가격 탄력성
③ 가격 표시제
④ 기회비용

Answer 10. ② 11. ④ 12. ②

10 ② 데이터베이스 마케팅을 통해 구축된 고객 데이터는 전사적 활용이 가능하다.

11 ④ 잠재고객의 의문점에 대해서는 질문을 받아 그것을 해소해주는 것이 판매를 성공시키기 위한 방법이다.

12 가격 탄력성 … 가격이 1% 변화하였을 때 수요량은 몇 % 변화하는가를 절대치로 나타낸 크기로, 탄력성이 1보다 큰 상품의 수요는 '탄력적'이라 하고, 1보다 작은 상품의 수요는 '비탄력적'이라고 한다.

13 다음 중 기업의 마케팅믹스(4P)에 해당하지 않는 것은?

① 유통
② 가격
③ 고객
④ 제품

14 소비자가 서비스 구매의 의사결정과정에서 접할 수 있는 일반적인 위험의 유형에 관한설명으로 틀린 것은?

① 재무적 위험 – 구매가 잘못되었거나 서비스가 제대로 수행되지 않았을 때 발생할 수 있는 금전적인 손실
② 물리적 위험 – 구매했던 의도와 달리 제대로 기능을 발휘하지 않을 가능성
③ 사회적 위험 – 구매로 인해 소비자의 사회적인 지위가 손상 받을 가능성
④ 심리적 위험 – 구매로 인해 소비자의 자존심이 손상 받을 가능성

15 소비재 제품의 분류 중 다음 설명에 해당하는 것은?

> 소비자가 품질, 가격, 색깔, 크기, 스타일, 디자인 등을 중심으로 여러 유통채널을 통해 대체상품을 비교한 후에 이 중 어느 하나를 선택하는 성향의 제품을 뜻한다.

① 편의품
② 선매품
③ 전문품
④ 미탐색품

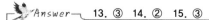

Answer — 13. ③ 14. ② 15. ③

13 마케팅믹스(4P)의 요소
㉠ Place(유통)
㉡ Price(가격)
㉢ Product(제품)
㉣ Promotion(촉진)

14 물리적 위험 … 제품이나 서비스를 전달하는 사람의 전문성이나 인간적인 신뢰를 믿고 구매하려는 경우 나타나는 것으로 의료 서비스의 경우가 해당된다.
② 성능 위험에 대한 설명이다.

15 ① 편의품 : 제품에 대하여 완전한 지식이 있어 최소한의 노력으로 적합한 제품을 구매하려는 행동의 특성을 보이는 제품
② 전문품 : 상표나 제품의 특징이 뚜렷하여 구매자가 상표 또는 점포의 신용과 명성에 따라 구매하는 제품
④ 미탐색품 : 소비자의 관심도가 낮아 스스로 제품의 정보를 탐색하지 않는 제품

16 마케팅믹스 중 촉진(Promotion)에 대한 설명으로 맞는 것은?

① 제품계열(product line)과 품목(item)으로 구성된다.
② 기업이 제공하는 효용에 대해 소비자가 지불하는 대가인 것이다.
③ 기업의 고객과의 의사소통수단인 광고, 홍보, 판매촉진, 그리고 인적판매를 말한다.
④ 소비자가 원하는 제품을 원하는 장소와 원하는 시간에 구매할 수 있도록 해주는 것이다.

17 다음 설명에 해당하는 정보시스템은?

> • 고객의 만족도를 향상 시켜준다.
> • 고객의 확보, 유지에 대한 비용을 절감시켜준다.
> • 고객의 이탈율을 줄여준다.

① 전사적 자원관리 시스템　　　② 공급사슬관리 시스템
③ 의사결정 시스템　　　　　　　④ 고객관계관리 시스템

18 마케팅믹스에 대한 설명으로 틀린 것은?

① 편의품은 소비자가 구매활동에 많은 시간과 돈을 들이지 않고 자주 구매하는 제품이다.
② 제품수명주기 중 성장, 성숙기는 특히 매출액이 증가하는 시기이다.
③ 침투가격은 매출이 가격에 민감하게 반응하지 않는 경우에 그 효과가 크다.
④ 제품믹스란 한 기업이 가지고 있는 모든 제품의 집합을 말한다.

Answer　**16. ③　17. ④　18. ③**

16 ① 제품
　　② 가격
　　④ 유통

17 **고객관계관리** … 고객과 관련된 기업의 내·외부 자료를 분석·통합하여 고객특성에 기초한 마케팅활동을 계획하고 지원하며 평가하는 과정을 의미한다. 다양한 고객접점을 활용하여 여기서 발생되는 수많은 데이터를 세분화하여 고객의 니즈(needs)를 파악하고 이에 초점을 두고 일대일로 실시하는 차별화된 마케팅전략이다.

18 **침투가격** … 신제품을 소비자에게 별다른 판매저항 없이 시장에 침투시키고자 판매 초기에 낮게 설정하는 가격
　　③ 침투가격은 매출이 가격에 민감하게 반응할 경우에 그 효과가 크다.

19 소비자가 구입하고자 하는 TV를 아래와 같이 평가했을 때의 설명으로 옳은 것은?

구분	가중치	A제품	B제품	C제품	D제품
화질	9	8	7	8	9
음질	6	6	9	8	7
디자인	5	7	5	5	8
리모트컨트롤	8	8	9	6	5

① 보완적 접근법으로 TV를 선택하면 A제품을 선택하게 된다.
② 사전편집식 접근법으로 TV를 선택하면 B제품을 선택하게 된다.
③ 사전편집식 접근법으로 TV를 선택하면 C제품을 선택하게 된다.
④ 보완적 접근법으로 TV를 선택하면 D제품을 선택하게 된다.

20 시장세분화 전략의 핵심 포인트에 해당하는 것은?

① 글로벌시장 전략　　　　　　② 판매촉진 전략
③ 표적시장 선정　　　　　　　④ 시장범위 확대

21 텔레마케팅에 대한 설명으로 틀린 것은?

① 텔레마케팅은 테스트마케팅이 필요치 않다.
② 텔레마케팅은 비용 효율적이다.
③ 텔레마케팅은 쌍방향 커뮤니케이션이다.
④ 텔레마케팅은 효과측정이 용이하다.

Answer　**19. 정답없음　20. ③　21. ②**

19 ※ 문제 오류로 판명 된 기출문제(정답 없음)
※ 의사결정방법
　ⓐ **보완적 접근법**(다속성태도모델) : 소비자들이 우선선택의 기준이 되는 속성에 가중치를 두고 제품별 점수를 준 후, 가중치점수와 제품별 점수를 곱하고 전체 속성별로 합해서 각각의 제품사에 대한 전체점수를 도출해내는 방법이다.
　ⓑ **사전편집식 접근법**(비보완적 접근법) : 소비자가 의사결정과 관련된 노력을 가급적이면 적게 하려는 습성에서 나타날 수 있다. 가장 가중치가 높은 것은 뛰어난 상품을 선택하는 것이다. 만약 같은 속성의 동점인 제품이 있으면 두 번째로 높은 가중치를 비교해서 점수가 높은 상품을 도출해내는 방법이다.

20 ③ 표적시장 선정은 여러 세분시장 가운데 기업이 진입하고자 하는 하나 또는 그 이상의 세분시장을 골라내는 과정으로 시장세분화 전략의 핵심이다.

21 ① 텔레마케팅 역시 특정 프로그램을 테스트 해 보는 등의 테스트마케팅 과정이 필요하다.

22 다음에 제시된 정보와 가장 관련 있는 것은?

• 긍정적 답변의 수 ・ 부재중 반응의 통화 수 • 완결된 통화의 수 무 ・ 응답 통화 수 • 통화중 표시 전화 수

① CID(Call Identity Delivery)
② CL(Compiled List)
③ CCR(Communicator Call Report)
④ CAT(Computer Assisted Telemarketing)

23 새로운 제품전략 수립 시 기업의 성장기회를 확인하기 위한 다음 모형의 ( ) 안에 들어갈 가장 적합한 것은?

서비스＼시장	기존구매자	신규구매자
기존 서비스	(A)	(B)
신규 서비스	(C)	신규사업전략

① A : 점유구축전략, B : 시장확장전략, C : 품목확장전략
② A : 시장확장전략, B : 점유구축전략, C : 품목확장전략
③ A : 품목확장전략, B : 시장확장전략, C : 점유구축전략
④ A : 점유구축전략, B : 품목확장전략, C : 시장확장전략

Answer ── **22.** ③ **23.** ①

22 ③ 제시된 정보들은 CCR에 포함되어야 하는 내용이다.
23 신제품전략 수립 시 시장전략 방향
　㉠ **점유구축전략** : 기존구매자에 대한 기존 서비스 제공
　㉡ **시장확장전략** : 신규구매자에 대한 기존 서비스 제공
　㉢ **품목확장전략** : 기존구매자에 대한 신규 서비스 제공

24 시장세분화의 변수로 틀린 것은?

① 인구통계적 변수
② 심리적 분석변수
③ 구매행동변수
④ 수요예측변수

25 아웃바운드 텔레마케팅의 특성과 거리가 먼 것은?

① 고객에게 전화를 거는 능동적·공격적 마케팅이다.
② 고객반응률을 매우 중요시한다.
③ 데이터베이스마케팅 기법을 활용하면 더욱 효과적이다.
④ 기존고객관리에는 매우 효율적인 반면, 신규고객관리는 비효율적이다.

Answer ── **24.** ④ **25.** ④

24 시장세분화 변수의 종류

세분화 기준	변수
지리적 변수	지역, 인구밀도, 도시의 크기, 기후
인구통계적 변수	나이, 성별, 가족규모, 가족수명주기, 소득, 직업교육수준, 종교
심리분석적 변수	사회계층, 생활양식, 개성
행태적 변수	추구하는 편익, 사용량, 제품에 대한 태도, 상표충성도, 상품구매단계, 가격에 대한 민감도

25 아웃바운드 텔레마케팅의 특징
㉠ 아웃바운드 텔레마케팅은 인바운드 보다 복잡하고 관리하기가 어려우므로 효율적인 아웃바운드 텔레마케팅의 수행을 위해서는 전문적인 텔레마케터가 필요하다.
㉡ 텔레마케터는 세일즈맨이나 판매사원이라고 할 수 있는데 이러한 측면에서 기업들은 방문판매원을 텔레마케터로 대치하여 원가를 절감하고 보다 많은 고객을 관리하도록 하기도 한다. 이 경우 중요하고 필수적인 요소는 체계적이고 이용하기 쉽게 정리된 고객에 대한 자료나 정보이다.
㉢ 오늘날에는 대중매체를 이용한 경쟁적 판촉활동이 한계점에 이르렀고 광고비용이 급증함에 따라 기업들이 표적으로 하는 고객군에 짧은 시간 내에 비교적 적은 비용으로 효과적인 고객을 파악한다.
㉣ 잠재고객을 파악하고, 잠재고객의 특성을 정의하며, 고객에 대해 등급화나 스크리닝을 한 후 판매함과 동시에 사후관리 등의 일련의 절차를 거친다. 따라서 아웃바운드 텔레마케팅은 효과적인 판촉뿐만 아니라 고객에 대한 사후관리도 가능하다.

26 표본조사와 전수조사에 관한 설명으로 가장 적합한 것은?

① 모집단의 수가 너무 많을 경우 표본조사를 한다.
② 전수조사가 표본조사보다 항상 오류가 없으나 비용이 많이 들어서 표본조사를 한다.
③ 마케팅 부서는 항상 전수조사를 선호한다.
④ 표본조사는 조사결과에 심각한 오류가 많아 기피된다.

27 개방형 설문지의 특성과 가장 거리가 먼 것은?

① 명확한 응답을 구할 수 있다.
② 소규모 조사에 많이 활용된다.
③ 오류 발생 소지가 적다.
④ 예비조사나 탐색적인 조사 등을 위해 흔히 쓰인다.

Answer— **26.** ① **27.** ③

26 일반적으로 조사는 관심의 대상이 되는 전체 모집단의 특성을 파악하기 위해서 실시한다. 이를 위한 조사방법으로는 모집단 구성원 전체에 대해 조사하는 전수조사와 모집단을 대표할 수 있는 일부를 표본으로 선정하여 조사하는 표본조사가 있다.
②③④ 전수조사가 표본조사보다 항상 선호되는 것은 아니다.

27 개방형 질문의 단점
㉠ 응답의 부호화가 어렵고, 세세한 정보의 부분이 유실될 수 있다.
㉡ 응답의 표현상의 차이로 상이한 해석이 가능하고 편견이 개입된다.
㉢ 무응답률이 높다.
㉣ 통계적 비교 또는 분석이 어렵다.
㉤ 폐쇄형 질문보다 시간이 많이 걸린다.

28 "본 제품을 처음으로 사용하게 된 계기는 무엇입니까?"라는 식으로 응답자가 질문에 대해 자신의 의견을 제약 없이 표현할 수 있도록 해주는 질문형태는?

① 자유응답형 질문   ② 다지선다형 질문
③ 양자택일형 질문   ④ 집단토의형 질문

29 1차 자료수집 계획이라고 할 수 없는 것은?

① 관찰조사   ② 전화조사
③ 실험조사   ④ 역할조사

30 조사와 관련된 주제나 변수와 관련된 이전의 연구, 보고서, 관련서적, 각종 2차 자료를 이용하여 사전지식을 얻고 조사에 대한 간접경험을 하는 조사방법은?

① 횡단조사   ② 문헌조사
③ 전문가조사   ④ 사례연구

31 다음 사례에서 A유통업자의 표본추출방법은?

> A유통업자는 사람들이 아침이나 저녁시간에 영업시간을 연장하는 것을 선호하는지 알고 싶어한다. 해당 자료를 수집하기 위해, A유통업자는 상점 밖에서 가게에 들어오는 처음 25명에게 해당 내용을 물어봤다고 한다.

① 비확률표본추출   ② 확률표본추출
③ 통계적추론   ④ 기준표본추출

Answer ── **28.** ① **29.** ④ **30.** ② **31.** ①

28 ② 세 개 이상의 카테고리 중 하나를 응답자가 선택하도록 선택범위를 확대시킨 질문
     ③ 두 가지 선택만을 제시하여 하나를 선택하도록 하는 질문

29 ④ 역할조사는 1차 자료수집 계획에 포함되지 않는다.

30 문헌조사 … 신문이나 잡지, 학술연구지, 정부보고서 등과 경제학, 경영학, 심리학, 사회학 등을 포함하는 다양한 분야에서 이미 조사된 2차 자료를 활용하여 의사결정문제에 유용한 부분들을 조사하는 것이다.

31 비확률표본추출 … 조사대상이 되는 모집단의 규모가 매우 크거나 표본프레임을 구하기가 쉽지 않은 상업적 조사에서 흔히 사용된다. 대표적인 방법에는 편의표본추출법, 판단표본추출법, 할당표본추출법 등이 있다.

32 시장조사의 주체가 표본추출방법을 결정할 때 반드시 같이 결정해야 할 사항으로 조사비용 및 조사의 정확도와 가장 밀접한 관련성을 가지는 것은?

① 모집단의 대상　　　　　　　　② 표본의 크기
③ 면접원의 수　　　　　　　　　④ 신뢰구간의 크기

33 마케팅 리서치에 대한 설명으로 가장 거리가 먼 것은?

① 마케팅 활동과 관련성이 있어야 한다.　② 미래의 정보를 수집해야 한다.
③ 신뢰할 수 있어야 한다.　　　　　　　④ 정확하고 타당성이 있어야 한다.

34 일반적인 자료수집방법의 선택기준이 아닌 것은?

① 필요한 자료의 객관성　　　　　② 수집된 자료의 정확성
③ 필요한 자료의 공개와 독창성　　④ 자료수집과정의 신속성

35 다음 (　　)안에 들어갈 알맞은 용어는?

> (　　)은 사람, 사물, 사건의 행동 형태를 기록하는 것으로, 체계적인 방식으로 관심 주제에 대한 정보를 얻기 위해 실시하는 방법이다.

① 관찰　　　　　　　　　　　② 분석
③ 기능　　　　　　　　　　　④ 위장

Answer ― 32. ② 33. ② 34. ③ 35. ①

32 ② 일반적으로 표본의 크기가 커질수록 이에 비례하여 시간과 비용 또한 증가한다. 따라서 표본의 대표성과 조사에 필요한 시간과 비용 그리고 조사목적과 조사방법 등을 전반적으로 고려하여 표본 크기를 적절한 수준으로 결정해야 한다.

33 ② 마케팅 리서치는 현재의 정보를 수집해야 한다.

34 자료수집방법의 선택기준 … 조사자는 조사목적이나 자료의 특성에 따라 적합한 자료수집방법을 선택하여야 한다. 일반적으로 자료수집방법을 선택하는 기준으로는 필요한 자료의 다양성, 자료수집 하는 과정의 신속도와 비용, 수집된 자료의 객관성과 정확성 등이 있다.

35 ① 관찰은 인간의 감각기관을 매개로 현상을 인식하는 가장 기본적인 방법으로 조사목적에 도움이 되어야 한다. 또한 체계적으로 기획·기록되어야 하며 타당성, 신뢰도의 검증이 가능해야 한다.

36 전화조사의 특징이 아닌 것은?

① 지역제한을 받지 않는다.

② 경제적이고 효율적이다.

③ 비교적 시간적 제한이 있다.

④ 융통적이고 제한적이다.

37 효과적인 마케팅 의사결정을 하기 위해 정보추출에 사용되는 기술조사 방법이 아닌 것은?

① 문헌조사   ② 횡단조사

③ 패널조사   ④ 시계열조사

38 2차 자료에 관한 설명으로 틀린 것은?

① 단기간에 자료를 쉽게 획득할 수 있다.

② 1차 자료에 비해 상대적으로 비용이 적게 든다.

③ 당면한 조사문제를 해결하기 위하여 직접 수집된 자료이다.

④ 1차 자료를 수집하기 전에 주요 예비조사로 사용된다.

Answer ─── **36.** ④ **37.** ① **38.** ③

36 전화조사의 장점

ㄱ 면접조사에 비해 시간과 비용을 절약할 수 있으며 조사대상을 전화만으로 대응하기 때문에 편리하다.

ㄴ 응답률이 높고, 컴퓨터를 이용한 자동화가 가능하다.

ㄷ 직업별 조사적용에 유리하다.

ㄹ 신속성·효율성이 높다.

ㅁ 획일성·솔직성 : 타인의 참여를 줄여 비밀을 보장할 수 있으며 질문이 표준화되어 있다.

ㅂ 현지조사가 필요하지 않다.

ㅅ 면접자의 편견이 상대적으로 적다.

37 ① 문헌조사는 탐색조사의 하나로 문제의 규명을 주된 목적으로 하며 정확히 문제를 파악하지 못하였을 때 이용한다.

38 2차 자료(Secondary data)는 당면해 있는 문제보다는 다른 목적으로 수집된 자료이다. 이는 산업체나 정부가 만들거나 상업적 마케팅 기업이 컴퓨터로 만든 데이터베이스(Data Base)에 의한 정보를 말한다.

39 다음 ( )안에 들어갈 알맞은 용어는?

> 반복해서 여러 번 측정해도 그 측정값이 지극히 비슷하다면 ( )이 있다고 할 수 있다.

① 타당성
② 신뢰성
③ 민감성
④ 선별성

40 CLT(Central Location Test)조사에 대한 설명으로 맞는 것은?

① 일정한 장소에 소비자들을 모은 후 새로운 마케팅 믹스에 대한 개별 소비자의 반응을 조사하는 방법
② 소비자들에게 실제로 가정에서 상품을 사용토록 한 후 이에 대한 반응을 조사하는 방법
③ 기존제품이나 신제품에 대한 소비자들의 의식을 심층조사하는 방법
④ 상품 기획 아이디어에 대한 검토 및 스크리닝 방법

41 집단면접법에 관한 설명으로 틀린 것은?

① 집단의 규모는 8~12명으로 구성한다.
② 집단성격은 다양한 의견을 위해 이질적으로 구성한다.
③ 환경은 편안하고 비공식적 분위기로 자발적인 참여를 유도한다.
④ 집단 구성원 간의 자유로운 참여를 유도하는 진행자의 역할이 중요하다.

Answer ─ 39. ② 40. ① 41. ②

39 신뢰성 … 안정성, 일관성, 믿음성, 의존가능성, 정확성 등으로 대체될 수 있는 개념으로 비교가 가능한 독립된 측정방법에 의하여 대상을 측정할 경우 유사한 결과가 나오는 것을 의미한다.

40 CLT(Central Location Test) … 조사 대상자가 많이 있는 곳으로 직접 나가 조사장소를 설치하고 조사 대상자를 불러모아 간단하게 조사하는 방법이다. 신제품 시음·시용, 광고물, 패키지 등의 간단한 테스트에 주로 이용된다.

41 ② 집단면접법은 조사자가 동질의 소수응답자 집단을 대상으로 특정한 주제에 대하여 자유롭게 토론하는 가운데 필요한 정보를 찾아 나가는 방법이다.

42 우편조사에 관한 설명으로 틀린 것은?

① 응답요령이 상세하게 설명되어 있는 구조화된 설문지를 우편으로 조사대상자에게 발송하고 응답 후 반송하도록 하는 조사방법이다.

② 지리적으로 거리가 멀고 광범위하게 분산되어 있는 경우에 경제적으로 조사를 할 수 있으며 상대적으로도 많은 양의 질문을 할 수 있다.

③ 조사자들이 시간을 두고 설문에 지세히 응답할 수 있기 때문에 가장 큰 장점은 높은 회수율이다.

④ 우편 조사방법은 면접방식으로 응답하기 곤란한 사적인 내용에 대한 조사에 용이하다.

43 인과관계를 설정하는 기준으로 적절하지 않은 것은?

① 변인의 중요도　　　　　　② 연구범위의 제한

③ 결정적 원인　　　　　　④ 인과관계의 순환

44 외적타당도를 저해하는 요인이 아닌 것은?

① 반작용효과(reactive effects)

② 실험대상자 선정에서 오는 편향

③ 독립변수간의 상호작용

④ 피실험자의 변화에 따른 영향

Answer 　42. ③　43. ①　44. ④

42 ③ 대개 우편조사에 대한 응답률은 10~20% 정도로 다른 유형의 자료수집방법에 비해 낮다. 그러므로 계획된 표본수만큼 설문지를 회수하기 위해서는 많은 수의 설문지를 발송하여야 한다.

43 ① 변인의 중요도는 인과관계 설정 기준에 해당하지 않는다.

44 ④ 피실험자의 변화에 따른 영향은 내적타당성을 저해하는 요인이다.
　　※ 내적타당성과 외적타당성
　　　㉠ 내적타당성(Internal validity) : 측정된 종속변수의 변화가 실제로 독립변수(실험변수)의 조작에 의해 일어났는지의 여부를 의미한다.
　　　㉡ 외적타당성(External validity) : 실험에 의해 나타난 인과관계의 일반화 여부를 말한다. 만약 실험결과가 실험실밖의 다른 집단, 상황 또는 시점에서도 적용될 수 있다면 이 실험은 외적 타당성이 있다고 말할 수 있다.

45 다음 중 탐색적 조사방법(exploratory research)에 해당하지 않는 것은?

① 유관분야의 관련문헌 조사
② 변수간의 상관관계에 대한 조사
③ 통찰력을 얻을 수 있는 소수의 사례조사
④ 연구문제에 정통한 경험자를 대상으로 한 조사

46 전화조사에서 발생될 수 있는 무응답 오류에 해당하는 것은?

① 데이터 분석에서 나타나는 오류
② 부적절한 질문으로 인하여 나타나는 오류
③ 조사와 관련 없는 응답자를 선정하여 나타나는 오류
④ 응답자의 거절이나 비접촉으로 나타나는 오류

47 측정의 신뢰도와 타당도에 관한 설명으로 틀린 것은?

① 타당도는 측정하고자 하는 개념이나 속성을 정확히 측정하였는가의 정도를 의미한다.
② 신뢰도는 측정치와 실제치가 얼마나 일관성이 있는지를 나타내는 정도이다.
③ 타당성이 있는 측정은 항상 신뢰성이 있으며, 신뢰성이 없는 측정은 타당도가 보장되지 않는다.
④ 타당도 측정 시 내적 타당도 보다 외적 타당도를 중심으로 해야 한다.

Answer ┌─ 45. ② 46. ④ 47. ④

45 탐색적 조사 … 조사 분야에 대한 연구정도를 조사하여 가설을 발전시키는 조사로 문헌조사, 경험자조사, 특례분석, 현지조사로 분류할 수 있다.
 ㉠ 문헌조사 : 조사대상·조사 분야에 대한 최초의 조사로 그 분야의 기존문헌을 조사하는 방법이다.
 ㉡ 경험자조사 : 연구대상의 조사 분야에 있어 변수 상호간의 관계에 통찰력·경험성 있는 전문가를 대상으로 조사하는 방법이다.
 ㉢ 특례분석 : 문제설정이 빈약하거나 가설자체가 부족할 때 개인, 상황집단의 특별한 예증을 분석하여 조사하는 방법이다.
 ㉣ 현지조사 : 문제설정과 가설형성을 위해 기술적 조사와 달리 현장에서 문제점을 찾고 자료를 얻는 방법이다.

46 무응답 오류 … 표본으로 선정된 사람이 응답을 회피하거나 조사자가 실수하여 답변을 제대로 받아내지 못하는 경우에 발생하는 오류이다.

47 ④ 내적 타당도와 외적 타당도 모두 보장돼야 한다.

48 설문지 질문의 순서를 결정하기 위한 일반적인 지침이 아닌 것은?

① 첫 번째 질문은 응답자의 부담감을 덜어줄 수 있도록 재미있으며 관심을 가질 수 있는 내용이어야 한다.

② 조사자는 가능한 한 쉽게 대답할 수 있는 질문들은 전반부에 배치하고, 응답하기 어려운 질문들은 후반부에 배치하여야 한다.

③ 갑작스러운 논리의 전환이 이루어지지 않도록 질문의 순시를 정하여야 한다.

④ 인구통계학적인 질문(소득, 학력, 직업, 성별, 연령)은 설문지의 맨 앞부분에 배치하여야 한다.

49 조사보고서 작성 시 유의해야 할 사항과 거리가 먼 것은?

① 조사시행과 분석과정에서 시장 환경변화를 반영하기 위해 처음에 설정한 조사문제와 조사목적을 벗어나도 된다.

② 관리자가 쉽게 이해하고 활용할 수 있도록 보고서는 작성되어야 한다.

③ 시장조사에 따른 분석결과에 대한 진술과 설명은 객관적인 증거를 바탕으로 이루어져야 한다.

④ 지나치게 확정적으로 전략대안을 제시하는 것은 회피하여야 한다.

50 시장조사를 위한 면접조사의 주요 단점으로 틀린 것은?

① 면접을 적용할 수 있는 지리적인 한계가 있다.

② 언어적인 커뮤니케이션만을 통해 자료를 수집한다.

③ 면접자를 훈련하는 데 많은 비용이 소요된다.

④ 응답자들이 자신의 익명성 보장에 대해 염려할 소지가 있다.

Answer ── **48.** ④ **49.** ① **50.** ②

48 ④ 인구통계학적 질문은 설문지의 맨 마지막 부분에 배치하는 것이 좋다.

49 ① 조서보고서는 처음에 설정한 조사문제와 조사목적을 반영하여 작성해야 한다.

50 ② 면접조사는 언어적인 커뮤니케이션뿐만 아니라 감각기관을 통한 비언어적인 커뮤니케이션을 통해서도 자료를 수집한다.

51 다음 중 콜센터 관리자에게 요구되는 자질이 아닌 것은?

> A. 리더십
> B. 시스템 프로그래밍 능력
> C. 상황 대응 능력
> D. 예술적 감각
> E. 프레젠테이션 능력

① A, C ② B, D
③ C, E ④ D, E

52 텔레마케팅 운영방법 중 일반적으로 자체운영방식이 대행운영방식보다 더 비효율적인 경우는?

① 고객 정보, DB의 외부유출방지가 요구될 경우
② 텔레마케팅 교육 및 경험이 축적되어 있을 경우
③ 짧은 기간 집중적으로 고객과 통화해야 하는 경우
④ 새로운 고객이나 시장에 기술적인 상품을 아웃바운딩해야 하는 경우

 ⫯Answer⫯ **51. ② 52. ③**

51 콜센터 관리자의 능력
  ㉠ 상담원들을 관리·통제할 수 있는 리더십
  ㉡ 상담원에게 상품이나 서비스에 대해서 교육할 수 있는 프레젠테이션 능력
  ㉢ 상담원들의 능률 향상을 위한 동기부여 능력
  ㉣ 상담 내용에 대해 모니터링하고 코칭 할 수 있는 능력
  ㉤ 상담원과 인간관계를 형성할 수 있는 대인관계능력

52 ③ 단기에 대량의 수·발신을 처리할 필요가 있거나 짧은 기간에 많은 사람들과 접촉해야 되는 경우 자체운영방식이 대행운영방식보다 더 비효율적이다.

53 상담원들의 이직관리에 대한 사항으로 틀린 것은?

① 상담원에게 콜센터의 비전을 제시하고 동기부여 한다.
② 상담원을 제외한 관리자와 스텝의 말만 충분히 고려한다.
③ 즐겁게 일하는 콜센터 분위기를 조성한다.
④ 이직의 원인을 지속적으로 모니터링하고 개선한다.

54 조직의 성과관리를 위한 개인평가방법을 상사평가방식과 다면평가방식으로 구분할 때 상사평가방식의 특징이 아닌 것은?

① 간편한 작업 난이도
② 상사의 책임감 결여
③ 평가결과의 공정성 미흡
④ 중심화, 관대화 오류발생 가능성

55 콜센터의 경쟁력 제고를 위한 방안으로 틀린 것은?

① 상담원의 교육훈련 프로그램 운영
② 급여체계와 복리후생 개선
③ 콜센터 관리 인력의 최대화
④ 콜센터 리더 육성 프로그램 운영

Answer — 53. ② 54. ② 55. ③

53 ② 상담원들의 이직관리를 위해서는 관리자와 스텝뿐만 아니라 상담원들과의 의사소통이 충분히 이루어져야 한다.

54 상사평가방식은 상사가 부하직원을 평가하는 방식이고, 다면평가방식은 상사가 부하직원이나 동료에 의하여 평가를 받는 방식이다.
② 상사평가방식은 상사의 책임감이 강화된다.

55 콜센터의 생산성을 향상시킬 수 있는 방안
㉠ 텔레마케팅 성과분석을 위한 지표를 분석한다.
㉡ 콜센터 환경을 개선한다.
㉢ 콜센터 인력에 대한 교육을 강화한다.
㉣ 통화품질관리를 실시한다.

56 변혁적 리더십 역량 측정에 관한 용어의 설명으로 틀린 것은?

① 명확성 - 의사소통 시 명확한 자신의 의사를 전달하여 직원이 혼란스럽거나 추측하지 않도록 하는 역할

② 신뢰성 - 리더의 권력을 인정함으로 그들이 리더와 자신의 일에 대해 신뢰하게 하는 역할

③ 균형 잡힌 시각 - 전체 업무에 대한 왜곡되지 않은 시각을 견지하는 역할

④ 참여 - 직원들이 그들의 일을 스스로 판단해서 할 수 있도록 허락하는 역할

57 리더십에 대한 설명으로 바람직하지 않은 것은?

① 그린리프는 새로운 리더십으로 서번트 리더십을 제시하였다.

② 두드러진 리더십의 특징은 조직구성원들의 행동을 통해 확인할 수 있다.

③ 리더는 자신의 약점을 보완하기 위해 70%의 시간과 노력을 투자해야 한다.

④ 리더십은 리더의 특성, 상황적 특성, 직원의 특성에 의한 힘수관계에 따라 발휘되어야 한다.

58 OJT(On the Job Training) 교육단계로 맞는 것은?

① 학습준비 → 업무설명 → 업무실행 → 결과확인

② 업무실행 → 학습준비 → 업무설명 → 결과확인

③ 업무실행 → 결과확인 → 업무설명 → 학습준비

④ 업무실행 → 업무설명 → 학습준비 → 결과확인

Answer ── **56.** ② **57.** ③ **58.** ①

56 변혁적 리더십은 추종자들의 신념, 요구, 가치를 변화시킬 수 있어야 한다. 또한 변혁적 리더는 추종자들로부터 신뢰감을 얻어야 하는데, 이는 리더 자신이 추종자들로부터 전적으로 충성과 신뢰를 받을 수 있는 능력을 가지고 있어야 한다.

57 ③ 리더는 강점을 강화하고 약점을 보완하는데 최선을 다한다.

58 **직장내 훈련**(OJT ; On-the-Job Training) … 오늘날 일선종업원을 위한 훈련방법 중 가장 널리 이용되고 있는 것으로서 상사나 숙련공이 일하는 과정에서 직접 부하 종업원에게 실무 또는 기능에 관하여 훈련시키는 방법(역할연기, 보고하기, 발표기회 제공)이며, 현장훈련을 시키는 데 있어 가장 효과적이라 할 수 있다.

59 텔레마케터의 상담품질 관리를 위해 모니터링 평가와 코칭 업무를 담당하는 사람을 표현하는 용어는?

① ATT(Average Talk Time)
② QC(Quality Control)
③ QAA(Quality Assurance Analyst)
④ CMS(Call Management System)

60 콜 예측량 모델링을 위한 콜센터 지표가 아닌 것은?

① 평균통화시간
② 평균마무리처리시간
③ 고객콜 대기시간
④ 신규고객 획득비용

61 리더십의 필수 요소가 아닌 것은?

① 장기적인 비전 제시
② 위험을 회피하기보다 감수
③ 창조적인 도전 중시
④ 사람보다는 일 중심의 관리

62 아웃바운드 텔레마케팅의 성과지표로 적합하지 않은 것은?

① 총 통화시간
② 평균 판매가치
③ 평균포기 콜
④ 판매건당 비용

Answer — **59.** ③ **60.** ④ **61.** ④ **62.** ③

59 QAA(Quality Assurance Analyst) … 상담품질을 총체적으로 관리하며 객관적인 품질 평가 및 코칭을 지원한다.

60 콜 예측량 모델링을 위한 콜센터 지표
　㉠ 평균동화시간(초) : 일정시간 동안에 모든 상담원이 모든 호와 통화하는 데 소요되는 평균시간을 말한다.
　㉡ 평균통화처리시간(초) : 평균통화시간과 평균마무리처리시간을 합한 것이다.
　㉢ 평균응대속도(초) : 고객이 상담원과 대화 이전에 대기하고 있는 총시간을 응답한 총통화수로 나눈 값을 말한다.
　㉣ 평균마무리처리시간(초) : 평균통화시간 이후 상담내용을 별도로 마무리 처리하는 데 소요되는 평균적인 시간을 말한다.

61 ④ 성공적인 리더십은 일보다는 사람 중심의 관리를 필요로 한다.

62 텔레마케팅 성과지표
　㉠ 콜당 평균비용(CPC ; Cost Per Call) : 1콜에 소요되는 비용
　㉡ 주문당 평균비용(CPO ; Cost Per Order) : 1건의 주문을 받는데 소요된 비용
　㉢ 콜 응답률(CRR ; Call Response Rate) : 총발신수에 대한 반응비율
　㉣ 주문 획득률(Order Rate) : 총발신에 대한 주문의 비율
　㉤ 건당 반응비용(CPR ; Cost Per Response) : 1건의 반응을 얻는데 소요된 비용
　㉥ 계약률(CR ; Conversion Rate) : 리드(문의, 자료요청 등의 반응)를 주문으로 변환시키는 비율

63 텔레마케팅에 대한 설명으로 맞는 것은?

① 텔레마케팅은 방문 상담을 통한 수익 창출 형태의 마케팅 기법이다.

② 텔레마케팅을 위해서는 필수적으로 전용 교환기 및 CTI 장비를 갖춘 콜센터가 반드시 필요하다.

③ 웹 사이트 상으로 상품의 판매나 고객 지원이 가능한 경우는 별도로 전화 상담원을 둘 필요가 없다.

④ 홈쇼핑 광고를 통해 소비자에게 주문 전화를 유도하여 상품을 판매하는 것도 텔레마케팅의 기법 중에 하나이다.

64 모니터링의 핵심성공요소가 아닌 것은?

① 모니터링에 대한 공감대 형성　　　② 합리적 평가지표 및 목표설정

③ 주관적 평가 실시　　　④ 코칭 및 사후점검

 *Answer*── **63.** ④　**64.** ③

63 ① 텔레마케팅은 방문 상담 없이 전화 통화를 통해 수익을 창출하는 형태이다.
　② 전용 교환기 및 CTI 장비를 필수적으로 갖추어야 하는 것은 아니다.
　③ 웹으로 상품 판매나 고객 지원이 가능한 경우에도 별도의 전화 상담원을 둘 필요가 있다.

64 ③ 모니터링이 성공하기 위해서는 객관적인 평가가 실시되어야 한다.

※ **모니터링의 성공요소**
　㉠ 대표성 : 모니터링 대상 콜을 통하여 전체 콜센터의 특성과 수준을 측정할 수 있어야 한다. 모니터링의 대상 콜은 하루의 모든 시간대별, 요일별, 모든 주를 대표할 수 있어야 한다.
　㉡ 객관성 : 텔레마케터의 장·단점을 발견하고 능력을 향상시킬 수 있는 수단으로 활용해야 하며 편견 없이 객관적인 기준으로 평가하여 누구든지 인정할 수 있어야 한다.
　㉢ 차별성 : 모니터링 평가는 서로 다른 스킬 분야의 차이를 반드시 인정하고 반영해야 하며, 기대를 넘는 뛰어난 스킬과 고객 서비스 행동은 어떤 것인지, 또 거기에 대한 격려와 보상은 어떻게 해야 되는지 등을 판단하는데 도움이 된다.
　㉣ 신뢰성 : 평가는 지속적으로 이루어져야 하고 누구든지 결과를 신뢰할 수 있어야 하므로 평가자는 성실하고 정직해야 한다. 모든 평가자는 동일한 방법으로 모니터링을 해야 하며 누가 모니터링을 하더라도 그 결과가 큰 차이가 없이 나와야 신뢰를 획득할 수 있다.
　㉤ 타당성 : 고객들이 실제적으로 어떻게 대우를 받았는지에 대한 고객의 평가와 모니터링 접수가 일치해야 하고 이를 반영해야 한다. 모니터링 평가표는 고객 응대 시의 모든 중요한 요소가 포함될 수 있도록 포괄적이어야 하고 고객을 만족시킬 수 있는 행동들은 높게 평가해야 하며 고객 불만족 행동들은 낮게 평가되도록 설정해야 한다.
　㉥ 유용성 : 모니터링 정보는 조직과 고객에게 영향을 줄 수 있어야만 가치를 발휘하게 되며 타당성, 대표성, 차별성, 객관성, 신뢰성들은 대표적이고 객관적이며 신뢰할 수 있는 유용한 데이터를 만들기 위하여 이용된다.

65 인바운드 모니터링 평가기준으로 부적합한 것은?

① 상품지식 숙지도   ② 컴플레인 처리능력
③ 끝맺음   ④ 의사결정자 파악능력

66 성과측정을 위한 인터뷰 시 발생하는 오류 중 한 가지 측면에서 뒤떨어질 경우 나머지 모두를 나쁘게 평가하는 것을 무슨 효과라 하는가?

① 각인효과(horn effect)   ② 후광효과(halo effect)
③ 대조효과(contrast effect)   ④ 상동효과(stereotype effect)

67 사전에 준비를 철저히 하여 고객과의 대화 방식을 맨투맨으로 실제적으로 연습하는 것으로, 상담원이 무의식적으로 사용하는 나쁜 말이나 주의점을 찾아내 상황 대응능력을 제고 할 수 있고, 상담 실무 적응력을 높이는데 사용되는 훈련 방법은?

① 질의응답(Q&A)   ② 데이터시트(Data Sheet)
③ 스크립트(Script)   ④ 역할연기(Role Play)

Answer ┌─ **65.** ④ **66.** ① **67.** ④

65 모니터링은 텔레마케터의 전화 통화 내용이나 활동상황 등을 수시로 관찰하는 것으로 인바운드 모니터링 평가기준으로는 상품지식 숙지도, 컴플레인 처리능력, 끝맺음 등이 있다.

66 각인효과 … 어느 하나의 측면에 대한 판단이 다른 평가항목에 영향을 미치거나 평정자가 피평정자에 대하어 가시고 있는 막연한 일반적 인상이 모든 평정요소에 영향을 미치는 것이다.

67 역할연기(Role-playing)는 작성된 스크립트를 기준으로 고객과의 대화 방식을 맨투맨으로 실제 연습하는 것으로 스크립트 자체의 문제점을 찾아내거나 텔레마케터가 무의식적으로 사용하는 정제되지 않은 언어나 주의사항을 찾아낼 수 있다.

※ 역할 연기(role playing)의 효과
  ㉠ 참여를 적극적으로 유도하고 사고를 자극한다.
  ㉡ 모방, 관찰, 피드백, 분석 및 개념화를 통해서 학습이 이루어진다.
  ㉢ 정보를 제공하고 성과에 대한 즉각적인 평가를 통해 기술을 향상시킨다.
  ㉣ 연습을 통해서 새롭고 유용한 행동을 습관화시킬 수 있다.
  ㉤ 문제의 해결안을 실행하는 능력을 향상시킬 수 있다.
  ㉥ 상대방의 입장에 서서 다양한 문제 상황을 이해하고 경험해 볼 수 있다.
  ㉦ 타인이 그 자신의 행동에 대해 인식하고 통찰할 수 있도록 피드백 해주고 능력을 키울 수 있다.
  ㉧ 자기반성의 기회를 가질 수 있으며, 자주성과 창조성을 제고시킬 수 있다.

68 텔레마케팅에서 지향하는 마케팅 전략으로 맞는 것은?

① 판매 중심적 마케팅 전략　　　　② 고객 중심적 마케팅 전략
③ 제품 중심적 마케팅 전략　　　　④ 기업 중심적 마케팅 전략

69 텔레마케팅 특성과 가장 거리가 먼 것은?

① 쌍방향 커뮤니케이션이 이루어진다.
② 전화 및 통신장치 등을 활용하여 비대면으로 접촉한다.
③ 언어적인 메시지와 비언어적인 메시지를 동시에 사용한다.
④ 피드백은 즉각적이고 직접적이기 보다는 비대면이기 때문에 간접적으로 이루어진다.

70 효과적으로 모니터링을 실행하는 방법으로 틀린 것은?

① 모니터링의 평가기준을 텔레마케터가 충분히 숙지할 수 있도록 한다.
② 모니터링의 평가기준은 텔레마케터의 수준이 우선 고려되어야 한다.
③ 모니터링 평가 결과에 따른 개별 코칭이 필요하다.
④ 모니터링 평가기준은 정기적으로 수정·보완해야 한다.

71 콜센터 성과측정 중 고객 접근가능성 여부를 측정하는 지표로 가장 거리가 먼 것은?

① Service Level　　　　　　　② Response Rate
③ Average Speed of Answer　　④ First-call Resolution

Answer ── **68.** ② **69.** ④ **70.** ② **71.** ④

68 텔레마케팅은 고객 중심적 마케팅 전략을 지향한다.

69 ④ 텔레마케팅의 피드백은 즉각적이고 직접적으로 이루어진다.

70 ② 모니터링 평가기준은 주관성을 배제한 편견 없는 객관적인 기준으로 평가하여 누구든지 인정할 수 있게 해야만 한다.

71 한 번의 전화로 문제를 해결하는 1차 처리율(FCR)은 고객 접근가능성 여부를 측정하는 지표로 거리가 멀다.

72 상담원 인사관리 및 교육 등에 대해 관련 직무분석을 활용한다. 다음 중 직무분석에 대한 설명으로 틀린 것은?

① 해당 직무의 모든 중요한 정보만을 수집하는 것이 직무분석이다.
② 해당 업무 프로세스 개선의 기초가 된다.
③ 상담원의 훈련 및 교육 개발의 기준이 된다.
④ 조직이 요구하는 일의 내용, 요건 등을 정리·분석한 것이다.

73 텔레마케팅을 수행하는 조직의 특성으로 틀린 것은?

① 다양한 기술들의 통합을 위한 관리가 효과적으로 이루어지고 있다.
② 가치를 극대화하기 위한 고객의 행동분석이 효과적으로 이루어지고 있다.
③ 텔레마케터의 성과측정이 효과적으로 이루어지고 있다.
④ 고객의 충성도 제고를 위해 조직의 비용절감을 가장 중요하게 여긴다.

74 콜센터 문화에 영향을 미치는 기업적 요인에 해당되지 않는 것은?

① 근로 급여조건
② 기업의 지명도
③ 상담원에 대한 직업의 매력도
④ 상담원과 슈퍼바이저의 인간적 친밀함

Answer ─── **72.** ① **73.** ④ **74.** ③

72 **직무분석** … 인적자원관리의 기초자료를 제공하기 위하여 직무에 대한 정보를 수집하고 수집된 정보를 분석하여 직무의 내용을 파악한 후 직무의 수행에 필요한 책임, 숙련, 능력과 지식, 작업조건 등의 직무수행요건을 명확하게 하는 과정을 의미한다.

73 ④ 고객의 충성도 제고를 위해 조직의 비용절감을 중시여기는 것은 텔레마케팅을 수행하는 조직의 특성으로 보기 어렵다.

74 콜센터 문화에 직접·간접적으로 영향을 미치는 요인은 사회적, 커뮤니케이션적, 기업적, 개인적 측면으로 나누어진다. 모두 기업적 요인에 해당하지만 상담원에 대한 직업의 매력도는 개인적 측면으로 볼 수 있다.

75 임금체계에 따른 분류방법으로 적절하지 않은 것은?

① 연공급   ② 직무급

③ 직능급   ④ 성과급

 4 **고객응대**

76 까다로운 클레임 처리기법의 설명으로 틀린 것은?

① 고객에게 정중하게 사과하기

② 고객과 함께 협력하여 문제 해결하기

③ 회사의 입장을 징당화 할 수 있는 논리를 제시하기

④ 고객에게 도움이 될 수 있는 최선의 대안 찾기

Answer ┌ **75.** ④   **76.** ③

75 ① 근속연수에 따라 임금수준을 결정하는 임금형태로 근속연수에 따라 기준급이 높아지며 개인의 생활을 유지·보전하고 폐쇄적인 노동시장에서 일정한 노동력을 확보하려는 차원에서 유용한 제도로 동양적인 가치관과도 부합된다.
　② 기업 등의 조직에서 각종 직무 내용이나 책임의 정도 등을 분석·분류하여 각각 그 직무를 수행하는 데 필요한 정신적·육체적 요건을 정하고, 개개 직무의 상대적 가치를 평가하여 직무별로 그 평가에 따라 급여율을 결정하는 임금형태를 말한다.
　③ 노동자가 가진 직무수행 능력에 따른 서열단계를 마련하고 이에 대하여 지급되는 임금으로, 직무급과 달리 일반적인 원칙이 없으며, 기업에 따라 형태를 달리한다.

76 클레임 전화에 대응하는 포인트
　㉠ 우선 성심 성의껏 사과한다.
　㉡ 다음에 고객의 상황을 신중히 듣는다.
　㉢ "담당자에게 돌리겠습니다"라고 말을 한다.
　㉣ 현장에 나가 고객의 불만사항을 눈으로 확인하고 빨리 대응책을 세운다.
　㉤ 손해배상 문제 등 책임문제에 대해서는 혼자서 판단할 것이 아니라 상사와 의논한다.
　㉥ 원인이나 책임이 상대방에게 있다고 생각될 때에는 객관적으로 인과관계를 설명한다. 단, 고객의 자존심을 손상시키거나 고객에게 책임을 떠넘기려고 해서는 안 된다.

77 불만고객에게는 감정을 발산할 수 있게 해 주는 것이 필요하다. 다음 중 불만고객이 감정을 발산하는 경우 지양해야 할 행동이나 언어는?

① 고객이 충분히 감정을 발산할 시간을 준다.
② 가끔씩 "네, 네, 그렇죠."라고 맞장구 표현을 한다.
③ 고객 입장에서 먼저 생각한다.
④ "아니, 이해를 못하시는 것 같아요"라고 표현한다.

78 컴플레인 고객응대의 기본 원칙에서 위배되는 사항은?

① 고객의 입장에서 고객을 위한 방향으로 상담한다.
② 고객의 감정을 극대화시켜 전화를 먼저 끊게 한다.
③ 고객의 입장에 대해 공감을 표시하여 불만스러운 마음을 풀어준다.
④ 고객의 반말이나 높은 언성, 행동 등에 화를 내거나 개인적인 말을 하지 않는다.

79 고객응대 시 필요한 지식과 거리가 먼 것은?

① 고객의 구매심리 및 고객시장에 관한 지식
② 제품 및 서비스에 관한 지식
③ 통신시스템에 대한 전문적 지식
④ 생산, 유통 과정과 품질에 관한 지식

80 커뮤니케이션의 특징이 아닌 것은?

① 커뮤니케이션은 서로의 행동에 영향을 미친다.
② 커뮤니케이션은 오류와 장애가 발생할 수 있다.
③ 커뮤니케이션의 형식은 고정되어 있다.
④ 커뮤니케이션은 순기능과 역기능이 존재한다.

Answer — 77. ④ 78. ② 79. ③ 80. ③

77 ④ 불만고객의 기분이 상할 수 있는 표현은 삼간다.

78 ② 고객의 감정을 해소시켜야지, 극대화시켜 전화를 먼저 끊게 만들어서는 안 된다.

79 ③ 텔레마케터가 고객을 응대할 때 통신시스템에 대한 전문적 지식까지 갖출 필요는 없다.

80 ③ 커뮤니케이션의 형식은 유동적으로 고정되어 있지 않다.

81 텔레마케팅 고객응대의 특징으로 틀린 것은?

① 언어적 메시지만을 사용한다.
② 쌍방간의 커뮤니케이션이 이루어진다.
③ 상호 피드백이 신속히 이루어진다.
④ 고객 반응별 상황 대응능력이 중요하다.

82 기업과 고객의 만남과 상호작용을 통한 고객변화의 단계에 관한 설명으로 틀린 것은?

① 예상고객 단계 – 개인적 접촉, 우편, 텔레마케팅 등을 통해 첫 거래를 성사시킬 수 있는 상태이다.
② 고객 단계 – 금전적 인센티브 등에 의해 재구매 동기를 갖게 된다.
③ 단골 단계 – 제품 또는 서비스에 불만이 생겨도 동일한 점포나 동일한 브랜드를 이용하는 성향을 보인다.
④ 기업의 옹호자 단계 – 좋은 구전을 전파함으로써 간접적인 광고역할을 하며 고객을 끌어오기도 한다.

83 성공적인 CRM을 위한 전략으로 틀린 것은?

① 고객 점유율보다는 시장 점유율에 비중을 둔다.
② 고객획득보다는 고객유지에 중점을 둔다.
③ 상품판매보다는 고객관계에 중점을 둔다.
④ 단기적인 안목보다는 장기적인 관점에서 접근해야 한다.

Answer ── **81.** ① **82.** ③ **83.** ①

81 텔레마케팅에서는 언어적 메시지와 비언어적 메시지를 모두 사용한다. 즉, 전달하고자 하는 의사를 음성언어나 문자를 사용하는 언어적 메시지와 표정, 자세, 옷차림, 몸짓, 눈짓 등으로 표현되는 비언어적 메시지로 구분할 수 있다.

82 ③ 단골단계는 제품 또는 서비스에 불만족이 생기지 않는 한 하나의 점포 또는 브랜드만을 구매하는 성향을 갖게 된다.

83 CRM(고객관계관리) … 고객과 관련된 기업의 내·외부 자료를 분석·통합하여 고객특성에 기초한 마케팅활동을 계획하고 지원하며 평가하는 과정을 의미한다. 다양한 고객접점을 활용하여 여기서 발생되는 수많은 데이터를 세분화하여 신규고객의 획득→우수고객의 유지→고객가치의 증진→잠재고객의 활성화→평생 고객화와 같은 사이클링을 통한 고객의 니즈(needs)에 초점을 두어 일대일로 실시하는 차별화된 마케팅전략이다.

84 고객생애가치에 영향을 미치는 요소 중 고객접촉 채널별 이용의 편의성, 고객 불만 처리정도 등을 수시로 평가할 수 있는 것은?

① 고객반응률　　　　　　　　　　② 고객신뢰도
③ 고객기여도　　　　　　　　　　④ 고객성장성

85 고객의 행동유형에 따른 효과적인 응대요령으로 가장 적합한 것은?

① 추진형 – 요점만을 제시하고 결정은 본인 스스로 내리게 한다.
② 온화형 – 자료를 제시하고 애매한 일반화는 피한다.
③ 표현형 – 반박을 하지 않도록 주의하고, 편안하고 친근감 있게 대한다.
④ 분석형 – 관심을 갖는 시간이 짧기 때문에 흥미를 잃지 않도록 유의해야 한다.

86 고객 성격의 특성에 따른 응대요령으로 틀린 것은?

① 급한 성격은 신속하게 행동하고 설명도 핵심만 강조한다.
② 결단성이 없는 성격은 기회를 잡아 빨리 요점만 설명한다.
③ 내성적인 성격은 조용하게 응대하고 상대의 의견을 충분히 들어준다.
④ 흥분을 잘하는 성격은 부드러운 분위기를 유지하며 강압하지 않는다.

87 고객에게 제품 또는 서비스를 설명하는 방법으로 가장 거리가 먼 것은?

① 고객이 가장 관심을 갖고 있는 부분을 파악하고 집중하는 것이 필요하다.
② 자신의 업무적 지식을 과시하는 듯한 대화를 통하여 관계를 불편하게 해서는 안 된다.
③ 고객의 반응과 관계없이 한마디, 한마디를 정확하게 포인트만을 전달한다.
④ 요점을 간결하게 전달하여 시간적 낭비를 줄인다.

Answer ― **84.** ② **85.** ① **86.** ② **87.** ③

84 ② 고객접촉채널별 이용의 편의성, 고객불만 처리정도 등을 수시로 평가할 수 있는 척도를 말한다.

85 ① 이야기를 많이 들려주고 스스로 판단할 수 있도록 여러 가지 대안을 제시해 주어야 한다.

86 ② 결단성이 없는 성격의 고객에게는 장·단점을 구체적으로 설명하는 것이 좋다. 기회를 잡아 빨리 요점만 설명하고 결론을 내리는 응대요령은 변덕스러운 성격의 고객에게 적합하다.

87 ③ 고객에게 제품 또는 서비스를 설명할 때에는 고객의 반응을 잘 살펴야 한다.

88 고객의 소리(VOC)는 기업의 경영활동에 중요한 원천으로 활용할 수 있다. 고객의 소리 (VOC)에 대한 설명으로 거리가 먼 것은?

① 다양한 고객의 소리를 수집하기 위해 SNS(Social Network Service)를 활용하여야 한다.
② VOC를 소홀히 하거나 잘못 응대할 경우 기업의 부정적 이미지를 강화할 수 있다.
③ 자사에 대한 VOC 발생은 전적으로 상담원의 중대한 결함으로 즉각적인 조치를 취해야 한다.
④ 수집된 VOC를 분석하여 이를 개선활동과 연계하는 등 경영활동에 반영하여야 한다.

89 고객이 기업과 만나는 모든 장면에서 '결정적인 순간'을 의미하는 용어는?

① MOT
② RFM
③ LTV
④ FAB

90 다음 ( )안에 들어갈 알맞은 것은?

> 컴퓨터의 저장용량 및 데이터 처리성능이 발전하면서 기업은 방대한 양의 고객관련 데이터를 (A)에 저장하고 (B)과(와) 같은 통계프로그램을 활용하는 고객분석이 가능해짐에 따라 CRM이 등장할 수 있었다.

① A - 데이터웨어하우스, B - 데이터베이스
② A - 데이터마이닝, B - 데이터웨어하우스
③ A - 데이터베이스, B - 데이터마이닝
④ A - 데이터웨어하우스, B - 데이터마이닝

Answer ── **88.** ③ **89.** ① **90.** ④

88 ③ 고객의 소리가 모두 상담원의 중대한 결함과 연결되는 것은 아니다. 내용을 파악하고 기업의 경영활동에 도움이 되는 내용을 걸러내는 작업이 필요하다.

89 고객접점(MOT)의 관리
  ㉠ 고객접점(MOT) 순간은 고객이 서비스 품질에 대한 강한 인상을 가지게 되는 시점을 의미한다. 바로 어느 한 순간에 고객의 인정을 받을 수도 있고 반대로 고객의 신뢰를 잃을 수도 있기 때문에 기업은 고객과의 접점의 순간을 정확하게 파악하고 있어야 한다.
  ㉡ 대면 고객접점에 위치한 서비스맨은 고객만족의 성패가 실제는 자기 자신에 의해 결정된다는 신념을 갖고 접점의 중요성을 바르게 인식하고 그 역할과 책임을 다해야 한다.

90 데이터웨어하우스와 데이터마이닝
  ㉠ 데이터웨어하우스 : 사용자의 의사 결정에 도움을 주기 위하여, 다양한 운영 시스템에서 추출, 변환, 통합되고 요약된 데이터베이스를 말한다.
  ㉡ 데이터마이닝 : 많은 데이터 가운데 숨겨져 있는 유용한 상관관계를 발견하여, 미래에 실행 가능한 정보를 추출해 내고 의사 결정에 이용하는 과정을 말한다.

91 다음 대화를 이루는 요소 중 텔레마케팅에서 상대적으로 중요도가 가장 낮은 것은?

① Visual(시각적인 요소)
② Verbal(사용하는 단어와 문장)
③ Voice(목소리 음색과 톤)
④ Value-Added(감성 화법)

92 다음의 고객표현에 대한 상담원의 응대 화법으로 가장 적절한 것은?

> 고객 : 그 회사 상품 중 몇 가지 구입하고 싶은 게 있어서 전화했어요.
> 물건을 빨리 받아 봤으면 좋겠어요.
> 그런데 저는 전화로 신용카드번호를 불러주고 결재하는 건 좀 내키지 않는데….

① "카드 결제가 가장 빠르지만 내키지 않으시면 온라인으로 송금을 해주시거나 직접 방문하셔서 구입하시는 방법도 있습니다."
② "다른 방법은 전화주문 만큼 빠르지 않습니다. 카드 결제를 하셔야 빨리 상품을 받으실 수 있으니 카드 결제를 하시기 바랍니다."
③ "요즘은 거의 모든 고객이 전화로 신용카드 번호를 불러주십니다. 문제없습니다."
④ "그러면 좀 더 생각해 보시고 다시 전화 주시기 바랍니다."

93 고객관계관리(CRM) 구축을 통한 기업의 핵심과제로 가장 거리가 먼 것은?

① 특정사업에 적합한 소비자 가치를 규명한다.
② 각 고객집단이 가진 가치의 상대적 중요성을 인지한다.
③ 고객에 대한 이해를 바탕으로 시스템을 구축한다.
④ 기업이 원하는 방법으로 고객가치를 충족한다.

Answer— **91.** ① **92.** ① **93.** ④

91 ① 전화 상담으로 이루어지는 텔레마케팅에서 Visual은 상대적으로 중요도가 낮은 대화 요소이다.

92 ① 고객이 원하지 않는 것이 무엇인지를 빠르게 파악하고 이에 대한 대안을 제시하여 문제를 해결하는 것이 적절하다.

93 CRM(고객관계관리) … 기업이 고객과 관련된 내외부 자료를 분석·통합해 고객 중심 자원을 극대화하고 이를 토대로 고객특성에 맞게 마케팅 활동을 계획·지원·평가하는 과정이다. 과거 은행·증권 등 금융 오프라인 기업들이 컴퓨터 응용기술로 가입자 신상명세, 거래내역 등을 데이터화해 콜센터를 구축하는 등에 많이 적용했으나 최근 회원관리가 생명인 닷컴기업들이 가입자 확보를 위해 서둘러 CRM을 도입하고 있다.

94 의심이 많은 고객의 응대요령으로 가장 올바른 것은?

① 한 가지 상품을 제시하고, 고객을 대신하여 결정을 내린다.
② 근거가 되는 구체적 자료를 제시한다.
③ 맞장구와 함께 천천히 용건에 접근한다.
④ 묻는 말에 대답하고 의사를 존중한다.

95 새로운 패러다임의 요구에 의해 고객관계관리(CRM)의 중요성이 부각되었다. 고객관계관리가 기업운영에 있어서 중요하게 등장한 이유가 아닌 것은?

① 시장의 규제완화로 인하여 새로운 시장으로의 진입 기회가 늘어남에 따라 동일 업종에서의 경쟁이 치열하게 되었다.
② 컴퓨터 및 IT기술의 급격한 발전으로 인해 기업의 외적인 환경이 형성되었다.
③ 고객의 기대와 요구가 다양해지고 끊임없이 더 나은 서비스나 차별화된 대우를 요구하게 되었다.
④ 광고를 비롯한 마케팅커뮤니케이션 방식에서 획일적인 매스마케팅 방식의 요구가 커졌다.

96 고객 불평불만을 처리함으로써 얻을 수 있는 효과로 틀린 것은?

① 고객으로부터 신뢰를 얻음으로써 구전효과를 얻을 수 있다.
② 마케팅 및 경영활동에 유용한 정보로 활용할 수 있다.
③ 법적처리 등 사후 비용이 더욱 늘어나 장기적으로 회사의 손실을 초래할 수 있다.
④ 고객유지율 증가로 장기적, 지속적인 이윤을 높일 수 있다.

Answer — 94. ② 95. ④ 96. ③

94 ② 자신감을 갖고 확실한 태도와 언어로 근거가 될 수 있는 구체적인 자료 등을 제시하면서 고객이 충분히 납득할 수 있도록 한다.

95 ④ 광고를 비롯한 마케팅커뮤니케이션 방식에서 획일적인 매스마케팅 방식에 대한 요구보다는 일대일 데이터베이스 마케팅에 대한 요구가 커졌기 때문이다.

96 ③ 법적처리 등 사후 비용이 줄어들어 장기적으로 회사의 큰 손실을 방지할 수 있다.

97 소비자 상담의 촉진관계를 위해 필요한 상담자의 바람직한 태도 및 행동 특징이 아닌 것은?

① 공감적 이해　　　　　　　　② 일관적 성실
③ 수용적 존중　　　　　　　　④ 일반적 능력

98 고객유형 중 "안정형"인 고객의 행동경향이 아닌 것은?

① 대체적으로 인내심이 강하다.
② 자신의 의견을 말하기 보다는 듣고자 한다.
③ 상품 구매 결정이 신속히 이루어진다.
④ 상담원의 질문에 대해 답변이 바로 나오지 않는다.

99 외부 물리적 환경에 의한 경청의 방해 요인이 아닌 것은?

① 소음공해　　　　　　　　　② 전화벨
③ 노크　　　　　　　　　　　④ 편견

100 효과적인 커뮤니케이션을 위해 메시지 전달자에게 요구되는 사항으로 틀린 것은?

① 전달하는 내용에 대한 명확한 목표설정이 있어야 한다.
② 적절한 커뮤니케이션 수단의 활용으로 효과적인 메시지 전달이 될 수 있다.
③ 자신이 원하는 메시지를 전하고 기다리는 소극적인 커뮤니케이션 자세가 필요하다.
④ 상호 간의 공감적인 관계형성 없이는 실질적인 의미의 커뮤니케이션은 불가능하다.

Answer── **97.** ④　**98.** ③　**99.** ④　**100.** ③

97 ④ 일반적 능력이 아닌 전문적 능력이 소비자 상담의 촉진관계를 위해 필요한 상담자의 행동 특징에 해당한다.

98 안정형 고객은 일반적으로 온순하며 사람과의 관계를 중시하는 성격으로 말이 적고 가만히 듣기를 좋아한다. 구매 결정에 시간이 필요한 유형으로, 강제적이고 일방적인 안내와 유도보다는 차분히 권유하는 방식을 택하는 것이 좋다.

99 ④ 편견은 경청을 방해하는 내적 요인에 해당한다.

100 ③ 자신이 원하는 메시지를 전하고 기다리기보다는 적극적으로 소통하려는 커뮤니케이션 자세가 필요하다.

1 판매관리

1 마케팅조사에 대한 설명으로 옳은 것은?

① 1차 자료는 특정 조사목적을 달성하기 위해 수집하는 정보이다.
② 전화조사는 표본의 범주를 통제하기가 어렵다.
③ 일반적으로 마케팅조사를 수행하는 출발점은 1차 자료의 수집이다.
④ 온라인조사는 비용이 많이 소요되나, 표본의 대표성을 확보할 수 있다는 장점이 있다.

2 다음 중 가격결정에 있어서 상대적으로 고가가격이 적합한 경우가 아닌 것은?

① 수요의 탄력성이 높을 때
② 진입장벽이 높아 경쟁기업이 자사 제품의 가격만큼 낮추기 어려울 때
③ 규모의 경제효과를 통한 이득이 미미할 때
④ 높은 품질로 새로운 소비자층을 유인하고자 할 때

Answer　1. ② 2. ①

1 마케팅조사 … 마케팅에 관련된 문제에 대해 객관적이고 정확한 체계적 방법으로 자료를 수집하고 기록, 분석하는 일이다. 의사결정자의 정보욕구를 파악하고 그런 정보에 관련되는 변수들을 선정한 후, 신뢰성 있고 유효한 자료를 수집 및 기록, 분석하는 일이다. 고객과 환경요인의 변화를 고려한다는 점에서 시장조사보다 포괄적인 개념이다.

2 상대적인 고가 전략이 적합한 경우
　㉠ 수요의 탄력성이 낮을 때
　㉡ 진입장벽이 높아 경쟁기업의 진입이 어려울 때
　㉢ 규모의 경제효과보다 이득이 적을 때
　㉣ 가격-품질연상효과(Price-Quality Association)에 의해 새로운 소비자층을 유입할 때

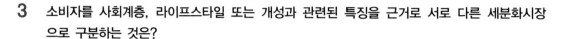

3 소비자를 사회계층, 라이프스타일 또는 개성과 관련된 특징을 근거로 서로 다른 세분화시장으로 구분하는 것은?

① 인구통계학적 세분화(demographic segments)
② 지리적 세분화(geographic segments)
③ 심리묘사적 세분화(psychographic segments)
④ 비차별적 세분화(undifferentiated segments)

4 잠재고객 접촉(approach)시에 적절한 행위가 아닌 것은?

① 잠재고객의 이름, 나이, 직업 등을 미리 알아둔다.
② 잠재고객이 제품을 구입할 능력이 있는지 알아본다.
③ 잠재고객의 가족 관계에 대하여 사전 지식을 갖는다.
④ 판매원의 시간을 절약할 수 있도록 방문시간은 판매원이 편리한 시간으로 정한다.

5 코틀러(Kotler. P)가 말하는 제품의 4가지 수준에 해당하지 않는 것은?

① 핵심 제품(core product)　　　　② 실제 제품(actual product)
③ 확장 제품(augmented product)　　④ 소비 제품(consuming product)

Answer ─── 3. ③　4. ④　5. ④

3 세분화변수의 종류
　㉠ 지리적 변수 : 지역, 인구밀도, 도시의 크기, 기후
　㉡ 인구통계적 변수 : 나이, 성별, 가족규모, 가족수명주기, 소득, 직업교육수준, 종교
　㉢ 심리분석적(묘사적) 변수 : 사회계층, 생활양식, 개성
　㉣ 행태적 변수 : 추구하는 편익, 사용량, 제품에 대한 태도, 상표충성도, 상품구매단계, 가격에 대한 민감도

4 ④ 판매원의 입장이 아니라 고객의 입장에서 생각하여 고객이 편리한 시간으로 정하여야 한다.

5 코틀러의 3단계 제품수준
　㉠ 핵심제품 : 핵심편익(benefit)이나 서비스를 가리킨다. 즉, 소비자들이 구매를 통해 얻고자 하는 가치 또는 효익을 말한다.
　㉡ 실제제품 : 핵심제품을 실제의 형태로 개발시키기 위해 물리 · 화학 · 상징적 속성을 결합한 것으로 일반적으로 우리가 보는 제품의 성질을 말한다.
　㉢ 확장제품 : 제품의 구매를 통해 고객의 만족을 이끌어 내기 위한 것으로 형태상 제품에 부가되는 여러 가지 특성을 말한다.

6 아웃바운드 텔레마케팅을 활용하는 마케팅전략이라고 볼 수 없는 것은?

① 매스마케팅   ② 다이렉트마케팅

③ 데이터베이스마케팅   ④ 1 대 1 마케팅

7 기업의 고객가치 향상을 위한 경영전략 관점에서의 지식관리에 해당하지 않는 것은?

① 데이터웨어하우스   ② 데이터마이닝

③ 전자상거래   ④ 데이터베이스마케팅

8 다음 중 전통적인 마케팅 믹스의 4가지 요소에 포함하지 않는 것은?

① 제품(Product)   ② 가격(Price)

③ 생산성(Productivity)   ④ 촉진(Promotion)

9 기존고객을 대상으로 하는 데이터베이스 마케팅 전략으로 거리가 가장 먼 것은?

① 고객 재활성화 전략   ② 고객 애호도 제고 전략

③ 고객유지전략   ④ 교차판매전략

Answer ┌ 6. ① 7. ③ 8. ③ 9. ①

6 ① 불특정 다수를 대상으로 하는 매스마케팅은 아웃바운드 텔레마케팅을 활용한 마케팅 전략이라고 볼 수 없다.

7 고객지식관리 … 고객 포트폴리오를 만드는데 있어서 고객관계를 획득·개발·유지하는 것으로 데이터웨어하우스, 데이터마이닝, 데이터베이스마케팅이 이에 속한다.

8 마케팅믹스의 4P란 제품전략(Product), 가격전략(Price), 유통전략(Place), 판매촉진전략(Promotion)을 말한다.

9 기업이 고객에 대한 다양한 정보를 컴퓨터를 이용하여 Data Base화하고, 구축된 고객 데이터를 바탕으로 고객 개개인과의 지속적이고 장기적인 관계(Relationship)구축을 위한 마케팅 전략을 수립하고 집행하는 여러 가지 활동을 데이터베이스 마케팅이라고 한다. 데이터베이스 마케팅 전략으로는 고객유지전략, 고객 활성화 전략, 교차판매전략, 과거고객 재활성화 전략, 신규고객 확보 전략 등이 있다.

10 기업이 시장에서 재포지셔닝을 필요로 하는 상황이 아닌 것은?

① 경쟁자의 진입에도 차별적 우위를 지키고 있는 경우
② 이상적인 위치를 달성하고자 했으나 실패한 경우
③ 시장에서 바람직하지 않은 위치를 가지고 있는 경우
④ 유망한 새로운 시장 적소나 기회가 발견되었을 경우

11 다음은 어떤 관점에서 고객과의 관계 창출을 설명하고 있는가?

> 오늘날 많은 제품과 서비스가 표준화된 상품으로 변함에 따라 기업은 고객가치를 창출하기 위해 새로운 시장 제공물에 관심을 돌리고 있다. 즉 제공물의 차별화를 위해 기업은 단순히 제품과 서비스를 전달하는 것에서 한걸음 더 나아가 자사제품 또는 회사와 고객과의 관계를 창출하고자 한다.

① 필수품(Commodities)
② 가치(Value)
③ 사회적 책임(Social responsibility)
④ 고객 경험(Customer experience)

12 아웃바운드 텔레마케팅 상품판매의 상담 순서로 바르게 나열한 것은?

> ① 고개에게 상품의 이점을 설명한다.
> ② 자신을 소개하고 전화를 한 목적을 말한다.
> ③ 적극적 종결을 통하여 고객에게 확답을 받는다.
> ④ 질문을 활용하여 고객의 니즈를 도출한다.
> ⑤ 상품의 구매를 위한 필요사항을 안내하고 감사인사 및 사후관리를 약속한다.

① ② → ④ → ① → ③ → ⑤
② ② → ① → ④ → ③ → ⑤
③ ② → ③ → ④ → ① → ⑤
④ ② → ① → ③ → ④ → ⑤

Answer ── 10. ① 11. ④ 12. ①

10 목표 포지션을 다시 설정하여 불리한 위치로 포지션이 되었던 것을 그 위치로 이동시키는 것을 재포지셔닝이라 한다.

11 기업이나 제품과 관련된 고객의 경험을 전략적으로 관리해 고객 경험에 대한 이해를 바탕으로 고객과의 관계를 창출하는 것이다.

12 아웃바운드 텔레마케팅 상품판매의 상담순서
상담준비→소개 및 전화 건 목적 전달→정보제공 및 고객의 니즈 탐색→설명과 설득→고객 확답→종결

13 다음 (   )안에 알맞은 용어는?

> 마케팅 조사는 단순히 현장조사나 통계에 국한된 것이 아니다. 어떤 조사는 (A)로서 탐색적이고
> 예비적일 수 있으며, 이는 문제를 명확히 규명하는 것과, 보다 공식적인 실증조사를 준비하는데 이
> 용 된다. 반대로 (B)는 고객의 특성, 태도 혹은 행동을 실증적으로 규명하는데 초점을 두고 어떤
> 결과를 확인하기 위해 설정한 특정 가설을 검증하는데 이용된다.

① A : 정성적 조사, B : 정량적 조사   ② A : 정량적 조사, B : 정성적 조사
③ A : 실증적 조사, B : 정량적 조사   ④ A : 정성적 조사, B : 실증적 조사

14 마케팅 믹스 중 기업이 소비자, 중간 구매자 또는 기타 이해관계가 있는 대중에게 제품또는
기업에 관해서 정보를 전달하는 기능은?

① 제품기능   ② 가격기능
③ 유통기능   ④ 촉진기능

15 소비자 조사를 통해서 고객을 평가하는 항목으로 거리가 가장 먼 것은?

① 최근 구매일자   ② 구매품목
③ 구매빈도   ④ 구매금액

Answer ── 13. ① 14. ④ 15. ②

13 정량적(quantitative) 측면은 자료를 수치화 하는 것으로 수치로 구체적으로 표현할 수 있는 것을 말하고, 정성적
(qualitative)측면은 자료의 성질, 특징을 자세히 풀어 쓰는 방식으로 수치로 표현은 되지 않으며 말로써 풀어 쓰는 것
을 말한다.

14 마케팅의 4P
  ㉠ Product(상품) : 소비자 조사, 상품개발, 디자인, 애프터서비스 결정
  ㉡ Place(유통경로) : 판매경로 및 유통업자 결정
  ㉢ Promotion(판촉) : 광고 기획, 광고 매체 및 홍보 방법 선정
  ㉣ Price(가격) : 가격결정

15 고객 평가를 위해 수집하는 항목으로는 최근 구매일자, 구매빈도, 구매금액 등이 있다.

16 마케팅 전략의 주체가 되는 3C에 해당되지 않는 것은?

① Converter   ② Customer

③ Company   ④ Competitor

17 대중마케팅과 데이터베이스마케팅의 비교설명으로 옳은 것은?

① 대중마케팅은 고객을 개별적으로 대우하고 데이터베이스마케팅은 고객을 동일한 집단으로 대우한다.

② 대중마케팅은 정량적 측정을 통한 지속적인 개선을 하고 데이터베이스마케팅은 정성적 측정 및 일회성 실행을 한다.

③ 대중마케팅은 쌍방적이고 고객과의 관계를 근간으로 하고 데이터베이스마케팅은 일회적인 거래를 근간으로 한다.

④ 대중마케팅은 고객의 수를 극대화하는 판매 중심적이고 데이터베이스마케팅은 고객의 생애가치를 극대화 한다.

18 다음 중 아웃바운드 텔레마케팅 전용상품의 요건과 가장 거리가 먼 것은?

① 법적, 제도적인 요인   ② 접촉대상 고려

③ 판매상품에 대한 특성   ④ 구체적인 전략과 차별화

Answer —— 16. ①   17. ④   18. ①

16 마케팅 전략의 주체
  ㉠ 고객(customer)
  ㉡ 경쟁사(competitor)
  ㉢ 자사(company)

17 대중 마케팅과 데이터베이스 마케팅
  ㉠ 대중 마케팅(Mass Marketing) : 고객이 주로 가격에만 의존하여 상품을 선택하는 시장에서 가장 대중적인 상품을 대량으로 생산판매하면서 가격으로 경쟁우위를 유지하려는 마케팅
  ㉡ 데이터베이스 마케팅(Database Marketing) : 고객과 관련된 다양한 데이터를 수집·분석하여 효율성을 극대화하는 마케팅

18 아웃바운드 전용상품의 요건
  ㉠ 브랜드가 있고 인지도가 높은 상품이어야 한다.
  ㉡ 대중들에게 신뢰도가 높은 상품이어야 한다.
  ㉢ 비대면 판매이므로 사후관리가 용이한 상품이어야 한다.
  ㉣ 거래 조건의 변동을 최소화해야 한다.
  ㉤ 타 제품과 차별되는 구체적인 전략이 있어야 한다.

19 제품이나 프로그램의 수명주기를 연장시키기 위한 전략 중 새롭게 수정 혹은 개발된 프로그램으로 새로운 시장에 진출하는 것은?

① 시장침투 　　　　　　　　② 프로그램개발
③ 시장개발 　　　　　　　　④ 프로그램 다각화

20 아웃바운드 텔레마케팅에 해당하지 않는 것은?

① 통신사에서 우수고객 관리를 위해 전화를 걸어 부가서비스 안내를 한다.
② 쇼핑몰에서 상품발송 후 배송이 잘 되었는지 확인전화를 한다.
③ 보험사에서 가망고객에게 전화로 보험 상품 판매를 시도한다.
④ 카드사에서 고객으로부터 걸려온 전화로 결제금액을 안내한다.

21 다음이 설명하고 있는 제품수명 주기 단계는?

• 시장의 경쟁이 치열함
• 저가격 침투전략이 필요함
• 가격탄력도가 커짐

---

① 도입기 　　　　　　　　② 성장기
③ 성숙기 　　　　　　　　④ 쇠퇴기

Answer ─── 19. ④　20. ④　21. ③

19 프로그램 다각화 … 제품이나 프로그램의 수명주기를 연장시키기 위한 것으로 새롭게 개발하거나 수정한 프로그램으로 시장에 진출하는 전략이다.

20 ④ 고객으로부터 걸려온 전화를 상대하는 것은 인바운드 텔레마케팅에 해당한다.

21 성숙기(maturity) … 높은 수익성으로 인하여 새로운 기업이 시장에 속속 진입하기 시작하고 수요가 포화상태로 접어들면 가격의 인하를 통한 경쟁이 시작되는 시기이므로 경쟁력이 약한 기업은 산업에서 도태되는 위험한 시기이다.

22 데이터베이스마케팅 활성화의 요인으로 가장 알맞은 것은?

① 시장의 탈대중화 현상
② 네트워크 TV 광고효율성의 증가
③ 유통경로의 단일화
④ 서비스 업종에 대한 정부규제 강화

23 소비자의 구매 과정에서 욕구 발생에 영향을 주는 내적변수가 아닌 것은?

① 소비자의 동기
② 소비자의 특성
③ 소비자의 과거 경험
④ 과거의 마케팅 자극

24 의사결정지원 시스템에 대한 설명으로 틀린 것은?

① 입력된 자료들의 정확성은 의사결정지원 시스템이 지원하는 의사결정에 크게 영향을 미칠 수 있다.
② 의사결정의 효율성(efficiency)이 아니라 효과성(effectiveness)을 높이기 위해서 사용해야 한다.
③ 시스템을 통해 경영자를 대신하여 의사결정을 할 수 있다.
④ 관리자가 의사결정이 필요한 상황에서 유용하게 사용된다.

25 가맹점 입장에서의 프랜차이징 유통전략의 장점이 아닌 것은?

① 사업 실패 위험을 줄일 수 있다.
② 광고 및 운영상 전문가의 노하우를 전수받을 수 있다.
③ 성공적으로 구축된 브랜드명과 사업계획 활용이 가능하다.
④ 나만의 제품 품질의 차별화를 추구할 수 있다.

Answer **22.** ① **23.** ③ **24.** ③ **25.** ④

22 ① 시장의 탈대중화 현상은 고객에 대한 여러 가지 다양한 정보를 컴퓨터를 이용하여 Data Base화하고, 구축된 고객 데이터를 바탕으로 고객 개개인과의 지속적이고 장기적인 관계구축을 위한 마케팅 전략인 데이터베이스 마케팅을 바탕으로 한다.

23 구매 과정에서 욕구 발생에 영향을 주는 내적 변수로는 소비자의 동기, 특성, 과거 경험 등이 있다.

24 의사결정지원시스템은 각 마케팅정보 시스템을 통해 수집된 정보를 마케팅의사결정에 유용한 정보로 가공하기 위한 것으로, 수집된 정보의 해석 및 분석에 이용되는 관련자료, 지원소프트웨어, 분석도구 등을 통합한 것이다. 의사결정에 도움을 주기는 하지만 경영자를 대신하여 의사결정을 하는 것은 아니다.

25 프랜차이징…특정 기업이 갖고 있는 유명한 상표나 상호의 사용권을 다른 기업에게 제공하면서 경영에 직, 간접적으로 참가하고, 그 대가로 사용료를 받는 것이다.

26 불포함오류에 관한 설명으로 가장 적합한 것은?

① 표본조사 시 표본체계가 완전하지 않아서 생기는 오류

② 표본추출과정에서 선정된 표본 중에서 응답을 얻어내지 못하여 생기는 오류

③ 면접이나 관찰과정에서 응답자나 조사자 자체의 특성에서 생기는 오류

④ 정확한 응답이나 행동을 한 결과를 조사자가 잘못 기록하거나, 기록된 설문지나 면접지가 분석을 위하여 처리되는 과정에서 틀려지는 오류

27 합리적 의사결정을 위해 유용한 정보를 획득할 목적으로 시장조사를 실시할 때, 다음 중 가장 신뢰할 수 있는 지식획득 방법은?

① 과학적방법

② 직관적방법

③ 권위적방법

④ 집착적방법

 Answer ─── 26. ① 27. ①

26 불포함 오류 ⋯ 표본조사를 할 때 표본체계가 완전하게 되지 않아서 발생하는 오류로 표본추출방법이 모호하거나 실제 사용하기 너무 정교한 것일 경우에 발생한다. 이 오류는 발견하기 어렵기 때문에 통제하기도 힘들며 뚜렷하게 불포함 오류가 발생하였다는 확증을 얻기가 어렵기 때문에 오류를 줄이려면 다른 조사 결과와 비교하거나 전문가의 경험에 의존해야 하며 오류가 발견 시 사후 수정이 필요하다.

27 과학적방법 ⋯ 어떤 현상에 대한 사고나 과학적 탐구를 위해서 새로운 현상과 기존의 지식체계와의 연결이 잘 이루어지도록 가설적인 명제들을 체계적이고 비판적으로 탐구·검증하여 이론을 도출하는 것으로 종합적·체계적인 실험을 통해 일반원칙을 밝히는 것이다. 마케팅활동 과정에서는 이러한 과학적방법을 통해 객관적인 정보를 확보할 수 있으며 이를 통해 불확실성을 줄일 수 있다.

28 전화면접자의 기본자세가 아닌 것은?

① 정확한 단어와 정돈된 말투를 사용한다.
② 한 질문에 두 가지 이상의 내용을 포함하지 않는다.
③ 정보파악을 위해 매우 세밀하고 자세히 질문한다.
④ 부정이나 긍정을 유도하는 질문은 하지 않는다.

29 어떤 연구에서 "65세 이상의 노년층 인구가 많은 도시가 65세 이상의 노년층 인구가 적은 도시보다 1인당 여가활동에 지출하는 액수가 많다."는 결과를 얻었을 때, 이러한 연구결과로부터 "어떤 67세의 노인이 63세의 노인보다 여가활동에 더 많은 비용을 지출한다."고 결론을 내리는 경우에 발생하는 오류를 무엇이라고 하는가?

① 조건화 오류
② 생태학적 오류
③ 개인주의적 오류
④ 일반화 오류

30 측정에 관한 설명으로 틀린 것은?

① 어떤 변수의 개념을 설명할 때 다른 개념을 사용해서 설명하는 것이 변수의 개념적 정의이다.
② 정확하고 측정 가능한 용어로 설명하는 것이 조작적 정의이다.
③ 조작적 정의는 조사자의 판단과 마케팅 관리자의 정보요구에 따라 달라지지 않는다.
④ 측정은 조작적 정의에 따라 사전에 정해진 일정한 규칙에 의해 체계적으로 숫자를 부여하는 행위이다.

31 설문지 작성의 기본원칙으로 적절하지 않은 것은?

① 목적에 적합한 설문 문항 수　　② 어렵고 까다로운 설문지 구성
③ 목적에 의한 분류　　　　　　　④ 설문의 효율성

32 다음 중 시장 조사를 위한 자료 수집 중 1차 자료의 예로 옳지 않은 것은?

① 일반 소비자나 유통점 주인들을 대상으로 한 서베이
② 고객 행동에 대한 관찰
③ 실험실 조사에서의 소비자 반응 측정
④ 대학 연구소의 일반 소비자 조사 자료

33 텔레마케터를 활용해서 보험 상품을 판매하고자 하는 보험사에게 있어, 다음과 같은 정보가 주어졌다. 이 정보를 무엇이라 하는가?

> 한국문화조사협회에서 실시한 조사에 따르면 한국인들은 개인관계를 크게 중시한다고 한다. 이러한 사실은 한국 사람들이 전화를 통해 판매되는 제품의 구매를 상당히 주저하게 한다고 한다.

① 내부 2차 자료　　　　　　　　② 외부 2차 자료
③ 내부자료　　　　　　　　　　　④ 종속변수

34 다음 중 설문지를 통해 자료를 수집하는 방법으로 조사상황에 따라 신속하게 질문방법, 절차, 순서, 내용 등을 바꿀 수 있는 자료수집 방법은?

① 개인면접법　　　　　　　　　　② 전화조사방법
③ 우편조사방법　　　　　　　　　④ 인터넷조사방법

Answer ── 31. ②　32. ④　33. ②　34. ①

31 ② 설문지는 이해하기 쉬운 언어로 구성되어야 한다.

32 1차 자료 … 조사자가 현재 수행중인 조사목적을 달성하기 위해 직접 수집한 자료를 말한다.

33 외부적 2차 자료(external secondary data) … 조사를 실시하고 있는 기업·조직의 외부에서 찾을 수 있는 자료를 말한다. 외부자료는 그 종류가 매우 방대하여 나열하는 것이 쉽지 않지만 크게 정부·공공기관의 간행물 및 통계자료, 전문적인 서적 및 신문·잡지·방송 보도자료, 기업·조직의 정기간행물 및 연구보고서, 상업적 자료를 포함하는 마케팅조사기관의 자료로 구분할 수 있다.

34 전화조사, 우편조사, 인터넷조사의 경우 조사자가 응답자의 반응 및 조사 상황에 따라 질문방법, 절차, 순서, 내용 등을 바꾸기 어렵다.

35 다음 중 마케팅조사의 진행 과정으로 올바른 것은?

① 조사 계획 단계 → 자료수집 단계 → 예비 단계 → 분석 및 대안제시 단계
② 자료수집 단계 → 조사 계획 단계 → 분석 및 대안제시 단계 → 예비 단계
③ 조사 계획 단계 → 자료수집 단계 → 분석 및 대안제시 단계 → 가설 제시 단계
④ 예비 단계 → 조사 계획 단계 → 자료수집 단계 → 분석 및 대안제시 단계

36 전화번호부를 이용하여 확률 표본 추출 시 가장 쉽게 적용할 수 있는 추출법은?

① 체계적 추출법(systematic sampling)
② 층화 추출법(stratified sampling)
③ 지역 추출법(area sampling)
④ 할당 추출법(quota sampling)

37 다음 중 전화조사에서 무응답 오류의 의미로 옳은 것은?

① 데이터 분석에서 나타나는 오류
② 부적절한 질문으로 인하여 나타나는 오류
③ 응답자의 거절이나 비접촉으로 나타나는 오류
④ 조사와 관련 없는 응답자를 선정하여 나타나는 오류

Answer— **35.** ④ **36.** ① **37.** ③

35 마케팅조사 과정
　㉠ **문제의 발생과 인식** : 명확하게 문제를 인식하고 마케팅조사의 목표 및 방향을 설정해야 한다.
　㉡ **조사의 실행주체 선정** : 마케팅조사는 보통 마케팅 조사에 직접 나서는 조사자와 마케팅 조사를 조사자에게 의뢰하는 의뢰자로 분류할 수 있다.
　㉢ **조사 계획 수립** : 마케팅조사 계획을 수립하기 위해서 목적, 내용, 방법, 예산, 진행일정 등을 정확하게 할 필요가 있다.
　㉣ **자료수집방법 및 표본의 선정** : 자료 수집 시 자료의 원천이 될 수 있는 1차 자료와 2차 자료가 있다. 표본 선정 시에 모집단을 정의하고 표본 프레임을 확정하여 표본 크기를 선정한다.
　㉤ **자료수집** : 자료 수집 시 조사원의 선발과 교육, 자료의 수집과 통계, 자료의 검증 등에 유의해야 한다.

36 **체계적 추출법** … 추출단위에 일련번호를 부여하고, 이를 등간격으로 나눈 후 첫 구간에서 하나의 번호를 무작위로 선정한 다음, 등간격으로 다음번호들을 계속해서 추출해 나가는 방법이다. 이러한 체계적인 표본추출법을 사용함으로써 전체 모집단의 구성원들이 가지고 있는 규칙성을 어느 정도 제거할 수도 있다.

37 전화조사는 상대방과의 비대면 접촉이므로 언어의 정제된 사용이 중요하다. 응답자의 상황을 모르는 상태에서 일방적인 질문만 하면 응답거부와 잘못된 응답을 유발할 수 있기 때문이다. 즉, 응답자의 거절이나 비접촉 오류를 무응답 오류라고 한다.

38 설문지의 문항을 조사자가 읽어주고 응답자의 대답을 기록하여 자료수집을 하는 기법이 아닌 것은?

① 전화조사 　　　　　　　　　　② 우편조사
③ 면접조사 　　　　　　　　　　④ 집단면접조사

39 과학적 조사방법의 특성으로 틀린 것은?

① 과학적 조사방법을 통해 시장조사과정과 분석과정에서 오류를 최소화하도록 해야 한다.
② 과학적 조사방법은 개인적 경험, 직관, 감성을 근거로 자료를 수집하여 시장문제를 분석한다.
③ 과학적 조사방법으로 시장의 문제점을 발견하고, 원인규명을 통하여 시장문제를 예측할 수 있다.
④ 조사자는 시장문제를 구성하고 있는 요소들을 구분하고 그 상호관계를 분석함으로써 시장문제의 원인을 파악하고 해결방안을 모색한다.

40 다음에 제시되어 있는 설문지 문항 중 잘못 작성된 것은?

① 귀하의 성별은?
　　㉮ 남 자 　　　　　　　　　㉯ 여 자
② 귀하의 자녀는 몇 명입니까?
　　㉮ 없 다 　　　　　　　　　㉯ 1명
　　㉰ 2명 　　　　　　　　　　㉱ 3명 이상
③ 귀하의 월평균 수입은 어느 정도입니까?
　　㉮ 100만 원 미만 　　　　　㉯ 100만 원 이상~200만 원 미만
　　㉰ 200만 원 이상~300만 원 미만 　　㉱ 300만 원 이상
④ 귀하의 나이는?
　　㉮ 20세 이하 　　　　　　　㉯ 20세 이상~30세 이하
　　㉰ 30세 이상~40세 이하 　　㉱ 40세 이상

Answer — **38.** ② 　**39.** ② 　**40.** ④

38 우편조사법 … 응답자가 우편으로 발송된 설문지에 응답하도록 한 후 이를 반송용 봉투를 이용하여 회수함으로써 자료를 수집하는 것이다.

39 ② 과학적 조사방법에서는 개인적 경험, 직관, 감성 등은 과학지식의 습득을 저해하는 요인으로 본다.

40 ④ '이상'과 '이하'의 사용으로 1개 이상의 보기에 중복 응답할 수 있는 응답자가 발생한다.

41 다음 중 자료처리를 위한 코딩에 어려운 문제점이 있는 질문 형식은?

① 다지선다형   ② 양자택일형
③ 대인면접법   ④ 자유응답형

42 종속변수를 선행하면서 영향을 미치는 변수는?

① 잔여변수   ② 외생변수
③ 독립변수   ④ 통제변수

43 시장조사시 자료 분석 절차에 해당하지 않는 것은?

① 편집(editing)   ② 통제(control)
③ 코딩(coding)   ④ 분석(analysis)

44 측정하고자 하는 개념이나 속성을 어느 정도로 정확하게 측정하였는가를 나타내는 타당성에 대한 설명과 거리가 먼 것은?

① 타당성은 동일한 측정을 위하여 항목간의 평균적인 관계에 근거하여 내적인 일관성을 구하는 알파계수법에 의하여 측정할 수 있다.
② 타당성의 종류에는 내용타당성, 기준에 의한 타당성, 구성타당성이 있다.
③ 내용타당성은 측정도구를 구성하고 있는 항목들이 측정하고자 하는 내용을 어느 정도 충실하게 측정하고 있는지를 논리적으로 알아보는 것이다.
④ 기준에 의한 타당성은 어느 측정도구의 타당성이 높다면 그 측정도구에 의하여 나타난 결과와 다른 기준 또는 변수간의 높은 상관관계가 나타나야 한다는 것이다.

Answer — **41.** ④   **42.** ③   **43.** ②   **44.** ②

41 ④ 자유응답형 질문은 응답자가 할 수 있는 응답의 형태에 제약을 가하지 않고 자유롭게 표현하는 방법으로 응답의 부호화가 어렵다.

42 ③ 관찰하고자 하는 현상의 원인이라고 가정한 변수를 독립변수라 하고, 독립변수의 영향을 받아 변화되리라고 가정한 변수를 종속변수라고 한다.

43 자료 분석은 편집→코딩→분석의 과정을 거친다.

44 ① 항목간의 평균적인 관계에 근거하여 내적인 일관성을 구하는 알파계수법에 의하여 측정하는 것은 신뢰도이다.

45 측정에 있어 타당도와 신뢰도에 영향을 미치는 요인 중 개인적 요인과 거리가 먼 것은?

① 오자 ② 직업
③ 교육수준 ④ 연령

46 다음 설문 문항의 오류에 대한 설명으로 옳은 것은?

당신은 맥주를 얼마나 자주 드십니까?
㉠ 매일 마신다. ㉡ 자주 마신다.
㉢ 종종 마신다. ㉣ 거의 안 마신다.
㉤ 전혀 안 마신다.

① 대답을 유도하는 질문을 하고 있다.
② 가능한 응답을 모두 제시하지 않고 있다.
③ 응답항목들 간의 내용이 중복되고 있다.
④ 하나의 항목으로 두 가지 내용을 질문하고 있다.

47 시장조사시 문제파악 후 해결을 위한 체계를 모색하는 것으로 알맞지 않은 것은?

① 과거의 조사 및 연구결과 또는 선행문헌연구를 통해 당면과제의 해결방향을 모색한다.
② 해결해야 할 문제 자체를 중심적으로 분석해야 한다.
③ 다른 소비자 또는 전문가의 의견을 수집·정리한다.
④ 조사자 자신의 경험, 직관, 감성을 통하여 해결방안을 모색해 본다.

Answer ── **45.** ① **46.** ③ **47.** ④

45 ① 질문지의 오·탈자, 읽기 어려운 단어, 페이지의 누락 등은 검사도구 및 그 내용의 기계적인 요인에 해당한다.

46 ③ '매일', '자주', '종종'의 단어들로 인해 ㉠㉡㉢은 내용이 중복되는 항목이라고 할 수 있다.

47 ④ 조사자 자신의 경험이나 직관, 감성 등은 문제해결을 위한 과학적인 체계를 모색하는 것을 저해할 수 있다.

48 다음 중 척도법의 선택으로 가장 적합한 것은?

① 성별을 분류하기 위해 서열척도를 선택했다.
② 상품의 무게를 알아보기 위해서 명목척도를 선택했다.
③ 상품의 유형별 분류를 위해 비율척도를 선택했다.
④ 지구온난화를 조사하기 위해 등간척도를 선택했다.

49 다음 설명에 가장 적합한 조사유형은?

> S통신회사에서 통신단말기 유형에 대한 선호도 조사를 위하여 3000명의 여대생들에게 15일간 조사를 실시하고자 한다. 질문내용에 대한 이해부족으로 생길 수 있는 응답오류를 줄이면서 적은 비용으로 조사를 할 수 있는 방법을 생각하고 있다.

① 면접조사 　　　　　　　　　　② 방문조사
③ 집단설문조사 　　　　　　　　④ 관찰조사

50 최소의 경비와 노력으로 광범위한 지역과 대상을 표본으로 삼을 수 있는 자료수집방법은?

① 면접조사법 　　　　　　　　　② 관찰방법
③ 우편조사법 　　　　　　　　　④ 전화조사법

Answer—　**48. ④　49. ③　50. ③**

48 ① 남·여, 국적, 학교, 지역, 고향, 인종 등은 상하 관계가 없고 구분만 있으므로 명목척도를 사용한다.
　② 선호도 순위를 측정하려면 순서(크기)는 있지만 그 간격이 얼마나 큰지 일 수 없는 서열척도를 사용한다. 예를 들어 직위, 학력, 등수, 친한 친구 순서 등이 있다.
　③ 등간척도는 간격척도라고도 한다. 간격이 일정하여 +, −는 가능하지만 ×, ÷는 할 수 없다. 예를 들어 시각(년도, 시각, 월), 섭씨온도, 화씨온도가 있다.

49 ① 교육을 받은 조사원이 직접 응답자와 1대 1의 대면접촉을 통해 자료를 수집하는 방법으로 질문내용을 상세하게 응답자에게 설명해 줄 수 있으며 응답률을 높일 수 있다.
　② 전화를 통하여 응답자들로부터 자료를 수집하는 방법으로 응답자들은 전화번호부를 이용하여 선정된다.
　④ 응답자가 우편으로 발송된 설문지에 응답하도록 한 후 이를 반송용 봉투를 이용하여 회수함으로써 자료를 수집하는 방법이다.

50 우편조사법
　㉠ 장점 : 응답자 1인당 조사비가 적게 들며 응답자가 조사문제에 대해 관심이 있는 경우에는 설문지의 양이 길어도 답변을 해주는 경우가 많다. 자료수집비용은 설문지의 인쇄비와 발송 및 회수를 위한 우편료 정도이며, 조사원 수당을 절약할 수 있다.
　㉡ 단점 : 응답자가 질문내용을 이해하지 못한 경우 보충설명이 불가능하며 응답률이 낮다.

3 텔레마케팅 관리

51 콜센터 경영시 가장 큰 문제점인 이직률의 원인으로 틀린 것은?

① 관리자와의 커뮤니케이션 부조화
② 불확실한 비전 및 커리어패스(Career path)
③ 일관되고 투명한 급여기준
④ '끼리끼리' 문화에 익숙한 상담원들의 집단행동

52 텔레마케팅은 어떤 단어의 조합으로 만들어진 용어인가?

① Television + Marketing
② Telephone + Marketing
③ Telecommunication + Marketing
④ Tele-sale + Marketing

53 텔레마케팅을 통한 판매 시 염두 해 두어야할 원칙 중에 「80/20의 법칙」 이란?

① 20%의 고객이 80%의 수익을 창출한다.
② 전화를 걸면 20%는 응답을 하고 80%는 거절을 한다.
③ 통화가 이루어진 고객 중 20%는 구매를 하고 80%는 구매를 하지 않는다.
④ 전체 판매용의 20%가 전화통화 비용의 80%를 차지한다.

Answer ── 51. ③ 52. ③ 53. ①

51 ③ 커리어패스(경력관리)는 상담원들의 잦은 이직의 원인으로 볼 수 없다.

52 텔레마케팅(telemarketing)은 텔레커뮤니케이션(telecommunication)과 마케팅(marketing)을 합성한 용어로 고객과의 1대 1 커뮤니케이션을 통하여 고객유지, 고객만족향상, 신규고객 확보를 실현하는데 사용되는 마케팅 수단이다.

53 20/80의 법칙 … 경제학자인 파레토가 소득과 부의 관계를 연구하다가 발견한 법칙으로 파레토의 법칙이라고도 한다. 80%의 효과는 20%의 노력으로 얻어진다는 것으로, 이를 기업에 적용하면 20%의 제품이 전체 매출이나 이익의 80% 이상을 차지하고 전체 고객 중 핵심 고객 20%가 매출의 80% 이상을 소비하는 현상을 해석할 수 있다.

54 다음 중 직무설계에 관한 용어의 설명으로 틀린 것은?

① 직무설계(job design)는 직무에 관한 정보를 수집·분석하여 직무의 내용과 직무담당자의 자격요건을 체계화하는 것이다.
② 직무단순화(job simplification)는 직무담당자들이 좁은 범위의 몇 가지 일을 담당하도록 직무를 설계하는 방법이다.
③ 직무순환(job rotation)은 작업자로 하여금 여러 가지 다양한 직무에 순환근무토록 하여 직무활동을 다각화하는 방법이다.
④ 직무확대(job enlargement)는 직무수행자의 직무를 다양화하여 직무의 수평적 범위를 넓히는 것이다.

55 조직 내의 직원의 직무만족은 심리적인 측면과 보상적인 측면으로 나눌 수 있는데 다음 중 심리적인 측면에 해당하는 것은?

① 임금 ② 승진기회
③ 신념 ④ 성과급

56 통화품질과 텔레마케팅 모니터링의 차이점에 대해서 잘못 설명한 것은?

① 통화품질은 종합적인 평가체제이고, 텔레마케팅 모니터링은 상담원과 고객 간의 통화 자체에서 느껴지는 상담의 질 정도를 평가한다.
② 통화품질은 종합품질과 경쟁력을 동시에 평가하며, 텔레마케팅 모니터링은 콜센터 자체의 커뮤니케이션 능력의 정도를 평가한다.
③ 통화품질의 궁극적 목적은 콜센터 경영의 질을 향상시키는 것이며, 텔레마케팅 모니터링은 상담원의 상담의 질을 향상시키는 것이다.
④ 통화품질은 자체통화품질(CQ4) 담당에 의한 평가이며, 텔레마케팅 모니터링은 제3자인 외부전문기관에 의한 객관적인 평가관리가 이루어진다.

Answer — **54.** ① **55.** ③ **56.** ④

54 ① 직무설계란 조직의 효율적 업무 수행을 위해 각 직무의 구체적 내용·직무 수행 방법·조직 내 다른 직무들과의 연계 등을 설계하는 것을 말한다.

55 임금, 승진기회, 성과급은 보상적인 측면에 해당한다.

56 통화품질관리(CQA ; Call Quality Assurance)는 기업과 고객 간에 이루어지는 통화에서 느껴지는 품질의 정도를 의미하며, 이는 종합적으로 평가하여 얻어지는 체계이다. 따라서 전문적인 인력을 활용하고, 통화품질 규정을 마련하며, 합리적인 평가표를 마련해야 한다. 텔레마케팅 모니터링은 상담원과 고객 간의 통화 자체에서 느껴지는 상담의 질(質)의 정도를 평가하려는 것을 말한다.

57 인적자원의 가치를 체계적이고 합리적으로 측정하기 위한 측정지표에 대한 설명으로 틀린 것은?

① 인적자본 수익성지표 – 종업원 단위당 생산성
② 인적자본 경제적 부가가치지표 – 종업원 단위당 실제기업이익
③ 인적자본 투자수익률지표 – 인적 자원에 대한 투자금
④ 인적자본 시장가치지표 – 종업원 단위당 지적자산 크기

58 다음 중 경력관리에 대한 설명으로 틀린 것은?

① 경력관리는 장기적인 계획이다.
② 적재적소, 후진양성에 필요하다.
③ 능력주의와 연공주의를 절충한다.
④ 조직의 목표와 개인의 목표를 일치시킨다.

59 통화품질에 대한 설명으로 거리가 먼 것은?

① 통화품질이란 기업과 고객 간에 이루어지는 통화에서 느껴지는 품질의 정도를 말한다.
② 하드웨어적인 품질과 소프트웨어적인 품질로 구분할 수 있다.
③ 콜센터의 통화에 대한 종합적인 품질의 정도를 말한다.
④ 불만고객과의 의사소통 수단인 대고객 DM 활동이다.

60 텔레마케터 전문 인력채용 시 면접기준으로 부적절한 것은?

① 청취, 이해력　　　　　　　　② 세일즈경력, 경제력
③ 품성, 조직 적응력　　　　　　④ 음성표현, 구술능력

Answer ── **57.** ③　**58.** ③　**59.** ④　**60.** ②

57 ③ 인건비 대비에서 어느 정도 수익이 발생하였는지를 계산하는 것이 인적자원의 투자수익률이다.

58 ③ 연공주의가 아닌 성과주의체제를 따른다.

59 ④ DM이란 Direct Mail로 고객에게 발송되는 우편물을 말한다.

60 ② 지원자의 경제력은 텔레마케터 채용시 면접 기준에 해당하지 않는다.

61 모니터링 성공요소가 아닌 것은?

① 대표성   ② 주관성

③ 신뢰성   ④ 유용성

62 아웃바운드 텔레마케팅 성과분석을 위한 지표 분석기준에 해당 되지 않는 것은?

① 포기콜율   ② 콜 당 평균 전화비용

③ 사용대비 고객획득율   ④ 콜 응답율

63 Erlang C 공식에 필요한 변수가 아닌 것은?

① 평균통화시간   ② 예상 인입콜 수

③ 지연 시간   ④ 목표 서비스 레벨

64 개인 성과평가의 신뢰성과 공정성을 확보하기 위한 방법으로 틀린 것은?

① 다면평가를 효율적으로 활용한다.

② 평가자에 대한 평가체계, 평가기법 등의 종합적인 평가관련 교육을 강화한다.

③ 평가결과는 비공개로 하고 평가자와 피평가자간의 면담을 통한 코칭을 활성화한다.

④ 피평가자가 평가결과에 불만이 있는 경우 이의제기를 할 수 있는 소통채널을 운영한다.

Answer— **61.** ② **62.** ③ **63.** ③ **64.** ③

61 ② 모니터링은 객관적이어야 한다.

62 텔레마케팅 성과지표
  ㉠ 콜당 평균비용(CPC ; Cost Per Call)
  ㉡ 주문당 평균비용(CPO ; Cost Per Order)
  ㉢ 콜 응답률(CRR ; Call Response Rate)
  ㉣ 주문 획득률(Order Rate)
  ㉤ 건당 반응비용(CPR ; Cost Per Response)
  ㉥ 계약률(CR ; Conversion Rate)

63 얼랑 C 공식 … 대기 이론 또는 전화 교통 공학에서 고객이 푸아송 분포에 따라 시스템에 도착한다고 할 때 고객이 서비스를 받을 수 있는 확률을 규정한 공식. 얼랑 지연 공식이라고도 한다.

64 ③ 평가결과를 공개하여 평가자와 피평가자 간의 면담을 통한 코칭을 활성화한다.

65 다음이 설명하고 있는 업무는 텔레마케팅 형태 중 어느 형태에 해당하는가?

> A화장품 회사의 영업사원 B씨는 자신의 고객에게 카달로그를 보내고 고객들로부터 무료전화가 면 화장품을 판매 한다.

① 인바운드, B to C ② 인바운드, B to B
③ 아웃바운드, B to C ④ 아웃바운드, B to B

66 다음 중 콜센터 병리현상의 유형이 아닌 경우는?

① 과잉 감정 노출(Tamper Exposure)
② 콜센터 관료주의(Bureaucratism)
③ 콜센터 바이탈 사인(Vital Signs)
④ 상담 내향성(introversion)

67 막스 베버(Max Weber)가 주장한 이상적인 관료조직(bureaucracy)의 특징을 올바르게 설명한 것은?

① 과업의 성과가 일정하도록 다양한 규칙이 있어야 한다.
② 경영자는 개인적인 방법과 생각으로 조직을 이끌어야 한다.
③ 조직구성원의 채용과 승진은 경영자의 지식과 경험에 기초한다.
④ 조직의 각 부서 관리는 해당 업무의 전문가에 의해 이루어져야 한다.

Answer─ **65.** ① **66.** 정답 없음 **67.** ④

65 고객들로부터 오는 전화를 받으므로 인바운드에 해당하며, 상품이나 서비스를 직접 사용할 일반소비자를 대상으로 하기 때문에 B to C 텔레마케팅으로 볼 수 있다.

66 ※ 문제오류로 정답 없음
④ 외향성은 주위의 객관적 사상으로 주의와 관심을 돌려 이것을 기준으로 자신의 태도를 결정한다. 사고는 능동적이고 판단은 종합적 성향이다.

67 ④ 조직의 각 부서 지휘는 계선조직에 의해 이루어진다.

68 아웃바운드 텔레마케팅의 성공 요인에 관한 설명으로 틀린 것은?

① 텔레마케팅의 성공 여부는 정확한 데이터와 리스트에 있다.
② 신입사원이나 무경험자가 텔레마케팅 실무경력자보다 유리하다.
③ 대중매체와 결합했을 때 시너지효과를 얻는다.
④ 콜 자동처리 시스템을 구축하는 사무환경이 아웃바운드 텔레마케팅 생산성을 향상시킨다.

69 다음 중 텔레마케팅 용어와 그에 대한 설명이 옳은 것은?

① 평균통화시간 : 상담원의 통화 시간과 통화 마무리 시간을 합한 시간
② 평균통화처리시간 : 상담원이 고객과 통화한 평균 시간
③ 1차통화처리율 : 고객이 콜 센터로 전화 했으나 모든 상담원이 상담 중인 관계로 사후에 고객과의 통화가 요구되는 콜의 비율
④ 통화중평균대기 : 상담원의 업무 처리 과정 중 고객의 통화를 잠시 보류 시키는 시간

70 CTI의 주요 기능으로 적당하지 않은 것은?

① 자동착신호분배 및 녹취 기능
② 자료전송 및 음성사서함 기능
③ 송신호에 대한 자동 정보제공 기능
④ 자동 전화걸기 기능

Answer ── **68.** ② **69.** ④ **70.** ①

68 아웃바운드 텔레마케팅은 브랜드 품질을 확보하여 특화된 서비스와 고객 니즈에 맞는 전용상품을 발굴하여 기존 고객이나 잠재고객에게 전화를 걸거나 비디오텍스에 상품정보와 관련된 메시지를 발송하는 형태로 신입사원이나 무경험자보다는 텔레마케팅 실무경력자가 더 유리하다.

69 ① **평균 통화 시간** : 상담원의 평균 통화 시간과 마무리 시간을 합한 시간이다.
② **평균 통화 처리 시간** : 평균 통화 시간과 평균 마무리 처리 시간을 합한 것이다.
③ **1차 통화 처리율** : 전화를 받은 상담원이 문의사항을 바로 해결하는 비율을 말한다.

70 CTI(Computer Telephony Integration) … 컴퓨터와 전화 시스템의 통합을 지칭하는 것으로 PC를 통해 전화 시스템을 효율적으로 관리하는 기술이다. CTI 시스템을 활용하면, 고객이 전화 음성안내에 따라 음성으로 원하는 정보를 듣거나 팩스를 통해 문서로 볼 수 있고, 음성안내에 따라 주문 사항과 거래내용을 입력하여 은행 계좌이체나 티켓 예약판매 서비스를 받을 수 있으며, 고객의 전화번호를 데이터베이스화하여 각 고객에게 적합한 대응방법을 도모할 수 있다.

71 콜센터의 원활한 조직 관리를 위하여 슈퍼바이저가 관리하는 상담사의 수를 적정하게 재현해야 한다는 원칙은?

① 관리일원의 원칙 　　　　　　　② 관리한계의 원칙
③ 관리명확의 원칙 　　　　　　　④ 관리제한의 원칙

72 인바운드 텔레마케팅과 아웃바운드 텔레마케팅을 구분하는 기준은?

① 마케팅의 소구대상 　　　　　　② 마케팅의 전개 장소
③ 콜센터의 운영주체 　　　　　　④ 전화를 거는 주체

73 인바운드 텔레마케팅을 위해 활용되는 WFMS 시스템의 기능이 아닌 것은?

① 콜 수요 예측을 할 수 있다.
② 스케줄링에 필요한 정보를 제공한다.
③ 콜센터 시스템 증설 예측기능을 갖고 있다.
④ 상담사에게 업무별 특성에 맞도록 콜을 라우팅 하는 기능을 갖고 있다.

74 다음 중 일반적인 교육·훈련 평가 순서를 바르게 나열한 것은?

① 반응→학습→행동→결과수준 　　② 반응→행동→학습→결과수준
③ 학습→반응→행동→결과수준 　　④ 학습→행동→반응→결과수준

Answer ── 71. ② 　72. ④ 　73. ④ 　74. ①

71 관리한계의 원칙…콜센터의 원활한 조직 관리를 위해서는 한 슈퍼바이저가 관리하는 상담사의 수를 적정 수준으로 제한해야 한다는 원칙이다. 한 슈퍼바이저가 관리하는 상담사의 수가 너무 많을 경우 콜센터의 원활한 조직 관리가 어렵다.

72 전화를 거는 주체가 고객일 경우 인바운드, 상담사일 경우 아웃바운드 텔레마케팅으로 구분한다.

73 WFMS(Work Force Management System)…콜 센터 인력 운영의 효율화 및 서비스 레벨의 유지를 도와주는 전문 소프트웨어로서, 콜 센터의 콜량을 예측하고(forecasting), 상담원들의 스케줄을 배치하고(scheduling), 실적을 체크(tracking)하는 주요 기능이 있다.

74 일반적인 교육·훈련 평가 순서…반응→학습→행동→결과수준

75 신입 상담원 교육과정으로 거리가 먼 것은?

① 업무지식　　　　　　　　　② 회사 전반적인 사항
③ 커뮤니케이션 스킬　　　　　④ 콜 분석 및 예측

 4 **고객응대**

76 다음 중 언어적 메시지에 해당하지 않는 것은?

① 서류　　　　　　　　　　　② 편지
③ 보고서　　　　　　　　　　④ 음성

77 커뮤니케이션 네트워크 중 구성원간의 상호작용이 집중되어 있지 않고 널리 분산되어 있는 유형으로 위원회 같은 조직에서 나타나며, 수평적 네트워크를 형성하는 것은?

① 사슬형　　　　　　　　　　② 수레바퀴형
③ Y형　　　　　　　　　　　④ 원형

Answer ┌── **75.** ④　**76.** ④　**77.** ④

75 텔레마케터는 고객과 직접 통화하는 사람들로서 회사의 업무내용이나 상품들을 정확히 이해해서 신속하고 효율적으로 업무를 처리하는 한편 고객응대에 최선을 다해서 고객을 만족시키는 것이 주요 역할이다. 콜 분석 및 예측은 슈퍼바이저의 역할이다.

76 음성 즉, voice는 언어적 메시지에 해당하지 않는다.

77 커뮤니케이션 네트워크의 유형
　㉠ Y형 : 확고한 중심인은 존재하지 않아도 대다수의 구성원을 대표하는 리더가 존재하는 경우에 나타나는 유형으로, 라인과 스텝이 혼합되어 있는 집단에서 흔히 나타난다. Y형은 주로 세력집단의 리더가 커뮤니케이션의 중심역할을 맡고, 비세력 또는 하위집단에도 연결되어 전체적인 커뮤니케이션망을 형성한다.
　㉡ 사슬형 : 공식적인 계통과 수직적인 경로를 통해서 정보전달이 이루어지는 형태인 수직적 커뮤니케이션과 중간에 위치한 구성원이 중심적 역할을 하는 수평적 커뮤니케이션의 두 가지로 구분 할 수 있다.
　㉢ 원형 : 집단 구성원 간에 뚜렷한 서열이 없는 경우에 나타나는 유형으로 중심인물이 없는 상황에서 커뮤니케이션의 목적과 방향 없이 구성원들 사이에 정보가 전달된다.
　㉣ 수레바퀴형 : 집단구성원 간에 중심인물이 존재하고 있는 경우 흔히 나타나는 커뮤니케이션 유형으로서 구성원들이 정보전달이 어느 중심인물이나 집단의 지도자에게 집중되는 패턴이다.
　㉤ 상호연결형 : 가장 바람직한 커뮤니케이션 유형으로서 구성원들 사이의 정보교환이 완전히 이루어지는 유형이다.

78 스크립트에 대한 적절한 설명이 아닌 것은?

① 잠재고객 또는 고객과 통화를 할 때 사용하는 대본과 같은 것으로써 고객과의 원활한 대화를 돕는다.
② 스크립트는 통화 목적과 방향 설정이 명확해야 하고 효과적인 통화시간을 관리할 수 있다.
③ 다양한 고객을 접하게 됨에 따라 스크립트는 지속적인 보완을 해야 한다.
④ 효과적인 통화를 위해 반드시 상담사는 스크립트에 명시되어 있는 대로 고객응대를 해야 한다.

79 불만족 고객에 대한 상담기법으로 틀린 것은?

① 참을성 있게 공감적 경청을 한다.
② 항상 목소리를 높이며 소비자의 의견에 동조한다.
③ 실현 가능한 문제해결 방법 중 최선을 다하고 있음을 전달한다.
④ 문제해결이 만족스러웠는가를 확인한다.

80 B2B(Business to Business) CRM의 설명으로 틀린 것은?

① 기업 대 기업의 판매는 본질적으로 기업이 아닌 실체적인 개별 인간과의 거래이므로 실체적 인간이 바라는 요구에 대응하는 것이 B2B CRM의 핵심이다.
② B2B 고객과의 관계 관리는 기억의 특성을 고려한 가치 있는 해법을 찾는 것이 과제이다.
③ B2B 프로그램의 경우 기업과 소비자 모두를 대상으로 하기 때문에 개별 소비자 프로그램에 비해 범위가 넓다.
④ B2B CRM은 B2C(Business to Consumer) CRM에 비해서 고려해야 할 범위가 일반적으로 좁다고 할 수 있다.

Answer ── 78. ④ 79. ② 80. ④

78 스크립트(Script)는 일반적으로 잠재고객 또는 고객과 통화를 할 때 사용하는 대본과 같은 것으로서 고객과의 원활한 대화를 위한 안내서와 같다.
④ 대화시 스크립트 내용 외에도 상황에 맞는 내용으로 대화를 이끌 수 있다.

79 ② 불만족 고객과 상담 시 항상 목소리를 높이는 것은 바람직하지 않다.

80 ④ 기업 대 기업의 거래는 일반적으로 기업 대 소비자의 거래에 비해 고려해야 할 범위가 넓다.

81 서비스 및 상품 구매 후 상담요령과 거리가 먼 것은?

① 상담의 문제점 및 잘못된 점을 파악한다.
② 서비스 가능성과 보상여부를 판단한다.
③ 사후관리에 따른 스케줄링을 한다.
④ 합리적인 구매의사 결정을 위해 정보를 제공한다.

82 다음 중 소비자 피해보상의 일반원칙에 해당되지 않는 것은?

① 제품에 결함이 있으면 무조건 가격환불을 해주어야 한다.
② 구입 가격에 분쟁이 발생하면 기재한 가격을 제시한 자가 입증책임을 진다.
③ 소비자에게 계약해제에 따른 손해발생시 사업자는 손해배상책임이 있다.
④ 제품 하자에 따른 환불시 구입 가격을 기준으로 한다.

83 고객응대에 대한 설명으로 옳지 않은 것은?

① 고객과 커뮤니케이션을 하는 활동이다.
② 고객이 필요로 하는 정보를 제공한다.
③ 고객의 요구를 미리 판단하여 답을 제시한다.
④ 고객응대시 고객의 입장에서 판단한다.

Answer ── 81. ④ 82. ① 83. ③

81 ④ 합리적인 구매의사 결정을 위해 정보를 제공하는 것은 서비스 및 상품 구매 전에 요구된다.

82 고객이 구입한 제품의 결함, 정신적 또는 물질적 피해에 대한 보상을 요구했을 때 합의를 통해 피해를 해결하거나, 합의가 되지 않을 경우 피해보상 기준과 관련 법규에 따라 합의·권고하여 고객의 피해를 금전적 내지는 물질적으로 구제하게 된다.

83 ③ 고객의 요구에 대해서는 미리 판단하여 답을 제시할 것이 아니라 고객이 원하는 바를 끝까지 잘 경청하고 고객의 요구에 대한 답을 제공하는 것이 바람직하다.

84 고객의 유형 중 단호한 형(Decisive)의 고객상담 요령과 가장 거리가 먼 것은?

① 고객에게 상담원이 될 수 있으면 말을 많이 한다.

② 질문에 직접적인, 간결한, 사실적인 대답을 한다.

③ 변명하지 말고 설명을 간결하게 하고 해결책을 제공한다.

④ 상황의 해결을 목표로 한 구체적 질문을 하고 서비스한다.

85 고객응대 시 잘못된 응대와 그에 따른 효과적인 대응방법이 잘못 연결된 것은?

① 저는 모릅니다. → 제가 알아보겠습니다.

② 제 잘못이 아닙니다. → 저희 관리자와 상의하십시오.

③ 다시 전화 주십시오. → 제가 다시 전화 드리겠습니다.

④ 진정하세요. → 죄송합니다.

86 고객과의 커뮤니케이션을 효율적으로 하기 위해 사용하는 화법과 가장 거리가 먼 것은?

① 고객의 발언을 인용한다.

② 결론과 요점을 먼저 전한다.

③ 가급적 전문용어를 사용한다.

④ 요점이 되는 전달 내용을 복창 확인한다.

Answer ── **84.** ① **85.** ② **86.** ③

84 단호한 성향을 가진 고객의 특징
　㉠ 경쟁적이다.
　㉡ 자신만만하고 거만한 태도를 보이기도 한다.
　㉢ 듣기보다 말을 많이 한다.
　㉣ 매우 구체적이며, 직접적으로 질의 한다.
　㉤ 권력 등을 상징적으로 사용하기도 한다.
　㉥ 자기주장이 강하다.
　㉦ 즉각적인 결과나 욕구충족을 원한다.

85 ② 상담원 개인의 잘못이 아니라도 책임을 회피하는 듯한 대답은 잘못된 응대이다. 사과하고 적절한 조치를 취하는 모습을 보이는 것이 바람직하다.

86 ③ 고객과의 커뮤니케이션에 있어서는 고객이 이해할 수 있는 용어를 사용하는 것이 효율적이다.

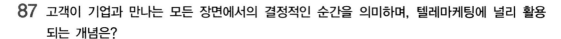

87 고객이 기업과 만나는 모든 장면에서의 결정적인 순간을 의미하며, 텔레마케팅에 널리 활용되는 개념은?

① MOT
② CRM
③ CSP
④ POCS

88 커뮤니케이션에 대한 설명으로 틀린 것은?

① 의사소통으로 표현되지만 보다 넓은 의미이다.
② 특정대상에게 구체적인 정보나 감정을 전달하는 것이다.
③ 욕구 충족을 위한 인간의 행동이다.
④ 의사전달 → 감정이입 → 정보교환의 순으로 나타난다.

89 고객지향마케팅에 대한 설명으로 옳은 것은?

① 상품의 시장 점유율을 중심으로 마케팅 전략을 수립한다.
② 상품의 특징 및 장점 등을 중심으로 마케팅 전략을 수립한다.
③ 고객 서비스 중심으로만 마케팅 전략을 수립한다.
④ 고객이 의사결정의 기준이 되고, 고객관점에서 마케팅 전략을 수립한다.

Answer ── **87. ① 88. ④ 89. ④**

87 고객접점(MOT)의 순간
　㉠ 고객접점 순간은 고객이 서비스 품질에 대한 강한 인상을 가지게 되는 시점을 의미한다. 바로 어느 한 순간에 고객의 인정을 받을 수도 있고 반대로 고객의 신뢰를 잃을 수도 있기 때문에 기업은 고객과의 접점의 순간을 정확하게 파악하고 있어야 한다.
　㉡ 대면 고객접점에 위치한 서비스맨은 고객만족의 성패가 실제는 자기 자신에 의해 결정된다는 신념을 갖고 접점의 중요성을 바르게 인식하고 그 역할과 책임을 다해야 한다.

88 ④ 의사전달이나 정보교환이 이루어지기 전에 감정이입이 먼저 이루어져야 효율적인 커뮤니케이션이 가능하다.

89 고객지향마케팅의 특징
　㉠ 고객이 수동적인 수용자에 그치지 않고, 마케팅에서 가장 핵심요소
　㉡ 마케팅의 목표 : 고객만족
　㉢ 상품 개발 시 고객이 요구하는 가치가 중요한 요소로 작용
　㉣ 고객 개개인의 생활양식 및 가치에 중심을 둔 고객집단 선정
　㉤ IT 중심의 다양한 의사소통을 통해 소비자와 장기적 관계 형성, 유지

90 커뮤니케이션의 기본요소에 대한 설명으로 옳지 않은 것은?

① 전달자(Communicator) : 전달의도가 커뮤니케이션의 시발점이 된다.

② 부호화(Encoding) : 상징물이나 신호 등에는 전달자의 의도가 하나의 부호로 실려 있게 되는데 눈으로 보이지 않는 체계이므로 전달자와 수신자간의 보다 깊은 심리적인 교감이 필요하다.

③ 메시지 및 매체 : 전달자가 수신자에게 전하려는 내용이며, 부호화의 결과이고 커뮤니케이션의 경로이다.

④ 해석 및 수신자(Decoding&Receiver) : 일방적인 커뮤니케이션에서는 전달하려는 내용과 수신자가 받아들이는 내용 사이에 왜곡의 가능성이 높다.

 Answer—— **90.** ④

90 커뮤니케이션의 기본요소
의사소통 모델요인
㉠ 환경 : 상담원의 메시지를 보내고 받는 환경, 즉 사무실, 상점, 집단이나 개별환경은 메시지의 효율성에 영향을 준다.
㉡ 송신자 : 상담원은 고객과 메시지를 시작하면서 송신자의 역할을 맡는다. 반대로 고객이 반응을 보일 때에는 고객이 송신자가 된다.
㉢ 수신자 : 처음에 상담원은 고객이 보내는 메시지의 수신자가 된다. 그러나 일단 상담원이 피드백을 하게 되면, 상담원의 역할은 송신자로 바뀐다.
㉣ 메시지 : 메시지는 상담원이나 고객이 전달하고자 하는 생각이나 개념이다.
㉤ 통로 : 상담원의 메시지를 이전하기 위해 선택하는 방법인 전화, 대면접촉, 팩스, 이메일이나 기타 통신수단을 말한다.
㉥ 부호화 : 상담원의 메시지를 고객이 효과적으로 이해할 수 있는 형태로 바꾸기 위해서 부호화된다. 메시지를 해독할 수 있는 고객의 능력을 정확하게 파악하지 못하면 혼란과 오해를 일으킬 수 있다.
㉦ 해독 : 해독은 상담원과 고객이 되돌려 받은 메시지의 의미를 해석함으로써 친밀한 생각으로 전환하는 것이다.
㉧ 피드백 : 피드백은 양방향 의사소통 과정의 가장 중요한 요소 가운데 하나로 피드백이 없다면 상담원은 독백을 하는 것과 마찬가지이다.
㉨ 여과 : 여과는 받은 메시지를 왜곡시키거나 영향을 미치는 요인들이다. 여과에는 태도, 관심, 경향, 기대, 교육 및 신념과 가치 등이 포함된다.
㉩ 잡음 : 잡음은 정확한 정보의 수용을 방해하는 생리적이거나 심리적인 요인들인 신체적 특성, 주의력 부족, 메시지의 명확도나 메시지의 시끄러움과 같은 환경적 요인들이다.

91 다음 중 CRM을 통해 얻게 되는 기업측면의 직접적 이익에 해당하는 것을 모두 고르면?

㉠ 판매 증진	㉡ 서비스품질 개선
㉢ 비용 감소	㉣ 종업원 확보

① ㉠
② ㉠, ㉡
③ ㉢, ㉣
④ ㉠, ㉢, ㉣

92 잘못된 서비스로 인하여 고객에게 사과를 해야 할 때 취할 자세와 가장 거리가 먼 것은?

① 고객의 기분을 인정하고, 책임을 공유할 것임을 표현한다.
② 고객에 대한 배려와 관심을 보여주고, 어떻게 해결하면 좋을까를 물어본다.
③ 고객에게 사과하고 응대를 종료한다.
④ 진지하게 사과를 한 후 계속해서 고객과 거래할 기회를 달라고 요청한다.

93 고객만족 화법 중 그 예가 틀린 것은?

① [Yes/But 화법] 물론 고객님 입장이시라면 그러실 수 있습니다. 그러나 이러한 경우라면~
② [경청화법] 네. 그러셨군요.
③ [부메랑 화법] 네. 고객님 말씀이 맞습니다. 덕분에 저도 매우 수월 했습니다.
④ [아론슨 화법] 현재 예약이 많아 바로는 어렵겠지만 최대한 빠른 시간 내에 방문토록 노력하겠습니다.

Answer— **91.** ④ **92.** ③ **93.** ③

91 종업원 확보는 CRM을 통해 얻을 수 있는 기업의 직접적 이익에 해당하지 않는다.

92 먼저 고객의 불만에 대하여 "죄송합니다"라는 사과의 뜻을 표시한다. 고객의 이야기를 끝까지 잘 들어야 하며, 도중에서 말을 가로 막는다든가 변명의 말을 하지 않도록 하며 고객의 문제와 걱정하는 점에 대하여 성실한 태도로써 관심을 표시하여야 한다. 고객이 원하는 바가 무엇인지를 정확히 파악해야 한다. 고객과 말다툼이 될 소지가 있거나 이미 화나 있는 고객의 경우에는, 대화 시 가능한 톤을 낮추어서 상대방의 감정이 가라앉도록 한다. 끝까지 거절해야 할 경우에는 직접적인 표현을 삼가 하고 우회적인 말을 사용하여 감정의 대립을 완화한다. 즉 "안됩니다." 대신 "죄송합니다." 고객 불만을 적극적으로 해결하려는 노력을 보여 주어야 한다. 책임 주체가 회사인지 고객인지 판별하기 어려운 경우, 고객의 입장에서 문제 해결을 위해 최대한 노력한다. 언쟁을 벌이는 것은 회사 이미지에 손상을 끼치기 때문에 무조건 필해야 한다.

93 부메랑 화법 … 부메랑을 던지면 다시 그것이 되돌아오는 특성을 화법에 응용시킨 것으로, 고객이 자꾸 내 곁을 떠나려는 변명과 트집을 잡을 때 그 트집이 바로 나의 장점이라고 주장하여 나의 곁으로 돌아오게 하는 것이다.

94 CRM의 특징에 대한 설명으로 틀린 것은?

① CRM은 고객지향적이다.
② CRM은 개별고객의 생애에 걸쳐 거래를 유지하고, 늘려나가고자 하는 것이다.
③ CRM은 정보기술에 기반한 과학적인 제반 환경의 효율적 활용을 요구한다.
④ CRM은 고객과의 간접적인 접촉을 통해 커뮤니케이션을 지속한다.

95 고객이 반론을 제기하는 원인과 가장 거리가 먼 것은?

① 회사를 믿을 수 없다.
② 텔레마케터의 설명이 충분하지 않다.
③ 올바른 선택에 대한 확신이 없다.
④ 텔레마케터를 믿을 수 있다.

96 고객에게 걸려온 전화를 다른 사람에게 돌려주어야 하는 경우 취해야 할 행동으로 옳지 못한 것은?

① 전화를 다른 사람에게 돌려야 하는 이유와 받을 사람이 누구인지 말해준다.
② 전화를 받을 사람에게 전화를 돌려도 괜찮은지 물어본다.
③ 전화를 돌려준 후 신속히 끊는다.
④ 전화를 돌려받을 사람에게 전화를 건 사람의 이름과 용건을 말해준다.

97 말하기 기법에서 청자의 듣기핵심 3요소가 아닌 것은?

① 파악
② 수용
③ 이해
④ 반응

 Answer ── **94.** ④ **95.** ④ **96.** ③ **97.** ②

94 ④ CRM은 고객과의 직접적인 접촉을 통해 이루어지며 지속적인 쌍방향적 커뮤니케이션을 유지하며 고객관계를 관리한다.

95 ④ 고객이 텔레마케터를 믿는 것은 반론을 제기하는 원인으로 보기 어렵다.

96 ③ 전화를 돌려준 후 통화가 연결되는 것을 확인하고 전화를 끊는다.

97 듣기 3요소 … 파악, 이해, 반응

98 상담원의 고객응대 서비스 자세로 옳은 것은?

① 규칙에 입각한 입장을 강조한다.
② 모든 불만 사항의 책임을 고객에게 전가한다.
③ 고객의 입장에서 일을 처리한다.
④ 고객에게 다음에 전화하라고 한다.

99 텔레마케팅을 통한 고객응대 특징이 아닌 것은?

① 고객과 텔레마케터간의 쌍방향 커뮤니케이션이다.
② 전화장치를 활용한 비대면 중심의 커뮤니케이션이다.
③ 텔레마케팅에서는 비언어적인 메시지를 사용하지 않는다.
④ 고객상황에 맞추어 융통성 있는 커뮤니케이션이 가능하다.

100 CRM 최적화를 위한 전략으로 가장 옳은 것은?

① 기업의 내적 환경만 분석하면 된다.
② 미래예측은 수치보다 상황을 설명하는 방향으로 해야 한다.
③ 시간의 효율성이 성공의 열쇠이기 때문에 신속하게 의사결정을 해야 한다.
④ 추상적인 경험이나 직관이 도움이 될 수 있다.

Answer　**98.** ③　**99.** ③　**100.** ③

98 ① 규칙만을 강조하기 보다는 고객의 입장을 충분히 헤아리는 자세를 가진다.
　　② 고객에게 책임을 전가하는 것은 고객응대 서비스 자세로 바람직하지 못하다.
　　④ 고객이 다시 전화할 필요 없이 해당 전화로 문제를 해결할 수 있도록 노력해야 한다.

99 ③ 비언어적인 커뮤니케이션은 언어적 메시지 이상의 효과가 있다.

100 고객관계관리(CRM ; Customer Relationship Management)는 고객과 관련된 기업의 내 · 외부 자료를 분석 · 통합하여 고객특성에 기초한 마케팅활동을 계획하고 지원하며 평가하는 과정을 의미한다. 다양한 고객접점을 활용하여 여기서 발생되는 수많은 데이터를 세분화하여 신규고객의 획득→우수고객의 유지→고객가치의 증진→잠재고객의 활성화→평생 고객화와 같은 사이클링을 통한 고객의 니즈(needs)에 초점을 두어 일대일로 실시하는 차별화된 마케팅전략이다.

03 2013년 제3회 기출문제

1 판매관리

1 데이터베이스 마케팅의 목적이 아닌 것은?

① 고객가치의 극대화를 통한 기업가치의 극대화이다.

② 많은 고객을 확보하고, 기존고객의 이탈을 방지하고, 고객을 강화한다.

③ 고객에 대해 판매를 최대화하고 비용을 최소화하여 수익을 극대화한다.

④ 즉각적인 고객의 반응을 이끌어낸다.

2 상품판매에 있어서 고객이 동시에 구매할 가능성이 높은 상품들을 찾아내어 함께 판매한다는 것을 뜻하는 말은?

① 교차판매   ② 순차적 판매

③ 인적 판매   ④ 상승 판매

 Answer — 1. ④ 2. ①

1 ④ 고객 데이터를 바탕으로 고객 개개인과의 지속적이고 장기적인 관계(relationship) 구축을 위한 마케팅 전략을 수립하고 집행하는 여러 가지 활동을 말한다.

    ※ 데이터베이스 마케팅의 목적

        ㉠ 마케팅 리서치의 자동화

        ㉡ 직접적인 커뮤니케이션

        ㉢ 고객의 안정적 유지 및 고정 고객 확보

        ㉣ 고객확보 및 지속적이고 장기적인 고객유지

        ㉤ 기업의 가치 극대화

2 교차판매 … 하나의 제품이나 서비스 제공 과정에서 다른 제품이나 서비스에 대해 판매를 촉진시키는 마케팅 기법이며 추가 구입을 유도하는 판매방법으로 크로스 셀링(Cross-selling)이라고도 한다.

3 인바운드 상담절차로 바르게 연결된 것은?

① 상담준비→전화응답과 자신의 소개→문제 해결→동의와 확인→고객 니즈 간파→종결
② 상담준비→전화응답과 자신의 소개→고객 니즈 간파→동의와 확인→문제 해결→종결
③ 상담준비→전화응답과 자신의 소개→고객 니즈 간파→문제 해결→동의와 확인→종결
④ 상담준비→고객 니즈 간파→문제 해결→동의와 확인→전화응답과 자신의 소개→종결

4 일정수준 이상의 입지조건, 이미지, 경영능력을 가진 중간상을 선별하여 서비스를 취급할 수 있는 권한을 부여하는 경로전략을 무엇이라고 하는가?

① 독점적 유통   ② 집중적 유통
③ 선택적 유통   ④ 집약적 유통

5 아웃바운드 텔레마케팅 특성에 대한 설명으로 틀린 것은?

① 고객에게 전화를 하는 성과 지향적이다.
② 대상고객의 리스트나 자료가 있다.
③ 스크립트 활용보다 Q&A에 의존한다.
④ 고객과의 신뢰구축에 따라 판매율이 달라진다.

Answer   3. ③   4. ③   5. ③

3 인바운드 프로세스(Inbound process)
① 업무 전 상담 준비 : 상품 및 서비스에 관한 지식의 숙지, 인사연습 및 텔레마케팅 실전교육
② 전화상담(전화 받기) : 인사와 함께 소속 및 자신의 이름을 밝힌다.
③ 문의내용의 파악(고객니즈의 탐색) : 주의 깊은 경청을 통하여 고객의 니즈(needs)를 파악, 고객과 통화하는 동안 적절한 호응을 한다.
④ 문의에 대한 해결 : 적절한 화법을 구사하여 고객을 정중하게 응대한다.
⑤ 반론의 극복 : 반론에 대한 대처는 고객 니즈(needs)의 정확한 파악을 바탕으로 한다.
⑥ 통화내용의 재확인 : 상담 종결 전 준비단계에 해당한다.
⑦ 통화의 종결 및 끝인사 : 종료 시에는 감사의 인사와 함께 자신의 소속 및 성명을 다시 한 번 밝히도록 하고, 고객이 먼저 통화를 종료한 후 통화를 종료하도록 한다.

4 선택적 유통 … 집약적 유통과 전속적 유통의 중간에 해당되는 전략으로, 판매지역별로 자사제품을 취급하고자 하는 중간상들 중에서 자격을 갖춘 하나 이상의 소수의 중간상들에게 판매를 허용하는 전략이다. 이러한 전략은 소비자들이 구매 전에 상표 대안들을 파악하고 이들을 비교·평가하는 특성을 가진 선매품에 적절하다. 선택적 유통을 사용하는 제조업자는 판매력이 있는 중간상들만 유통경로에 포함시키므로 만족스러운 매출과 이익을 기대할 수 있다. 또한 제조업자는 선택된 중간상들과의 우호적인 거래관계의 구축을 통해 적극적인 판매노력을 기대할 수 있다.

5 ③ 아웃바운드는 스크립트를 작성하여 활용하는 경향이 높다.

6 일반적으로 기업이 통제 가능한 마케팅 환경요인은?

① 광고 환경 ② 법률적 환경

③ 정치적 환경 ④ 문화적 환경

7 대형편의점에서 고객들을 유치하기 위해 매우 널리 알려진 브랜드 제품을 특별 할인가격으로 판매하는 광고를 하였다면, 이는 어떤 가격전략을 택한 것인가?

① 선도가격전략 ② 특별가격전략

③ 품위가격전략 ④ 서수가격전략

8 신제품에 기존 브랜드를 연결시켜 소비자가 쉽게 접근할 수 있도록 하는 브랜드 관리 전략은?

① 이중브랜드전략 ② 라인확장전략

③ 브랜드확장전략 ④ 신규브랜드전략

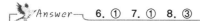

Answer 6. ① 7. ① 8. ③

6 법률적, 정치적, 문화적 환경은 기업이 통제하기 어려운 마케팅 환경이다.

7 선도가격전략 … 핵심상품들을 정상적인 가격수준 이하, 심지어 원가 이하로 판매하여 고객을 점포로 끌어들인 후 정상적으로 마진이 더해진 다른 상품들에 대한 판매가 이루어지도록 하기 위한 전략이다. 선도품목은 소비자들에게 잘 알려져 있으며 자주 구입되는 품목이어야 하며, 가격할인의 효과가 쉽게 눈에 띄는 상품이어야 한다.

8 브랜드확장전략 … 신제품을 시장에 출시할 때 이미 소비자들에게 강력한 이미지를 구축하고 있는 브랜드명을 이용하여 그 이름을 그대로 또는 소비자들이 유사한 이름이라는 것을 쉽게 인지할 수 있는 범위에서 약간 변형하여 사용하는 브랜드 관리 전략이다.

9 제품이용도를 제고하고자 이탈고객을 대상으로 거래단절의 원인을 조사하여 이에 대한 대책을 수립하는 마케팅 전략은?

① 릴레이션십 마케팅(relationship marketing)
② 리텐션 마케팅(retention marketing)
③ 내부마케팅(internal marketing)
④ 데이터베이스 마케팅(database marketing)

10 다음 중 재포지셔닝이 필요한 상황과 가장 거리가 먼 것은?

① 기업 매출 증가　　　　　　② 소비자 기호의 변화
③ 경쟁우위 열세　　　　　　④ 제품속성 선택 실패

11 제품수명주기 중 시장 확대 전략, 제품 수정 전략, 상표 재포지셔닝 전략을 사용해야 하는 주기는?

① 도입기　　　　　　② 성장기
③ 성숙기　　　　　　④ 쇠퇴기

Answer ─── 9. ② 10. ① 11. ③

9 ① 릴레이션십 마케팅 : 기업 외부의 다양한 요소들과 협조관계를 구축하여, 판매를 신장시키고 이익을 증진시키는 마케팅 형태이다.
③ 내부마케팅 : 기업구성원을 고객으로 생각하고 이들과 기업간의 적절한 마케팅 의사전달체계를 유지함으로써 외부 고객들에게 보다 양질의 서비스를 제공하려는 마케팅 형태이다.
④ 데이터베이스 마케팅 : 기업이 고객에 대한 다양한 정보를 컴퓨터를 이용하여 Data Base화하고, 구축된 데이터를 바탕으로 고객 개개인과의 장기적인 관계를 구축하는 마케팅 전략이다.

10 ① 재포지셔닝이란 자사제품이 경쟁사의 제품보다 열등할 경우에 기존제품을 리뉴얼하거나 전혀 새로운 상품으로 접근을 하는 것으로, 기업 매출이 증가하는 상황에서는 재포지셔닝의 필요성이 적다.

11 성숙기(maturity)는 높은 수익성으로 인하여 새로운 기업이 시장에 속속 진입하기 시작하고 수요가 포화상태로 접어들면서 가격의 인하를 통한 경쟁이 시작되는 시기이므로 경쟁력이 약한 기업은 산업에서 도태되는 위험한 시기이다. 따라서 성숙기에는 시장 확대 및 제품 수정, 상표 재포지셔닝 등의 전략을 사용해야 한다.

12 상대적으로 저가전략이 적합한 경우로 틀린 것은?

① 높은 품질로 새로운 소비자층을 유인하고자 할 때
② 시장에서 경쟁사의 수가 많을 것으로 예상될 때
③ 소비자들의 본원적인 수요를 자극하고자 할 때
④ 시장수요의 가격탄력성이 높은 때

13 아웃바운드 판매전략의 일련과정이 바르게 나열된 것은?

① 잠재고객 특성 정의 → 잠재고객 파악 → 스크리닝 → 판매 → 사후관리
② 잠재고객 특성 정의 → 스크리닝 → 잠재고객 파악 → 판매 → 사후관리
③ 잠재고객 파악 → 잠재고객 특성 정의 → 스크리닝 → 판매 → 사후관리
④ 잠재고객 파악 → 스크리닝 → 잠재고객 특성 정의 → 판매 → 사후관리

14 소비자 구매의사 결정에 관한 단계별 설명으로 틀린 것은?

① 정보탐색 – 소비자들이 이용하는 정보탐색 활동에는 인적, 상적, 공공, 경험 등이 있다.
② 문제인식 – 소비자 구매의사 결정 과정의 첫 단계이다.
③ 대체안 평가 – 가장 선호하는 상표를 구매한다.
④ 구매 후 행동 – 제품 사용성과에 만족한 소비자는 재구매의 가능성이 높다.

Answer —— 12. ① 13. ③ 14. ③

12 ① 제품의 우수성을 강조하는 촉진전략을 계획하고 있다면 상대적으로 높은 가격을 설정할 수 있다. 이 전략은 가격보다 제품의 질에 관심이 많은 소비자를 주요 목표로 두고 있다.

13 아웃바운드 판매전략 과정 … 잠재고객 파악 → 잠재고객 특성 정의 → 스크리닝 → 판매 → 사후관리

14 소비자 구매의사 결정단계
　㉠ **문제인식** : 소비자 구매의사 결정단계의 첫 단계로 실제 필요한 것과 욕구의 차이가 발생한다.
　㉡ **정보탐색** : 소비자들이 이용하는 정보탐색 활동에는 인적, 상적, 공공, 경험 등이 있으며 이를 바탕으로 소비자의 욕구가 충족될 만한 상품을 탐색한다.
　㉢ **대체안 평가** : 탐색된 정보를 바탕으로 대체안들의 장·단점을 평가하는 단계이다.
　㉣ **구매** : 구체적인 상표와 상품, 구입방식과 점포 등을 결정하여 구매하는 단계이다.
　㉤ **구매 후 행동** : 제품 사용성과에 만족한 소비자의 경우 재구매의 가능성이 높다.

15 아웃바운드 텔레마케팅의 성공 요인과 가장 거리가 먼 것은?

① 브랜드 품질의 확보와 신뢰성
② 고객 니즈에 맞는 전용상품과 특화된 서비스 발굴
③ 정확한 대상고객의 선정
④ 탄력적인 인력배치

16 유통경로에 관한 설명 중 틀린 것은?

① 유통경로는 생산자로부터 소비자에게 제품이 전달되는 과정이다.
② 유통경로의 구성원들은 재화를 수송하고 저장하며, 정보를 수집한다.
③ 유통경로의 길이는 중간상 수준의 수를 말한다.
④ 유통경로의 서비스나 아이디어는 생산자들에게는 큰 의미가 없다.

17 생산자가 개방적인 유통전략을 구사해야 하는 소비재는?

① 편의품   ② 선매품
③ 전문품   ④ 비탐색품

Answer ── 15. ④ 16. ④ 17. ①

15 아웃바운드 텔레마케팅 … 브랜드 품질을 확보하여 특화된 서비스와 고객 니즈에 맞는 전용상품을 발굴하여 기존 고객
이나 잠재고객에게 전화를 걸거나 비디오텍스에 상품정보와 관련된 메시지를 발송하는 형태로 고객에 대한 데이터베이
스를 철저히 관리하여 정확한 대상고객을 선정하여야 한다.

16 유통경로의 의미
　㉠ 제품이나 서비스는 다양한 경로를 거쳐 최종고객에게 전달되거나 소비되고 있는데, 이 경로를 유통경로(Marketing
　　channel 혹은 Distribution channel)라 한다. 따라서 유통경로란 어떤 상품을 최종 구매자가 쉽게 구입할 수 있도
　　록 만들어 주는 과정으로 정의된다.
　㉡ 유통경로는 대표적인 마케팅 믹스(4P) 중 하나이다. 제품이나 서비스자체의 흐름을 중심으로 이해하는 것은 물류라
　　하고, 유통경로에 참여하여 일정한 역할을 하는 기관을 중심으로 고찰하는 것을 일반적인 유통이라 한다.

17 ① 편의품은 구매하는 기간이 빈번하고, 구매에 대한 시간과 노력이 적게 소요되는 제품으로 생산자가 개방적인 유통
전략을 구사해야 하는 소비재에 해당한다.

18 다음 중 제품수명주기의 단계별 특징과 마케팅 전략에 관한 설명과 가장 거리가 먼 것은?

① 도입기 – 판매가 완만하게 상승하나 수요가 적고 제품의 원가도 높다.

② 성장기 – 경쟁제품이 나타나고 모방제품, 개량제품이 나타난다.

③ 성숙기 – 이미지광고를 통한 제품의 차별화를 시도한다.

④ 쇠퇴기 – 제품을 다시 한번 활성화시키는 재활성화(revitalization)를 시도할 필요가 있다.

19 다음 중 세분시장의 평가에 대한 설명으로 틀린 것은?

① 세분시장이 기업의 목표와 일치한다면 그 세분시장에서 성공하는데 필요한 기술과 자원을 보유한 것으로 본다.

② 세분시장을 평가하기 위하여 가장 먼저 각각의 세분시장의 매출액, 성장률 그리고 기대수익률을 조사하여야 한다.

③ 세분시장 내에 강력하고 공격적인 경쟁자가 다수 포진하고 있다면 그 세분시장의 매력성은 크게 떨어진다.

④ 세분시장 내에 다양한 대체 상품이 존재하는 경우에는 당해 상품의 가격이나 이익에도 많은 영향을 미친다.

Answer 　18. ④　19. ①

18 제품수명주기(Product life cycle)
　㉠ **도입기**(introduction) : 신제품이 시장에 소개되는 시기이므로 제품의 가격과 이윤율이 높음에도 불구하고 제품 광고비의 과다한 지출 및 판매량의 부진, 그리고 높은 개발비 등으로 기업의 위험 또한 높다.
　㉡ **성장기**(growth) : 제품에 대한 수요가 점점 증가함에 따라 시장 규모가 확대되고 제조 원가가 하락하여 기업의 이윤율이 증가하는 성장기에 접어들면 기업의 위험이 현격하게 줄어든다.
　㉢ **성숙기**(maturity) : 높은 수익성으로 인하여 새로운 기업이 시장에 속속 진입하기 시작하고 수요가 포화상태로 접어들면 가격의 인하를 통한 경쟁이 시작되는 시기이므로 경쟁력이 약한 기업은 산업에서 도태되는 위험한 시기이다.
　㉣ **쇠퇴기**(decline) : 이 시기를 지나면 판매량이 급격히 줄어들고 이윤이 하락하며 기존의 제품은 시대에 뒤떨어지는 상품으로 전락한다.

19 ① 세분시장은 각기 서로 다른 목표를 가져야 한다. 따라서 세분시장이 기업의 목표와 일치한다고 하여 그 세분시장에서 성공하는데 필요한 기술과 자원을 보유한 것으로 보기는 어렵다.

20 유통경로의 설계과정을 바르게 나열한 것은?

> A. 고객욕구의 분석
> B. 주요 경로대안의 식별
> C. 유통경로의 목표 설정
> D. 경로대안의 평가

① A→C→B→D 　　　　② B→A→D→C
② C→B→A→D 　　　　④ D→C→A→B

21 여러 점포를 모두 특정지역에 집중하여 입지시키는 방법으로 대개 대형 상관이나 교통중심지를 대상으로 하는 마케팅 방법은?

① 경쟁적군집화 　　　　② 포화마케팅
③ 프랜차이징 　　　　④ 다경로 유통시스템

22 다음 설명에 해당하는 가격결정 전략은?

> 홈쇼핑이나 인터넷 쇼핑 등에서 주로 볼 수 있는 가격결정전략으로, 9,900원 혹은 99,000원 등 가격상의 실제적인 차이는 그렇게 없지만 심리적으로 가격이 훨씬 싼 것처럼 느껴지게 하는 전략

① 유도가격결정 　　　　② 위신가격결정
③ 단수가격결정 　　　　④ 가격단계화

Answer— **20.** ① **21.** ② **22.** ③

20 유통경로의 설계과정
　㉠ 고객욕구분석
　㉡ 유통경로의 목표설정
　㉢ 주요 경로대안의 식별
　㉣ 경로대안의 평가

21 ① 개인소유의 독자적인 프랜차이즈 보다는 회사소유의 큰 상권에서 보다 진가를 발휘한다.
　② 스타벅스, 맥도날드 등과 같은 특정한 비즈니스에 대해 고밀도 도시 지역에서 가장 성공적이다.
　③ 파리바게트나 도미노 피자와 같은 특정 기업이 갖고 있는 유명한 상표나 상호의 사용권을 다른 기업에게 제공하면서 경영에 직, 간접적으로 참가하고, 그 대가로 사용료를 받는 것이다.
　④ 둘 이상의 상이한 마케팅 경로이다. 상권이 세분화됨에 따라 각 상권에 효과적으로 접근할 수 있는 다양한 종류의 유통시스템이다.

22 단수가격(odd pricing) … 시장에서 경쟁이 치열할 때 소비자들에게 심리적으로 값싸다는 느낌을 주어 판매량을 늘리려는 심리적 가격 결정의 한 방법이다.

23 소비재(consumer product)에 해당하지 않는 것은?

① 편의품　　　　　　　　　　　② 선매품
③ 전문품　　　　　　　　　　　④ 소모품

24 어느 특정기업이 소비자의 마음속에 자사상품을 원하는 위치로 부각시키려는 노력을 무엇이라 하는가?

① 이미테이션　　　　　　　　　② 포지셔닝
③ 시장의 표적화　　　　　　　　④ 독점시장화

 Answer ⎯⎯ **23. ④　24. ②**

23 소비재(Consumer goods)
　㉠ 편의품(Convenience products)
　　• 편의품은 구매하는 기간이 빈번하고, 구매에 대한 시간과 노력이 적게 소요된다. 생산자는 일반적으로 대량광고와 판매촉진을 수행한다.
　　• 편의품은 가격이 비싸지 않으며, 이러한 제품의 예로는 음식, 양말, 드라이클리닝 등 일상생활에서 쉽게 접할 수 있는 제품들이다.
　㉡ 선매품(Shopping products)
　　• 선매품은 여러 가지 다양한 대안을 비교해 가면서 제품을 구매하는데 있어 수고와 노력을 아끼지 않는 다.
　　• 선매품의 예로는 전자제품, 헬스서비스, 옷 같은 것이 속한다.
　㉢ 전문품(Specialty products)
　　• 전문품은 독특한 제품의 특성을 지녔는데 소비자들이 드물게 구매하며, 가격 또한 비싼 편이다.
　　• 소비자는 그들이 원하는 정확한 제품과 상표를 획득하기 위하여 특별한 노력을 기꺼이 하려 한다. 이러한 제품에는 교육, 주택과 고성능 자동차를 포함한다.
　㉣ 비탐색품(Unsoughts products)
　　• 소비자는 탐색하지 않고 심지어 의식하지도 않는 경우가 많으며 소비자가 니즈(needs)와 가치(value)를 인식할 때 그러한 제품을 구매한다.
　　• 비탐색품의 가장 고전적인 예는 생명보험이다. 또한 비탐색품은 편의품, 선매품, 전문품이 될 수 있으므로 그 특성이 다양하다.

24 제품 포지셔닝
　㉠ 제품의 포지션이란 제품이 소비자들에 의해 지각되고 있는 모습을 말한다.
　㉡ 포지셔닝은 소비자의 마음 속에 자사제품이나 기업을 표적시장·경쟁·기업능력과 관련하여 가장 유리한 포지션에 있도록 노력하는 과정 또는 소비자들의 인식 속에 자사의 제품이 경쟁제품과 대비하여 차지하고 있는 상대적 위치를 말한다.

25 코틀러 교수의 3단계 제품수준에 해당하지 않는 것은?

① 핵심제품   ② 명품제품

③ 유형제품   ④ 포괄제품

2 　시장조사

26 응답자에게 조사자가 전화를 걸어 질문하는 전화조사법의 단점으로 옳지 않은 것은?

① 시각적인 보조 자료(그림, 도표)를 활용할 수 없다.

② 질문의 길이와 내용에 제한을 받는다.

③ 질문 중에 응답자가 전화통화를 중단하는 경우도 있다.

④ 전화보급의 보편화로 응답자에게 접근이 용이하다.

27 타당성이란 측정하고자 하는 개념이나 속성을 정확히 측정하였는가를 말한다. 타당성을 향상 시키기 위한 방법이 아닌 것은?

① 엄격한 개념정의를 하고 대상을 정확히 측정하게 하여 타당성을 향상시킨다.

② 항목들의 의미가 조사자와 응답자간에 정확한 의사소통이 되도록 신중을 기한다.

③ 한 개의 척도만 사용하여 측정대상의 집중타당성을 평가한다.

④ 척도개발 시 측정대상에 대해 명확히 이해하는 사람에게 맡겨 내용타당성을 높인다.

Answer— **25.** ④ **26.** ④ **27.** ③

25 코틀러의 3단계 제품수준
  ㉠ **핵심제품**(Core product) : 핵심편익(benefit)이나 서비스를 가리킨다. 즉, 소비자들이 구매를 통해 얻고자 하는 가치 또는 효익을 말한다.
  ㉡ **형태(실체)제품**(Formal or Tangible product) : 핵심제품을 실제의 형태로 개발시키기 위해 물리·화학·상징적 속성을 결합한 것으로 일반적으로 우리가 보는 제품의 성질을 말한다.
  ㉢ **확장(포괄)제품**(Augmented product) : 제품의 구매를 통해 고객의 만족을 이끌어 내기 위한 것으로 형태상 제품에 부가되는 여러 가지 특성을 말한다.

26 ④ 전화조사법의 장점에 해당한다.

27 ③ 집중타당성은 동일한 개념을 측정하기 위해 최대한 상이한 두 가지 측정 방식을 개발하고 이에 의하여 얻어진 측정 값들간에 높은 상관관계가 존재해야 한다는 것이다. 따라서 한 개의 척도만 사용하는 것은 타당성을 향상시키기 위한 방법이 아니다.

28 수집된 자료 중 2차 자료의 장점이 아닌 것은?

① 저렴한 비용   ② 수집과정의 용이성

③ 시간의 절약   ④ 입수자료의 적합성

29 자료를 수집하고 자료를 처리하는 과정에서 코딩이나 입력을 하지 않아도 되므로 시간을 절약할 수 있는 조사는?

① 인터넷 조사   ② 우편조사

③ 전화조사   ④ 방문조사

30 다음 질문문항이 부적합한 이유는?

귀하는 라면과 김밥을 좋아합니까? 예 [   ]   아니오 [   ]

① 유도신문이기 때문이다.

② 한 번에 두 개의 질문을 하기 때문이다.

③ 적합성이 떨어지기 때문이다.

④ 응답자의 의견을 묻고 있기 때문이다.

Answer   **28.** ④   **29.** ①   **30.** ②

28 1차 자료와 2차 자료

ㄱ 1차 자료

• 수집목적 : 당면한 조사문제 해결
• 수집과정 : 고관여
• 수집비용 : 고비용
• 수집기간 : 장기

ㄴ 2차 자료

• 수집목적 : 다른 조사문제 해결
• 수집과정 : 저관여
• 수집비용 : 저비용
• 수집기간 : 단기

29 인터넷 조사 … 인터넷 기술의 발달과 인터넷 사용자 수의 증대에 따라 새로 도입된 조사기법으로 인터넷을 통해 네티즌들에게 파일형태의 설문지를 발송하고 이에 대한 응답도 파일로 전송 받아 자료를 수집하는 방법이다.

30 '라면을 좋아합니까?'와 '김밥을 좋아합니까?'라는 두 개의 질문을 하기 때문에 라면은 싫고 김밥을 좋아하는 경우, 또는 그 반대의 경우에는 대답이 곤란하다.

31 다음과 같은 특징을 지닌 연구방법은?

> – 질적인 정보를 양적인 정보로 바꾼다.
> – 예를 들어, 최근에 유행하는 드라마에서 주로 다루었던 주제가 무엇인지 알아낸다.
> – 메시지를 연구대상으로 할 수도 있다.

① 투사법   ② 내용분석법
③ 질적연구법   ④ 사회성측정법

32 설문지를 작성한 후에, 예정 응답자 중에서 일부를 선정하여 예정된 본 조사와 동일한 절차와 방법으로 질문서를 시험하여 질문의 타당성을 높이는 조사절차를 무엇이라고 하는가?

① 예비 조사   ② 사전 조사
③ 본 조사   ④ 마무리 조사

33 설문지 유형 중에서 동기조사에 해당하는 투사법이 아닌 것은?

① 통각시험법   ② 단어연상법
③ 문장완성법   ④ 개인면접법

Answer— 31. ② 32. ② 33. ④

31 ① 직접 질문하기 어렵거나 직접 질문을 하여도 타당성 있는 응답이 나올 가능성이 없을 때 어떤 자극상태를 형성하여 이에 대한 응답자의 반응을 보고 의향이나 의도를 파악하는 방법이다.
③ 인터뷰, 관찰결과, 문서, 그림, 역사기록 등 질적 자료를 얻기 위해 사용되는 방법이다.
④ 집단 내에서의 개인의 사회적 위치 및 비형식적인 집단형성의 구조를 알아내는 방법이다.

32 사전조사 … 질문서의 초안을 작성한 후에 예정 응답자 중 일부를 선정하여 예정된 본 조사와 동일한 절차와 방법으로 질문서를 시험하여 질문의 내용·어구구성·반응형식·질문순서 등의 오류를 찾아 질문서의 타당도를 높이기 위한 절차이다.

33 ① 통각시험법 : 주제 또는 제품 등에 관한 그림을 보여주고 어떤 감정이 드는지 말하도록 하는 방법이다.
② 단어연상법 : 응답자들에게 단어들을 한 번에 하나씩 제시하고, 그 단어와 관련하여 첫 번째로 떠오르는 단어를 적거나, 말하도록 요구하는 방법이다.
③ 문장완성법 : 단어연상법과 비슷한 기법으로, 응답자들에게 완성되지 않은 문장을 제시하고 이를 채우도록 요구한다.

34 다음 사례에서 A은행이 수집하고 있는 자료는?

> A은행은 은행계좌를 가지고 있는 고객들을 직접 만나 은행계좌 외에 다른 은행서비스(신용카드 등)를 이용하고 있지 않는 이유 등을 질문했다고 한다.

① 설문지 자료
② 2차 자료
③ 관찰 자료
④ 비확률적 자료

35 다음 중 모집단에 관한 설명으로 틀린 것은?

① 모집단을 설정할 때는 전화 걸 대상, 응답자 역할의 구체화, 직업 등을 고려해야 한다.
② 모집단은 조사자가 추론하고자 하는 모든 자료들의 집합을 말한다.
③ 모집단은 자료의 흩어진 정도를 나타내지 않는다.
④ 전화조사 시 조사원이 어떤 사람들에게 전화할 것인가를 추출하는 기초자료이다.

Answer— **34.** ① **35.** ③

34 은행계좌를 가지고 있는 고객들을 직접 만나 목적으로 하는 정보에 대해 질문하여 수집한 것은 개방형 설문지 자료 수집이라고 볼 수 있다.

35 모집단의 확정

　㉠ 표본추출과정은 모집단(population)을 결정하는 것으로부터 시작된다. 모집단은 조사자가 조사하고자 하는 관심의 대상이 되는 사람, 기업, 상품, 지역 등과 같은 집단의 전체 집합체(set)를 말한다. 일반적으로 모집단을 정의하고 확정하는 것은 조사자가 필요로 하는 정보를 제공해 줄 수 있는 원천을 결정하는 것이므로 매우 중요하다.

　㉡ 일반적으로 모집단은 조사대상의 인구통계학적 특성과 지역 및 시간개념들을 고려해서 구체적으로 규정해야 한다. 만약 불안정하게 정의된 모집단을 대상으로 하여 조사하게 된다면 조사결과로부터 얻게 되는 정보를 이용해서 판단하거나 의사결정하기가 적합하지 못한 경우도 있다.

36 통계분석법에 관한 설명으로 틀린 것은?

① 아이스크림 제조 기업이 날씨에 따라 아이스크림 구매량이 어떻게 변화하는가를 분석하는 것은 상관분석이다.

② 기업의 광고담당자가 광고액에 따른 매출액 변화와 어떤 광고매체가 매출액에 더 많은 영향을 미치는가를 파악하는 것이 상관분석이다.

③ 분산분석우 전자회사가 새로운 모델을 만들었을 때 소비자들이 어떤 마케팅 전략에 더 좋은 반응을 나타내는가를 알고자 할 때 사용되는 분석이다.

④ 분산분석은 전략의 효과측정이나 소비자 집단 간의 반응 차이 등을 알아보는 데 유용한 기법이다.

37 다음 중 확률표본추출 방법에 해당하지 않는 것은?

① 계통표집   ② 층화표집

③ 편의표집   ④ 집락표집

38 다음과 같은 질문을 통해 자료를 수집하는 방식은?

> (질문 1) 친구들 중 가장 편하게 자신의 고민을 이야기할 수 있는 사람은 누구입니까?
> (질문 2) 학교 동창생들 중에서 함께 여행을 가고 싶은 두 사람의 이름은?

① 소시오메트리   ② 메트리스법

③ Q-소트   ④ 스캘로그램

Answer ── **36.** ②   **37.** ③   **38.** ①

36 통계적 분석방법은 그에 맞는 자료의 형태를 갖추어야 하므로 조사설계를 계획할 때부터 수집할 자료의 성격과 분석방법을 일관성 있게 결정하여야 한다.
  ㉠ **편집** : 자료의 정정, 보완, 삭제 등이 이루어지는 작업
  ㉡ **코딩** : 자료분석의 용이성을 위해 관찰내용에 일정한 숫자를 부여하는 과정

37 ③ 편의표집은 비확률표본추출방법이다.

38 소시오메트리(sociometry)
  ㉠ **의의** : 모집단 구성원 간의 거리를 측정하는 방법으로 J. L. Moreno가 중심이 되어 인간관계의 측정방법 등에 사용하여 발전시켰다.
  ㉡ **분석방법**
  • 소시오메트리 행렬(sociometric matrix) : 응답결과를 행렬의 수가 같은 메트릭으로 정리·분석하는 방법이다.
  • 소시오그램(sociogram) : 집단에서 얻어진 선택의 다이어그램이나 차트로서 연구목적보다는 실제적 목적으로 자주 사용한다.
  • 소시오메트릭 지수(sociometric index) : 개인 또는 집단의 소시오메트리 특징을 가리키며 선택지위지수, 집단확장지수, 집단응집성 등으로 구분된다.

39 한 시점에서 다양한 대상과 변수에 대해 측정하는 조사 설계로 적은 비용과 시간을 들여서 많은 대상에 대해 많은 변수를 측정할 수 있는 조사는?

① 인과조사　　　　　　　　　　② 횡단조사
③ 종단조사　　　　　　　　　　④ 사후측정설계

40 조사대상자의 교육수준에 따라 신뢰도의 격차가 크게 발생될 수 있는 척도는?

① 거트만척도(guttman scale)　　② 의미분화척도(semantic differential scale)
③ 리커트척도(likert scale)　　　④ 서스톤척도(thurstone scale)

41 설문지를 구성할 때 제일 먼저 위치해야 하는 요소는?

① 면접자의 신상기록 항목　　　② 응답자 분류를 위한 문항
③ 응답자에 대한 협조 요청문　　④ 필요한 정보 획득을 위한 문항

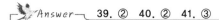

Answer — **39. ②　40. ②　41. ③**

39 횡단조사와 종단조사
　㉠ **횡단조사**(Cross-Sectional research) : 가장 보편적으로 사용되는 조사로서 여러 조사대상자들을 정해진 한 시점에서 조사·분석하는 방법으로 비교적 큰 규모의 표본조사가 필요하다.
　㉡ **종단조사**(Longitudinal study) : 정해진 조사대상의 특정 변수 값을 여러 시점에 걸쳐 조사하여 이들의 변화와 그 차이의 발생요인을 분석하는 것으로 시계열조사라고도 하며 시간 간격을 두고 한 번 이상 조사를 실시하기 때문에 시간의 경과에 따른 마케팅 변수에 대한 소비자반응의 변화를 측정할 수 있다.

40 의미분화척도 … 하나의 개념에 대한 의미에 대해서 두개의 극단으로 분화하여 두 극단 중에서 하나를 선택하도록 한다. 응답자들이 비교적 쉽고 빠르게 응답을 할 수 있다.
　① 일련의 동일한 항목을 갖는 하나의 변수만을 측정하는 척도를 말한다.
　③ 평정척도의 변형으로 여러 문항을 하나의 척도로 구성하여 전체 항목의 평균값을 측정치로 하는 방법을 말한다.
　④ 평가자를 사용하여 척도상에 위치한 항목들을 어디에 배치할 것인가를 판단한 후 다음 조사자가 이를 바탕으로 척도에 포함된 적절한 항목들을 선정하여 척도를 구성하는 방법을 말한다.

41 응답자에 대한 협조요청
　㉠ 조사자와 조사기관의 소개, 조사의 취지를 설명함과 동시에 개인적인 응답항목에 대한 비밀보장을 확신시켜 줌으로써 조사의 응답률을 높인다.
　㉡ 조사자가 직접 면담을 실시할 때는 내용을 구두로 전달하고, 우편으로 조사를 실시할 때는 서신(문장)으로 조사의 취지와 내용에 대하여 협조를 부탁한다.

42 관찰법을 이용하여 얻을 수 있는 자료의 내용으로 가장 거리가 먼 것은?

① 실제행동
② 응답자의 기억
③ 현장 구매행동
④ 대화 내용

43 마케팅 조사의 한 종류로써 인과조사는 원인과 결과를 규명하기 위한 조사이다. 인과관계를 정확하게 밝히기 위한 인과관계의 성립요건이 아닌 것은?

① 실험변수의 변화
② 변화의 시간적 우선순위
③ 병발생의 조건
④ 외생변수 영향의 통제

44 다음 중 탐색적 조사방법에 해당하지 않는 것은?

① 전문가 의견조사
② 문헌조사
③ 실험연구
④ 사례연구

45 통계조사에 포함되는 전수조사와 표본조사에 관한 설명으로 틀린 것은?

① 전수조사는 정밀도를 요할 때 사용되며, 모든 부분을 전부 조사하는 것을 말한다.
② 표본조사는 부분조사라고도 한다.
③ 표본조사는 전수조사에 비해 인력과 시간 및 비용이 적게 든다.
④ 다면적으로 조사결과를 이용하려 할 때에는 표본조사를 한다.

Answer 42. ② 43. ① 44. ③ 45. ④

42 관찰조사 … 관찰법이란 질문과 답변을 통하여 정보를 수집하는 것이 아니라 응답자의 행동과 태도를 조사자가 관찰하고 기록함으로써 정보를 수집하는 방법이다. 관찰법은 자신이 인식하지 못한 행동의 패턴을 조사하는 것으로 응답자와의 어떠한 커뮤니케이션도 없이 오직 관찰에 의해서만 정보를 수집하는 방법이다.

43 인과조사 … 마케팅 현상의 원인과 결과 간의 관계를 알아보기 위한 조사로 변수들 간의 인과관계가 확실한지를 알아보는 것을 말한다. 조사자가 관심을 두는 결과변수와 이에 영향을 미치는 원인변수들을 규명하고 이들 간의 관계를 파악하는데 이용하는 방법으로 원인변수와 결과변수는 함께 발생되어야 하며, 원인변수와 결과변수는 순차적으로 발생되어야 하고, 외생변수의 영향을 통제해야 하는 세 가지 요건을 만족해야 결론을 내릴 수 있다.

44 탐색적 조사방법의 종류
㉠ 문헌조사　㉡ 전문가 의견조사　㉢ 표적집단면접　㉣ 사례연구

45 일반적으로 조사는 관심의 대상이 되는 전체 모집단의 특성을 파악하기 위해서 실시한다. 이를 위한 조사방법으로는 모집단 구성원 전체에 대해 조사하는 전수조사와 모집단을 대표할 수 있는 일부를 표본으로 선정하여 조사하는 표본조사가 있다.
④ 다면적으로 조사결과를 이용하려 할 때에는 전수조사를 한다.

46 다음 중 변인에 대한 설명으로 틀린 것은?

① 독립변인 : 인과관계를 분석할 목적으로 수행되는 연구에서 원인이 되는 변인
② 중재변인 : 독립변인과 종속변인의 관계에서 직접적인 인과관계가 아닌 제3변인의 효과를 포함하는 경우의 제3변인
③ 잠재변인 : 독립변인 이외에 종속변인에 영향을 주는 모든 변인
④ 관찰변인 : 조작적 정의에 따라 관찰가능하고 측정 가능한 실체가 있는 변인

47 동일한 실험대상자들에게 일정한 시간적 간격을 두고 반복적으로 조사하는 방법은?

① 연속 조사
② 횡단 조사
③ 코호트 조사
④ 패널 조사

48 마케팅 믹스의 4P 중 제품(product) 결정과 관련된 시장조사의 역할과 목적으로 틀린 것은?

① 타겟 소비자가 제품으로부터 기대하는 편익이 무엇인지 알 수 있다.
② 제품 판매에 적합한 유통경로를 파악할 수 있다.
③ 기존 제품에 새로 추가할 속성이나 변경해야 할 속성을 파악할 수 있다.
④ 브랜드명의 결정, 패키지, 로고 대안들에 대한 테스트를 할 수 있다.

Answer 46. ③ 47. ④ 48. ②

46 ③ 잠재변인은 관찰변인 이외에 영향을 줄 것으로 예상되는 변인이다.

47 종단조사 … 시점을 달리한 동일한 현상에 대하여 측정을 반복하는 조사방법으로 주로 패널조사를 이용하며, 패널조사는 특정 조사대상들을 선정해 놓고 반복적으로 조사를 실시하는 방법이다.

48 ② 유통전략에 해당한다.

49 신뢰도의 구체적 평가방법에 해당하지 않는 것은?

① 복수양식법   ② 재조사법

③ 내적 일관성법   ④ 구성체 신뢰도법

50 전화번호부에 이한 표본추출방법에 관한 설명으로 틀린 것은?

① 전화번호부에 표시된 지역구분보다 행적적인 경계로 표본단위를 정하는 것이 좋다.

② 가나다 순으로 된 전화번호부에서 표본을 추출할 때 체계적으로 하되 중복되지 않게 한다.

③ 맨 앞이나 맨 끝은 가능한 피하는 것이 좋다.

④ 최초의 목적이나 하나의 규정이 있으면 그대로 계속하는 것이 좋다.

---

3 텔레마케팅관리

51 텔레마케터의 성과관리 방법으로 가장 적합하지 않은 것은?

① 다양한 방법의 포상이 텔레마케터에게는 더 효과적이다.

② 모니터링은 교육 및 동기부여를 위한 긍정적인 피드백으로 활용되어야 한다.

③ 개인의 성과는 팀의 성과에 연계되어 평가 되어야 한다.

④ 판매 권유 콜센터의 경우 성과에 대한 보상 차등폭을 최소화해야 한다.

Answer — **49.** ④ **50.** ① **51.** ④

49 신뢰도를 측정하는 방법에는 재검사법(재조사법), 동형검사법, 반분신뢰도법, 문항 내적 합치도법(내적 일관성법) 및 크론바흐 알파 계수법 등이 있다.

50 ① 전화번호부에서 지역적 표본추출을 할 경우 행정적인 경계 대신에 전화번호부에 표시된 지역구분에 따라 지역별 표본단위를 정하는 것이 좋다.

51 ④ 성과에 따른 보상의 차등폭은 일정 수준 이상이어야 한다.

52 상담원에 대한 OJT 종료 후 평가에 관한 설명으로 틀린 것은?

① OJT 종료 후에 개인별 및 전체적인 측면을 평가하여 업무나 경영에 적극적으로 반영해야 한다.

② 계획, 실시, 결과의 단계별로 평가하면 효율적이다.

③ OJT 실시 중 기업의 전략, 업무, 영업방법 등이 변경되었을 때에는 평가기준에 대한 수정 여부를 검토해야 한다.

④ OJT 평가결과에 대한 수용도가 낮으므로 평가결과에 대한 피드백은 개인에게 하지 않아야 한다.

53 다양한 전문적 기술을 가진 사람들의 집단에 의해 해결될 수 있는 프로젝트를 중심으로 조직화된 신속한 변화와 적응이 가능한 임시적 시스템인 조직구조는?

① 매트릭스 조직구조 ② 혼합형 조직구조
③ 위원회 조직구조 ④ 직능별 조직구조

54 텔레마케터 코칭 시 관리자가 지켜야 할 올바른 태도가 아닌 것은?

① 코칭 시작 시 텔레마케터와 친밀감형성을 먼저 한다.

② 장점에 대한 칭찬을 곁들이면서 문제점에 대한 지적을 하고 동의를 구한다.

③ 문제 코칭사항에 대해 상담원의 답변을 들을 필요는 없다.

④ 문제점의 지적과 함께 개선 방안에 대해 제시하거나 토의 한다.

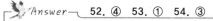

Answer 52. ④ 53. ① 54. ③

52 ④ OJT가 성공하기 위해서는 평가결과에 대해 적시에 Feed Back을 행해야 한다.

53 매트릭스 조직 … 기능별부문화와 사업별부문화가 결합된 혼합형부문화가 이루어진 모형을 말한다. 이를 통해 조직의 활동을 기능적 부문으로 전문화시킴과 동시에 전문된 부문을 다시 사업별로 연결 통합시키는 사업형태를 가지고 있다. 매트릭스 조직은 전문인력과 기술 및 장비를 여러 사업 부서에서 공동으로 활용할 수 있으나 이중적 권위구조로 인해 갈등을 유발하게 되는 단점을 가지고 있다.

54 ③ 문제 코칭사항에 대해서도 상담원의 답변을 들어야 한다.

55 유기적인 콜센터 조직설계로 가장 거리가 먼 것은?

① 과업공유의 조직설계　　　② 팀제의 조직설계
③ 권한 집중화의 조직설계　　④ 신속한 업무처리의 조직설계

56 텔레마케터 모니터링의 평가항목에 포함되지 않는 것은?

① 텔레마케터의 음성　　　　② 텔레마케터의 표현 및 구술능력
③ 텔레마케터의 전문성　　　④ 텔레마케터의 주관적인 사고

57 콜센터 상담사나 각 팀별 성과향상을 위한 활동으로 적합하지 않는 것은?

① 개인, 팀별로 적절한 동기부여를 시킬 수 있는 프로그램을 운영한다.
② 성과 측정시 공정성과 객관성을 유지하도록 최대한 노력한다.
③ 합리적인 급여체계를 구축하여 근무집중도를 향상시키고 이직률을 낮추어야 한다.
④ 시외 지역의 교통이 혼잡하지 않은 곳에 사무실을 위치시키고 쾌적한 근무환경을 제공한다.

58 상담원의 보상계획 수립 시 고려해야 할 사항으로 가장 거리가 먼 것은?

① 급여계획과 인센티브 정책 마련 시 직원을 참여시킨다.
② 인력 수요를 고려한다.
③ 정확하고 객관적으로 측정된 성과분석 자료를 활용한다.
④ 벤치마킹 및 산업평균을 최우선 반영한다.

Answer ─ 　55. ③　56. ④　57. ④　58. ④

55 ③ 권한이 집중화된 조직은 유기적 조직설계와 거리가 멀다.

56 ④ 모니터링의 평가항목은 객관적인 기준이 필요하다. 업무와 관련 없는 텔레마케터의 주관적인 사고는 모니터링 평가 항목에 포함되지 않는다.

57 ④ 상담원 출퇴근이 편리하다는 것은 우수한 능력을 갖고 있는 상담원을 채용하는 데 편리함을 제공한다. 임대비용을 줄이기 위해 한적한 시골에 콜센터를 구축했다면 관리비용은 줄어들지 모르나 우수한 상담원을 채용하기는 어려울 것이다.

58 ④ 상담원의 보상은 상담원의 능력과 성과가 우선적으로 반영되어야 한다.

59 텔레마케터 교육훈련을 위한 역할연기(role playing)에 관한 설명으로 가장 적합하지 않은 것은?

① 조직의 응집력과 단결력을 강화할 수 있다.
② 텔레마케터의 자신감과 상황대응 능력을 향상시킬 수 있다.
③ 실제 상황대로 스크립트를 가지고 연습함으로써 다양한 실전 경험을 할 수 있다.
④ 텔레마케터는 응대업무와 관련한 개인적인 문제점을 구체적으로 피드백 받을 수 있다.

60 인바운드 콜센터의 인입콜 데이터 산정기준에 대한 설명으로 적합하지 않은 것은?

① 퍼펙트 콜 수를 기준으로 산정한다.
② 인입되는 모든 콜은 동일한 기준과 방법으로만 산정하며 시간별, 요인별 특성은 감안하지 않는다.
③ 상담원의 결근, 휴식, 식사, 개인적 부재 등의 부재성을 배제한 상태에서 산정된 데이터를 기준으로 한다.
④ 먼저 걸려온 전화가 먼저 처리되는 순서를 준수하여 보다 정밀하고 객관적으로 산정되도록 한다.

Answer — **59. ① 60. ②**

59 역할 연기는 인간관계 등에 관한 사례를 몇 명의 피훈련자가 나머지 피훈련자들 앞에서 실제의 행동으로 연기하고, 사회자가 청중들에게 그 연기 내용을 비평토론하도록 한 후 결론적인 설명을 하는 교육훈련 방법을 말한다. 이러한 역할 연기 방법은 주로 대인관계, 즉 인간관계 훈련에 이용된다.
 ※ 역할 연기(role playing)의 효과
   ㉠ 참여를 적극적으로 유도하고 사고를 자극한다.
   ㉡ 모방, 관찰, 피드백, 분석 및 개념화를 통해서 학습이 이루어진다.
   ㉢ 정보를 제공하고 성과에 대한 즉각적인 평가를 통해 기술을 향상시킨다.
   ㉣ 연습을 통해서 새롭고 유용한 행동을 습관화시킬 수 있다.
   ㉤ 문제의 해결안을 실행하는 능력을 향상시킬 수 있다.
   ㉥ 상대방의 입장에 서서 다양한 문제 상황을 이해하고 경험해 볼 수 있다.
   ㉦ 타인이 그 자신의 행동에 대해 인식하고 통찰할 수 있도록 피드백 해주고 능력을 키울 수 있다.
   ㉧ 자기 반성의 기회를 가질 수 있으며, 자주성과 창조성을 제고시킬 수 있다.

60 ② 인입되는 콜을 산정할 때는 시간별, 요일별 특성을 감안해야 한다.

61 고객 불편사항, 주문 접수 등을 수행하는 콜센터 형태로 가장 적합한 것은?

① 인바운드 콜센터　　　　　　　② 아웃바운드 콜센터
③ 인소싱 콜센터　　　　　　　　④ 혼합형 콜센터

62 직무분석의 방법 중 관찰법에 대한 설명으로 옳은 것은?

① 대상직무의 작업자가 많은 시간을 할애해야 한다.
② 다른 작업자를 감독하거나 조정하는 등의 직무내용에 적합하다.
③ 분석자의 주관이 개입될 위험이 적다.
④ 분석자는 대상업무에 대한 전문적 지식이 필요 없다.

63 콜센터 문화에 영향을 미치는 사회적 요인에 해당되지 않는 것은?

① 행정당국의 제도적 지원　　　　② 상담원의 근로선택의 자유로움
③ 상담원에 대한 직업의 매력도　　④ 상담원의 콜센터 근무만족도

64 회선 및 상담사의 부족으로 통화 연결되지 못한 콜의 비율을 무엇이라 하는가?

① 분단비용　　　　　　　　　　② 시도콜
③ 전환율　　　　　　　　　　　④ 불통률

Answer 　61. ①　62. ②　63. ④　64. ④

61 인바운드 콜센터에서 수행하는 업무이나. 인바운드는 크게 주문·문의·안내 응대상담과 불만·클레임 응대상담 등의 2가지로 나눌 수 있다.

62 관찰법
　㉠ 직무분석자가 직무수행자를 직접 관찰하면서 정보를 수집하는 형태이다.
　㉡ 육체적 작업을 하는 직무의 경우 관찰이 용이하나 정신적 작업을 하는 직무의 경우 관찰이 어렵다.
　㉢ 작업의 시작에서 끝까지의 장시간이 소요되는 업무의 경우 적용이 곤란하며, 직무관찰행위가 작업자의 직무수행에 영향을 미칠 수도 있다.
　㉣ 수작업 및 육체적 작업이 경우 적은 시간과 비용으로 직무분석이 가능하다.

63 콜센터 문화에 영향을 미치는 사회적 요인
　㉠ 콜센터 근무자에 대한 직업의 매력도 및 인식정도
　㉡ 취업정보 개방에 따른 콜센터 근무자의 이직의 자유로움
　㉢ 관련 행정당국의 제도적·비즈니스적 지원 정도

64 불통율 … 회선 및 상담사의 부족으로 통화로 연결되지 못한 콜의 비율

65 다음 중 콜센터 조직의 특성이 아닌 것은?

① 고객지향적 조직이다.
② 고객과 간접적으로 접촉하는 조직이다.
③ 정보와 커뮤니케이션을 매개로 하는 조직이다.
④ 상황의 다양성, 집중성, 즉시성을 요구하는 대응조직이다.

66 A회사 콜센터는 직접 고객을 상담하는 상담팀, 교육을 담당하는 교육팀, 모니터링을 담당하는 QA팀, 각종 통계 관리를 담당하는 운영지원팀, 그리고 시스템 관리를 담당하는 시스템 관리팀으로 구분되어 있다. 이와 같이 담당하는 업무의 성격에 따라 팀이 구분되는 조직을 무엇이라고 하는가?

① 기능별 조직   ② 피라미드 조직
③ 라인별 조직   ④ 매트릭스 조직

67 House가 제시한 목표-경로 모형의 리더십 유형에 관한 설명으로 틀린 것은?

① 지시적 리더십 – 조직화, 통제, 감독과 관련되는 행위, 규정, 작업일정을 수립하고 직무명확화를 기한다.
② 후원적 리더십 – 부하의 복지와 욕구에 관심을 가지며 배려적이다.
③ 참여적 리더십 – 부하에게 기준을 제시하며 일방적 커뮤니케이션에 의존한다.
④ 성취지향적 리더십 – 도전적 목표를 가지고 잠재력을 개발하며 높은 성과를 지향하도록 유도한다.

 Answer **65. ② 66. ① 67. ③**

65 ② 고객과 직접적으로 접촉하는 조직이다.

66 ① **기능별 조직** : 공통적인 기능을 중심으로(재무, 회계, 인사 등의 기능) 활동이 부서화 되어 있는 구조를 말한다. 이 구조는 특정활동과 관련된 모든 지식과 기술을 결합하여 깊이 있는 지식을 제공할 수 있다. 그리고 기능별로 부서화 되어있기 때문에, 특정 분야에 대한 전문적인 지식이 조직의 목표달성이 큰 영향을 미친다.
② **피라미드 조직** : 위에서 아래로의 통제와 지시를 중심으로 운영되는 조직을 말한다.
③ **라인별 조직** : 명령일원화를 원칙으로 하며, 명령권한을 중심으로 구성원이 연결되어 있다.
④ **매트릭스 조직** : 구성원이 두 개 부문에 동시에 속하며, 두 상관에게 명령을 받게 된다.

67 ③ 참여적 리더십은 부하의 의견을 의사결정에 반영하며, 의사결정 참여를 통하여 과업을 수행·학습하게 하는 유형이다.

68 조직의 성과관리를 위한 개인평가방법을 상사평가방식과 다면평가방식으로 구분할 때 상사평가방식의 특징이 아닌 것은?

① 상사의 책임감 강화
② 간편한 작업 난이도
③ 평가결과의 공정성 확보
④ 중심화, 관대화 오류 발생 가능성

69 텔레마케팅의 전개과정을 바르게 나열한 것은?

① 기획→실행→반응→측정→평가
② 기획→실행→측정→반응→평가
③ 기획→측정→실행→평가→반응
④ 기획→측정→실행→반응→평가

70 콜센터의 활성화 방법으로 옳지 않은 것은?

① 쾌적한 환경을 조성해 준다.
② 목표를 정하고 결과를 점검한다.
③ 수시로 모니터링을 실시하고 감청, 감시한다.
④ 일일보고서를 분석하고 피드백(feedback)을 한다.

71 콜센터 개설 시 외부 전문기관에 위탁하여 조직을 운영할 경우의 장점이 아닌 것은?

① 초기 투자비용이 적게 든다.
② 고객정보 보안이 용이하다.
③ 최신의 효과적인 기술을 제공받을 수 있다.
④ 전문업체인 경우 외국어 등 다양한 유형의 콜을 처리할 수 있다.

Answer **68.** ③ **69.** ① **70.** ③ **71.** ②

68 ③ 다면평가방식의 특징이다. 상사평가방식은 상사가 부하직원을 평가하는 방식이고, 다면평가방식은 상사가 부하직원이나 동료에 의하여 평가를 받는 방식이다. 다면평가방식은 상사에 의해서만 평가가 이루어졌던 방식에 비해 타 부문의 상사, 동료, 거래처나 고객 등의 평가도 도입하여 평가의 공정성·신뢰성을 높일 수 있고, 조직 내 다양한 계층들 간의 의사소통의 기회를 제공한다는 특징이 있다.

69 텔레마케팅의 전개과정 … 기획 → 실행 → 반응 → 측정 → 평가

70 ③ 너무 잦은 모니터링과 감청, 감시는 역효과를 일으킬 수 있다.

71 전문적인 텔레마케팅 용역업체에 위탁하는 것은 텔레마케팅 활동의 전문성을 최대한 이용할 수 있는 장점이 있고 초기 투자비가 상대적으로 적게 든다.

72 고효율, 고성과를 창출하기 위한 콜센터 직무별 역할에 관한 설명으로 틀린 것은?

① 상담사는 높은 상담품질로 더 높은 성과달성에 기여한다.

② 수퍼바이저는 코칭을 통해 상담사의 업무역량을 개발하여 더 높은 성과달성에 기여한다.

③ QAA는 상담품질관리를 통해 더 높은 성과달성에 기여한다.

④ 기술지원자(IT)는 적절한 스케줄 관리를 통해 오버타임 원가를 줄임으로써 상담 시 발생되는 비용을 감소시킨다.

73 콜 예측을 위한 콜센터 성과지표의 설명으로 틀린 것은?

① 평균통화시간(초) - 상담원이 고객 한 사람과 통화하기 위해 준비 단계부터 상담종료까지 소요되는 평균적인 시간을 말한다.

② 평균 마무리 처리시간(초) - 평균통화시간 이후 상담내용을 별도로 마무리하는 데 소요되는 평균적인 시간을 말한다.

③ 평균 통화처리시간(초) - 평균통화시간과 평균 마무리처리시간을 합한 것이다.

④ 평균응대속도(초) - 고객이 상담원과 대화 이전에 대기하고 있는 총시간을 응답한 총 통화 수로 나눈 값을 말한다.

Answer— **72.** ④ **73.** ①

72 콜센터 직무별 역할
　㉠ **텔레마케터(TMR ; Telemarketer)** : 고객관리 · 고객상담에 직접적으로 관련되는 텔레마케팅의 일을 하는 사람들이다.
　㉡ **유니트 리더** : 텔레마케팅의 소단위 업무리더로 고객의 문의사항에 대하여 좀 더 높은 격으로 직접 처리하거나 슈퍼바이저에게 직접 보고하여 업무처리를 원활하게 돌아가도록 한다.
　㉢ **슈퍼바이저(Supervisor)** : 텔레마케팅의 교육, 훈련, 관리에서 스크립트 작성, 리스트 세분화, 판매 전략의 기획 입안, 운영코스트의 관리, 활용 등 여러 직무를 수행한다.
　㉣ **제너럴 매니저(General Manager)** : 텔레마케팅 업무 전체의 작업효율, 손익분기점 등을 고려하면서 운영효율화를 위한 ACD 등의 도입 시기 결정, 운영예산책정, 작업환경의 정비, 근무체계의 확립, 인사, 관리, 운영체계의 강화 등을 담당한다.

73 ① 평균통화시간(Average Handle Time)은 상담원의 평균 통화 시간과 마무리 시간(wrap-up time)을 합한 시간이다.

74 다음 중 OJT의 장점과 가장 거리가 먼 것은?

① 교육 대상자의 능력과 수준에 맞추어 지도가 가능하다.

② 교육 대상자는 교육 받은 내용을 바로 실행해 보고 수정할 수 있다.

③ 개인 지도를 통해 교육 효과가 높다.

④ 실제 일이 이루어지는 과정을 현장에서 보여주면 되므로 교육자는 사전 교육 계획을 세울 필요가 없다.

75 콜센터 조직의 구성 원칙과 거리가 먼 것은?

① 감독한계의 원칙 : 콜센터 리더 한 사람이 직접 리더십을 발휘할 수 있는 상담원의 수에는 한계가 있다.

② 전문화의 원칙 : 콜센터 조직의 구성원은 가능한 한 하나의 특수한 전문화된 업무만을 담당할 때 효율성과 생산성이 더욱 향상될 수 있다.

③ 책임과 권한의 원칙 : 콜센터 내 조직원들에게 보다 명확한 업무분장과 수행에 따른 적정한 권한의 부여가 이루어져야 한다.

④ 통일성의 원칙 : 상담원은 라인에 따라 한 사람의 상사로부터 명령이나 지시를 받아야 업무지침의 혼란과 조직관리의 혼선을 방지할 수 있다.

Answer ── **74. ④ 75. ④**

74 ④ 교육자는 사전 교육 계획을 세워야 한다.

　　※ OJT의 장점

　　　　㉠ 훈련·개발의 내용이 실제직이며 ⊐ 실시가 용이하다.

　　　　㉡ 훈련으로 인한 진보를 알기 쉽기 때문에 종업원의 동기를 유발시키는데 효과적이다.

　　　　㉢ 일과 훈련을 병행할 수 있어 저비용으로 할 수 있다.

　　　　㉣ 상급자와 하급자 간의 상호 이해를 촉진할 수 있다.

　　　　㉤ 종업원의 습득도와 능력에 따른 훈련을 할 수 있다.

75 ④ 명령일원화의 원칙에 대한 설명이다.

　　※ 콜센터 조직의 구성 원칙

　　　　㉠ 전문화의 원칙

　　　　㉡ 직능화의 원칙

　　　　㉢ 조정의 원칙

　　　　㉣ 통제한계의 원칙

　　　　㉤ 명령일원화의 원칙

　　　　㉥ 계층화의 원칙

　　　　㉦ 권한이양의 원칙

76 커뮤니케이션에 대한 설명으로 가장 적합한 것은?

① 커뮤니케이션을 통해 고객 불만이 증가된다.

② 의사결정을 하는데 있어 혼란을 초래한다.

③ 고객으로부터 정확한 정보를 얻기 위한 수단이다.

④ 원만하고 친밀한 인간관계의 형성은 커뮤니케이션의 역기능이다.

77 고객생애가치에 관한 설명으로 옳은 것은?

① 처음으로 자사 제품 또는 서비스를 구입한 때부터 고객이 사망하는 시점까지의 기간이다.

② 특정 회사의 제품 또는 서비스를 처음 구매하거나 요청한 기간이다.

③ 특정 회사의 제품 또는 서비스를 구매한 날로부터 최종 반품처리한 날까지의 기간이다.

④ 한 고객이 한 기업의 고객으로 존재하는 전체기간 동안 기업에게 제공할 것으로 추정되는 재무적인 공헌도의 합계라고 할 수 있다.

78 고객에게 전달할 내용을 선정할 때 유의할 사항으로 틀린 것은?

① 상황에 알맞은 내용을 선정한다.

② 상담사가 충분히 알고 있는 내용을 선정한다.

③ 상담사의 수준에 맞는 내용을 선정한다.

④ 고객 정보를 바탕으로 하여 내용을 선정한다.

Answer ── **76.** ③ **77.** ④ **78.** ③

76 ① 커뮤니케이션을 통해 고객 불만이 감소한다.
　　② 커뮤니케이션은 조직 내에서 토론이나 토의를 통한 의사결정과정에 중요한 기능을 한다.
　　④ 원만하고 친밀한 인간관계의 형성은 커뮤니케이션의 순기능이다.

77 고객생애가치 … 한 고객이 특정 기업의 상품이나 서비스를 최초 구매하는 시점부터 마지막으로 구매할 것이라고 예상되는 시점까지의 누적액의 평가를 말한다.

78 ③ 고객의 수준에 맞는 내용을 선정한다.

79 발신자에 의한 커뮤니케이션 장애요인이 아닌 것은?

① 반응과 피드백 부족　　　② 커뮤니케이션 스킬 부족
③ 발신자의 신뢰 부족　　　④ 타인에 의한 민감성 부족

80 전화상담시 호감을 주는 표현의 예로 거리가 먼 것은?

① 긍정일 때 - 잘 알겠습니다.
② 맞장구 칠 때 - 저도 그렇게 생각하고 있습니다.
③ 거부할 때 - 회사 방침에 따라야 합니다.
④ 분명하지 않을 때 - 어떻게 하는 것이 좋겠습니까?

81 고객상담의 필요성이 증가하는 요인으로 거리가 먼 것은?

① 고객욕구의 복잡화와 다양화　　　② 소비자불만과 소비자피해의 양적 증가
③ 소비자권리에 대한 소비자의식 향상　　　④ 제품 공급부족 현상의 심화

Answer　79. ①　80. ③　81. ④

79 ① 수신자에 의한 커뮤니케이션 장애요인이다.
　※ 수신자에 의한 장애요인
　　㉠ 선입견
　　㉡ 속단적 평가 경향
　　㉢ 선택적인 취향
　　㉤ 반응과 피드백 부족

80 ③ 거부를 할 때는 회사의 방침만을 내세우기 보다는 고객의 입상을 이해하지만 그렇게 해 줄 수 없어 유감이라는 감정을 충분히 표현해야 한다.

81 고객상담의 필요성
　㉠ 고객입장
　　• 정보와 지식 부족, 기업에 비해 약자의 위치
　　• 대량생산 · 불량품 등 소비자피해의 증가
　　• 소비확대와 구매량 증가
　　• 법규 위반과 사기행위 증가
　㉡ 기업입장
　　• 제품이나 서비스의 불량으로 고객에게 피해를 끼치며 회사 이미지에 악영향
　　• 수집된 고객 데이터를 확대재생산의 정보로 활용
　　• 소비자 지향, 고객지향적 마케팅활동 전개로 경쟁 우위를 점함
　　• 고객의 무리한 피해보상요구에 올바르게 대응
　　• 제품의 판매감소 원인 파악

82 고객의 일반적인 욕구에 대한 설명으로 적합하지 않은 것은?

① 개인적으로 알아주고 관심과 정성이 담긴 서비스를 제공받기를 원한다.
② 소비자가 원할 때 적시에 서비스를 제공받기를 원한다.
③ 책임당사자인 제3자에게 업무를 넘겨서 처리해 주기를 원한다.
④ 자신의 문제에 대해 공감을 얻고 공정하게 처리되기를 원한다.

83 고객의 이야기를 효율적으로 듣는 것을 방해하는 개인적인 장애요인이 아닌 것은?

① 편견   ② 청각장애
③ 사고의 속도   ④ 정보과잉

Answer── 82. ③ 83. ④

82 고객심리의 유형
　㉠ 환영기대심리
　• 고객은 언제나 환영받기를 원하므로 항상 밝은 미소로 맞이해야 한다.
　• 고객들이 고객으로서 가장 바라는 심리는 점포를 찾아갔을 때 나를 왕으로 대접해주길 바라는 것보다, 나를 환영해 주고 반가워해 주었으면 하는 것이다.
　㉡ 독점심리
　• 고객은 누구나 모든 서비스에 대하여 독점하고 싶은 심리를 가지고 있다.
　• 고객 한 사람의 독점하고 싶은 심리를 만족시키다 보면 다른 고객들의 불편을 사게 된다. 따라서 모든 고객에게 공평한 친절을 베풀 수 있는 마음자세를 가져야 한다.
　㉢ 우월심리
　• 고객은 서비스 종사자보다 우월하다는 심리를 갖고 있다. 따라서 서비스 종사자는 고객에게 서비스를 제공하는 직업의식으로 고객의 자존심을 인정하고 자신을 낮추는 겸손한 태도가 필요하다.
　• 고객의 장점을 잘 찾아내어 적극적으로 칭찬하고 실수는 덮어주는 요령이 필요하다.
　㉣ 모방심리
　• 고객은 다른 고객을 닮고 싶은 심리를 갖고 있다.
　• 반말을 하는 고객이라도 정중하고 상냥하게 응대하면, 고객도 친절한 태도로 반응하게 되며 앞 고객이 서로 친절한 대화를 나누었다면, 그 다음 고객도 이를 모방하여 친절한 대화를 나누게 된다.
　㉤ 보상심리
　• 고객은 비용을 들인 만큼 서비스를 기대하며, 다른 고객과 비교해 손해를 보고 싶지 않은 심리를 갖고 있다.
　• 언제나 고객의 기대에 어긋나지 않는 좋은 물적·인적 서비스를 공평하게 제공하는 것이 중요하며, 특정 고객에게 별도의 서비스를 제공할 때에는 그 서비스를 받는 고객보다 주변의 다른 고객에 대해 더욱 신경을 써야 한다.
　㉥ 자기 본위적 심리
　• 고객은 각자 자신의 가치기준을 가지고 있다.
　• 고객은 항상 자기 위주로 모든 사물을 판단하는 심리를 가지고 있다.

83 이야기를 효율적으로 듣는 것을 방해하는 개인적 장애요인으로는 청각장애, 편견, 사고의 속도 등이 있다.

84 상담사의 효과적인 의사소통이 아닌 것은?

① 적극적인 경청자세를 취하며 열심히 듣는다.
② 감정적인 말들을 판단하고 그것에 얽매이지 않는다.
③ 말에 나타난 것 이외의 내용을 이해한다.
④ 어려운 주제는 피하고 가벼운 주제를 찾아서 다룬다.

85 고객니즈 탐색을 위한 폐쇄형 질문유형으로 적합하지 않은 경우는?

① 고객의 민감한 부분의 확인이 필요할 때
② 보다 구체적인 정보를 필요로 할 때
③ 고객의 이해정도를 확인하고자 할 때
④ 고객으로부터 자유로운 의사타진이나 대답을 원할 때

86 지속적인 상품구매를 유도하기 위한 고객 응대 시 상담원의 올바른 자세가 아닌 것은?

① 설득력 있는 대화와 유용한 정보 제공을 통해 고객의 구매 의사 결정에 도움을 주어야 한다.
② 자신 있는 태도와 말씨, 전문적인 상담을 통해 고객의 신뢰를 획득해야 한다.
③ 수익을 많이 올릴 수 있도록 고객들에게 물건을 높은 가격에 판매하도록 노력해야 한다.
④ 상품의 판매뿐만 아니라 고객의 관리를 위해 고객 정보를 수집하고 고객과의 지속적인 관계 유지를 위한 노력을 기울여야 한다.

87 고객관계관리의 변화과정에 대한 설명으로 틀린 것은?

① 고객과의 관계가 개별고객과 쌍방향 의사소통에서 그룹화된 고객과의 일방적 관계로 변화되었다.
② 고객이 수동적·선택적 구매자에서 능동적 구매자로 변화되었다.
③ 고객관리가 영업과 판매부서 위주에서 전사적 관리로 변화되었다.
④ 고객과의 관계가 일시적인 관계에서 장기적인 관계로 변화되었다.

Answer─ **84.** ④ **85.** ④ **86.** ③ **87.** ①

84 ④ 어려운 주제라고 무조건 피하는 자세는 효과적인 의사소통에 도움이 되지 않는다.

85 ④ 고객으로부터 자유로운 의사타진이나 대답을 원할 때에는 개방형 질문이 적합하다.

86 ③ 지속적인 상품 구매를 유도하기 위한 고객 응대로 높은 가격의 상품은 옳지 않다.

87 ① 고객과의 관계가 그룹화된 고객과의 일방적 관계에서 개별고객과의 쌍방향 의사소통으로 변화되었다.

88 고객 응대 시 제공하는 서비스의 특징에 해당되지 않는 것은?

① 서비스는 형태가 없는 무형의 상품으로 객관적으로 볼 수 없는 형태로 되어 있어 측정하기 매우 어렵다.

② 동질의 서비스를 제공하면 고객 개인별로 서비스를 평가하는 기분은 동일하다.

③ 서비스는 생산과 동시에 소멸되는 성격을 가지고 있다.

④ 서비스를 제공하는 장소, 인적 자원에 따라 서비스의 품질이 달라진다.

89 다음 중 고객가치 측정기법이 아닌 것은?

① 고객생애가치　　　　　　　② 고객점유율

③ RFM　　　　　　　　　　　④ 시장점유율

90 고객의 구체적 욕구를 파악하기 위한 질문기법이 아닌 것은?

① 고객의 틀린 말은 즉각적으로 바르게 고쳐주거나 평가해준다.

② 가능하면 긍정적인 질문을 한다.

③ 구체적으로 질문한다.

④ 더 좋은 서비스를 제공하기 위해 소비자가 확실히 원하는 것을 찾아내는 질문을 한다.

Answer **88.** ② **89.** ④ **90.** ①

88 ② 동질의 서비스를 제공하더라도 고객의 성향에 따라 개인별로 서비스를 평가하는 기분은 달라진다.

89 고객가치 측정기법
　㉠ **고객순자산가치**(Customer equity) : 고객을 기업의 자산항목으로 간주하여 그 가치를 평가
　㉡ **고객생애가치**(Customer lifetime value) : 고객들로부터 미래의 일정 기간 동안 얻게 될 이익을 할인율에 의거해 현재가치로 환산한 재무적 가치
　㉢ **RFM**(Recency, Frequency, Monetary) : 최근성, 구매의 빈도, 구매액 등의 3가지 지표들을 통해 얼마나 최근에, 얼마나 자주, 그리고 얼마나 많은 구매를 했는가에 대한 정보들을 기반으로 고객의 수익기여도를 나타내고자 하는 지표
　㉣ **고객점유율**(Share of customer) : 한 고객이 소비하는 제품이나 서비스군 중에서 특정 기업을 통해 제공받는 제품이나 서비스의 비율

90 ① 고객의 말을 고치거나 평가하기 보다는 인정하며 수용하는 분위기를 조성한다.

91 고객의 반론을 극복하기 위한 방법이 아닌 것은?

① 거절이나 반론에 대한 두려움을 없앤다.

② 실질적, 미래적 혜택을 베푼다.

③ 고객의 니즈를 집중적으로 분석하여 관심을 유도한다.

④ 인간적인 신뢰성으로 설득한다.

92 고객이 해결해야 할 문제를 제기했을 때 바람직한 처리 절차로 옳은 것은?

① 문제파악 → 자료수집분석 → 대안 찾기 → 대안 평가 → 결정 내리기

② 자료수집분석 → 문제파악 → 대안 찾기 → 결정 내리기 → 대안 평가

③ 대안 찾기 → 대안 평가 → 문제파악 → 자료수집분석 → 결정 내리기

④ 문제파악 → 대안 찾기 → 자료수집분석 → 대안 평가 → 결정 내리기

93 고객로열티에 의한 효과로 맞지 않는 것은?

① 수익증대   ② 비용절감

③ 추천   ④ 상표 프리미엄

Answer 91. ② 92. ① 93. ④

91 ② 실질적·현실적인 혜택을 베푼다.

92 고객의 문제점과 요구를 파악하고 문제를 해결할 수 있는 자료 등을 수집한 다음 고객에게 알맞은 대안을 찾아 제시한다. 그리고 고객의 문제를 해결할 대안이 적절한지 평가하여 결정한다.

93 로열티 고객의 이점
  ㉠ 고객 수 증가효과
  ㉡ 고객의 기대 파악을 통해 만족스러운 제품과 서비스 제공
  ㉢ 고객관리 유지비용이 절감
  ㉣ 이윤 증대 효과
  ㉤ 기업의 마케팅 및 서비스 비용 절감
  ㉥ 상품 홍보를 통한 마케팅 효과

94 다음 중 고객에게 자신이 의도하는 것을 적극적으로 전달하는 방법으로 적합하지 않은 것은?

① 자신의 의도를 강력하고 직설적으로 표현한다.
② 듣기 좋은 음성과 언어로 대답한다.
③ 호감이 가도록 메시지를 표현한다.
④ 효과적으로 말하는 요령을 익힌다.

95 다음 중 고객유지의 필요성에 대한 설명으로 틀린 것은?

① 기존 고객을 잘 관리하는 것이 신규고객을 유치하는 것보다 효율적이다.
② 기존 고객의 유지를 통해 고객충성도를 증진시키고 고객점유율을 유지할 수 있다.
③ 회사와의 지속적인 거래관계를 유도하여 매출액을 향상시킬 수 있다.
④ 새로운 고객을 지속적으로 유치하여 단골고객화 할 수 있다.

96 다음은 고객의 행동별에 따른 단계 중 어디에 해당하는가?

> 자사의 제품이나 서비스를 필요로 하고 구매능력이 있는 자로서, 비록 자사의 제품을 사거나 서비스를 이용하지 않았더라도 자사의 서비스에 대해 알고 있거나 추천을 받은 자

① 구매용의자   ② 구매가능자
③ 옹호고객   ④ 탈락고객

Answer ─ **94.** ① **95.** ④ **96.** ②

94 ① 강력하고 직설적으로 표현하면 자칫 무례해 보이는 경우가 발생할 수 있으므로 정확하게 의사는 표현하되 상냥한 목소리로 친절하게 설명하듯 말한다.

95 ④ 기존 고객을 지속적으로 유치하여 단골고객화 할 수 있다.

96 ① 자사의 제품이나 서비스를 이용할 것인지 여부가 불확실하고 애매하게 느껴지는 사람
③ 자사의 제품이나 서비스를 모두 이용하는 사람
④ 자사의 제품이나 서비스를 이용하지 않는 고객으로 제외되는 사람

97 화가 난 고객과의 상담 시 적합한 응대 요령이 아닌 것은?

① 고객의 문제가 이미 상담원이 잘 알고 있는 문제라 하더라도, 고객이 충분히 말할 수 있도록 고객을 방해하지 않는다.
② 고객이 말하는 사실보다 고객의 감정을 헤아리며 공감적 표현을 전달한다.
③ 일상적인 불만으로 해결이 가능하더라도 바로 처리하기보다는 그 고객만을 위한 특별한 배려임을 강조하며 시간을 끈다.
④ 문제와 고객의 불만 정도에 따른 적절한 사과를 잊지 않는다.

98 고객불만처리에 대한 설명으로 적합하지 않은 것은?

① 경청 : 선입관을 버리고, 끝까지 잘 들어준다.
② 공감 : 고객의 입장에서 기분을 이해하고 공감한다.
③ 설득 : 제품 또는 서비스에 잘못이 없음을 정확하게 알린다.
④ 사과 : 회사를 대표해서 정중하게 사과한다.

99 통화량 폭증으로 인해 고객이 전화연결을 기다려야 하는 경우의 가장 바람직한 전화대기 전략은?

① 대략 얼마나 기다려야 하는지, 현재 통화가 얼마나 밀려 있는지 알려준다.
② 대기하는 동안 회사 제품과 서비스 광고를 틀어준다.
③ 클래식이나 대중음악의 한 소절을 따서 들려준다.
④ 추억의 헤비메탈 음악을 틀어놓은 사내방송을 들려준다.

100 관계 마케팅의 목표에 대한 설명으로 틀린 것은?

① 신규고객 유치 시 고객의 질보다 고객 확보수가 중요하다.
② 고객만족의 궁극적 목적은 반복구매를 유도하는 것이다.
③ 기본적으로 신규 거래보다는 기존 거래 기업과의 관계 유지를 선호한다.
④ 대고객관계 증진의 목표는 충성고객의 확보이다.

04 2014년 제1회 기출문제

1 판매관리

1 잠재고객에 대한 설명으로 옳은 것은?

① 자사에 한 번 이상 방문한 고객
② 상품을 구매하지는 않았으나, 상품에 대해 관심을 가지고 있는 고객
③ 자사 제품을 정기적으로 구매하는 고객
④ 자사에서 판매하는 모든 상품을 구매하는 고객

2 아웃바운드 텔레마케팅 상담 흐름을 올바르게 나열한 것은?

> ㉠ 고객에게 상품을 소개하고 이점을 제안한다.
> ㉡ 자신과 회사소개 및 전화를 건 이유를 말한다.
> ㉢ 적극적이 종결을 통하여 판매를 성사시킨다.
> ㉣ 고객의 욕구를 탐색한다.
> ㉤ 끝인사 및 추후의 거래 등을 약속한다.

① ㉠ - ㉡ - ㉢ - ㉣ - ㉤
② ㉡ - ㉣ - ㉠ - ㉢ - ㉤
③ ㉡ - ㉠ - ㉣ - ㉢ - ㉤
④ ㉡ - ㉢ - ㉣ - ㉠ - ㉤

Answer 1. ② 2. ②

1 통상적인 잠재고객은 내가 판매하는 것에 관심 및 흥미를 보이는 고객들이 구매할 가능성이 있는 고객을 말하며, 이는 또 다시 당장의 구매의사가 있는 고객과 언젠가 차후 구매할 의사가 있는 고객으로 나뉘어진다.

2 아웃바운드 텔레마케팅의 상담 흐름
소개 및 전화 건 목적 전달 → 정보제공 및 고객의 니즈 탐색 → 설명과 설득 → 고객 확답 → 종결 → 끝 인사

3 기업이 상표전략을 수립하는 경우에는 일반적으로 4가지 선택대안을 가진다. 다음 (　　) 안에 들어갈 가장 알맞은 것은?

구분		제품범주	
		기존	신(new)
상표명	기존	(A)	(B)
	신(new)	(C)	신상표

① A – 계열확장, B – 상표확장, C – 복수상표
② A – 복수상표, B – 계열확장, C – 상표확장
③ A – 상표확장, B – 복수상표, C – 계열확장
④ A – 계열확장, B – 복수상표, C – 상표확장

4 제품의 수명주기를 순서대로 올바르게 나열한 것은?

① 성숙기 → 도입기 → 성장기 → 쇠퇴기
② 도입기 → 성장기 → 성숙기 → 쇠퇴기
③ 도입기 → 성장기 → 성숙기 → 쇠퇴기
④ 성장기 → 성숙기 → 동비기 → 쇠퇴기

Answer 　3. ①　4. ③

3 계열확장은 특정 기업이 현재 커버하고 있는 범위를 넘어 제품계열의 길이를 길게 하는 전략을 말하며, 상표확장은 기존의 상표가 갖고 있는 상표자산(brand equity)을 효율적으로 활용하여 마케팅비용을 절감하면서 동시에 효율적인 마케팅활동을 수행하기 위한 마케팅 전략이며, 복수상표는 본질적으로 동일한 제품에 대하여 두 개 이상의 상이한 상표를 설정하여 별도의 품목으로 차별화하는 전략을 말한다.

4 제품수명주기 (Product Life Cycle)는 제품이 시장에 처음 출시되는 도입기 → 본격적으로 매출이 증가하는 성장기 → 매출이 최고조에 이르는 성숙기 → 매출액이 급격히 감소하여 더 이상의 제품으로 기능을 하지 못하는 쇠퇴기로 이루어진다.

5 데이터베이스 마케팅에 대한 설명으로 틀린 것은?

① 컴퓨터의 활용가치가 높으며 고객관리를 기초로 한다.
② 고객별로 강화된 정보를 이용하여 단기적인 차원에서 이루어지는 마케팅이다.
③ 고객과 접촉하고 기업과 거래할 목적으로 고객 데이터베이스를 구축하고 유지하고 이용하는 과정이다.
④ 기업이 고객에 대한 여러 가지 다양한 정보를 컴퓨터를 이용하여 데이터베이스화 한다.

6 RFM 분석에 관한 설명으로 틀린 것은?

① RFM 분석은 다이렉트 메일이나 카탈로그 우송리스트 추출에 빈번히 사용되고 있다.
② RFM 분석은 원리가 매우 간단하지만 실제로 높은 반응률을 가져오기 때문에 광범위하게 사용되고 있다.
③ RFM 분석을 하기 위해서는 고객과의 거래기록이 전제가 되기 때문에 RFM 분석은 기존고객의 가치를 평가하는 방법이라고 할 수 있다.
④ RFM 분석은 거래관계가 없는 잠재고객에 대해서도 직접 적용이 가능하다.

7 텔레마케터의 자질에 대한 설명으로 틀린 것은?

① 텔레마케터는 상당한 인내심을 지니고 있어야 한다.
② 텔레마케터의 건전하고 긍정적이며 적극적인 성격은 매우 중요하다.
③ 목소리는 상냥하고 부드러우면서도 힘차고 자신감이 넘쳐 보이도록 해야 한다.
④ 텔레마케터는 기능한 경우 콜 시간, 콜 방향을 리드해서는 안 된다.

Answer — 5. ② 6. ④ 7. ④

5 기업이 고객에 대한 다양한 정보를 데이터베이스화하고 구축된 고객 데이터를 바탕으로 고객 개개인과의 지속적이고 장기적인 관계구축을 위한 마케팅 전략을 수립하고 집행하는 여러 가지 활동을 데이터베이스 마케팅이라고 한다.

6 최근성, 구매의 빈도, 구매액 등의 3가지 지표들을 통해 얼마나 최근에, 얼마나 자주, 그리고 얼마나 많은 구매를 했는가에 대한 정보들을 기반으로 고객의 수익기여도를 나타내고자 하는 지표이다.

7 텔레마케터는 고객에 대한 커뮤니케이션 기술을 중시하고, 음성적 자질이나 표현 및 구술능력, 청취이해력과 경험 및 목표의식 등과 상황대응력이 높아야 조건에 충족된다. 더불어 많은 고객들과의 상담처리 능력이 요구되는 만큼 콜 시간 및 콜 방향을 리드해야 한다.

8 BCG(Boston Consulting Group)의 시장 성장-점유율 매트릭스에서 시장 성장률이 높으나 점유율이 낮은 사업부를 무엇이라 하는가?

① 별(Star) ② 현금젖소(Cash cow)
③ 의문표(Question mark) ④ 두뇌(Brain)

9 텔레마케팅의 판매단계를 순서대로 나열한 것은?

① 준비 및 대상자 선정 → 텔레마케팅 전개 및 정보제공 → 고객니즈 파악 → 상담종료 → 분석과 데이터베이스화

② 준비 및 대상자 선정 → 고객니즈 파악 → 텔레마케팅 전개 및 정보제공 → 상담종료 → 분석과 데이터베이스화

③ 분석과 데이터베이스화 → 준비 및 대상자 선정 → 고객니즈 파악 → 텔레마케팅 전개 및 정보제공 → 상담종료

④ 준비 및 대상자 선정 → 분석과 데이터베이스화 → 고객니즈 파악 → 상담종료 → 텔레마케팅 전개 및 정보제공

Answer **8. ③ 9. ②**

8 의문표(question mark) : 시장의 성장률은 높지만 해당 기업의 시장 점유율이 낮은 사업이 이 영역에 포함된다. 시장 점유율을 증가시키기 위해 많은 비용이 소모될 뿐만 아니라 시장의 성장이 높기에 점유율을 유지하는데도 많은 비용이 필요하다. 때문에 경영자는 자금과 마케팅 투자를 통해 Star 방향으로 전환시킬 것인지 시장을 포기할 것인지 결정하게 된다. 시장이 매력적이고 경쟁사 대비 지속적인 차별화가 가능하다면 투자가 이루어져야 할 것이고, 시장의 매력도 낮거나 경쟁사와 차별화 시킬 만한 자원이 없다면 정리하는 것이 바람직하다.

※ BCG(Boston Consulting Group) 매트릭스

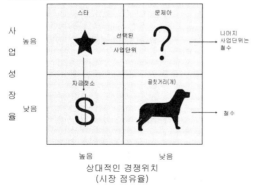

9 텔레마케팅 판매단계
준비 및 대상자 선정 → 고객니즈 파악 → 텔레마케팅 전개 및 정보제공 → 상담종료 → 분석과 데이터베이스화

10 사안에 대한 소비자의 인식이나 태도를 측정하는 척도 중 상반되는 의미의 형용사를 양끝으로 하여 선택하도록 하는 질문의 형태를 이용하는 것은?

① 중요도 척도   ② 리커트 척도
③ 어의차이 척도   ④ 스타펠 척도

11 다음 소비재 중 가장 강한 상표 애호도를 가지는 것은?

① 편의품   ② 선매품
③ 전문품   ④ 원재료

12 제품을 판매하거나 서비스를 제공하는 과정에서 다른 제품이나 서비스에 대하여 판매를 유도하고 촉진시키는 마케팅기법은?

① 교차판매   ② 유도판매
③ 이중판매   ④ 재판매

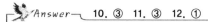*Answer* — **10.** ③   **11.** ③   **12.** ①

10 의미분화척도(어의구별척노) : 어떤 개념에 함축되어 있는 의미를 평가하기 위해 사용된다. 개념에 대한 생각 다양한 문항으로 제시하되, 각 문항을 형용사의 쌍으로 하고 극단에 서로 상반되는 형용사 배치하여 평가한다. 어의차가 애매한 경우가 많아 평가자 집단 선별에 어려움이 따르며 평가자 집단 선별이 제대로 이루어지지 않은 경우 신뢰도에 큰 차이가 발생하게 된다.

> 박근혜 대통령에 대하여 어떻게 생각하십니까?
> 진보적이다   1   2   3   4   5   6   7   보수적이다
> 능동적이다   1   2   3   4   5   6   7   수동적이다

11 전문품은 소비자는 자신이 찾는 품목에 대해 너무나 잘 알고 있으며, 이를 구입하기 위해 특별한 노력을 기울이는 제품이다. 그러므로 강한 상표 애호도를 갖는 경우가 많다.

12 교차판매 : 이는 하나의 제품이나 서비스 제공 과정에서 다른 제품이나 서비스에 대해 판매를 촉진시키는 마케팅 기법이고, 추가 구입을 유도하는 판매방법으로 크로스 셀링(Cross-selling)이라고도 한다.

13 소비재시장의 세분화 변수 중 인구 통계적 변수에 포함되지 않는 것은?

① 가족규모　　　　　　　　　② 연령
③ 직업　　　　　　　　　　　④ 라이프스타일

Answer 13. ④

13 라이프스타일은 심리 행태적 세분화(생활양식)에 속한다.
[참고] 시장세분화의 기준 변수

세분화 기준	세분화 범주의 예
지리적 세분화	
지역	• 서울경기, 중부, 호남, 영남, 강원, 제주
도시, 시골	• 대도시, 농촌, 어촌
기후	• 남부, 북부
인구통계적 세분화	
나이	• 유아, 소년, 청소년, 청년, 중년, 노년; 7세 미만, 7~12세, 13~18세, 18~24세, ··· 60세 이상
성별	• 남, 어
가족 수	• 1~2명, 3~4명, 5명 이상
결혼유무	• 기혼, 미혼
소득	• 100만원 미만, 101~200만원, 201~300만원, 301만원 이상
직업	• 전문직, 사무직, 기술직, 학생, 주부, 농업, 어업
학력	• 중졸 이하, 고졸, 대졸, 대학원졸
종교	• 불교, 기독교, 천주교, 기타
심리 행태적 세분화 (생활양식)	
사회계층	• 상, 중상, 중, 중하, 하
라이프스타일	• 전통지향형, 쾌락추구형, 세련형
개성	• 순종형, 야심형, 이기형
인지 및 행동적 세분화	
태도	• 긍정적, 중립적, 부정적
추구편익	• 편리성, 절약형, 위신형
구매준비	• 인지 전, 인지, 정보획득, 관심, 욕구, 구매의도
충성도	• 높다, 중간, 낮다
사용률	• 무사용, 소량사용, 다량사용
사용상황	• 가정에서, 직장에서, 야외에서
이용도	• 비이용자, 과거이용자, 잠재이용자, 현재이용자
산업재 구매자 시장의 세분화	
기업규모	• 대기업, 중기업, 소기업
구매량	• 소량구매, 대량구매
사용률	• 대량 사용, 소량 사용
기업유형	• 도매상, 소매상, 표준산업분류 기준상의 여러 유형
입지	• 지역적 위치, 판매지역
구매형태	• 신규구매, 반복구매, 재구매

14 소비자가 제품을 구매하는 의사결정에 있어 외적 정보의 획득 과정과 관여 유형이 바르게 짝지어진 것은?

① 직접적인 지속적 탐색 – 상황적 관여
② 직접적인 구매특이적 탐색 – 지속적 관여
③ 비 직접적인 구매특이적 탐색 – 상황적 관여
④ 수동직 징보 획득 – 고 관여

15 다음 고객 행동에 따른 구매가능자 중 자사의 제품 서비스에 대하여 필요성을 느끼지 못하거나, 구매할 능력이 없다고 확실하게 판단되는 자는?

① 비자격잠재자   ② 최초구매자
③ 구매용의자   ④ 구매가능자

16 주문접수 처리에 요구되는 사항과 거리가 먼 것은?

① 고객번호, 전화번호 등 고객데이터의 정확한 작동과 관리가 이루어져야 한다.
② 고객의 기본이력을 통해 그 고객의 특성을 이해하여 신상정보 DB를 상업적으로 이용한다.
③ 문의나 요구사항, 접수에 대해서는 전화를 받는 사람이 즉시 원터치 중심으로 처리할 수 있어야 한다.
④ 고객관리에서 가장 기초적인 고객정보 화면의 신규입력과 수정입력이 용이하게 이루어져야 한다.

Answer   **14.** ③   **15.** ①   **16.** ②

14 상황적 관여도는 어떤 일정한 상황에서 관여도는 변동의 가능성이 있는데, 예를 들면 친한 교수님에게 선물할 트레이닝복은 내가 구매할 때의 관여도보다 높은 관여수준을 갖게 할 것이다. 하지만 이런 상황적 요인은 일회적인 것으로서, 교수님에게 선물이 끝나면 관여도는 평상시 자신의 관여도로 돌아가게 한다.

15 ② 최초구매자 : 자사의 제품을 1번 구매한 사람이다. 이들은 자사의 고객이 될 수도 있고 경쟁사의 고객이 될 수도 있다.
③ 구매용의자 : 자사의 제품이나 서비스를 이용할 것인지 여부가 불확실하고 애매하게 느껴지는 사람
④ 구매가능자 : 자사의 제품이나 서비스를 필요로 하고 구매능력이 있는 자로서, 비록 자사의 제품을 사거나 서비스를 이용하지 않았더라도 자사의 서비스에 대해 알고 있거나 추천을 받은 자

16 내부고객은 제품의 생산을 위해 부품을 제공하는 업자나 판매를 담당하는 세일즈맨 등 제품생산이다. 이들은 서비스 제공을 위해 관련된 기업 내 모든 종사원들도 고객의 범주에 포함시키는 개념으로 합법적으로 기업 활동에 활용할 수 있지만, 일반 자사의 고객에 대한 정보를 상업적으로 활용해서는 안 된다.

17 마케팅 요소 중 4Ps가 아닌 것은?

① Product
② Person
③ Promotion
④ Place

18 고객 데이터베이스의 설계 및 활용 방안으로 적합하지 않은 것은?

① 고객의 체계적 분류를 실현한다.
② 고객별 DB 반응도를 분석한다.
③ 제품별 판매 히스토리를 분석한다.
④ 고객 라이프스타일을 분류한다.

19 아웃바운드 텔레마케팅 시 고객에게 전화를 할 때 유의할 사항과 거리가 먼 것은?

① 고객에게 전화를 건 목적과 이유를 먼저 설명한다.
② 상품의 기본적인 강점을 먼저 설명하고 부차적인 내용을 설명한다.
③ 고객이 구매할 수 있도록 동기부여를 시킬 수 있어야 한다.
④ 고객이 구매 결정을 하면 즉시 전화를 끊고 다음 고객 정보를 모니터링 하여 전화 준비를 한다.

Answer ─ 17. ② 18. ③ 19. ④

17 마케팅 믹스 4Ps
• Product
• Promotion
• Place
• Price

18 기업이 고객에 대한 다양한 정보를 컴퓨터를 이용하여 Data Base화하고, 구축된 고객 데이터를 바탕으로 고객 개개인과의 지속적이고 장기적인 관계(Relationship)구축을 위한 마케팅 전략을 수립하고 집행하는 여러 가지 활동을 데이터베이스 마케팅이라고 한다. 개별적 제품판매 히스토리 분석은 고객 데이터베이스 설계 및 활용과는 관련이 없다.

19 고객의 구매결정에 대한 확답을 들으면 상품의 구매를 위한 필요사항을 안내하고 감사인사 및 사후관리를 약속해야 한다.

04. 2014년 제1회 기출문제 117

20 제품이 소비자에 의하여 어떤 제품이라고 정의되는 방식을 의미하며, 경쟁 브랜드에 비하여 차별적으로 받아들일 수 있도록 고객들의 마음속에 위치시키는 노력을 의미하는 것은?

① 제품 가격설정　　　　　　　　② 제품 포지셔닝
③ 제품 브랜딩　　　　　　　　　④ 제품 촉진

21 인바운드 상담 시 요구되는 스킬과 거리가 먼 것은?

① 오감의 능력을 총동원하여 고객의 소리를 경청한다.
② 판매를 유도하는 질문은 하지 않는다.
③ 고객의 입장에서 말하고 듣는다.
④ 자사 상품이 가지고 있는 상품의 장점을 강조한다.

22 제품 또는 서비스의 가격결정 시 상대적인 고가전략이 적합한 경우는?

① 시장수요의 가격탄력성이 높을 때
② 원가우위를 확보하고 있어 경쟁기업이 자사 상품의 가격만큼 낮추기 힘들 때
③ 시장에 경쟁자의 수가 많을 것으로 예상될 때
④ 진입장벽이 높아 경쟁기업의 진입이 어려울 때

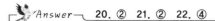

Answer ── **20.** ② **21.** ② **22.** ④

20 제품 포지셔닝은 소비자의 마음속에 자사제품이나 기업을 표적시장·경쟁·기업능력과 관련해서 가장 유리한 포지션에 있도록 노력하는 과정 또는 소비자들의 인식 속에 자사의 제품이 경쟁제품과 대비하여 차지하고 있는 상대적 위치를 말한다.

21 인바운드는 크게 주문·문의·안내 응대상담과 불만·클레임응대상담 등의 2가지로 나눌 수 있다.

22 상대적인 고가 전략이 적합한 경우
• 수요의 탄력성이 낮을 때
• 진입장벽이 높아 경쟁기업의 진입이 어려울 때
• 규모의 경제효과보다 이득이 적을 때
• 가격-품질연상효과(Price-Quality Association)에 의해 새로운 소비자층을 유입할 때

23 로지스틱스(Logistics) 시스템의 주요기능 중 다음 설명에 해당되는 것은?

> 많은 기업이 효율적인 로지스틱스 시스템을 통해서 재고량과 관련된 비용을 크게 절감하고자 한다. 이에 생산업자와 소매상은 며칠 분에 불과한 매우 적은 양의 부품 재고 또는 상품 재고만을 유지한다. 새로운 재고는 사용할 때까지 창고에 보관되는 것이 아니라 필요한 때에 정확하게 도착한다. 이것은 정확한 예측과 함께 신속하고, 빈번하고, 유연성 있는 배달이 필요하다.

① 공급망 관리 – SCM(Supply Chain Management)
② 적시생산 시스템 – JIT(Just In Time)
③ 전자 태그 – RFID(Radio Frequency Identification)
④ 고객관계 관리 – CRM(Customer Relationship Management)

24 다음 중 유통경로 설계절차가 바른 것은?

> 1. 유통경로의 목표 설정
> 2. 소비자 욕구 분석
> 3. 유통경로의 대안 평가
> 4. 유통경로의 대안 확인

① 1 – 2 – 3 – 4
② 1 – 2 – 4 – 3
③ 2 – 1 – 4 – 3
④ 2 – 1 – 3 – 4

Answer ─ **23.** ② **24.** ③

23 적시생산시스템(Just-In-Time : JIT)은 수요에 의해 필요한 부품을 구입하거나 반제품을 생산하는 수요-풀시스템이다. 적시생산시스템에서는 필요한 양 만큼의 원재료를 필요한 시점에 조달 또는 생산하므로 원재료의 재고를 원천적으로 제거한다. 즉, 제품에 대한 수요가 파악되면 생산계획이 세워지고 생산계획에 따라 해당 제품을 생산하기 위한 제조공정의 마지막 단계로부터 시작하여 생산 공정의 순서를 거꾸로 거슬러 올라가면서 원재료나 부품의 수요를 파악하고 이에 따라 순차적으로 필요한 양만큼 원재료를 주문하거나 생산하게 되어 제품이 만들어진다. 이러한 적시생산방식은 소비자의 욕구가 다양화됨에 따라 다품종 소량생산체제를 구축해야 할 필요에 의해 등장한 생산방식이다.

24 유통경로 설계절차
소비자 욕구 분석→유통경로의 목표설정→유통경로의 대안 확인→유통경로의 대안 평가

25 다음이 설명하고 있는 것은?

> 특정고객이 어떤 기업에 최초로 가입한 날(또는 최초거래일)로부터 현재까지 누적적으로 그 기업에 기여해 준 순이익가치를 말한다.

① 고객생애가치　　　　　　② 기업 이미지
③ 상품가치　　　　　　　　④ 고객산출가치

 2 시장조사

26 표본의 사례 수가 증가하면 표본은 정규분포를 따르게 되는데 그 이유로 가장 적당한 것은?

① 회귀경향성　　　　　　　② 최소자승의 원리
③ 중심극한 정리　　　　　　④ 무선화 원리

Answer ─── 25. ①　26. ③

25 **고객생애가치** : 한 고객이 특정 기업의 상품이나 서비스를 최초 구매하는 시점부터 마지막으로 구매할 것이라고 예상 되는 시점까지의 누적액의 평가를 말한다. 다시 말해 고객이 평생 어떤 기업에 얼마나 기여하는지를 금전적인 수치로 나타낸 것을 말한다.

26 **중심극한의 정리**(CLT ; Central limit theroem)란 모든 표본분포의 크기가 커짐에 따라 표본분포는 정규분포에 유사 한 형태로 변한다는 정규분포의 유용성을 뒷받침하는 원리이다. 자료의 수를 무한정으로 많이 하고, 또한 분할 폭을 한없이 작게 하면 분포 곡선은 차츰 완만한 선을 그리게 되어 평균을 중심으로 좌우 대칭을 이루게 되는데 이것을 정규 분포라고 한다.

27 다음이 설명하고 있는 것은?

> 마케팅 조사설계에서 나타나는 변수이다. 예를 들어 광고비를 실험변수로 하여 매출액과의 인과관계를 밝히고자 한다. 이때 광고비를 증액한 후에 매출액이 증가했다 하더라도 과연 광고비와 매출액 간의 인과관계가 성립하는 것이라고 말할 수 없다. 이때 매출액에 영향을 미치는 경기가 회복되었거나 제품의 개선이 이루어졌을 경우, 광고비 증대만이 매출액 증가의 원인이라고 볼 수 없을 것이다. 이렇듯 실험변수 이외에 결과변수에 영향을 미치는 변수이다.

① 독립변수 ② 결과변수
③ 외생변수 ④ 종속변수

28 마케팅 조사에서 설문의 신뢰성을 높일 수 있는 방법이 아닌 것은?

① 조사원들에 대한 교육을 강화하여 설문을 명확히 이해하도록 하고 질문방식 등을 표준화한다.
② 중요한 질문의 경우 유사한 질문을 이용하여 반복하여 질문을 하고 답을 구한다.
③ 설문지의 문항을 은유적인 표현을 많이 사용하여 응답자의 흥미를 유발시킨다.
④ 기존의 조사를 통해 신뢰성이 높은 것으로 판명된 설문지 또는 측정항목을 이용한다.

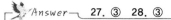 **Answer** 27. ③ 28. ③

27 변수란 어떤 상황의 가변적 요인으로 내용에 따라 종속변수, 외생변수, 독립변수 등이 있다. 보기는 독립변수 이외의 변수로서 종속변수에 영향을 주어 이를 통제하지 않으면 연구결과의 내적 타당도가 문제가 되는 변수인 외생변수에 관한 내용이다.

※ 용어정리

구분	내용
독립변수	다른 변수의 변화와는 관계없이 독립적인 변화하고 이에 따라 다른 변수의 값을 결정하는 변수를 말한다.
종속변수	독립변수에 대해서 종속적으로 결정되는 형질이나 특성을 말한다.
외생변수	독립변수 이외의 변수로서 종속변수에 영향을 주어 이를 통제하지 않으면 연구결과의 내적 타당도가 문제가 되는 변수를 말한다.
내생변수	연립방정식으로 표시되는 모델에 있어서 미지수인 변수를 말한다.
선행변수	제3변수가 독립·종속변수보다 선행하여 작용하는 것을 말한다.
억제변수	독립·종속변수 사이에 실제로는 인과관계가 있으나 없도록 나타나게 하는 제3변수를 말한다.
왜곡변수	독립·종속변수 간의 관계를 정반대의 관계로 나타나게 하는 제3변수를 말한다.

28 ③ 신뢰도란 같은 검사를 반복 시행했을 때 측정값이 일관성 있게 나타나는 정도를 말한다. 신뢰성을 높이기 위해서는 가치중립적 용어를 사용하도록 하여야 한다.

29 표본조사의 궁극적 목적으로 가장 적당한 것은?

① 모집단의 특성 추출 ② 분산의 산출
③ 표본의 평균치 산출 ④ 표준편차의 산출

30 텔레마케터가 전화조사를 할 때 응답자가 대답을 회피하거나 답하기가 곤란할 수 있는 경우가 아닌 것은?

① 응답자가 경험한 적이 없거나 오래되어 기억하기 어려운 경우
② 텔레마케터가 너무 사무적이거나 불친절한 경우
③ 합법적인 목적이나 취지가 담긴 경우
④ 사회적으로 무리가 있는 성이나 기타 민감한 정보를 질문하는 경우

Answer ── **29.** ① **30.** ③

29 ① 표본조사는 전체 모집단 중 일부를 선택하고 이로부터 전체 집단의 특성을 추정하는 방법으로 표본조사는 모집단의 특성을 정확히 추출해 전체집단의 특성을 추정하는데 목적이 있다.

모집단은 조사자가 조사하고자 하는 관심의 대상이 되는 사람, 기업, 상품, 지역 등과 같은 집단의 전체 집합체를 말한다. 일반적으로 모집단을 정의하고 확정하는 것은 조사자가 필요로 하는 정보를 제공해 줄 수 있는 원천을 결정하는 것이므로 매우 중요하다.

```
                    ┌─────────┐
                    │ 모 집 단 │
                    └─────────┘
                   ╱           ╲
          ┌─────────┐       ┌─────────┐
          │ 전 수 조 사│       │ 표 본 조 사│
          └─────────┘       └─────────┘
               │                 │
          ┌─────────┐  추정  ┌─────────┐
          │ 모 수 치 │ ◀──── │ 통 계 치 │
          └─────────┘       └─────────┘
```

30 ③의 경우 응답자의 참여를 얻어낼 수 있는 당위성으로 작용할 수 있다.

31 인터넷 설문조사의 특징에 관한 설명으로 틀린 것은?

① 설문응답이 편리하다.
② 표본수가 많아지면 추가비용이 많이 든다.
③ 설문에 대한 응답을 빨리 회수할 수 있다.
④ 인터뷰 비용 없이 설문응답자와 상호작용할 수 있다.

32 다음은 1차 자료와 2차 자료를 비교한 것이다. ( ) 안에 들어갈 알맞은 것은?

구분	1차 자료	2차 자료
수집목적	당면한 조사문제 해결	다른 조사문제 해결
수집과정	(A)	(B)
수집비용	고비용	저비용
수집기간	(C)	(D)

① A – 저관여, B – 고관여, C – 장기, D – 단기
② A – 고관여, B – 저관여, C – 장기, D – 단기
③ A – 저관여, B – 저관여, C – 단기, D – 장기
④ A – 고관여, B – 고관여, C – 단기, D – 장기

Answer — **31. ② 32. ②**

31 ② 인터넷 설문조사는 신속하며 저렴하게 조사가 가능하다는 장점이 있다.

※ **인터넷 조사**(Internet survey)

인터넷 조사는 정보통신 기술의 발달과 인터넷 사용자 수의 증대에 따라 새로 도입된 조사기법으로 인터넷을 통해 네티즌들에게 파일형태의 설문지를 발송하고 이에 대한 응답도 파일로 전송 받아 자료를 수집하는 방법이다. 기업들은 인터넷조사법을 이용함에 있어 모든 네티즌들을 대상으로 무작위적으로 조사를 실시할 수 있는 것이 아니므로 네티즌 확보를 위한 체계적인 사전준비를 갖추어야 한다. 그 이유는 최근 스팸메일에 대한 규제가 강화되고 있어 네티즌의 승인 없이 설문지를 발송하는 행위 자체가 법적인 제재를 받을 수 있으며, 이에 따라 대표성이 있는 표본으로부터 신뢰성 있는 자료를 수집하기가 어렵기 때문이다.

㉠ 인터넷조사의 장단점

구분	내용
장점	• 신속하며 저렴하게 조사가 가능하다. • 전화 조사 또는 대면 면접보다 훨씬 더 다양한 설문을 이용할 수 있다.
단점	• 인터넷 표본에 의한 오차발생이 생겨 조사의 정확성에 문제가 발생할 수 있다. • 이미 응답한 사람이 재 응답을 하게 되어 복수 응답의 문제가 있다.

32 ② 1차 자료는 새로운 정보를 얻기 위해 조사목적에 따라 조사자가 직접 창출하는 자료이기 때문에 자료 수집에 깊이 관여를 하지만 2차 자료는 현재의 조사목적이 아니라 다른 조사목적을 위하여 이미 수집되어 있는 자료이기 때문에 수집과정이 다소 '저관여'의 특성을 보인다.

또한 1차 자료는 전화 조사, 리포트, 대인면접법, 우편이용법 등을 이용하기 때문에 시간이 다소 오래 걸리며, 2차 자료는 시간이 적게 걸린다.

33 다음 중 면접자 선정 시 고려해야 할 사항과 가장 거리가 먼 것은?

① 응답자에 접근 용이도
② 면접 목적
③ 질문 내용
④ 면접의 수행경제력

34 다음의 A 은행이 수집하고 있는 자료는?

A 은행은 현재 자사은행과 거래하고 있는 고객들을 직접 만나 예금상품 외 다른 서비스(대출, MMF, 신용카드 등)를 이용하고 있지 않는 이유 등을 질문했다고 한다.

① 설문지 자료
② 2차 자료
③ 관찰 자료
④ 비확률적 자료

35 다음 ( ) 안에 들어갈 알맞은 용어는?

( )은 사람, 사물, 사건의 행동 형태를 기록하는 것으로, 특정한 주제에 대해 보다 사실적인 정보를 얻기 위해 실시하는 방법이다.

① 관찰
② 분석
③ 기능
④ 위장

Answer ─ 33. ④ 34. ① 35. ①

33 ④ 면접자의 선정은 피면접자에 대한 접근 용이성이나 조사목적 및 질문내용 등에 비추어서 결정할 문제이다. 다만, 면접의 수행경제력의 경우는 해당사항이라 보기 어렵다.
  ※ **면접자 선정의 유의사항**
  • 정직성
  • 어떤 사람과도 잘 이야기할 수 있는 사교성
  • 융통성과 적응력
  • 명랑하지만 사교적인 태도
  • 정확성과 정밀성
  • 일과 주제에 대한 헌신 · 몰입
  • 면접이나 조사활동 및 조사내용에 대한 기본지식
  • 정서적 안정성
  • 특정 쟁점에 대한 편향된 태도나 의견을 갖지 않을 것
  • 용모나 몸가짐이 신뢰감을 줄 수 있을 것

34 ① 보기는 조사를 하거나 통계 자료 따위를 얻기 위하여 어떤 주제에 대해 문제를 내어 묻는 설문지 자료라 볼 수 있다.

35 ① 관찰은 사물이나 현상을 주의하여 자세히 살펴보는 것으로 특정한 주제에 대해 보다 사실적인 정보를 얻기 위해 실시하는 방법을 말한다.

36 전화조사에 대한 설명으로 틀린 것은?

① 조사 시간대는 상관없다.

② 질문은 짧고 단순하게 구성하고 질문의 수를 줄인다.

③ 중간에 전화가 끊기거나 소음 등에 방해를 받지 않도록 한다.

④ 한 가지 주제를 다루는 것이 적당하다.

37 다음 중 2차 자료에 해당하지 않는 것은?

① 통계청에서 발간하는 각종 통계자료집 ② 각종 연구소에서 발표한 연구보고서

③ 실태조사를 통하여 수집한 자료 ④ 조직 내부에 보유하고 있는 각종 자료

38 다음 중 시장조사를 통해 수집된 자료의 처리 순서를 바르게 나열한 것은?

① 편집(editing) → 입력(key - in) → 코딩(coding)

② 코딩(coding) → 편집(editing) → 입력(key - in)

③ 편집(editing) → 코딩(coding) → 입력(key - in)

④ 입력(key - in) → 코딩(coding) → 편집(editing)

Answer ── **36.** ① **37.** ③ **38.** ③

36 ① 전화조사는 무작정 아무 시간에나 가능한 것이 아니라 면접원이 전화를 거는 시간은 조사 대상자가 전화 받기 편리한 시간대를 선정하여야 한다.

37 ③ 실태조사를 통해 수집한 자료는 1차 자료에 해당한다.

※ 1차 자료와 2차 자료

마케팅 조사에 활용되는 자료의 형태는 이미 수집되어 있는 2차 자료와 조사자가 직접 수집한 얻은 1차 자료 크게 두 가지로 구분할 수 있다. 1차 자료는 새로운 정보를 얻기 위해 조사목적에 따라 조사자가 직접 창출하는 자료이기 때문에 관찰법, 서베이, 실험법 등 자료 수집 방식을 사용하게 된다.

구분	내용
2차 자료	현재의 조사목적이 아니라 다른 조사목적을 위하여 이미 수집되어 있는 자료 즉, 현존하고 있는 자료 예 논문, 정기간행물, 각종 통계자료 등
1차 자료	현재의 조사목적에 따라 조사자가 직접 창출하는 자료 예 전화 조사, 리포트, 대인면접법, 우편이용법 등

38 ③ 수집된 자료 분석은 편집→코딩→입력의 과정을 거친다. 코딩이란 효율적인 전산처리를 위해 편집과정을 거친 모든 응답 내용들을 수치화하거나 기호화하여 기록하는 과정을 말한다.

39 설문조사 시 별도로 코딩을 하지 않아도 되기 때문에 시간을 절약할 수 있는 조사는?

① 인터넷조사 ② 우편조사
③ 전화조사 ④ 방문조사

40 개인의 사생활(privacy)보호와 면접조사가 어려울 때 실시할 수 있는 조사방법으로 가장 적합한 것은?

① 조사원을 이용하여 질문지를 배포하고 우편으로 회수한다.
② 조사원을 이용하여 질문지를 배포하고 전화로 조사한다.
③ 우편으로 질문지를 배포하고 전화로 조사한다.
④ 조사대상자들을 한 자리에 모아 질문지를 배포하고 전화로 조사한다.

41 설문지 구성 시 고려사항으로 적절하지 못한 것은?

① 명확성
② 일련번호 부여
③ 청각적 효과 활용
④ 설문조사 간의 차이 극복

Answer— 39. ① 40. ① 41. ③

39 ① 코딩(Cording)은 전산입력이 가능하도록 응답에 부호를 부여하는 작업으로 인터넷 조사는 인터넷을 통해 네티즌들에게 파일형태의 설문지를 발송하고 이에 대한 응답도 파일로 전송 받아 자료를 수집하기 때문에 별도의 코딩이 필요하지 않다.

40 ① 우편조사의 경우 대면하여 조사를 하지 않기 때문에 개인의 사생활 보호측면에서 면접조사가 힘들 경우 유용하게 활용할 수 있다.

41 ③ 설문지로는 청각적 효과를 활용하기 어렵다.

42 전화면접법의 장점에 대한 설명으로 맞는 것은?

① 간단한 질문만 가능하다.
② 회답률이 높다.
③ 전화소유자에게만 가능하다.
④ 많은 비용과 많은 시간이 걸린다.

43 응답자들이 전화조사에 응대하는 심리적인 동기요인이 아닌 것은?

① 자신의 의견이나 식견을 표현하고 싶은 욕망
② 사람들과 주고받는 교섭을 즐기는 심리
③ 면접자를 돕고 싶은 이타적인 심리
④ 사생활 침해에 대한 오인과 자기방어 욕구 심리 @

Answer— **42. ②   43. ④**

42 ②는 전화조사의 장점이며, 나머지는 단점에 해당하다.
※ 전화조사의 장단점

구분	내용
장점	• 면접조사에 비해 시간과 비용을 절약할 수 있으며 조사대상을 전화만으로 대응하기 때문에 편리하다. • 응답률이 높고, 컴퓨터를 이용한 자동화가 가능하다. • 직업별 조사적용에 유리하다. • 신속성 · 효율성이 높다. • 타인의 참여를 줄여 비밀을 보장할 수 있으며 질문이 표준화되어 있다. • 현지조사가 필요하지 않다. • 면접자의 편견이 상대적으로 적다.
단점	• 모집단이 불안정하다. • 보조도구를 사용하는 것이 곤란하다. • 전화중단의 문제가 발생한다. • 특정주제에 대한 응답이 없고 응답자에게 다양하고 심도 있는 질문을 하기가 어렵다. • 상세한 정보획득이 어렵다. • 시간적 제약을 받아 간단한 질문만 가능하다. • 전화소유자만이 피조사가 되는 한계가 있고 전화번호부가 오래될수록 정확도가 감소한다.

43 ④는 해당하지 않는다.

44 측정의 신뢰도와 타당도에 관한 설명으로 틀린 것은?

① 타당도는 측정하고자 하는 개념이나 속성을 정확히 측정하였는가의 정도를 의미한다.
② 신뢰도는 측정치와 실제치가 얼마나 일관성이 있는지를 나타내는 정도이다.
③ 타당성이 있는 측정은 항상 신뢰성이 있으며, 신뢰성이 없는 측정은 타당도가 보장되지 않는다.
④ 티당도 측정 시 외직타당도나 내적타낭노가 더 중요하다.

45 설문지 구성 시 왜곡된 응답을 줄일 수 있는 설명으로 잘못된 것은?

① 조사자와 응답자 사이에 라포(rapport)가 형성되도록 조사한다.
② 조사 시간을 응답자의 편리한 시간으로 정한다.
③ 설문지를 작성할 때 사전 조사를 실시한다.
④ 민감한 질문은 서두에 미리 한다.

Answer ─ **44.** ④ **45.** ④

44 ④ 타당도란 검사도구가 측정하고자 하는 것을 얼마나 충실히 측정하였는지를 나타내는 것으로 검사점수의 해석에 대하여 근거나 이론이 지지해 주는 정도를 말한다. 타당도 측정 시 내적 타당도와 외적 타당도를 모두 고려해야 한다.
※ 외적 타당도와 내적 타당도

구분	내용
내적 타당도	실험적 처리가 실제로 의미 있는 차이를 가져왔는가를 나타내는 것을 말한다. 즉 조사결과로 도출된 종속변수의 변화가 독립변수에 의한 것인지 아니면 다른 변수에 의한 것인지 판별하는데 사용된다.
외적 타당도	외적 타당도란 조사의 결과가 일반화되어 사용될 수 있는가를 나타낸 것을 말한다. 즉 연구의 결과를 다른 환경에 확대해서 해석하거나 일반화할 수 있는 정도를 말하며 조사의 결과가 많은 곳에 적용이 가능하고 동일한 조사가 다시 이루어져도 그 결과가 동일하다면 그 조사는 외적 타당도가 높다고 할 수 있다.

45 ④ 처음부터 개인적이거나 민감한 질문을 하면 사람들이 거부감을 가질 수 있기 때문에 민감한 질문은 맨 마지막에 묻는 것이 적절하다.
※ 면접진행에 필요한 기술
• rapport(친근한 관계)를 형성하여 유지하도록 한다.
• 면접자는 여유 있고 성실하며 진지한 태도로 임한다.
• 응답자의 응답에 주의를 기울이고 지나친 반대나 찬성을 하지 않도록 한다.
• 응답자가 질문을 이해하지 못하면 설명을 충분히 해주도록 하고, 응답하는 시간을 알맞게 주도록 한다.
• 응답자의 답변이 다른 방향으로 이탈하거나, 길어질 경우 적절히 조절해 주어야 한다.

46 면접조사의 단점에 해당하지 않는 것은?

① 잘 훈련된 면접원이 필요하다.

② 조사 대상이 넓게 분포되어 있으면 비용이 많이 든다.

③ 복잡한 질문이 불가능하다.

④ 조사원의 개입으로 정보의 왜곡이 있을 수 있다.

47 측정도구의 타당도 평가방법에 대한 설명으로 틀린 것은?

① 크론바하 알파값을 산출하여 문항상호 간의 일관성을 측정한다.

② 한 측정치를 기준으로 다른 측정치와의 상관관계를 추정한다.

③ 개념타당도는 측정하고자 하는 개념이 실제로 적절하게 측정되었는가를 의미한다.

④ 내용타당도는 점수 또는 척도가 일반화하려고 하는 개념을 어느 정도 잘 반영해주는가를 의미한다.

48 독립변수와 종속변수의 사이에서 독립변수의 결과인 동시에 종속변수의 원인이 되는 변수는?

① 외적변수　　　　　　　　② 선행변수

③ 억제변수　　　　　　　　④ 매개변수

Answer ― 46. ③　47. ①　48. ④

46 ③ 면접조사는 조사원이 표본으로 선정된 응답자를 상대로 직접 대면하여 조사하는 방법으로 면접은 언어적 진술내용 외에 비언어적 정보(감정, 태도, 어투, 표정 등)도 얻을 수 있으며 복잡한 질문도 가능하다.

47 ① 크론바하 알파계수(α)을 사용하는 것은 신뢰도를 측정할 때이다.

48 ④ 매개변수란 변수들간의 함수적 관계를 설명할 때, 두 변수 사이에서 연계하는 변수를 말한다.

49 마케팅 리서치에 대한 설명으로 가장 거리가 먼 것은?

① 마케팅 활동과 관련성이 있어야 한다.
② 미래 예측이 중요하기 때문에 미래의 정보를 수집해야 한다.
③ 신뢰할 수 있어야 한다.
④ 정확하고 타당성이 있어야 한다.

50 다음 척도의 종류는?

> [제품 디자인에 대한 평가]
>
>   1 2 3 4 5 6 7
>
> 기능적이다. |—|—|—|—|—|—| 비기능적이다.
> 고급스럽다. |—|—|—|—|—|—| 대중적이다.
> 현대적이다. |—|—|—|—|—|—| 고전적이다.

① 서스톤 척도   ② 리커트 척도
③ 거트만 척도   ④ 의미분화 척도

Answer—   **49.** ②   **50.** ④

49 ② 마케팅 리서치는 현재의 정보를 수집해야 한다.
마케팅 리서치는 소비자의 현재 생각과 행위를 기업에게 알려 주는 일로서 소비자의 행위의 이유를 발견하고 앞으로의 소비자의 미래 행위를 예측하는데 도움을 준다.

50 ④ 보기는 어떤 대상이 개인에게 주는 의미를 측정하고자 고안된 방법으로 개념이 갖는 본질적 의미를 몇 차원에서 측정함으로써 태도의 변화를 명확히 파악하기 위해 Osgood이 고안한 의미분화척도(어의구별척도)이다.
※ 의미구별척도의 예시
• H 기업의 이미지를 아래 척도에 주십시오.

전통적이다	매우	약간	중간	약간	매우	현대적이다
	+2	+1	0	−1	−2	

• 기업의 활동에 대한 느낌을 아래 척도에 표시해 주십시오.

적극적이다	매우	어느 정도	약간	중간	약간	어느 정도	매우	소극적이다
	+3	+2	+1	0	−1	−2	−3	

51 콜센터의 인적자원 관리 방안으로 적합하지 않은 것은?

① 다양한 동기부여 프로그램
② 콜센터 리더 육성 프로그램
③ 상담원 수준별 교육훈련 프로그램
④ 상담원의 안정을 위한 고정급의 급여체계

52 텔레마케터의 사기저하 원인이 아닌 것은?

① 적절한 보상이나 교육훈련이 결핍된 채로 장시간 근무
② 근무환경이 열악하여 일할 의욕 상실
③ 텔레마케터 스스로 동기부여 및 애사심을 가질 때
④ 동료 간이나 상사와의 인간관계 갈등이 있을 때

53 통화 품질 관리자(QAA)의 업무능력과 가장 밀접한 관계가 있는 것은?

① 콜 분배 능력　　　　　　　② 세일즈 능력
③ 경청 능력　　　　　　　　④ 인사관리 능력

Answer ── **51.** ④　**52.** ③　**53.** ③

51 고정급의 급여체계는 능력에 따른 개인별 성과가 무시되므로 개인 및 팀의 성과관리의 효율성을 저해한다.

52 텔레마케터 스스로 동기부여 및 애사심을 가질 때에는 반대로 사기가 상승하게 된다.

53 QAA(Quality Assurance Analyst) : 통화품질 관리자는 상담원의 통화내용을 듣고 분석하여 통화목적에 가장 적합하도록 관리한다.

54 다음이 설명하고 있는 콜센터 리더의 유형으로 옳은 것은?

> - 직원에게 우호적이고 배려적인 리더십을 발휘하는 성향의 리더
> - 직원의 복지, 지위, 근로조건 및 근무환경개선 등의 기대나 관심을 가져주는 리더

① 지시형 리더   ② 지원형 리더

③ 참가형 리더   ④ 위양형 리더

55 통화내용의 모니터링 평가요소가 아닌 것은?

① 음성의 친절성   ② 업무의 정확성

③ 응대의 신속성   ④ 근무태도의 성실성

56 콜센터 운영비용 중 일반적으로 가장 많이 차지하고 있는 것은?

① 인건비   ② 통신비

③ 시스템 구축비   ④ 건물 임대비

57 다이얼링 기법의 변천사를 바르게 나열한 것은?

① 매뉴얼 다이얼링 → 미리보기 다이얼링 → 프로그레시브 다이얼링 → 예측 다이얼링

② 미리보기 다이얼링 → 매뉴얼 다이얼링 → 예측 다이얼링 → 프로그레시브 다이얼링

③ 매뉴얼 다이얼링 → 예측 다이얼링 → 미리보기 다이얼링 → 프로그레시브 다이얼링

④ 미리보기 다이얼링 → 프로그레시브 다이얼링 → 매뉴얼 다이얼링 → 예측 다이얼링

Answer ─ **54.** ②   **55.** ④   **56.** ①   **57.** ①

54 지원형 리더는 친근하게 다가갈 수 있는 분위기를 조성하고 부하 직원의 인간성과 감정에 관심을 기울이며 편안한 인간관계를 만들어 간다.

55 모니터링의 평가요소에는 텔레마케터의 음성, 텔레마케터의 표현 및 구술능력, 텔레마케터의 전문성 등이 있다.

56 콜센터에서는 많은 수의 텔레마케터를 운용해야 하므로 이에 따르는 인건비가 비용 중에서 가장 많은 부분을 차지한다.

57 다이얼링 기법의 변천사
매뉴얼 다이얼링 → 미리보기 다이얼링 → 프로그레시브 다이얼링 → 예측 다이얼링

58 콜센터 조직의 특성으로 적합하지 않은 것은?

① 현재 비정규직, 계약직 중심의 근무형태가 주종을 이루고 있으며, 타 직종에 비하여 이직률이 높은 편이다.

② 정규직과 비정규직 간, 혹은 상담원 간에 보이지 않는 커뮤니케이션 장벽 등이 발생할 확률이 높다.

③ 국내의 콜센터 조직은 점차 대형화, 전문화, 시스템화 되어가는 추세이다.

④ 콜센터 조직의 가장 큰 특징은 다른 어떤 직종보다 인력이 전문화될 필요가 없다는 것이다.

59 콜센터의 조직구성원 중 텔레마케터에 대한 교육훈련 및 성과관리 업무를 주로 수행하는 자는?

① 센터장
② 수퍼바이저
③ 통합품질관리사
④ OJT 담당자

60 텔레마케팅에서 효과적인 코칭의 목적과 가장 거리가 먼 것은?

① 모니터링 결과에 대한 커뮤니케이션

② 텔레마케터의 업무수행능력 강화과정

③ 특정부문에 대한 피드백을 제공하고 지도 교정해 가는 과정

④ 특정 행동에 대한 감시 감독

Answer ━ 58. ④ 59. ② 60. ④

58 콜센터 조직의 구성 원칙 중 하나인 전문화의 원칙에서 콜센터 조직의 구성원은 가능한 한 하나의 특수한 전문화된 업무만을 담당할 때 효율성과 생산성이 더욱 향상될 수 있다.

59 콜센터 조직의 구성 원칙 중 하나인 전문화의 원칙에서 콜센터 조직의 구성원은 가능한 한 하나의 특수한 전문화된 업무만을 담당할 때 효율성과 생산성이 더욱 향상될 수 있다.

60 텔레마케터에 대한 코칭의 목적
• 목표부여 및 관리
• 자질 향상을 위한 지원
• 상담원의 역할 인식
• 텔레마케터로서의 집중적인 학습 및 자기계발

61 직무중심(Job–Based) 보상과 역량중심(Competency–Based) 보상에 관한 설명으로 옳은 것은?

① 직무중심 보상은 지속적인 학습과 개발을 유도한다.
② 역량중심 보상은 인력운영에 있어서 수평적 인력 이동과 같은 유연성이 있다.
③ 직무중심 보상은 동일직무에서도 차별적 보상이 가능하다.
④ 역량중심 보상은 직무가치에 대한 보싱과 객관싱 확보가 상내적으로 용이하다.

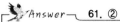

Answer ─ **61. ②**

61 ① 지속적인 학습 및 개발의 유도는 역량중심 보상에 대한 설명이다.
③ 직무 중심의 보상은 직무 가치에 따라 보상하는 제도로 특정 직무를 수행하는 사람이 받을 수 있는 보상의 범위를 직무 가치에 의해 미리 결정해 놓기 때문에, 아무리 역량 수준이 높은 사람이더라도 담당하는 직무가 바뀌지 않는 한 비리 정해진 수준보다 더 높은 보상을 받을 수 없다는 문제가 있다.
④ 직무가치에 대한 보상과 객관성 확보가 상대적으로 용이한 것은 직무중심의 보상이다.

[참고]
※ 직무중심의 보상 & 역량중심의 보상 비교

	직무중심의 보상 (Job–Based)	역량중심의 보상 (Competency–Based)
보상결정의 기본 요소	• 수행하는 직무의 가치	• 직무를 수행하는 사람의 역량
보상의 상승 요인	• 승진	• 역량의 수준, 개발 및 향상의 정도
기업 조직이 중점적으로 관리하는 분야	• 승진, 전환배치 의사결정 • 일에 적합한 선발 • 인건비 통제관리, 직무가치의 재평가	• 역량개발기회, 교육훈련의 제공 • 구성원들의 역량 관리 • 역량 평가방법, 보상결정 방식의 정교화 • 새로운 역량의 개발
조직 구성원들이 중시하는 분야	• 승진을 통한 임금의 인상	• 자기 개발 • 새로운 역량 확보 및 개발
보상결정의 방식	• 직무분석	• 역량 분석
이점	• 직무의 가치에 의한 보상으로 객관성의 확보가 상대적으로 용이 • 보상에 따른 명확한 기대 가능	• 인력 운영에 대한 유연성의 확보(수평적인 인력의 이동) • 동일한 직무에서도 역량에 의한 차별적인 적정 보상이 가능 • 지속적인 학습 및 개발 유도

62 다음은 어떤 직무평가방법에 관한 설명인가?

> 직무를 분류하고 다수의 평가요소들에 대하여 평가된 점수의 고저에 의해 그 직무가 갖는 상대적 가치를 결정하는 방법

① 점수법(Point Rating Method)
② 직무분류법(Job Claasification Method)
③ 서열법(Rank Method)
④ 과업목록분석(Task Inventory Analysis)

63 상담원의 이직원인을 파악하기 위한 방법으로 가장 거리가 먼 것은?

① 시장상황과 비교하여 직무 및 급여 수준 파악
② 상담사와 그룹 미팅 수행
③ 공식적인 회의 등 정기적인 의사소통 채널 활용
④ 기존 이직 관련 인터뷰 분석

64 통화 품질 관리의 목적으로 가장 적합한 것은?

① 텔레마케터의 사적인 통화 방지
② 텔레마케터가 제대로 통화하는지 감시
③ 통화 품질 결과를 텔레마케터의 급여에 반영
④ 통화 품질 개선으로 고객에 대한 서비스 향상

Answer ── **62.** ① **63.** ③ **64.** ④

62 점수법(Point Rating Method)은 각 직무를 여러 가지 구성요소로 나누어서(숙련·책임·노력·작업조건 등) 중요도에 따라 각 요소들에 점수를 부여한 후에, 그렇게 각 요소에 부여한 점수를 합산해서 해당 직무에 대한 전체 점수를 산출해서 평가하는 방법을 말한다.

63 공식적인 회의 자리의 경우 상담원이 마음 놓고 말을 할 수가 없으므로 관리자 등이 비공식적인 자리 등에서 진행해야 상담원들의 마음 놓고 자신들의 이야기를 할 수 있다.

64 통화품질은 콜센터와 고객 간에 이루어지는 통화에서 느껴지는 총체적인 품질의 정도를 말한다. 통화품질 관리는 콜센터의 통화품질을 총괄하여 생산성 향상과 고품격서비스를 제공하는 것이다.

65 텔레마케팅의 특성을 가장 잘 설명한 것은?

① 다양한 정보를 효과적으로 제공할 수는 있으나 고객정보 수집은 불가능하다.
② 텔레마케팅은 전화매체를 통한 커뮤니케이션 활동이므로 상담원보다 시스템이 더욱 중요하다.
③ 즉시성과 인격성이 있으며, 효과적인 정보제공, 고객관계 구축이 가능하다.
④ 텔레마케팅은 데이터베이스 마케팅을 지향하므로 시·공간적 제약이 많다.

66 상담 모니터링 평가결과를 가지고 활용할 수 있는 분야가 아닌 것은?

① 통합 품질측정   ② 개별 코칭
③ 보상과 인정   ④ 콜 예측

67 변화를 성공적으로 주도하기 위해 변화가 일어날 수 있도록 추진하는 인사관리자의 역할은?

① 설계자   ② 입증자
③ 중재자   ④ 촉진자

Answer ── 65. ③ 66. ④ 67. ④

65 텔레마케팅의 특성
• 시간의 절약이 가능하다.
• 공간과 거리의 장벽을 극복할 수 있다.
• 유용한 고객정보를 효과적으로 수집할 수 있다.
• 데이터베이스(DB)를 기반으로 마케팅활동을 수행한다.
• 텔레마케팅은 고객과의 관계를 중시한다.

66 상담 모니터링 평가결과를 기반으로 한 활용분야
• 개별 코칭
• 보상 및 인정
• 통합 품질측정

67 촉진자란 조직 내·외부의 변화를 성공적으로 주도하여 변화가 일어나도록 추진하는 일을 한다.

68 최근 텔레마케팅 운영의 변화 추세로 틀린 것은?

① 기업이 고정비 부담을 줄이기 위해 자체적으로 텔레마케팅 운영을 확대하고 있다.
② 데이터베이스 시스템 구축으로 고객정보를 활용하여 적극적인 판촉활동을 전개하여 생산성과 수익실현에 초점을 둔다.
③ 인바운드와 아웃바운드를 동시에 운영하고 실무자의 효율성과 생산성을 높이고 있는 추세이다.
④ 콜센터를 중심으로 전용상품을 개발하여 판매활동을 강화하고 있다.

69 인바운드 스크립트에 대한 설명으로 가장 거리가 먼 것은?

① 고객 주도형으로 정형적인 스크립트를 작성하는 것이 비교적 쉽다.
② 상품의 판매나 주문으로 결부시켜가는 것이 비교적 쉽다.
③ 기업의 이미지 향상 및 고객 만족 향상에 크게 공헌할 수 있다.
④ 인바운드 스크립트는 주어진 상황을 잘 반영해야 한다.

70 콜센터의 특징에 대한 설명으로 가장 거리가 먼 것은?

① 고객 접촉이 용이하다.
② 고객의 니즈를 파악하고 대응하는 고객 상황 대응센터이다.
③ 주로 전화 중심으로 업무를 수행한다.
④ 신규고객 위주의 관계개선센터 역할을 한다.

Answer— **68.** ① **69.** ② **70.** ④

68 최근에는 아웃소싱 전문 업체를 활용해 콜센터를 운영하는 기업이 늘고 있음에 주목할 필요가 있다. 콜센터 아웃소싱은 비용 절감과 인력의 탄력적 운영, 그리고 아웃소싱 업체의 전문성을 효과적으로 활용하는 것이다. 이미 카드-통신-보험 등 서비스가 주력상품인 산업에서는 콜센터 아웃소싱을 많이 활용하고 있으며, 최근에는 은행과 공공부문까지 콜센터 아웃소싱에 관심을 보이고 있는 추세이다.

69 인바운드는 고객으로부터 걸려오는 콜을 처리하는 것으로 업무흐름, 매뉴얼, 스크립트 등이 정형화되어 있기 때문에 상담원은 짧은 기간 동안 업무교육 및 프로그램 교육을 받은 후에 일정기간 동안 일하게 되면 숙달도가 높아진다.

70 콜센터는 신규고객에 대한 확보(낮은 비용, 고객접점 확대)도 중요하지만, 이와 더불어 기존고객의 활성화(고객이탈방지)도 중요한 역할 중 하나이다.

71 콜센터 리더의 능력으로 옳지 않은 것은?

① 직원 교육훈련 능력 및 마케팅 전략 수립능력
② 끊임없는 자기개발 및 원만한 인간관계
③ 해당업무에 대한 지식과 변화에 따른 유연한 사고방식
④ 상담원의 승진 인사에 대한 주관적인 판단 및 통솔력

72 텔레마케팅센터에서 재택근무자를 운영할 경우 장점이라고 할 수 없는 것은?

① 직원 관리가 용이하다.
② 우수 직원을 유인하고 유지할 수 있다.
③ 기상악화 등으로 인한 위험 요소를 감소시킨다.
④ 설비비용을 절약할 수 있다.

73 다음 아웃바운드 상담 흐름도에서 ( ) 안에 들어갈 알맞은 것은?

| 첫인사, 자기소개 → 고객확인/전화양해 → 취지설명, 제안 → ( ) → 반론극복 → 종결 |

① 고객만족도 측정   ② 고객욕구 탐색
③ 고객이미지 형성   ④ 결과 재검토

Answer ── **71.** ④ **72.** ① **73.** ②

71 콜센터 리더의 능력 및 역할
• 텔레마케터의 채용
• 교육훈련
• 텔레마케터관리
• 운영매뉴얼 작성
• 스크립트 작성
• 통화목록 작성
• 리스트세분화 판매전략 기획
• 운영의 진행관리
• 운영코스트 관리
• 모니터링
• 업무, 긴급 시 대응

72 사무실 근무가 아닌 재택근무자를 두게 될 때 관리자의 경우에는 해당 근무자에 대한 관리가 어려워지게 된다.

73 아웃바운드 상담 흐름도
첫인사 및 자기소개 → 고객확인 및 전화양해 → 취지 및 설명, 제안 → 고객욕구 탐색 → 반론극복 → 종결

74 상담을 하는 상황이나 대응하는 상담원, 또는 어떤 경로로 상담이 이루어졌는지 등에 따라 상담 난이도가 달라지는데, 다음 중 상담 난이도에 관한 설명으로 옳지 않은 것은?

① 상담 난이도는 상담시간이나 상담횟수 등의 정량적 측도로 측정한다.
② 상담 난이도는 상담원의 경험과 기술 수준에 따라 정성적으로 분류한다.
③ 상담 난이도는 상황에 따라 유동적이나 코드별 분류보다 수준별 분류가 적절하다.
④ 상담 난이도는 고객의 상담 난이도를 예측하여 적절한 상담원에게 연결해야 한다.

75 텔레마케터 선발 시 면접방법으로 가장 거리가 먼 것은?

① 그룹 면접　　　　　　　　② 스크립트 개발 테스트
③ 전산능력　　　　　　　　④ 음성테스트

 4 　고객응대　

76 텔레마케팅 고객응대의 특징이 아닌 것은?

① 쌍방 간 커뮤니케이션이 필요하다.
② 비대면 중심의 커뮤니케이션이다.
③ 언어적인 메시지와 비언어적인 메시지를 동시에 사용한다.
④ 고객응대 시 발생한 상황에 대해 영향을 받지 않는다.

Answer ─── **74.** ① **75.** ② **76.** ④

74 상담의 난이도라는 것은 상담시간이나 상담횟수 등의 정량적인 측도로 측정할 수 있는 부분은 아니며, 단지 상담원의 경험과 기술 수준에 따라 정성적으로 분류 하여야 할 부분이다. 따라서 상담 난이도의 분류 방법은 다소의 오류가 있더 라도 전문 상담원들을 통하여 정성적인 측정방법을 사용하여야 한다.

75 텔레마케터 면접 기준표에는 구술능력, 청취, 이해력, 품성, 인성, 경험 및 목표의식 등의 평가 항목이 있다.

76 ④ 고객과의 응대는 쌍방이 서로의 생각과 감정을 나누는 대화 행위이므로 고객응대 시 발생한 상황에 대해 영향을 크 게 받는다.
③ 텔레마케팅에서는 언어적 메시지와 비언어적 메시지를 모두 사용한다. 즉, 전달하고자 하는 의사를 음성언어나 문 자를 사용하는 언어적 메시지와 몸짓, 표정, 자세, 눈짓, 음성을 높이거나 낮추는 것과 같은 방법을 같이 사용한다.

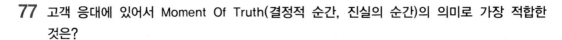

77 고객 응대에 있어서 Moment Of Truth(결정적 순간, 진실의 순간)의 의미로 가장 적합한 것은?

① 고객이 제품을 구매하여 처음 사용해 보는 순간
② 고객이 제품 사용을 통해 제품의 장·단점을 실제로 깨달은 순간
③ 고객과 기업이 상호 접촉하여 커뮤니케이션을 하는 매 순간
④ 고객이 만족할 만한 응대가 끝난 시점

78 기업이 고객의 불평불만업무를 효율적으로 처리하기 위해 지켜야 할 사항이 아닌 것은?

① 불평불만을 담당하는 부서에 고객이 접근하기 용이하게 해야 한다.
② 고객에게 업무처리 절차에 대한 홍보가 잘 되어 있어야 한다.
③ 고객의 불평불만을 상담한 직원 뿐 아니라 관련 직원들도 처리절차 및 결과를 함께 인지해야 한다.
④ 상담원이 주관적으로 즉시 처리할 수 있도록 한다.

79 성공적인 대화를 위해서는 말하기와 듣기가 순차적으로 반복되면서 상호 간 의사 전달이 되어야 한다는 원리는?

① 순환의 원리
② 협력의 원리
③ 적절성의 원리
④ 말하기의 원리

Answer ── **77.** ③ **78.** ④ **79.** ①

77 ③ MOT(접점)는 본래 투우의 용어로 'Moment De La Verdad(투우사가 소의 급소를 찌르는 순간)'에서 유래되었다. 즉, MOT는 고객이 기업의 한 부분(직원/환경)과 접촉하여 서비스(품질)에 대한 인식에 영향을 미치는 15초 내의 결정적인 순간을 말한다. 다시 말해 고객이 마주치는 모든 환경(사무실 정리 상태, 분위기, 직원의 말투 및 태도 등)이 MOT라고 할 수 있다.
서비스의 성공적인 제공은 서비스 제공자와 소비자가 서로 대면(접촉)하는 순간에 결정되므로, 서비스 접점은 고객만족에 영향을 미치게 되며, 일반적으로 고객 만족은 서비스 제공자와의 접점의 품질에 의해 결정된다.

78 ④ 불만은 제공하는 서비스가 고객의 기대수준 보다 낮을 때 발생을 한다. 고객이 불평불만을 나타낼 경우 감정적인 대응보다 경청과 질문을 통해 고객의 불만의 원인을 객관적으로 정확히 파악하여 불평불만을 해소시켜야 하며 상담원이 주관적으로 즉시 처리하는 것은 적절하지 못하다.

79 ① 순환의 원리란 성공적인 대화를 위해서는 말하기와 듣기가 순차적으로 반복되면서 상호 간 의사 전달이 되어야 한다는 것을 말한다.
의사소통 상황에 맞게 참여자의 역할이 원활하게 교대되고 정보가 순환하면서 자연스럽게 의사 전달 목적이 성립되는 것을 말한다. 대화는 청자와 화자 역할이 적절하게 분배되지 않으면 일방적인 의사소통이 되어 효과적인 의사소통이 어렵게 된다.

80 텔레마케터가 고객의 욕구를 정확히 파악하고 고객의 불만사항을 신속하게 해결하기 위한 방법으로 가장 적합한 것은?

① 고객이 사용하는 사투리, 속어 등을 사용함으로써 보다 친근하고 신속하게 응대한다.

② 고객의 욕구를 정확히 파악하기 위해서는 고객의 이야기 도중에 질문한다.

③ 전달력을 높이기 위해 음성의 변화(음성의 고저, 장단, 강약 등) 없이 말한다.

④ 고객의 정확한 이해를 위해 통화의 끝부분에서 중요부분을 요약하여 전달한다.

81 불만을 제기한 고객의 심리 상태로 가장 거리가 먼 것은?

① 비이성적이다.

② 감정적이며 요구조건이 많다.

③ 객관적이며 냉정하다.

④ 본인의 의견이 반영되길 원한다.

82 커뮤니케이션의 특성으로 옳지 않은 것은?

① 의사소통 수단의 고정화

② 정보교환과 의미부여

③ 순기능과 역기능의 존재

④ 오류와 장애의 발생 가능성 존재

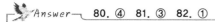

Answer ── **80. ④ 81. ③ 82. ①**

80 ① 사투리나 속어, 구어체 등은 메시지를 왜곡하는 경향이 있기 때문에 피하도록 한다.
② 많은 사람들이 정보를 더 주거나 질문을 하기 위해 고객의 이야기를 중단시키려는 경향을 보인다. 이것은 무례할 뿐만 아니라 의사소통의 실패 원인이 되어 고객을 화나게 할 수 있는 행동이므로 상담원은 고객에게 질문을 하거나 말을 하고 있다면 자신의 의견이나 생각을 말하기 전에 고객의 말이 모두 다 끝날 때까지 기다려야 한다.
③ 말의 속도, 음성의 크기, 음의 높낮이 등을 잘 조절하여야 한다.

81 ③ 불만을 제기한 상태의 고객이 객관적이고 냉정하지는 않다.

82 ① 사람간의 생각이나 감정을 교환하는 커뮤니케이션은 말과 같은 언어적 요소를 비롯해 제스처나 자세, 얼굴표정, 눈맞춤, 목소리, 억양 등 다양한 의사소통을 통해 진행된다. 커뮤니케이션의 형식은 유동적이며 고정되어 있지 않다

83 커뮤니케이션 활동을 저해하는 요소가 아닌 것은?

① 왜곡 및 생략
② 준거 틀의 차이
③ 적절한 양의 커뮤니케이션
④ 수용성과 타이밍

84 CRM을 위한 기업의 마케팅 커뮤니케이션 방식으로 적합하지 않은 것은?

① 통합적 마케팅 커뮤니케이션
② 매스미디어상의 브로드캐스팅광고
③ 광고와 실 판매의 기능을 포괄하는 커뮤니케이션
④ 프로모션의 효율성과 효과성을 제고할 수 있는 커뮤니케이션

85 소비자 단체에서의 상담순서에 있어 가장 먼저 해야 할 사항은?

① 접수 시 해결 가능한 소비자 문제인지 확인한다.
② 접수를 받아 기본 사항을 상담카드에 기록한다.
③ 상담 사건을 분류한다.
④ 상담과정에 필요한 경우 시험이나 검사를 의뢰한다.

Answer ── **83.** ③ **84.** ② **85.** ②

83 ③ 너무 적거나 많은 양의 커뮤니케이션은 정상적인 의사소통을 방해한다.

84 ② 브로드캐스팅(방송) 광고는 대중매체를 통한 매스마케팅으로 CRM과 거리가 멀다.

※ CRM 마케팅과 매스마케팅의 비교

구분	CRM marketing	MASS marketing
등장	1960년대	1990년대 이후
성과지표	고객점유율 지향	시장점유율 지향
판매기반	고객가치를 높이는 것을 기반	고객과의 거래를 기반
관계측면	고객과의 지속적인 관계 유지를 하는 것이 목표	신규고객개발에 더욱 중점
목표고객	고객 개개인	불특정 대다수
의사교환방식	개인적 커뮤니케이션	일방적 의사교환
생산방식	다품종 소량생산	대량생산, 대량판매

85 ② 소비자 단체에서의 상담에 있어 가장 먼저 하는 일은 접수를 받아 기본 사항을 상담카드에 기록하는 것이다.

86 다음 설명에 해당하는 고객응대 요소는?

> 고객 응대를 진행할 때 상대방과의 대화에서 메시지 전달이 요구되는데 전달되는 메시지가 언어적인 메시지인지 비언어적인 메시지인지를 구분할 줄 알아야 한다.

① 대화의 예절　　　　　　　　② 대화의 목적
③ 대화의 내용　　　　　　　　④ 대화의 상대

87 텔레마케터가 전화응대 시 두려움을 갖는 이유로 가장 거리가 먼 것은?

① 외모에 대한 콤플렉스
② 상담기술 능력에 대한 자신감 결여
③ 상품, 서비스 지식 부족
④ 기절에 대한 불안감

88 커뮤니케이션에 관한 설명으로 가장 옳은 것은?

① 커뮤니케이션은 단시간 반복되는 일련의 행위이다.
② 커뮤니케이션은 사람들이 서로의 정보, 생각, 느낌 등을 공유하기 위한 활동이다.
③ 상대방과 어떠한 관계에 있느냐와 관계없이 주고받는 내용이나 전달방식이 일정해야만 한다.
④ 커뮤니케이션은 일방적인 활동이다.

Answer ── **86. ③　87. ①　88. ②**

86 ③ 고객응대 요소에는 대화상대, 대화방법, 대화목적, 대화내용, 대화예절, 메시지 등이 있다. 보기는 대화내용에 대한 설명이다.

87 ① 텔레마케팅은 고객과 텔레마케터간의 쌍방간 커뮤니케이션이 필요하며, 전화장치를 이용한 비대면 중심의 커뮤니케이션 행위이다. 따라서 외모에 대한 콤플렉스가 전화응대 시 두려움을 갖는 이유라 보기 어렵다.

88 ② 커뮤니케이션이란 유기체들이 기호를 통해 서로 정보나 메시지를 전달하고 수신해서 서로 공통된 의미를 수립하고, 나아가서는 서로의 행동에 영향을 미치는 과정 및 행동을 말한다.

89 다음 중 개방형 질문에 관한 설명으로 틀린 것은?

① 개방형 질문은 비교적 상담 후반에 사용하는 것이 효과적이다.
② 개방형 질문은 답변하는 사람에 따라 말의 내용과 말의 양이 달라진다.
③ 고객으로부터 많은 의견과 정보를 기대할 수 있다.
④ 개방형 질문에 대한 고객의 답변에 이어 필요하다면 다른 내용을 추가로 질문함으로써 고객의 욕구를 명확하게 파악할 수 있게 된다.

90 성공적인 상담진행을 위한 의사소통 전략으로 가장 거리가 먼 것은?

① 소비자의 이름을 사용한다.
② 길고 기술적인 단어를 사용하여 전문성을 높인다.
③ 긍정적인 내용은 "나" 혹은 "우리"라는 메시지를 사용한다.
④ 대화내용에 대한 피드백을 주고받는다.

Answer — **89.** ① **90.** ②

89 ① 고객의 욕구를 알아내는 질문법인 개방형 질문은 모든 가능한 응답의 범주를 모르거나 응답자가 어떻게 응답하는가를 탐색적으로 살펴보고자 할 때 적합하며, 특히 예비조사에서 유용하다.

　※ 개방형 질문
　　㉠ 고객에게 그들이 원하는 대로 표현하도록 하는 질문 형식으로 응답자의 견해를 보다 잘 서술할 수 있도록 해준다.
　　㉡ 개방형 질문은 모든 가능한 응답의 범주를 모르거나 응답자가 어떻게 응답하는가를 탐색적으로 살펴보고자 할 때 적합하며, 특히 예비조사에서 유용하다.
　　㉢ 질문지에 열거하기에는 응답범주가 너무 많을 경우에 사용하면 좋다.
　　㉣ 응답자료가 개인별로 표준화되어 있기 않기 때문에 비교나 통계분석이 어렵고 부호화 작업이 주관적이어서 작업을 하는 사람들 간에 차이가 날 수 있다.
　　㉤ 응답자가 어느 정도 교육수준을 가지고 있어야 하며 응답하는 데 시간과 노력이 들기 때문에 무응답이나 거절의 빈도가 높을 수 있다.
　　㉥ 응답자가 질문에 대해 자신의 답을 제공하도록 요청 받는 질문방식이다.
　　㉦ 응답자는 질문에 대해 대답을 적을 수 있는 여백을 제공받으며, 보다 심층적이고 질적인 면접방법에서 사용된다.
　　㉧ 조사자가 응답의 의미를 해석하는 과정에서 그릇된 해석과 조사자가 지닌 편견의 가능성이 열려있다는 점과 몇몇 응답자들은 조사자의 의도와 전혀 상관없는 대답을 줄 위험이 있다.

90 ② 고객의 수준에 맞는 어휘를 사용해야 한다.

91 CRM의 목적에 해당하지 않는 것은?

① 고객 충성도 강화
② 획일화된 서비스 제공
③ 양질의 고객정보 축적
④ 우량고객 확보

92 CRM에 대한 설명으로 적절치 않은 것은?

① 고객 관계 관리를 의미한다.
② 고객 통합 DB를 구축하고 분석 · 활용한다.
③ 고객지향적인 경영기법의 하나이다.
④ 단기적인 신뢰구축에 의미를 부여한다.

93 전화 상담에서 필요한 말하기 기법에 관한 설명으로 틀린 것은?

① 전화로 이야기할 때에도 미소를 지으며, 필요한 낱말에 강세를 두어 말한다.
② 어조를 과장하여 억양에 변화를 주는 것은 소비자의 집중력을 약화시키므로 바람직하지 않다.
③ 소비자가 말하는 속도에 보조를 맞추되, 상담원은 되도록 천천히 말하는 습관을 갖는 것이 좋다.
④ 명확한 발음을 하기 위해 큰소리로 반복해서 연습하는 것이 필요하다.

Answer — **91.** ② **92.** ④ **93.** ②

91 ② 고객관계관리(CRM ; Customer Relationship Management)는 고객과 관련된 기업의 내 · 외부 자료를 분석 · 통합하여 고객특성에 기초한 마케팅활동을 계획하고 지원하며 평가하는 과정을 의미한다.
CRM을 통해 이루고자 하는 것은 다양하게 이야기될 수 있지만, 궁극적으로 기업이 달성하고자 하는 CRM의 목적은 신규고객의 유치로부터 시작하는 고객관계를 고객의 전 생애에 걸쳐 유지함으로써 장기적으로 고객의 수익성을 극대화하는 것이다. 신규고객과의 첫 거래로부터 다양한 마케팅 활동을 통해 그 관계를 유지 및 강화시켜 평생고객으로 발전시키고자 하는 것이다. 지속적인 고객과의 거래관계를 통해 얻을 수 있는 장기적인 이윤극대화가 바로 CRM의 기본적이며 궁극적인 목적인 것이다.

92 ④ CRM은 고객의 전생애에 걸쳐 관계를 유지 및 강화하고자 한다. 이렇게 강화된 고객과의 관계를 통하여 기업은 장기적인 수익구조를 갖추고자 한다.

93 ② 전화 상담은 상담자를 이해하는데 필요한 정보나 단서가 음성언어로만 제한되어 행동언어(태도, 제스처 등)로 파악될 수 있는 표현을 놓칠 수 있는 약점이 있다. 따라서 이를 극복하기 위해선 목소리에서 묻어나는 각종 음성정보(목소리 톤, 억양, 말의 빠르기, 음색, 숨쉬기, 단어 사용량 등)에서 나타나는 의미를 파악하는 것이 중요하다.

94 고객유형별 특징에 대한 설명으로 적합하지 않은 것은?

① 반말형은 도도하고 거칠며 잘난 척한다.
② 호인형은 사귀기가 쉽고 쾌할하다.
③ 깍쟁이형은 성격이 활발하고 친숙하다.
④ 신경질형은 성격이 급하며 남을 무시한다.

Answer— **94.** ③

94 ③ 깍쟁이형 고객은 계산적이기 때문에 가격 흥정 시 깎는 것에 만족을 느끼는 타입이다.
1. 호인형 / 사귀기 쉽다, 쾌활하다.
– 유머를 쓴다.
– 단도직입적으로 요점으로 유도한다.
2. 겁쟁이형 / 두려움과 염려, 우유부단함으로 가득차 있다
– 세일즈맨의 도움이 필요하다.
– 고객을 칭찬해 주고 증거를 제시해 확고한 마음을 갖도록 유도한다.
– 고객 스스로의 판단에 의하여 신념을 갖도록 만든다.
3. 침묵형 / 대답을 잘 하지 않는다.
– 친절을 베풀어 준다.
– 대답을 하지 않을 수 없도록 질문한다.
– 간단한 제의를 한다.
4. 존대형 / 도량이 넓고 배짱이 크다.
– 고객의 장점을 칭찬해 주면서 약간의 겸손을 보인다.
5. 거사형 / 이유가 많다. 투쟁의식이 강하다.
– 토론하지 말고 고객의 의견을 존중한다.
– 고객 스스로 선택한 건이라는 식으로 권유한다.
6. 깍쟁이형 / 계산적이다, 할인 리베이트를 요구하여 깎는 것에 자기만족을 느낀다.
– 상품의 품질 등 장점을 강조 하고 가격은 나중에 이야기 한다.
7. 수다형 / 세일즈맨의 시간을 빼앗는다, 판매를 떠나서 혼자 떠들어 댄다
– 적당한 시간만 이야기하게 하여 들어준다.
– 고객이 한 말에 대해서 코맨트 해주고 말하고자 하는 바에 따라오도록 유도한다.
8. 호의형 / 남이 말하는 것을 믿지 않는다, 모든 세일즈맨은 고객의 눈을 속이려한다고 생각한다.
– 확신을 주고 증거 증언을 통해서 믿도록 만든다.
– 고객을 도우려고 애쓰는 성실성과 진심을 보여준다.
– 고객이 스스로를 어리석다고 느끼게 하지 않기 위해서 몇 가지 점에서 토론에 준다.
9. 동요형 / 사물에 대한 판단을 쉽게 하지 못한다.
– 생각한대로 행하도록 하고 해야 할 일은 바로 행동으로 옮기도록 유도한다.
– 요점을 자주 반복하고 사실을 설명한다.
– 선택의 기회를 주지 말고 한가지 코스로 나가도록 주의를 환기 시킨다.
10. 고집쟁이형 / 자기의견만 고집한다.
– 고객을 추어주고 제품에 대해서 확신감을 심어준다.
– 자존심을 존경해주되 논쟁에 휘말려들지 말고, 결코 그에게 어리석게 굴지 않는다.

95 고객이 텔레마케터에게 듣고 싶어 하는 상담내용으로 가장 거리가 먼 것은?

① 고객 자신에게 간접적인 이익이 되는 내용
② 고객이 이해할 수 있고 의사결정에 도움이 되는 내용
③ 고객 불만이나 요구사항에 대한 해결방안에 대한 내용
④ 고객의 입장에서 독특하다고 느낄 수 있는 내용

96 고객응대 시 고객의 반론을 극복하기 위한 적절한 설득이 아닌 것은?

① 거절이나 반론에 대한 두려움을 없앤다.
② 고객니즈를 집중적으로 분석하여 관심을 유도한다.
③ 인간적인 신뢰성으로 설득한다.
④ 고객이 원하는 상품을 무료로 지급한다.

97 다음 중 연세가 많은 고객에 대한 효과적인 상담기법과 가장 거리가 먼 것은?

① 호칭에 신경을 쓰도록 한다.
② 공손하게 응대하고 질문에 정중하게 답한다.
③ 순발력 있고 빠른 속도로 응대한다.
④ 고객의 의견을 존중한다.

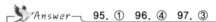

Answer— **95.** ① **96.** ④ **97.** ③

95 ① 고객은 텔레마케터에게 직접적인 이익(보상 및 할인 등)이 되는 내용을 듣고 싶어 한다.

96 ④ 올바른 선택에 대한 확신이 없거나 텔레마케터의 설명이 충분하지 않다면 고객은 반론을 제기할 가능성이 높다. 따라서 이를 극복하려면 고객 니즈(needs)가 정확히 무엇인가를 파악하는 것에서부터 시작된다. 고객이 말하기를 시작하면 경청을 하며, 고객의 반론에 대해서는 먼저 공감하는 자세를 취하는 자세가 필요하다.

97 ③ 고객의 반응을 인내하며 시간을 배려하고 끊임없이 응답하도록 한다.
※ 노년층 고객 상담기법
  ㉠ 어떠한 경우라도 절대로 공손함을 잃지 않는다.
  ㉡ 고객의 반응을 인내하며 시간을 배려하고 끊임없이 응답한다.
  ㉢ 특히 경어사용과 호칭에 유의해야 한다. 친근감 있는 '할아버지, 할머니'의 호칭을 사용해도 된다고 판단된다면 '할아버님, 할머님'으로 호칭하도록 한다.

98 대인커뮤니케이션의 구성 요소로 옳지 않은 것은?

① 기호화와 해독　　　　　　　　② 발신자와 수신자
③ 상품과 유통　　　　　　　　　④ 메시지와 채널

99 시대가 변하면서 마케팅에 대한 개념도 변화하였다. 다음 중 고객 개인별로 상품설계, 가격 체계, 판매채널, 프로모션, 서비스를 제공하는 마케팅은?

① 다품종소량 마케팅　　　　　　② 세분화 마케팅
③ 일대일 마케팅　　　　　　　　④ 틈새 마케팅

─ Answer ─　**98.** ③　**99.** ③

98 ③ 커뮤니케이션이란 유기체들이 기호를 통해 서로 정보나 메시지를 전달하고 수신해서 서로 공통된 의미를 수립하고, 나아가서는 서로의 행동에 영향을 미치는 과정 및 행동을 말한다.

※ 커뮤니케이션의 구성 요소

구분	내용
환경	상담원의 메시지를 보내고 받는 환경, 즉 사무실, 상점, 집단이나 개별환경은 메시지의 효율성에 영향을 준다.
송신자 (발신자)	상담원은 고객과 메시지를 시작하면서 송신자의 역할을 맡는다. 반대로 고객이 반응을 보일 때에는 고객이 송신자가 된다.
수신자	처음에 상담원은 고객이 보내는 메시지의 수신자가 된다. 그러나 일단 상담원이 피드백을 하게 되면, 상담원의 역할은 송신자로 바뀐다.
메시지	메시지는 상담원이나 고객이 전달하고자 하는 생각이나 개념이다.
통로	상담원의 메시지를 이전하기 위해 선택하는 방법인 전화, 대면접촉, 팩스, 이메일이나 기타 통신수단을 말한다.
부호화 (기호화)	상담원의 메시지를 고객이 효과적으로 이해할 수 있는 형태로 바꾸기 위해서 부호화된다. 메시지를 해독할 수 있는 고객의 능력을 정확하게 파악하지 못하면 혼란과 오해를 일으킬 수 있다.
해독	해독은 상담원과 고객이 되돌려 받은 메시지의 의미를 해석함으로써 친밀한 생각으로 전환하는 것이다.
피드백	피드백은 양방향 의사소통 과정의 가장 중요한 요소 가운데 하나로 피드백이 없다면 상담원은 독백을 하는 것과 마찬가지이다.
여과	여과는 받은 메시지를 왜곡시키거나 영향을 미치는 요인들이다. 여과에는 태도, 관심, 경향, 기대, 교육 및 신념과 가치 등이 포함된다.
잡음	잡음은 정확한 정보의 수용을 방해하는 생리적이거나 심리적인 요인들인 신체적 특성, 주의력 부족, 메시지의 명확도나 메시지의 시끄러움과 같은 환경적 요인들이다.

99 ③ 일대일 마케팅(One-to-One Marketing)은 고객을 상대로 맞춤 서비스가 가능한 일대일 마케팅 기법으로 각각의 고객에 대한 데이터베이스를 구축하여 그 고객의 기호와 욕구에 부합하는 서비스를 전개하는 방식을 말한다.

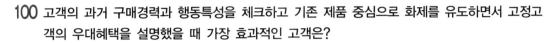

100 고객의 과거 구매경력과 행동특성을 체크하고 기존 제품 중심으로 화제를 유도하면서 고정고객의 우대혜택을 설명했을 때 가장 효과적인 고객은?

① 불만 고객

② 신규 고객

③ 기존 고객으로서 자사 상품에 관심이 많은 고객

④ 막연한 기대감을 가진 고객

Answer— **100.** ③

100 ③ 기존고객으로서 자사 상품에 관심이 많은 고객에게는 고객의 과거 구매경력과 행동특성을 체크하고 기존 제품 중심으로 화제를 유도하면서 고정고객의 우대혜택을 설명하는 것이 효과적이다.

05 2014년 제2회 기출문제

 1 판매관리

1 Kotler는 메가 마케팅(Mega-Marketing)에서 6p를 주장하였는데, 6p에 해당되지 않는 것은?

① 영향력(Power)
② 공중관계(Public Relation)
③ 참여자(Participants)
④ 촉진(Promotion)

2 어떤 회사나 그 회사의 제품에 관한 홍보를 소비자들의 입을 빌어 "입에서 입으로"라는 원리를 이용한 방식으로 빠른 시일 내에 큰 효과를 볼 수 있는 마케팅 수단 중의 하나인 것은?

① 바이러스 마케팅
② 패션 마케팅
③ 관계 마케팅
④ 니치 마케팅

Answer —— 1. ③ 2. ①

1 코틀러 교수는 메가 마케팅에서 기존의 마케팅믹스 4Ps(Product, Place, Price, Promotion)에서 Power와 Public Relation을 각각 하나씩 추가하여 6Ps를 주장하였다.

2 ① 바이러스 마케팅은 네티즌들의 커뮤니케이션 매체가 다양해지면서 이를 통해 기업 조직의 제품을 자발적으로 확산하면서 홍보하도록 하는 마케팅 기법으로, 마케팅 방법이 컴퓨터 바이러스와 같은 특징을 가진 것에서 비롯한 것이다.
② 패션마케팅은 유행의 흐름을 고객욕구의 하나로 파악해서 제품 및 서비스 등에 반영하는 마케팅이다
③ 관계마케팅은 기업 조직에서의 거래 당사자인 고객과의 지속적인 유대관계를 형성, 유지하고 대화하면서 관계를 강화하고 상호 이익을 극대화할 수 있는 마케팅 기법이다.
④ 니치마케팅의 니치란 틈새라는 뜻으로 이미 타 기업이 점유하고 있는 시장 이외의 빠진 곳을 찾아서 경영자원을 집중적으로 투하하는 마케팅전략이다.

3 아웃바운드 텔레마케팅 시 핵심사항으로 거리가 먼 것은?

① 주 고객층의 목록 또는 DB를 확보하여 적극적인 TM에 활용하여야 한다.

② 텔레마케터 등에 대한 조직 관리와 고객관리 전략수립이 뛰어나고 노련한 수퍼바이저와 매니저가 있어야 한다.

③ 자질을 갖춘 텔레마케터를 통해 회사는 어떠한 상품이든지 선정하여 판매를 해야 경쟁에서 살아남을 수 있다.

④ 정교한 스크립트를 작성하여 고객의 니즈별, 심리적 상황에 따라 적절히 응대하여야 한다.

4 다음 설명에 해당되는 제품의 수명주기는?

- 판매량의 평준화
- 매우 강력한 경쟁
- 독특한 세분시장
- 산업 내 브랜드 등가(Parity)
- 경쟁력이 약한 기업의 도태

① 도입기　　　　　　　　　② 성장기

③ 성숙기　　　　　　　　　④ 쇠퇴기

5 자사의 제품이나 서비스를 알고는 있으나, 아직 구매행동으로까지 연결되지 않았고 마케팅이나 접촉활동을 전개하면 실질적인 고객으로 가능하다고 예상되는 고객을 무엇이라고 하는가?

① 비활동고객
② 로열티고객
③ 단골고객
④ 가망고객

6 다음 중 제품의 가격결정시 고가 전략이 적합한 경우는?

① 규모의 경제효과를 통한 이득이 미미할 때
② 시장수요의 가격탄력성이 높을 때
③ 원가 우위를 확보하고 있어 경쟁기업이 자사 제품의 가격만큼 낮추기 힘들 때
④ 시장에서 경쟁자의 수가 많을 것으로 예상될 때

7 생산자와 재판매업자가 적극적인 광고와 인적판매를 이용하여 촉진해야 하는 소비재 유형은?

① 편의품
② 선매품
③ 전문품
④ 비탐색품

Answer 5. ④ 6. ① 7. ④

5 ① 비활동고객은 자사의 고객이었던 사람 중 정기적인 구매를 할 시기가 지났는데도 더 이상 구매하지 않는 고객을 말한다.
② 로열티고객은 다른 말로 충성고객이라고 하며, 이는 기업 조직들이 가장 바라는 고객으로서 기업 조직에 관한 충성도가 높아 별도의 커뮤니케이션이 없어도 자신이 뭔가 구매하려고 마음먹었을 때 언제나 해당 기업을 먼저 떠올리는 고객이다.
③ 단골고객은 자사와 지속적인 유대관계를 지니고 있는 소비자로서 경쟁사의 전략에 쉽게 동요되지 않는 고객을 말한다.
④ 가망고객은 기업에 대해 인지하고 있으며, 어느 정도의 관심을 보이는 신규고객이 될 가능성이 있는 고객을 말한다.

6 상대적인 고가 전략이 적합한 경우
• 수요의 탄력성이 낮을 때
• 진입장벽이 높아 경쟁기업의 진입이 어려울 때
• 규모의 경제효과보다 이득이 적을 때
• 가격-품질연상효과(Price-Quality Association)에 의해 새로운 소비자층을 유입할 때

7 비탐색품은 소비자들에게 잘 알려지지 않은 혁신제품, 인지하고는 있으나 구매를 고려하지 않고 있는 제품 또는 당장에 필요하지 않아 구매를 고려하고 있지 않은 제품 등을 말한다. 예로서 보험, 헌혈 등이 대표적이다.

8 인구통계학적 변수로 거리가 먼 것은?

① 연령   ② 성별

③ 지역   ④ 사회계층

Answer 8. ④

8 사회계층은 심리 행태적 세분화(생활양식)에 속한다.

[참고] 시장세분화의 기준 변수

세분화 기준	세분화 범주의 예
지리적 세분화	
지역 도시, 시골 기후	• 서울경기, 중부, 호남, 영남, 강원, 제주 • 대도시, 농촌, 어촌 • 남부, 북부
인구통계적 세분화	
나이 성별 가족 수 결혼유무 소득 직업 학력 종교	• 유아, 소년, 청소년, 청년, 중년, 노년; 7세 미만, 7~12세, 13~18세, 18~24세, · · · 60세 이상 • 남, 여 • 1~2명, 3~4명, 5명 이상 • 기혼, 미혼 • 100만원 미만, 101~200만원, 201~300만원, 301만원 이상 • 전문직, 사무직, 기술직, 학생, 주부, 농업, 어업 • 중졸 이하, 고졸, 대졸, 대학원졸 • 불교, 기독교, 천주교, 기타
심리 행태적 세분화(생활양식)	
사회계층 라이프스타일 개성	• 상, 중상, 중, 중하, 하 • 전통지향형, 쾌락추구형, 세련형 • 순종형, 야심형, 이기형
인지 및 행동적 세분화	
태도 추구편익 구매준비 충성도 사용률 사용상황 이용도	• 긍정적, 중립적, 부정적 • 편리성, 절약형, 위신형 • 인지 전, 인지, 정보획득, 관심, 욕구, 구매의도 • 높다, 중간, 낮다 • 무사용, 소량사용, 다량사용 • 가정에서, 직장에서, 야외에서 • 비이용자, 과거이용자, 잠재이용자, 현재이용자
산업재 구매자 시장의 세분화	
기업규모 구매량 사용률 기업유형 입지 구매형태	• 대기업, 중기업, 소기업 • 소량구매, 대량구매 • 대량 사용, 소량 사용 • 도매상, 소매상, 표준산업분류 기준상의 여러 유형 • 지역적 위치, 판매지역 • 신규구매, 반복구매, 재구매

9 서비스 품질에 대한 설명으로 옳은 것은?

① 서비스는 눈에 보이지 않는 것이므로 품질을 측정할 수 없다.
② 서비스는 모든 고객에게 적용 가능한 절대적 품질 수준이 존재한다.
③ 서비스 품질 수준에 대한 산업별 기준 값이 존재한다.
④ 서비스 품질은 고객이 기대하는 기대 수준 대비 고객이 느끼는 성과에 의해 측정된다.

10 다음은 어떤 가격조정전략에 해당하는가?

> A대형마트에서는 B사의 오디오 제품 가격을 300,000원에서 299,000원으로 조정하였다.

① 세분화 가격결정   ② 심리적 가격결정
③ 촉진적 가격결정   ④ 지리적 가격결정

11 다음은 브랜드의 어떤 특성을 보여주는 것인가?

> 한 연구에 따르면 고객의 72%가 자신이 선택한 브랜드와 가장 가깝게 경쟁하는 브랜드보다 20% 더 비싼 가격을 지불하는 것으로 나타났다. 또한 이들 중 40%는 50% 더 비싼 가격을 기꺼이 지불하려는 것으로 나타났다.

① 대중성(Popularity)   ② 가격(Price)
③ 명성(Reputation)   ④ 자산(Equity)

Answer   9. ④   10. ②   11. ④

9 ① 서비스품질의 측정이 용이한 것은 아니지만, SERVQUAL(서비스 품질 측정도구) 등의 모델을 업종의 성격에 따라 적절히 적용하면 가능하다.
② 상품의 가치는 보편적 절대기준이 없다. 단지 고객들이 만족하면 우량품이고 그렇지 못할 경우에는 불량품이다.
③ 서비스 품질을 측정하는 안정적이고 통일된 모형은 존재하지 않는다.

10 위 내용은 심리적 가격결정방법 중 단수가격에 대한 설명이다. 단수가격은 100원 1,000원 등의 가격을 설정하지 않고 99원, 999원 등과 같이 단가에 단수를 붙이는 것인데, 이것은 소비자에게 상품가격이 최하의 가능한 선에서 결정되었다는 인상을 주어 판매량을 늘리려는 것이다.

11 브랜드는 대한 소비자의 인지도·충성도·소비자가 인식하는 제품의 질, 브랜드 이미지, 기타 독점적 브랜드 자산 등을 통해 구축된다. 다시 말해 어떤 제품의 가치에 브랜드 네임이 가져다주는 추가적인 가치라고 볼 수 있다.

12 고객의 다양한 정보를 컴퓨터에 축적하여 이것을 가공·비교·분석·통합하여 마케팅활동에 재활용할 수 있도록 하는 마케팅 기법은?

① 표적 마케팅
② 고객관리 마케팅
③ 데이터베이스 마케팅
④ 정보화 마케팅

13 고객과의 커뮤니케이션에 초점을 맞춘 분석으로 고객과 기업 간의 접촉, 횟수, 금액사용 등의 고객 분석은?

① 고객평생가치분석
② RFM분석
③ 손익분기분석
④ ROI(Return On Investment)분석

14 다음 중 아웃바운드 텔레마케팅 전용상품의 요건으로 맞는 것은?

① 고가의 상품
② 소비자들에 덜 알려진 신제품
③ 소비자들의 인식보다 앞서는 기술혁신상품
④ 표준화된 상품

Answer — 12. ③ 13. ② 14. ④

12 기업이 고객에 대한 여러 가지 다양한 정보를 컴퓨터를 이용하여 Data Base화하고, 구축된 고객 데이터를 바탕으로 고객 개개인과의 지속적이고 장기적인 관계구축을 위한 마케팅 전략을 수립하고 집행하는 여러 가지 활동이다.

13 RFM(Recency Frequency Monetary)
고객의 미래 구매 행위를 예측하는데 있어 가장 중요한 것이 과거 구매내용이라고 가정하는 시장분석기법이다. RFM은 최근의(Recency) 주문 혹은 구매 시점, 특정 기간 동안 얼마나 자주(Frequency) 구매하였는가, 구매의 규모는 얼마인가(Monetary Value)를 의미하며, 각 고객에 대한 RFM을 계산한 후 이를 바탕으로 고객 군을 정의한 뒤 각 고객군의 응답 확률과 메일 발송비용을 고려해 이익을 주는 고객 군에게만 메일을 발송하는 것이다.

14 아웃바운드 전용상품의 요건
• 브랜드가 있고 인지도가 높은 상품이어야 한다.
• 대중들에게 신뢰도가 높은 상품이어야 한다.
• 비대면 판매이므로 사후관리가 용이한 상품이어야 한다.
• 거래 조건의 변동을 최소화해야 한다.
• 타 제품과 차별되는 구체적인 전략이 있어야 한다.

15 제품의 분류 중 전문품의 특성에 해당하지 않는 것은?

① 대체품이 존재하지 않고 브랜드 인지도가 높다.

② 소비자가 품질, 가격, 색상, 디자인을 중심으로 대체상품을 비교한 후 선택하는 성향의 제품이다.

③ 일반적으로 고가격 정책을 유지한다.

④ 명품으로 유명 디자이너의 싱품, 의상, 미술작품 등이 해당된다.

16 다음 중 데이터베이스 마케팅 활용 절차를 바르게 나열한 것은?

A. 고객데이터 수집

B. 유형별 고객 분류 및 데이터베이스화

C. 마케팅 전략과 시스템의 일치화

D. 고객집단별 특성 추출

E. 변수 분석

F. 개별고객에 특화된 상품 및 서비스제공

---

① A · B → C → D → E → F

② B → A → C → E → D → F

③ C → B → A → F → E → D

④ D → A → C → B → E → F

15 ②번은 선매품에 대한 설명이다. 선매품은 여러 가지 다양한 대안을 비교해 가면서 제품을 구매하는데 있어 수고와 노력을 아끼지 않는 제품이다.

16 데이터베이스 마케팅 활용 절차

• 고객데이터 수집 : 다양한 정보수집원천을 이용하여 기업이 필요로 하는 고객과 관련된 다양한 데이터를 수집해야 한다.

• 유형별 고객 분류 및 데이터베이스화 : 고객데이터의 수집이 끝나면 고객을 유형별로 분류하고 이를 데이터베이스화 한다.

• 마케팅 전략과 시스템의 일치화 : 구축된 고객 데이터베이스를 바탕으로 고객 개개인과 장기적인 관계를 구축하기 위한 마케팅 전략을 수립하고 시스템을 일치화 시킨다.

• 고객집단별 특성 추출 : 유형별로 분류된 고객군의 차별화된 속성을 발견하여 이를 추출한다.

• 변수 분석 : 차별화된 개별 고객별로 점수를 부여하고 다량소비자, 소량소비자 등으로 세분화 후 그 고객의 구매행위에 영향을 미친 변수들을 분석해 고객이 어떤 상품에 관심을 갖고 있는지를 알아낸다.

• 개별고객에 특화된 상품 및 서비스제공 : 분석된 결과를 토대로 개별고객에게 특화된 상품과 서비스를 제공한다.

17 다음 ( ) 안에 들어갈 내용으로 알맞은 것은?

> 가격결정 정책을 수립할 때 판매자는 반드시 활용 가능한 가격책정의 조건들을 모두 고려해야만 한다. 고객의 수요에 대한 고려는 부과할 수 있는 최대한의 (   )가(이) 된다.

① 변동비   ② 원가경쟁
③ 가격상한선   ④ 가격의 범위

18 가격결정에 영향을 미치는 요인 중 내부적 요인에 해당하지 않는 것은?

① 마케팅 목표   ② 목표시장 점유율
③ 마케팅믹스 전략   ④ 경쟁사 가격

19 아웃바운드 텔레마케팅의 활동내용과 거리가 먼 것은?

① 신규회원가입유치
② 기존고객에 대한 교차판매
③ Q&A에 의한 정형적 응답
④ 우량고객에 대한 리마인드 콜(Remind Call)

Answer   **17.** ③   **18.** ④   **19.** ③

17 공급자의 비용에 대한 고려는 가격하한선이라 하며, 고객의 수요에 대한 고려는 가격상한선이라 한다.
18 가격결정에 영향을 미치는 요인
  1. 내부적 요인
   • 마케팅 목표
   • 마케팅믹스 전략
   • 원가
   • 목표시장 점유율
  2. 외부적 요인
   • 시장과 수요
   • 경쟁자
   • 기업의 활동에 관한 정부의 규제
   • 인플레이션 및 이자율
19 아웃바운드는 스크립트를 작성하여 활용하는 경향이 높다.

20 로열티 고객이 가져다주는 이점으로 적절치 않은 것은?

① 고객관리 유지비용이 절감된다. 그리고 기본적으로 제품 및 서비스의 누계이익 기여도
가 높아지고 불평, 불만, A/S 건수가 줄어든다.

② 추천성이 높아 고객창출이 용이해진다. 고객확보의 매력은 기존고객이 자사에 제품 및
서비스를 다른 잠재고객에게 추천함으로써 새로운 로열티 고객을 창출할 수 있다는 점
이다.

③ 특정인의 이름이나 직위 등 입수된 정보를 활용하여 커뮤니케이션을 시도하며, 접촉하
는 개개인에 따라 각기 다른 메시지를 전달할 수 있다.

④ 자사 제품과 서비스를 구입하여 애용해 주는 로열티 고객의 사전기대를 정확하게 파악
하고 끊임없이 이를 상회하는 제품과 서비스를 제공할 수도 있다.

21 소비자의 구매의사결정 과정으로 맞는 것은?

① 정보탐색 → 문제인식 → 대안의 평가 및 선택 → 구매 → 구매 후 행동
② 대안의 평가 및 선택 → 문제인식 → 정보탐색 → 구매 → 구매 후 행동
③ 문제인식 → 대안의 평가 및 선택 → 정보탐색 → 구매 → 구매 후 행동
④ 문제인식 → 정보담색 → 내안의 평가 및 선택 → 구매 → 구매 후 행동

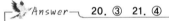

Answer ─ 20. ③ 21. ④

20 로열티 고객의 이점
- 고객 수 증가효과
- 고객의 기대 파악을 통해 만족스러운 제품과 서비스 제공
- 고객관리 유지비용이 절감
- 이윤 증대 효과
- 기업의 마케팅 및 서비스 비용 절감
- 상품 홍보를 통한 마케팅 효과

21 소비자 구매의사결정 과정
- 문제인식(Problem Recognition) : 문제인식은 소비자들이 실제 상태와 바람직한 상태 사이에 상당한 차이가 발생했을 때 일어나며 이러한 차이의 정도가 크거나, 그 문제의 중요성이 클 때, 동기유발이 강하게 일어난다. 문제인식은 개인의 일상적인 생존을 위한 본능적인 필요에서 출발하지만 외부로부터의 자극에 의해서도 발생한다.
- 정보탐색(Information Search) : 소비자가 문제를 인식하면 문제를 해결하기 위해 정보를 탐색하게 된다.
- 대안평가(Pre-Purchase Alternative Evaluation) : 정보수집 결과에 의하여 소비자는 구매 전 몇 개의 상표를 놓고 평가한다. 상표의 평가는 소비자가 생각하는 평가기준에 의해 이루어진다.
- 구매(Purchase) : 소비자는 여러 대안들을 평가한 후 최선의 상표를 선택하며 상표평가의 결과는 대체로 상표의 구매로 이어지지만 예상치 못했던 상황적 요인이 발생하여 다른 상표를 구매하는 경우도 있다.
- 구매 후 평가(Post-Purchase Evaluation) : 구매 후 만족과 불만족은 제품 성과에만 달려있는 것이 아니라 제품에 대한 소비자의 기대와 성과에 달려있다. 소비자는 구매 후 자신의 선택이 잘된 것인지에 대한 의구심에서 오는 강한 불안감을 경험하게 되는데 이러한 불안감을 구매 후 부조화(Post-Purchase Dissonance)라고 한다.

22 아웃바운드 텔레마케팅을 시도할 때의 유의사항으로 적절하지 않은 것은?

① 고객에게 전화를 건 목적과 이유를 먼저 말하면 콜이 중단될 우려가 많으므로 일단 홍보 후 그 이유를 설명하는 것이 바람직하다.

② 고객은 이익에 민감하므로 콜을 경청하면 틀림없이 이익을 얻을 수 있다는 확신을 주는 것이 중요하다.

③ 제품이나 서비스에 대한 설명 시 주가 되는 상품을 먼저 소개하고 다음에 부수적인 상품을 소개하는 것이 좋다.

④ 고객이 구매 등의 행동을 하도록 유도해야 한다.

23 효과적인 시장세분화의 기준으로 거리가 먼 것은?

① 측정가능성(Measurable)

② 접근가능성(Accessible)

③ 이윤성(Profitability)

④ 실질성(Substantial)

Answer— **22.** ① **23.** ③

22 아웃바운드 텔레마케팅은 인바운드 텔레마케팅과는 성격이 반대인 기업주도형의 방법이다. 그래서 고객에게 전화를 한 뒤 자신을 소개하고 전화를 한 목적을 말한다. 그리고 질문을 활용하여 고객의 니즈를 도출한다. 그 후에 고객에게 자사 제품의 이점을 설명하는 것이다.

23 효과적인 시장세분화의 요건
- 측정가능성
- 접근가능성
- 실질성
- 행동가능성
- 유효정당성
- 유지가능성
- 신뢰성
- 차별성(이질성)

24 기업의 내적 강점과 약점, 그리고 외부위협과 기회를 자세히 평가하는 데 사용할 수 있는 기법은?

① SWOT 분석　　　　　　　　② 시장세분화

③ 전략적 관리　　　　　　　　④ 수익성 분석

25 다음 중 기업의 일반적인 포지셔닝 전략수립 단계를 순서대로 바르게 나열한 것은?

> A. 소비자 분석
> B. 경쟁자 확인
> C. 경쟁제품의 포지션 분석
> D. 자사제품의 포지셔닝 개발
> E. 포지션 확인
> F. 재포지셔닝

① A → B → C → D → E → F

② A → B → D → C → E → F

③ A → C → B → D → E → F

④ A → B → C → D → F → E

Answer　24. ①　25 .①

24 SWOT 분석
　　기업의 환경 분석을 통해 강점(Strength)과 약점(Weakness), 기회(Opportunity)와 위협(Threat) 요인을 규정하고 이를 토대로 강점은 살리고 약점은 보완, 기회는 활용하고 위협은 억제하는 마케팅 전략을 수립하는 기법이다.

25 포지셔닝 전략수립 단계
　　소비자 분석 및 경쟁자 확인→경쟁 제품의 포지션 분석→자사 제품의 포지셔닝 개발→포지셔닝 확인→재포지셔닝

 2 **시장조사**

26 다음 중 획득하고자 하는 정보의 내용을 결정한 이후 이루어져야 할 질문지 작성과정을 바르게 나열한 것은?

> A. 자료수집방법의 결정
> B. 질문내용의 결정
> C. 질문형태의 결정
> D. 질문순서의 결정

① A → B → C → D   ② B → C → D → A
③ B → D → C → A   ④ C → A → B → D

27 시장조사를 위한 면접조사의 특성으로 틀린 것은?

① 커뮤니케이션에 전문 능력을 가진 진행자의 역할이 중요하다.
② 형식적이고 정형화된 절차를 통해 정보를 수집한다.
③ 여유를 갖고 깊고 풍부한 정보를 수집할 수 있다.
④ 마케팅 조사에서 그 활용 빈도가 높아지고 있다.

Answer ── **26.** ① **27.** ②

26 ① 질문지 작성과정은 자료수집방법의 결정→질문내용의 결정→질문형태의 결정→질문순서의 결정순으로 진행된다.
 ※ 질문지 작성과정

순서	내용
자료수집방법의 결정	어떠한 방법으로 자료를 수집할 것인지를 정하는 단계(예 우편조사, 전화조사, 대인면접 등)
질문내용의 결정	조사자들이 측정하고자 하는 정확한 자료를 얻기 위한 개별항목의 내용을 결정하는 단계
질문형태의 결정	여러 가지 질문 형태 중 가장 적절한 형태의 질문을 선택하는 단계(예 개방형 질문, 폐쇄형 질문, 양자택일형 질문 등)
질문순서의 결정	응답하기 쉬우면서도 솔직한 답변을 유도할 수 있도록 질문의 순서배치를 결정하는 단계

27 ② 면접조사는 정성적 조사의 대표적인 방법으로, 정보를 갖고 있는 응답자들과 마케팅 및 커뮤니케이션에 전문능력을 가진 진행자(moderator)가 자유로운 분위기 속에서 면담(interview)을 진행하면서 정보를 수집하는 것이다. 짧은 시간 동안 설문지를 통해 자료를 수집하는 서베이조사에 비해 면접조사는 여유를 갖고 깊고 풍부한 정보를 수집할 수 있다는 장점을 가지고 있기 때문에, 최근 들어 마케팅 조사에서 그 활용빈도가 점차 높아지고 있다.

28 다음은 마케팅조사의 어느 단계에 해당하는가?

> 장난감회사의 조사자들이 어린이들이 자사에서 생산하는 장난감을 좋아할 것인지를 알아보기 위해 질문을 하고 있다.

① 표적시장의 결정
② 적절한 정보의 수집
③ 문제의 정의
④ 조사계획의 수립

29 자료를 수집할 때 사용될 수 있는 방법 중 시간이 적게 들고, 면접자에 대한 감독이 용이하고, 컴퓨터 기술사용이 가능한 조사방법은?

① 개별면접조사
② 전화조사
③ 우편조사
④ 패널조사

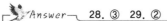

Answer ── 28. ③ 29. ②

28 ③ 보기는 명확하게 문제를 인식하고 마케팅조사의 목표 및 방향을 설정하기 위한 (조사)문제의 정의 단계이다.

※ **마케팅조사 과정**
- ㉠ 문제의 발생과 인식(문제정의) : 명확하게 문제를 인식하고 마케팅조사의 목표 및 방향을 설정해야 한다.
- ㉡ 조사의 실행주체 선정 : 마케팅조사는 보통 마케팅 조사에 직접 나서는 조사자와 마케팅 조사를 조사자에게 의뢰하는 의뢰자로 분류할 수 있다.
- ㉢ 조사 계획 수립 : 마케팅조사 계획을 수립하기 위해서 목적, 내용, 방법, 예산, 진행일정 등을 정확하게 할 필요가 있다.
- ㉣ 자료수집방법 및 표본의 선정 : 자료 수집 시 자료의 원천이 될 수 있는 1차 자료와 2차 자료가 있다. 표본 선정 시에 모집단을 정의하고 표본 프레임을 확정하여 표본 크기를 선정한다.
- ㉤ 자료수집 : 자료 수집시 조사원의 선발과 교육, 자료의 수집과 통계, 자료의 검증 등에 유의해야 한다.
- ㉥ 자료 분석 : 편집, 코딩, 분석의 과정을 거친다.
- ㉦ 결과해석 및 대안제시 : 조사한 내용을 바탕으로 보고서를 작성한다. 보고서에는 조사를 통해 얻은 정보와 이를 바탕으로 고안된 마케팅 전략이 포함되어 있어야 한다.

29 ② 전화조사는 면접조사에 비해 시간과 비용을 절약할 수 있으며, 면접자에 대한 감독이 쉽다. 또한 컴퓨터를 이용한 자동화 전화조사(CATI ; computer assisted telephone interviewing)를 사용할 수도 있다.

30 예비조사와 사전조사를 잘못 설명하고 있는 것은?

① 예비조사는 탐색적인 조사의 성격을 가지고 있다.
② 사전조사는 설문지 작성 초기단계에 예비조사는 설문지를 작성한 후에 실시한다.
③ 사전조사는 설문지 작성과정에서 발생한 오류를 점검하기 위한 조사이다.
④ 예비조사를 통해 조사문제 규명 및 가설을 명백화 한다.

31 시장조사 시 주로 사전조사에 사용하는 자료는?

① 1차 자료   ② 현장자료
③ 2차 자료   ④ 실사자료

32 시장조사의 절차를 계획, 실시, 분석과 보고 3단계로 구분할 때, 실시에 해당하는 것은?

① 코딩   ② 편집
③ 설문지 설계   ④ 조사계획의 수립

 Answer — 30. ②   31. ③   32. ②

30 ② 예비조사(pilot study)는 효과적인 표본 설계를 위해서 사전 정보와 실제 조사비용에 대한 정보를 얻기 위한 것으로, 설문지 작성 전에 실시된다. 사전조사(pre test)는 설문지의 초안이 완성된 후 모집단의 일부에게 본조사가 실행되기 전 간이조사를 실시하는 것으로 설문지의 문제점을 파악해보는 절차이다.

※ 예비조사와 사전조사

구분	내용
예비조사	연구문제의 설정 전이나 설정 후에 연구문제와 관련된 자료를 수집하거나 기초자료를 조사하는 단계로 비조직적이며 기초적인 성격이다. • 기존의 연구된 바가 미비할 경우 실시한다. • 연구자가 연구 대상에 대한 사전 지식이 부족할 경우 실시한다. • 질문지 작성 및 실태조사의 초안을 작성하기 위하여 실시한다. • 탐색적 조사의 일종으로 개방형 질문, 관찰조사, 문헌조사 등을 활용한다.
사전조사	• 질문지의 초안을 작성한 후 질문지를 시험해보는 것으로 본조사에 앞서 실시하는 리허설의 성격을 갖는다. 따라서 표본추출할 모집단의 모든 계층의 사람들을 골고루 포함해야 한다. • 동시에 연구주제에 대해 전문적인 지식을 갖고 있는 전문가 집단에게도 사전조사를 실시하여 일반인이 파악하지 못한 문제점까지 해결하도록 하여야 한다. • 예비조사보다 형식이 갖춰진 형태로 본조사와 유사하게 실시된다. 응답자의 반응에 따라서 보다 효율적인 방향으로 질문지를 수정할 수 있다.

31 ③ 시장조사 시 사전조사에는 주로 이미 수집된 논문, 정기간행물, 각종 통계자료 등의 2차 자료가 사용된다.

32 ② 시장조사의 절차는 첫째, 문제정의 및 조사목적 설정 → 조사설계 → 자료의 수집 → 자료분석 및 해설 → 보고서 작성의 작성이 일반적이지만 시장조사의 절차를 계획, 실시, 분석과 보고 3단계로 할 경우 실시에 해당되는 것은 편집이다.

33 검정요인 중 총체적 개념과 다른 변수와의 관계에 있어서, 총체적 개념을 구성하는 요소들 중 어떤 것이 관찰된 결과에 결정적인 영향을 미치는가 하는 것을 파악하는 데 사용되는 것은?

① 억제변수　　　　　　　　② 왜곡변수
③ 구성변수　　　　　　　　④ 매개변수

34 인구 통계학적 질문으로 거리가 먼 것은?

① 성별　　　　　　　　② 나이
③ 선호하는 취미　　　　④ 학력

🦅Answer— 33. ③ 34. ③

33 ③ 구성변수에 대한 질문이다.
　　※ 변수
　　　변수 어떤 상황의 가변적 요인으로 내용에 따라 종속변수, 외생변수, 독립변수 등이 있다.

34 ③ 소득, 학력, 직업, 성별, 연령 등은 인구 통계학적 질문 내용이다. 참고로 질문지 작성 시 인구통계학적 질문은 설문지의 맨 마지막 부분에 배치하는 것이 좋다.

35 측정의 신뢰성을 향상시킬 수 있는 방법으로 가장 적합하지 않은 것은?

① 설문지의 문항별 설명을 명확히 하여 응답자별로 해석상의 차이가 발생하지 않도록 한다.

② 조사원들에 대한 교육을 강화하여 설문을 명확히 이해하도록 하고, 질문 방식 등을 표준화시킨다.

③ 성의가 없거나 일관성 없게 응답한 경우 설문지 자체를 폐기시킴으로써 위험요소를 없앤다.

④ 중요한 질문의 경우 반복 질문을 피함으로써 혼선을 피한다.

36 FGI(Focus Group Interview)조사 방법에 관한 설명으로 가장 적합한 것은?

① 면접 조사의 한 방법이다.

② 연령별, 지역별로 실시하는 전화 조사의 한 방법이다.

③ 표적 집단과 관계없이 불특정 다수를 대상으로 하는 조사 방법이다.

④ 표적 집단에 대한 전화 조사의 한 방법이다.

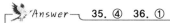

Answer — 35. ④ 36. ①

35 ④ 신뢰성이란 같은 검사를 반복 시행했을 때 측정값이 일관성 있게 나타나는 정도를 의미한다.

※ 신뢰도를 높이는 방법

구분	내용
측정 항목수 증가	동일한 개념이나 속성을 측정하기 위한 항목수의 증가는 신뢰성을 높인다.
유사 또는 동일 질문	유사하거나 동일한 질문을 2회 이상 실행한다.
일관성 있는 면접방식과 태도 유지	면접자들의 일관된 면접방식과 태도로 보다 일관성 있는 답변을 유도할 수 있다.
정확한 문구 사용	애매모호한 문구사용은 상이한 해석의 가능성을 내포하므로 측정 도구의 모호성을 제거하여야 한다.
신뢰성이 인정된 기존의 측정도구를 사용	신뢰성이 인정된 기존의 측정도구를 사용한다.
조사 내용에 맞는 적절한 조사 대상 선정	조사대상이 어렵거나 관심 없는 내용일 경우 무성의한 답변으로 예측이 어려운 결과가 돌출하게 되므로 제외한다.

36 ① 표적집단면접법(FGI)는 국내외에서 가장 널리 이용되는 면접조사방식으로 소수의 응답자와 집중적인 대화를 통하여 정보를 찾아내는 방식이다. 진행자의 주제로 8~10명 정도의 응답자들에 대해 약 2시간에 걸쳐 면접을 진행한다.

37 실험연구에 가장 적합한 인과관계 추론방법이라고 할 수 있는 것은?

① 차이법   ② 일치법

③ 잉여법   ④ 공변법

38 측정의 수준에 따라 4가지 종류의 척도로 구분할 때, 가장 적은 정보를 갖는 척도부터 가장 많은 정보를 갖는 척도를 순서대로 나열한 것은?

① 명목척도, 비율척도, 등간척도, 서열척도

② 서열척도, 명목척도, 등간척도, 비율척도

③ 명목척도, 서열척도, 등간척도, 비율척도

④ 명목척도, 서열척도, 비율척도, 등간척도

Answer   **37.** ①   **38.** ③

37 ① 차이법은 한 가지 원인을 제외하고 다른 원인들이 모두 같은 두 현상이 차이가 난다면 두 원인들 가운데 공통되지 않은 하나가 원인이라 추론하는 것이다.

※ 입증논리

인과관계를 추리하는 논리적 바탕으로서 과학적 조사에서 가설 속에 포함되어 있는 변수 사이의 인과관계 추정을 검증하는 방식으로 차이법, 합의법, 잉여법, 공변법(상반변량법) 등이 있다.

구분	내용
합의법(일치법)	어떤 특정 현상이 둘 이상일 때 하나의 공통조건이 있다면 그 조건은 현상의 원인(또는 결과)의 일부로 간주될 수 있다.
공변법(상반변량법)	어떤 현상이 특정 방법에 따라 변할 때 또 다른 현상이 일정한 방법으로 변한다. 곧 어떤 사실의 변화에 따라 현상의 변화가 일어날 때, 전자의 변화가 후자의 변화의 원인 또는 결과이거나 혹은 그 현상을 공통의 원인 또는 결과로 판단하는 방법이다.
차이법	한 가지 원인을 제외하고 다른 원인들이 모두 같은 두 현상이 차이가 난다면 두 원인들 가운데 공통되지 않은 하나가 원인이라 추론하는 것을 말한다.
잉여법	어떤 현상에서 이미 귀납법으로 앞선 사건의 결과로 알게 된 부분을 차례로 제거해 갈 때 그 현상에 남은 부분을 나머지 부분의 원인이나 결과로 판단하는 방법이다.

38 ③ 자료는 측정척도의 유형에 따라 비율척도, 등간척도, 서열척도, 명목척도로 구분되며 정보의 양은 명목척도<서열척도 <구간척도(등간척도)<비율척도 순으로 많다.

39 다음 설문지 내용 분석 시 설문지 작성 원칙에 가장 위배되는 사항은?

> [귀하가 공중목욕탕에서 사용하는 물의 사용량이 어떻다고 생각하십니까?]
>
> 1. 매우 많이 씀
> 2. 많이 쓰는 편
> 3. 보통
> 4. 매우 적게 쓰는 편
> 5. 적게 씀

① 응답자를 비하하거나 무시하는 표현의 금지

② 응답하기 곤란한 질문을 간접적으로 질문

③ 특정사실을 가정한 질문 금지

④ 유도 또는 강요하는 표현 금지

40 시장조사 시 조사자가 지켜야 할 사항과 가장 거리가 먼 것은?

① 조사 대상자의 존엄성과 사적인 권리를 존중해야 한다.

② 조사결과는 성실하고 정확하게 보고하여야 한다.

③ 자료의 신뢰성과 객관성을 확보하기 위해 자료원 보호는 반드시 배제하여야 한다.

④ 조사의 목적을 성실히 수행하여야 하며, 조사결과의 왜곡, 축소 등은 회피하여야 한다.

Answer ─ **39.** ② **40.** ③

39 ② 질문지 작성시 주의해야 할 사항은 신상에 관한 상세한 질문이나 답을 유도하거나 편견이 들어있는 질문, 가정적인 질문 또는 너무 시시콜콜한 질문, 수량이나 정도를 표시하는 부사 등을 사용하는 것은 옳지 않다. 보기는 '매우', '많이' 와 같은 부사를 사용하였다.

※ 질문지 작성원칙

구분	내용
가치중립성	편견이 개입된 질문을 해서는 안되며, 특정 대답을 암시 하거나, 유도하는 질문을 해서는 안 된다.
단순화	한 가지 문항은 한 가지 내용만 묻도록 하고 두 가지 이상의 질문을 묶어 질문하지 않도록 한다.
균형성	상반된 의견이 있는 경우 어느 한쪽에 치우치지 않도록 한다.
간결성	질문은 간결해야 한다.
쉬운 단어	응답자의 교육수준에 적합한 단어를 사용하고 문장은 읽기 쉽도록 한다.

40 ③ 시장조사의 방법에서는 윤리적 결함이 없어야 한다. 이러한 시장조사의 윤리문제에는 조사자가 지켜야 할 사항, 조사결과 이용자가 지켜야 할 윤리, 면접자가 지켜야 할 사항, 응답자 권리의 보호 등이 있으며 이러한 사항은 조사의 시행 전에 충분히 고려되어 조사의 정직성이 확보되어야 한다.

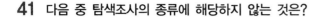

41 다음 중 탐색조사의 종류에 해당하지 않는 것은?

① 문헌조사   ② 전문가의견조사

③ 실험조사   ④ 사례조사

42 조사항목 선정에서 지켜야 할 원칙으로 부적합한 것은?

① 조사에 직접 관련되는 항목만을 선정해야 한다.

② 응답하기 곤란한 문항도 반드시 포함시킨다.

③ 조사항목의 수는 최소한에 그쳐야 효율적이다.

④ 통계조사의 경우는 자료처리나 통계를 염두에 두어야 한다.

 **Answer** ─── **41.** ③ **42.** ②

41 ③ 탐색조사는 조사목적을 분명하게 정의하기 어렵거나, 어떤 정보가 필요한지 불문명한 경우 사용하는 조사방법이다. 탐색조사를 할 경우 조사를 통해 얻은 자료를 바탕으로 조사목적을 분명하게 정의 할 수가 있다. 실험조사는 인과관계 조사에 주로 사용된다.

※ 탐색조사

문제의 규명을 주된 목적으로 하며 정확히 문제를 파악하지 못하였을 때 이용한다. 탐색조사에는 문헌조사, 사례조사, 전문가의견조사 등이 있다.

구분	내용
문헌조사	문제를 규명하고 가설을 정립하기 위하여 일반 사회과학 및 관련된 자연과학에 이르기까지 다양한 분야에서 출판된 2차적 자료를 포함한 가장 경제적이고 빠른 방법이다.
사례조사	조사의뢰자가 당면해 있는 상황과 유사한 사례들을 찾아 종합적으로 분석하는 조사방법으로서 실제로 일어났던 사건의 기록이나 목격한 사실을 분석하는 방법도 있고 시뮬레이션에 의하여 가상적 현실을 만들어 분석을 하는 방법도 있다.
전문가의견조사	주어진 문제에 대하여 전문적인 견해와 경험을 가지고 있는 전문가들로부터 정보를 얻는 방법이다. 문헌조사에 대한 보완적인 수단으로 이용되며 경험조사 또는 파일럿(pilot)조사라고도 한다.

42 ② 응답하기 곤란한 문항은 가급적 배제한다.

43 우리가 조사하고자 하는 모든 속성은 측정을 거치기 이전에는 추상적인 상태로 표현되어 있다. 이렇게 추상적인 개념만으로는 실제 현상 속에서 관찰하거나 측정할 수 없다. 따라서 실제 관찰 가능한(측정 가능한, 숫자를 부여할 수 있는) 상태로 정의하는 것은?

① 조작적 정의   ② 개념적 정의
③ 척도에 대한 정의   ④ 자료에 대한 정의

44 존 스튜어트 밀(Mill)은 현상 또는 변인들 간의 인과관계를 추론하기 위한 세 가지 방법을 제안하였다. 다음 중 인과관계를 추론하기 위한 세 가지 방법에 속하지 않는 것은?

① 일반화(Generalization) 방법
② 일치(Agreement) 방법
③ 차이(Difference) 방법
④ 동시변화(Concomitant Variation) 방법

Answer— **43.** ①   **44.** ①

43 ① 조작적 정의에 대한 질문이다.

  ※ 조작정 정의
    개념을 설명하기 위해 다른 개념을 사용하여 묘사하는 것을 말한다. 다시 말해 간단한 다른 용어에 의하여 정의하는 것으로 개념에 대한 구체적인 묘사이지만 여전히 추상적이며 주관적이기도 하다. 개념적 정의는 조작적 정의를 위한 전 단계로 볼 수 있으며 '사전적 정의'라고도 불린다.

  ※ 개념적 정의
    조작적 정의(operational definition)는 개념적 정의가 내려진 추상적인 개념을 구체적인 실제현상과 연결시켜 측정하기 위해서 관찰 가능한 형태로 정의해 놓은 개념을 말한다. 즉 개념적 정의를 연구목적에 적합하도록 관찰 가능한 지표로 변환시킨 것을 말한다.

44 ① 존 스튜어트 밀(Mill)은 원인이 되는 사건과 결과 사이에 세 가지 조건이 갖추어졌을 때에, 인과 관계가 존재한다고 볼 수 있다고 하였는데, 첫 번째는 원인이 결과보다 시간적으로 앞서야 한다는 것과 두 번째는, 원인과 결과는 관련이 있어야 한다는 것이며, 마지막은 다른 인과적 방법은 배제되어야 한다는 것이다.
  ② 일치법은 동일한 현상이 나타나는 둘 이상의 현상에서 단 하나의 공통적 요소가 존재한다면 그 공통 요소를 원인 또는 결과로 파악하는 것을 말한다.
  ③ 차이법은 둘 이상의 사례에서 모든 것이 공통적으로 나타나고 단 하나만 다르면 다른 것을 원인 또는 결과로 본다는 것을 말한다.
  ④ 동시변화법은 무엇이 변했을 때 다른 무엇도 변화하면 선행 변화가 후행 변화의 원인이나 결과로 파악하는 것을 말한다.

45 어떤 정보를 얻기 위해서 연구대상으로 선정된 집단 전체를 무엇이라 하는가?

① 확률   ② 추출틀

③ 표본   ④ 모집단

46 다음에 나타나는 측정상의 주요 문제점은?

> 아동 100명의 몸무게를, 실제 몸무게보다 항상 1kg이 더 나오는 불량 체중기를 사용하여 측정한다.

① 타당성이 없다.   ② 대표성이 없다.

③ 안전성이 없다.   ④ 일관성이 없다.

47 시장조사의 용어에 대한 설명으로 옳지 않은 것은?

① 코딩이란 각각의 질문에 응답한 결과를 보통 숫자로 변환하는 과정을 말한다.

② 신뢰수준이란 신뢰구간이 모집단의 모수를 포함하는 확률을 말한다.

③ 독립변수란 종속변수의 결과로 측정된 변수를 말한다.

④ 가중치란 각각의 데이터에 대하여 서로의 상관관계를 고려하여 적용된다.

Answer   **45.** ④   **46.** ①   **47.** ③

45 ④ 모집단이란 어떤 조사의 대상이 되는 전체 집단을 말한다.

※ 용어정리

구분	내용
모집단	어떤 조사의 대상이 되는 전체 집단
모수	모집단의 특성을 나타내는 수치
표본	모집단 특성에 관한 정보도출을 목적으로 모집단으로터 추출한 집합
통계량	표본의 특성을 나타내는 수치

46 ① 타당성은 측정방법이 측정하고자 하는 목적에 적합한가를 보는 것, 즉 측정하려고 했던 변인을 제대로 측정하였는가를 나타내며 검사목적에 따른 검사도구의 적합성을 말한다. 부적합한 불량 체중계로 몸무게를 계측하게 될 경우 잘못된 결과가 나타나 타당성의 문제가 발생한다.

47 ③ 독립변수는 다른 변수의 변화와는 관계없이 독립적으로 변화하고 이에 따라 다른 변수의 값을 결정하는 변수를 말한다.

48 개방형 질문에 대한 설명으로 틀린 것은?

① 질문에 대하여 자유롭고 제한받지 않고 응답할 수 있다.

② Pilot Study 또는 탐색적 조사에 쓰인다.

③ 대규모 조사에 적합하다.

④ 응답자에게 폐쇄형 질문보다 더 심리적 부담을 준다.

49 광화문 광장 신설에 대한 서울시민들의 의견을 조사하기 위하여 설문지를 우편으로 보내서 자료를 수집하기로 하였다. 이러한 경우에 설문지의 회수율을 높이기 위하여 사용할 수 있는 방법 중 가장 거리가 먼 것은?

① 설문지 응답자 중 추첨을 통해 선물을 보내드린다는 사실을 적어서 설문지와 함께 보낸다.

② 설문 내용에 하나라도 체크가 되지 않은 부분이 있다면 응답자에게 다시 발송됨을 설문지에 명기한다.

③ 설문 조사에 대한 시민 참여를 극대화하기 위해 대중매체를 이용하여 홍보를 지속적으로 한다.

④ 설문지를 다 작성하여 우편을 보낸 모든 응답자에게 서울시에서 제공하는 편의시설 이용권을 발송해 준다.

Answer — **48.** ③ **49.** ②

48 ③ 개방형 질문은 자유응답형 질문방식으로 응답자가 할 수 있는 응답의 형태에 제약을 가하지 않고 자유롭게 표현할 수 있어 질문에 대하여 자유롭고 제한받지 않고 응답이 가능하다. 개방형 질문은 탐색적 조사 등 문제의 핵심을 알려고 할 때 이용되며, 조사단위의 수가 적은 조사에 더 적합하다.

④ 폐쇄형 질문은 개방형 질문보다 응답자의 동기가 약해도 가능하며 대답 내용도 드러나는 정도가 약해서 응답거부가 적다.

※ 개방형 질문의 장점
• 연구자가 연구되고 있는 표본에 대한 정보를 갖고 있지 않을 때 유용하다.
• 필요에 따라 자세하게 물어볼 수 있으므로 응답자의 의견, 태도, 동기 등에 대하여 보다 확실하고 정확한 응답을 얻을 수 있다.
• 응답자에게 제한된 범위 내에서 선택하고 답변하도록 하지 않는다는 점으로 질문 자체에 융통성을 부여하여 새로운 사실을 발견할 수 있는 가능성이 있다.
• 탐색적 조사 등 문제의 핵심을 알려고 할 때 이용되며, 조사단위의 수가 적은 조사에 더 적합하다.

49 ②는 적절한 방법으로 보기 어렵다.

50 관찰을 통한 자료수집의 장점으로 옳은 것은?

① 조사자가 관심을 보이는 유형을 다양하게 얻을 수 있다.

② 신속하게 자료를 수집할 수 있다.

③ 자료 수집방법이 보다 객관적이고 정확하다.

④ 조사비용이 가장 적게 든다.

Answer — **50.** ③

50 ③ 관찰은 인간의 감각기관을 매개로 현상을 인식하는 가장 기본적인 방법으로 자료 수집방법이 객관적이며 정확한 특징이 있다.

※ 관찰의 장단점

구분	내용
장점	• 연구 대상자가 표현능력은 있더라도 조사에 비협조적이거나 면접을 거부할 경우에 효과적이다. • 조사자가 현장에서 즉시 포착할 수 있다. • 행위 · 감정을 언어로 표현하지 못하는 유아나 동물에 유용하다. • 일상적이어서 관심이 없는 일에 유용하다.
단점	• 행위를 현장에서 포착해야 하므로 행위가 발생할 때까지 기다려야 한다. • 관찰자의 선호나 관심 등의 주관에 의한 선택적 관찰을 하게 됨으로써 객관적으로 중요한 사실을 빠뜨리는 경우가 발생한다. • 성질상 관찰이나 외부 표출이 곤란한 문제가 발생할 수 있다. • 여러 개를 동시에 관찰하지 못한다는 한계성으로 인간의 감각기능의 한계, 시간적 · 공간적 한계, 지적 능력의 한계 등에 의하여 발생한다. • 관찰한 사실을 해석해야 할 경우 관찰자마다 각기 다른 해석을 하게 되어 객관성이 없다. • 관찰 당시의 특수성으로 인하여 관찰대상이 그 때에만 특수한 행위를 하였을 경우 이를 식별하지 못하고 기록하는 오류를 범하는 경우가 발생한다. • 현장성이 약점이 되는 경우로 너무나 평범한 행위나 사실은 조사자의 주의에서 벗어나는 경우가 발생하여 미세한 관찰자는 그러한 사실의 기록들을 등한시한다.

51 콜센터에서 성공한 관리자의 속성으로 틀린 것은?

① 기업의 목적과 콜센터의 목적을 일치시킨다.
② 콜센터의 관리는 내·외부의 측정요소에 대한 즉각적인 접근을 필요로 한다는 것을 이해한다.
③ 교육 훈련에 소요되는 비용을 없애기 위해 노력한다.
④ 서비스의 양만이 아닌 서비스의 질을 강조한다.

52 텔레마케터의 능력개발을 위한 교육방법으로 부적합한 것은?

① 신상품이 출시될 경우 스크립트를 개발하여 제공한다.
② 정기적인 모니터링을 통해 개인별 코칭을 실시한다.
③ 상담실습 및 훈련과정보다 업무지식습득에 초점을 맞추어야 한다.
④ 업무에 따른 표준 매뉴얼을 제공한다.

53 다음과 같은 업무를 수행하는 사람은?

> 텔레마케팅 업무가 효율적으로 운영되도록 지휘, 지도를 하며 교육을 직접 담당하는 경우가 많으므로 강의기법, 교육매뉴얼 연구도 뛰어나야 한다. 또한 텔레마케팅 판촉전개, 스크립트 작성, 고객리스트 관리 등 텔레마케팅 수행의 실질적인 관리자이다.

① 경영　　　　　　　　　　　② 고객
③ 수퍼바이저　　　　　　　　④ 텔레마케터

Answer ── 51. ③　52. ③　53. ③

51 관리자는 상담원들의 능력 향상 및 업무의 정착을 위해 교육훈련에 소요되는 비용을 늘이는데 주력한다.

52 업무 지식습득에 초점을 맞추는 것뿐만 아니라 다양한 고객의 욕구에 대비한 응대방법을 교육받아야 한다.

53 슈퍼바이저는 콜센터 업무교육 및 훈련의 책임을 맡게 되는 중간관리자이다.

54 서비스 효율 관리 지표의 정의로 맞는 것은?

① 인당 처리 콜 수는 상담원이 1일 처리한 상담처리 콜 수를 의미한다.

② 평균 통화 시간은 상담원이 고객과의 통화와 후처리를 하고 다음 상담을 대기하기까지 의 평균시간을 말한다.

③ 통화 중 대기 시간은 고객이 상담원과 통화를 하기 위해 기다리는 시간을 의미한다.

④ 시간당 치리 콜 수는 상담원이 시산당 저리 가능한 예측 콜 수를 의미한다.

55 인바운드 콜센터의 콜량 예측을 위한 지표 설명으로 틀린 것은?

① 서비스레벨 – 기준목표시간 내 응답한 콜의 비율

② 평균통화처리시간 – 평균통화시간과 평균마무리처리시간을 합한 것

③ 총매출액 – 일정기간 동안 텔레마케팅을 실시한 결과 발생한 총매출액

④ 평균통화시간 – 상담원이 고객 한 사람과의 상담에 소요되는 평균적인 시간

56 콜센터 이용고객의 서비스 만족도를 측정하기에 적합하지 않은 것은?

① 고객별 유형   ② 평균 포기비율

③ 평균 응대시간   ④ 통화품질평가

Answer ── 54. ① 55. ③ 56. ①

54 ② 평균통화시간은 일정시간 동안에 모든 상담원이 모든 호와 통화하는 데 소요되는 평균시간을 말한다.
③ 착신부터 상담원과 통화하기까지의 대기시간은 평균통화 대기시간이다.
④ 시간당 처리 콜 수는 총 처리 콜을 하루 근무시간으로 나눈 값이다.

55 총 매출액은 일정기간 동안 아웃바운드 텔레마케팅을 실행한 결과 발생한 총매출액을 말한다.

56 고객의 만족감을 측정하는 요소로 고객 유형은 적합하지 않다.

174 텔레마케팅관리사 기출문제 정복하기

57 CTI(Computer Telephony Integration)시스템에서 측정가능한 성과지표로 틀린 것은?

① 서비스 레벨   ② 평균통화시간
③ 통화품질 만족도   ④ 통화 포기율

58 콜센터의 효율적 성과관리 원칙으로 거리가 먼 것은?

① 콜센터 성과지표를 사업목표와 연계
② 객관적이고 투명한 평가기반 마련
③ 성과결과에 대한 중간 점검
④ 평가결과에 대한 철저한 비밀보장

59 콜센터의 성과향상을 위한 보상계획을 수립할 때 고려해야 할 사항으로 가장 거리가 먼 것은?

① 지속적이고 일관성 있는 보상계획을 수립해야 한다.
② 달성 가능한 목표수준을 고려해야 한다.
③ 직원을 참여시켜야 한다.
④ 팀보다 개인의 성과에 초점을 맞추어야 한다.

Answer — **57.** ③   **58.** ④   **59.** ④

57 CTI(Computer Telephony Integration)시스템에서 측정 가능한 성과지표
- 서비스 레벨 : 일반적으로 통계학적 목표 달성치를 백분율로 나타낸 것을 가리킨다. 예를 들어 목표가 통화시간이 평균 100초 내에 이루어지거나 아니면 이보다 빠른 시간에 응답하는 것이 목표이고 걸려온 전화 중 80%가 100초 내에 이루어지거나 아니면 보다 빠른 시간에 응답되었다면 서비스 등급은 80%가 된다.
- 평균통화시간 : 고객 1인당 평균 상담 소요시간을 말한다.
- 통화 포기율 : 상담원이 응답하기 전에 전화를 건 사람이 전화를 끊는 콜을 의미하는데, 주로 통신회선 과다, 회선 수의 부족 등으로 인해서 상담원이 응답하기 전에 전화를 건 사람이 전화를 끊는 경우를 말한다.

58 콜센터의 효율적 성과관리 원칙
- 객관적이며 투명한 평가기반의 마련
- 성과의 결과에 따른 중간 점검
- 콜센터 성과지표를 사업의 목표와 연계

59 콜센터의 성과향상을 위한 보상계획을 수립할 때 고려해야 할 사항
- 인력 수요를 고려한다.
- 정확하면서도 객관적인 측정된 성과분석의 자료를 활용한다.
- 급여계획 및 인센티브 정책의 마련 시에 직원을 참여시킨다.

60 콜센터에서 이용가능한 회선수가 충분치 않아 차단된 통화율을 의미하는 것은?

① Blocking Rate
② Busy Hour Traffic Rate
③ Recall Factor Rate
④ Down Call Rate

61 텔레마케팅에 대한 설명으로 가장 적합한 것은?

① 텔레폰과 마케팅의 결합어이다.
② 무작위의 고객 데이터베이스를 사용한다.
③ 일방향의 커뮤니케이션이다.
④ 고객반응에 대한 효과측정이 용이하다.

62 상담원이 자신이 맡은 직무를 수행하는 데 한 가지 직무에 수반되는 과업의 수나 종류를 늘리는 것은?

① 직무확대
② 직무몰입
③ 직무평가
④ 직무만족

Answer— 60. ① 61. ④ 62. ①

60 Blocking Rate이란, 콜 센터에서 활용이 가능한 회선의 수가 충분하지 않아 차단되어진 통화율을 말한다.

61 텔레마케팅은 전화를 활용한 마케팅 커뮤니케이션이며, 명확한 타겟을 설정해서 고객 데이터베이스화하여 활용하는, 쌍방향 커뮤니케이션의 방식이다. 고객과 마케터 간의 쌍방향 커뮤니케이션으로 인해 마케터는 고객의 반응에 대한 효율적이 측정이 용이해진다.

62 ① 직무확대(Job Enlargement)는 직무수행자의 직무를 다양화하여 직무의 수평적 범위를 넓히는 것이다.
② 직무몰입은 한 개인이 자신의 일에 대하여 심리적으로 일체감을 가지고 있는 정도와 개인에게 있어서 자신의 일이 차지하는 중요도를 의미한다. 종업원 자신이 직무와 심리적으로 동화되는 정도 또는 전체적인 자아 이미지 속에 일이 중요하다고 생각하는 정도, 개인이 자신의 직무에 몰두하거나 사로잡히는 정도, 개인이 직무를 동일시하며 직무에 적극적으로 참여하고, 또 성과가 그의 자아가치에 중요하게 여겨지는 정도로 볼 수 있다.
③ 직무평가는 직무급에 있어 직무간의 임금비율을 정하는 가장 기본적인 절차로, 각 직무 상호간의 비교에 의하여 상대가치를 결정하는 일이다. 직무분석에 의해서 내용이 확정된 각 직무에 대해, 그 내용과 특징, 담당자의 자격요건·책임·숙련도 등에 따라 등급이 정해진다.
④ 직무만족은 자신의 직업 또는 직무에 대해 개인이 만족하는 정도를 말한다.

63 텔레마케팅 관련 용어 중 QA의 바른 의미는?

① Quality Assist
② Quality Assert
③ Quality Assurance
④ Quality Agency

64 콜센터 문화에 영향을 미치는 개인적 요인에 해당하는 것은?

① 행정당국의 제도적 지원
② 상담원의 근로선택의 자유
③ 상담원에 대한 직업의 매력도
④ 전문직으로서의 자기개발

65 교육훈련의 전달방법을 결정하는 요인과 가장 거리가 먼 것은?

① 비용
② 학습내용
③ 학습자의 선호도
④ 교육프로그램 개발자의 수준

66 인바운드 콜센터의 전화상담 시 중요사항으로 맞는 것은?

① 고객문의 내용파악
② 통화가능여부 확인
③ 전화건 목적 설명
④ 통화상대방 확인

Answer— **63.** ③ **64.** ④ **65.** ④ **66.** ①

63 Quality Assurance(품질보증) … 품질보증은 제품 또는 시설이 가동 중에 정상적으로 작동한다는 충분한 확증을 얻는 데 필요한 모든 작업을 지칭한다.

64 ①②③번은 사회적 요인에 해당하며, ④번은 개인적 요인에 해당한다.
[참고]
※ 콜센터 문화에 영향을 미치는 사회적 요인
　㉠ 콜센터 근무자에 대한 직업의 매력도 및 인식정도
　㉡ 취업정보 개방에 따른 콜센터 근무자의 이직의 자유로움
　㉢ 관련 행정당국의 제도적·비즈니스적 지원 정도

65 교육프로그램을 개발한 개발자의 수준은 교육훈련의 전달방법과 전혀 관계가 없다.

66 ②③④번은 아웃바운드 텔레마케팅에 관한 설명이다. 텔레마케터가 고객들에게 전화를 걸어 확인해야하는 사항들이다.

67 콜센터 운영 시 고려해야 할 사항으로 틀린 것은?

① 주요 대상고객의 데이터 확보와 관리방안이 필요함

② 직원 채용방법과 관리방안 마련이 필요함

③ 콜센터 운영에 따른 지속적 비용관리가 필요함

④ 초기운영은 전화 채널만을 이용하는 것이 바람직함

68 스크립트를 작성하는 목적으로 틀린 것은?

① 균등한 대화를 사용하여 정확한 효과를 측정하고 효율적인 운영체제를 구축한다.

② 통화의 목적과 어떻게 대화를 이끌어 갈 것인가의 방향을 잡아준다.

③ 텔레마케터가 주관적으로 상담하기 위해서 작성한다.

④ 상담원의 능력과 수준을 일정수준 이상으로 유지시켜 준다.

69 OJT(On the Job Training)의 설명으로 틀린 것은?

① OJT는 사내직업훈련이다.

② OJT 리더는 피교육자의 문제점, 건의사항을 수렴한다.

③ 실무에 투입되기 전 평가결과에 대해 피드백 한다.

④ 현장적응 훈련이다.

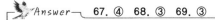

Answer ── **67.** ④ **68.** ③ **69.** ③

67 1차적인 접촉의 역할보다는 기존의 다른 매체를 통해 상품정보를 전달하고 난 다음 그 효과가 소멸되기 전에 전화나 PC통신 서비스를 통해 고객과 접촉함으로써 구매를 확정짓는 데 보완적인 역할을 하기 위해 활용하는 것이 좋다.

68 스크립트는 상담원이 고객들과 커뮤니케이션을 하기 위한 대화대본인데, 이는 텔레마케터가 주관적으로 상담하기 위해 작성하여서는 안 된다.

69 OJT가 성공적으로 이루어지기 위해서는 평가결과에 대해 적시에 Feed Back을 행해야 한다.

70 다음 교육훈련과정개발을 위한 교수모형설계의 5단계 중 (   ) 안에 들어갈 알맞은 것은?

> (   ) → 설계 → 개발 → 실행 → 평가

① 전략   ② 분석
③ 목표설정   ④ 피드백

71 텔레마케팅 적용분야 중 업무의 복잡도가 가장 큰 분야는?

① 주문접수   ② 고객서비스
③ 판매지원   ④ 고객관계관리

72 상담원에 대한 코칭의 목적이 아닌 것은?

① 상담사의 현재수준인식과 목표관리
② 감독 일원화 및 전문화의 원칙 학습
③ 상담원의 역할 인식과 업무 집중화
④ 집중적인 학습과 상담품질 향상

Answer━ **70.** ② **71.** ④ **72.** ②

70 교수설계의 일반모형
- 분석(Analysis) : 요구분석, 학습자분석, 학습환경 분석, 직무 및 과제 분석
- 설계(Design) : 목표명세화, 평가도구설계, 교수전략결정, 교수매체선정
- 개발(Development) : 교수자료개발, 교수자료수정, 제작
- 실행(Implementation) : 사용 및 설치, 유지 및 관리
- 평가(Evaluation) : 교육훈련, 성과평가

71 상담원은 고객들과의 장기적으로 좋은 관계를 유지해야 하기 때문에 제시된 보기 중에서 업무에 대한 복잡도가 가장 크다고 할 수 있다.

72 텔레마케터에 대한 코칭의 목적
- 목표부여 및 관리
- 자질 향상을 위한 지원
- 상담원의 역할 인식
- 텔레마케터로서의 집중적인 학습 및 자기개발

73 리더십 특성 이론에 대한 설명으로 틀린 것은?

① 리더의 개인적 자질에 의해 리더십의 성공이 좌우된다고 가정한다.

② 유능한 리더는 지적 능력, 성격, 신체적 조건 등에서 탁월해야 한다고 보았다.

③ 우수한 리더 확보를 위해 선발에만 의존하지 않고 훈련 프로그램을 통해서도 양성할 수 있다고 보았다.

④ 개인적 특성이 리더십 발휘능력과 상관관계가 있다는 일관된 증거가 존재하지 않아 한계를 가지는 이론이라고 할 수 있다.

74 텔레마케팅 조직구성원의 역할이 잘못 연결된 것은?

① 교육담당자 - 텔레마케터의 경력개발을 위한 교육프로그램을 개발한다.

② 모니터링담당자 - 텔레마케터가 고객과 통화한 내용을 분석한다.

③ 시스템담당자 - 텔레마케터가 효율적으로 업무를 할 수 있도록 스크립트를 개발한다.

④ 수퍼바이저 - 텔레마케터의 스케줄을 관리한다.

75 다음이 설명하고 있는 현상으로 맞는 것은?

> 콜센터의 근무조건의 변화, 약간의 급여차이, 업무의 난이도, 복리후생정책 차이나 비교정보를 획득했을 때 심리변화와 태도변화를 일으켜 조금이라도 자신에게 유리한 콜센터로 근무지를 옮기는 현상이다.

① 한우리 문화 ② 유리벽

③ 콜센터 바이러스 ④ 철새둥지

Answer — **73.** ③ **74.** ③ **75.** ④

73 리더십 특성이론은 '리더는 태어나는 것이지 만들어지는 것이 아니다'라는 가정을 기반으로 효율적인 리더십의 원천을 리더가 가진 신체적 또는 성격적인 특성에서 찾아내려 하는 이론이다.

74 시스템 담당자는 고객들 DB를 포함한 전산시스템의 개발을 하게 되는 구성원들이다.

75 철새둥지 … 상담원 스스로가 콜 센터 조직에서의 급여, 근무조건, 복리후생 등의 차이 및 비교정보 등을 획득했을 때 심리변화 및 태도변화 등을 일으켜 자신에게 유리한 콜센터로 근무지를 옮겨가는 현상을 말한다.

 4 고객응대

76 의사소통(Communication)에 대한 설명으로 틀린 것은?

① 의사소통으로 표현되지만 보다 넓은 의미이다.
② 특정대상에게 구체적인 정보나 감정을 전달하는 것이다.
③ 욕구 충족을 위한 인간의 행동이다.
④ 의사전달 → 감정이입 → 정보교환의 순으로 나타난다.

77 불만고객에 대한 상담원의 클레임 처리방법으로 틀린 것은?

① 고객에게 정중하게 사과하기
② 고객과 함께 협력하여 문제 해결하기
③ 회사의 입장을 정당화 할 수 있는 논리를 제시하기
④ 고객에게 도움이 될 수 있는 최선의 대안 찾기

Answer — 76. ④ 77. ③

76 ④ 의사소통의 행위과정에는 의사(opinion), 정보(information), 감정(sentiment)의 요소를 내포하고 있기 때문에 의사소통은 의사(opinion)를 전달하고 정보(information)를 교환하며 감정(sentiment)을 이입시키는 순서로 나타난다.

77 ③ 회사입장이 아닌 고객의 입장에서 생각하여야 한다.
※ **효과적인 고객 상담 기술**
• 고객의 입장에서 생각하고 판단한다.
• 고객 개개인에 정성을 다한다.
• 고객의 마음을 읽다.
• 가장 적합한 시간에 서비스한다.
• 긍정적인 대화로 응대한다.

78 고객 상담의 필요성을 증가시키는 요인으로 가장 거리가 먼 것은?

① 소비자불만과 소비자피해의 양적 증가
② 소비생활의 복잡화와 다양화
③ 소비자권리에 대한 소비자 의식 상승
④ 제품수요 대비 공급부족 현상 심화

79 폐쇄형 질문에 대한 설명으로 가장 적합하지 않은 것은?

① 응답자의 충분한 의견을 반영할 수 있다.
② 예/아니오 등의 단답을 이끌어 내는 질문기법이다.
③ 문제해결에 도움을 줄 수 있는 방법을 구상하면서 고객의 욕구사항을 파악하는 질문기법이다.
④ 응답자가 주관식으로 답변을 할 수 있는 질문기법이다.

Answer— **78.** ④ **79.** ②

78 ④ 현재는 기업들이 과다 경쟁이 심해지면서 수요보다 공급이 훨씬 앞지르는 상태이다.
※ 고객상담의 필요성

구분	내용
고객입장	• 정보와 지식 부족, 기업에 비해 약자의 위치 • 대량생산·불량품 등 소비자피해의 증가 • 소비확대와 구매량 증가 • 법규 위반과 사기행위 증가
기업입장	• 제품이나 서비스의 불량으로 고객에게 피해를 끼치며 회사 이미지에 악영향 • 수집된 고객 데이터를 확대재생산의 정보로 활용 • 소비자 지향, 고객지향적 마케팅활동 전개로 경쟁 우위를 점함 • 고객의 무리한 피해보상요구에 올바르게 대응 • 제품의 판매감소 원인 파악

79 ② 폐쇄형 질문은 짧은 답을 이끌어 내고 새로운 정보를 얻지 못한다는 단점이 있다.
※ 폐쇄형 질문
• 미리 작성된 질문으로, 제기될 수 있는 모든 가능한 질문들을 말한다.
• 응답자는 응답들 가운데 하나를 선택하도록 질문을 받으므로 응답을 쉽게 입력하고 시간과 돈을 절약하는 장점을 가진다.
• 구조화 된 질문은 응답자들에게 제시된 답들을 선택하도록 강요한다는 어려움이 있으므로 응답자가 '예', '아니오'를 나타내도록 요구받을 때 보다 자세한 내용을 알기 위해서 '왜', 또는 '더 상세한 내용을 제시해주세요'라는 말이 뒤따를 수 있다.
• 선택지가 주어졌을 때 '기타'라는 범주는 항상 적절한 응답을 찾을 수 없는 경우에만 제시되어야 한다.
• 응답자는 조사자가 마련한 보기 중에서 대답을 선택하도록 요청 받는 질문방식으로, 탁월한 응답의 통일성을 제공해주고 또한 보다 쉽게 처리될 수 있다.
• 조사자가 응답을 구조화하는 것은 주어진 질문에 연관된 대답이 상대적으로 분명할 때에는 아무 문제가 없지만, 몇몇 중요한 응답을 간과하게 되는 측면이 있다.
• 응답의 범주는 상호 배타적으로 응답자가 두 개 이상을 선택하도록 강요 받고 있다고 느끼게 하여서는 안 된다.

80 행동유형별 특성에 대한 응대법 중 바른 것은?

① 추진형은 편안하고 친근감 있게 대한다.
② 표현형은 요점만을 제시하고 결정은 스스로 내리게 한다.
③ 온화형은 관심을 갖는 시간이 짧기 때문에 흥미를 잃지 않도록 유의한다.
④ 분석형은 자료를 제시하고 애매한 일반화는 피한다.

81 다음 중 친밀감(Rapport) 형성에 관한 설명으로 가장 적합한 것은?

① 고객에게 슬픈 감정을 유도하는 기법이다.
② 가망고객을 진찰하듯 탐색하는 기법이다.
③ 품위를 지키는 프로다운 자세를 느끼도록 하는 기법이다.
④ 고객에게 신뢰감을 느끼도록 하는 기법이다.

82 다음 중 조직 측면에서의 CRM 성공요인에 해당하지 않는 것은?

① 최고경영자의 관심과 지원
② 고객 및 정보 지향적 기업문화
③ 전문 인력 확보
④ 데이터 통합수준

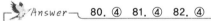

Answer ─ 80. ④ 81. ④ 82. ④

80 ① 추진형은 결단력이 있고 요구적이며 완고하고 엄격하며 능률적이다. 따라서 요점만을 제시하고 결정은 스스로 내리게 한다.
② 표현형은 관심을 갖는 시간이 짧기 때문에 흥미를 잃지 않도록 유의해야 한다.
③ 온화형은 반박을 하지 않도록 주의하고 편안하게 친근감 있게 대한다.

81 ④ '다리를 놓다'라는 뜻의 래포(Rapport)는 상호간에 신뢰하며, 감정적으로 친근감을 느끼는 인간관계를 말한다.

82 ④ CRM은 타부서와의 긴밀한 업무협조를 통해 정책의 일관성을 유지하는 것이 중요하다.

83 커뮤니케이션의 원칙이 아닌 것은?

① 커뮤니케이션은 신뢰성을 중시한다.
② 커뮤니케이션은 메시지를 통해 내용을 전달한다.
③ 커뮤니케이션은 수신자에게 유용한 경로로 접촉한다.
④ 커뮤니케이션은 1회성의 성격을 띤다.

84 다음 중 고객의 반론극복을 위한 순서로 적합한 것은?

① 공감 → 탐색 → 이점부각 → 동의
② 탐색 → 공감 → 이점부각 → 동의
③ 공감 → 탐색 → 동의 → 이점부각
④ 탐색 → 공감 → 동의 → 이점부각

85 고객 특성에 따른 고객응대로 적절하지 않은 것은?

① 과장되게 말을 잘하는 사람은 콤플렉스를 감추고 있는 사람으로 어디까지가 진의인지 파악하고 말보다 객관적인 자료로 대응하는 것이 적합하다.
② 빈정거리기를 잘하는 사람은 열등감과 허영심이 강한 사람이므로 자존심을 존중해 주면서 대한다.
③ 생각에 생각을 거듭하는 사람은 신중하나 판단력이 부족하므로 먼저 결론을 내는 화법이 적절하다.
④ 말의 허리를 자르는 사람은 이기적 성격의 소유자로 반론하지 말고 질문식 설득화법으로 대응한다.

Answer ─ **83.** ④ **84.** ① **85.** ④

83 ④ 커뮤니케이션은 끝이 없는 과정이다.

84 ① 고객의 반론을 극복하려면 우선 고객의 주장에 공감을 한 뒤 탐색 후 이점을 부각시키고 동의를 하면 된다.

85 ④ 말의 허리를 자르는 사람은 남의 말을 잘 듣지 않으며 자신의 말을 많이 하는 특성이 있다. 따라서 이들을 상대할 때에는 일단 상대방의 말을 들어 주면서 충분한 시간을 갖고 논리적으로 상담을 하여 생각을 납득시키도록 한다.

86 CRM에 대한 설명으로 틀린 것은?

① CRM은 고객점유율보다 시장점유율을 중시한다.
② CRM은 고객과 일대일관계를 중시한다.
③ CRM은 통합된 멀티채널을 활용한다.
④ CRM은 상호적 서비스를 제공한다.

87 FAQ(Frequently Asked Question) 작성시 유의해야 할 점이 아닌 것은?

① FAQ는 전문적이고 고도화된 답변만을 엄선하여 올린다.
② FAQ는 반복적이고 잦은 질의응답에 대해서 답변하는 응답코너를 제시한다.
③ FAQ는 네티즌이나 고객이 쉽게 이해할 수 있도록 분류하여 제시하면 더욱 효과적이다.
④ FAQ는 적절한 질문, 부적절한 질문 등의 검증을 거쳐 등록한다.

Answer ── **86.** ① **87.** ①

86 ① CRM은 고객점유율을 지향한다.
※ CRM 마케팅과 매스마케팅의 비교

구분	CRM marketing	MASS marketing
등장	1960년대	1990년대 이후
성과지표	고객점유율 지향	시장점유율 지향
판매기반	고객가치를 높이는 것을 기반	고객과의 거래를 기반
관계측면	고객과의 지속적인 관계 유지를 하는 것이 목표	신규고객개발에 더욱 중점
목표고객	고객 개개인	불특정 대다수
의사교환방식	개인적 커뮤니케이션	일방적 의사교환
생산방식	다품종 소량생산	대량생산, 대량판매

87 ① FAQ는 발생이 잦은 질문에 대해 충실한 FAQ을 마련하여 홈페이지에 게시하며, 전문적이고 고도화된 답변만을 엄선하여 올리는 것은 적절하지 못하다.

88 다음의 고객관련 내용을 토대로 고객의 커뮤니케이션 유형을 진단할 때 이 고객과의 상담을 성공적으로 이끌기 위해 표현되는 응대화법으로 가장 적절한 것은?

> 고객 : 그 회사 상품 중 몇 가지 구입하고 싶은 게 있어서 전화했어요….
> 물건을 빨리 받아 봤으면 좋겠어요….
> 그런데 저는 전화로 신용카드번호를 불러주고 결제하는 건 좀 내키지 않는데….

① 카드 결제가 가장 빠르지만 내키지 않으시면 온라인으로 송금을 해주시거나 직접 방문하셔서 구입하시는 방법도 있습니다.

② 다른 방법은 전화주문만큼 빠르지 않습니다. 카드결제를 하셔야 빨리 상품을 받으실 수 있으니 카드결제를 하시기 바랍니다.

③ 요즘은 거의 모든 고객들이 전화로 신용카드 번호를 불러주십니다. 문제없습니다.

④ 그러면 좀 더 생각해 보시고 다시 전화 주시기 바랍니다.

89 다음 CRM 시스템의 구성요소 중 고객정보 분석부문에 해당하는 것은?

① 채널 관리자

② 로직 저장소

③ 의사결정 지원도구

④ 콜 분배기

Answer **88. ① 89. ③**

88 ① 효과적인 고객상담은 고객의 입장에서 생각하고 판단하는 것이다. 보기에서 고객은 물건 구매를 하고 싶지만 전화로 신용카드번호를 유출하는 것에 부정적인 입장으로 다른 대안을 제시하는 것이 적절하다.

89 ③ 일반적으로 CRM시스템의 구성요소는 고객 정보 분석 부문, 실행 부문, 공통 부문으로 나누어진다. 아 가운데 고객 정보 분석 부문에는 분석 도구, 의사 결정 지원 도구, 계획 도구가 있다.

※ CRM시스템의 구성요소

구분	내용
고객 정보 분석 부문	분석 도구, 의사 결정 지원 도구, 계획 도구
실행 부문	채널 관리자, 로직 저장소, 캠페인 관리자, 플로 관리자
공통 부문	고객 정보 분석, 실행에서 공통적으로 사용되는 고객 정보 저장소, 지식 관리자

90 다음 중 CRM을 통한 기업의 핵심과제로 가장 거리가 먼 것은?

① 특정사업에 적합한 소비자 가치를 규명한다.
② 각 고객집단이 가진 가치의 상대적 중요성을 인지한다.
③ 고객에 대한 이해를 바탕으로 시스템을 구축한다.
④ 기업이 원하는 방법으로 고객가치를 충족한다.

91 성공하는 텔레마케터가 되기 위해 가져야 할 태도로 적합하지 않은 것은?

① 항상 고객의 문제를 도와주고 해결해주는 전문가라는 자긍심을 갖는다.
② "고객과의 약속은 반드시 지킨다."라는 철학을 갖고 업무에 임한다.
③ 자신의 상담능력을 향상시키기 위해 자기개발에 최선을 다한다.
④ 고객불만의 수용과 처리에 있어 상담자 자신의 권한이 제한되어 있으므로 실제적인 처리보다는 일차적인 응대에만 최선을 다한다.

92 주문접수 처리업무의 특성에 대한 설명으로 틀린 것은?

① 편리한 주문접수처리 기능은 인바운드 텔레마케팅의 대표적인 업무이다.
② 통화성공률을 높이는 것이 절대적으로 요구된다.
③ 대금결제의 안정성 보장을 위해 VAN사업자를 통한 업무제휴가 필요하다.
④ 전산으로 처리되는 업무가 증가하고 있기 때문에 상담사교육의 중요성은 과거보다 감소되고 있다.

Answer ─ **90.** ④ **91.** ④ **92.** ④

90 ④ CRM(고객관계관리)은 기업이 고객과 관련된 내외부 자료를 분석·통합해 고객 중심 자원을 극대화하고 이를 토대로 고객특성에 맞게 마케팅 활동을 계획·지원·평가하는 과정이다. 과거 은행·증권 등 금융 오프라인 기업들이 컴퓨터응용기술로 가입자 신상명세, 거래내역 등을 데이터화해 콜센터를 구축하는 등에 많이 적용했으나 최근 회원관리가 생명인 닷컴기업들이 가입자 확보를 위해 서둘러 CRM을 도입하고 있다.

91 ④ 텔레마케터의 성공요소는 다양한 측면에서 살펴볼 수 있다. 고객에 대한 커뮤니케이션 기술을 중시하고, 음성적 자질이나 표현 및 구술능력, 청취이해력과 경험 및 목표의식 등과 상황대응력이 높아야 조건에 충족된다. 특히 고객의 불평·불만에 대한 처리는 실제적인 처리를 기본으로 최선을 다해야 한다.

92 ④ 상담원 교육의 중요성은 과거보다 더욱 증가되고 있다.

93 비언어적 의사소통에서 사람이 무의식적으로 다른 사람과 상호작용을 할 때 사용하는 영역에 대한 설명으로 틀린 것은?

① 친밀한 거리의 영역은 연인이나 가까운 친구, 부모에게 안겨있는 어린아이 사이에서 찾아볼 수 있다.

② 개인적 거리의 영역은 파티에서 편안하게 이야기할 수 있고 파트너와 쉽게 접촉할 수 있는 거리이다.

③ 대중적 거리의 영역은 접촉이 없이 비교적 사적인 이야기들을 주고받을 수 있는 절친한 직장동료 사이의 관계이다.

④ 사회적 거리의 영역은 소비자나 서비스를 제공하는 사람에게 이야기할 때와 같이 주로 대인업무를 수행할 때 사용된다.

94 음성에 대한 설명으로 바르지 않은 것은?

① 고저 강약 - 지나치게 힘이 들어가면 역효과를 낼 수 있다.

② 말의 속도 - 일반 대화보다 약간 빠른 정도가 좋다.

③ 억양 - 여러 가지 감정을 나타낼 수 있다.

④ 말의 끊어 읽기 - 신속한 응대를 위해 가급적 사용하지 않는다.

Answer ── **93. ③ 94. ④**

93 ③ 대화내용은 상대방과의 거리와 연관이 깊다. 대중적 거리는 상대적으로 비공식적인 모임에 해당하며, 정치가나 명사들의 연설에 주로 사용된다.

※ 에드워드 홀의 공간적 영역
에드워드 홀에 의하면 사람들이 무의식적으로 다른 사람들과 상호작용할 때 사용하는 영역을 친밀한 거리, 개인적 거리, 사회적 거리, 대중적 거리로 구분할 수 있다고 하였다.

구분	내용
친밀한 거리(0~45cm)	한쪽 손을 뻗으면 상대방이 닿을 수 있는 거리, 연인이나 부부와 같이 정서적으로 매우 가까운 사이일 때 대화를 나누는 거리
개인적 거리(45cm~2m)	편안하게 이야기를 나누며 상대방과 닿거나 손을 뻗으면 닿을 수 있는 거리, 친구나 직장 동료들과 대화를 나눌 때 거리
사회적 거리(2m~6m)	낯선 사람이나 잘 모르는 관계에서 유지되는 거리, 고객과 서비스맨에게 이야기할 때와 같이 주로 대인업무를 수행하는 때의 거리
공공적 거리(6m~10m)	통상적으로 대중연설 때 편안하게 느끼는 거리

94 ④ 말을 할 때 처음부터 끝까지 단조롭게 표현하면 듣는 사람을 지루하게 만들고, 의미전달을 효과적으로 할 수도 없다. 음성의 강약과 높고 낮음 등을 적절하게 사용하는 것이 좋으며 말을 정확하게 끊어 읽어 의사전달을 명확히 하도록 한다.

95 고객생애가치를 평가하기 위해 필요한 세부 구성요소가 아닌 것은?

① 할인율　　　　　　　　　　　　② 공헌마진
③ 마케팅비용　　　　　　　　　　④ 고객추천가치

96 고객에게 긍정적인 이미지를 심어주기 위한 텔레마케터의 능력과 관련이 없는 것은?

① 자신감　　　　　　　　　　　　② 전문성
③ 신뢰감　　　　　　　　　　　　④ 우월감

97 고객응대시 요구되는 지식 중 구매고객층, 구매목적, 구매시기 등의 내용이 포함된 것은?

① 고객시장에 관한 지식
② 고객의 구매심리에 관한 지식
③ 제품 및 서비스 지식
④ 생산, 유통과정과 품질에 관한 지식

Answer─　95. ④　96. ④　97. ②

95 ④ 고객생애가치란 한 고객이 특정 기업의 상품이나 서비스를 최초 구매하는 시점부터 마지막으로 구매할 것이라고 예상되는 시점까지의 누적액의 평가를 말한다. 고객생애가치를 평가하기 위해서는 할인율, 공헌마진, 마케팅비용 등을 고려하여야 한다.

96 ④ 텔레마케터는 고객에게 신뢰감과 친근감을 줄 수 있도록 차분하고 상냥해야 하며, 고객의 어떤 반응에도 견디어 낼 수 있는 강한 자신감이 필요하다.

97 ② 구매목적이나 구매시기는 고객의 심리적인 특성과 연관성이 깊다.

98 메타그룹의 산업보고서에서 처음 제안된 CRM시스템 아키텍처의 3가지 구성요소 중 운영적 CRM의 설명으로 맞는 것은?

① 프런트 오피스(Front Office)의 고객 접점, 마케팅 및 콜센터 고객서비스를 연계한 거래 업무를 지원한다.

② 운영업무에서 발생하는 데이터를 이용하여 마케팅 분석과 판매 분석 등의 작업을 지원한다.

③ 고객과 기업, 기업 내의 조직 간의 업무일원화와 커뮤니케이션을 목적으로 활동한다.

④ 상호 연관 서비스를 어플리케이션으로 고객과의 접점관리 및 지원활동을 한다.

Answer ── **98.** ①

98 ① 영업과 마케팅, 그리고 고객서비스를 담당하는 프론트 오피스(front office)를 효과적으로 지원하는 통합 시스템을 운영적 CRM이라 한다.

※ 분석적 CRM과 운영 CRM, 협업적 CRM의 관계

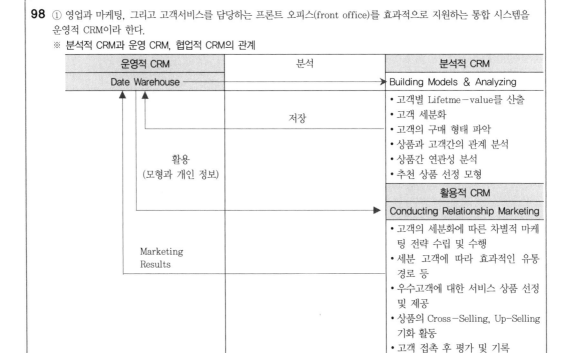

운영적 CRM	분석	분석적 CRM
Date Warehouse		Building Models & Analyzing
	저장	• 고객별 Lifetme-value를 산출 • 고객 세분화 • 고객의 구매 형태 파악 • 상품과 고객간의 관계 분석 • 상품간 연관성 분석 • 추천 상품 선정 모형
활용 (모형과 개인 정보)		활용적 CRM
		Conducting Relationship Marketing
Marketing Results		• 고객의 세분화에 따른 차별적 마케팅 전략 수립 및 수행 • 세분 고객에 따라 효과적인 유통 경로 등 • 우수고객에 대한 서비스 상품 선정 및 제공 • 상품의 Cross-Selling, Up-Selling 기화 활동 • 고객 접촉 후 평가 및 기록

99 고객 상담시 구매로 유도할 수 있는 적극적인 질문기법으로 바람직하지 않은 것은?

① 고객이 확실히 원하는 것을 찾을 수 있는 질문을 한다.

② 상담사의 전문성을 강조한다.

③ 제품과 서비스에 관한 세부사항 등을 구체적으로 말한다.

④ 편견을 갖지 않고 상대방과 대화한다.

100 효과적인 의사소통이 이루어지기 위해 지켜져야 하는 사항으로 틀린 것은?

① 의사소통의 목적을 파악하고 그 목적에 맞는 의사소통을 해야 한다.

② 의사소통시 최대한 많은 양의 정보를 제공하는 것이 좋다.

③ 서로 나누는 의사소통에 진실이 담겨 있어야 한다.

④ 서로에게 말하고자 하는 의도가 분명히 드러나도록 한다.

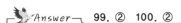 Answer— **99.** ② **100.** ②

99 ② 상담사의 전문성이 고객의 구매력에 영향을 준다고 보기 어렵다.

100 ② 의사소통 시 그 양이 과다할 경우에는 의사소통에 혼란이 생길 수 있다.

06 2014년 제3회 기출문제

1 판매관리

1 고등학교 3학년에 재학 중인 학생이 향후 지원하고자 하는 대학교를 다음과 같이 평가했을 때의 설명으로 맞는 것은?

구분	가중치	A 대학교	B 대학교	C 대학교
학교위치	10	10	10	10
수업료	9	10	10	9
입학조건	8	10	10	10
명 성	7	8	9	9
교육과정	6	10	8	8

① 보완적 접근법으로 학교를 선택하면 A 대학교를 선택하게 된다.
② 보완적 접근법으로 학교를 선택하면 B 대학교를 선택하게 된다.
③ 사전편집식 접근법으로 학교를 선택하면 A 대학교를 선택하게 된다.
④ 사전편집식 접근법으로 학교를 선택하면 C 대학교를 선택하게 된다.

Answer— 1. ①

1 보완적 평가방법으로 계산하면 다음과 같다.
A $= (10 \times 10) + (9 \times 10) + (8 \times 10) + (7 \times 8) + (6 \times 10) = 386$
B $= (10 \times 10) + (9 \times 10) + (8 \times 10) + (7 \times 9) + (6 \times 8) = 381$
C $= (10 \times 10) + (9 \times 9) + (8 \times 10) + (7 \times 9) + (6 \times 8) = 372$
위와 같이 계산되므로 보완적 접근법으로 학교를 선택하면 A대학교를 선택하게 된다.

2 다음의 특징을 가지는 소비재 유형은?

> – 소비자 구매행동 : 강력한 상표선호성과 충성도
> – 유통 : 각 시장지역에 한두 개의 판매점으로 독점적인 유통

① 편의품　　　　　　　　　　② 선매품
③ 전문품　　　　　　　　　　④ 비탐색품

3 인구통계학적 변수가 아닌 것은?

① 직업　　　　　　　　　　　② 학력
③ 상표애호도　　　　　　　　④ 종교

4 중간상은 생산자와 사용자 사이에서 다양한 효용을 창출한다. 다음 중 중간상(유통경로)이 창출해 내는 효용이 아닌 것은?

① 장소적 효용　　　　　　　　② 시간적 효용
③ 형태적 효용　　　　　　　　④ 자금적 효용

Answer — **2.** ③　**3.** ③　**4.** ④

2　전문품은 소비자는 자신이 찾는 품목에 대해서 너무나 잘 알고 있으며, 그것을 구입하기 위해서 특별한 노력을 기울이는 제품(강력한 상표선호 및 충성도)이며, 각 판매지역별로 하나 또는 극소수의 중간상들에게 자사제품의 유통에 대한 독점권을 부여하는 방식의 유통 전략을 취한다.

3　인구통계학적 변수나이, 성별, 가족규모, 가족수명주기, 소득, 직업, 교육수준, 종교 등 사회를 구성하는 사람들의 특성을 나타내는 변수가 사용된다. 고객의 요구 및 구매행동과 밀접하게 관련된 경우가 많으며 측정하기가 비교적 쉽기 때문에 세분화 변수로서 가장 널리 사용되고 있다.

4　중간상이 창출하는 효용 (중간상의 필요성)
　• 시간의 불일치 해결 : 생산시점과 소비시점의 불일치를 의미한다.
　㉑ 우리나라의 쌀은 보통 가을에 생산되는데, 소비는 1년 내내 지속적으로 발생한다.
　• 장소의 불일치 해결 : 생산지와 소비지의 불일치를 의미한다.
　㉑ 쌀의 경우, 주로 농촌에서 이루어지며 소비는 전국에서 발생한다.
　• 구색(형태)의 불일치 해결: 공급자는 쌀을 대량생산하는 반면에, 각 소비자는 10kg, 30kg 등 소량으로 구매한다.

5 데이터베이스 마케팅에서 활용되는 고객자료를 데이터 마이닝하는 과정을 순서대로 올바르게 나열한 것은?

> A. 데이터마이닝 B. 해석 및 평가 C. 변환
> D. 문제정의 E. 선별/정제 F. 통합

① A→B→C→D→E→F
② B→E→C→A→D→F
③ E→D→A→B→F→C
④ D→E→C→A→B→F

6 판매촉진 전략에 대한 설명으로 틀린 것은?

① 상품에 따라 촉진믹스의 성격이 달라진다.
② 마케팅 커뮤니케이션은 기업커뮤니케이션과 연계되어 있다.
③ 불황기에는 촉진활동보다 경로 및 가격설정전략이 중요하다.
④ 촉진의 본질은 소비자에 대한 정보의 전달에 있다.

Answer 5. ④ 6. ③

5 데이터마이닝 과정
문제 정의 → 선별 및 정제 → 변환 → 데이터마이닝 → 해석 및 평가 → 통합

6 불황기는 신규고객의 확보에 비용과 노력이 많이 들기 때문에 가격설정전략보다는 고객 관리가 특히 중요하다. 기존고객에 대한 정보를 충분히 활용하여 CRM을 강화하는 것이 좋으며, 동일 상품을 반복해서 재구매하도록 촉진활동을 하며, 소비자들의 판매 후 만족도 제고를 위한 활동을 강화해야 한다. 구매자에 대해 직접적인 인센티브를 제공하는 다양한 판매촉진 수단들을 적극적으로 활용하는 것이 효과적이다.

7 유통경로의 원칙에 대한 설명으로 틀린 것은?

① 총 거래 수 최소화 원칙 – 유통경로를 설정할 때 중간상을 필요로 하는 원칙으로 이 것은 거래의 총량을 줄여, 제조업자와 소비자 양측에게 실질적인 비용부담을 감소시키 게 하는 원칙

② 집중저장의 원칙 – 제조업자가 물품을 대량으로 보관하게 하여 소매상의 보관 부담을 덜어주는 원칙

③ 분업의 원칙 – 중간상을 통해 유통에도 분업을 이루고자 하는 원칙

④ 변동비 우위의 원칙 – 중간상의 역할부담을 중시하여 결국에는 비용부담을 줄이는 원칙

8 A 대학교 인근에는 만리장성, 가야성, 고려성 등 다양한 중국음식점들이 있으며 모두 음식 배달을 하고 있다. 이러한 상황에서 각 중국음식점들이 고려해야 할 가격결정방법으로 가장 적절한 것은?

① 수요를 토대로 한 가격책정

② 수익을 토대로 한 가격책정

③ 경쟁을 토대로 한 가격책정

④ 비용을 토대로 한 가격책정

Answer —— 7. ② 8. ③

7 집중저장의 원칙은 도매상은 상당량의 브랜드 제품을 대량으로 보관하므로 유통경로 상에 가능하며 많은 수의 도매상 을 개입시킴으로서 각 경로 구성원에 의해 보관되는 제품의 수량이 감소될 수 있다는 원리이다.

8 경쟁기업의 가격을 검토한 후 그 가격을 기준으로 자사의 가격을 결정하는 방법으로 경쟁사의 수가 많을 때 사용하며 경쟁사보다 낮은 가격을 책정한다.
① 소비자가 인식하는 제품의 가치에 따라 가격을 결정하는 방법
② 사전에 원가가 일정한 이익(마크업)을 가산하여 가격을 결정하는 방법
④ 소요된 비용에 이익을 더하여 최종적인 가격을 결정하는 방법

9 다음 중 기업이 새로운 상품을 개발하고 새로운 시장을 찾아나서야 하는 시장-제품전략으로 맞는 것은?

① 시장침투(Market Penetration)전략

② 시장개발(Market Development)전략

③ 제품개발(Product Development)전략

④ 다각화(Diversification)전략

10 다음 설명에 해당하는 것은?

> 소비자 내 욕구의 변화, 상권 내 역학구조의 변화, 소매기업 내 각종 상황의 변화 등 요인에 의하여 그동안 유지해왔던 영업 방법상의 특징을 본질적으로 변화시킴으로써 상권의 범위와 내용, 그리고 목표 소비자를 새롭게 조정하는 활동이다.

① 재포지셔닝 　　　　　　　　② 티켓마케팅

③ 시장세분화 　　　　　　　　④ 제품차별화

11 STP 전략의 절차를 바르게 나열한 것은?

① 시장세분화→표적시장 선정→포지셔닝

② 표적시장 선정→시장세분화→포지셔닝

③ 포지셔닝→표적시장 선정→시장세분화

④ 시장세분화→포지셔닝→표적시장 선정

Answer 9. ④　10. ①　11. ①

9 다각화 전략이란 기존의 사업과는 다른 새로운 사업 영역에 진출하여 기업의 성장을 꾀하는 방법이다. 다시 말해, 기존 사업과는 다른 새로운 사업에 진출하여 성장을 추구하는 전략으로 사업들 간의 전략적, 적합성 정도는 시장관련 적합성, 생산 적합성, 관리적합성을 기준으로 판단한다.

10 재포지셔닝이란 자사제품이 경쟁사의 제품보다 열등할 경우에 기존제품을 리뉴얼하거나 전혀 새로운 상품으로 접근을 하는 것을 말한다.

11 STP 전략
시장세분화(Segmentation), 표적시장 설정(Targeting), 포지셔닝(Positioning)을 의미한다. 시장을 조사하면 각기 다른 욕구를 가진 소비자들로 구성된 서로 다른 세분시장들(S)이 드러난다. 기업은 자신들이 경쟁자보다 탁월하게 충족시킬 수 있는 세분시장을 설정(T)하는 것이 현명하다. 기업은 각 표적시장별로 상품을 포지셔닝(P)하여 자사 상품이 경쟁상품과 어떻게 다른가하는 것을 알려야 한다.

12 고객속성 데이터에 대한 설명으로 옳은 것은?

① 주로 콜센터나 기업의 내부에서 직접 확보 또는 생성한 데이터베이스를 말한다.

② 외부 전문기관에서 구입한 명단, 제휴마케팅을 통해 획득한 데이터베이스를 말한다.

③ 고객이 지닌 고유속성으로 주소, 전화번호 등의 데이터를 의미한다.

④ 거래나 구매사실, 구매행동 결과로 나타나는 속성으로 회원가입일, 최초구매일, 연체 내역 등의 데이터를 말한다.

13 다음 중 인바운드 텔레마케팅의 업무가 아닌 것은?

① 각종 문의 · 불만사항 대응

② 통신판매의 전화 접수

③ 앙케이트 조사

④ 광고에 대한 문의 설명

14 다음 중 데이터베이스(Data Base) 마케팅에 대한 설명으로 맞는 것은?

① PC만을 이용하여 표준화된 제품으로 불특정 다수의 고객에 접근하는 마케팅이다.

② 대중매체를 통하여 전국적으로 대중에게 자사의 상표인지도를 높게 유지하는 것이다.

③ Database 마케팅은 VIP고객 리스트만을 이용한 마케팅 기법이다.

④ Database 마케팅에서 Database는 고객의 개인별 특성을 담고 있어야 한다.

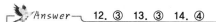

Answer— 12. ③ 13. ③ 14. ④

12 고객속성 데이터는 고객이 지닌 원초적인 속성(이름, 성별, 연령, 직업 등)을 의미한다.

13 인바운드 텔레마케팅의 업무
• 고객의 불편이나 불만처리
• 고객의 문의사항
• 광고 및 관련제품에 대한 정보제공 및 구매유도
• 통신판매의 전화접수

14 기업이 고객에 대한 다양한 정보를 컴퓨터를 이용하여 Data Base화하고, 구축된 고객 데이터를 바탕으로 고객 개개인과의 지속적이고 장기적인 관계 구축을 위한 마케팅 전략을 수립하고 집행하는 여러 가지 활동을 데이터베이스 마케팅이라고 한다.

15 다음 중 잠재고객의 대상으로 거리가 먼 것은?

① 현재는 다른 경쟁업체를 이용하고 있으나 해당 기업의 제품이나 서비스에 대해 알고 있어 향후 자사 고객으로 확보할 수 있다고 판단되는 고객
② 특정 제품이나 서비스에 대해 문의를 하는 고객 또는 이 같은 고객이 자신의 신분이나 연락처를 밝히는 경우
③ 웹상에서 비록 회원가입은 하지 않았으나 자주 클릭하여 접촉을 하거나 하였다고 예측, 판단되는 고객
④ 회사에 리스크를 초래하였거나 신용상태, 가입자격 등이 미달되는 고객

16 고객이 구매의사 결정 활동을 함에 있어 어려운 이유로 가장 거리가 먼 것은?

① 제품의 다양성, 기술의 진보, 제품의 복잡성, 소매시장 구조변화 등으로 구매활동이 복잡하고 선택할 상품이 많기 때문이다.
② 기술이 발달되어 제품의 품질, 안전, 성능에 대한 정보가 제한되어 있고 전문가의 도움이 필요하기 때문이다.
③ 동일상품도 다양한 가격형태를 보이고 있어 소비자는 더 낮은 가격에 더 좋은 품질의 제품을 구매하기 위하여 상당한 노력과 시간을 소비해야 하기 때문이다.
④ 현대인은 쇼핑할 시간이 없을 정도로 바빠서 합리적인 소비활동과 의사결정을 할 시간이 제한되기 때문이다.

Answer⎯ **15.** ④ **16.** ②

15 ④ 가입자격의 미달 또는 회사에 리스크를 초래한 고객은 불량고객으로 분류된다.
[참고]
※ 잠재고객과 가망고객
　　㉠ **잠재고객** : 기업에 대해 인지하고 있지 않거나, 인지하고 있어도 관심이 없는 고객
　　㉡ **가망고객** : 기업에 대해 인지하고 있으며, 어느 정도의 관심을 보이는 신규고객이 될 가능성이 있는 고객

16 기술이 발달되어 제품의 품질, 안전, 성능에 대한 정보가 더욱 많아지고 자세한 내용이 첨부되어 굳이 전문가의 도움이 필요치 않다.

17 아웃바운드 텔레마케터에서 요구되는 개인적 자질로 보기 어려운 것은?

① 긍정적인 사고방식
② 맑고 생동감 있는 목소리
③ 뚜렷한 목표의식과 시간관리 능력
④ 고객의 거절이나 반론에 순응하는 자세

18 아웃바운드 텔레마케팅에서 잠재고객을 구매고객으로 전환시키는 방법으로 볼 수 없는 것은?

① 고객을 이해시키고 실질적 혜택부여
② 조건 없는 가격할인을 통한 구매유도
③ 관심이 많은 고객을 집중적으로 설득
④ 고객과 텔레마케터 간 커뮤니케이션 강화

19 다음이 설명하고 있는 마케팅 정보시스템의 종류는?

> 마케팅 업무를 수행하는 관리자들이 자료를 분석하고 또한 보다 나은 마케팅 실행을 위한 대안 마련은 물론 의사결정을 하는 데 도움이 될 수 있도록 이용할 수 있는 일종의 보조적인 하드웨어와 소프트웨어로 된 통계적 도구와 의사결정 모델을 말한다.

① 고객정보 시스템
② 마케팅 인텔리전스 시스템
③ 마케팅조사 시스템
④ 마케팅의사결정 지원시스템

Answer— **17.** ④ **18.** ② **19.** ④

17 반론에 대한 적절한 대처로 고객이 만족스러운 상담을 유지하도록 하며, 반론에 대한 대처는 고객 니즈에 관한 정확한 파악을 바탕으로 한다.

18 고객이 관심을 가질 만한 적절한 조건을 내세워 가격할인을 유도해야 한다.

19 ① 고객정보 시스템은 고객의 이름, 주소, 가족 사항, 구매 사항 등의 정보를 데이터베이스화하여 전표 처리와 광고 우편 발행 등 사무 작업을 효율화하고, 고객 서비스의 향상 등을 목적으로 하는 정보 시스템을 말한다.
② 마케팅 인텔리전스 시스템은 기업을 둘러싼 마케팅 환경에서 발생되는 일상적인 정보를 수집하기 위해 기업이 사용하는 절차와 정보원의 집합을 말한다.
③ 마케팅조사 시스템은 마케팅 관리영역에 있어 의사결정의 기반으로 활용할 목적으로 사내 및 사외의 모든 부문으로부터 수집되는 관련정보를 시스템적 관점에서 설계한 인간, 기계, 절차 등 상호작용의 복합체이다.
④ 마케팅의사결정 지원시스템은 여러 가지 다른 방법으로 자료를 검색, 처리, 보고서 작성 등의 프로그램을 제공하는데, 수시로 요구되는 특수한 자료 조작이나 보고서 작성에 필요한 툴을 제공하여 의사 결정을 돕는다.

20 아웃바운드 판매상담시 고객과의 관계형성방법으로 가장 거리가 먼 것은?

① 고객과 이야기할 수 있는 공통적인 화제를 찾는다.
② 인사는 밝고 친근감 있게 한다.
③ 가벼운 첫인사 후 바로 본론으로 들어간다.
④ 고객의 신분에 맞는 존칭어를 활용한다.

21 마케팅믹스의 정의로 가장 적합한 것은?

① 표적시장에서 마케팅목표를 달성하기 위하여 기업이 활용하는 마케팅 도구의 집합이다.
② 마케팅의 통제 불가능한 환경을 분석하는 것이다.
③ 인사, 재무, 생산, 조직을 통합하는 것이다.
④ 비영리마케팅을 추구하는 것이다.

22 인바운드 텔레마케팅의 상담절차를 바르게 나열한 것은?

A. 상담준비	B. 고객니즈 파악
C. 문제해결	D. 종결
E. 전화응답	F. 동의와 확인

① A→E→B→C→F→D
② A→B→E→C→F→D
③ A→E→B→F→C→D
④ A→B→C→E→F→D

Answer ─ 20. ③ 21. ① 22. ①

20 첫 인사 후 바로 본론으로 들어가는 것보다 질문을 활용해서 고객의 니즈를 도출하는 것이 좋다.

21 마케팅 믹스는 마케팅 목표의 효과적인 달성을 위하여 마케팅 활동에서 사용되는 여러 가지 방법을 전체적으로 균형이 잡히도록 조정 및 구성하는 것이다.

22 인바운드 텔레마케팅의 상담절차(상담준비 → 전화응답 → 고객니즈 파악 → 문제해결 → 동의와 확인 → 종결)

23 다음 중 유통경로의 설계과정을 바르게 나열한 것은?

① 고객욕구분석 → 유통경로의 목표설정 → 경로대안의 평가 → 주요 경로대안의 식별

② 고객욕구분석 → 유통경로의 목표설정 → 주요 경로대안의 식별 → 경로대안의 평가

③ 고객욕구분석 → 주요 경로대안의 식별 → 유통경로의 목표설정 → 경로대안의 평가

④ 고객욕구분석 → 주요 경로대안의 식별 → 경로대안의 평가 → 유통경로의 목표설정

24 다음 중 자료의 수집을 위해 기업들은 다양한 조사방법을 활용할 수 있다. 이러한 조사방법들 중 "수집할 수 있는 자료의 양은 적지만, 조사의 소요시간이 빠르고 표본의 대표성이 높은" 조사방법은?

① 대인면접 ② 전화조사

③ 우편조사 ④ 방문조사

25 표본추출방법 중 "모집단 내의 구성요소들이 표본으로 선정될 확률이 알려져 있어 조사자의 주관성을 배제할 수 있는 객관적인 방법"의 유형이 아닌 것은?

① 단순무작위표본추출 ② 층화표본추출

③ 할당표본추출 ④ 군집표본추출

Answer— **23.** ② **24.** ② **25.** ③

23 유통경로의 설계과정
• 고객욕구분석
• 유통경로의 목표설정
• 주요 경로대안의 식별
• 경로대안의 평가

24 전화 조사는 면접원이 전화로 조사 대상자에게 질문을 하면서 응답을 얻는 조사 방법이다. 일반적으로 확률표집을 사용하기 때문에 정확한 조사 결과를 얻을 수 있고, 빠른 기간 내에 적은 비용으로 조사할 수 있다는 장점을 지닌 반면 설문량이 적고 간단한 설문만을 얻을 수 있다는 한계를 지닌다. 신제품이나 새로운 광고 캠페인 직후 간단한 소비자 반응을 단기간에 정확하게 알고 싶을 때 주로 사용된다.

25 ①②④번은 확률표본 추출법에 속하며, ③번은 비확률 표본추출법에 속한다.

26 다음은 조사연구를 설계하고 진행할 때 거쳐야하는 여러 가지 절차이다. 이러한 절차를 순서대로 올바르게 나열한 것은?

1. 연구설계	2. 연구문제 결정
3. 가설 설정	4. 표집방법 결정
5. 연구결과 해석	6. 자료의 코딩
7. 자료의 통계분석	8. 예비조사

① 3-2-1-4-6-8-5-7
② 3-2-4-1-8-6-5-7
③ 2-3-1-4-8-6-7-5
④ 2-3-4-1-6-8-7-5

27 시장조사는 필요한 정보를 획득하고 이용하는 과학적인 절차로 볼 수 있다. 현대 기업이 지향해야 하는 시장조사의 궁극적 목표와 가장 가까운 것은?

① 이윤극대화
② 고객만족
③ 생산자와 조직의 이익
④ 시장의 확대

Answer— **26. ③ 27. ②**

26 ③ 조사연구를 설계와 진행은 연구문제 결정 → 가설 설정 → 연구설계 → 표집방법 결정 → 예비조사 → 자료의 코딩 → 자료의 통계분석 → 연구결과 해석의 순으로 진행된다.

27 ② 현대 기업은 시장 조사를 통해 기업은 고객 만족을 실현하고 이를 바탕으로 기업이 추구하려는 목적을 달성하고자 한다.

28 탐색적 조사방법(Exploratory Research)에 해당하지 않는 것은?

① 관련분야의 문헌 조사
② 변수간의 인과관계 조사
③ 대표성을 지닌 대상자의 사례 조사
④ 특정분야의 전문가 의견 조사

29 설문지 응답자의 권리를 보호하기 위한 사항으로 틀린 것은?

① 응답자에게는 조사면접에 꼭 참가해야 할 의무가 없다.
② 조사자는 응답자가 조사면접에 익숙하지 못하기 때문에 면접의도에 맞는 응답을 유도한다.
③ 조사자는 응답자에게 질문을 객관화함으로써 응답자의 사생활을 침해하지 말아야 한다.
④ 조사자는 응답자와 조사면접을 할 때 면접에 관한 세칙과 지시사항에 따라서 수행해야한다.

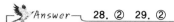

Answer— **28.** ② **29.** ②

28 ② 인과관계 조사는 탐색적 조사 방법의 종류가 아니다.

※ **탐색조사**
문제의 규명을 주된 목적으로 하며 정확히 문제를 파악하지 못하였을 때 이용한다. 탐색조사에는 문헌조사, 사례조사, 전문가의견조사 등이 있다.

구분	내용
문헌조사	문제를 규명하고 가설을 정립하기 위하여 일반 사회과학 및 관련된 자연과학에 이르기까지 다양한 분야에서 출판된 2차적 자료를 포함한 가장 경제적이고 빠른 방법이다.
사례조사	조사의뢰자가 당면해 있는 상황과 유사한 사례들을 찾아 종합적으로 분석하는 조사방법으로서 실제로 일어났던 사건의 기록이나 목격한 사실을 분석하는 방법도 있고 시뮬레이션에 의하여 가상적 현실을 만들어 분석을 하는 방법도 있다.
전문가의견조사	주어진 문제에 대하여 전문적인 견해와 경험을 가지고 있는 전문가들로부터 정보를 얻는 방법이다. 문헌조사에 대한 보완적인 수단으로 이용되며 경험조사 또는 파일럿(pilot)조사라고도 한다.

29 ② 조사과정에서 조사자의 개인적인 생각이나 의견이 응답자에게 반영되지 않도록 주의해야 한다.

30 다음 사례에 해당되는 표본추출방법은?

> A 마트에서는 고객들이 영업시간 연장을 선호하는지 알고 싶어 한다. 해당 자료를 수집하기 위해, A 마트에서는 개정 후 처음으로 마트를 방문하는 100명의 고객에게 해당 내용을 물어봤다고 한다.

① 비확률표본추출   ② 확률표본추출

③ 통계적 추론   ④ 기준표본추출

31 전수조사와 표본조사에 대한 설명으로 틀린 것은?

① 전수조사는 정밀도에 중점을 두고 사용되며, 모든 부분을 전부 조사하는 것을 말한다.

② 표본조사는 부분조사라고도 한다.

③ 표본조사는 전수조사에 비해 인력과 시간 및 비용이 적게 든다.

④ 다면적으로 조사결과를 이용하려 할 때에는 표본조사를 한다.

32 공개되어 있는 자료 중에서 필요한 정보를 모으는 가장 기초적인 시장조사방법은?

① 듣기조사

② 오픈 데이터의 수집

③ 관찰조사

④ 전화조사

Answer ─── 30. ①   31. ④   32. ②

30 ① 비확률표본추출은 모집단 내의 각 대상이 표본에 뽑힐 확률이 얼마인지를 알 수 없는 방식이다. 비확률표본추출방 법은 모집단 내의 각 구성요소가 표본으로 선택될 확률을 알 수 없기 때문에 이들로부터 수집된 자료가 모집단을 어느 정도 잘 대표하는지에 대한 정확한 추정이 어렵다. 비확률표본추출방법은 조사대상이 되는 모집단의 규모가 매우 크거 나 표본프레임을 구하기가 쉽지 않은 상업적 조사에서 흔히 사용된다. 대표적인 방법에는 편의표본추출법, 판단표본추 출법, 할당표본추출법 등이 있다.

31 ④ 조사결과를 다면적으로 이용할 경우 전수조사가 유리한데 그 이유는 특정 목적을 위한 표본조사는 다른 목적으로 이용할 경우 정밀도가 떨어지기 때문이다.

32 ② 오픈 데이터 수집은 2차 자료의 획득방법이다. 참고로 상장분야 · 업계와 시장규모는 오픈데이터 수집만으로도 분석 이 가능하다.

33 다음에 제시되어 있는 설문지 문항 중 잘못 작성된 것은?

① 귀하의 성별은?
  ㉠ 남자   ㉡ 여자
② 귀하의 자녀는 몇 명입니까?
  ⓐ 없다   ⓑ 1명   ⓒ 2명   ⓓ 3명 이상
③ 귀하의 월평균 수입은 어느 정도입니까?
  ⓐ 100만원 미만
  ⓑ 100만원 이상 ~ 200만원 미만
  ⓒ 200만원 이상 ~ 300만원 미만
  ⓓ 300만원 이상
④ 귀하의 월평균 용돈은?
  ⓐ 20만원 이하
  ⓑ 20만원 이상 ~ 30만원 이하
  ⓒ 30만원 이상 ~ 40만원 이하
  ⓓ 40민원 이상

34 다음 질문지 작성순서가 맞게 나열된 것은?

ⓐ 질문용어의 선택
ⓑ 예비조사와 질문서의 보완
ⓒ 질문순서의 결정
ⓓ 질문서 작성의 예비조사
ⓔ 질문서의 구조와 질문내용의 파악
ⓕ 질문-응답형태의 선택

① ⓐ→ⓑ→ⓒ→ⓓ→ⓔ→ⓕ
② ⓒ→ⓓ→ⓔ→ⓐ→ⓑ→ⓕ
③ ⓑ→ⓐ→ⓒ→ⓓ→ⓔ→ⓕ
④ ⓓ→ⓔ→ⓕ→ⓒ→ⓐ→ⓑ

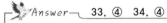Answer— 33. ④ 34. ④

33 ④ '이상과 '이하'의 사용으로 1개 이상의 보기에 중복 응답할 수 있는 응답자가 발생한다.

34 ④ 질문서 작성의 예비조사 → 질문서의 구조와 질문내용의 파악 → 질문-응답형태의 선택 → 질문순서의 결정 → 질문용어의 선택 → 예비조사와 질문서의 보완의 순서로 진행된다.

35 다음이 설명하고 있는 것은?

> 면접조사시 응답자들이 어려운 질문항목에 부딪치게 되면 가능한 한 응답에서 비롯되는 심리적 부담감을 덜기 위해서 어떤 질문항목이건 여러 개의 응답이 제시되어 있다면 무조건 제일 첫 번째 응답을 주로 올바른 응답으로 기재하려는 경향

① 후광효과(Halo Effect)
② 1차정보효과(Primacy Effcct)
③ 동조효과(Acquiescence Effect)
④ 최근정보효과(Recency Effect)

36 조사자는 토론할 주제나 문제에 대해 설명을 하고 토론 및 면접의 형식을 통하여 주제에 대한 질문이나 토론을 이끌어가며 응답자의 반응을 기록하는 의사소통방법은?

① 대인면접법
② 전화면접법
③ 우편면접법
④ 인터넷면접

37 측정대상간의 순서관계를 밝혀주는 척도로서, 측정대상을 특정한 속성으로 판단하여 측정대상 간의 대소나 높고 낮음 등의 순위를 부여해주는 척도는?

① 명목척도
② 서열척도
③ 등간척도
④ 비율척도

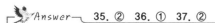

Answer ― 35. ② 36. ① 37. ②

35 ② 1차정보효과는 응답자가 직접 기입하는 자기기입식 설문지에서 가장 처음에 제시된 응답항목을 선택할 가능성이 높다는 것을 가리킨다.
① 후광효과(Halo Effect)는 어떤 대상을 평가할 때에, 그 대상의 어느 한 측면의 특질이 다른 특질들에게까지도 영향을 미치는 현상을 말한다. 우등생은 생활태도나 예절 등도 올바를 것이라고 평가하는 것이 여기에 해당한다.
③ 동조효과란(acquiescence effects) 다른 사람들도 모두 그러하니 자신도 그래야 된다는 심리적 현상을 말한다.
④ 최근정보효과는 면접조사표를 사용하여 면접자가 질문하고 응답자가 응답 시 먼저 불러준 응답항목을 잊게 되어 가장 최근에 제시한 응답항목을 선택할 가능성이 높은 현상을 말한다.

36 ① 대인면접법(personal interview)은 교육을 받은 조사원이 직접 응답자와의 대면접촉을 통해 자료를 수집하는 것을 말한다. 대인면접법은 가정에서의 면접(In-home personal interviews), 쇼핑몰이나 거리를 지나가는 소비자들을 상대로 한 면접(mall-intercept personal interviews), 또는 컴퓨터 터미널에 앉아 스크린에 나타난 질문에 키보드나 마우스를 이용하여 응답하는 면접(Computer-Assisted Personal Interviewing ; CAPI) 등으로 나눌 수 있다.

37 ② 서열척도란 측정대상간의 순서관계를 통해 상대적 중요성을 밝혀주는 척도를 말한다. 서열척도에서는 서열이 특정 가능하지만 서열간의 차이는 측정을 할 수 없다(예 강의 만족도, 학점, 석차, 선호도, 사회계층, 장애 정도 등).

38 다음이 설명하고 있는 것은?

> 일정기간 동안 구체적인 간격을 두고 정보를 제공하는 데 동의한 응답자의 표본을 지칭하는 말로서 조사에 응답하는 대가로 현금이나 선물, 쿠폰 등을 제공받는다. 이들은 최근 온라인 전문조사기관들을 통해 대규모로 구성된다.

① 모집단　　　　　　　　　　② 모델
③ 패널　　　　　　　　　　　④ 판매자

39 변인(Variable)에 대한 설명으로 거리가 먼 것은?

① 인과관계를 분석할 목적으로 수행되는 연구에서 원인이 되는 변인이 독립변인이다.
② 독립변인과 종속변인의 관계에서 직접적인 인과관계가 아닌 제3변인의 효과를 포함하는 경우의 제3변인이 중재변인이다.
③ 독립변인 이외에 종속변인에 영향을 주는 모든 변인이 매개변인이다.
④ 조작적 정의에 따라 관찰가능하고 측정 가능한 실체가 있는 변인이 관찰변인이다.

Answer ─── **38.** ③　**39.** ③

38 ③ 패널이란 일정한 간격을 두고 정보제공에 동의한 응답자의 표본을 말한다. 패널 조사는 구매행동이나 매체 접촉행동, 제품 사용 등에 관한 정보를 계속 제공할 패널을 선정하여 이들로부터 지속적으로 필요로 하는 정보를 획득하는 조사를 말한다.

39 ③ 매개변인은 독립변인과 종속변인의 연결고리 역할을 하는 변인으로, 매개변인은 독립변인의 결과이면서 동시에 종속변인의 원인이 되는 변인이다.

② 중재변수란 독립변수와 종속변수 간의 관계를 설명하는데 개입되는 변수를 말한다. 즉 둘 사이의 관계를 설명하기보다 이들 사이에 새로운 변수를 개입시켜 둘 사이의 관계를 쉽게 설명하는 것이 바로 매개변수이다.

※ 변수(Variable)의 의미

구분	내용
독립변수(실험변수, 원인변수)	인과관계 중 원인이 되는 변인
종속변수(결과변수)	독립변수에 의해 변화가 일어나는 변인
외생변수(통제변수)	독립변수 이외에 종속변수에 영향을 미칠 수 있는 변인

40 다음 중 전화조사를 위한 표본추출방법에 대한 설명으로 틀린 것은?

① 전화번호부를 활용할 때에는 맨 앞과 맨 끝은 배제하는 것이 좋다.

② 최초의 목적대로 그리고 하나의 규정이 있으면 그에 따라 계속한다.

③ "가나다" 순으로 되어 있는 기존 전화번호부에서 표본을 추출할 때에는 체계적 표본추출법을 사용하는 것이 좋다.

④ 지역적 표본 추출시 전화번호부에 표기된 지역번호 구분이 아니라 행정적 경계에 따라 표본단위를 정하는 것이 좋다.

41 설문지 질문문항의 작성방법으로 틀린 것은?

① 응답자가 이해하기 쉬운 표현을 사용하여야 한다.

② 한 질문에 한 가지 이상의 질문을 통해 설문의 효율성을 높여야 한다.

③ 유도 또는 강요하는 표현을 금지하여야 한다.

④ 응답자가 대답하기 곤란한 질문들에 대해서는 직접적인 질문을 피하도록 한다.

Answer ─ **40.** ④ **41.** ②

40 ④ 전화번호부에서 지역적 표본추출을 할 경우 행정적인 경계 대신에 전화번호부에 표시된 지역구분에 따라 지역별 표본단위를 정하는 것이 좋다. 예컨대 지역은 경기도인데 서울전화를 쓰는 경우 등을 들 수 있다.

　※ **전화조사에서의 간접적 표본추출**
　　㉠ 전화번호부와 무관하게 표본을 추출하는 방법으로는 일정한 간격마다 추출하는 식의 체계적인 방법과 난수표에서 뽑아 대응시키는 식의 방법으로 구분된다.
　　㉡ 전화번호부에서 지역적 표본추출을 할 경우 행정적인 경계 대신에 전화번호부에 표시된 지역구분에 따라 지역별 표본단위를 정하는 것이 좋다. 예컨대 지역은 경기도인데 서울전화를 쓰는 경우 등을 들 수 있다.
　　㉢ 전화번호부를 이용한 간접적 표본추출은 국번호 선택추출방법과 임의적 추출방법으로 구분된다. 가나다순으로 된 전화번호부에서 표본추출을 하는 것은 임의적이기 보다 체계적이다. 예컨대 각 짝수 페이지, 세 번째 칼럼, 아홉 번째 샘플로 하는 경우로 이때에 중복되어서는 안 된다는 조건을 두는 것 등이다.

41 ② 하나의 질문 속에 두 개 이상의 질문이 내포되어 있는 질문을 하지 않도록 한다.

42 다음 중 내적타당도를 저해하는 요인이 아닌 것은?

① 특정사건의 영향
② 사전검사의 영향
③ 조사대상자의 차별적 선정
④ 반작용 효과(Reactive Effects)

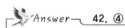 Answer— **42. ④**

42 ④ 내적타당도란 실험적 처리가 실제로 의미 있는 차이를 가져왔는가를 나타내는 것을 말한다. 즉 조사결과로 도출된 종속변수의 변화가 독립변수에 의한 것인지 아니면 다른 변수에 의한 것인지 판별하는데 사용된다. 내적 타당도를 저해하는 요인에는 외적사건(history), 성장효과(maturation), 검사효과(testing effect), 도구효과, 통계적 회귀, 표본의 편중, 중도탈락, 치료의 모방 등이 있다.

※ 내적 타당도 저해 요인

구분	내용
외적 사건 (우연한 사건)	조사과정에 결과를 혼란스럽게 만드는 우연한 외부사건(예 복권당첨, 축제 등)이 일어날 수 있기 때문에 내적 타당도가 감소할 수 있다.
성장효과(성숙효과)	연구기간 중에 개인의 신체적, 심리적 성숙을 할 경우 내적 타당성이 저하될 수 있다.
검사효과	사전검사가 사후검사에 영향을 미치게 되어 종속변수에 변화를 초래하는 경우나 최초 검사보다 후의 검사 결과가 긍정적이거나 부정적인 방향으로 응답할 가능성 때문에 내적 타당도가 감소될 수 있다.
도구효과 (도구 사용)	사전검사와 사후검사에 있어서 측정도구(설문지)를 달리 사용할 경우, 실험에 의한(독립변수) 종속변수의 변화라고 할 수 없기 때문에 내적 타당도가 낮게 나타날 수 있다.
통계적 회귀	극단적인 사람들을 실험집단으로 선택했을 경우 다음 검사에는 독립변수의 효과가 없더라도 평균에 가깝게 행동하려는 경향이 나타나 내적 타당도에 영향을 미칠 수 있다.
중도탈락	피험자들이 실험과정에서 중도 탈락함으로써 실험결과에 영향을 주어 내적 타당도가 감소할 수 있다.
치료의 모방	두 집단의 다른 독립변수 적용 시 독립변수간의 유사성으로 인해 내적 타당도에 영향을 줄 수 있다.

43 면접조사의 장점으로 옳지 않은 것은?

① 면접자가 응답자의 상황에 따라 대화분위기를 자연스럽게 조절할 수 있다.

② 대화를 통한 응답자의 적극적인 참여 유도가 가능하다.

③ 면접의 오류, 오해를 극소화할 수 있다.

④ 면접의 특성에 따라 즉석에서 대답할 수 없는 경우가 발생될 수 있다.

44 우편조사의 회수율을 높이기 위한 노력과 효율적인 비용측면에 대한 내용으로 거리가 가장 먼 것은?

① 예비조사를 통해 회수율을 사전예측하고 추가 계획을 수립한다.

② 설문지 발송 후 일정기간이 지나면 설문지와 반송봉투를 다시 발송한다.

③ 응답된 설문지에 대해 각종 이벤트에 참석할 수 있도록 기회를 제공한다.

④ 고객에게 우편을 보냄과 동시에 동일한 내용을 전화상으로 설명하여 고객의 이해를 돕는다.

Answer **43.** ④ **44.** ④

43 ④는 단점에 해당한다.
 ※ 면접조사의 장단점

구분	내용
장점	• 교육수준에 관계없이 조사가 가능하다. • 관찰과 병행하여 실행할 수 있다. • 공평한 자료를 얻을 수 있다. • 일반적으로 무응답률이 낮다. • 질문과 응답의 맥락에서 많은 통제를 부여할 수 있다.
단점	• 응답자가 조사자가 필요로 하는 정보를 제공할 능력이 없을 때 자료수집이 힘들다. • 응답자가 정보를 고의로 왜곡되게 제공할 수 있다. • 시간적 제약을 받고 조사비용이 많이 든다. • 정보의 기록에 제약을 받는다.

44 ④ 우편을 보냄과 동시에 전화상으로 동일한 내용의 전화조사를 시행하는 것은 비용측면에서 비효율적이다.

45 전화조사의 장점에 관한 설명으로 잘못된 것은?

① 개별면접 방법보다 시간과 비용 면에서 경제적이다.

② 심층조사가 가능하여 자료수집이 용이하다.

③ 응답자들이 면접자와의 대면적 조사방법에서 느끼는 불편감을 제거할 수 있다.

④ 조사자의 질문방법에 따라 조사결과에 영향을 미쳐 서로 다른 결과를 가져올 위험이 있다.

46 다음 중 단순히 측정대상을 구분하기 위한 목적으로 숫자를 부여하는 데 사용되는 척도는?

① 명목척도   ② 서열척도

③ 등간척도   ④ 비율척도

Answer— **45.** ②   **46.** ①

45 ② 전화조사는 특정주제에 대한 응답이 없고 응답자에게 다양하고 심도 있는 질문을 하기가 어렵다.

※ 전화조사 장단점

구분	내용
장점	• 면접조사에 비해 시간과 비용을 절약할 수 있으며 조사대상을 전화만으로 대응하기 때문에 편리하다. • 응답률이 높고, 컴퓨터를 이용한 자동화가 가능하다. • 직업별 조사적용에 유리하다. • 신속성·효율성이 높다. • 타인의 참여를 줄여 비밀을 보장할 수 있으며 질문이 표준화되어 있다. • 현지조사가 필요하지 않다. • 면접자의 편견이 상대적으로 적다.
단점	• 모집단이 불안정하다. • 보조도구를 사용하는 것이 곤란하다. • 전화중단의 문제가 발생한다. • 특정주제에 대한 응답이 없고 응답자에게 다양하고 심도 있는 질문을 하기가 어렵다. • 상세한 정보획득이 어렵다. • 시간적 제약을 받아 간단한 질문만 가능하다. • 전화소유자만이 피조사가 되는 한계가 있고 전화번호부가 오래될수록 정확도가 감소한다.

46 ① 명목척도는 단순히 다른 속성들을 갖는 변수를 기술하는 측정수준을 말한다. 명목척도는 남녀성별, 결혼여부, 출신지역, 인종, 운동선수 등번호처럼 상호 다르다는 것을 표시하는 척도로 측정대상간의 크기를 나타내거나 더하기 빼기를 할 수 없으며, 설령 하더라도 의미있는 결과가 도출되지 않는다.

47 다음 중 척도법의 선택이 가장 적합한 것은?

① 광고인지도를 조사하기 위해 서열척도를 선택했다.
② 매출액을 조사하기 위해 명목척도를 선택했다.
③ 상품 선호 순위를 측정하기 위해 비율척도를 선택했다.
④ 주가지수를 조사하기 위해 등간척도를 선택했다.

48 어떤 현상이나 변수의 원인이 무엇인가에 대한 해답 즉, 두 변수간의 인과관계에 대한 해답을 얻기 위한 조사방법은?

① 분석법 ② 관찰법
③ 탐색법 ④ 실험법

49 대구, 부산, 전주에 있는 주부들을 대상으로 자주 이용하는 대형마트를 단기간 내 조사 완료해야 할 때 가장 적합한 자료수집방법은?

① 방문조사 ② 면접조사
③ 전화조사 ④ 관찰조사

Answer┈ **47.** ④ **48.** ④ **49.** ③

47 ④ 측정대상의 순서뿐만이 아니라 측정대상의 정확한 간격을 알 수 있는 것을 등간 척도라고 한다. 서열척도에 '거리'라는 개념이 더해진 것으로 값 간의 차이가 있어 자료가 가지는 특성의 양에 따라 순위를 매길 수 있다. 등간척도의 대표적인 예는 섭씨온도와 화씨온도, IQ점수, 서기 년도, 물가지수, 주가지수 등이 있다.

48 ④ 실험법은 모든 조건이 일정하게 유지되는 경우의 상황에서 조사 주제와 관련된 하나 또는 그 이상의 변수들을 조작을 통해 인과관계를 파악하는 방법을 말한다.

49 ③ 키포인트는 단기간 내 조사가 가능하다는 것이다. 따라서 보기 가운데 가장 빨리 종료가 가능한 전화조사가 가장 적절한 방식이다.

50 집단뿐 아니라 개인 또는 추상적인 가치에 관해서 적용할 수 있으며, 집단 상호간의 거리를 측정하는 데 유용한 것은?

① 보가더스척도　　　　　　　　② 거트만척도
③ 소시오메트리　　　　　　　　④ 서스톤척도

 3 　텔레마케팅관리　　　　　　　

51 상담원에 대한 기본교육으로 가장 거리가 먼 것은?

① 회사에 대한 이해와 비전(Vision)
② 상담원에게 필요한 자질
③ 조직 및 인사관리
④ 테이프 녹음과 화법 연습

Answer ─── **50.** ① **51.** ③

50 ① 누적척도의 일종으로 여러 형태의 사회집단 및 추상적 사회가치의 사회적 거리를 측정하기 위해 개발한 방법으로 사회집단 등의 대상에 대한 친밀감 및 무관심의 정도를 측정한다. 주로 인종, 민족 또는 사회계층간 사회심리적 거리감을 측정하기 위해 사용되는 사회적 거리척도로 사용하고 있다.
② 거트만척도는 일차원에 속하는 여러 문항들로 척도를 구성하여 일정한 기준에 의해 약한 강도부터 강한 강도의 질문으로 배열순서를 서열화하여 구성하는 척도이다.
③ 소시오메트리는 집단구성원 간의 친화와 반발을 조사하여 그 빈도와 강도에 따라 집단 구조를 이해하는 척도를 말한다.
④ 서스톤척도는 평가자를 사용하여 척도상에 위치한 항목들을 어디에 배치할 것인가를 판단한 후 다음 조사자가 이를 바탕으로 척도에 포함된 적절한 항목들을 선정하여 척도를 구성하는 방법을 말한다.

51 조직 및 인사관리는 상담원과는 거리가 멀다. 주로 슈퍼바이저 및 중간관리자에 해당하는 내용이다.

52 텔레마케터의 역할로 거리가 먼 것은?

① 현장판매   ② 통신판매

③ 시장조사   ④ 대금회수

53 고객의 전화가 상담사에게 연결되는 동시에 상담사의 컴퓨터 화면에 고객 정보가 나타나는 기능은?

① 스크린 팝(Screen Pop)   ② 음성 사서함(Voice Mail)

③ 다이얼링(Dialing)   ④ 라우팅(Routing)

54 텔레마케팅의 특성에 대한 설명으로 옳지 않은 것은?

① 공중통신망을 이용한 소극적 마케팅이다.

② 데이터베이스 마케팅 중심으로 수행한다.

③ 시스템과 유기적으로 결합해야 한다.

④ 고객의 LTV(Life Time Value)를 존중한다.

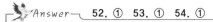

Answer ── **52.** ①   **53.** ①   **54.** ①

52 텔레마케터의 역할로는 시장조사, 통신판매, 대금회수 등이 있다.

53 ① 걸려오는 전화에 수반하는 호출자에 대한 정보를 자동적으로 띄우는 CTI 기능이다.
② 오디오를 지원하는 인터넷 전자우편 시스템이다.
③ 직접 인워드 다이얼링은 관할 전화국에서 전화번호 대역의 일부를 한 회사의 사설교환기에 전화가 걸리도록 할당하는 서비스이다.
④ 어떤 네트워크 안에 통신 데이터를 보낼 경로를 선택하는 과정이다.

54 텔레마케팅은 전화 및 통신수단을 활용한 적극적인 마케팅이다.

55 OJT(On the Job Training)를 실시할 때 지켜야 할 원칙이 아닌 것은?

① 업무와 직접 관련된 교육을 실시한다.
② 신입사원 입사 시에만 활용하는 교육이다.
③ 체계적이고 지속적이어야 한다.
④ 상담원의 능력을 극대화할 수 있는 방향으로 실시한다.

56 상담원의 통화품질을 평가할 때 고려사항이 아닌 것은?

① 나이, 출신학교, 신장
② 음성능력, 표현능력, 정확한 발음
③ 구술능력, 조직적응력, 목표의식
④ 음성능력, 청취력, 집중력

57 콜센터 구성 장비 중 ACD(Automatic Call Distribute)의 기능으로 맞는 것은?

① 미리 녹음된 메시지를 고객에게 내보내고 고객은 전화기 버튼을 눌러서 정보를 입력하거나 선택을 하게 하여 자동화된 상담 업무를 가능하게 하는 장치
② 콜센터에 걸려온 전화를 정해진 규칙에 따라 적절한 상담원에게 연결시켜주는 자동 호(CALL) 분배시스템
③ 컴퓨터를 통해 전화 통화를 자동으로 제어하도록 하거나 전화를 통해 입력된 데이터를 바탕으로 컴퓨터에 저장된 고객정보를 자동으로 찾아주는 시스템
④ 고객과 상담원의 통화 내용을 자동으로 녹음하는 장치

Answer ── **55.** ② **56.** ① **57.** ②

55 OJT는 사내교육훈련으로 신입사원 입사 시에만 활용하는 것이 아닌 상황에 따른 직원들의 교육으로도 쓰이는 방법이다.

56 기업과 고객 간에 이루어지는 통화에서 느껴지는 품질의 정도를 통화품질이라고 하며, 이는 종합적으로 평가하여 얻어지는 체제로 텔레마케팅 모니터링은 상담원과 고객 간의 통화 자체에서 느껴지는 상담의 질의 정도를 평가하려는 것을 말하며, 상담원의 나이, 출신학교, 신장 등은 관련이 없다.

57 ACD(Auto Call Distribute) : 전화가 걸려오면 해당하는 업무 그룹을 찾아서 그에 속한 상담원 중 통화가 가능한 상담원에게 자동으로 호를 분배하므로 업무량이 특정 상담원에게 집중되지 않고, 전체 상담원의 통화량이 균형을 이룰 수 있도록 호를 분배한다.

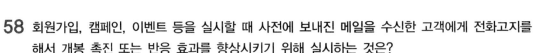

58 회원가입, 캠페인, 이벤트 등을 실시할 때 사전에 보내진 메일을 수신한 고객에게 전화고지를 해서 개봉 촉진 또는 반응 효과를 향상시키기 위해 실시하는 것은?

① Pre-call
② Cold Call
③ Pay-per-call
④ Handled Call

59 인바운드 상담원 성과관리 평가 지표가 아닌 것은?

① 평균 통화 처리시간
② 평균 통화 시간
③ 평균 대기 시간
④ 표준작업일 평균 통화 수

60 텔레마케팅 활용분야 중에서 아웃바운드 텔레마케팅에 해당하는 것은?

① 상품 판매
② 고객 불만 접수
③ A/S 접수
④ 전화번호 안내

61 성과주의 인사제도의 구성요소에 해당되지 않는 것은?

① 선별적 채용
② 성과주의 평가
③ 공식적인 교육훈련
④ 연공서열 위주의 승진

Answer — **58.** ① **59.** ③ **60.** ① **61.** ④

58 Pre-Call
기업이 준비한 각종 행사나 이벤트 및 캠페인 등과 관련하여 미리 보낸 메일 등을 받은 고객에게 전화를 해서 메일 등의 개봉을 촉구하게 하는 것을 말한다.

59 인바운드 상담원 성과관리 평가 지표
• 평균 통화 처리시간
• 평균 통화 시간
• 표준작업일 평균 통화 수

60 ②③④번은 인바운드 텔레마케팅에 속하며, ①번은 아웃바운드 텔레마케팅에 속한다.

61 개인과 팀이 달성한 실적과 연계하여 급여, 승진 등을 보상하는 인사시스템을 성과주의라고 한다. 연공, 직급, 학력 등을 중시하는 연공주의와는 달리, 성과주의는 성과에 대한 기여도와 역량의 발휘정도를 중시한다.

62 텔레마케터 관리자에게 필요한 리더십이 아닌 것은?

① 반복되는 업무인 만큼 매너리즘에 빠지지 않도록 동기부여 방안을 마련한다.
② 고객감동이 실현될 수 있도록 고객지향적인 관점에서 업무 프로세스를 지속적으로 개선한다.
③ 텔레마케터의 경력개발을 위한 교육방향을 설정한다.
④ 비교적 이직률이 높은 조직인 만큼 우수 텔레마케터에 대해서만 집중관리를 한다.

63 직무분석(Job Analysis)의 결과물로 산출되는 것은?

① 직무 관리서 　　　　　　　　② 직무 기술서
③ 직무 발전서 　　　　　　　　④ 직무 개발서

64 다음이 설명하고 있는 것은?

> 콜센터 성과관리의 서비스지표를 측정하는 콜 중에서 콜센터에 통화를 시도한 콜로 분류하며 고객이 전화를 했으나 콜센터 교환기까지 도달되지 못한 콜의 비율을 의미한다.

① 포기율(Abandoned Rate) 　　　　② 응대율(Response Rate)
③ 에러율(Error Rate) 　　　　　　④ 불통율(Blockage Rate)

*Answer* ── 62. ④　63. ②　64. ④

62 텔레마케터 관리자는 어느 일부가 아닌 전체 텔레마케터들에 대해 집중적인 관리를 해야 한다.

63 직무 기술서는 직무분석의 결과 직무의 능률적인 수행을 위하여 직무의 성격, 요구되는 개인의 자질 등 중요한 사항을 기록한 문서를 의미한다.

64 포기율은 상담원이 응답하기 전 전화건 사람이 끊어버린 콜의 비율을 말한다.
불통율은 고객에게 통화 중 신호만을 계속 보내고 연결이 되지 못한 콜의 비율을 말한다.

65 다음이 설명하고 있는 것은?

> 상담원들의 고객 상담 및 서비스 품질의 강점과 약점을 평가하고 측정하기 위해 고객과의 Call 상담내용을 듣거나 또는 Multimedia를 통한 접촉내용을 관찰하는 모든 활동 및 과정이다.

① QM(Quality Monitoring)　　② 스크립트
③ 벤치마킹　　　　　　　　　④ 코칭

66 다음 중 통화 생산성 측정 지표와 가장 거리가 먼 것은?

① 고객 접촉률　　　　　　② 평균 응대속도
③ 평균 콜 처리 시간　　　④ 통화 후 처리시간

67 유통경로 전략에 대한 설명으로 가장 거리가 먼 것은?

① 개방적 유통경로는 전문품에 적용한다.
② 선택적 유통경로는 선매품에 적용한다.
③ 개방적 유통경로는 유통비용의 증가를 가져온다.
④ 전속적 유통경로는 유통비용의 감소를 가져온다.

Answer　65. ①　66. ①　67. ①

65 상담원의 상담내용에 대한 강점, 약점을 파악하고 측정키 위해 상담원들의 통화내용을 듣고 관찰하는 일련의 활동이다.

66 통화 생산성 측정 지표
• 평균 응대속도
• 평균 콜 처리 시간
• 통화 후 처리시간

67 개방적 유통경로에는 편의품을 적용한다.

68 콜센터 성과변수를 고객성과와 업무성과로 구분할 때 조직내부의 업무수행과정에서 나타나는 업무성과에 해당하는 것은?

① 고객유지율 확립　　　　　　　② 고객만족도 향상

③ 고객모니터링 기능 강화　　　　④ 고객획득률 증가

69 상담원을 모니터링 한 결과 중 적극적인 상담활동에 해당하는 것은?

① 제품에 대한 설명이 부족하다.

② 고객이 반대하면 바로 중단한다.

③ 고객의 말을 끝까지 듣지 않아도 원하는 것을 직감적으로 판단한다.

④ 가망고객과 계속 접촉을 시도한다.

70 콜센터에서 모니터링 담당자(QAA ; Quality Assurance Administrator)의 역할에 대한 설명으로 맞는 것은?

① 콜센터장을 보좌하여 텔레마케터들을 관리하고 현장을 지도하는 역할

② 콜센터에 사용되는 장비의 성능을 지속적으로 감시하고 관리하는 역할

③ 텔레마케터들의 통화 내용에 대해 평가하고 개선점을 찾아내 개선할 수 있도록 도와주는 역할

④ 일정 자격 수준을 갖춘 텔레마케터들을 채용할 수 있도록 관리하는 역할

Answer ┌ **68.** ③　**69.** ④　**70.** ③

68 모니터링 과정을 통해 나온 데이터는 통화 품질을 측정하고 상담원의 개별적인 코칭과 향후 보상의 근거로 활용된다.

69 ①②번은 소극적인 상담활동에 속하며, ③번은 상담원의 직감에 의한 판단이다.

70 QAA의 역할
- 상담원 코칭
- 통화품질관리
- 상담 내용 모니터링

71 텔레마케터의 성과관리를 위한 목표 결정시 유의할 사항으로 적합하지 않은 것은?

① 목표를 구체적으로 기술한다.
② 목표 달성 시점이 명시되어야 한다.
③ 목표 달성 여부를 측정할 수 있어야 한다.
④ 목표는 아주 높은 수준으로 결정한다.

72 커크패트릭의 교육훈련 평가의 네 가지 기준 중 효과성을 측정하기가 가장 용이한 것은?

① 결과기준 평가
② 행동기준 평가
③ 학습기준 평가
④ 반응기준 평가

73 인적 자원의 가치를 체계적이고 합리적으로 측정하기 위한 지표에 관한 설명으로 틀린 것은?

① 인적자본 수익성지표 – 종업원 단위당 생산성
② 인적자본 경제적 부가가치지표 – 종업원 단위당 실제 기업 이익
③ 인적자본 투자수익률 지표 – 인적 자원에 대한 투자금액
④ 인적자본 시장가치지표 – 종업원 단위당 지적자산 크기

Answer ─ **71.** ④ **72.** ④ **73.** ③

71 목표는 달성 가능하면서 도전적인 것으로 결정하여야 한다.

72 커크패트릭의 교육훈련 평가의 4가지 기준

단계	특징
1. 반응도 평가	프로그램에 대한 교육생들의 반응 및 이해관계자의 만족도(효과성) 측정
2. 학습성취도 평가	기술, 지식, 태도의 변화를 측정
3. 현업적용도 평가	업무 현장에서의 행동변화나 특정 분야에서의 적용 및 수행결과 측정
4. 경영성과 기여도 평가	프로그램의 결과로 인한 경영성과의 측정

73 ③ 인건비 대비에서 어느 정도 수익이 발생하였는지를 계산하는 것이 인적자원의 투자 수익률이다

74 콜센터의 인력관리 프로세스를 순서대로 바르게 나열한 것은?

> A. 상담인력의 계산
> B. 과거 콜 데이터의 수집과 분석
> C. 일별 성과의 관리 및 분석
> D. 콜 양의 예측
> E. 상담원의 스케줄 배정

① A→B→D→E→C
② B→A→D→E→C
③ B→D→A→E→C
④ B→C→D→E→A

75 콜센터 리더가 갖추어야 할 리더십으로 가장 거리가 먼 것은?

① 경험적 리더십
② 코칭적 리더십
③ 지시적 리더십
④ 학습적 리더십

---

4 **고객응대**

76 서비스 및 상품 구매 후 상담요령과 거리가 먼 것은?

① 상담의 문제점 및 잘못된 점을 파악한다.
② 서비스 가능성과 보상여부를 판단한다.
③ 사후관리에 따른 스케줄링을 한다.
④ 합리적인 구매의사 결정을 위해 정보를 제공한다.

Answer — **74. ③ 75. ③ 76. ④**

74 콜센터의 인력관리 프로세스
과거 콜 데이터의 수집과 분석 → 콜량의 예측 → 상담인력의 계산 → 상담원의 스케줄 배정 → 일별 성과의 관리 및 분석

75 지시적 리더십은 리더가 조직구성원에게 기대하는 일을 알려주고, 집단 내에서의 역할을 이해시키며, 구체적인 작업지시와 규칙, 절차에 대한 복종을 요구하는 것을 그 특징으로 하는 리더십을 말하는데, 이는 상담원을 관리하는 입장에서의 리더십으로서는 자율적인 업무성과를 내는 상담원들과는 거리가 멀다.

76 ④ 합리적인 구매의사 결정을 위해 정보를 제공하는 것은 서비스 및 상품 구매 전에 요구된다.

77 표현적인(Expressive) 유형의 고객 상담 전략과 가장 거리가 먼 것은?

① 고객의 생각을 인정하면서 긍정적인 피드백을 준다.
② 고객의 이야기만을 경청하고, 상담자 본인의 이야기는 전혀 하지 않는다.
③ 제품이나 서비스가 어떻게 고객의 목표나 욕구를 충족시켜 줄 수 있는지 설명한다.
④ 의사결정을 촉진할 적정수준의 인센티브를 제공한다.

78 고객에게 질문시 상황에 따라 각기 다르게 질문 유형을 적용하여야 한다. 다음 중 고객 니즈 탐색을 위한 폐쇄형 질문 유형으로 적합하지 않은 경우는?

① 고객의 민감한 부분의 확인이 필요할 때
② 보다 구체적인 정보를 필요로 할 때
③ 고객의 이해정도를 확인하고자 할 때
④ 고객으로부터 자유로운 의사타진이나 대답을 원할 때

Answer ── 77. ② 78. ④

77 ② 고객의 이야기를 듣고 자신에 관한 이야기를 재미있게 털어놓은 것이 좋다.
※ **표현적인 유형의 고객 상담전략**
• 고객의 감정에 호소함으로써 고객의 욕구가 선호되고 받아들여지는 것에 초점을 둔다.
• 고객의 생각을 인정해주고 긍정적인 피드백을 준다.
• 고객의 이야기를 듣고 자신에 관한 이야기를 재미있게 한다.
• 간청하지 않는 한 제품의 세부사항은 최소한으로 제공한다.
• 개방형 질문을 하고 친숙하게 접근한다.
• 제품이나 서비스가 고객의 목표나 욕구를 어떻게 충족시켜 줄 수 있는지 설명한다.

78 ④ 고객으로부터 자유로운 의사타진이나 대답을 원할 경우에는 개방형 질문이 적합하다.
※ **개방형 질문**
• 고객에게 그들이 원하는 대로 표현하도록 하는 질문 형식으로 응답자의 견해를 보다 잘 서술할 수 있도록 해준다.
• 개방형 질문은 모든 가능한 응답의 범주를 모르거나 응답자가 어떻게 응답하는가를 탐색적으로 살펴보고자 할 때 적합하며, 특히 예비조사에서 유용하다.
• 질문지에 열거하기에는 응답범주가 너무 많을 경우에 사용하면 좋다.
• 응답자료가 개인별로 표준화되어 있지 않기 때문에 비교나 통계분석이 어렵고 부호화 작업이 주관적이어서 작업을 하는 사람들 간에 차이가 날 수 있다.
• 응답자가 어느 정도 교육수준을 가지고 있어야 하며 응답하는 데 시간과 노력이 들기 때문에 무응답이나 거절의 빈도가 높을 수 있다.
• 응답자가 질문에 대해 자신의 답을 제공하도록 요청 받는 질문방식이다.
• 응답자는 질문에 대해 대답을 적을 수 있는 여백을 제공받으며, 보다 심층적이고 질적인 면접방법에서 사용된다.

79 앨런 피스(Allan Peace)가 제시한 비언어적 행동의 의미가 잘못 연결된 것은?

① 눈을 치켜뜨는 행동 – 흥미, 집중
② 먼 곳을 쳐다보는 행동 – 주의분산, 조바심
③ 눈길을 돌리는 행동 – 불만, 불신, 이해부족
④ 안절부절 못하는 행동 – 흥미결여, 불쾌함

80 다음이 설명하고 있는 것은?

> 구매-제조-유통-판매-서비스로 이어지는 비즈니스 프로세스에 전사적 네트워크와 정보기술을 적용하여 경영활동의 효율성을 높이고 새로운 사업 기회를 창출하는 활동

① Electronic Commerce   ② OFF-Line Business
③ B2B   ④ E-Business

81 고객의 구체적인 욕구를 파악하기 위해 사용되는 질문기법에 대한 설명으로 틀린 것은?

① 고객이 잘못 이해하고 있는 내용이나 틀린 말은 즉각적으로 바르게 고쳐주거나 평가해 준다.
② 고객에게 가능하면 긍정적인 질문을 한다.
③ 질문내용을 구체화하여 고객에게 질문한다.
④ 더 좋은 서비스를 제공하기 위해 소비자가 확실히 원하는 것을 찾아내는 질문을 한다.

Answer   **79.** ①   **80.** ④   **81.** ①

79 ① 흥미를 보일 때는 주먹을 쥐어 뺨에 대고 집게손가락을 위로 향하게 한다고 제시하였다.

80 ④ E-비지니스(E-Business)는 인터넷을 기업경영에 도입하여 기존 기업의 경영활동영역을 가상공간으로 이전시킨 것을 말한다.

81 ① 고객이 항상 옳다는 마음가짐을 가지고 대하며, 고객이 알고 있는 내용 가운데 일부가 오해 또는 고객의 착각에서 잘못된 것이라 생각되더라도 고객의 잘못을 지적해서는 안 된다.

82 양방향 의사소통의 조건에 해당하지 않는 것은?

① 의사소통을 일으키는 발신자가 있어야 한다.
② 발신된 메시지를 받아들이는 수신자가 있어야 한다.
③ 발송자와 수신자 사이에 의사소통이 일어나는 통로가 있어야 한다.
④ 반드시 말하기와 쓰기가 이루어질 수 있는 환경이 있어야 한다.

83 텔레마케팅 스크립트의 활용 방법으로 적합하지 않은 것은?

① 스크립트를 사전에 충분히 숙지하여 응대한다.
② 고객과의 상담흐름에 따라 조절하여 사용한다.
③ 스크립트에 작성된 표현 외에는 절대 사용하지 않는다.
④ 스크립트는 정기적으로 검토하여 수정 및 보완한다.

84 효과적인 질문을 하기 위한 방법과 가장 거리가 먼 것은?

① 질문의 목적을 미리 숙지한다.
② 질문의 이유를 설명한다.
③ 질문할 내용과 순서를 미리 준비한다.
④ 질문보다는 상품설명을 자세히 한다.

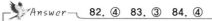

Answer — 82. ④ 83. ③ 84. ④

82 ④ 말하기나 쓰기 중 어느 하나로도 양방향 의사소통이 가능한 환경이면 충분하다.

83 ③ 스크립트를 이용하는 경우 상담원들은 고객에게 일관된 흐름에 입각한 논리적인 상담을 진행할 수 있어 효율적이지만 전적으로 스크립트 속 표현에만 의존하는 것은 적절하다고 보기 어렵다.

84 ④ 상품설명을 자세히 하는 경우 고객의 흥미가 떨어질 수 있다.

85 고객응대의 범위에 대한 설명으로 가장 거리가 먼 것은?

① 상담은 주로 대면적 접근이 많지만 전화상담이나 인터넷 상담 등과 같이 비대면적 접근도 포함된다.

② 고객응대란 상담자와 내담자 쌍방간의 커뮤니케이션이라고 볼 수 있다.

③ 고객응대로는 내담자가 안고 있는 문제의 상황, 문제의 심각성 등을 이해할 뿐 해결해 줄 수는 없다.

④ 고객응대는 언어나 무자 등으로 전달이나 대화의 도구라고 할 수 있는 메시지가 있어야 한다.

86 다음 중 고객가치 측정방법에 해당하지 않는 것은?

① 고객생애가치   ② 고객점유율

③ RFM   ④ 시장점유율

 *Answer*   **85.** ③   **86.** ④

85 ③ 고객응대시 상담원은 피상담자의 말과 행동에서 표현된 기본적인 감정·생각 및 태도를 상담원이 다른 참신한 말로 부연 설명하여 반영되도록 하여야 하며, 신속한 해결책을 제시해야 한다.

86 ④ 고객가치 측정방법에는 고객생애가치, 고객점유율, RFM 등이 있다.

※ 고객가치 측정기법

구분	내용
고객순자산가치 (Customer equity)	고객을 기업의 자산항목으로 간주하여 그 가치를 평가
고객생애가치 (Customer lifetime value)	고객들로부터 미래의 일정 기간 동안 얻게 될 이익을 할인율에 의거해 현재가치로 환산한 재무적 가치
RFM (Recency, Frequency, Monetary)	최근성, 구매의 빈도, 구매액 등의 3가지 지표들을 통해 얼마나 최근에, 얼마나 자주, 그리고 얼마나 많은 구매를 했는가에 대한 정보들을 기반으로 고객의 수익기여도를 나타내고자 하는 지표
고객점유율 (Share of customer)	한 고객이 소비하는 제품이나 서비스군 중에서 특정 기업을 통해 제공받는 제품이나 서비스의 비율

87 메타그룹의 산업보고서에서 처음 제안된 CRM시스템 아키텍처의 3가지 구성요소가 아닌 것은?

① 통합CRM
② 운영CRM
③ 협업CRM
④ 분석CRM

88 Oliver(1996)가 제시한 고객만족의 구성요인이 아닌 것은?

① 소비상황의 만족
② 과정의 만족
③ 지각차원의 만족
④ 결과의 만족

89 의사소통(Communication)에 대한 설명으로 적합하지 않은 것은?

① 일반적으로 어느 누구도 의사소통을 하지 않을 수 없다.
② 일련의 의사소통은 연속된 상호작용으로 간주될 수 있다.
③ 의사소통이란 생각이나 사고의 언어적 상호교환이다.
④ 의사소통은 불확실성을 증가시킨다.

Answer — **87.** ① **88.** ② **89.** ④

87 ① 홍보컨설팅, SNS 및 컨텐츠 개발 전문회사로 유명한 메타그룹은 메타그룹 산업보고서에서 CRM을 기능적인 측면에서 분석CRM, 운영CRM, 협업CRM의 세 가지로 분류하였다.

88 ② 고객만족은 1980년대 Oliver(올리버)라는 학자가 기대-불일치 이론을 통해 이론적인 틀을 제시하면서 관심을 끌기 시작되었다. 이 가운데 과정의 만족은 해당되지 않는다.
※ Richard L. Oliver의 고객 만족 · 불만족의 영향 요인

구분	내용
일치/불일치	사전 기대와 지각된 성과와의 관계 차이
지각된 성과	소비자가 지각하는 제품성과 수준
기대	소비자 예상 제품성과 수준

89 ④ 의사소통을 통해 불확실성을 해소해 나갈 수 있다.

90 소비자의 욕구가 다양해지고 기업 간의 경쟁이 치열하기 때문에 고객만족 경영이 필수적이 되었다. 이러한 경영환경의 변화에 관한 설명으로 틀린 것은?

① 산업화 사회에서 정보화 사회로 변화였다.
② 소비자 요구가 소유 개념에서 개성 개념으로 변하였다.
③ 시장의 중심이 소비자에서 생산자로 변하였다.
④ 규모의 경제에 따른 경쟁에서 부가가치로 변하였다.

91 CRM의 성공요인 중 조직 측면적인 요인으로 볼 수 없는 것은?

① 최고경영자의 지속적인 지원과 관심이 있어야 한다.
② 고객지향적이고 정보지향적인 기업의 성향이 높을수록 CRM의 수용도도 높아진다.
③ CRM은 시스템의 복합성 때문에 여러 부서의 참여보다는 마케팅부서의 단독 실행이 더 효과저이다.
④ 평가 및 보상은 CRM의 성공적 실행에서 반드시 극복해야 할 장애물임과 동시에 조직 변화를 유도하는 필수적인 요소이다.

92 의사소통 방법 중 언어적인 메시지에 해당하지 않는 것은?

① 말
② 편지
③ 메일
④ 음성의 억양

Answer — 90. ③ 91. ③ 92. ④

90 ③ 시장의 중심이 생산자에서 소비자로 변하고 있다고 보아야 한다. 특히 요즘에는 기업의 생산자(producer)와 소비자 (consumer)를 합성한 프로슈머(Prosumer)와 같은 소비자층의 등장으로 점차 소비자 중심으로 변화하고 있다.

91 ③ CRM은 타부서와의 긴밀한 업무협조를 통해 정책의 일관성을 유지하는 것이 중요하다.

92 ④ 음성의 억양은 비언어적인 메시지에 해당한다.

※ 의사소통 방법

구분	내용
언어적 메시지	말과 글을 사용하여 자신의 의사를 전달
비언어적 메시지	말과 글이 아닌 표정, 행동, 외모, 감정 등을 통해 전달

93 불평고객을 응대하는 요령 중 MTP기법에 해당되지 않는 것은?

① 해당 상담원에서 수퍼바이저 또는 팀장으로 바꿔 응대한다.
② 환불을 요구하는 경우는 고객과 절충해서 적당한 선에서 해결한다.
③ 처음부터 변명하거나 대꾸하지 않고 경청을 하며 고객이 진정할 때까지 기다린다.
④ 방문고객의 경우 조용한 장소로 옮기고 편안하게 앉을 수 있도록 배려한다.

94 인바운드 상담 중 고객의 욕구를 파악하기 위한 방법으로 가장 거리가 먼 것은?

① 고객정보 활용   ② 적극적 경청
③ 이점 제안   ④ 효과적인 질문 활용

Answer ── **93.** ② **94.** ③

93 ②는 해당사항이 아니다. MTP기법에서 M은 '응대하는 사람을 바꿔준다'는 것을 뜻하며, T는 '시간을 바꿔준다'는 것이고 P는 '장소를 바꿔준다'는 것을 가리킨다. ①은 M, ③은 T, ④는 P에 해당한다.
  ※ MTP법

구분	내용
Man	누가 처리할 것인가?
Time	어느 시간에 처리할 것인가?
Place	어느 장소에서 처리할 것인가?

94 ③ 이점 제안은 고객의 욕구를 파악하기 위한 방법이라 보기 어렵다.
  ※ 인바운드 프로세스(Inbound process)

순서	내용
업무 전 상담 준비	상품 및 서비스에 관한 지식의 숙지, 인사연습 및 텔레마케팅 실전교육
전화상담(전화 받기)	인사와 함께 소속 및 자신의 이름을 밝힌다.
문의내용의 파악 (고객 니즈의 탐색)	주의 깊은 경청을 통하여 고객의 니즈(needs)를 파악, 고객과 통화하는 동안 적절한 호응을 한다.
문의에 대한 해결	적절한 화법을 구사하여 고객을 정중하게 응대한다.
반론의 극복	반론에 대한 대처는 고객 니즈(needs)의 정확한 파악을 바탕으로 한다.
통화내용의 재확인	상담 종결 전 준비단계에 해당한다.
통화의 종결 및 끝인사	종료 시에는 감사의 인사와 함께 자신의 소속 및 성명을 다시 한 번 밝히도록 하고, 고객이 먼저 통화를 종료한 후 통화를 종료하도록 한다.

95 다음 설명에 해당하는 의사소통 모델의 구성요소는?

> 전달자가 이미 보낸 메시지에 대한 수신자의 반응을 전달자가 받게 되는 정보

① 채널   ② 피드백
③ 내용   ④ 해독

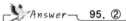 *Answer* ── **95. ②**

95 ② 보기는 피드백에 대한 내용이다.

※ 의사소통 모델요인

구분	내용
환경	상담원의 메시지를 보내고 받는 환경, 즉 사무실, 상점, 집단이나 개별환경은 메시지의 효율성에 영향을 준다.
송신자	상담원은 고객과 메시지를 시작하면서 송신자의 역할을 맡는다. 반대로 고객이 반응을 보일 때에는 고객이 송신자가 된다.
수신자	처음에 상담원은 고객이 보내는 메시지의 수신자가 된다. 그러나 일단 상담원이 피드백을 하게 되면, 상담원의 역할은 송신자로 바뀐다.
메시지	메시지는 상담원이나 고객이 전달하고자 하는 생각이나 개념이다.
통로	상담원의 메시지를 이전하기 위해 선택하는 방법인 전화, 대면접촉, 팩스, 이메일이나 기타 통신수단을 말한다.
부호화	상담원의 메시지를 고객이 효과적으로 이해할 수 있는 형태로 바꾸기 위해서 부호화된다. 메시지를 해독할 수 있는 고객의 능력을 정확하게 파악하지 못하면 혼란과 오해를 일으킬 수 있다.
해독	해독은 상담원과 고객이 되돌려 받은 메시지의 의미를 해석함으로써 친밀한 생각으로 전환하는 것이다.
피드백	교신에 있어서 송신자가 메시지를 보내고 수신자가 이를 받은 다음에 수신자가 받은 영향 · 인상 등을 토대로 송신자에게 다시 보내는 메시지의 환류를 말한다.
여과	여과는 받은 메시지를 왜곡시키거나 영향을 미치는 요인들이다. 여과에는 태도, 관심, 경향, 기대, 교육 및 신념과 가치 등이 포함된다.
잡음	잡음은 정확한 정보의 수용을 방해하는 생리적이거나 심리적인 요인인 신체적 특성, 주의력 부족, 메시지의 명확도나 메시지의 시끄러움과 같은 환경적 요인들이다.

96 다음의 설명에 해당하는 고객유형은?

> – 낙관적이며 표현력이 좋다.
> – 외향적이며 다른 사람을 잘 사귄다.
> – 열정적이며 감정이 풍부하다.

① 주도형   ② 사교형
③ 온화형   ④ 분석형

97 다음 중 안정형의 고객 행동경향에 대한 설명으로 바람직하지 않은 것은?

① 대체적으로 인내심이 강하다.
② 자신의 의견을 말하기보다는 듣고자 한다.
③ 상품 구매 결정이 신속히 이루어진다.
④ 질문에 대한 답변이 바로 나오지 않는다.

98 다음 중 경청의 방해요인이 상담원 개인적 요인인 것은?

① 편견   ② 전화벨
③ 무더위   ④ 소음공해

Answer —— 96. ②   97. ③   98. ①

96 ② 보기는 사교형 고객에 대한 특성이다.

97 ③ 안정형 고객은 일반적으로 온순하며 사람과의 관계를 중시하는 성격으로 말이 적고 가만히 듣기를 좋아한다. 구매 결정에 시간이 필요한 유형으로, 강제적이고 일방적인 안내와 유도보다는 차분히 권유하는 방식을 택하는 것이 좋다.

98 ① 편견은 경청을 방해하는 내적 요인에 해당한다. 경청은 단순히 귀로 듣고 흘려버리는 것이 아니라, 마음으로 듣는 것이다. 이것은 훌륭한 경청자는 고객이 무엇을 말하고 있는지에 관해 생각하고 있음을 의미한다. 그저 단순히 듣는 것보다 그것의 의미를 파악하는 것이 중요하다. 경청은 적극적인 과정이고 학습할 수 있는 기술이다.

99 커뮤니케이션에서 나타날 수 있는 문제점으로써 전달자 측면의 요인에 대한 설명이 아닌 것은?

① 전달경로의 특성 – 커뮤니케이션의 통로를 의미하며 대면, 문서, 통화 상징물 등이 포함된다.
② 메시지 명확화 능력 – 전달하고자 하는 정보의 내용을 얼마나 명확하게 할 수 있는가 하는 능력이다.
③ 전달능력 – 자신의 메시지를 정확하고 신속하게 전달할 수 있는 매체를 선정하고 이를 활용할 수 있는 능력을 말한다.
④ 개인적 특성 – 전달자의 감정과 태도 또는 가치관이나 기질 등에 관련되는 인격이 내향성인가 또는 외향성인가, 지배성향이 강한가 또는 약한가 등에 따라 커뮤니케이션의 효과는 달라질 수 있다.

Answer— **99.** ①

99 ① 전달경로의 특성은 전달자적 측면이 아니라 커뮤니케이션 상황구조에 해당한다.

※ 커뮤니케이션 과정에서 문제점

구분		내용
전달자	메시지 명확화 능력	전달자는 전달하고자 하는 내용을 명확하게 전달할 수 있는 능력이 의사소통에 큰 영향을 미친다.
	개인적 특성	전달자가 가진 가치관이나 태도, 기대, 감정에 따라 커뮤니케이션에 영향을 미친다.
	전달능력	전달자는 정보를 얼마만큼 쉽게 수용자가 이해할 수 있게 전달하는지에 따라 의사소통에 영향을 주며 이는 전달자의 설명력이나 비언어적 표현력, 언어구사력에 따라 다르게 나타난다.
수용자	피드백 능력	수용자가 얼마나 효율적으로 피드백이 가능한 지도 커뮤니케이션에 큰 영향을 미친다.
	청취태도	수용자들의 청취태도에 따라서도 커뮤니케이션에 영향을 준다.
	이해력	수용자의 이해력이 얼마 만큼인지에 따라서도 의사소통에 영향이 있다.
커뮤니케이션 상황구조	조직 분위기	조직의 분위기가 경직적인지 아니면 유동적인지에 따라 커뮤니케이션은 영향을 받는다.
	사회적 영향	커뮤니케이션을 둘러싼 사회적 및 정치적 상황에 따라 커뮤니케이션은 영향을 받는다.
	전달경로의 특성	전달자에서 수용자로 흐르는 커뮤니케이션의 통로에 따라 영향을 받는다.

커뮤니케이션 과정의 개념적 모형		
전달자		**수용자**
• 메시지의 명확화 능력 • 전달능력 • 신뢰성 • 개인적 특성	↔ ↑	• 이해력 • 인지구조 • 청취태도 • 피드백능력
	커뮤니케이션 상황 • 전달경로의 특성 • 조직 분위기 • 사회적 영향	

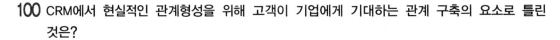

100 CRM에서 현실적인 관계형성을 위해 고객이 기업에게 기대하는 관계 구축의 요소로 틀린 것은?

① 상호 간의 신뢰　　　　　　　② 공정한 대우

③ 단기적인 관계　　　　　　　④ 열린 대화 창구

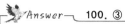

Answer ─ 100. ③

100 ③ 고객관계관리는 고객이 무엇을 요구하는지 파악하고 고객을 알기 위해 할 일들을 고객 중심의 데이터에 근거한 시스템을 말한다. 즉 고객관계관리는 고객이 원하는 제품과 서비스를 지속적으로 제공함으로써 고객과의 관계를 장기간 유지시키고 고객의 평생가치를 극대화하여 수익성을 높이는 통합된 고객관계관리 프로세스이다. 따라서 단기적인 관계가 아닌 장기적 관계이어야 한다.

2015년 제1회 기출문제

1 판매관리

1 기업의 마케팅활동은 크게 네 가지 분야로 나눌 수 있는데 이러한 마케팅 믹스(4P's)의 구성 요소로 틀린 것은?

① 제품　　　　　　　　　　　② 유통
③ 가격　　　　　　　　　　　④ 정보

2 데이터베이스 마케팅에서 RFM 분석에 대한 설명과 거리가 먼 것은?

① 구매최근성 – 얼마나 최근에 구매했는가?
② 구매빈도 – 일정기간 동안 얼마나 자주 자사제품을 구매했는가?
③ 구매액 – 일정기간 동안 얼마나 많은 액수의 자사제품을 구매했는가?
④ 구매방식 – 상담원을 통한 구매인가? 인터넷을 이용한 구매인가?

Answer ── 1. ④　2. ④

1 마케팅믹스의 4P란 제품전략(Product), 가격전략(Price), 유통전략(Place), 판매촉진전략(Promotion)을 말한다.

2 RFM 분석은 기업의 입장에서 어떤 사람들이 가장 중요한 고객이 될 것인가를 구별해 내기 위하여 마지막 주문 혹은 구매시점(Recency), 구매빈도(Frequency), 구매량(Monetary)을 이용하여 고객의 예상기여도를 예측하고 고객의 가치를 결정하는 방법이다.

3 아웃바운드 텔레마케팅 운영시 유의해야 할 사항과 거리가 먼 것은?

① 아웃바운드 운영방향을 결정해야 한다.
② 고객데이터를 확보하고 지속적으로 관리하여야 한다.
③ 텔레마케팅을 관리할 수 있는 수퍼바이저만을 집중적으로 육성해야 한다.
④ 텔레마케터의 고객상담 능력을 제고할 수 있는 교육과 충분한 준비물 및 정교한 스크립트 등이 있어야 한다.

4 다음 중 시장세분화의 심리 분석적 변수는?

① 소득
② 직업
③ 도시의 크기
④ 라이프스타일

5 고객속성 데이터에 대한 설명으로 옳은 것은?

① 주로 콜센터나 기업의 내부에서 생성한 데이터베이스를 말한다.
② 외부 전문기관에서 구입한 명단, 제휴마케팅을 통해 획득한 데이터베이스를 말한다.
③ 고객이 지닌 고유속성으로 주소, 전화번호, 주민등록번호 등의 데이터를 의미한다.
④ 거래나 구매사실, 구매행동 결과로 나타나는 속성으로 회원가입일, 최초구매일, 연체내역 등의 데이터를 말한다.

Answer ── 3. ③ 4. ④ 5. ③

3 실제 고객들에게 응대 서비스를 제공하는 텔레마케터의 육성이 동시에 이루어져야 한다.

4 심리분석적 변수로는 라이프스타일, 사회적 계층, 활동, 관심 분야 등이 있다.

5 고객속성 데이터베이스는 고객이 지닌 원초적인 속성(이름, 성별, 주소, 연락처, 연령, 직업 등)이다.

6 가격결정에 영향을 미치는 요인을 내적요인과 외적요인으로 구분할 때, 내적요인으로 옳지 않은 것은?

① 마케팅목표　　　　　　　　② 마케팅믹스 전략
③ 원가　　　　　　　　　　　④ 시장과 수요

7 단일 브랜드에 대한 호의적인 태도와 지속적인 구매를 보이는 소비자의 행동을 의미하는 것은?

① 브랜드 차별(brand discrimination)
② 행위적 학습(behavioral learning)
③ 선별적 인식(selective perception)
④ 브랜드 충성도(brand loyalty)

8 다음 중 가격결정에 있어서 상대적으로 고가의 가격이 적합한 경우가 아닌 것은?

① 수요의 가격탄력성이 높을 때
② 진입장벽이 높아 경쟁기업이 자사제품의 가격만큼 낮추기가 어려울 때
③ 규모의 경제효과를 통한 이득이 미미할 때
④ 높은 품질로 새로운 소비자층을 유인하고자 할 때

 **6.** ④　**7.** ④　**8.** ①

6 가격결정에 영향을 미치는 요인
　㉠ 기업 내부적 요인 : 마케팅 목표, 마케팅 믹스전략, 원가(비용), 조직구조
　㉡ 기업 외부적 요인 : 시장과 수요, 소비자 요인, 경쟁자의 비용·가격·반응, 경제상황, 정부규제, 사회적 요인, 유통경로(내부적 요인 마케팅 믹스) 등

7 ④ 브랜드 충성도는 어느 하나의 상표에 대한 상표애호도가 높아서 한 가지 상품만을 일관성 있게 선호하는 정도를 말한다.

8 ① 시장 수요의 가격탄력성이 낮을 때이다.

9 다음이 설명하는 시장세분화 분류기준은?

> 특정제품이나 서비스 구매여부에 관계없이 일반적 변수이며, 응답자의 주관이 배제된 객관적 변수이다.

① 인구통계학   ② 라이프스타일
③ 심리 및 태도   ④ 제품 편익

10 항공사들은 동일한 항공사 비행기를 반복해서 이용하도록 장려하기 위해 상용고객 프로그램을 개발하였다. 이러한 세분화기법은 다음 중 어떤 측면을 기반으로 한 것인가?

① 추구편익   ② 서비스 이용률
③ 구매의도   ④ 구매조건

11 기업의 전략적 사업 단위(SBU)를 분석하는 데 이용되는 BCG(Boston Consulting Group) 모형에서 수평축은 무엇을 반영하는 것인가?

① 희망투자 수익률   ② 시장 성장률
③ 세분시장 규모   ④ 상대적 시장점유율

Answer   **9.** ①   **10.** ②   **11.** ④

9 일반적 변수인 인구통계학적 변수에는 나이, 성별, 가족구성원 수, 가족생애주기, 소득, 직업, 교육수준, 사회적 계층, 종교, 인종, 국적 등이 있다.

10 서비스 이용률을 높인다는 것은 고객들로 하여금 자사의 제품을 사용함에 있어 제품의 질, 내용 등 제품이 소비자로 하여금 지속적으로 찾게 만드는 속성을 말하는 것이다.

11 BCG(boston consulting group) 모델은 기업의 전략사업단위를 시장성장률과 상대적 시장점유율의 두 가지 차원으로 분류하여 각 전략사업단위의 위치를 평가하고 새로운 전략을 제시해주는 모델이다. 수평축은 상대적 시장점유율이고, 세로축은 시장성장률이다.

12 일반적으로 인쇄매체를 통한 마케팅과는 달리 텔레마케팅이 가지고 있는 가장 큰 특성은?

① 예약 가능성
② 양방향성
③ 대중성
④ 목표 도달성

13 고객리스트의 효율적인 관리방법으로 거리가 먼 것은?

① 고객데이터 속성의 질 개선
② 고객리스트 데이터베이스화
③ 고객리스트의 지속적 갱신
④ 고객속성에 따른 일률적 대응

14 소비자가 서비스 구매의 의사결정과정에서 접할 수 있는 일반적인 위험 유형에 관한 설명으로 틀린 것은?

① 재무적 위험 – 구매가 잘못되었거나 서비스가 제대로 수행되지 않았을 때 발생할 수 있는 금전적 손실
② 물리적 위험 – 구매했던 의도와 달리 제대로 기능을 발휘하지 않을 가능성
③ 사회적 위험 – 구매로 인해 소비자의 사회적인 지위가 손상 받을 가능성
④ 심리적 위험 – 구매로 인해 소비자의 자아를 손상 받을 가능성

─── *Answer* ─── **12.** ② **13.** ④ **14.** ②

12 텔레마케팅은 고객과의 1대 1 관계 개선을 위해 고객의 요구나 욕구사항을 정밀하게 간파하여 고객과의 친밀감을 갖는 양방향성의 마케팅이다.

13 고객속성에 따라 차별적인 대응이 이루어져야 한다.

14 물리적 위험은 제품이나 서비스를 전달하는 사람의 전문성이나 인간적인 신뢰를 믿고 구매하려는 경우 나타나는 것으로 의료 서비스의 경우가 해당된다.
② 성능 위험에 대한 설명이다.

15 아웃바운드 텔레마케터에게 요구되는 프로모션 능력이 아닌 것은?

① 상품 및 서비스에 대한 사전지식 숙지
② 고객에게 호감을 줄 수 있는 경청자세기법 숙달
③ 고객의 반론이나 거절에 순응하는 자세
④ 고객과의 친밀한 관계형성 자세

16 수요의 가격탄력도와 가격전략의 관계에 대한 설명으로 옳지 않은 것은?

① 수요의 가격탄력도란 제품가격의 변화에 대한 수요의 변화비율을 말한다.
② 수요의 가격탄력도가 비탄력적인 경우에는 고가전략을 하면 기업에 유리하다.
③ 수요의 가격탄력도가 단위 탄력적이라면 최고가전략이 기업에 유리하다.
④ 수요의 가격탄력도가 탄력적이면 저가격전략을 하여야 기업에 유리하다.

17 데이터베이스 마케팅의 주된 목적을 가장 잘 설명한 것은?

① DB마케팅은 특정 고객집단의 특별한 요구를 바탕으로 마케팅전략을 수립하여 이를 실현하기 위한 목적을 가지고 있다.
② DB마케팅은 정보기술의 기반구조를 바탕으로 새로운 고객관리를 통해 마케팅의 효율성을 제고하는 것이 주된 목적이다.
③ 고객에 대한 상세한 정보를 토대로 그들과의 장기적 관계를 구축하고 충성도를 제고시킴으로써 고객생애가치를 극대화하는 것이다.
④ 고객의 정보를 효율적인 관리를 통해 경영의 효율성과 효과성을 제고하는 것이 주된 목적이다.

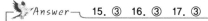

Answer ── 15. ③ 16. ③ 17. ③

15 ③ 고객의 반론이나 거절을 극복할 수 있는 자세가 필요하다.

16 수요의 가격탄력도가 단위 탄력적이라면 가격의 변화분만큼의 수요 변화가 일어나기 때문에 실질적으로 가격전략에 별효과가 없다.

17 데이터베이스 마케팅은 기업의 기존 고객 또는 잠재 고객에 대한 데이터를 데이터베이스화해서 이를 전산 시스템에 축적해두고, 이러한 데이터베이스에 기반한 마케팅 유형을 말하는데, 이러한 데이터베이스 마케팅은 기존 고객과 잠재 고객을 이해하고, 이를 통해 기존 고객을 유지하며, 잠재 고객을 끌어들임으로써 고객의 평생 가치(LTV ; life time value)를 최대화하는 데 그 목적이 있다.

18 데이터베이스 마케팅의 특징으로 옳지 않은 것은?

① 고객과의 1 : 1 관계의 구축
② 쌍방향 의사소통
③ 고객의 데이터베이스화
④ 단기간의 고객관리

19 평생고객가치에 대한 설명으로 옳은 것은?

① 고객이 처음으로 자사제품을 구입한 시기를 말한다.
② 특정 회사의 제품이나 서비스를 처음 구매했을 때부터 시작해서 사망하는 시점까지의 기간을 의미한다.
③ 특정 회사의 제품이나 서비스를 처음 구매했을 때부터 사망했을 때까지 구입한 서비스 누계를 말한다.
④ 특정 회사의 제품이나 서비스를 처음 구매했을 때부터 시작해서 마지막으로 구매할 것이라고 판단되는 시점까지 구매가 가능한 제품이나 서비스의 누계액을 의미한다.

Answer ─── **18.** ④ **19.** ④

18 데이터베이스 마케팅의 특성
　㉠ **고객과 1 : 1 관계 구축**
　　• 고객과의 1 : 1 접촉을 통하여 고객의 개별적 욕구 및 만족도 파악
　　• 직접 판매 방식을 통하여 무점포 판매 가능
　㉡ **쌍방적 의사소통**
　　• 기업과 소비자 간의 직접적인 커뮤니케이션 가능
　　• 소비자 반응을 즉각적으로 알 수 있음
　㉢ **고객 데이터베이스의 활용** : 고객에 대한 데이터베이스의 활용으로 인하여 기존고객을 유지함으로써 신규고객 확보 비용보다 저렴하게 고객 유지가 가능
　㉣ **컴퓨터 시스템의 활용** : 시스템을 적극적으로 활용하여 쌍방적 의사소통으로 정보제공 및 직접 판매 가능

19 평생고객가치는 고객의 평생가치는 한 고객이 한 기업의 고객으로 존재하는 전체기간 동안 기업에게 제공할 것으로 추정되는 재무적인 공헌도의 합계를 말한다.

20 다음이 설명하는 시장 커버리지 전략은?

> 큰 시장에서 낮은 점유율을 유지하는 대신에 자신에게 가장 알맞은 하나 혹은 몇 개의 시장을 선택한 후 이 시장에 집중함으로써 보다 높은 점유율을 확보하는 데 유용한 전략이다.

① 비차별화 마케팅
② 차별화 마케팅
③ 집중화 마케팅
④ 순차적 마케팅

21 다음 괄호 안에 들어갈 말로 가장 알맞은 것은?

> 마케팅 관리 철학 중 생산개념(Production concept)은 소비자가 저렴하고 쉽게 구입할 수 있는 제품을 선호하기 때문에 생산과 유통의 효율성을 향상시키는 데 주력해야 한다는 사고를 말한다. 생산개념은 상황에 따라 여전히 유용한 관리 철학이나, 이러한 관리 철학에 기반을 두는 기업은 자신의 업무향상에만 전력을 기울이기 때문에 고객만족, 고객관계 구축의 진정한 목표를 간과하는 (   )을/를 낳을 수 있다.

① 마케팅 근시안
② 인지 부조화
③ 소비자 외면
④ 선별적 관계 관리

Answer ── **20.** ③ **21.** ①

20 집중화 마케팅(concentrated marketing) … 기업 경영자원을 고려하여 한 개 또는 몇 개의 시장부문만 집중적으로 마케팅 활동을 전개하는 전략으로 기업의 자원이 한정되어 있을 때 이용하는 전략이다.

21 마케팅 근시안(Marketing Myopia)이란 편익을 보지 못하고 제품에만 신경을 쓰는 과오를 범하는 짧은 생각을 뜻한다.

22 마케팅전략 중 기업이 제품을 개발하고, 가격을 설정하여 판매하며, 판매채널을 개발하고, 판촉활동을 전개하는 것은?

① 목표시장 전략
② 표적시장 전략
③ 시장세분화 전략
④ 마케팅믹스 전략

23 다음 중 아웃바운드 판매에 해당하는 사항을 모두 나열한 것은?

> ㉠ 고객이 상담을 요청해야 의미있다.
> ㉡ DB 마케팅 기법을 활용하면 효과가 증대된다.
> ㉢ 판매 지향적이다.
> ㉣ 클레임 해결을 중심으로 한다.

① ㉠, ㉡
② ㉡, ㉢
③ ㉢, ㉣
④ ㉠, ㉣

Answer ─ 22. ④ 23. ②

22 마케팅 믹스 전략은 마케팅의 목표 달성을 위해서 필요한 요소를 최적으로 조합하는 것을 의미한다. 이러한 마케팅 믹스에서 가장 핵심적인 요소를 4P라고 하고 제품, 가격, 유통, 판촉을 말한다. 이를 통해서 목표를 달성하고, 어떤 제품을 선택하고, 개발할지를 생각하게 된다.

23 인바운드는 고객이 회사로 전화를 거는 형태이며, 아웃바운드는 기업에서 목표로 한 고객들의 정보를 기반으로 이러한 고객들에게 다가가 펼치게 되는 적극적인 마케팅 기법이다.

24 마케팅에서 판매촉진 비중이 증가하게 된 주된 원인으로 볼 수 없는 것은?

① 광고노출
② 가격민감도
③ 판매촉진 성과 측정
④ 경쟁의 완화

25 소비자의 구매과정을 중심으로 소비재를 분류하였을 때 포함되지 않는 것은?

① 편의품(Convenience products)
② 유사품(Imitated products)
③ 선매품(Shopping products)
④ 전문품(Specialty Products)

Answer 24. ④ 25. ②

24 판매촉진의 비중이 증가한다는 것은 고객들에게 자사 제품에 대한 환기를 요청하고, 시장에서의 경쟁이 점점 치열해지고 있는 것을 말한다.

25 소비재(Consumer Goods)
ⓐ 편의품(Convenience Products) : 구매가 빈번하고 구매에 대한 시간과 노력이 적게 소요되며 가격이 비싸지 않다.
ⓑ 선매품(Shooping Products) : 구매하는데 있어 수고와 노력을 아끼지 않는 제품으로 선택기준은 속성, 가격이 된다.
ⓒ 전문품(Specialty Products) : 독특한 제품의 특성을 지녔고 소비자들이 드물게 구매하며 가격이 비싼 편이다.
ⓓ 비탐색품(Unsoughts Products) : 소비자의 관심도가 낮은 제품으로 소비자 스스로 제품의 정보를 탐색하지 않고 의식하지 않는 경우도 많다.

26 우리나라 주부들이 가장 선호하는 김치냉장고 브랜드를 알아보기 위하여 주부들을 대상으로 연구를 진행하려고 한다. 현실성이나 시간, 비용을 고려할 때 선택할 수 있는 조사방법으로 가장 거리가 먼 것은?

① 관찰법   ② 실험실 실험법

③ 면접법   ④ 설문조사법

27 다음 괄호 안에 들어갈 말로 가장 알맞은 것은?

> 마케팅조사자들은 일반적으로 (A)를 먼저 활용하고, 그 다음에 (B)를 수집한다.

① A : 외부 2차 자료, B : 내부 2차 자료

② A : 내부 1차 자료, B : 외부 1차 자료

③ A : 1차 자료, B : 2차 자료

④ A : 2차 자료, B : 1차 자료

Answer— **26. ② 27. ④**

26 ② 실험실 실험법은 독립변수와 종속변수와의 인과관계를 밝히는 방법으로 일상생활과 엄격히 분리된 실험상황에서 행하는 실험이기 때문에 실험실 실험법은 현실성이나 시간, 비용을 고려할 때 적절한 방법이라 하기 어렵다.

27 ④ A는 이미 존재하는 자료로 다른 조사목적을 위해 사전에 결과분석된 자료인 2차 자료이며, B는 조사자가 조사목적을 위해 필요한 정보형태를 설문의 형태로 데이터를 분석하여 결과를 도출하는 1차 자료이다.

※ 1차 자료와 2차 자료

구분	1차 자료	2차 자료
수집목적	당면한 문제의 해결	다른 문제의 해결
수집과정	조사자가 직접 수집	타인에 의한 수집
수집비용	높음	비교적 낮음
수집기간	길다	짧다

28 표본조사시 발생할 수 있는 불포함 오류의 설명으로 가장 적합한 것은?

① 표본조사시 표본체계가 완전하지 않아서 생기는 오류

② 표본추출과정에서 선정된 표본 중에서 응답을 얻어내지 못하여 생기는 오류

③ 면접이나 관찰과정에서 응답자나 조사자 자체의 특성에서 생기는 오류

④ 정확한 응답이나 행동을 한 결과를 조사자가 잘못 기록하거나, 기록된 설문지나 면접지가 분석을 위하여 처리뇌는 과정에서 틀려지는 오류

29 다음은 주요 자료수집방법의 비교표이다. 괄호 안에 알맞은 것은?

기준	개별면접조사	전화조사	우편조사
비용	(A)	중간	낮다
면접자 편향	중간	(B)	없다
시간소요	낮다	높다	(C)
익명성	낮다	낮다	높다

① A : 높다, B : 낮다, C : 낮다　　② A : 낮다, B : 높다, C : 낮다

③ A : 낮다, B : 낮다, C : 높다　　④ A : 높다, B : 높다, C : 낮다

---

28 ① 모집단과 표본프레임이 일치하지 않을 경우에 발생하는 오류를 표본프레임오류 혹은 '불포함 오류'라고 한다. 조사대상이 되는 모집단의 일부를 표본추출 대상에서 제외시키면서 나타나는 현상이다.

29 ① 개별면접조사의 경우 비교적 비용이 많이 들며, 전화조사시 면접자와 직접 대면을 하지 않는 특성으로 인하여 면접조사보다 상대적으로 면접자의 편견이 상대적으로 적다. 우편조사는 단시간 내에 광범위한 조사가 가능하며, 면접자의 편견이 개입될 우려가 가장 적다.

※ 응답자 접근방법 간의 비교

기준	우편조사	전화조사	대인면접	인터넷조사
비용	보통	낮음	높음	낮음
시간	느림	빠름	느림	빠름
면접자편향	없음	낮음	중간	없음
익명성	높음	높음	낮음	높음
조사의 유연성	나쁨	보통	우수	우수
응답률	나쁨	보통	우수	보통

30 다음 설문문항이 가지고 있는 오류에 관한 설명으로 가장 적합한 것은?

> 당신은 현재 근무하는 고객센터의 복지수준과 임금수준에 대해서 어느 정도 만족하고 계십니까?

① 단어들의 뜻을 명확하게 설명해야 한다.
② 하나의 항목으로 두 가지 내용을 질문하여서는 안 된다.
③ 응답자들에게 지나치게 자세한 응답을 요구해서는 안 된다.
④ 대답을 유도하는 질문을 해서는 안 된다.

31 비표준화 면접에 비해 표준화 면접이 가지는 장점이 아닌 것은?

① 반복적인 면접이 가능하다.
② 면접상황에 대한 적응도가 높다.
③ 면접결과의 숫자화 측정이 용이하다.
④ 조사자의 행동이 통일성을 갖게 된다.

Answer— **30.** ② **31.** ②

30 ② 보기는 현재 근무하고 있는 고객센터의 '복지수준'과 '임금수준' 두 가지에 대해 질문을 하고 있다. 하나의 질문문항 속에 두 개 이상의 질문이 내포되어 있는 질문을 하지 않도록 한다.
※ 질문지 작성원칙

구분	내용
가치중립성	편견이 개입된 질문을 해서는 안되며, 특정 대답을 암시하거나, 유도하는 질문을 해서는 안 된다.
단순화	한 가지 문항은 한 가지 내용만 묻도록 하고, 두 가지 이상의 질문을 묶어 질문하지 않도록 한다.
균형성	상반된 의견이 있는 경우 어느 한 쪽으로 치우치지 않도록 한다.
간결성	질문은 간결해야 한다.
쉬운 단어	응답자의 교육수준에 적합한 단어를 사용하고 문장은 읽기 쉽도록 한다.

31 ② 표준화면접이란 사전에 엄격하게 정해진 면접조사표에 의해 질문하는 방법을 말하며, 비표준화면접은 면접자의 자유스런 면접을 뜻하며 순서나 내용이 정해지지 않고 상황에 따라 질문하는 방법으로 면접맥락이 의식적인 제약으로부터 자유로운 장점이 있다.
※ 표준화 면접의 장점
　㉠ 사전에 준비한 동일 순서로 질문하므로 조사자의 행동이 통일성을 갖는다.
　㉡ 면접결과 정보의 비교가 가능하다.
　㉢ 반복적인 연구가 가능하다.
　㉣ 일관적인 질문을 함으로써 신뢰도가 높다.
　㉤ 면접결과의 계량화가 용이하다.

32 탐색조사방법에 해당하지 않는 것은?

① 종단조사
② 전문가 의견조사
③ 사례조사
④ 문헌조사

33 다음과 같은 질문으로 얻은 측정치는 어떤 척도에 해당되는가?

귀사의 업종은 어디에 해당됩니까? ( )
① 기계류 ② 전자류 ③ 섬유류 ④ 식품류

① 명목척도
② 서열척도
③ 등간척도
④ 비율척도

 *Answer* **32.** ① **33.** ①

32 ① 탐색조사는 조사목적을 분명하게 정의하기 어렵거나, 어떤 정보가 필요한지 불분명한 경우 사용하는 조사방법이다. 탐색조사를 할 경우 조사를 통해 얻은 자료를 바탕으로 조사목적을 분명하게 정의할 수가 있다. 보통 문헌조사, 표적집단면접법, 전문가 의견조사 등을 활용한다. 종단조사는 보통 기술조사에 사용하는 방법이다.

※ 탐색조사의 종류
  ㉠ 문헌조사(Desk Research, Literature Research)
  ㉡ 전문가 의견조사(Expert Interview Research)
  ㉢ 사례조사(Case study)
  ㉣ 표적집단면접법(FGI ; Focus Group Interview)

33 ① 명목척도(nominal scale)는 측정된 현상을 상호배타적 범주로 구분하는 것으로 보기의 질문에서 "당신의 업종이 무엇인지"와 같은 질문에 기계류 = 1, 전자류 = 2, 섬유류 = 3, 식품류 = 4처럼 숫자를 부여하게 된다. 여기에서 숫자는 양적인 크기를 의미하는 것이 아닌 단순히 상호 다르다는 표시인 변수를 말한다. 따라서 측정대상간의 크기를 나타내거나 더하기 빼기를 할 수 없으며, 설령 하더라도 의미있는 결과가 도출되지 않는다.

34 다음과 같이 시장 내의 여러 경쟁상표들에 대한 소비자의 생각을 하나의 도표 상에 나타낸 것은?

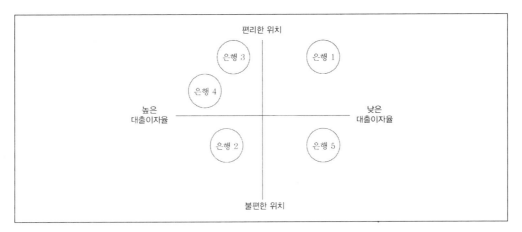

① 로드맵
② 포지셔닝 맵
③ 횡단 조사표
④ 종단 조사표

35 표본 프레임(sampling frame)에 관한 설명으로 틀린 것은?

① 표본을 추출하기 위한 모집단의 목록이다.
② 표본추출 단위가 집단인 경우에는 표본 프레임은 집단별 목록만 있으면 된다.
③ 비확률표본추출방법을 이용할 경우에는 정확한 표본 프레임이 있어야 한다.
④ 정확한 확률표본추출을 하기 위해서는 모집단과 정확하게 일치하는 표본프레임이 확보되어야 한다.

Answer— **34.** ② **35.** ③

34 ② 포지셔닝 맵(Positioning Map)은 소비자들의 마음 속에 있는 제품과 경쟁 상품의 위치를 하나의 도표 상에 나타낸 것을 말한다.

35 표본프레임 … 모집단에 속하는 연구대상이나 표본단위가 포함된 목록을 의미하며 일반적으로 조사자는 표본프레임으로부터 최종적인 표본을 추출한다. 표본프레임은 조사대상이 되는 모집단과 완벽하게 일치해야 한다.
③ 비확률표본추출방법은 모집단 내의 각 구성요소가 표본을 선택될 확률을 알 수 없기 때문에 이들로부터 수집된 자료가 모집단을 어느 정도 잘 대표하는지에 대한 정확한 추정이 어렵다.

36 설문조사 후 코딩작업에 대한 설명으로 틀린 것은?

① 항목별로 각 응답에 해당하는 숫자나 기호를 부여하는 과정이다.

② 전산처리에 의한 분석을 편리하도록 하는 것이다.

③ 반드시 각 항목에 대한 응답을 기호로 표현한다.

④ 코딩이 끝난 후 컴퓨터에 파일로 입력을 하고 외부저장매체(CD 등)에 저장한다.

37 전화 설문조사 후 진행되는 편집 작업에 대한 설명으로 틀린 것은?

① 일반적으로 자료처리의 첫 단계라고 한다.

② 수집된 설문 응답의 오기, 누락, 착오 등을 교정하는 단계이다.

③ 수집된 설문 응답을 애매하고 모호한 점이 없도록 일정한 기준에 따라 체계적으로 검토하는 일이다.

④ 각 응답항목에 계통적 번호를 매기는 작업이다.

38 응답자가 질문에 대해 자신의 의견을 제약 없이 표현할 수 있도록 해주는 질문형태는?

① 자유응답형 질문

② 다지선다형 질문

③ 양자택일형 질문

④ 집단토의형 질문

Answer — 36. ③ 37. ④ 38. ①

36 ③ 코딩이란 효율적인 전산처리를 위해 편집과정을 거친 모든 응답내용들을 수치화하여 코딩지에 기록하는 과정을 말한다. 코딩작업은 설문지상의 응답내용을 옮겨 적기 위한 코딩용지와 옮겨 적는 방법을 명시한 코딩북을 필요로 하며, 코딩 시에는 분석이 가능하도록 숫자로만 입력해야 한다.

37 ④ 편집이란 자료의 정정, 보완, 삭제 등이 이루어지는 작업을 말한다.

38 ① 자유응답형 질문은 응답자가 할 수 있는 응답의 형태에 제약을 가하지 않고 자유롭게 표현하는 방법이다.

39 마케팅 조사 설계시 내적 타당성을 저해하는 요소에 해당되지 않는 것은?

① 통계적 회귀   ② 특정사건의 영향
③ 사전검사의 영향   ④ 반작용 효과

40 조사한 자료의 분석과 해석시 취하는 행동으로 틀린 것은?

① 조사자가 필요한 구체적인 사항이 있을 시 그것을 정리해야 한다.
② 조사 설계에서 이미 가설이 설정되어 있다면 그 가설을 검증하지 않아도 된다.
③ 당면문제의 해결에 필요한 변수가 무엇인지를 추적하여야 한다.
④ 조사결과를 마케팅 측면에서 유용하게 활용할 수 있도록 해석한다.

41 표본의 크기를 결정하는 데 고려해야 하는 요소로 적절하지 않은 것은?

① 비표집 오차   ② 모집단 요소의 동질성
③ 조사의 목적   ④ 모집단의 크기

Answer — **39.** ④ **40.** ② **41.** ①

39 ④ 반작용 효과는 외적 타당성을 저해하는 요소이다. 내적 타당도를 저해하는 요인에는 외적사건(history), 성장효과 (maturation), 검사효과(testing effect), 도구효과, 통계적 회귀, 표본의 편중, 중도탈락, 치료의 모방 등이 있다.
　※ 내적타당성과 외적타당성
　　㉠ 내적 타당성(Internal validity) : 측정된 종속변수의 변화가 실제로 독립변수(실험변수)의 조작에 의해 일어났는 지의 여부를 의미한다.
　　㉡ 외적 타당성(External validity) : 실험에 의해 나타난 인과관계의 일반화 여부를 말한다. 만약 실험결과가 실험실 밖의 다른 집단, 상황 또는 시점에서도 적용될 수 있다면 이 실험은 외적 타당성이 있다고 말할 수 있다.

40 ② 가설이란 "연구하고자 하는 문제에 대한 장점적인 해답"을 말한다. 문제제기를 통해 문제가 선정되면 문제를 구체화 시켜야 하는데, 이것은 가설을 통해 얻을 수 있다. 가설이 설정되면 가설이 옳은지 틀린지에 대한 판단을 있어야 한다.

41 ① 표본의 크기는 조사예산과 시간상의 제약조건을 고려해서 표본의 크기를 정하며, 신뢰구간접근법이나 가설검증접 근법을 활용해서 결정하게 된다. 비표집 오차는 표본추출 이외의 요인에 의해 초래되는 오차를 말하며, 흔히 설문조사 에서의 비표집 오차, TV 시청률 조사 등이 해당된다.

42 다음 중 비확률표집의 장점이 아닌 것은?

① 모집단을 정확하게 규정지을 수 없는 경우에 유용하다.
② 개별요소의 추출확률을 동일하게 해야 할 경우 유용하다.
③ 표본의 크기가 작은 경우에 유용하다.
④ 표집오차가 큰 문제가 되지 않을 경우 유용하다.

43 시장조사 결과보고서의 작성 목적과 가장 거리가 먼 것은?

① 조사자와 조사대상자 간의 의사소통
② 통제수단
③ 타당성 검증
④ 결과활용

Answer— **42. ②   43. ①**

42 ② 비확률표본추출은 모집단 내의 각 대상이 표본에 뽑힐 확률이 얼마인지를 알 수 없는 방식이다. 개별요소의 추출확률을 동일하게 하기 어렵다.
　　※ 확률표집과 비확률표집
　　　㉠ 확률표집 : 각 표집단위들 모두가 추출될 기회가 있으며, 각 단위들이 무작위적으로 추출되는 표집이다. 종류로는 단순무작위표집, 계통표집, 층화표집, 집락표집 등이 있다.
　　　㉡ 비확률표집 : 모집단으로부터 선택될 확률이 미리 알려지지 않은 경우 사용된다. 종류로는 유의표집, 편의표집, 할당표집, 눈덩이표집 등이 있다.

43 ① 조사자와 조사대상자 간의 의사소통은 해당되지 않는다.
　　※ 시장조사 목적
　　　㉠ 마케팅활동의 수행과정에서 불확실성과 위험의 감소
　　　㉡ 경영의 의사결정에 도움을 주는 정보의 제공
　　　㉢ 고객의 정보에 대한 획득
　　　㉣ 의사결정에 필요한 정보의 파악
　　　㉤ 시장기회의 발견

44 질문지 작성시 폐쇄형 질문의 장점이 아닌 것은?

① 부호화와 분석이 용이하여 시간과 경비를 절약할 수 있다.

② 민감한 주제에 보다 적합하다.

③ 질문지에 열거하기에는 응답범주가 너무 많을 경우에 사용하면 좋다.

④ 질문에 대한 대답이 표준화되어 있기 때문에 비교가 가능하다.

45 다음 중 시장조사의 절차로 맞는 것은?

① 문제 정의→자료수집→문제해결을 위한 체제의 정립→조사 설계→자료 분석 및 해석
→보고서 작성

② 문제 정의→자료수집→자료 분석 및 해석→문제해결을 위한 체제의 정립→조사 설계
→보고서 작성

③ 문제 정의→조사 설계→자료 분석 및 해석→문제해결을 위한 체제의 정립→자료수집
→보고서 작성

④ 문제 정의→문제해결을 위한 체제의 정립→조사 설계→자료수집→자료 분석 및 해석
→보고서 작성

Answer **44.** ③ **45.** ④

44 ③ 폐쇄형 질문은 응답항목이 미리 정해져있고 응답자는 그 중 자신의 견해와 같거나 가장 비슷한 것을 선택할 수 있는
것이다. 폐쇄형 질문은 몇 개의 한정된 응답지 가운데 선택해야 하므로 응답자의 충분한 의견반영이 곤란하다.

※ **폐쇄형 질문의 장점**
ㄱ 채점과 코딩이 간편하다.
ㄴ 응답항목이 명확하고 신속한 응답이 가능하다.
ㄷ 조사자의 편견이 개입되는 것을 방지할 수 있다.
ㄹ 구조화되어 있어서 민감한 질문에도 응답을 쉽게 할 수 있다.

45 ④ 시장조사의 절차는 문제정의 및 문제해결을 위한 체제의 정립→조사설계→자료의 수집→자료분석 및 해설→보
고서 작성순으로 진행된다.

46 A구에 거주하는 30대 직장 여성을 대상으로 선호도를 조사하려 한다. 조사의 신뢰도를 높이기 위해 일주일 간격으로 2번 동일한 측정을 실시하는 방법은?

① 재시험법
② 평형형식법
③ 요인분석법
④ 반분법

47 측정한 자료의 적합성을 검증하는 두 가지 주요한 기준으로 옳은 것은?

① 타당성과 신뢰성
② 효율성과 효과성
③ 타당성과 효율성
④ 효과성과 신뢰성

48 다음 중 확률표본추출방법이 아닌 것은?

① 편의표본추출법
② 단순무작위표집
③ 층화표집
④ 집락표집

Answer ─ **46.** ① **47.** ① **48.** ①

46 ① 재검사법(재검사 신뢰도)은 가장 기초적인 신뢰성 검토 방법으로 어떤 시점을 측정한 후 일정기간 경과 후 동일한 측정도구로 동일한 응답자에게 재측정하여 그 결과의 상관관계를 계산하는 방법을 말한다.

47 ① 타당성과 신뢰성으로 측정한 자료의 적합성을 검증을 한다.
  ※ 타당성과 신뢰성
    ㉠ 타당성(validity) : 측정방법이 측정하고자 하는 목적에 적합한가를 보는 것, 즉 측정하려고 했던 변인을 제대로 측정하였는가를 나타내며 검사목적에 따른 검사도구의 적합성을 말한다.
    ㉡ 신뢰도(reliability) : 측정하고자 하는 변인을 얼마나 안정적으로 일관성 있게 측정하는가, 즉 측정도구가 얼마나 정확하게 오차 없이 측정하는가를 말하며 측정의 일관성(consistency)이라고 할 수 있다.

48 ① 편의표본추출법은 비확률표본추출의 한 종류에 해당한다.

49 시장조사를 위한 면접조사시 발생되는 단점으로 거리가 먼 것은?

① 면접을 적용할 수 있는 지리적인 한계가 있다.

② 비언어적인 커뮤니케이션보다 언어적인 커뮤니케이션만을 통해 자료를 수집한다.

③ 면접자를 훈련하는 데 많은 비용이 소요된다.

④ 응답자들이 자신의 익명성 보장에 대해 염려할 소지가 있다.

50 효과적인 전화조사를 위한 커뮤니케이션 방법으로 적합하지 않은 것은?

① 질문에 대하여 효과적으로 답변할 수 있도록 조사자가 생각하는 답을 사전에 응답자에게 언급한다.

② 응답자가 질문내용을 명확하게 알아들을 수 있도록 해야 한다.

③ 응답자를 후원하고 격려하여 응답자가 편안한 분위기에서 응답할 수 있도록 한다.

④ 응답자의 대답을 반복하거나 복창하여 답변을 확인한다.

Answer ─ 49. ② 50. ①

49 ② 면접조사는 언어적인 커뮤니케이션뿐만 아니라 감각기관을 통한 비언어적인 커뮤니케이션을 통해서도 자료를 수집한다.

50 ① 어떠한 경우라도 조사자의 개인적인 의견이 반영되도록 답변을 유도해서는 안 된다.

51 상담원 교육 관리에 대한 설명으로 틀린 것은?

① 각 직무별 교육계획안은 부서에서만 작성한다.
② 교육생이 이수하지 못한 교과목은 이수 예정일을 기재한다.
③ 교육생이 이수한 교과목은 이수한 날짜를 양식에 표시한다.
④ 교육과정에 참여하기로 한 직원에게는 정기적(혹은 월별로) 통지서를 보낸다.

52 다음 중 콜 인입을 예측하기 위해 필요한 요소로 가장 거리가 먼 것은?

① 3년간의 콜 인입량   ② 평균콜처리시간
③ 비 상담시간   ④ 기본 상담인원수

53 텔레마케팅 조직의 성과보상 방법으로 적합하지 않은 것은?

① 텔레마케터의 성과지표는 조직의 성과지표와 연계되어 있어야 한다.
② 텔레마케터의 성과지표는 정성적인 지표보다는 정량적인 지표 위주로만 선정해야 한다.
③ 텔레마케터의 성과 결과에 대한 정기적인 피드백이 필요하다.
④ 텔레마케터의 성과보상은 공정하게 이루어져야 한다.

Answer ┌ **51.** ① **52.** ④ **53.** ②

51 부서에서만 작성하는 것으로 끝나는 것이 아닌 전사적인 차원에서 공유를 해야 한다.
52 콜 인입을 예측하기 위한 필요 요소
   ㉠ 비 상담시간
   ㉡ 평균콜처리시간
   ㉢ 3년간의 콜 인입량
53 텔레마케터의 성과지표는 정성적인 지표와 정량적인 지표를 기반으로 공정하게 선정해야 한다.

54 한국산업표준(KS)에서 정한 상담원 교육훈련 강사선발 요건으로 틀린 것은?

① 대학 졸업 후 3년 이상의 전문분야 및 콜센터 경력자

② 전문대학 졸업 후 5년 이상의 전문분야 및 콜센터 경력자

③ 고등학교 졸업 후 7년 이상의 전문분야 및 콜센터 경력자

④ 실습을 겸한 최소 500시간 이상의 강사교육을 이수한 콜센터 경력자

55 텔레마케터의 잦은 이직이 콜센터운영에 미치는 요인과 가장 거리가 먼 것은?

① 채용공고와 채용과정에서의 비용발생

② 질적인 부분의 증대효과

③ 기존인력을 대체한 신입인력의 생산성 감소

④ 신입인력 교육기간 동안의 수입 감소

56 콜센터의 서비스 레벨(Service Level)에 대한 설명으로 틀린 것은?

① 서비스 레벨은 ACD 시스템상의 보고서를 통해 알 수 있다.

② 상품의 질만을 측정하기 위한 성과지표라 할 수 있다.

③ 목표로 하는 시간 내에 최초응대가 이루어지는 콜의 비율이다.

④ 30분, 15분 등 적절한 시간 간격으로 분석해야 한다.

Answer **54.** ④ **55.** ② **56.** ②

54 ④ 실습을 겸한 최소 600시간 이상의 강사교육을 이수한 콜센터 경력자이다.

55 ② 텔레마케터의 잦은 이직은 콜센터 운영의 질적 저하를 초래한다.

56 서비스 레벨 … 일반적으로 통계학적 목표 달성치를 백분율로 나타낸 것을 가리킨다. 예를 들어 목표가 통화시간이 평균 100초 내에 이루어지거나 아니면 이보다 빠른 시간에 응답하는 것이 목표이고 걸려온 전화 중 80%가 100초 내에 이루어지거나 아니면 보다 빠른 시간에 응답되었다면 서비스 등급은 80%가 된다.

57 일반적으로 콜센터 인력산출에 있어 사용되지 않는 수학적 모델은?

① Erlang A
② Erlang B
③ Erlang C
④ Equivalent Random Theory

58 텔레마케팅을 위한 스크립트의 작성방법 중 응답되는 내용을 "예/아니오" 식으로 나누고 이에 따라 다음의 질문이나 설명이 뒤따르도록 작성하는 방식은?

① 회화식   ② 질문식
③ 브랜치식   ④ 혼합식

59 고객과 전화통화를 마친 후에 새로운 전화를 받아 처리할 때까지 이전 통화에서 일어났던 일을 마무리하는 데 필요한 평균시간을 나타내는 용어는?

① Wrap – up Time
② Average Talk Time
③ Average Speed Answer
④ Average Handing Time

Answer — 57. ①   58. ③   59. ①

57 콜 센터 인력산출에 활용하는 수학적 모델
  ㉠ Erlang B
  ㉡ Erlang C
  ㉢ Equivalent Random Theory

58 브랜치식은 예/아니오라는 각각의 노드에서 분기하여 실행되고 그 후에 각 노드(가지)에 대한 질문 또는 설명 등이 나오도록 하는 방식이다.

59 Wrap – up Time은 상담원이 고객과의 통화에서 나타난 것들을 마무리하는 시간을 의미한다.

60 다음이 설명하고 있는 콜센터 리더의 유형은?

> 텔레마케터와 충분한 신뢰관계가 형성되어 있으며, 자발적인 활동을 허용하며 중요역할을 책임지도록 하여 더 많은 경험을 축적하도록 이끌어 간다.

① 지시형 리더
② 위양형 리더
③ 지원형 리더
④ 참가형 리더

61 다음 중 경력관리에 대한 설명으로 틀린 것은?

① 적재적소, 후진양성에 필요하다.
② 능력주의와 연공주의를 절충한다.
③ 장기계획이다.
④ 조직의 목표와 개인의 목표를 일치시킨다.

62 콜센터 수퍼바이저에게 요구되는 자질에 관한 설명으로 틀린 것은?

① 조직의 목표가 달성될 수 있도록 최적의 콜센터 환경을 조성할 수 있어야 한다.
② 텔레마케터들의 통화품질, 업무성과, 근무만족도에 대해 평가 및 피드백을 할 수 있어야 한다.
③ 콜센터의 운영예산을 책정하고 집행할 수 있어야 한다.
④ 조직 분위기를 활성화할 수 있는 다양한 이벤트와 프로모션을 실시할 수 있어야 한다.

Answer ── 60. ② 61. ② 62. ③

60 위양형 리더는 사전에 텔레마케터와 충분한 신뢰관계가 구축되어 있으며, 그들의 자발적 활동을 보장함으로써 스스로에게 중요역할을 책임지게 해서 더 많은 경험을 할 수 있도록 지도한다.

61 ② 연공주의가 아닌 성과주의체제를 따른다.

62 콜 센터 수퍼바이저는 콜에 대한 모니터링, 상담원들에 대한 경력관리, 책임자로서의 콜 처리 등의 수행이 가능한 자질을 필요로 한다.

63 일반적인 텔레마케팅의 전개과정을 순서대로 바르게 나열한 것은?

① 기획→실행→측정→반응→평가
② 기획→측정→실행→평가→반응
③ 기획→측정→실행→반응→평가
④ 기획→실행→반응→측정→평가

64 반론극복기법의 종류 중 논문이나 통계자료에 나와 있는 객관적이고 입증할만한 자료를 인용하여 설명하는 것은?

① 부메랑기법　　　　　　　　　② 입증법
③ 사례법　　　　　　　　　　　④ 칭찬기법

65 텔레마케팅의 조직구조 설계에 있어 고려사항으로 적합하지 않은 것은?

① 수퍼바이저는 10~20명의 상담사를 관리 담당하도록 한다.
② 상담사 교육과 상담품질관리를 전담하는 전문인력을 보유하여야 한다.
③ 관리자는 성과지표관리를 위한 인력운영계획을 수립하고 관리하여야 한다.
④ 상담사는 모든 상담내용을 직접 처리하도록 운영 설계되어야 한다.

Answer — **63.** ④ **64.** ② **65.** ④

63 텔레마케팅의 전개과정 … 기획→실행→반응→측정→평가

64 입증법은 논리경험주의를 기반으로 논문이나 통계자료에 나와 있는 객관적이고 입증할만한 자료를 인용하여 설명하는 방법이다.

65 상담사가 혼자서 처리하는 것이 아닌 수퍼바이저와 상호협력 하에 처리할 수 있도록 해야 한다.

66 텔레마케팅에 대한 설명으로 가장 거리가 먼 것은?

① 고객관계관리를 위해 주로 활용한다.
② 다른 매체와 함께 이용될 때 강력한 효과를 나타낸다.
③ 다른 매체 대비 비용이 효율적인 매체이다.
④ 효과측정이 어려운 매체이다.

67 SMART 성과목표 설정에 대한 용어 설명으로 틀린 것은?

① Measurable – 측정할 수 있어야 한다.
② Specific – 전문적이어야 한다.
③ Result – 전략과제를 통해 구체적으로 달성하는 결과물이 있어야 한다.
④ Time-bound – 일정한 시간 내에 달성 여부를 확인할 수 있어야 한다.

68 상담사들의 고객상담 능력을 확인하기 위한 운영관리는 무엇인가?

① 상품판매관리   ② 통화품질관리
③ 업무지식관리   ④ 성과관리

Answer — **66.** ④ **67.** ② **68.** ②

66 텔레마케팅은 전화 및 컴퓨터를 매체로 활용하므로 효과측정이 용이한 매체이다.

67 SMART 성과 목표 설정 항목
ㄱ S(Specific) : 구체적이어야 한다.
ㄴ M(Measurable) : 측정할 수 있어야 한다.
ㄷ A(Attainable) : 달성 가능한 지표여야 한다.
ㄹ R(Result) : 전략과제를 통해 구체적으로 달성하는 결과물이어야 한다.
ㅁ T(Time-bound) : 일정한 시간 내에 달성 여부를 확인할 수 있어야 한다.

68 상담사와 고객들과의 상담 능력에 대한 확인을 할 수 있는 지표는 통화품질관리이다. 이는 실제 고객들과의 통화내용을 말한다.

69 다음 중 기업에서 텔레마케팅을 도입하는 목적에 해당되는 내용을 모두 선택하여 바르게 나열한 것은?

㉠ 상품 판매	㉡ 고객에게 적극적인 서비스 제공
㉢ 고객반응 조사	㉣ 판매비용 절감
㉤ 마케팅 프로그램의 효과적인 지원	

① ㉠, ㉡, ㉢
② ㉠, ㉡, ㉢, ㉣
③ ㉠, ㉡, ㉢, ㉤
④ ㉠, ㉡, ㉢, ㉣, ㉤

70 ACD(Auto Call Distribute)에 대한 설명으로 맞는 것은?

① 상담원이 다른 상담원에게 통화내용을 전환하는 기능이다.
② 컴퓨터가 자동으로 전화를 걸어주는 기능이다.
③ 상담원이 통화를 끝내는 시기를 예측하여 다이얼링한 후 응답고객만을 연결해주는 기능이다.
④ 상담원에게 균등하게 콜을 분배하는 기능이다.

71 CTI(computer telephony integration) 추가 기능 중 다음이 설명하고 있는 다이얼링 시스템은?

> 고객리스트가 데이터베이스로 형성되어 있어 상담원이 고객을 선택하면 자동적으로 전화를 걸어주는 기능이다. 이 기능은 전화통화를 하기 전에 고객의 전화번호뿐만 아니라 고객에 관련되는 고객속성, 이력정보 등을 컴퓨터 화면에 나타내어 준다.

① 프리딕티브 다이얼링(predictive dialing)
② 프로그리시브 다이얼링(progressive dialing)
③ 프리뷰 다이얼링(preview dialing)
④ 트랜스퍼 다이얼링(transfer dialing)

72 콜센터 조직이 갖추어야 할 조직의 특성에 대한 설명으로 틀린 것은?

① 고객지향성 – 콜센터는 고객을 중심으로 고객에게 편리함, 신뢰성, 편익을 제공할 수 있는 조직체이다.
② 유연성 – 고객과의 커뮤니케이션이 빈번하게 일어나는 공간이므로 조직구성원의 사고와 상황대응 능력이 유연해야 한다.
③ 고품질성 – 고객의 정보는 곧 자산이며 관리와 보호의 책임성이 있으므로 이러한 관리를 통해 서비스품질을 높여야 한다.
④ 신속·민첩성 – 콜센터의 생명은 고객니즈에 부응하되, 얼마나 신속하게 대응하는지가 중요한 요소이다.

─ Answer ─ **71.** ③ **72.** ③

71 프리뷰 다이얼링(preview dialing) … 미리보기 다이얼링이라고도 하며, 상담원이 미리 전화를 걸 대상 고객의 정보를 컴퓨터 화면에 디스플레이 해 놓고, 자동 발신키를 누르면 시스템이 자동으로 전화를 걸어주는 방식이다. 사용되는 장비는 자동 다이얼링 장치(ADU, Automatic Dialing Unit)이며 모뎀을 통한 다이얼링과 동일한 기술이 적용되어 있다.

72 콜센터 조직이 갖추어야 할 특성
　㉠ 고객만족 지향 : 콜센터는 고객에 대한 서비스를 수행하는 최접점에 서있으므로 고객만족을 지향하는 조직사고와 조직구성이 이루어져야만 고객만족을 이룰 수 있다.
　㉡ 신속성과 정확성 : 신속하고 정확하게 고객의 요구에 응할 수 있어야 고객만족을 이룰 수 있다.
　㉢ 환경변화에 대한 유연성 : 기업의 업무변경에 따른 내용은 수시로 업데이트하여 고객과의 커뮤니케이션에서 혼란이 없어야 하며 일시적인 업무량 증가 등의 환경변화에 유연하게 대처할 수 있어야 한다.
　㉣ 지속적인 품질개선 : 일정 수준의 통화품질 유지를 위해 지속적인 품질개선을 시도해야 한다.
　㉤ 통합적인 고객정보관리 : 고객정보의 획득, 유지, 수정 및 보완의 과정을 통해 효율적으로 이를 통합 관리해야 한다.

73 텔레마케터를 위해 필요한 교육 프로그램이 아닌 것은?

① 커뮤니케이션
② 판매스킬
③ 전산시스템 개발
④ 스트레스 관리

74 다음이 설명하고 있는 콜센터 시스템의 기능은?

> 상담원의 업무숙련도에 따라 콜을 분배하는 기능으로 상담원의 직무능력을 평가하여 숙련도에 따른
> 등급을 책정하고 각각의 등급에 따라 적용하거나 콜센터의 특성에 맞게 활용한다.

① CTI 기능
② Call Blending 기능
③ 음성인식 기능
④ Skill Based Call Routing 기능

75 텔레마케팅의 성과분석에 있어 매출액과 비용의 차이가 제로(0)가 되는 점을 무엇이라 하는가?

① CPP   ② ORT
③ BET   ④ DOT

Answer ─ **73.** ③ **74.** ④ **75.** ③

73 텔레마케터는 고객들과의 통화에서 니즈를 찾아내어 실질적인 판매를 하게 되는 전문상담원이다. 전산시스템의 개발과는 연관성이 없다.

74 ④ Skill Based Routing은 상담원의 업무 능력을 기준으로 호(Call)를 분배하는 기능을 말한다.

75 BET는 고객들과의 텔레마케팅 업무 후 분석에서 실제 매출액 및 비용과의 차이가 "0"이 되는 부분을 의미한다.

76 고객과 대화시 친밀감을 형성하는 방법으로 가장 적합한 것은?

① 고객의 말에 흠이 없는지 관찰한다.
② 질문과 답변을 스크립트대로만 한다.
③ 고객의 거절방지를 위해 바로 본론을 말한다.
④ 고객에게 관심을 갖고 고객욕구를 파악한다.

77 고객이 불평, 불만을 호소하는 일반적인 단계를 바르게 나열한 것은?

① 비공식적인 단계→공식석인 단계→법적인 호소
② 법적인 호소→비공식적인 단계→공식적인 단계
③ 비공식적인 단계→법적인 호소→공식적인 단계
④ 법적인 호소→공식적인 단계→비공식적인 단계

78 불만을 제기한 고객에 대한 응대 원칙이 아닌 것은?

① 우선 사과를 한다.　　　　② 신속하게 해결을 한다.
③ 불만 원인을 파악한다.　　④ 고객이 틀린 부분은 논쟁한다.

Answer ── 76. ④　77. ①　78. ④

76 ④ 긍정적인 태도는 고객의 짜증을 풀게도 하며, 친밀감이 형성시키는 요소이다. 고객응대는 고객에 대한 신뢰성과 고객을 존중하고 긍정적인 태도와 적극성으로서 고객에게 관심을 갖고 원만하게 고객관계를 유지하는 것을 목적으로 한다.

77 ① 고객이 불만을 호소하는 단계는 비공식적인 단계, 공식적인 단계, 법적인 호소 단계로 이루어진다.

78 ④ 불만족한 고객과 상담시 충분한 배려를 하면서 개방형 질문을 통해 고객의 불만사항을 자세히 알아내야 하며 고객과 논쟁하는 것은 삼가야 한다.

79 화가 난 고객을 응대하는 방법과 가장 거리가 먼 것은?

① 고객에게 가능한 것보다는 불가능한 것을 말한다.

② 화가 난 고객을 부정해서는 안 되며, 고객의 감정상태를 인지해야 한다.

③ 문제 해결을 위해 객관성을 유지한다.

④ 고객과 해결책을 협의하도록 한다.

80 텔레마케터의 효과적인 의사소통에 필요한 사항으로 가장 거리가 먼 것은?

① 같은 수준의 음량, 음조, 스피드로 말함으로써 고객이 집중해서 들을 수 있도록 한다.

② 말하는 동안 미소를 지음으로써 온화하고 성실한 분위기가 조성되어 친밀감을 형성할 수 있다.

③ 대화를 하는 가운데 가끔씩 잠깐 멈춤으로써 상담사는 숨을 돌릴 수 있고, 고객에게는 생각할 시간을 줄 수 있다.

④ 단어를 분명하고 명확하게 발음함으로써 메시지를 정확하게 고객에게 전달할 수 있다.

Answer ── **79. ① 80. ①**

79 ① 긍정적인 태도로 제공이 불가능한 것보다 가능한 것을 제시하도록 한다.

※ 화가 난 고객 응대 방법
ㄱ 무조건 화내는 고객에게는 일단 사과하고 고객이 불만을 토로하도록 한 후 귀 기울여 경청한다.
ㄴ 긍정적인 태도로 제공이 불가능한 것보다 가능한 것을 제시한다.
ㄷ 고객의 감정을 인지한다.
ㄹ 고객을 안심시킨다.
ㅁ 객관성을 유지한다.
ㅂ 원인을 규명한다.

80 ① 말의 속도, 음성의 크기 및 고저를 잘 조절하여야 한다.

※ 효과적인 언어적 커뮤니케이션(communication) 기술
ㄱ 표준말과 경어를 사용해야 하며 정확하기 발음을 하여야 한다.
ㄴ 단정적인 말을 삼가는 것이 좋으며 고객의 수준에 맞는 어휘를 사용해야 한다.
ㄷ 말의 속도, 음성의 크기 및 고저를 잘 조절하여야 한다.
ㄹ 부정적인 말은 삼가고 긍정적인 마인드로 말을 하는 것이 좋으며 참고자료를 활용하는 것도 좋다.

81 고객이 조직의 어떤 일면과 접촉하는 접점으로서, 서비스를 제공하는 조직과 그 품질에 대해 어떤 인상을 받는 순간이나 사상을 의미하는 용어는?

① MOT
② RFM
③ LTV
④ FAB

82 의사소통의 환경적 상황의 3가지 측면이 아닌 것은?

① 개인적 환경
② 물리적 환경
③ 심리적 환경
④ 사회적 환경

83 기업의 CRM전략 수행에 있어서 콜센터가 중심적 역할을 수행하게 된 배경으로 적절하지 않은 것은?

① 고객데이터나 관련 데이터를 과학적인 분석기법으로 처리가 가능해졌다.
② 일대일(1 to 1) 마케팅 기법이 발달되었다.
③ 정보나 영업지식을 영업부서 내에서만 활용하도록 변화되었다.
④ 마케팅 자동화, 또는 SFA(Sales Force Automation)를 할 수 있게 되어 영업비용을 줄일 수 있게 되었다.

Answer — **81.** ① **82.** ① **83.** ③

81 ① 고객접점(MOT ; Moment Of Truth)이란 고객이 기업의 한 부분(직원/환경)과 접촉하여 서비스(품질)에 대한 인식에 영향을 미치는 15초 내의 결정적인 순간을 말한다. 스페인의 투우 용어인 "Moment De La Verdad"에서 유래된 고객접점은 피하려 해도 피할 수 없는 실패가 허용되지 않는 매우 중요한 순간을 의미한다.

82 ① 의사소통의 환경적 상황은 물리적, 심리적, 사회적 환경이 있다.

83 우리나라에서 콜센터는 1980년대부터 기업과 고객 간 연결창구로서의 역할을 해오고 있으며, 오늘날에는 판매된 상품이나 서비스에 대한 A/S나 불만사항을 처리하는 수동적 역할을 넘어 더 이상 수동적으로 고객의 요구에 응대하는 서비스 차원의 센터가 아니라 고객을 관리하고 자사수익을 올릴 수 있도록 유도하는 마케팅 일선창구로서의 역할을 하고 있다. 이러한 콜센터의 변화에는 CRM(Customer Relationship Management)의 역할이 크다고 할 수 있다. 특히 CRM은 판매, 마케팅, 고객 서비스, 채널 관리 등의 관점에서 종합적으로 이루어지는 활동이기 때문에 정보나 영업지식을 영업부서만 활용한다는 것은 틀린 내용이다.

84 다음이 설명하고 있는 것은?

> 정보나 지식, 가치관, 기호, 감정 등을 음성이나 문자 등을 통하여 전달하거나 교환함으로써 공감대를 형성하는 의사전달 과정

① 매니징 프로그래밍　　　　　　② 커뮤니케이션
③ 팀빌딩(조직개발) 훈련　　　　　④ 텔레마케팅

85 CRM의 성과를 정량적 측면과 정성적 측면으로 구분할 때 정성적 측면에 해당하는 것은?

① 원가절감　　　　　　　　　　② 고객유지
③ 시장점유율　　　　　　　　　④ 구전효과

86 고객과의 관계개선을 위한 방법 중 자기노출에 대한 설명으로 적합하지 않은 것은?

① 자기노출이 증가하면 관계의 친밀감이 키진다.
② 자기노출은 상호적인 경향이 있다.
③ 여성은 남성보다 자기노출을 잘하는 경향이 있다.
④ 자기노출은 보상이 따를 때 감소한다.

Answer ┌─ **84. ② 85. ④ 86. ④**

84 ② 커뮤니케이션(communication)이란 정보나 지식, 가치관, 기호, 감정 등을 음성이나 문자 등을 통하여 정보·생각·감정 등을 타인에게 전달하는 것을 말한다.

85 ④ 정량적(quantitative) 측면은 자료를 수치화 하는 것으로 수치로 구체적으로 표현할 수 있는 것을 말하고, 정성적 (qualitative)측면은 자료의 성질, 특징을 자세히 풀어 쓰는 방식으로 수치로 표현은 되지 않으며 말로써 풀어 쓰는 것이다. 구전효과는 정성적 측면에 해당한다.

86 ④ 자기노출(self-disclosure)이란 누군가와 친밀한 관계를 형성하고 싶을 때 자신의 정보를 공개하는 것으로 현대 마케팅 분야에서 빼놓을 수 없는 요소로 자기 노출은 상호적인 경향이 강하며 자기 노출은 보상을 받을 때 증가하는 경향이 있다.

87 커뮤니케이션 과정에서 전달과 수신 사이에 발생하며 의사소통을 왜곡시키는 요인을 의미하는 것은?

① 잡음(noise)
② 해독(decoding)
③ 피드백(feedback)
④ 부호화(encoding)

88 우수한 고객응대를 통한 기업의 이득이 아닌 것은?

① 고객만족과 직원만족
② 고객의 재구매
③ 경쟁기업의 성장
④ 기업에 대한 긍정적 이미지 형성

89 상담원의 효과적인 경청으로 거리가 먼 것은?

① 고객의 이야기에 대한 관심을 구체적으로 표현한다.
② 확실하지 않은 내용은 다시 한 번 정중하게 물어본다.
③ 고객의 말을 끊지 말고 끝까지 주의 깊게 들어야 한다.
④ 주관적 판단이나 감정을 통하여 이해하려고 노력한다.

Answer ── **87.** ① **88.** ③ **89.** ④

87 ① 잡음은 정확한 정보의 수용을 방해하는 생리적이거나 심리적인 요인들인 신체적 특성, 주의력 부족, 메시지의 명확도나 메시지의 시끄러움과 같은 환경적 요인들이다.

88 ③ 고객의 불평이나 불만, 요구사항 등의 해결을 통한 고객응대는 상품의 재구매, 만족감, 기업 이미지 쇄신에 도움을 준다.

89 ④ 고객의 마음을 주관적 판단이나 감정을 통하여 미리 짐작하거나 충고를 하거나 걸러 듣는 것은 좋지 않은 자세이다.
  ※ 경청
    ㉠ 고객의 말에 귀를 기울여 잘 듣고 잘 이해하여야 한다.
    ㉡ 의사소통을 위하여 정확하게 듣는 것이 가장 중요하며 이 기술은 상담의 첫 번째 조건에 해당된다.
    ㉢ 고객의 마음을 미리 짐작하거나 충고를 하거나 걸러 듣는 것은 금물이다.
    ㉣ 눈을 맞추며 고객의 말에 관심이 있다는 표시로 고개를 끄덕이는 것도 중요하다.
    ㉤ 되도록이면 고객의 말에 집중하면서 고객의 질문을 명료화시켜야 한다.

90 다음 괄호 안에 들어갈 말로 알맞은 것은?

> CRM의 구체적인 실행을 지원하는 시스템이다. 기존의 전사적 자원관리시스템이 조직내부의 관리효율화를 담당하는 시스템임에 반하여 (   )은 조직과 고객 간의 관계향상, 즉 전사적 자원관리시스템의 기능 중에서 고객접촉과 관련된 기능을 강화하여 조직의 전 방위 업무를 지원하는 시스템이다.

① 분석 CRM
② 운영 CRM
③ 협업 CRM
④ e-CRM

91 다음 중 커뮤니케이션의 목적으로 틀린 것은?

① 영향력 행사
② 정보교환
③ 감정표현
④ 자유방임

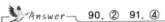

Answer 90. ② 91. ④

90 ② 운영적 CRM은 CRM의 구체적인 실행을 지원하는 시스템이다. 조직과 고객 간의 관계 향상, 즉 조직의 전방위 업무를 지원하는 시스템(Front-end)으로 주로 영업과 서비스를 위한 시스템이다.
  ① 분석 CRM은 CRM 시스템의 기본이라 할 수 있으며, 고객의 데이터를 획득, 관리, 분석하기 위한 모든 과정을 지원하는 정보기술요소들로 구성되어 있다.
  ③ 협업 CRM은 운영적 CRM과 분석적 CRM의 통합을 의미하며 고객과 기업 간의 상호작용을 촉진시키기 위해 고안된 메일링, 전자커뮤니티, 개인화된 인쇄 등을 말한다.
  ④ 물리적 공간의 고객을 대상으로 추진하는 CRM에 비해 인터넷 기반의 온라인 CRM을 e-CRM이라 한다.

91 ④ 커뮤니케이션은 영향력 행사, 정보교환, 감정표현을 목적으로 하며, 자유방임은 커뮤니케이션의 목적이라 보기 어렵다. 여기서 말하는 영향력의 행사란 관리자가 종업원에게 무엇을 할지 말하는 것이 종업원의 행동에 영향을 미쳐 종업원의 조직목표 달성을 위해 영향력을 행사하는 것을 가리킨다.

92 다음의 고객관련 내용을 토대로 고객의 커뮤니케이션 유형을 진단할 때 이 고객과의 상담을 성공적으로 이끌기 위해 요구되는 상담요령으로 가장 효과적인 것은?

> 고객 : (크고, 빠른 속도의 단호한 톤으로)
> "결론적으로, 그 서비스는 나에게 어떤 혜택이 있다는 말입니까? 간단하게 얘기하세요."

① 서비스 특징을 다양한 사례를 들어가며 설명한다.
② 가능한 한 짧게, 요점만을 명확하게 말한다.
③ 고객이 원하는 특징과 이점을 설명하고, 고객시간을 배려하여 결정을 유보하도록 권유한다.
④ 상품의 장단점을 비롯한 다양한 특징들을 구체적으로 또는 논리적이고 체계적으로 설명한다.

93 전화상담시 상황에 맞게 호감을 주는 말로 가장 거리가 먼 것은?

① 긍정적일 때 – 잘 알겠습니다.
② 정보를 제공할 때 – 메모 가능하십니까?
③ 사과할 때 – 뭐라 사과를 드려야 할지 모르겠습니다.
④ 부탁할 때 – 어떻게 하면 좋을까요?

 **Answer** ── **92.** ② **93.** ④

92 ② 단호형 고객에 대해서는 그들이 무엇을 성취하기를 바라는가와 무엇을 원하고 필요로 하며, 무엇이 그들을 동기화 시키는지를 발견함으로써 통제를 하기 위해 그들의 욕구에 초점을 맞추는 것이 좋다.

93 ④ 고객에게 부탁할 때에는 "양해해 주셨으면 합니다." 등과 같은 표현이 호감을 주는 표현이다.
　※ 전화상담에서 호감을 주는 표현
　　㉠ 긍정 : 잘 알겠습니다.
　　㉡ 부정 : 그럴리가 없다고 생각합니다만 무언가 잘못 되었다고 생각합니다.
　　㉢ 맞장구 : 아, 네, 그렇군요.
　　㉣ 거부 : 죄송합니다만, 정말 죄송합니다만,
　　㉤ 부탁 : 양해해 주셨으면 합니다.
　　㉥ 겸양 : 그렇게 생각하지 않으셔도 됩니다.
　　㉦ 불명확 : 어떻게 하면 좋을까요,～～

94 효과적인 경청기법이라고 할 수 없는 것은?

① 재진술   ② 선판단
③ 응대어 구사   ④ 끝까지 경청

95 고객지향마케팅에 대한 설명으로 맞는 것은?

① 상품의 시장점유율을 중심으로 마케팅 전략을 수립한다.
② 상품의 특징 및 장점 등을 중심으로 마케팅 전략을 수립한다.
③ 고객서비스 중심으로만 마케팅 전략을 수립한다.
④ 고객이 의사결정의 기준이 되고, 고객관점에서 마케팅 전략을 수립한다.

96 불만족고객을 대상으로 상담원의 상담기법이 틀린 것은?

① 인내심을 갖고 공감적 경청을 한다.
② 항상 목소리를 높이며 소비자의 의견에 동조한다.
③ 실현 가능한 문제해결 방법으로 최선을 다하고 있음을 전달한다.
④ 문제해결이 만족스러웠는가를 확인한다.

Answer ── **94.** ② **95.** ④ **96.** ②

94 ② 선판단, 선입견을 가질 경우 왜곡된 판단을 할 우려가 있다.

95 ④ 고객지향마케팅은 한마디로 '고객은 왕'이라는 입장의 기업경영 방침으로 생산자가 아닌 소비자 입장에서 판단하는 마케팅 전략이다.
   ※ 고객지향마케팅의 특징
     ㉠ 고객이 수동적인 수용자에 그치지 않고, 마케팅에서 가장 핵심요소
     ㉡ 마케팅의 목표는 고객만족
     ㉢ 상품 개발 시 고객이 요구하는 가치가 중요한 요소로 작용
     ㉣ 고객 개개인의 생활양식 및 가치에 중심을 둔 고객집단 선정
     ㉤ IT 중심의 다양한 의사소통을 통해 소비자와 장기적 관계 형성, 유지

96 ② 불만족 고객과 상담은 고객의 기분을 충분히 배려한다는 마음가짐으로 고객이 만족할 수 있는 방법을 제시하며, 고객의 말에 공감을 하면서 적극적인 경청을 하여야 한다.

97 CRM의 등장배경이 되는 마케팅 패러다임의 변화로 틀린 것은?

① 생산자 중심에서 고객중심으로의 변화

② one-to-one 마케팅에서 mass 마케팅으로의 변화

③ 양적 사고에서 질적 사고로의 변화

④ 10인 1색에서 1인 10색으로의 변화

98 다음 괄호 안에 들어갈 가장 알맞은 것은?

> CRM이란 고객관리에 필수적인 요소들(기술 인프라, 시스템기능, 사업전략, 영업프로세스, 조직의 경영능력, 고객과 시장에 관련된 영업정보 등)을 (   )으로 종합, 통합하여 고객활동을 개선함으로써, 고객과의 장기적인 관계를 구축하고 기업의 경영성과를 개선하기 위한 새로운 경영방식이다.

① 기업중심   ② 고객중심

③ 시상중심   ④ 영업중심

 **97. ② 98. ②**

97 ② 매스 마케팅(Mass Marketing)이란 불특정 다수를 대상으로 상품을 선전하거나 판매를 촉진하는 마케팅 전략을 말한다. 즉 기업이 전체 시장에 표준화된 제품과 서비스를 제공하는데 사용하는 전략으로 우리가 알고 있던 대량생산과 대량유통, 대량판매 형식이 바로 매스 마케팅의 일환으로 볼 수 있다. 현재와 같이 수요보다 공급이 훨씬 초과되는 시장상황에서는 매스 마케팅이 더 이상 효율적이지 못한 방식이기 때문에 각각의 소비자들을 자신의 고객으로 만들고, 이를 장기간 유지하고자 하는 경영방식의 고객관계관리(CRM)가 대두되었다.

98 ② 고객관계관리(CRM)는 고객이 무엇을 요구하는지 파악하고 고객을 알기 위해 할 일들을 고객 중심의 데이터에 근거한 시스템을 말한다. 즉, 고객관계관리는 고객이 원하는 제품과 서비스를 지속적으로 제공함으로써 고객을 장기간 유지시키고 고객의 평생가치를 극대화하여 수익성을 높이는 통합된 고객관계관리 프로세스를 말한다.

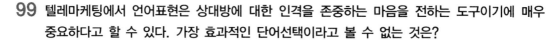

99 텔레마케팅에서 언어표현은 상대방에 대한 인격을 존중하는 마음을 전하는 도구이기에 매우 중요하다고 할 수 있다. 가장 효과적인 단어선택이라고 볼 수 없는 것은?

① 고객에게 확신을 줄 수 있는 긍정적인 단어
② 고객과 공감대를 형성할 수 있는 사투리
③ 고객이 받을 수 있는 이점을 위주로 한 단어
④ 칭찬, 감시, 기쁨을 표현할 수 있는 말

100 고객상담시 고객과의 공감대를 형성하는 방법과 가장 거리가 먼 것은?

① 공통적인 화제로 성의 있게 대화한다.
② 인사는 격식에 따라서 위엄 있게 한다.
③ 고객을 진심으로 칭찬한다.
④ 고객의 신분에 맞는 존칭어를 구사한다.

 Answer —— 99. ② 100. ②

99 ② 텔레마케팅에서 사용하는 말투는 바로 텔레마케터의 인격을 표현하는 것이므로 신중하게 사용하여야 한다. 즉, 반 말이나 행동이 가볍게 보이는 어투, 빈정대는 듯한 어감, 무성의한 표현, 짙은 사투리나 방언 등은 절대 삼가야 한다. 또한 외래어나 전문용어, 은어, 속어, 유행어 등은 절대로 사용하지 않는다.

100 ② 인사 역시 가장 편한 느낌이 들게 하는 것이 보편적이다.

1 판매관리

1 CRM 고객데이터 중 회사에 리스크를 초래하였거나 신용 상태, 가입자격 등이 미달되는 고객을 의미하는 것은?

① 비활동고객   ② 로열티고객

③ 잠재고객   ④ 부적격고객

2 소비자의 관여도가 낮고 브랜드 간 차이가 별로 나타나지 않은 상황에서 일어나는 구매행동은?

① 부조화 감소 구매행동   ② 복잡성 구매행동

③ 습관적 구매행동   ④ 다양성 추구 구매행동

Answer ── 1. ④ 2. ③

1 ① 비활동고객 : 자사의 고객이었던 사람 중 정기적인 구매를 할 시기가 지났는데도 더 이상 구매하지 않는 고객을 말한다.
② 로열티고객 : 다른 말로 충성고객이라고 하며, 이는 기업 조직들이 가장 바라는 고객으로서 기업 조직에 관한 충성도가 높아 별도의 커뮤니케이션이 없어도 자신이 뭔가 구매하려고 마음먹었을 때 언제나 해당 기업을 먼저 떠올리는 고객이다.
③ 잠재고객 : 기업에 대해 인지하고 있지 않거나, 인지하고 있어도 관심이 없는 고객이다.

2 구매행동유형(buying behavior)

구분	고관여 수준	저관여 수준
브랜드 간 차이가 큰 경우	복합적 구매행동	다양성 추구 구매행동
브랜드 간 차이가 작은 경우	부조화감소 구매행동	습관적 구매행동

3 효과적인 시장 세분화의 조건에 해당하지 않는 것은?

① 제품 및 서비스 품질과 양을 감소시키거나 가격을 통제할 수 있는 강력한 공급업자가 반드시 있어야 한다.
② 세분시장의 규모, 구매력 등이 측정 가능해야 한다.
③ 세분시장에 접근할 수 있고, 그 시장에 어느 정도 효과적으로 활동할 수 있느냐를 고려해야 한다.
④ 세분시장을 유인하여 서브할 수 있도록 효과적인 마케팅 프로그램을 입안하여 활동할 수 있어야 한다.

4 다음 중 마케팅 조사과정으로 적합한 것은?

① 문제와 조사목적의 설정→정보 수집을 위한 조사계획의 수립→자료 수집과 분석→조사계획의 실행→조사결과의 해석과 제시
② 정보 수집을 위한 조사계획의 수립→문제와 조사목적의 설정→자료 수집과 분석→조사계획의 실행→조사결과의 해석과 제시
③ 문제와 조사목적의 설정→정보 수집을 위한 조사계획의 수립→조사결과의 해석과 제시→자료 수집과 분석→조사계획의 실행
④ 문제와 조사목적의 설정→정보 수집을 위한 조사계획의 수립→조사계획의 실행→자료 수집과 분석→조사결과의 해석과 제시

Answer 3. ① 4. ④

3 효과적인 세분화의 조건
  ㉠ 측정가능성 : 세분시장의 규모와 구매력이 측정될 수 있는 정도
  ㉡ 접근가능성 : 세분시장에 도달할 수 있고 그 시장에서 어느 정도 영업할 수 있는가의 정도
  ㉢ 실질성 : 어느 세분시장의 규모가 충분히 크고, 이익이 발생할 가능성이 큰 정도
  ㉣ 행동가능성 : 세분시장으로 유인하고, 그 세분시장에서 영업활동을 할 수 있도록 구성되어 질 수 있는 효과적인 프로그램의 정도

4 마케팅 조사과정 … 문제와 조사목적의 설정→정보 수집을 위한 조사계획의 수립→조사계획의 실행→자료수집 및 분석→조사결과의 해석 및 제시

5 텔레마케팅을 통한 고객의 구매 만족도 및 구매 성공 가능성에 영향을 미치는 요인 중 배송 여부에 해당되는 마케팅믹스는?

① 제품　　　　　　　　　　　② 가격
③ 유통　　　　　　　　　　　④ 촉진

6 다음 중 편의품에 대한 설명으로 틀린 것은?

① 편의품은 소비자가 자주 최소한의 노력으로 구입하는 제품을 말한다.
② 소비자들은 편의품 상표에 대해서 강한 애호도를 가지고 있다.
③ 대표적인 편의품으로는 주로 명품시계, 자동차 등이다.
④ 편의품을 구입할 때에는 가장 편리한 위치에 있는 점포를 선택하는 경우가 많다.

7 마케팅 정보시스템에 관한 설명으로 틀린 것은?

① 마케팅을 보다 효과적으로 수행하기 위하여 관련된 사람, 고객의 정보, 기구 및 절차, 보고서 등을 관리하는 시스템을 말한다.
② 마케팅 경영자의 마케팅 의사 결정에 사용할 수 있도록 한 정보관리 시스템이다.
③ 기업 내부 자료, 외부 자료와 정보를 체계적으로 관리한다.
④ 마케팅 정보시스템은 경영 정보시스템의 상위 시스템이다.

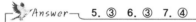

Answer　5. ③　6. ③　7. ④

5 마케팅믹스
　㉠ **제품**(Product) : 품질, 디자인, 상표, 포장, 고객서비스, 보증기간
　㉡ **유통**(Place) : 표시가격, 가격할인, 거래조건, 지불기간
　㉢ **가격**(Price) : 유통경로, 시장포괄범위, 상품구색, 서비스수준, 수송방법
　㉣ **촉진**(Promotion) : 광고, 인적판매, 판매촉진, PR, 직접마케팅, 커뮤니케이션

6 ③ 편의품은 소비자가 최소한의 노력으로 구매를 하는 것으로 구매의 편의성(주로 생필품)이 높은 제품을 의미한다.

7 마케팅 정보시스템은 경영 정보시스템의 하위 시스템이다.

8 아웃바운드 텔레마케팅의 성공요소가 아닌 것은?

① 명확한 고객 데이터의 확보
② 쌍방향 의사소통을 위한 정교한 스크립트
③ 주력상품, 서비스의 개발 및 제공
④ 무차별적 통화를 통한 공격적 영업자세

9 다음 중 마케팅 활동을 수행하는 데 가장 먼저 선행 되어야 하는 것은?

① 소비자의 욕구를 발견하는 것
② 경쟁자의 욕구를 발견하는 것
③ 경쟁자의 욕구를 충족시키는 것
④ 판매자의 욕구를 충족시키는 것

10 아웃바운드 텔레마케팅에서 판매의 효율성을 제고시키기 위한 방안과 가장 거리가 먼 것은?

① 아웃바운드 텔레마케팅에서의 판매관리는 마케팅 4P와 4C(Communication, Commerce, Community, Contents)를 적절히 전략적으로 활용한다.
② 원활한 판매활동과 고객만족을 실현하기 위해서 판매관리 데이터베이스의 정보 시스템화를 촉진시켜야 한다.
③ 고객과 원활히 대화할 수 있는 홈페이지를 구축하고 상품에 대한 정보교환 및 문의는 이메일을 통해서만 가능하게 한다.
④ 아웃바운드 텔레마케팅 분야에 적합한 상품을 적극적으로 개발한다.

Answer ─ 8. ④ 9. ① 10. ③

8 아웃바운드 텔레마케팅은 고객이나 잠재고객에게 전화를 걸거나 비디오텍스에 상품정보와 관련된 메시지를 발송하는 형태로 고객에 대한 데이터베이스를 철저히 관리하여 활용하여야 한다.

9 기업의 입장에서는 마케팅 활동을 함에 있어서 무엇보다도 목표로 한 고객들의 니즈를 파악해야 한다.

10 아웃바운드 텔레마케팅은 고객 접촉률과 반응률을 중시하기 때문에 직접적인 통화가 중요하다.

11 마케팅관리자가 적용 가능한 마케팅기회를 평가하는 방법으로 가장 적합한 것은?

① 단기적이기보다 장기적인 관점에서 모든 마케팅기회를 평가해야만 한다.
② 계량적(Quantitative)인 기준의 사용을 자제해야 한다.
③ 다수의 기회가 존재할 경우 개별적으로 대안들을 평가해야 한다.
④ 통제가 가능한 내부자원만을 살펴봐야 한다.

12 다음이 설명하고 있는 제품구매의 특성은?

> 립스틱을 구매하는 여성은 화장품을 구매하는 것처럼 보이지만, 실제로는 화장을 통해 아름다워지고
> 자 하는 희망을 구매하는 것이다.

① 핵심편익(core benefit)   ② 실제재품(actual product)
③ 확장제품(augmented product)   ④ 부가서비스(additional service)

13 시장세분화에 관한 설명으로 틀린 것은?

① 시장세분화란 상이한 욕구·행동 및 특성을 가지고 있는 소비자들을 분류하는 과정을
  말한다.
② 시장세분화의 목적은 효과적인 마케팅믹스에 있다.
③ 시장세분화는 제품계열 단순화를 통해 생산을 표준화, 대량화 할 수 있다.
④ 시장세분화는 다양한 제품계열·광고매체를 이용하여 수익률을 증대시킬 수는 있으나
  생산원가 및 판매비·일반관리비의 증대를 가져온다.

Answer ── 11. ① 12. ① 13. ③

11 ② 효과적인 마케팅 계량지표는 마케팅 활동의 계획을 평가하는 것은 물론 성과를 측정하고 판단하여 개선할 수 있는
  척도가 된다.
  ③ 다수의 기회가 존재하면 통합적으로 대안들을 평가해야 한다.
  ④ 내부자원뿐만 아니라 외부자원까지 고려하여 평가하여 한다. 특히 외부환경의 변화를 명확하게 인식하면 새로운 마
  케팅 기회를 발견하고 그 기회에 보다 빠르게 반응할 수 있다.

12 핵심편익은 소비자들이 제품 구매를 통해 얻고자 하는 가치 또는 효익을 말한다.

13 시장세분화는 가격이나 제품에 대한 반응에 따라 전체시장을 몇 개의 공통된 특성을 가지는 세분시장으로 나누어서 마
  케팅을 차별화시키는 것을 말하는 것으로 표준화, 대량화는 관련이 없다.

14 소비자가 구입하고자 하는 휴대전화를 아래와 같이 평가했을 때의 설명으로 옳은 것은?

구분	가중치	A제품	B제품	C제품	D제품
통화품질	9	8	7	8	9
가격	8	6	9	8	7
디자인	7	7	5	5	8
AS기간	6	8	9	6	5

① 보완적 접근법으로 휴대전화를 선택하면 A제품을 선택하게 된다.
② 사전 편집식 접근법으로 휴대전화를 선택하면 B제품을 선택하게 된다.
③ 보완적 접근법으로 휴대전화를 선택하면 C제품을 선택하게 된다.
④ 사전 편집식 접근법으로 휴대전화를 선택하면 D제품을 선택하게 된다.

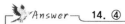

Answer── **14.** ④

14 보완적 접근법과 사전 편집식 접근법
　㉠ 보완적 접근법으로 휴대전화에 대한 점수를 산출하면 다음과 같으므로 총합이 가장 높은 D제품을 선택하게 된다.
　　• A제품 : $9 \times 8 = 72$, $8 \times 6 = 48$, $7 \times 7 = 49$, $6 \times 8 = 48$, 총합 = 217
　　• B제품 : $9 \times 7 = 63$, $8 \times 9 = 72$, $7 \times 5 = 35$, $6 \times 9 = 54$, 총합 = 224
　　• C제품 : $9 \times 8 = 72$, $8 \times 8 = 64$, $7 \times 5 = 35$, $6 \times 6 = 36$, 총합 = 207
　　• D제품 : $9 \times 9 = 81$, $8 \times 7 = 56$, $7 \times 8 = 56$, $6 \times 5 = 30$, 총합 = 223
　㉡ 사전 편집식 접근법으로 휴대전화를 선택하면 가중치가 가장 높은 통화품질의 평가점수가 가장 높은 D제품을 선택하게 된다.
　※ 의사결정방법
　　㉠ 보완적 접근법 : 개별 속성에 대한 점수와 가중치 점수를 곱하고 전체 속성별로 합산하여 각 브랜드에 대한 전체 점수를 산출하는 방법
　　㉡ 사전 편집식 접근법 : 가중치가 높은 것부터 차례대로 모든 대안을 살피는 방법

15 다음 중 유통경로 설계과정을 바르게 나열한 것은?

㉠ 고객욕구의 분석	㉡ 주요 경로대안의 식별
㉢ 유통경로의 목표 설정	㉣ 경로대안의 평가

① ㉢→㉡→㉠→㉣
② ㉡→㉠→㉣→㉢
③ ㉠→㉢→㉡→㉣
④ ㉣→㉢→㉠→㉡

16 인바운드 텔레마케팅의 업무로 적당하지 않은 것은?

① 전화번호 안내
② 고객정보의 수집 · 관리
③ 신상품 홍보
④ 홈쇼핑 주문접수

17 대형 가전제품, TV, 가구류, 의복 등에 해당하는 소비재 유형은?

① 편의품
② 선매품
③ 전문품
④ 비탐색품

Answer — **15. ③ 16. ③ 17. ②**

15 유통경로의 설계과정 ⋯ 고객욕구분석 → 유통경로의 목표설정 → 주요 경로대안의 식별 → 경로대안의 평가

16 인바운드 텔레마케팅의 업무
 ㉠ 고객의 불편이나 불만처리
 ㉡ 고객의 문의사항
 ㉢ 통신판매의 전화접수

17 선매품은 대체로 고가이며, 편의품에 비해 구매빈도가 높지 않다. 또한 소비자가 구매계획과 정보탐색에 많은 시간을 할애하는 제품이다. 선매품은 상대적으로 고가격이므로 지역별로 소수의 판매점을 통해 유통되는 선택적 유통경로전략이 유리하며, 불특정 다수에 대한 광고와 특정 구매자 집단을 표적으로 하는 인적판매가 사용된다.

18 다음 (   ) 안에 공통적으로 들어갈 용어는?

> (   )는(은) 청중의 반응이 정보제공자에게 전달되는 과정을 말한다. (   )는(은) 커뮤니케이션 과정의 마지막 단계와 처음 단계를 연결시켜준다. (   )과정을 통하여 정보 제공자는 촉진 전략이 당초의 목표 수준에 달성하였는지 평가할 수 있고, 이를 통해 전략을 수정하기도 한다.

① 피드백   ② 해독화

③ 부호화   ④ 노이즈

Answer— **18.** ①

18 의사소통 모델요인

구분	내용
환경	상담원의 메시지를 보내고 받는 환경, 즉 사무실, 상점, 집단이나 개별 환경은 메시지의 효율성에 영향을 준다.
송신자	상담원은 고객과 메시지를 시작하면서 송신자의 역할을 맡는다. 반대로 고객이 반응을 보일 때에는 고객이 송신자가 된다.
수신자	처음에 상담원은 고객이 보내는 메시지의 수신자가 된다. 그러나 일단 상담원이 피드백을 하게 되면, 상담원의 역할은 송신자로 바뀐다.
메시지	메시지는 상담원이나 고객이 전달하고자 하는 생각이나 개념이다.
통로	상담원의 메시지를 이전하기 위해 선택하는 방법인 전화, 대면접촉, 팩스, 이메일이나 기타 통신수단을 말한다.
부호화	상담원의 메시지를 고객이 효과적으로 이해할 수 있는 형태로 바꾸기 위해서 부호화된다. 메시지를 해독할 수 있는 고객의 능력을 정확하게 파악하지 못하면 혼란과 오해를 일으킬 수 있다.
해독	해독은 상담원과 고객이 되돌려 받은 메시지의 의미를 해석함으로써 친밀한 생각으로 전환하는 것이다.
피드백	교신에 있어서 송신자가 메시지를 보내고 수신자가 이를 받은 다음에 수신자가 받은 영향·인상 등을 토대로 송신자에게 다시 보내는 메시지의 환류를 말한다.
여과	여과는 받은 메시지를 왜곡시키거나 영향을 미치는 요인들이다. 여과에는 태도, 관심, 경향, 기대, 교육 및 신념과 가치 등이 포함된다.
잡음	잡음은 정확한 정보의 수용을 방해하는 생리적이거나 심리적인 요인들인 신체적 특성, 주의력 부족, 메시지의 명확도나 메시지의 시끄러움과 같은 환경적 요인들이다.

19 제품 수명주기 중 시장수용 및 이익이 급속하게 증대하는 단계는?

① 도입기   ② 성장기

③ 성숙기   ④ 쇠퇴기

20 데이터마이닝에 대한 설명이 틀린 것은?

① 데이터마이닝은 인공지능 분야의 기계학습이론을 근거로 한다.

② 기업 내 고객 데이터베이스를 축적하여 효과적 활용의 의사결정을 위한 것이다.

③ 데이터마이닝은 데이터베이스의 지식탐색 과정 중의 일부이다.

④ 데이터마이닝은 데이터사이에 관계나 패턴을 의미하는 지식발견과정의 무한적 의미이다.

21 무점포 소매의 형태로서 가장 거리가 먼 것은?

① 텔레마케팅   ② 방문판매

③ 홈쇼핑   ④ 편의점

22 전통적인 마케팅 경로로 맞는 것은?

① 제조업자→소매상→도매상→소비자

② 도매상→소매상→제조업자→소비자

③ 도매상→제조업자→소매상→소비자

④ 제조업자→도매상→소매상→소비자

Answer — **19.** ② **20.** ④ **21.** ④ **22.** ④

19 제품수명주기에서 "성장기(Growth)"는 제품에 대한 수요가 점점 증가함에 따라 시장 규모가 확대되고 제조 원가가 하락하여 기업의 이윤율이 증가하는 성장기에 접어들면 기업의 위험이 현저하게 줄어든다.

20 데이터마이닝은 많은 데이터 가운데 숨겨져 있는 유용한 상관관계를 발견하여, 미래에 실행 가능한 정보를 추출해 내고 의사 결정에 이용하는 과정을 말한다.

21 무점포 소매상에는 텔레마케팅, 텔레비전 마케팅, 통신우편판매, 온라인 마케팅, 자동판매기, 방문판매 등이 있다.

22 전통적 마케팅 경로 … 제조업자(생산자)→도매상→소매상→소비자

23 판매촉진의 효과로 볼 수 없는 것은?

① 학습에 의한 재구매 ② 구매량 증가
③ 구매시점의 지연 ④ 구매를 위한 상황 확장

24 마케팅에 대한 설명으로 틀린 것은?

① 소비자에게 만족을 주고 이를 통해 기업의 이윤을 추구하는 활동이다.
② 유형품만을 생산자로부터 소비자에게 유통되는 과정에서 수반되는 활동을 총괄하는 것이다.
③ 마케팅이란 교환과정을 통하여 인간의 욕구와 필요를 충족시키고자 하는 활동을 말한다.
④ 마케팅은 제품과 서비스를 계획하고 그 가격을 결정하며, 이들의 구매 및 소비에 필요한 정보를 제공하고 유통시키는데 소요되는 조화된 인간 활동의 수행이다.

25 마케팅의 내부 정보로 가장 거리가 먼 것은?

① 매출입 금액 ② 판매상황 정보
③ 수요예측 시장 정보 ④ 외상매출금

Answer— **23.** ③ **24.** ② **25.** ③

23 판매촉진(Sales Promotion)은 최종 고객이나 경로상의 다른 고객에 의해 관심, 시용, 구매를 자극하는 촉진활동을 말하는데, 고객이 판촉에 대한 긍정적인 표현을 하게 되면 학습에 의해서 재구매를 하게 되며, 자연히 구매량은 증가하게 되며, 자사의 제품구매를 위한 상황은 더욱 증가하게 될 것이다.
③ 판촉 효과가 긍정적이면 구매시점에 있어서 지연될 이유가 없으므로 이는 판매촉진의 효과로 보기 어렵다.

24 마케팅은 눈에 보이지 않는 무형의 서비스까지 포함하는 개념이다.

25 ①②④는 자사의 조직 내에서 발생하는 정보로, 이는 마케팅에 활용할 수 있는 조직내부의 정보가 되지만, ③은 조직 내부가 아닌 외부환경으로서 시장에서 얼마나 많은 수요가 있는지를 지켜보는 것이므로 이는 외부 정보가 된다.

26 장난감 회사에서는 얼마나 많은 장난감을 바꾸거나 개선 할 필요가 있는지를 알아보기 위해 실제 어린이들이 장난감을 가지고 노는 것을 살펴본다고 한다. 이러한 방법으로 수집된 자료를 무엇이라고 하는가?

① 관찰 자료
② 설문지 자료
③ 인터뷰 자료
④ 인구통계적 자료

27 비확률표본추출 방법에 해당하는 것은?

① 단순무작위표집(simple random sampling)
② 층화표집(stratified sampling)
③ 집락표집(cluster sampling)
④ 유의표집(purposive sampling)

Answer ── 26. ① 27. ④

26 ① 관찰 자료란 질문과 답변을 통하여 정보를 수집하는 것이 아니라 응답자의 행동과 태도를 조사자가 관찰하고 기록함으로써 정보를 수집하는 방법인 관찰법에 의해 수집된 자료이다. 관찰법은 자신이 인식하지 못한 행동의 패턴을 조사하는 것으로 응답자와의 어떠한 커뮤니케이션도 없이 오직 관찰에 의해서만 정보를 수집하는 방법이다.

27 ④ 비확률표본추출은 조사대상이 되는 모집단의 규모가 매우 크거나 표본프레임을 구하기가 쉽지 않은 상업적 조사에서 흔히 사용된다. 대표적인 방법에는 종류로는 유의표집, 편의표집, 할당표집, 눈덩이표집 등이 있다.

※ 확률표집과 비확률표집
 ㉠ 확률표집 : 각 표집단위들 모두가 추출될 기회가 있으며, 각 단위들이 무작위적으로 추출되는 표집이다. 종류로는 단순무작위표집, 계통표집, 층화표집, 집락표집 등이 있다.
 ㉡ 비확률표집 : 모집단으로부터 선택될 확률이 미리 알려지지 않은 경우 사용된다. 종류로는 유의표집, 편의표집, 할당표집, 눈덩이표집 등이 있다.

28 설문지 작성에서 폐쇄형 질문의 장점으로 가장 거리가 먼 것은?

① 자료의 코딩이 용이하다.
② 응답 관련 오류가 개방형 질문에 비해 적다.
③ 양적 연구에 적합하다.
④ 사적인 질문, 꺼리는 질문을 하기에 유리하다.

29 면접조사자의 기만행위를 파악하기 위해 시장조사 진행자가 수행해야 하는 절차는?

① 오리엔테이션(orientation)
② 실사(field work)
③ 검증(validation)
④ 분석(analysis)

30 다음 설명에 가장 적합한 조사유형은?

> S은행 내부 직원들의 회사만족도를 조사하기 위하여 3,000명의 직원들에게 10일간 조사를 실시하고자 한다. 문항에 대한 이해부족으로 생길 수 있는 응답오류를 최소화하면서 적은 비용으로 조사를 할 수 있는 방법을 생각하고 있다.

① 면접조사
② 면접조사
③ 집단설문조사
④ 관찰조사

Answer ── **28.** ④ **29.** ③ **30.** ③

28 사적인 질문을 하기 적합한 것은 폐쇄형 질문의 장점이 아니다.

29 ③ 시장조사 진행자는 면접조사가 의도한 바대로 실상을 정확히 되었는가를 알기 위해 확인(Validation)을 거쳐야 한다.

30 ③ 집단설문조사의 경우 큰 표본에도 용이하게 적용이 가능하며, 비용이 적게 든다.

31 대한민국에 거주하는 외국인을 대상으로 한 달에 지출 되는 교육비에 대한 기초자료를 수집할 때 다양한 국적을 가진 사람과 비용측면을 고려한다면 어떠한 조사 방법이 가장 적합한가?

① 우편조사   ② 면접조사

③ 방문조사   ④ 관찰조사

32 컴퓨터지원 전화면접(CATI)의 장점이 아닌 것은?

① 전산화된 설문지를 이용하기 때문에 텔레마케터에 대한 사전교육이 전혀 필요 없다.

② 컴퓨터가 자동으로 전화번호를 돌리고 접속이 이루어지기 때문에 면접시간이 감소된다.

③ 면접조사원이 모니터에 나타난 질문들을 읽고 즉시 컴퓨터에 응답자들의 답변을 기록하기 때문에 자료의 질이 강화된다.

④ 조사 후 설문지의 코딩, 컴퓨터에 자료를 입력하는 번거로운 단계들이 많이 생략된다.

33 조사벙법의 비교 순서가 틀린 것은?

① 자료수집의 유연성이 높은 조사 방법 순서로는 우편면접, 전화면접, 개인면접 순이다.

② 질문의 다양성이 높은 조사 방법 순서로는 개인면접, 우편면접, 전화면접 순이다.

③ 표본 통제가 높은 조사방법 순서로는 개인면접, 전화면접, 우편면접 순이다.

④ 속도가 빠른 조사 방법 순서로는 전화면법, 개인면접, 우편면접 순이다.

Answer ── 31. ①   32. ①   33. ①

31 ① 우편조사의 경우 단시간 내에 광범위한 조사가 가능하다.
　②③④ 조사원이 응답자와 직접 대면하거나 오랜 기간을 요하는 조사방법은 조사대상이 많거나 조사지역이 넓은 경우에는 적합하지 않다.

32 ① 컴퓨터를 이용한 전화조사(CATI ; Computer Assisted Telephone Interviewing)는 컴퓨터를 이용하여 실시하는 전화조사로 컴퓨터를 이용하여 표본추출을 정교하게 할 수 있고 표본추출방법을 다양하게 사용할 수 있다. 복잡한 구조의 질문은 분기를 자동으로 할 수 있게 하여 조사자의 실수를 막아주며, 응답항목의 순서를 자동으로 순환하게 한다.

33 ① 자료수집의 유연성이 높은 조사 방법 순서로는 개인면접, 전화면접, 우편면접순이다. 우편면접(조사)의 경우 우송대상자 선정을 표본추출방법에 따라 선택하여 조사표를 송달·회수하여 조사하는 표준화된 방법을 사용하므로 응답자가 이해하지 못할 때 보충설명을 할 수 없는 등의 유연성 문제가 발생한다.

34 다음과 같은 특징을 지닌 연구방법은?

> • 질적인 정보를 양적인 정보로 바꾼다.
> • 예를 들어, 최근에 유행하는 드라마에서 주로 다루었던 주제가 무엇인가를 알아낸다.
> • 고객과의 상담 내용도 연구대상이 될 수 있다.

① 투사법   ② 내용분석법

③ 질적연구법   ④ 사회성측정법

35 자료 수집을 위하여 사용하는 척도 중에서 다음의 특징을 가진 척도는?

> • 인종집단 간의 태도를 특정하는데 사용된다.
> • 7점 척도로 구성되어 있다.

① 리커트 척도   ② 오스굿 척도

③ 보가더스 척도   ④ 서스톤의 척도

Answer ── 34. ②   35. ③

34 ① 투사법은 직접 질문하기 어렵거나 직접 질문을 하여도 타당성있는 응답이 나올 가능성이 없을 때 어떤 자극상태를 형성하여 이에 대한 응답자의 반응을 보고 의향이나 의도를 파악하는 방법이다.
③ 질적연구법은 인터뷰, 관찰결과, 문서, 그림, 역사기록 등 질적 자료를 얻기 위해 사용되는 방법이다.
④ 사회성측정법은 집단 내에서의 개인의 사회적 위치 및 비형식적인 집단형성의 구조를 알아내는 방법이다.

35 ③ 보가더스 척도는 누적척도의 일종으로 여러 형태의 사회집단 및 추상적 사회가치의 사회적 거리를 측정하기 위해 개발한 방법으로 사회집단 등의 대상에 대한 친밀감 및 무관심의 정도를 측정한다. 주로 인종, 민족 또는 사회계층간 사회심리적 거리감을 측정하기 위해 사용되는 사회적 거리척도로 사용하고 있다.

36 1차 자료의 수집방법이 아닌 것은?

① 설문조사   ② 문헌조사

③ 실험조사   ④ 전화조사

37 백화점의 서비스 품질에 대한 만족도 조사를 위하여 단골 고객들 중 동일한 표본의 조사대상자들을 선정한 후 매월 이들을 인터뷰하여 백화점의 서비스 품질에 대해 조사하는 것과 같이, 동일한 사람들을 대상으로 여러 시점에 걸쳐 조사하는 연구방법은?

① 패널 연구   ② 횡단 연구

③ 코호트 연구   ④ 추세 연구

38 우편조사의 응답률에 영향을 미치는 요인과 가장 거리가 먼 것은?

① 연구주관기관 및 지원 단체의 성격

② 응답집단의 동질성

③ 응답자의 지역적 범위

④ 질문지의 양식 및 우송방법

 *Answer*———— 36. ②   37. ①   38. ③

36 ② 문헌조사는 기업이 처한 문제를 규명하기 위하여 신문이나 잡지, 정부보고서 등 기존의 2차 자료를 활용하는 방법이다.

37 ① 패널이란 일정한 간격을 두고 정보제공에 동의한 응답자의 표본을 말하며, 일정한 간격을 두고 정보제공에 동의한 응답자의 표본을 만드는 조사방법을 패널조사라 한다.

38 ③ 응답자의 분포거리(지역적 범위)에 영향을 받지 않으며 다만, 정확한 주소록의 확보가 필수적이다.

  ※ 응답률에 영향을 미치는 요인

    ㉠ 조사주체와 조사위임기관의 성격

    ㉡ 설문지 구성과 디자인

    ㉢ 응답 및 반송의 용이성

    ㉣ 인센티브 제공

    ㉤ 독촉장과 독촉전화

    ㉥ 설문지의 발송시기

    ㉦ 우편물의 종류

39 조사대상자의 언어능력과 지적(교육)수준에 따라 신뢰도의 격차가 크게 발생할 수 있는 척도는?

① 거트만 척도(guttman scale)

② 의미분화 척도(semantic differential scale)

③ 리커트 척도(likert scale)

④ 서스톤 척도(thurstone scale)

40 연구의 단위(unit)를 혼동하여 집합단위의 자료를 기반으로 개인의 특성을 추리할 때 발생할 수 있는 오류는?

① 집단주의 오류　　　　　　　　② 생태주의 오류

③ 확률표본 오류　　　　　　　　④ 환원주의 오류

41 다음 설명에 해당하는 것은?

> 시장조사 시 연구대상이나 표본단위가 수록된 목록을 말하며, 이로부터 최종적인 표본이 추출된다.

① 표본프레임　　　　　　　　　② 임의표본

③ 확률표본　　　　　　　　　　④ 통제집단

Answer　39. ②　40. ②　41. ①

39 ② 의미분화척도(어의구별척도)는 어떤 개념에 함축되어 있는 의미를 평가하기 위해 사용된다. 개념에 대한 생각 다양한 문항으로 제시하되, 각 문항을 형용사의 쌍으로 하고 극단에 서로 상반되는 형용사 배치하여 평가한다. 어의차가 애매한 경우가 많아 평가자 집단 선별에 어려움이 따르며 평가자 집단 선별이 제대로 이루어지지 않은 경우 신뢰도에 큰 차이가 발생하게 된다.

40 ② 생태주의 오류는 분석의 단위와 관련하여 자료를 해석할 때 발생하는 것으로 개인보다 큰 집단에 관한 조사에 근거해서 개인에 대한 결론을 내릴 때 생기는 오류를 말한다.

41 ① 표본프레임이란 모집단에 속하는 연구대상이나 표본단위가 포함된 목록을 의미하며 일반적으로 조사자는 표본프레임으로부터 최종적인 표본을 추출한다.

42 설문지의 일반적인 구성 내용이 아닌 것은?

① 응답자에 대한 조사 협조요청
② 비밀보장을 위한 응답자 식별자료
③ 응답자가 모든 항목을 기록할 수 있게 도와줄 상세한 지시사항
④ 연구목적에 필요한 조사설문

43 표본 추출시 표본으로 추출될 확률을 전혀 알 수 없는 상태에서 인위적인 표본추출을 해야 하는 경우, 시간과 비용의 절감 효과는 있으나 표본오차의 추정이 불가능한 표본 추출법은?

① 비확률표본추출법
② 확률표본추출법
③ 층화표본추출
④ 군집표본추출

44 전화조사에서 응답률(response rate)의 의미로 맞는 것은?

① 전화를 걸었을 때 신호가 가는 비율
② 전화를 걸었을 때 누군가가 받는 비율
③ 전화를 걸었을 때 조사대상자가 받는 비율
④ 전화를 걸었을 때 원하는 정보를 얻어내는 비율

Answer ─── 42. ② 43. ① 44. ④

42 ② 설문지는 가능한 한 표준화된 설문지를 작성하는 것을 원칙으로 하며 응답자에 대한 협조요청, 지시사항, 식별자료, 필요한 정보의 획득, 응답자의 분류를 위한 자료의 부분으로 구성된다.

43 ① 비확률표본추출방법은 모집단 내의 각 구성요소가 표본으로 선택될 확률을 알 수 없기 때문에 이들로부터 수집된 자료가 모집단을 어느 정도 잘 대표하는지에 대한 정확한 추정이 어렵다. 비확률표본추출방법은 조사대상이 되는 모집단의 규모가 매우 크거나 표본프레임을 구하기가 쉽지 않은 상업적 조사에서 흔히 사용된다.

44 ④ 전화조사에서 응답률이란 단순히 전화에 응답하는 것이 아니라 원하는 정보를 얻어내는 비율을 의미한다.

45 마케팅 조사의 진행과정 순서로 맞는 것은?

① 예비 단계→자료수집 단계→조사계획 단계→분석 및 대안 제시 단계
② 예비 단계→조사계획 단계→자료수집 단계→분석 및 대안 제시 단계
③ 조사계획 단계→예비 단계→자료수집 단계→분석 및 대안 제시 단계
④ 자료수집 단계→예비 단계→조사계획 단계→분석 및 대안 제시 단계

46 다음 중 신디케이트 조사유형과 가장 거리가 먼 것은?

① 국가 인구 조사　　　　　　② TV 시청률 조사
③ 소비자 패널 조사　　　　　④ 미디어 조사

47 설문지 유형 중 동기조사에 해당하는 투사법이 아닌 것은?

① 통각시험법　　　　　　　　② 단어연상법
③ 문장완성법　　　　　　　　④ 응답관찰법

Answer ── 45. ② 46. ① 47. ④

45 ② 마케팅 조사의 진행과정은 예비단계→조사설계(조사계획)→자료수집→자료분석 및 대안 제시의 순으로 진행된다.

46 ① 신디케이트 조사(Syndicate)는 의뢰를 받아 건별로 조사하는 것이 아니라 조사회사에서 자체적으로 기획하여 조사를 진행한 후 조사결과를 필요로 하는 기업이나 기관에 보고서 형태로 판매하는 조사형태를 말한다. 국가 인구 조사는 정부에서 진행하는 조사이다.

47 ④ 응답관찰법은 투사적 방법에 해당하지 않는다.
① 통각시험법은 주제 또는 제품 등에 관한 그림을 보여주고 어떤 감정이 드는지 말하도록 하는 방법이다.
② 단어연상법은 응답자들에게 단어들을 한 번에 하나씩 제시하고, 그 단어와 관련하여 첫 번째로 떠오르는 단어를 적거나, 말하도록 요구하는 방법이다.
③ 문장완성법은 단어연상법과 비슷한 기법으로, 응답자들에게 완성되지 않은 문장을 제시하고 이를 채우도록 요구한다.

48 조사원의 통제가 가능하고 응답률이 높은 편이며, 시간과 비용이 적게 드는 조사는?

① 우편조사   ② 방문조사

③ 전화조사   ④ 간접조사

49 신뢰도의 구체적 평가방법에 해당하지 않는 것은?

① 복수양식법   ② 재조사법

③ 내작 일관성법   ④ 구성체 타당도법

50 표본조사와 전수조사에 대한 설명으로 가장 적합한 것은?

① 모집단의 수가 매우 많을 경우 모집단을 대표할 수 있는 표본을 대상으로 조사를 한다.

② 전수조사가 표본조사보다 항상 오류가 없으나 비용이 많이 들어서 표본조사를 한다.

③ 마케팅 부서는 항상 전수조사를 선호한다.

④ 표본조사는 조사결과에 심각한 오류가 많아 기피된다.

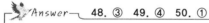

Answer   48. ③   49. ④   50. ①

48 ③ 전화조사는 면접조사에 비해 시간과 비용을 절약할 수 있으며, 응답률이 높고, 컴퓨터를 이용한 자동화가 가능하다. 또한 조사대상을 전화만으로 대응하기 때문에 편리하다.

49 ④ 신뢰도를 측정하는 방법에는 재검사법(재조사법), 동형검사법, 반분신뢰도법, 문항 내적 합치도법(내적 일관성법) 및 크론바흐 알파 계수법 등이 있다.

50 ① 일반적으로 조사는 관심의 대상이 되는 전체 모집단의 특성을 파악하기 위해서 실시한다. 이를 위한 조사방법으로는 모집단 구성원 전체에 대해 조사하는 전수조사와 모집단을 대표할 수 있는 일부를 표본으로 선정하여 조사하는 표본조사가 있다.

51 사전에 준비를 철저히 하여 고객과의 대화 방식을 맨투맨으로 실제적으로 연습하는 것으로, 상담원이 무의식적으로 사용하는 나쁜 말이나 주의점을 찾아내 상황 대응 능력을 제고할 수 있고, 상담 실무 적응력을 높이는데 사용되는 훈련 방법은?

① 질의응답(Q & A)
② 데이터시트(Data sheet)
③ 스크립트(Script)
④ 역할연기(Role Play)

52 콜센터의 근무환경에 대한 고려사항으로 적절치 않은 것은?

① 교통의 편이성　　　　　　② 근무쾌적성
③ 휴게 및 편의시설　　　　　④ 쇼핑 편이성

Answer ── 51. ④ 52. ④

51 역할연기(Role-playing)는 작성된 스크립트를 기준으로 고객과의 대화 방식을 맨투맨으로 실제 연습하는 것으로 스크립트 자체의 문제점을 찾아내거나 텔레마케터가 무의식적으로 사용하는 정제되지 않은 언어나 주의사항을 찾아낼 수 있다.

　※ **역할 연기(Role Playing)의 효과**
　　㉠ 참여를 적극적으로 유도하고 사고를 자극한다.
　　㉡ 모방, 관찰, 피드백, 분석 및 개념화를 통해서 학습이 이루어진다.
　　㉢ 정보를 제공하고 성과에 대한 즉각적인 평가를 통해 기술을 향상시킨다.
　　㉣ 연습을 통해서 새롭고 유용한 행동을 습관화시킬 수 있다.
　　㉤ 문제의 해결안을 실행하는 능력을 향상시킬 수 있다.
　　㉥ 상대방의 입장에 서서 다양한 문제 상황을 이해하고 경험해 볼 수 있다.
　　㉦ 타인이 그 자신의 행동에 대해 인식하고 통찰할 수 있도록 피드백 해주고 능력을 키울 수 있다.
　　㉧ 자기반성의 기회를 가질 수 있으며, 자주성과 창조성을 제고시킬 수 있다.

52 ④ 콜센터에서의 근무환경에 직접적으로 영향을 미치는 고려사항에 관한 질문이다. 쇼핑의 편이성은 업무환경에 있어 고려할 사항과는 관련성이 없다.

53 다음 중 콜센터 관리자에게 요구되는 자질로 거리가 먼 것은?

㉠ 리더십	㉡ 시스템 프로그래밍 능력
㉢ 상황 대응 능력	㉣ 예술적 감각(감성)
㉤ 프레젠테이션 능력	

① ㉠㉢
② ㉡㉣
③ ㉢㉤
④ ㉣㉤

54 콜센터의 관리자들에게 요구되는 리더십으로 적합하지 않은 것은?

① 콜센터의 전략과 목표를 분명히 설정할 수 있어야 한다.
② 직원에게 콜센터 업무에 대해 동기부여를 할 수 있어야 한다.
③ 목표 달성을 위해 지속적으로 개선을 이끌 수 있어야 한다.
④ 외부적 환경변화가 아닌 내부적 환경변화에만 민감해야 한다.

55 콜 모니터링과 코칭을 통해 생산성 향상과 고품격서비스를 제공하기 위한 일련의 과정은?

① 텔레커뮤니케이션
② 성과관리
③ 통화품질관리
④ 인사관리

Answer— **53.** ② **54.** ④ **55.** ③

53 콜센터 관리자의 능력
㉠ 상담원들을 관리·통제할 수 있는 리더십
㉡ 상담원에게 상품이나 서비스에 대해서 교육할 수 있는 프레젠테이션 능력
㉢ 상담원들의 능률 향상을 위한 동기부여 능력
㉣ 상담 내용에 대해 모니터링하고 코칭할 수 있는 능력
㉤ 상담원과 인간관계를 형성할 수 있는 대인관계능력

54 콜센터 관리자들은 외부적인 환경변화에 대한 흐름을 파악하는 것이 중요하며, 이를 토대로 내부 환경의 변화에 적절히 활용할 수 있어야 한다.

55 통화품질은 콜센터와 고객 간에 이루어지는 통화에서 느껴지는 총체적인 품질의 정도를 말한다. 통화품질관리는 콜센터의 통화품질을 총괄하여 생산성 향상과 고품격서비스를 제공하는 것이다.

56 다음은 어떤 형태의 텔레마케팅인가?

> A 생명보험 회사는 주요 5대 일간지에 저렴한 보험료의 상해보험 상품을 광고하고 고객들이 무료 전화를 이용하여 전화를 걸어오면 보험 가입을 받고 상품을 판매하고 있다.

① 인바운드(Inbound), 기업 대 소비자(B to C)
② 인바운드(Inbound), 기업 대 기업(B to B)
③ 아웃바운드(Outbound), 기업 대 소비자(B to C)
④ 아웃바운드(Outbound), 기업 대 기업(B to B)

57 텔레마케터의 생산성 향상을 위한 노력으로 가장 적합한 것은?

① 통화시간을 가능한 한 짧게 한다.
② 고객이 묻는 말에만 대답한다.
③ 고객이 말하고자 하는 것은 먼저 판단하여 제시한다.
④ 스크립트를 충분히 숙지한다.

Answer ─ **56.** ① **57.** ④

56 인바운드와 아웃바운드 텔레마케팅
　㉠ 인바운드 : 고객이 외부에서 기업이나 기업 내부의 텔레마케팅센터로 전화를 하는 경우로 고객의 능동적인 참여가 전제가 된다.
　㉡ 아웃바운드 : 고객이나 잠재고객에게 전화를 걸거나 비디오텍스에 상품정보와 관련된 메시지를 발송하는 형태로 고객에 대한 데이터베이스를 철저히 관리하여 활용하여야 한다.
　※ B to C와 B to B Telemarketing
　　㉠ B to C Telemarketing : 상품이나 서비스를 직접 사용할 일반소비자를 대상으로 하는 텔레마케팅 활동을 말한다.
　　㉡ B to B Telemarketing : 상품이나 재화를 구매하여 이를 제조활동 및 일반 업무에 사용하거나 재판매하는 업체를 대상으로 하는 텔레마케팅 활동을 말한다.

57 텔레마케터(TMR)의 생산성 향상을 위한 노력
　㉠ 기업이미지 향상을 위해 노력한다.
　㉡ 회사의 업무내용 및 상품과 서비스 내용을 숙지한다.
　㉢ 고객과 우호적인 관계를 갖는다.
　㉣ 스크립트에 따라 신속·유연하게 효율적으로 대응한다.
　㉤ 고객의 의문, 질문에 성의를 다해서 대응한다.

58 텔레마케팅 관련 인력과 그 역할이 잘못 연결 되어진 것은?

① QAA – 콜센터 운영전략을 기획, 수립 및 전체 목표설정
② Manager – 콜센터에 대한 전반적인 총괄관리
③ Supervisor – 교육, 훈련 및 경험적, 이론적 학습을 바탕으로 한 관리
④ Telemarketer – 고객관리와 고객서비스를 전문적으로 수행하는 상담원

59 텔레마케팅의 특성과 가장 거리가 먼 것은?

① 구매를 설득하기 위한 충분한 시간을 갖기가 어렵다.
② 판매에 필요한 다양한 메시지를 이용하기 용이하다.
③ 신속한 사후 서비스를 제공할 수 있다.
④ 고객이 가지고 있는 반대의견에 즉각적으로 대응하기가 어렵다.

60 상담원들의 이직관리에 대한 사항으로 틀린 것은?

① 상담원에게 콜센터의 비전을 제시하고 동기부여 한다.
② 상담원을 제외한 관리자와 스텝의 말만 충분히 고려한다.
③ 행복한 일터, 즐겁게 일하는 콜센터 분위기를 조성한다.
④ 이직의 원인을 지속적으로 모니터링하고 개선한다.

Answer **58. ① 59. ④ 60. ②**

58 QAA는 구성원들의 모니터링에 관한 평가 및 관리, 코칭 등을 전담하게 되는 일종의 전문요원을 의미한다.

59 텔레마케팅의 특성
　㉠ 업무 및 조직의 전문화, 보편화
　㉡ 서비스 질 개선과 수익구조 안정적인 개선
　㉢ 데이터베이스 마케팅, CRM기법 전략 활용

60 ② 상담원들의 이직관리를 위해서는 관리자와 스텝뿐만 아니라 상담원들과의 의사소통이 충분히 이루어져야 한다.

61 텔레마케팅 조직의 인적관리를 위해 고려해야 하는 요소로 가장 거리가 먼 것은?

① 입·퇴사자 관리　　　　　　　　② 복리후생
③ 근태 및 상벌관리　　　　　　　　④ 고객만족도

62 콜센터는 고객의 요구, 불만사항, 제안사항 등을 종합적으로 처리하는 상황실이다. 일반적으로 고객은 어떤 상품이나 서비스에 대한 의문이나 불만사항이 있을 경우, 고객 상담실로 전화를 걸어 물어본다. 이런 경우 일반적으로 고객이 가장 중요하게 생각하는 것은?

① 응답의 신속성
② 고객접촉채널의 다양성
③ 상담원의 효율성
④ 상담원의 전문성

63 콜센터 조직의 특성으로 틀린 것은?

① 아웃소싱 활용의 보편화로 인해 이직률이 높은 조직이다.
② 초기 조직적응이 중시되는 조직이다.
③ 고객과 대면 접촉이 일반화된 조직이다.
④ 직업에 대한 만족감, 적극성, 고객응대 수준 등 상담원 개인차이가 있는 조직이다.

Answer ── **61.** ④ **62.** ① **63.** ③

61 조직 구성원들의 인적관리를 위한 내용이므로 고객만족도는 이와 관련이 없다.

62 고객이 의문 또는 불만사항 등에 대한 빠른 답변을 듣고 싶어하는 것이므로 상담원들의 응답에 대한 신속성이 답이 된다.

63 콜센터 조직은 고객과의 직접적인 접촉이 일반화된 조직이 아니며, 전화로써 고객들과 간접적인 접촉을 할 뿐이다.

64 텔레마케팅 조직의 인력 채용 및 선발에 대한 설명으로 가장 적합한 것은?

① 수퍼바이저, 강사 등 관리자는 가능한 외부에서 선발하는 것이 바람직하다.

② 상담사는 경력자보다는 비경력자를 선발하는 것이 바람직하다.

③ 직무별 요구자질에 다른 선발기준이 객관적으로 마련되어 있어야 한다.

④ 상담사 인력투입은 적응기간을 고려하여 1주일 전에 선발하도록 한다.

65 서비스 전략적인 측면에서 본 콜센터의 역할이 아닌 것은?

① 콜센터는 철저한 서비스 실행 조직으로서 기업 전체에 미칠 영향을 중요시해야 한다.

② 서비스 및 고객 니즈를 정확히 이해하고 이에 대해 피드백을 줄 수 있어야 한다.

③ 기업의 서비스 전략을 효과적으로 수행하기 위한 콜센터 성과지표(KPI)를 가지고 있어야 한다.

④ 고객에게 신속한 서비스를 제공하기 위해서 커뮤니케이션 채널도 단순화 시켜야 한다.

66 콜센터의 통화생산성을 측정하는 지표로 거리가 먼 것은?

① 평균응대속도

② 평균콜 처리시간

③ 고객콜 대기시간

④ 통화 후 처리시간

Answer — 64. ③ 65. ④ 66. ③

64 ① 수퍼바이저, 강사 등의 관리자는 가능한 내부에서 선발하는 것이 바람직하다.
② 상담사는 비경력자보다는 경력자를 선발하는 것이 바람직하다.
④ 상담사 인력투입은 적응기간을 고려해서 충분한 시간을 갖고 선발해야 한다.

65 고객에게 신속한 서비스를 제공하기 위하여 커뮤니케이션 채널을 다양화해야 한다.

66 콜센터 통화생산성의 측정지표
㉠ 평균응대속도
㉡ 평균 콜 처리시간
㉢ 통화 후 처리시간

67 아웃바운드 콜센터의 해당업무로 맞는 것은?

① 주문접수
② 해피콜
③ 서비스 문의상담
④ 고객불만 접수

68 인하우스 텔레마케팅(In – House Telemarketing)을 도입할 경우 장점으로 거리가 먼 것은?

① 고객이나 잠재고객이 요구하는 정보나 질문에 즉시 응답할 수 있다.
② 고정비 부담을 줄일 수 있다.
③ 고객을 리드하며 마케팅 활동을 수행할 수 있다.
④ 기업의 환경변화에 따라 마케팅 활동을 바로 통제할 수 있다.

69 텔레마케팅 조직의 교육훈련에 대한 설명으로 적합하지 않은 것은?

① 교육훈련 프로그램은 지속적으로 보완·개선되어야 한다.
② 신입교육은 현장 교육보다 이론교육에 비중을 두어야 한다.
③ 교육훈련 기록은 공식적으로 유지보관 되어야 한다.
④ 교육훈련과정 및 내용에 대한 정기적인 평가가 필요하다.

Answer ── **67.** ② **68.** ② **69.** ②

67 ①③④는 인바운드 업무영역에 해당한다.

68 인하우스 텔레마케팅은 상담사가 조직 내에 상주하여 고객응대를 하게 되는 시스템으로써 인건비라는 고정비의 부담이 증가하게 된다.

69 신입교육은 이론교육보다는 실제 업무투입이 중요하므로 현장 교육에 비중을 두어야 한다.

70 모니터링 평가를 위한 대상 콜 선택 시 고려해야 할 요소가 아닌 것은?

① 통화일시
② 문의유형
③ 평균통화시간
④ 상담원의 업무지식 정도

71 조직 내에서 교육의 필요성 분석 중 과업분석에 대한 설명으로 올바른 것은?

① 과업분석은 교육이 조직의 문제해결을 위한 올바른 해결책인지를 분석하는 것이다.
② 과업분석은 개인이 과업수행에 요구되는 지식, 기술, 태도에 대한 조사가 필요하다.
③ 과업분석은 조직 내에서 누가 교육을 받아야 하는지를 알아보는 것이다.
④ 과업분석은 교육에서 배운 기술을 실제 직무로 전이시키는데 미치는 요인에 대한 조사이다.

72 텔레마케팅 시스템의 기능에 대한 설명으로 틀린 것은?

① IVR(Interactive Voice Response) : 외부에서 전화가 걸려오면 자동으로 응답하고 서비스를 시작한다.
② VMS(Voice Mail Service) : 상담원에게 메시지를 남기는 기능이다.
③ ANI(Automatic Number Identification) : 상담원에게 균등하게 call transfer 한다.
④ FMS(Fax Mail Service) : 외부에서 팩스문서를 보낼 때 이를 관리하는 기능이다.

*Answer* **70. ④ 71. ② 72. ③**

70 모니터링 평가를 위한 대상 콜 선택 시의 고려요소
　㉠ 통화일시
　㉡ 문의유형
　㉢ 평균통화시간

71 과업분석은 실제 업무를 수행하게 되는 구성원 개인이 업무수행을 함에 있어서 필요로 하는 각종 지식이나 스킬 등을 조사해나가는 것이다.

72 ANI(Automatic Number Identification)는 전화를 건 고객의 번호를 수신자가 알 수 있게 신호를 함께 보내주는 전화국의 서비스를 통칭한다.

73 콜센터 상담원의 역할 스트레스에서 역할 모호성의 영향 요인 중 개인적 요인에 해당 하는 것은?

① 권한위임(empowerment)
② 고려(consideration)
③ 피드백(feedback)
④ 식무경험(duty experience)

74 콜센터 업무의 세분화, 전문화로 인해 전체 과업이 분화되면 능률 도모를 위해 관련된 과업을 모아 수평적으로 그룹을 형성하는 콜센터 조직설계의 기본과정은?

① 일반화
② 부문화
③ 조직도
④ 집권화

75 콜센터를 총괄운영하며 운영전략수립을 주관하는 역할을 수행하는 자는?

① 팀장
② 센터장
③ 품질관리자
④ 교육강사

Answer **73. ④ 74. ② 75. ②**

73 역할모호성의 영향 요인 중 개인적 요인으로는 직무경험 및 직무만족 등이 있다.

74 ③ 조직에 있어서의 직위 및 직위상호 간의 공식적 관계를 단순히 도표로 나타낸 것을 말한다. 한 기업의 조직구조를 표시하는 가장 일반적인 방법이여 기업은 이 공식적인 조직도를 이용하여 조직을 운영한다.
④ 조직의 어느 한 곳에 의사결정이 집중되는 정도를 나타내는 것으로 지역적인 집중이 아닌 조직 내에서의 의사결정 권한의 집중을 의미한다.

75 센터장은 콜센터에 대한 모든 운영을 관리하며, 나아갈 방향 및 비전을 제시하는 총괄자이다.

4 고객응대

76 다음과 같은 응대기법은 소비자의 어떤 욕구를 충족시키기 위한 것인가?

> "손님께서 얼마나 실망하셨는지 잘 알겠습니다. 그때 어떤 느낌을 갖게 되셨는지 이야기 하고 싶은데요. 손님의 요구가 무리한 것은 아니군요."

① 존경을 받고자 하는 욕구
② 자신의 문제에 대해 공감해주기를 바라는 욕구
③ 적시에 신속한 서비스를 받고자 하는 욕구
④ 공평하게 대접받고자 하는 욕구

77 고객관계관리(CRM ; Customer Relationship Management)의 효과로 볼 수 없는 것은?

① 대용량 데이터에 신속하게 접근하고 OLAP를 이용하여 데이터웨어하우스에 저장된 고객의 정보를 쉽게 이용할 수 있다.
② 데이터마이닝을 이용하여 다양한 데이터분석 능력을 수행할 수 있다.
③ IT부서 관점에서 마케팅 자료가 필요할 때 사용자가 직접 정보탐색하기 복잡하고 어려워졌다.
④ 마케팅 프로그램의 실효성 평가가 체계적으로 이루어진다.

Answer ── **76.** ② **77.** ③

76 ② 보기는 고객 자신의 문제에 대해 공감해주기를 바라는 욕구를 충족시키기 위한 상담자의 응대기법이다. 고객에게 제일 만족감을 주는 것은 고객의 이야기를 정성껏 들어주는 것이다. 고객들은 자신의 이야기를 하고, 자신을 표현하고 싶어 한다. 또한 자신의 이야기에 귀를 기울여 주기를 바라고 있다는 사실을 인정해주면 고객들의 반응은 긍정적인 것이 된다.

77 ③ 마케팅 관련 자료들이 데이터웨어하우스에 저장됨으로 인하여 사용자가 직접 정보탐색이 용이해진다.
　① 올랩(OLAP ; Online Analytical Processing)은 이용자가 직접 데이터베이스를 검색, 분석해서 문제점이나 해결책을 찾는 것을 말하며, OLTP(Online Transaction Processing)는 터미널에서 받은 메시지를 따라 호스트가 처리를 하고, 그 결과를 다시 터미널에 되돌려주는 온라인 업무처리 방식이다.

78 훌륭한 고객서비스를 위해 개발하여야 할 서비스 습관이 아닌 것은?

① 시간을 엄수한다.
② 약속을 철저히 지킨다.
③ 고객을 업무의 가장 중요한 요소로 생각한다.
④ 외부고객의 서비스 개선에만 관심을 갖는다.

79 성공적인 텔레마케터의 화법으로 틀린 것은?

① 고객의 감정을 자극할 수 있는 쿠션 언어 화법을 사용한다.
② 고객의 부담을 더는 화법을 활용한다.
③ 텔레마케터와 고객이 일반적으로 알 수 있는 용어를 사용한다.
④ 고객의 불평, 불만, 반론에 대한 응대화법을 개발하여 사용한다.

80 다음 중 클레임을 처리하는 기본 원칙으로 바람직하지 않은 것은?

① 고객의 입장에서 고객을 위한 방향으로 상담한다.
② 고객의 감정을 극대화시켜 전화를 먼저 끊게 한다.
③ 고객의 입장에 대해 공감을 표시하여 불만스러운 마음을 풀어준다.
④ 고객의 반말이나 높은 언성, 행동 등에 화를 내거나 개인적인 말을 하지 않는다.

Answer ── **78.** ④ **79.** ① **80.** ②

78 ④ 내부고객(internal customer)은 상사, 부하, 동료 등은 물론 경영자, 관리자, 기술자, 생산자, 판매자, 서비스 요원 등 가치를 생산, 제공하는 종업원 모두를 의미한다. 고객만족은 개념은 더이상 외부고객만의 만족을 이야기 하지 않으며 일반 기업에서는 기업의 목적의 달성을 위해 오히려 내부고객을 좀 더 중시하는 경향을 보이기도 하는데, 이는 내부고객의 만족이 조직의 성과를 이루는데 큰 영향을 미치고 있음을 인식하고 있기 때문이다.

79 ① 쿠션화법이란 단호한 표현이 아닌 미안하거나 고마운 마음을 먼저 전함으로써 사전에 말에 쿠션 역할을 할 수 있게 해주는 양해의 화법을 말한다. 고객의 감정을 자극하는 것보다 고객의 입장에서 말과 행동을 이해하며 고객의 감정상태를 배려하는 화법이 적절하다.

80 ② 고객의 감정을 해소시켜야지, 극대화시켜 전화를 먼저 끊게 만들어서는 안 된다.

81 충실한 자료와 증거를 제시하고 애매한 일반화는 피하는 것이 효과적인 고객 유형은?

① 추진형　　　　　　　　　　② 표현형
③ 온화형　　　　　　　　　　④ 분석형

82 소비자 행동(소비자 의사결정)에 영향을 미치는 심리적인 요소로 거리가 먼 것은?

① 동기　　　　　　　　　　　② 지각
③ 신념과 태도　　　　　　　　④ 서비스

83 고객 불만 처리에 대한 설명으로 틀린 것은?

① 고객 불만을 효과적으로 처리하면 고객충성도가 향상된다.
② 고객 불만 처리에 소요된 비용은 장기적으로 기업의 이윤을 감소시킨다.
③ 고객 불만 처리 결과는 기업의 경영을 위해 유용한 자료가 된다.
④ 효과적인 고객 불만 처리를 통해 기업의 대외 이미지를 향상시킬 수 있다.

Answer ─── **81.** ④ **82.** ④ **83.** ②

81 ④ 분석형은 자료를 제시하고 애매한 일반화는 피한다.
　　① 추진형은 요점만을 제시하고 결정은 본인 스스로 내리게 한다.
　　② 표현형은 관심을 갖는 시간이 짧기 때문에 흥미를 잃지 않도록 유의해야 한다.
　　③ 온화형은 반박을 하지 않도록 주의하고 편안하게 친근감 있게 대한다.

82 ④ 심리적 요인에는 동기, 지각, 신념과 태도, 학습이 있다.
　　※ **소비자 구매행동의 결정요인**
　　　ⓐ **개인적 요인** : 연령, 직업, 라이프 스타일
　　　ⓑ **심리적 요인** : 동기, 지각, 신념과 태도, 학습
　　　ⓒ **문화적 요인** : 문화, 사회계층
　　　ⓓ **사회적 요인** : 준거집단, 사회적 지위
　　　ⓔ **마케팅 요인** : 마케팅 전략 및 마케팅 자극

83 ② 고객 불만을 적절하게 처리하는 경우 불만 고객을 만족 고객으로 유인할 수 있고 고객강화의 중요한 요인이 될 수
　　있다. 따라서 장기적으로 볼 때 고객 불만 처리에 소요된 비용은 기업의 이윤과 이미지 향상에 긍정적인 영향을 미친다.

84 청자가 효과적으로 듣기 위한 방법이 아닌 것은?

① 화자가 말하는 내용의 핵심을 파악한다.

② 화자의 진정한 의도나 목적을 알도록 한다.

③ 화자가 전달하고자 하는 내용을 간파한 후에 그에 적합한 반응을 나타낸다.

④ 화자의 의도가 잘못되었다면 즉시 듣기를 중단하고 반응할 내용을 정리해 나간다.

85 텔레커뮤니케이션에서 말하기(speaking) 기술과 거리가 먼 것은?

① 억양조율

② 상황(기분)조절

③ 강세조절

④ 끊어 읽기

86 의사소통의 발신자와 관련된 방해요소가 아닌 것은?

① 의사소통의 목적 결여 및 기술 부족

② 발신자의 신뢰성 부족

③ 반응적 피드백 부족

④ 타인에 대한 민감성 부족

Answer ─ **84.** ④ **85.** ② **86.** ③

84 ④ 청자는 화자의 말에서 취한 정보에 초점을 두고 문맥으로부터 의미를 파악해야 하며, 그 즉시 중단하는 것은 적절하지 못하다.

85 ② 기분조절은 말하기(speaking) 기술과 관련이 없다.

86 ③ 반응적 피드백은 수신자와 관련된 방해요소이다.

87 고객 측면에서 상담이 필요한 이유가 아닌 것은?

① 소비생활 전반에 대한 의사결정이 어렵기 때문에 필요하다.
② 상품판매를 극대화하여 기업의 이윤을 추구하고 고객만족경영을 추구하기 위해 필요하다.
③ 소비시장의 거대화 및 복잡화 현상에 따른 구매지식이 부족하기 때문에 필요하다.
④ 상품에 대한 불만이 발생하였을 때 해결방안에 대해 도움을 주기 때문에 필요하다.

88 합리적인 행동스타일을 가진 고객을 상담할 때 가장 적합한 상담 기술은?

① 표현을 간략하게 하므로 정보를 이끌어 내기 위해 개방형 질문을 하는 것이 좋다.
② 개인정보를 주지 않으려고 하므로 사무적인 대화부터 시작하는 것이 좋다.
③ 상담 시 말의 속도와 흥분 정도를 고객과 맞추어야 한다.
④ 힘 있는 어조를 보이므로 방어적으로 반응하는 것은 좋지 않다.

89 고객의 구체적 욕구를 알아내기 위한 질문기법으로 가장 거리가 먼 것은?

① 고객이 쉽게 이해할 수 있도록 질문한다.
② 가급적이면 긍정적으로 질문을 한다.
③ 질문을 구체화, 명료화시킨다.
④ 다양하고 방대한 양의 질문을 한다.

Answer ── **87.** ② **88.** ① **89.** ④

87 ② 기업 측면에서의 이유에 해당한다.

88 ① 개방형 질문은 모든 가능한 응답의 범주를 모르거나 응답자가 어떻게 응답하는가를 탐색적으로 살펴보고자 할 때 적합한 질문방법으로 합리적 행동스타일의 고객에게는 고객의 견해에 진심으로 관심을 보이며 자신의 정보를 논리적으로 제공하기 위해 개방형 질문으로 상담을 펼치도록 한다.
  ※ 합리적인 고객의 응대전략
    ㉠ 자사의 제품과 서비스가 고객에게 어떠한 도움을 주는지를 설명해야 한다.
    ㉡ 고객의 견해에 진심으로 관심을 보이며 자신의 정보를 논리적으로 제공한다.
    ㉢ 가급적 의견을 존중하는 사람과 같이 확인해보도록 권유한다.
    ㉣ 변화가 생길 때 고객이 적응할 시간을 주고 변화가 필요한 이유를 설명해야 하며 이용가능한 지원시스템을 알려준다.

89 ④ 핵심적인 내용 없는 다양하고 방대한 양의 질문은 피한다.

90 고객접촉 채널별 이용의 편의성, 고객 불만 처리정도 등을 수시로 평가할 수 있는 고객생애가치에 해당하는 요소는?

① 고객반응률
② 고객신뢰도
③ 고객기여도
④ 고객성장성

91 지속적인 상품구매를 유도하기 위한 고객 응대 시 상담원의 올바른 자세가 아닌 것은?

① 설득력 있는 대화와 유용한 정보 제공을 통해 고객의 구매 의사 결정에 도움을 주어야 한다.
② 자신 있는 태도와 말씨, 전문적인 상담을 통해 고객의 신뢰를 획득해야 한다.
③ 고수익 창출을 위해 고객들에게 높은 가격에 물건을 판매하도록 노력해야 한다.
④ 상품의 판매뿐만 아니라 고객의 관리를 위해 고객 정보를 수집하고 고객과의 지속적인 관계 유지를 위한 노력을 기울여야 한다.

92 CRM의 변천과정에 대한 설명으로 틀린 것은?

① 고객과의 관계가 개별고객과 쌍방향 의사소통에서 그룹화된 고객과의 일방적인 관계로 변화되었다.
② 고객이 수동적·선택적 구매자에서 능동적 구매자로 변화되었다.
③ 고객관리가 영업과 판매부서 위주에서 전사적 관리로 변화되었다.
④ 고객과의 관계가 일시적인 관계에서 장기적인 관계로 변화하였다.

Answer ── **90.** ② **91.** ③ **92.** ①

90 ② 고객신뢰도는 고객접촉채널별 이용의 편의성, 고객불만 처리정도 등을 수시로 평가할 수 있는 척도를 말한다.
　※ **고객생애가치에 영향을 미치는 요소**
　　㉠ **고객반응률** : 신규고객유지율, 기존고객보유율, 고객반복이용률 등의 효과를 측정
　　㉡ **고객신뢰도** : 고객접촉 채널별 이용의 편의성, 고객불만처리 정도 등의 평가
　　㉢ **고객기여도** : 고객의 누적된 기여도
　　㉣ **고객성장성** : 규모성장성과 로열티 성장성으로 구분하여 관리 및 측정

91 ③ 지속적인 재방문을 유도하기 위해서는 적립금의 지급, 프로모션의 도입 등이 적절하다.

92 ① CRM은 고객과의 직접적인 접촉을 통해 이루어지며 지속적인 쌍방향적 커뮤니케이션을 유지하며 고객관계를 관리한다.

93 고객 불만을 줄이는 방법과 거리가 먼 것은?

① 소비자의 합리적 구매행동 개발
② 기업의 양질 서비스와 제품 공급
③ 공정한 광고 활동
④ 정부와 지방자치단체의 관리 감독 중지

94 상담 화법에 대한 설명으로 바람직하지 않은 것은?

① 아이 메시지(I-Message) : 대화 시 상대방에게 내 입장을 설명하는 화법
② 유 메시지(You-Message) : 대화 시 결과에 대해 상대방에게 핑계를 돌리는 화법
③ 두 메시지(Do-Message) : 어떤 잘못된 행동 결과에 대해 그 사람의 행동과정을 잘 조사하여 설명하고 잘못에 대하여 스스로 반성을 구하는 화법
④ 비 메시지(Be-Message) : 잘못에 대한 결과를 서로 의논하여 합의점을 찾는 화법

95 고객에게 제품 또는 서비스를 설명하는 방법으로 가장 적절하지 않은 것은?

① 고객이 가장 관심을 갖고 있는 부분을 파악하고 집중하는 것이 필요하다.
② 자신의 업무적 지식을 과시하는 듯한 대화를 통하여 관계를 불편하게 해서는 안 된다.
③ 고객의 반응과 관계없이 한마디, 한마디를 정확하게 포인트만을 전달한다.
④ 요점을 간결하게 전달하여 시간적 낭비를 줄인다.

Answer ─ **93.** ④ **94.** ④ **95.** ③

93 ④ 정부와 지방자치단체의 관리 감독 기능을 강화하여 기업이 소비자에게 양질의 서비스를 제공하고, 소비자들의 불만을 줄이도록 해야 한다.

94 ④ 비 메시지(Be-Message)는 잘못에 대한 결과를 일방적으로 단정함으로써 상대방으로 하여금 반감을 일으키는 화법이다.

95 ③ 고객에게 제품 또는 서비스를 설명할 때에는 고객의 반응을 잘 살펴야 한다.

96 고객 상담 업무 시 발생되는 스트레스를 줄이는 방법으로 적당하지 않은 것은?

① 자신의 시간을 갖는 것보다 회사 일에만 열심히 한다.
② 스트레스를 주는 말을 재치 있는 말로 바꾼다.
③ 관심은 갖되 격정은 하지 않는다.
④ 물리적인 업무환경을 개선한다.

97 다음 중 고객만족 화법으로 가장 바람직하지 않은 것은?

① [Yes/No 화법] 물론 고객님 입장이시라면 그러실 수 있습니다. 그러나 이러한 경우라면………
② [경청화법] 네. 그러셨군요.
③ [부메랑 화법] 네. 고객님 말씀이 맞습니다. 덕분에 저도 매우 수월했습니다.
④ [아론슨 화법] 현재 예약이 많아 바로는 어렵겠지만 최대한 빠른 시간 내에 방문토록 노력하겠습니다.

98 기업의 성공적인 CRM을 위한 전략으로 바람직하지 않은 것은?

① 고객 점유율보다는 시장 점유율에 비중을 둔다.
② 고객획득보다는 고객유지에 중점을 둔다.
③ 상품판매보다는 고객관계에 중점을 둔다.
④ 단기적인 안목보다는 장기적인 관점에서 접근해야 한다.

Answer **96.** ① **97.** ③ **98.** ①

96 ① 휴식여행, 여가 시간 등 자신의 시간을 갖으면서 스트레스를 줄이도록 한다.

97 ③ 부메랑 화법은 부메랑을 던지면 다시 그것이 되돌아오는 특성을 화법에 응용시킨 것으로, 고객이 자꾸 내 곁을 떠나려는 변명과 트집을 잡을 때 그 트집이 바로 나의 장점이라고 주장하여 나의 곁으로 돌아오게 하는 것이다.

98 ① CRM은 고객획득보다 고객유지에 중점을 둔다.

99 CRM의 도입배경으로 가장 거리가 먼 것은?

① 고객확보 경쟁 증가
② 고객기대 수준 상승
③ 고객참여도 증가
④ 고객의 다양성 증대

100 고객과의 상담고정에서 재진술을 하는 목적이나 효과로 가장 거리가 먼 것은?

① 고객의 이야기를 적극적으로 듣고 있다는 신뢰감을 줄 수 있다.
② 고객의 문제 또는 욕구를 명확하게 이해할 수 있다.
③ 상담사가 잘못 이해했던 부분을 발견할 수 있다.
④ 고객은 더 이상 자신의 문제나 욕구를 설명할 필요가 없게 된다.

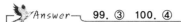

Answer 　 99. ③ 　 100. ④

99 ③ 고객참여도 증가는 현 시대의 흐름이며 CRM 등장배경과는 거리가 멀다.
　 ※ CRM의 등장배경
　　 ㉠ 산업사회의 성숙기 진입, 세계화, 다국적기업의 진출 등으로 인한 경영환경의 변화
　　 ㉡ 고객중심으로의 변화
　　 ㉢ 고객 가치의 변화
　　 ㉣ 인터넷의 등장과 정보기술의 발전

100 ④ 고객에 대한 상담은 항상 객관적인 입장에서 행해져야 하고, 고객 불만에 대한 책임소재가 명확히 파악되어야 한다. 고객에 대한 반응을 보이는 것은 고객의 이야기를 적극적으로 경청하고 있다는 신뢰감을 줄 수 있고, 이러한 과정에서 텔레마케터는 고객의 상담내용을 좀 더 자세히 파악할 수 있다.

09 2015년 제3회 기출문제

 1 판매관리

1 시장세분화 전략의 핵심 포인트에 해당하는 것은?

① 글로벌시장 전략　　　　　　　② 판매촉진 전략
③ 표적시장 선정　　　　　　　　④ 시장범위 확대

2 기업의 환경분석을 통해 강점과 약점, 기회와 위협 요인을 규정하고 이를 토대로 마케팅 전략을 수립하는 기법은?

① 5 Force 분석　　　　　　　　② 경쟁사 분석
③ SWOT 분석　　　　　　　　　④ 소비자 분석

Answer　1. ③　2. ③

1 ③ 표적시장 선정은 여러 세분시장 가운데 기업이 진입하고자 하는 하나 또는 그 이상의 세분시장을 골라내는 과정으로 시장세분화 전략의 핵심이다.

2 SWOT 분석 … 기업의 환경 분석을 통해 강점(Strength)과 약점(Weakness), 기회(Opportunity)와 위협(Threat) 요인을 규정하고 이를 토대로 강점은 살리고 약점은 보완, 기회는 활용하고 위협은 억제하는 마케팅 전략을 수립하는 기법이다.

3 마케팅 인텔리전스 시스템에 대한 설명으로 틀린 것은?

① 마케팅 환경에서 발생하는 일상적 정보를 수집 및 분석하는 시스템이다.
② 경쟁사의 정보수집과 정보공유가 필수적이다.
③ 마케팅 의사결정을 지원해 줄 수 있는 다양한 정보경로를 공식화한 것이다.
④ 가상 시나리오 분석과 같은 분석도구나 분석기술을 활용하기도 한다.

4 다음 중 고객의 로열티 형성에 영향을 미치는 요소와 가장 거리가 먼 것은?

① 구매회수
② 사회적 지위
③ 추천·소개 정도
④ 이용기간과 이용실적

5 고객이 구매를 결정하기까지의 의사결정단계에 해당되지 않는 것은?

① 접촉(touch)
② 행동(action)
③ 흥미(interest)
④ 주의(attention)

Answer — 3. ② 4. ② 5. ①

3 마케팅 인텔리전스 시스템은 기업을 둘러싼 마케팅 환경에서 발생되는 일상적인 정보를 수집하기 위해 기업이 사용하는 절차와 정보원의 집합을 의미한다.

4 고객 로열티 … 특정 회사의 상품이나 서비스를 지속적으로 재구매하거나 이탈하지 않고 계속 이용하면서 주변인에게 적극 추천하거나 추천할 의향을 가진 열정적인 지지의 상태를 의미한다.

5 구매의 AIDMA 원칙
　ⓐ Attention(주목) : 매장에 들르는 소비자의 눈에 잘 띄고, 주의를 끌 수 있도록 대량으로 진열 및 연출하고, 데몬스트레이션 등을 실시한다 (탑보드, 현수막, 포스터 등).
　ⓑ Interest(흥미) : 매대로 고객을 유도하기 위하여 POP, 또는 아이 캣쳐, 상품 설명서, 요리 방법과 같은 제안을 통해 관심을 유발시키고 제품에 대한 이해도를 깊게 한다.
　ⓒ Desire(욕구) : 매장 내에서 상품을 비교, 선택하기 쉽도록 하기 위하여 유사상품 끼리 그룹핑하여 눈에 띄기 쉽도록 진열하고, 향기와 맛 등 제품의 장점에 대하여 시식이나 견본품 제공 등을 통해 직접 소구, 또는 POP 등을 통해 충동구매를 불러일으킨다.
　ⓓ Memory(기억) : 상품의 정보를 보다 알기 쉽게 제공하고, 제품의 가격을 눈에 잘 띄게 하여 소비자가 구입에 대한 확신을 가질 수 있도록 한다.
　ⓔ Action(행동/구매) : 매장에 진열되어 있는 상품이 소비자의 최종적인 구입결정으로 이어질 수 있도록 매장의 분위기, 진열, 상품설명 POP, 가격표 등이 소비자의 관점에서 이루어 졌는지 점검해 본다.

6 마케팅 관련 용어 중 4P에 대한 설명으로 거리가 먼 것은?

① 유통경로는 특정제품이나 서비스가 소비 또는 사용될 수 있도록 하는 과정과 관련된 일체의 상호의존적인 조직이나 경로를 말한다.

② 제품의 질적인 문제는 판매계획을 위한 시장분석과 실태조사를 중심으로 전개되는 것을 말한다.

③ 고객은 자신의 니즈를 충족시키기 위하여 상품을 구입할 경우 그에 상응하는 대가를 지불하게 되는데 이때의 대가가 기업이 제시하는 가격에 해당한다.

④ 프로모션은 기업의 효율적인 상품판매를 위해 목표시장의 소비자들과 의사소통을 하는 것으로 오늘날 마케팅 커뮤니케이션이라고 할 수 있다.

7 생산자와 재판매업자가 보다 신중하게 표적화 된 촉진을 하는 소비재의 유형에 해당하는 것은?

① 편의품
② 선매품
③ 전문품
④ 비탐색품

8 시장세분화의 변수 중 고객의 나이, 직업, 성별로 구분하는 것은?

① 인구 통계학적 변수
② 사회 심리학적 변수
③ 제품사용 빈도 변수
④ 지리적 변수

6 ② 제품의 질적인 문제를 묻는 내용이다. 하지만 지문의 내용은 제품의 질적인 부분과는 관련이 없으며, 시장수요에 대한 마케팅 조사의 내용을 묻고 있다.

7 전문품은 소비자는 자신이 찾는 품목에 대해서 너무나 잘 알고 있으며, 그것을 구입하기 위해서 특별한 노력을 기울이는 제품(강력한 상표선호 및 충성도)이며, 각 판매지역별로 하나 또는 극소수의 중간상들에게 자사제품의 유통에 대한 독점권을 부여하는 방식의 유통 전략을 취한다.

8 인구통계학적 변수나이, 성별, 가족규모, 가족수명주기, 소득, 직업, 교육수준, 종교 등 사회를 구성하는 사람들의 특성을 나타내는 변수가 사용된다. 고객의 요구 및 구매행동과 밀접하게 관련된 경우가 많으며 측정하기가 비교적 쉽기 때문에 세분화 변수로서 가장 널리 사용되고 있다.

※ 시장세분화 기준변수

세분화 기준	세분화 범주의 예
지리적 세분화	
지역 도시, 시골 기후	• 서울경기, 중부, 호남, 영남, 강원, 제주 • 대도시, 농촌, 어촌 • 남부, 북부
인구통계적 세분화	
나이 성별 가족 수 결혼유무 소득 직업 학력 종교	• 유아, 소년, 청소년, 청년, 중년, 노년; 7세 미만, 7~12세, 13~18세, 18~24세, … 60세 이상 • 남, 여 • 1~2명, 3~4명, 5명 이상 • 기혼, 미혼 • 100만 원 미만, 101~200만 원, 201~300만 원, 301만 원 이상 • 전문직, 사무직, 기술직, 학생, 주부, 농업, 어업 • 중졸 이하, 고졸, 대졸, 대학원졸 • 불교, 기독교, 천주교, 기타
심리 행태적 세분화 (생활양식)	
사회계층 라이프스타일 개성	• 상, 중상, 중, 중하, 하 • 전통지향형, 쾌락추구형, 세련형 • 순종형, 야심형, 이기형
인지 및 행동적 세분화	
태도 추구편익 구매준비 충성도 사용률 사용상황 이용도	• 긍정적, 중립적, 부정적 • 편리성, 절약형, 위신형 • 인지 전, 인지, 정보획득, 관심, 욕구, 구매의도 • 높다, 중간, 낮다 • 무사용, 소량사용, 다량사용 • 가정에서, 직장에서, 야외에서 • 비이용자, 과거이용자, 잠재이용자, 현재이용자
산업재 구매자 시장의 세분화	
기업규모 구매량 사용률 기업유형 입지 구매형태	• 대기업, 중기업, 소기업 • 소량구매, 대량구매 • 대량 사용, 소량 사용 • 도매상, 소매상, 표준산업분류 기준상의 여러 유형 • 지역적 위치, 판매지역 • 신규구매, 반복구매, 재구매

9 인바운드 텔레마케팅 수행 시 특정 상담원에게 콜(call)이 집중되지 않고 균등하게 처리될 수 있도록 하는 시스템은?

① ACD
② ARS
③ IVR
④ VMS

10 가격할인 형태 중 신 모델 구입 시 구 모델을 반환하면 그만큼 가격을 할인해 주는 방법은?

① 현금할인
② 수량할인
③ 계절할인
④ 공제

11 데이터베이스 마케팅의 효과에 대한 설명이 잘못된 것은?

① 고객에게 최적의 구매환경을 제공함으로써 고객의 생애가치를 증대시킨다.
② 고객별 거래량 분석을 통하여 수익공헌도가 높은 고객을 파악할 수 있다.
③ 체계적인 고객관리를 통하여 고객의 이탈을 막고 고객유지를 할 수 있다.
④ 고객을 동일한 집단으로 대우하여 최적의 서비스를 제공한다.

Answer — 9. ① 10. ④ 11. ④

9 ACD(Auto Call Distribute) … 전화가 걸려오면 해당하는 업무 그룹을 찾아서 그에 속한 상담원 중 통화가 가능한 상담원에게 자동으로 호를 분배하므로 업무량이 특정 상담원에게 집중되지 않고, 전체 상담원의 통화량이 균형을 이룰 수 있도록 호를 분배한다.

10 ① 제품구매 후 바로 결재를 하거나 특정 기간 내보다 대금을 일찍 지불하는 경우 지불금액의 일부를 할인해 주는 것을 의미한다.
② 많은 양의 제품을 일시에 구매하는 경우 가격을 할인해 주는 것으로 재고비용을 절감할 수 있다.
③ 패션이나 계절제품을 시즌이 아닌 비수기에 구매하는 경우 가격을 할인해주는 것으로 자금흐름, 재고소진 등을 원활하게 하고자 하는 것이다.

11 ④ 고객형태의 분석을 계량화하여 업무처리의 신속 및 효율을 증대하는 것이 데이터베이스 마케팅의 목적이다.

12 생산자가 광고와 인적판매를 이용하여 판매를 촉진하며, 소수의 판매점으로 선택적인 유통을 하는 소비재의 유형은?

① 편의품　　　　　　　　　　② 전문품
③ 선매품　　　　　　　　　　④ 비탐색품

13 제품의 수명주기별 특성에 따라 기업이 효율적으로 실행할 수 있는 전략과 가장 거리가 먼 것은?

① 도입기 – 얼리어댑터 등 제품의 조기 수용층의 규명
② 성장기 – 브랜드 선호의 개발
③ 성숙기 – 경쟁자의 판촉과 균형유지
④ 쇠퇴기 – 긍정적인 구전 커뮤니케이션 자극

14 데이터베이스 마케팅에서 사용되는 고객속성데이터로 거리가 먼 것은?

① 성별　　　　　　　　　　② 연령
③ 상품명　　　　　　　　　④ 직업

Answer — **12.** ③　**13.** ④　**14.** ③

12 선매품(Shopping Goods) … 가격이나 스타일 등의 비교구매를 통해 선택적으로 구입하는 것으로 가격이 구매에 결정적인 요인이다.

13 제품수명주기(Product Life Cycle)
　㉠ 도입기(Introduction) : 신제품이 시장에 소개되는 시기이므로 제품의 가격과 이윤율이 높음에도 불구하고 제품 광고비의 과다한 지출 및 판매량의 부진, 그리고 높은 개발비 등으로 기업의 위험 또한 높다.
　㉡ 성장기(Growth) : 제품에 대한 수요가 점점 증가함에 따라 시장 규모가 확대되고 제조 원가가 하락하여 기업의 이윤율이 증가하는 성장기에 접어들면 기업의 위험이 현격하게 줄어든다.
　㉢ 성숙기(Maturity) : 높은 수익성으로 인하여 새로운 기업이 시장에 속속 진입하기 시작하고 수요가 포화상태로 접어들면 가격의 인하를 통한 경쟁이 시작되는 시기이므로 경쟁력이 약한 기업은 산업에서 도태되는 위험한 시기이다.
　㉣ 쇠퇴기(Decline) : 이 시기를 지나면 판매량이 급격히 줄어들고 이윤이 하락하며 기존의 제품은 시대에 뒤떨어지는 상품으로 전락한다.

14 데이터베이스 마케팅에서 활용되는 고객속성 데이터는 고객에 관련한 요소들이 그 속성으로 활용되는 것을 말하는데 ③은 고객이 아닌 상품에 관한 것이다.

15 인바운드 고객상담의 설명으로 가장 알맞은 것은?

① 각종 광고활동의 결과로 고객으로부터 걸려오는 전화를 받는 것이다.
② 상담원 중심의 서비스가 제공된다.
③ 상담원이 무작위로 전화해서 상품을 판매한다.
④ 홍보 활동이 전혀 필요하지 않다.

16 다음이 설명하고 있는 것은?

> 기업이 시장세분화를 기초로 정해진 표적시장 내 고객들의 마음속에 시장분석, 고객분석, 경쟁분석
> 등을 기초로 하여 전략적 위치를 계획하는 것

① 표적시장   ② 차별화 마케팅
③ 내부시장분석   ④ 포지셔닝

17 일반적인 소비자의 신제품 수용단계를 순서대로 바르게 나열한 것은?

① 인지→시용→평가→관심→수용
② 인지→관심→평가→시용→수용
③ 관심→인지→시용→평가→수용
④ 관심→인지→평가→시용→수용

Answer— **15.** ① **16.** ④ **17.** ②

15 인바운드는 고객으로부터 걸려오는 콜을 처리하는 것을 의미한다.

16 포지셔닝은 소비자의 마음속에 자사제품이나 기업을 표적시장·경쟁·기업능력과 관련하여 가장 유리한 포지션에 있
도록 노력하는 과정 또는 소비자들의 인식 속에 자사의 제품이 경쟁제품과 대비하여 차지하고 있는 상대적 위치를 말
한다.

17 소비자의 신제품 수용단계
  ㉠ 인식(Awareness) : 소비자가 신제품의 혁신성을 아는 단계
  ㉡ 관심(Interest) : 소비자가 신제품의 혁신성에 대한 관심을 갖고 정보를 찾으려는 단계
  ㉢ 평가(Evaluation) : 소비자가 신제품의 사용을 고려하는 단계
  ㉣ 시용(Trial) : 실제 사용을 통해 신제품의 가치를 확인하는 단계
  ㉤ 수용(Adoption) : 소비자가 신제품을 정규적으로 사용하게 되는 단계

18 제품의 가격 결정 시 주요 변수로 거리가 먼 것은?

① 법적·제도적 요인   ② 가격 정책
③ 경쟁자 상황   ④ 고객별 재산 상태

19 다음은 아웃바운드 텔레마케팅 수행 시 발생되는 문제점 중 무엇에 대한 설명인가?

> 텔레마케팅 전담조직, 아웃바운드 접촉경로, 텔레마케팅 전담요원, 판매 및 운영비용, 콜관리 및 판매 관리 정보 등의 문제

① 고객정보에 관한 문제   ② 프로모션에 관한 문제
③ 판매요소에 관한 문제   ④ 상품기획에 관한 문제

20 고객 데이터베이스를 활용한 아웃바운드 텔레마케팅 전개 순서를 올바르게 나열한 것은?

> ㉠ 고객데이터 수집·분석   ㉡ 통화준비 및 통화시도
> ㉢ 고객과의 통화   ㉣ 관련 데이터 처리
> ㉤ 종료   ㉥ 사후처리

① ㉠－㉡－㉢－㉣－㉤－㉥   ② ㉠－㉡－㉢－㉣－㉥－㉤
③ ㉠－㉡－㉢－㉥－㉣－㉤   ④ ㉠－㉡－㉢－㉥－㉤－㉣

Answer   **18. ④   19. ③   20. ①**

18 제품가격 결정 시 주요 변수
 ㉠ 법적 및 제도적인 요인
 ㉡ 가격정책
 ㉢ 경쟁자 상황

19 지문에서는 아웃바운드(기업 중심 마케팅)에 대해 묻고 있다. 아웃바운드 조직을 구축해서 상담원을 채용하고 시장접근을 어떻게 하고 대응할 것인지를 나타내고 있는데, 위의 요소들은 자사 상품의 판매요소에 관련한 것들이다.

20 고객 DB를 기반으로 한 아웃바운드 TM 전개순서 … 고객데이터 수집 및 분석→통화준비 및 통화시도→고객과의 통화 →관련 데이터의 처리→종료→사후관리

21 아웃바운드 텔레마케팅을 활용하는 판매분야와 가장 거리가 먼 것은?

① 만기고객의 재유치 ② 휴면고객의 활성화

③ 연체대금의 회수 촉진 ④ 신규고객의 개척

22 세분시장을 더욱 작게 세분화함으로써 다른 제품들로는 그 욕구가 충족되지 않은 소수의 소비자들을 표적으로 하는 마케팅은?

① 대량 마케팅(Mass Marketing)

② 니치 마케팅(Niche Marketing)

③ 블루오션 마케팅(Blue Ocean Marketing)

④ 관계 마케팅(Relationship Marketing)

23 매우 비탄력적인 수요곡선을 지니는 신상품을 도입할 때 가장 적합한 가격책정전략은?

① 고가가격전략 ② 침투가격전략

③ 초기할인전략 ④ 경쟁가격전략

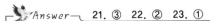

Answer — **21. ③ 22. ② 23. ①**

21 ①②④는 고객들에 대해서 자사의 상품을 판매하기 위한 노력에 해당하며, ③은 대금회수에 대한 노력을 말하고 있다.

22 니치 마케팅(Niche Marketing) … 마치 틈새를 비집고 들어가는 것과 같다는 뜻에서 붙여진 이름이다. '니치'란 '빈틈' 또는 '틈새'라는 뜻으로 '남이 아직 모르는 좋은 낚시터'라는 은유적 의미를 담고 있다. 시장의 빈틈을 공략하는 새로운 상품을 시장에 내놓음으로써, 소수의 소비자들을 표적으로 한다.

23 고가가격전략의 조건

㉠ 초기투자비용이 존재, R&D 비용회수 목적

㉡ 혁신 소비자층이 주 고객일 때

㉢ 소량생산비용이 크지 않을 때

㉣ 진입장벽이 존재하여 경쟁기업의 진입이 어려울 때

㉤ 시장수요의 가격탄력성이 낮을 때

24 고객생애가치에 영향을 미치는 요소로 거리가 먼 것은?

① 고객의 주거지역
② 고객의 성장성
③ 고객의 기여도
④ 고객의 반응률

25 생산 및 공급업자에 대한 소매업의 역할로 바람직하지 않은 것은?

① 제조업자의 재고수준을 감소시키기 위해 대신해서 재고를 보유한다.
② 판매활동을 대신하는 역할을 한다.
③ 물적 유통기능을 수행한다.
④ 금융기능 및 촉진기능을 수행한다.

Answer — **24.** ① **25.** ①

24 고객생애가치에 영향을 미치는 요소
　⊙ **고객반응률** : 신규고객유지율, 기존고객보유율, 고객반복이용률 등의 효과를 측정
　ⓛ **고객신뢰도** : 고객접촉 채널별 이용의 편의성, 고객불만처리 정도 등의 평가
　ⓒ **고객기여도** : 고객의 누적된 기여도
　ⓔ **고객성장성** : 규모성장성과 로열티 성장성으로 구분하여 관리 및 측정

25 제조업자의 재고수준을 낮추기 위해 대량의 재고를 보유하는 중간상은 도매상이다.

26 조사 진행 과정 중 사전조사의 결과 활용으로 가장 적합한 것은?

① 발생할 가능성이 있는 문제점이 확인되었으면 본 조사를 진행해도 좋다.

② 문제점이 나타나면 현 단계에서 문제점을 수정하고 본 조사를 진행하면 된다.

③ 문제점이 확인되면 앞의 단계로 돌아가 수정 후 본 조사를 진행하면 된다.

④ 문제점이 나타나면 앞의 단계로 돌아가 수정 후 다시 사전조사의 과정을 반복한다.

27 독립이나 신규 사업을 생각하고 있을 때, 오픈데이터 수집만으로도 분석 가능한 것은?

① 성장분야·업계와 시장규모

② 특정기업의 소속업계 구조

③ 특정기업의 경영내용

④ 특성상권의 입지조사

Answer 26. ④ 27. ①

26 사전조사의 목적은 작성된 설문지의 예상치 못했던 오류를 찾아내기 위한 것으로 설문지의 타당성 및 신뢰성을 검증하는 절차이다. 따라서 설문지 작성 후 본조사 전에 시행되며 문제점이 발견되면 수정하여 본조사에서 오류를 최대한으로 줄이도록 해야 한다.

※ 예비조사와 사전조사

   ㉠ 예비조사(pilot study) : 효과적인 표본 설계를 위해서 사전 정보와 실제 조사비용에 대한 정보를 얻기 위한 것으로, 자료 수집을 하는 현장의 특성 및 표본에 대한 기초적인 지식을 습득한다. 비표준화된 인터뷰를 통해 질문지 설계의 기초자료로 삼는다. 시장조사의 타당성을 검토하는 단계로서 설문지 작성 전에 실시된다.

   ㉡ 사전조사(pre test) : 설문지의 초안이 완성된 후 모집단의 일부에게 본조사가 실행되기 전 간이조사를 실시하는 것으로 설문지의 문제점을 파악해보는 절차이다.

27 ① 상장분야·업계와 시장규모는 오픈데이터 수집만으로도 분석이 가능하다.

28 탐색조사의 종류에 해당하지 않는 것은?

① 문헌조사   ② 전문가의견조사
③ 사례조사   ④ 횡단조사

29 측정에 있어 타당도와 신뢰도에 영향을 미치는 요인 중 개인적 요인과 거리가 먼 것은?

① 오자   ② 직업
③ 교육수준   ④ 연령

30 사전조사에 대한 설명으로 틀린 것은?

① 설문지의 내용이 적절하게 배치되어 있는가를 체크 할 수 있다.
② 본 조사를 위하여 응답자의 장소, 조사장소의 분위기, 응답에 필요한 시간, 응답자 표본의 크기 등이 적절한가를 검토한다.
③ 사전조사는 가급적 간접조사 방식을 취한다.
④ 사전조사로 파악된 응답자의 의견을 반영하여 조사의 문제점을 보완, 수정한다.

Answer ── **28.** ④   **29.** ①   **30.** ③

28 ④ 횡단조사는 기술조사의 한 종류이다.
  ※ **탐색조사의 종류**
    ㉠ 문헌조사
    ㉡ 전문가의견조사
    ㉢ 사례조사
    ㉣ 표적집단면접법

29 ① 질문지의 오·탈자, 읽기 어려운 단어, 페이지의 누락 등은 검사도구 및 그 내용의 기계적인 요인에 해당한다.

30 ③ 사전조사(pre test)는 설문지의 초안이 완성된 후 모집단의 일부에게 본조사가 실행되기 전 간이조사를 실시하는 것으로 설문지의 문제점을 파악해보는 절차이다. 사전조사의 목적은 작성된 설문지의 예상치 못했던 오류를 찾아내기 위한 것으로 설문지의 타당성 및 신뢰성을 검증하는 절차이다. 따라서 설문지 작성 후 본조사 전에 시행되며 문제점이 발견되면 수정하여 본조사에서 오류를 최대한으로 줄이기 위한 목적으로 진행된다. 예비조사보다 형식이 갖춰진 형태로 본조사와 유사하게 실시된다.

31 커뮤니케이션방법에 의한 시장 조사기법에 해당되지 않는 것은?

① 면접 조사법　　　　　　　　② 신디케이트 조사법
③ 우편 조사법　　　　　　　　④ 인터넷 조사법

32 시장조사의 주체가 표본추출방법을 결정할 때 반드시 같이 결정해야 할 사항으로 조사비용 및 조사의 정확도와 가장 밀접한 관련성을 가지는 것은?

① 모집단의 대상　　　　　　　② 표본의 크기
③ 면접원의 수　　　　　　　　④ 신뢰구간의 크기

33 다음 사례는 어떤 마케팅 조사 방법에 해당하는가?

> 편의점을 이용하는 고객의 특성을 조사하기 위하여 30분 간격으로 들어오는 고객의 성별 및 연령대를 기록하고, 이 자료를 통하여 현 매장 방문 고객에 대한 프로파일을 파악한다.

① 투사법　　　　　　　　　　② 관찰법
③ 서베이　　　　　　　　　　④ 심층면접법

Answer ── 31. ② 32. ② 33. ②

31 커뮤니케이션에 의한 조사방법
　ⓐ 면접조사
　ⓑ 전화조사
　ⓒ 우편조사
　ⓓ 인터넷 조사

32 ② 일반적으로 표본의 크기가 커질수록 이에 비례하여 시간과 비용 또한 증가한다. 따라서 표본의 대표성과 조사에 필요한 시간과 비용 그리고 조사목적과 조사방법 등을 전반적으로 고려하여 표본 크기를 적절한 수준으로 결정해야 한다.

33 ② 관찰법은 질문과 답변을 통하여 정보를 수집하는 것이 아니라 응답자의 행동과 태도를 조사자가 관찰하고 기록함으로써 정보를 수집하는 것이다.

34 간행된 2차 자료 원을 일반 상업용 자료 원과 정부 자료 원으로 분류할 수 있다. 일반 상업용 자료 원이 아닌 것은?

① 명감(directories)
② 색인(index)
③ 통계자료
④ 센서스자료

35 다음 (   ) 안에 들어갈 가장 알맞은 것은?

> 마케팅 정보가 마케팅 문제를 얼마나 잘 설명하고 있는가에 대한 판단은 설명의 범위, 설명의 정확성,
> (   ), 통계능력을 그 기준으로 삼는다.

① 신뢰성
② 상호배타성
③ 포괄성
④ 규범성

36 다음 중 설문지 작성 시 응답자의 응답률을 높이기 위해 가장 먼저 배열해야 하는 것은?

① 면접자의 신상기록 항목
② 응답자 분류를 위한 문항
③ 응답자에 대한 협조 요청문
④ 필요한 정보 획득을 위한 문항

Answer ── **34.** ④ **35.** ① **36.** ③

34 2차 자료원 구분
　㉠ 상업 및 인쇄화된 자료 : 지침, 명감, 색인, 통계자료, 서지, 편람, 연감, 논문, 사전 등
　㉡ 정부자료원 : 센서스자료, 기타자료

35 ① 마케팅 정보의 신뢰성은 비교가 가능한 독립된 측정방법에 의하여 대상을 측정할 경우 유사한 결과가 나오는 것을 의미하며 안정성, 일관성이라 표현할 수 있다.

36 협조 요청문을 통해 조사자와 조사기관의 소개, 조사의 취지를 설명함과 동시에 개인적인 응답항목에 대한 비밀 보장을 확신시켜 줌으로서 조사의 응답률을 높인다.

37 측정오차의 발생원인과 가장 거리가 먼 것은?

① 통계분석기법
② 측정시점의 환경요인
③ 측정방법 자체의 문제
④ 측정시점에 따른 측정대상자의 변화

38 마케팅 믹스전략 중 제품전략과 관련된 시장조사의 역할과 목적으로 틀린 것은?

① 티켓 소비자가 제품으로부터 기대하는 편익이 무엇인지 알 수 있다.
② 제품 판매에 적합한 유통경로를 파악할 수 있다.
③ 기존 제품에 새로 추가할 속성이나 변경해야 할 속성을 파악할 수 있다.
④ 브랜드명의 결정, 패키지, 로고 대안들에 대한 테스트를 할 수 있다.

Answer── **37.** ① **38.** ②

37 측정오차의 발생원인
  ㉠ 측정자에 의한 오차
   • 측정자의 가변성
   • 면접자에 의한 보고
   • 면접자간 의견차이
   • 측정자의 편의와 편입
  ㉡ 시간 · 공간적 제약에 의한 오차
   • 표본의 지역적 제약성
   • 전체 측정 모집단의 시간적 불안정성
   • 표본의 시간적 부적합성
  ㉢ 인간 지적 특수성에 의한 오차
   • 기억의 한정성
   • 인간의 본능성
   • 피측정자의 측정분야에 대한 지식의 결여
  ㉣ 측정대상 관련 오차
   • 자료의 부족, 무응답
   • 실험의 불가능
   • 연구자료에 대한 부적합한 표본
   • 자료 자체의 결점

38 ② 제품이나 서비스는 다양한 경로를 거쳐 최종고객에게 전달되거나 소비되고 있는데, 이렇게 제품이나 서비스가 최종 수요자에게 이르는 경로를 유통경로(Marketing channel 혹은 Distribution channel)라 한다. 유통경로는 마케팅 믹스 전략에서 유통전략에 해당한다.

39 다음 설문 문항이 범하고 있는 주요 오류에 대한 설명으로 맞는 것은?

> 당신은 맥주를 얼마나 자주 드십니까?
> ㉠ 매일 마신다. ㉡ 자주 마신다.
> ㉢ 종종 마신다. ㉣ 거의 안 마신다.
> ㉤ 전혀 안 마신다.

① 대답을 유도하는 질문을 하고 있다.
② 가능한 응답을 모두 제시하지 않고 있다.
③ 응답 항목들 간의 내용이 중복되고 있다.
④ 하나의 항목으로 두 가지 내용을 질문하고 있다.

40 우편조사와 전화조사의 공통적인 장점으로 옳은 것은?

① 조사에 소요되는 시간이 짧다.
② 방대한 양의 자료를 수집할 수 있다.
③ 복잡한 질문을 다룰 수 있다.
④ 비교적 비용이 적게 든다.

41 자료의 측정에 있어 타당성을 높일 수 있는 방법으로 가장 적절하지 않은 것은?

① 연구 담당자가 마케팅의 전반 영역에 대한 깊은 지식을 습득한다.
② 이미 타당성을 인정받은 측정방법을 이용한다.
③ 사전조사를 통하여 상관관계가 낮은 항목들을 제거한 후 관계가 높은 변수들만을 개념
   측정에 이용한다.
④ 측정 시 문항의 수를 적게 하여 자료의 측정 타당도를 높인다.

Answer— 39. ③ 40. ④ 41. ④

39 ③ '매일', '자주', '종종'의 단어들로 인해 ㉠㉡㉢은 내용이 중복되는 항목이라고 할 수 있다.

40 ① 우편조사의 경우 조사에 소요되는 시간이 길다.
② 전화조사는 조사 내용의 분량에 제한이 따른다.
③ 우편조사는 복잡한 질문을 다루기가 어렵다.

41 ④ 문항의 수가 적어지면 신뢰성이 낮아진다.

42 전화조사를 할 때 응답 대상의 전체집단 중 그 특성을 그대로 살리면서 소수의 적절한 응답자를 뽑은 대상을 무엇이라 하는가?

① 표본   ② 표집
③ 모수   ④ 모집단

43 의사소통방법은 필요한 자료를 설문지나 대화를 통하여 얻는 방법을 말한다. 캠벨(Campbell)의 의사소통방법을 체계화 및 공개화에 따라 분류하였는데 공개적이고 비체계적인 소통방법은?

① 역할행동법   ② 문장완성법
③ 단어연상법   ④ 심층면접법

44 다음 질문지 작성 단계를 바르게 나열한 것은?

㉠ 사전조사와 질문지의 보완	㉡ 질문용어의 선택
㉢ 질문순서의 결정	㉣ 질문·응답 형태의 선택
㉤ 질문지의 구조와 질문내용 선택	㉥ 질문지 작성을 위한 탐색조사

① ㉠→㉡→㉢→㉣→㉤→㉥
② ㉣→㉡→㉢→㉠→㉤→㉥
③ ㉥→㉤→㉣→㉢→㉡→㉠
④ ㉢→㉣→㉠→㉡→㉤→㉥

Answer ── **42.** ①   **43.** ④   **44.** ③

42 ① 표본이란 전체 모집단의 축도 또는 단면이 된다는 가정하에서 모집단에서 선택된 모집단 구성단위의 일부를 뜻한다.
② 모집단에서 표본을 추출하는 일이다.
③ 모집단의 특성을 나타내는 수치를 말한다.
④ 통계적인 관찰의 대상이 되는 집단 전체를 의미한다.

43 ④ 심층면접법(depth interview)은 어떤 주제에 대한 응답자의 동기, 신념, 태도 등을 알아내기 위해 응답자가 자신의 느낌이나 믿음을 자세히 표현하거나 자유롭게 이야기 하도록 유도하는 방법으로 공개적이며 비체계적인 의사소통방법이다.

44 ③ 질문지의 작성은 질문지 작성을 위한 탐색조사 → 질문지의 구조와 질문내용의 선택 → 질문/응답의 형태 → 질문 순서 결정 → 질문용어의 선택 → 사전조사와 질문지의 보완 순서로 진행한다.

45 다음 중 전화면접과 대면면접의 비교설명으로 틀린 것은?

① 전화면접법은 대면면접법에 비해 신속하게 면접을 실시할 수 있다.

② 전화면접법은 대면면접법에 비해 익명성이 보장될 수 없다.

③ 전화면접법은 대면면접법보다 비용이 저렴하게 든다.

④ 전화면접법은 대면면접법보다 면접대상이 지역적으로 분산되어도 면접이 용이하다.

46 다음 중 개방형 질문의 장점이 아닌 것은?

① 응답 가능한 모든 응답의 범주를 모를 때 적합하다.

② 응답자가 어떻게 응답하는가를 탐색적으로 살펴보고자 할 때 적합하다.

③ 개인의 사생활이나 소득수준과 같이 밝히기를 꺼리는 민감한 주제에 보다 적합하다.

④ 몇 개의 범주로 압축시킬 수 없을 정도로 쟁점이 복합적일 때 적합하다.

47 다음 중 1차 자료 수집방법의 선택기준으로 가장 거리가 먼 것은?

① 다양성
② 신속도와 비용
③ 주관성과 타당성
④ 객관성과 정확성

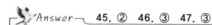 Answer— **45.** ② **46.** ③ **47.** ③

45 ② 전화면접의 경우 익명성이 보장된다.

46 개방형 질문의 장점
　㉠ 연구자가 연구되고 있는 표본에 대한 정보를 갖고 있지 않을 때 유용하다.
　㉡ 필요에 따라 자세하게 물어볼 수 있으므로 응답자의 의견, 태도, 동기 등에 대하여 보다 확실하고 정확한 응답을
　　얻을 수 있다.
　㉢ 응답자에게 제한된 범위 내에서 선택하고 답변하도록 하지 않는다는 점으로 질문 자체에 융통성을 부여하여 새로운
　　사실을 발견할 수 있는 가능성이 있다.
　㉣ 탐색적 조사 등 문제의 핵심을 알려고 할 때 이용되며, 조사단위의 수가 적은 조사에 더 적합하다.

47 1차 자료 수집방법의 선택기준
　㉠ **필요정보의 다양성** : 조사목적에 요구되는 자료의 유형이 많은 정도
　㉡ **신속도와 비용** : 자료를 수집하는데 걸리는 시간의 정도인 신속도와 단위자료를 수집하는데 소요되는 경비인 비용
　㉢ **객관성과 정확성** : 조사자가 바뀌거나 시간이나 상황이 변경되더라도 동일한 자료가 나와야 하는 객관성과 조사분석
　　절차에 따라 요구되는 자료의 정도인 정확성

48 응답자에게 조사자가 전화를 걸어 질문하는 전화조사법의 단점으로 틀린 것은?

① 시각적인 보조 자료(그림, 도표)를 활용할 수 없다.

② 질문의 길이와 내용에 제한을 받는다.

③ 질문 중에 응답자가 전화통화를 중단하는 경우도 있다.

④ 전화보급의 보편화로 응답자에게 접근이 용이하다.

49 횡단조사에 대한 설명으로 틀린 것은?

① 표본을 활용한 조사기법

② 설문지 활용 특정 시점의 상황파악

③ 한 번의 측정을 통한 측정치 비교

④ 조사의 신뢰성을 유지하기 위해 동일한 표본을 대상으로 조사

50 조사 의뢰자인 마케팅 관리자가 조사보고서를 통해 얻은 결과를 숫자로 표현하여 의사결정을 하는 분석법은?

① 직관적 가치 분석법

② 베이지안 분석법

③ 손익분기 분석법

④ 시계열 분석법

Answer ── 48. ④ 49. ④ 50. ②

48 ④ 전화조사법의 장점에 해당한다.

49 ④ 동일한 조사를 일정 시간을 두고 반복해서 실시하는 것을 종단조사라고 하며, 특정 문제에 대해 1회 실시하는 조사를 횡단조사라고 한다.

50 ② 주관적 확률(subjective probabilities, 사전확률로 이용한다)을 실제 가능한 일로 설정하여 분석하는 통계분석의 하나이다.
① 의사결정자의 경험과 지식으로 조사에서 얻어질 정보의 가치와 비용을 비교·판단하는 방법이다.
③ 개별기업의 신용도 평가에 있어서 핵심사항인 영업수익과 원가관리에 대한 유용한 정보를 제공하며이 기법을 적절히 활용할 경우 기업의 투자계획을 평가하는데 보다 구체적이고 핵심적인 내용을 파악할 수 있다.
④ 시계열은 시간의 흐름에 따라 일정한 간격으로 관측하여 기록된 자료를 말한다. 시계열분석이란 관측된 과거의 자료를 분석하여 법칙성을 발견하고 이를 모형화하여 추정하는 것이다.

3 텔레마케팅관리

51 통화품질과 텔레마케팅 모니터링의 차이점에 대해서 잘못 설명한 것은?

① 통화품질은 종합적인 평가체제이고, 텔레마케팅 모니터링은 상담원과 고객 간의 통화 자체에서 느껴지는 상담의 질 정도를 평가한다.

② 통화품질은 종합품질과 경쟁력을 동시에 평가하며, 텔레마케팅 모니터링은 콜센터 자체의 커뮤니케이션 능력의 정도를 평가한다.

③ 통화품질의 궁극적 목적은 콜센터 경영의 질을 향상시키는 것이며, 텔레마케팅 모니터링은 상담원의 상담의 질을 향상시키는 것이다.

④ 통화품질은 자체통화품질(CQA) 담당에 의한 평가이며, 텔레마케팅 모니터링은 제3자 외부전문기관에 의한 객관적인 평가관리가 이루어진다.

52 콜센터에서 QAA의 역할로서 가장 바람직한 것은?

① 텔레마케터의 통화품질을 평가하는 일

② 텔레마케터의 통화품질을 관리하는 일

③ 텔레마케터의 통화품질 향상을 도와주는 일

④ 텔레마케터의 통화품질을 감독하는 일

Answer — **51.** ④ **52.** ③

51 통화품질관리(CQA ; Call Quality Assurance) ⋯ 기업과 고객 간에 이루어지는 통화에서 느껴지는 품질의 정도를 의미하며, 이는 종합적으로 평가하여 얻어지는 체계이다. 따라서 전문적인 인력을 활용하고, 통화품질 규정을 마련하며, 합리적인 평가표를 마련해야 한다. 텔레마케팅 모니터링은 상담원과 고객 간의 통화 자체에서 느껴지는 상담의 질(質)의 정도를 평가하려는 것을 말한다.

52 QAA는 텔레마케터들의 상담내용 모니터링을 기반으로 그들의 통화품질에 대한 향상을 도와주는 역할을 수행한다.

53 텔레마케팅의 개념으로 틀린 것은?

① 잘 훈련되고 조직된 인적 집단을 중심으로 운영된다.
② 정보통신기술을 이용하여 운영된다.
③ 소비자와 상호작용하여 고객의 욕구를 충족시키고 기업의 목적을 수행하는 시스템이다.
④ 경비절감만을 목적으로 구성된 시스템이다.

54 리더십의 유형을 의사결정 방식과 태도에 따라 구분할 때 의사결정 방식에 따른 구분이 아닌 것은?

① 독재형 리더십
② 민주형 리더십
③ 직무중심형 리더십
④ 자유방임형 리더십

55 SMART 성과 목표 설정 항목 중 S에 해당하는 것은?

① Specific
② Special
③ Speed
④ Social

Answer ── 53. ④ 54. ③ 55. ①

53 텔레마케팅(Telemarketing) … 텔레마케팅은 전화 등의 매체를 활용해서 소비자의 구매이력 데이터베이스에 근거해 세심한 세일즈를 행하는 과학적인 마케팅방법을 의미한다. ④는 관련성이 없다.

54 직무중심형 리더십은 인간적인 요소보다는 과업의 달성을 최고로 중요시하는 유형으로 행동론적 접근에 따라 구분되었다.

55 SMART 성과 목표 설정 항목
　㉠ S(Specific) : 구체적이어야 한다.
　㉡ M(Measurable) : 측정할 수 있어야 한다.
　㉢ A(Attainable) : 달성 가능한 지표여야 한다.
　㉣ R(Result) : 전략과제를 통해 구체적으로 달성하는 결과물이어야 한다.
　㉤ T(Time-bound) : 일정한 시간 내에 달성 여부를 확인할 수 있어야 한다.

56 고객의 구체적인 욕구를 알아내는 방법 중 패쇄형 질문에 대한 설명으로 틀린 것은?

① 간단한 답변을 이끌어 내는 질문기법이다.
② 자료를 방대하게 모으는데 더 효과적이다.
③ 단정적인 답을 구하는 질문으로 이미 말한 것이 무엇이고 무엇을 동의했는지 체크하는 가장 빠른 방법이다.
④ 정보를 명확히 하기 위한 질문기법이다.

57 다음 콜센터 운영비용 중 일반적으로 가장 많은 비용을 차지하는 것은?

① 인건비   ② 네트워크
③ 간접비   ④ 장비

58 CTI의 주요 기능으로 적당하지 않은 것은?

① 자동착신호분배 및 녹취 기능
② 자료전송 및 음성사서함 기능
③ 송신호에 대한 자동 정보제공 기능
④ 자동 전화걸기 기능

Answer — **56.** ② **57.** ① **58.** ①

56 폐쇄형 질문은 대단위 표본을 대상으로 하는 서베이에 적합하다. 하지만 객관식 문항처럼 정해진 응답범주에 따라 응답이 이루어지므로 방대하면서도 구체적인 자료를 모으는데 있어서는 효과적이지 못하다.

57 텔레마케팅은 상담사가 조직 내에 상주하여 고객응대를 하게 되는 시스템이므로 상담사가 늘어나면 늘어날수록 집기류 및 임대료보다 더 많은 지출을 차지하게 되는 요소가 된다.

58 CTI(Computer Telephony Integration) … 컴퓨터와 전화 시스템의 통합을 지칭하는 것으로 PC를 통해 전화 시스템을 효율적으로 관리하는 기술이다. CTI 시스템을 활용하면, 고객이 전화 음성안내에 따라 음성으로 원하는 정보를 듣거나 팩스를 통해 문서로 볼 수 있고, 음성안내에 따라 주문 사항과 거래내용을 입력하여 은행 계좌이체나 티켓 예약판매 서비스를 받을 수 있으며, 고객의 전화번호를 데이터베이스화하여 각 고객에게 적합한 대응방법을 도모할 수 있다.

59 다음 중 아웃바운드 텔레마케팅의 특징으로 적합하지 않은 것은?

① 고객리스트는 반응률을 결정하는 중요 요소이다.

② 고객 반응을 유도할 수 있는 적합한 제안이 필요하다.

③ 기존고객이 이탈하지 않도록 하기 위한 적극적인 고객관리에 유효하다.

④ 콜 예측을 통한 서비스레벨을 효과적으로 관리하는 것이 중요하다.

60 콜량 예측 시 필요한 데이터와 가장 관련이 없는 것은?

① 대화시간
② 후처리 시간
③ 콜량 예측시간
④ 최근 인입콜

61 텔레마케팅 운영 시 상담 품질관리를 통한 장점이 잘못 연결된 것은?

① 고객 – 서비스에 대한 만족 및 불만족 요소를 전달할 수 있다.

② 회사 – 이미지 향상으로 고객확보와 이익이 발생한다.

③ 상담사 – 상담능력이 향상된다.

④ 모니터링 담당자 – 코칭 기술을 향상시킬 수 있다.

Answer — **59.** ④ **60.** ③ **61.** ①

59 ④ 아웃바운드 텔레마케팅은 고객과 접촉한 총 건수인 콜 접촉률로 관리한다.

60 콜량 예측 시 필요 데이터
　㉠ 대화시간
　㉡ 마무리 시간
　㉢ 평균 처리시간
　㉣ 콜 처리량
　㉤ 최근 인입콜

61 ① 상담 품질관리를 통해 고객은 보다 향상된 수준의 서비스를 받을 수 있다.

62 텔레마케팅 아웃소싱 업체 선정 시 유의할 사항으로 거리가 먼 것은?

① 콜센터 아웃소싱업체가 인바운드 텔레마케팅 성향이 강한지 아웃바운드 텔레마케팅 성향이 강한지 해당 업체의 특성을 고려해야 한다.

② 아웃소싱 업체의 고객 데이터베이스 관리의 신뢰성 정도를 반드시 점검해야 한다.

③ 아웃소싱 업체의 상담원의 자질이 어떠한지를 평가하여야 하며 편차가 심할 경우 업체 선정을 고려해야 한다.

④ 비용이 저렴한 아웃소싱 업체만을 선정하는 것이 가장 효율적이다.

63 아웃바운드 콜센터의 성과관리를 위한 성과지표의 설명으로 틀린 것은?

① 고객DB 소진율 : 총 고객DB 불출 건수 대비 텔레마케팅으로 소진한 DB 건수가 차지하는 비율

② 고객DB 사용 대비 고객획득률 : 총 고객DB 불출 건수 대비 고객으로 획득한 비율

③ 1콜당 평균 전화비용 : 아웃바운드 텔레마케팅을 하였을 경우 1콜당 평균적으로 소요되는 전화비용의 정도

④ 총 매출액 : 일정기간 동안 아웃바운드 텔레마케팅을 실행한 결과 발생한 총 매출액

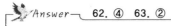 Answer ── **62. ④ 63. ②**

62 텔레마케팅 아웃소싱 선정
- ㉠ 인바운드 또는 아웃바운드 성향 여부, 전문능력, 데이터베이스 관리의 신뢰성 정도, 개인의 신용정보나 프라이버시 보호, 콜센터 생산성 등을 종합적으로 고려해야 한다.
- ㉡ 아웃바운드형 콜센터를 아웃소싱할 때에는 아웃바운드형 콜센터 운영 경험, 목표고객을 대상으로 한 캠페인 툴 활용능력, 매니저 및 조직목표 관리, 데이터 백업 및 관리, 생산성과 효율성 등이 뛰어난 업체를 선정하는 것이 유리하다.
- ㉢ 아웃바운드형 콜센터의 아웃소싱은 업체 선정에 따라 목표관리 및 성과달성에 큰 차이가 발생하므로 아웃바운드형 콜센터의 성향이 뛰어난가를 간파한 후 콜센터 운영 경험, 제안서 상에서의 목표 및 성과분석에 대한 실질적인 평가가 이루어져야 한다.

63 아웃바운드 콜센터 지표
- ㉠ 고객 DB 사용 대비 고객획득률 : 총 고객 DB 사용건수 대비 고객으로 획득한 비율
- ㉡ 콜 당 평균 전화비용 : 아웃바운드 텔레마케팅의 경우 1콜 당 평균적으로 소요되는 전화비용의 정도
- ㉢ 콜 접촉률 : 아웃바운드 텔레마케팅을 실행한 후 고객과 접촉한 총 건수
- ㉣ 총매출액 : 일정기간 동안 아웃바운드 텔레마케팅을 실행한 결과 발생한 총매출액

64 다음 중 콜 센터 시스템 발전 단계를 순서대로 나열한 것은?

㉠ 음성 인식	㉡ 교환기(PBX)
㉢ 전화자동분배(ACD)	㉣ 예측 다이얼(PD)

① ㉠ - ㉡ - ㉢ - ㉣
② ㉡ - ㉠ - ㉢ - ㉣
③ ㉡ - ㉢ - ㉣ - ㉠
④ ㉢ - ㉡ - ㉠ - ㉣

65 텔레마케터에 대한 교육훈련(OJT) 방법으로 적합하지 않은 것은?

① 기존상담원과 동반근무 실습
② 모니터링을 통한 슈퍼바이저와의 일대일 코칭
③ 우수 상담원의 녹취록을 통한 훈련
④ 타 업종의 외부전문가 공개 실무 강좌 참가

66 막스 베버(Max Weber)가 주장한 이상적인 관료조직(bureaucracy)의 특징을 올바르게 설명한 것은?

① 과업의 성과가 일정하도록 다양한 규칙이 있어야 한다.
② 경영자는 개인적인 방법과 생각으로 조직을 이끌어야 한다.
③ 조직구성원의 채용과 승진은 경영자의 지식과 경험에 기초한다.
④ 조직의 각 부서 관리는 해당 업무의 전문가에 의해 이루어져야 한다.

Answer — **64. ③ 65. ④ 66. ④**

64 콜 센터 시스템의 발전단계 … 교환기 → 전화자동분배 → 예측 다이얼 → 음성 인식

65 직장 내 교육훈련(OJT)은 상사나 숙련공이 일하는 과정에서 직접 부하 종업원을 개별적으로 실무나 기능에 관해 훈련시키는 방법을 의미하는데, 전혀 다른 타 업종의 외부전문가의 강좌 참가는 아무런 관련이 없다.

66 ④ 조직의 각 부서 지휘는 계선조직에 의해 이루어진다.

67 텔레마케터를 교육훈련(OJT) 하기 위한 준비사항으로 틀린 것은?

① 업무 매뉴얼을 작성한다.
② OJT를 전담할 담당자를 선발한다.
③ 텔레마케터의 성과요인과 현재 능력을 진단한다.
④ OJT 기간은 가능한 짧게 잡는다.

68 다음과 같은 요인들의 상호작용을 통해서 나타날 수 있는 리더십 이론은?

> • 리더와 구성원 관계가 좋다 또는 나쁘다.
> • 과업구조가 높다 또는 낮다.
> • 직위권력이 강하다 또는 약하다.

① 리더십 특성이론
② 리더십 관계이론
③ 리더십 상황이론
④ 리더 – 구성원 상호작용이론

69 콜센터 문화에 영향을 미치는 기업적 요인에 해당되지 않는 것은?

① 근로 급여조건
② 기업의 지명도
③ 상담원에 대한 직업의 매력도
④ 상담원과 수퍼바이저의 인간적 친밀감

Answer — 67. ④ 68. ③ 69. ③

67 OJT는 사내교육훈련으로 신입사원 입사 시에만 단기적으로 활용하는 것이 아닌 상황에 따라 직원들의 교육으로도 쓰이는 방법이다.

68 ③ 리더십의 특성이나 행위들이 서로 다른 상황의 리더들에 있어서 다르게 적용된다는 점에 주목하여 주어진 상황에 따라 리더십의 효과가 다르게 나타난다.

69 콜센터 문화에 직접·간접적으로 영향을 미치는 요인은 사회적, 커뮤니케이션적, 기업적, 개인적 측면으로 나누어진다. 모두 기업적 요인에 해당하지만 상담원에 대한 직업의 매력도는 개인적 측면으로 볼 수 있다.

70 상담원 간 통화 내용을 서로 듣고 상담내용을 평가하는 모니터링 기법은?

① 실시간 모니터링　　　　　　　② 역(Reverse) 모니터링
③ 동료(Peer) 모니터링　　　　　 ④ 자가(Self) 모니터링

71 콜센터 성과측정 중 고객 접근가능성 여부를 측정하는 지표로 가장 거리가 먼 것은?

① Service Level　　　　　　　 ② Response Rate
③ Average Speed of Answer　　 ④ First call Resolution

72 조직관리의 목적으로 틀린 것은?

① 충성심과 애호도가 높아지도록 고객에게 기쁨을 주도록 한다.
② 조직의 역할이 최적화 될 수 있도록 구성원 간의 역할과 기능을 명확히 한다.
③ 운영전략과 수행 효율성의 최적화를 이룬다.
④ 인적자원의 능력을 초과한 업무수행이 가능히도록 한다.

Answer 　70. ③　71. ④　72. ④

70 동료(Peer) 모니터링
　㉠ 장점
　　• 품질 프로세스에 상담원이 참여하여 상담원의 책임을 강화하는데 도움이 되며, 통화품질담당자의 주요 역할을 스스로 행할 수 있다.
　　• 모니터링 수행 시 거부감이나 두려움이 적고 자연스럽게 코칭이 이루어진다.
　　• 상담원의 프로의식과 공헌도를 인지시켜주는 직업의식 고취의 한 형식이 될 수 있다.
　　• 상담원끼리 서로 학습함으로써 슈퍼바이저와 매니저로부터 받은 교육을 스스로 강화시킬 수 있다.
　　• 상호 피드백을 제공함으로써 상담원 커뮤니케이션 스킬을 공유한다.
　㉡ 단점
　　• 잘못된 피드백을 할 수 있으므로 우수한 상담원들을 신중하게 선별한다.
　　• 모니터링 수행자에게 피드백 방법을 훈련시켜야 한다.
　　• 우수 상담원들의 콜 응대시간을 감소시킬 수 있다.
　　• 성과 보상 시스템과 연계되어야 한다.

71 한 번의 전화로 문제를 해결하는 1차 처리율(FCR)은 고객 접근가능성 여부를 측정하는 지표로 거리가 멀다.

72 조직을 관리함에 있어 적정 수준의 인적자원을 유입시키는 것도 중요하지만, 해당 인적자원의 능력을 고려한 업무수행이 가능하도록 해 주는 것 또한 간과해서는 안 된다.

73 다음 ( ) 안에 들어갈 가장 알맞은 것은?

> 콜센터 조직이 점차 커지고 활성화됨에 따라 상담원들이 기피하는 업종이나, 기업의 콜센터는 상담원의 기피, 집단이탈, 인력채용과 운영효율의 저하를 초래하여 급기야는 콜센터의 관리직도 자기역할의 한계를 느낌에 따라 콜센터 조직의 와해를 빚게되는 ( ) 현상이 나타난다.

① 철새둥지   ② 한우리 문화
③ 콜센터 심리공황   ④ 커뮤니케이션 장벽

74 직장 내 교육훈련(OJT)의 장점이 아닌 것은?

① 종업원의 동기부여에 기여할 수 있다.
② 상사와 부하 간의 이해와 협동심을 촉진시킬 수 있다.
③ 많은 종업원을 대상으로 동시에 체계적인 교육훈련이 가능하다.
④ 별도의 시설 없이 적은 비용으로 경제적인 교육훈련의 실시가 가능하다.

75 텔레마케팅 전문회사를 이용할 경우의 장점이 아닌 것은?

① 많은 콜을 처리하기에 유리하다.
② 전문적인 인재를 확보하기가 쉽다.
③ 소규모의 텔레마케팅 실시에 적합하다.
④ 테스트 마케팅의 실시에 유리하다.

Answer ─ **73.** ③ **74.** ③ **75.** ③

73 자기 자신의 무게중심보다 콜센터 내에서 발생하고 있는 동료들 간의 집단심리, 다시 말해 콜센터 심리공황으로 인해서 구성원 개개인의 갈등은 물론이거니와 상담원들의 집단적 갈등, 커뮤니케이션의 오해 등으로 인해 이직을 고려하거나 근로 의욕을 상실하게 되는 일종의 동조현상을 지니게 되어 자기분별력이 떨어지게 된다.

74 직장 내 교육훈련(OJT)는 상사나 숙련공이 일하는 과정에서 직접 부하 종업원을 개별적으로 실무나 기능에 관해 훈련시키는 방법이다. 따라서 많은 종업원을 대상으로 동시에 교육훈련이 가능하지는 않다.

75 전문회사를 활용할 시에는 대규모의 텔레마케팅 실시가 적합하다.

76 일반적인 고객 욕구에 대한 설명으로 바람직하지 않은 것은?

① 개인적으로 알아주고 관심과 정성이 담긴 서비스를 제공받기를 원한다.

② 소비자가 원할 때 적시에 서비스를 제공받기를 원한다.

③ 책임당사자인 제3자에게 업무를 넘겨서 처리해 주기를 원한다.

④ 자신의 문제에 대해 공감을 얻고 공정하게 처리되기를 원한다.

 Answer — **76.** ③

76 고객심리의 유형
  ㉠ 환영기대심리
- 고객은 언제나 환영받기를 원하므로 항상 밝은 미소로 맞이해야 한다.
- 고객들이 고객으로서 가장 바라는 심리는 점포를 찾아갔을 때 나를 왕으로 대접해주길 바라는 것보다, 나를 환영해 주고 반가워해 주었으면 하는 것이다.

  ㉡ 독점심리
- 고객은 누구나 모든 서비스에 대하여 독점하고 싶은 심리를 가지고 있다.
- 고객 한 사람의 독점하고 싶은 심리를 만족시키다 보면 다른 고객들의 불편을 사게 된다. 따라서 모든 고객에게 공평한 친절을 베풀 수 있는 마음자세를 가져야 한다.

  ㉢ 우월심리
- 고객은 서비스 종사자보다 우월하다는 심리를 갖고 있다. 따라서 서비스 종사자는 고객에게 서비스를 제공하는 직업의식으로 고객의 자존심을 인정하고 자신을 낮추는 겸손한 태도가 필요하다.
- 고객의 장점을 잘 찾아내어 적극적으로 칭찬하고 실수는 덮어주는 요령이 필요하다.

  ㉣ 모방심리
- 고객은 다른 고객을 닮고 싶은 심리를 갖고 있다.
- 반말을 하는 고객이라도 정중하고 상냥하게 응대하면, 고객도 친절한 태도로 반응하게 되며 앞 고객이 서로 친절한 대화를 나누었다면, 그 다음 고객도 이를 모방하여 친절한 대화를 나누게 된다.

  ㉤ 보상심리
- 고객은 비용을 들인 만큼 서비스를 기대하며, 다른 고객과 비교해 손해를 보고 싶지 않은 심리를 갖고 있다.
- 언제나 고객의 기대에 어긋나지 않는 좋은 물적·인적 서비스를 공평하게 제공하는 것이 중요하며, 특정 고객에게 별도의 서비스를 제공할 때에는 그 서비스를 받는 고객보다 주변의 다른 고객에 대해 더욱 신경을 써야 한다.

  ㉥ 자기 본위적 심리
- 고객은 각자 자신의 가치기준을 가지고 있다.
- 고객은 항상 자기 위주로 모든 사물을 판단하는 심리를 가지고 있다.

77 효과적인 듣기 방법으로 맞는 것은?

① 고객의 말을 상담자의 경험과 연결지어 이해하기
② 고객이 말한 것을 상담자가 다시 한 번 명료화하기
③ 고객이 객관적으로 말하는 내용만 걸러서 듣기
④ 고객의 말에 대한 대답을 미리 준비하면서 듣기

78 고객응대관계의 특징과 가장 거리가 먼 것은?

① 인바운드 고객응대관계는 고객의 자발적인 요청으로 관계가 형성된다.
② 아웃바운드 고객응대관계는 상담원의 자발적인 요청으로 고객의 상담 동의관계가 형성된다.
③ 고객응대관계는 도움을 주고받는 관계로서 고객과 상담원은 서로의 가치를 존중하는 의미 있는 관계를 형성한다.
④ 고객응대관계에서 텔레마케팅 고객응대는 언어적 커뮤니케이션만이 가능하다.

79 효과적인 커뮤니케이션의 방법으로 거리가 먼 것은?

① 자신의 관점에서 이해
② 적극적인 태도의 피드백
③ 적극적인 경청의 자세
④ 예상되는 장애에 대한 사전준비

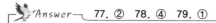

Answer— **77. ②   78. ④   79. ①**

77 고객이 말한 내용을 반복과 부연으로 정확히 이해한다.

78 커뮤니케이션의 방법 중 비언어적인 커뮤니케이션은 언어적 메시지 이상의 효과가 있다. 몸동작, 자세, 얼굴표정, 움직임 등 신체언어 또한 서비스 메시지를 구성하는 중요한 언어이다.

79 효과적인 대화는 어느 한 쪽의 입장에서 뿐만이 아닌 서로 간의 입장에서 이해하는 자세가 필요하다.

80 고객에게 제품이나 서비스를 설명하는 방법으로 틀린 것은?

① 고객의 상황을 파악해가면서 정확하게 핵심을 전달한다.

② 전달하고자 하는 주요 내용을 명확하게 설명한다.

③ 구체적으로 정확한 수치나 관련 사례를 들어가며 설명한다.

④ 제품이나 서비스의 특성을 전문용어로 설명한다.

81 상담 화법에 대한 설명으로 옳지 않은 것은?

① 상담 화법은 의사소통의 과정이다.

② 상담 화법은 대인 커뮤니케이션과 밀접한 상관관계를 지니고 있다.

③ 말하기의 대부분은 음성언어로 이루어진다.

④ 상담 화법은 대화상대, 대화목적에 따라 변화되지 않아야 한다.

82 의심이 많은 고객의 응대요령으로 가장 올바른 것은?

① 한 가지 상품을 제시하고 고객을 대신하여 결정을 내린다.

② 근거가 되는 구체적 자료를 제시한다.

③ 맞장구와 함께 천천히 용건에 접근한다.

④ 묻는 말에 대답하고 의사를 존중한다.

Answer ─── 80. ④ 81. ④ 82. ②

80 제품 및 그에 따르는 서비스는 고객들이 이해하기 쉽게 일반적인 단어로 설명해야 한다.

81 고객응대의 필수요소는 대화상대와 접촉하여, 대화목적과 대화내용을 거쳐 최종적으로 메시지를 전달하는 것이다. 즉 대화상대, 대화목적에 따라 상담 화법이 변한다.

82 ② 자신감을 갖고 확실한 태도와 언어로 근거가 될 수 있는 구체적인 자료 등을 제시하면서 고객이 충분히 납득할 수 있도록 한다.

83 고객가치 평가모델인 RFM에 대한 설명으로 맞는 것은?

① 고객과의 관계에 있어 재무적인 가치뿐만 아니라 관계활동에 대한 질적 측면도 함께 측정할 수 있다.

② 한 고객이 소비하는 제품이나 서비스군중에서 특정 기업을 통해 제공받는 제품이나 서비스의 비율을 말한다.

③ 특정상품 카테고리 내에서 고객이 소비할 수 있는 총액을 말한다.

④ 추천을 통해 직접적으로 확보된 고객의 재무적 가치를 말한다.

84 텔레마케터의 고객상담 전략으로 부적당한 것은?

① 고객이 말할 기회를 충분히 제공한다.

② 직접적, 사실적, 간결한 질문을 한다.

③ 상황의 해결을 위한 구체적인 질문을 한다.

④ 고객이 직접 회사로 오도록 유도한다.

85 고객과의 효과적이고 성공적인 커뮤니케이션을 위해 전달자의 장애요인 개선을 위한 사항으로 틀린 것은?

① 분명하고 적절한 언어를 사용한다.

② 병행경로와 반복을 이용한다.

③ 전달자의 입장에서 사고한다.

④ 물리적 환경을 효과적으로 활용한다.

Answer — 83. ① 84. ④ 85. ③

83 RFM 분석 … 기업입장에서 어떤 사람들이 가장 중요한 고객이 될 것인가를 구별해 내기 위하여 마지막 주문 혹은 구매 시점(Recency), 구매빈도(Frequency), 구매량(Monetary Amount)을 이용하여 고객의 예상기여도를 예측하고 고객의 가치를 결정하는 방법이다.

84 텔레마케팅은 전화로 고객들과 상담을 해야 하는 업무이므로 고객이 직접 회사로 내방하게 하는 것은 고객 상담의 전략이라고 할 수 없다.

85 ③ 고객의 입장에서 생각하고 판단해야 한다.

86 텔레마케팅에서 상대적으로 중요도가 가장 낮은 대화 요소에 해당하는 것은?

① Visual(시각적인 요소)
② Verbal(사용하는 단어와 문장)
③ Voice(목소리 음색과 톤)
④ Value(감성 화법)

87 단호한 형(Decisive)의 고객 상담 유형에 대한 설명으로 가장 거리가 먼 것은?

① 고객에게 상담원이 될 수 있으면 말을 많이 한다.
② 질문에 직접적인, 간결한, 사실적인 대답을 한다.
③ 변명하지 말고 설명을 간결하게 하고 해결책을 제공한다.
④ 상황의 해결을 목표로 한 구체적 질문을 하고 서비스한다.

88 CRM의 등장배경이 된 주요 시장의 변화현상으로 틀린 것은?

① 제품차별화의 희석
② 시장세분화
③ 고객 확보 경쟁의 증가
④ 대중마케팅의 효율성 대두

Answer— **86.** ① **87.** ① **88.** ④

86 ① 전화 상담으로 이루어지는 텔레마케팅에서 Visual은 상대적으로 중요도가 낮은 대화 요소이다.

87 단호한 성향을 가진 고객의 특징
ㄱ 경쟁적이다.
ㄴ 자신만만하고 거만한 태도를 보이기도 한다.
ㄷ 듣기보다 말을 많이 한다.
ㄹ 매우 구체적이며, 직접적으로 질의 한다.
ㅁ 권력 등을 상징적으로 사용하기도 한다.
ㅂ 자기주장이 강하다.
ㅅ 즉각적인 결과나 욕구충족을 원한다.

88 CRM의 등장배경
ㄱ 고객으로부터의 이익 창출
ㄴ 기존고객의 가치 중시
ㄷ 고객확보 경쟁의 증가
ㄹ 고객욕구의 다양화

89 성공적인 텔레마케팅 활동이 되기 위해 미리 준비해야 할 사항과 가장 거리가 먼 것은?

① 고객정보 입력 및 수정
② 예상 질문과 답변
③ 고객 성향 분석
④ 정확한 제품지식과 정보

90 고객의 소리(VOC)는 기업의 경영활동에 중요한 원천으로 활용할 수 있다. 고객의 소리(VOC)에 대한 설명으로 거리가 먼 것은?

① 다양한 고객의 소리를 수집하기 위해 SNS(Social Network Service)를 활용하여야 한다.
② VOC를 소홀히 하거나 잘못 응대할 경우 기업의 부정적 이미지를 강화할 수 있다.
③ 자사에 대한 VOC 발생은 전적으로 상담원의 중대한 결함으로 즉각적인 조치를 취해야 한다.
④ 수집된 VOC를 분석하여 이를 개선활동과 연계하는 등 경영활동에 반영하여야 한다.

91 커뮤니케이션의 원칙에 대한 설명으로 틀린 것은?

① 수신자는 발신자를 신뢰하여야 한다.
② 전달되는 메시지는 발신자가 판단하기에 의미 있는 것이어야 한다.
③ 발신자가 전달하는 내용이 일관성이 있어야 한다.
④ 커뮤니케이션은 전달에 의의가 있는 것이 아니라 수신자의 수용여부에 더 큰 의미가 있다.

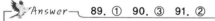

Answer— 89. ① 90. ③ 91. ②

89 ① 고객으로부터 판매가 종료된 후에 입력하게 되는 부분의 내용이다.

90 ③ 고객의 소리가 모두 상담원의 중대한 결함과 연결되는 것은 아니다. 내용을 파악하고 기업의 경영활동에 도움이 되는 내용을 걸러내는 작업이 필요하다.

91 ② 수신자가 판단하기에 의미 있는 메시지여야 한다.

92 언어적 메시지와 비언어적 메시지에 대한 설명으로 올바른 것은?

① 언어적인 메시지는 구두 메시지만을 말한다.

② 문자 메시지는 직접적인 말을 이용한 것이다.

③ 문자 메시지는 비언어적인 메시지에 속한다.

④ 비언어적인 메시지는 표정, 자세, 음성, 눈치, 몸짓을 말한다.

93 성공적인 텔레마케팅을 위한 세일즈 화법과 가장 거리가 먼 것은?

① 고객과 보조를 맞추어가며 응대한다.

② 고객이 계속 말하고자 할 때는 적절히 중단시킨다.

③ 고객이 필요로 하는 정보를 제공해준다.

④ 고객의 말을 성의 있게 경청한다.

94 다음 ( ) 안에 가장 알맞은 용어는?

> CRM을 콜센터가 효과적으로 구현하기 위해서는 사람, ( ), 기술의 최상의 조합이 요구된다.

① 제도   ② 비용

③ 프로세스   ④ 전략

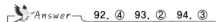

Answer ─── 92. ④ 93. ② 94. ③

92 의사소통능력
ⓐ 언어적 의사소통능력 : 자신이 얻고자 하는 어떤 의도를 지닌 생각, 의사, 정보 등을 직접적인 말이나 서류, 보고서, 편지 등으로 전달
ⓑ 비언어적 의사소통능력 : 몸짓, 표정, 자세, 눈짓, 음성을 높이거나 낮추는 것과 같은 방법으로 전달

93 텔레마케터는 고객의 의견이 자신의 의견과 다르더라도 그들의 의견을 존중하고 이야기 도중에 말을 끊지 말아야 한다. 말을 끊으면 관계형성에 부정적인 영향을 미친다. 서로에 대한 신뢰를 전제로 하면 좋은 텔레마케터가 될 것이다.

94 CRM은 인터넷의 혁신적 효과를 이용하여 사람(People), 프로세스(Process), 그리고 기술(Technology)의 집약을 통해서 고객을 다루는 모든 비즈니스 분야의 연속적인 통합을 제공하는 포괄적인 접근이다.

95 다음은 CRM에 대한 정의를 설명한 글이다. (   ) 안에 들어갈 가장 적합한 것은?

> CRM이란 고객관리에 필수적인 요소들(기술인프라, 시스템기능, 사업전략, 영업프로세스, 조직의 경영능력, 고객과 시장에 관련된 영업 정보 등)을 (   )으로 종합, 통합하여 고객활동을 개선함으로써, 고객과의 장기적인 관계를 구축하고 기업의 경영성과를 개선하기 위한 새로운 경영방식이다.

① 기업중심　　　　　　　　　　② 고객중심
③ 시장중심　　　　　　　　　　④ 영업중심

96 고객이 기업과 만나는 모든 장면에서의 결정적인 순간을 의미하며 텔레마케팅에 널리 활용되는 개념은?

① MOT　　　　　　　　　　② CRM
③ CSP　　　　　　　　　　④ POCS

Answer— **95.** ② **96.** ①

95 고객관계관리(CRM)는 고객과 관련된 기업의 내·외부 자료를 분석·통합하여 고객특성에 기초한 마케팅활동을 계획하고 지원하며 평가하는 과정을 의미한다. 다양한 고객접점을 활용하여 여기서 발생되는 수 많은 데이터를 세분화하여 신규고객의 획득→우수고객의 유지→고객가치의 증진→잠재고객의 활성화→평생 고객화와 같은 사이클링을 통한 고객의 니즈에 초점을 두어 일대일로 실시하는 차별화된 마케팅 전략이다.

96 고객접점(MOT)의 관리
ㄱ 고객접점 순간은 고객이 서비스 품질에 대한 강한 인상을 가지게 되는 시점을 의미한다. 바로 어느 한 순간에 고객의 인정을 받을 수도 있고 반대로 고객의 신뢰를 잃을 수도 있기 때문에 기업은 고객과의 접점의 순간을 정확하게 파악하고 있어야 한다.
ㄴ 대면 고객접점에 위치한 서비스 맨은 고객만족의 성패가 실제는 자기 자신에 의해 결정된다는 신념을 갖고 접점의 중요성을 바르게 인식하고 그 역할과 책임을 다해야 한다.

97 커뮤니케이션에 있어서 발신자와 수신자가 어떤 메시지에 대해 공감을 하는 과정을 무엇이라고 하는가?

① 기호화 ② 메시지

③ 피드백 ④ 이해

98 다음 중 고객관계관리의 특징이 아닌 것은?

① 고객유지에 중점을 둔다.

② 고객점유율에 중점을 둔다.

③ 고객관계에 중점을 둔다.

④ 판매관리에 중점을 둔다.

Answer **97.** ④ **98.** ④

97 ① 상담원의 메시지를 고객이 효과적으로 이해할 수 있는 형태로 바꾸기 위해서 부호화된다. 메시지를 해독할 수 있는 고객의 능력을 정확하게 파악하지 못하면 혼란과 오해를 일으킬 수 있다.

② 메시지는 상담원이나 고객이 전달하고자 하는 생각이나 개념이다.

③ 피드백은 양방향 의사소통 과정의 가장 중요한 요소 가운데 하나로 피드백이 없다면 상담원은 독백을 하는 것과 마찬가지이다.

98 고객관계관리는 고객들과의 지속적인 관계를 유지하여 만족을 주고 그로 인한 혜익을 얻는 것을 말한다. 하지만 무조건적인 판매관리는 고객관계관리의 의미에 위배된다.

99 소비자의 의사결정단계로 올바른 것은?

① 구매계획 → 목표의 명료화 → 정보탐색 → 상품대안평가 → 구매결정 → 구매 → 구매 후 평가
② 구매계획 → 구매결정 → 상품대안평가 → 정보탐색 → 목표의 명료화 → 구매 → 구매 후 평가
③ 구매계획 → 상품대안평가 → 목표의 명료화 → 정보탐색 → 구매결정 → 구매 → 구매 후 평가
④ 구매계획 → 구매결정 → 구매 → 상품대안평가 → 목표의 명료화 → 정보탐색 → 구매 후 평가

100 고객 불만처리의 중요성에 대한 설명으로 옳지 않은 것은?

① 기업의 좋은 이미지를 구축할 수 있다.
② 경영에 대한 유용한 정보를 얻게 된다.
③ 고객 불만의 해결은 기업이윤을 감소시킨다.
④ 고객 불만을 잘 처리하면 고객유지율이 향상된다.

Answer ─ 99. ① 100. ③

99 소비자 의사결정단계 … 구매계획 → 목표의 명료화 → 정보탐색 → 상품대안평가 → 구매결정 → 구매 → 구매 후 평가

100 ③ 고객 불만의 해결은 기업이윤을 증가시킨다.

10 2016년 제1회 기출문제

1 판매관리

1 서비스의 특성 중 이질성을 해소하기 위한 전략으로 가장 적합한 것은?

① 동질화전략   ② 집중화전략

③ 차별화전략   ④ 대형화전략

2 데이터 마이닝(Data Mining)의 적용범위로 가장 거리가 먼 것은?

① 고객관리   ② 고객유치

③ 고객감정   ④ 고객세분화

Answer 1. ③ 2. ③

1 ③ 서비스는 여러 가지 가변적인 요소가 많기 때문에 한 고객에 대한 서비스가 다른 고객에게 제공되는 서비스 품질과 다를 수 있다는 것을 의미한다. 서비스의 차별화를 통해 이질성을 해소할 수 있다.
　※ 서비스의 특성
　　㉠ 무형성 소멸성
　　㉡ 소멸성
　　㉢ 비분리성
　　㉣ 이질성

2 데이터 마이닝의 적용범위
　㉠ 고객관리
　㉡ 고객유지
　㉢ 고객유치
　㉣ 고객세분화
　㉤ 수요와 판매 예측
　㉥ 마케팅 관리
　㉦ 텔레마케팅
　㉧ 카드도용 방지
　㉨ 위험관리
　㉩ 서비스 품질관리
　㉪ 자동화된 검사

3 음성, 팩스메시지, 전자우편 등의 서로 다른 정보를 장소, 시간, 단말기에 관계없이 하나의 메일박스에서 통합 운영할 수 있는 차세대 메일 시스템은?

① UMS(Unified Messaging System)
② VMS(Voice Mail System)
③ ARS(Auto Response System)
④ VOC(Voice Of Customer)

4 텔레마케터가 잠재고객에게 판매를 성공시키기 위한 행위로 옳지 않은 것은?

① 현재고객으로부터 잠재고객의 정보를 얻는다.
② 잠재고객의 반대질문이 나오지 않도록 설명을 계속해야 한다.
③ 잠재고객의 기본적인 정보를 숙지하고 난 후 접촉해야 한다.
④ 제품 설명 시에 상품 구입의 합리적 이유뿐만 아니라 어느 정도 극적인 장면을 연출할 필요가 있다.

5 아웃바운드 텔레마케팅의 성공요소가 아닌 것은?

① 불특정 다수의 고객 선정
② 고객의 니즈에 맞는 전용상품
③ 판매 이후의 신뢰성 확보와 사후관리
④ 잘 정리되고 업그레이드된 데이터베이스

3 ② 부서별, 개인별, 기능별로 사서함을 할당하여 메시지를 녹음하거나 청취 및 통보할 수 있는 기능을 갖고 있으며 전하고자 하는 수화자가 통화중이나 부재중일 경우 간접으로 통화가 이뤄지도록 가능하게 해주는 시스템이다.
　③ 음성으로 된 각종 정보를 기억장치에 저장하여 사용자가 원하는 정보를 자동으로 전달하는 시스템을 말한다.
　④ 관리 시스템 콜센터에 접수되는 고객불만사항을 접수부터 처리가 완료될 때까지 처리상황을 실시간으로 관리하고 처리결과를 관서별로 지표화하여 관리·평가함으로써 고객의 체감서비스를 향상시키는 고객관리시스템을 말한다.

4 ② 잠재 고객들의 수많은 질문들과 반대 의견들을 예견하고, 그에 효과적으로 대답할 준비를 하는 것이 좋다.

5 ① 아웃바운드 텔레마케팅이 성공하기 위해서는 정확한 대상 고객 리스트 확보가 필요하다.

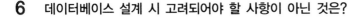

6 데이터베이스 설계 시 고려되어야 할 사항이 아닌 것은?

① 즉시성 ② 통합성
③ 유연성 ④ 장기적인 비전

7 다음 중 직접유통경로의 단점이 아닌 것은?

① 시장의 범위가 한정된다.
② 고객에의 접근이 어렵다.
③ 판매자에게 업무가 과중된다.
④ 사업확장에 어려움이 따른다.

8 전체적인 판매촉진 수단 중 중간상을 대상으로 하는 판매촉진 활동은?

① 쿠폰 ② 경품
③ 특가판매 ④ 리베이트

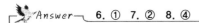 Answer ┌ **6.** ① **7.** ② **8.** ④

6 데이터베이스 설계 시 고려되어야 할 사항
  ㉠ 장기적인 비전
  ㉡ 통합성
  ㉢ 유연성

7 ② 직접유통경로는 제조업자가 직접 소비자에게 판매하는 경우의 경로이므로, 고객에의 접근이 쉽다.

8 중간상을 대상으로 하는 판매촉진
  ㉠ **중간상 컨테스트 및 인센티브(incentive)** : 중간상의 경쟁심을 자극해서 적극적인 판매를 장려하기 위해 도입한다. 자사제품 판매를 위해 적극적으로 노력해서 판매목표를 달성한 중간상에게 그 대가를 제공하는 방식이다.
  ㉡ **공제(allowance)** : 제조업자가 중간상에게 자사제품 판매를 위해 노력한 대가를 보상하는 것이다. 자사제품의 광고를 위해 노력하거나 자사제품을 찾기 쉬운 진열대에 진열하거나 할 때, 자사제품을 일정량 이상 구매할 때, 중간상이 광고나 판촉을 할 때 이를 지원해 주는 것이다.
  ㉢ **리베이트(rebate)** : 판매처와 제조업체가 판매량, 판매방법, 결제조건 등 여러 가지 조건에 대해 약정하고 약정된 조건에 대한 결과에 따라 판매장려금, 판매수수료 등을 지급하는 방법이다.
  ㉣ **POP(point of purchase)광고** : 구매시점광고라고도 하는데 소비자의 구매가 주로 이루어지는 곳에 상품의 구매를 유도할 목적으로 설치된 여러 가지 형태의 광고물을 말한다. 주로 상품 설명, 매장안내, 판매능률 향상, 점포의 분위기 형성, 광고, PR 등의 역할을 한다. 창진열(window display), 포스터, 스탠드, 장식물, 대형 실물 견본, 등이 있다.
  ㉤ **판매처 교육 및 지원** : 판매원의 판매 능력을 키우기 위한 교육훈련을 실시하고 판매처의 회계, 구매, 재고, 판매 등의 제반 문제를 교육, 세미나 등을 통해서 지원한다. 일반적으로 판매원 교육이 많이 실시되는데 이는 전문적인 제품지식이 필요한 제품의 경우에 많이 사용된다. 주로 자사제품에 대한 정보를 제공하고 제품을 실연하거나 판매기법 등을 교육하고 지원한다.

9 포지셔닝 전략을 개발하기 위한 경쟁사 및 경쟁제품의 분석 정보에 해당되는 것은?

① 성장률   ② 인적자원
③ 시장점유율   ④ 기술상의 노하우

10 자동착신호분배기로 계속 걸려오는 전화를 해당 시점에서 비어 있는 곳의 텔레마케터에게 순차적으로 분배하는 장치는?

① AD   ② ACD
③ ACS   ④ ACRDM

11 서비스는 기업, 종업원, 상황에 따라 달라질 수 있는 이질적인 특성을 가지고 있다. 고객이 이 다양성을 지각하고 기꺼이 받아들일 수 있는 한계를 무엇이라고 하는가?

① 필요   ② 욕구
③ 기대서비스   ④ 허용구간

 *Answer*   9. ③   10. ②   11. ④

9 ①②④ 기업내부분석에 해당한다.

10 ① 자동다이얼 전화기에 부착된 기억장치에 많은 전화번호를 기억한 후 필요시 이용할 수 있는 특정 기기
③ 자동다이얼 전화기에 부탁된 기억장치에 많은 전화번호를 기억한 후 필요시 이용할 수 있는 특정기기
④ 사전에 지정된 전화번호를 스스로 돌린 후 자동적으로 녹음된 메시지를 전달하는 기계

11 ④ 서비스는 기업 종업원 상황에 따라 달라질 수 있는 이질적인 특성을 가지고 있다 고객이 다양성을 지각하고 기꺼이 받아들일 수 있는 한계를 허용구간이라 한다.

12 제품에 관한 설명 중 틀린 것은?

① 전문품은 제한적인 유통경로를 택하는 경우가 많다.
② 편의품은 포장이 중요하다.
③ 전문품의 이익 폭은 높다.
④ 전문품이 편의품보다 점포수가 더 필요하다.

13 시장세분화에 관한 설명으로 옳지 않은 것은?

① 세분시장별 규묘와 구매력을 측정할 수 있어야 한다.
② 세분시장이 적당한 마케팅 커뮤니케이션과 유통경로를 통하여 도달할 수 있어야 한다.
③ 세분시장이 비교적 장기간 사업 기회를 제공할 수 있어야 한다.
④ 시장세분화는 수익성을 고려하기보다는 고객확보에 초점을 맞추어야 한다.

14 텔레마케팅 활동의 윤리성에 대한 설명으로 적합하지 않은 것은?

① 텔레마케터는 자신의 소속과 이름을 밝힌다.
② 텔레마케터는 고객과의 약속을 철저히 이행한다.
③ 텔레마케터는 경쟁회사 및 상품에 대해 부정적 요소를 부각시킨다.
④ 텔레마케터는 고도의 텔레커뮤니케이션 스킬을 익혀야 한다.

Answer ─── 12. ④ 13. ④ 14. ③

12 ④ 편의품이란 가까운 점포에서 가볍게 살 수 있는 상품이고 선매품이란 매장의 이곳저곳을 오랫동안 둘러보아서 선택권을 행사하여 구입할 수 있는 비교적 가격이 높은 상품이다. 그리고 전문품이란 특정의 점포에서 특정상품을 사는 상품을 말한다. 따라서 편의품이 전문품보다 점포수가 더 필요하다.

13 ④ 시장세분화는 수익성을 예측하고 그 중에서 가장 유리한 세분시장을 선택하여 그것에 대해 제품전략에서 촉진적 전략에 이르는 마케팅전략을 집중해 나간다.

14 ③ 윤리적이고 정확한 정보를 제공해야 하며, 경쟁회사 또는 상품의 부정적 요소를 부각시켜서는 안된다.

15 다음 중 마케팅인텔리젼스시스템(Marketing Intelligence System)에 대한 설명으로 가장 거리가 먼 것은?

① 기업을 둘러싼 마케팅환경에서 발생되는 일상적인 정보를 수집하기 위해서 기업이 사용하는 절차와 정보원의 집합을 의미한다.
② 기업의 의사결정에 영향을 미칠 가능성이 있는 기업 주변의 모든 정보를 수집하는 것을 의미한다.
③ 기업의 각 부서에서 발생된 자료들을 종합·분석하는 것을 의미한다.
④ 마케터의 의사결정을 지원해 줄 수 있는 여러 가지 정보를 공식화·체계화하는 것을 의미한다.

16 기업의 고객가치 향상을 위한 경영전략 관점에서의 고객지식관리에 해당하지 않는 것은?

① 전자상거래
② 데이터마이닝
③ 데이터웨어하우스
④ 데이터베이스마케팅

17 데이터베이스 마케팅의 장점이 아닌 것은?

① 컴퓨터와 시스템을 전략적으로 활용한다.
② 텔레마케팅 같은 다양한 마케팅 기법을 활용한다.
③ 고객지향적인 마케팅을 구사할 수 있다.
④ 기존고객을 줄이고 신규고객을 늘릴 수 있다.

Answer — 15. ③ 16. ① 17. ④

15 ③ 마케팅인텔리젼스시스템이란 마케팅 관리자의 계획수립이나 기존 계획의 조정을 효과적으로 수행할 수 있도록 다양한 변화와 추세에 관한 외부정보를 수집하는 시스템이다.

16 ② 많은 데이터 가운데 숨겨져 있는 유용한 상관관계를 발견하여, 미래에 실행 가능한 정보를 추출해 내고 의사 결정에 이용하는 과정을 말한다.
③ 사용자의 의사 결정에 도움을 주기 위하여, 다양한 운영 시스템에서 추출, 변환, 통합되고 요약된 데이터베이스를 말한다.
④ 기존 고객과 잠재 고객을 이해하고, 이를 통해 기존 고객을 유지하며, 잠재 고객을 끌어들임으로써 고객의 평생 가치를 최대화하는 데 있다.

17 데이터베이스 마케팅의 장점
㉠ 시장점유율보다는 고객점유율에 초점을 둔다.
㉡ 제품판매보다는 고객관계에 초점을 둔다.
㉢ 고객획득보다는 고객유지에 초점을 둔다.

18 서비스의 특성에 대한 설명으로 가장 거리가 먼 것은?

① 서비스 품질을 측정하는 방법 중 가장 널리 쓰이는 방법은 SERVQUAL이다.

② 소비자들은 유형성, 신뢰성, 대응성, 설득성, 공감성의 5가지 요인으로 서비스를 분류한다.

③ 고객의 서비스 만족도에 영향을 미치는 요인에는 고객구전, 개인적인 욕구, 과거 경험, 기업의 외부 커뮤니케이션이 있다.

④ 유형제품과 비교하여 비유형적이고, 표준화가 어려우며, 즉시 소멸되며, 생산과 소비가 동시에 이루어지는 차별적 특성을 갖는다.

19 포지셔닝(Positioning) 전략 수립절차로 옳은 것은?

> ㉠ 소비자 분석 및 경쟁자 확인
> ㉡ 자사 제품과 포지셔닝 개발
> ㉢ 경쟁제품의 포지션 분석
> ㉣ 포지셔닝 확인
> ㉤ 재포지셔닝

① ㉠ → ㉢ → ㉡ → ㉣ → ㉤

② ㉣ → ㉡ → ㉠ → ㉢ → ㉤

③ ㉠ → ㉣ → ㉢ → ㉡ → ㉤

④ ㉣ → ㉠ → ㉡ → ㉢ → ㉤

Answer ── **18.** ② **19.** ①

18 ② 소비자들은 신뢰성, 대응성, 확신성, 공감성, 유형성의 5가지 요인으로 서비스를 분류한다.

19 포지셔닝 전략 수립절차
㉠ 소비자 분석
㉡ 경쟁자 확인
㉢ 경쟁제품의 포지션 분석
㉣ 자사 제품의 포지셔닝 개발 및 실행
㉤ 포지셔닝의 확인 및 재 포지셔닝

20 다음 중 서비스 품질평가요인(SERVQUAL)의 특성이 아닌 것은?

① 유형성(Tangibility)　　　　　② 분리성(Separability)
③ 신뢰성(Reliability)　　　　　④ 대응성(Responsiveness)

21 편의품에 대한 소비자 구매 행동유형에 해당하지 않는 것은?

① 구매결정에 신중하다.
② 빈번한 구매가 일어난다.
③ 구매 계획을 하지 않는다.
④ 최소의 노력으로 비교 구매를 하게 된다.

22 이전에 일제의 접촉이 없었던 상대에게 전화로 판매나 프로모션을 실시하는 것을 지칭하는 용어는?

① Cold Call　　　　　② Burn Out
③ Repeat Call　　　　　④ Call Blending

 Answer ── 20. ② 　21. ① 　22. ①

20 서비스평가의 측정 요소
　㉠ 신뢰성 : 약속한 서비스가 약속한 수준대로 이뤄지는 것을 믿게 하는 능력
　㉡ 확신성 : 충분한 수분의 서비스를 제공할 것이라는 믿음
　㉢ 유형성 : 서비스를 제공하기 위해 필요한 유형적 요소들
　㉣ 공감성 : 소비자의 요구에 대한 배려와 친절, 소비자에 대한 이해와 배려
　㉤ 반응성/대응성 : 소비자에게 신속하게 서비스를 제공하려는 의지

21 ① 편의품의 구매결정은 신속하게 행하나 가격 수준은 저렴하다.

22 ② 상담원들에게 있어 성과나 동기부여가 현저하게 저하되고 의욕이 상실된 상태이다.
　④ 인바운드와 아웃바운드로 나뉘어 있던 텔레마케터 그룹을 양쪽 고객을 다 취급할 수 있도록 한 그룹으로 연결시키는 것을 말한다.

23 아웃바운드 텔레마케팅의 정의로 옳은 것은?

① 기업의 내부적 업무 중 일부를 다른 기업에 맡기는 것이다.
② 텔레마케터가 걸려온 고객의 전화에 대해 응대하는 것이다.
③ 텔레마케터가 고객에게 전화하는 적극적인 형태의 텔레마케팅이다.
④ 전화를 하기 위해 사용하는 일반 회선이나 중계회선을 말한다.

24 기업이 고객 중심의 패러다임 전환으로 집중적인 투자를 확대하고 있는 고객서비스와 관계가 없는 것은?

① 수신자부담 서비스(080)의 제공
② 고객안내센터(Help Desk)의 운영
③ 자동음성안내시스템(ARS)의 운영
④ 대규모 영역, 제품이윤에 대한 서비스

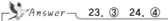

Answer — 23. ③ 24. ④

23 ③ 아웃바운드 텔레마케팅 전략은 주로 고객이 능동적으로 접근해 오는 경우 사용하는 마케팅은 인바운드라고 한다면 고객에게 직접 접근 이후 적극적으로 마케팅하는 것을 아웃바운드 마케팅이라고 한다.
24 ④ 고객서비스가 아닌 기업과 관련된 내용이다.

25 제품수명주기 중 시장 확대 전략, 제품수정 전략, 상표 재포지셔닝 전략을 사용해야 하는 주기는?

① 도입기　　　　　　　　　　　② 성장기
③ 성숙기　　　　　　　　　　　④ 쇠퇴기

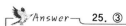

Answer　25. ③

25 제품수명주기에 따른 기업 전략

ⓐ **도입기**(introduction stage) : 도입기는 신제품이 개발되어 시장에서 구매를 할 수 있게 되는 시기이다. 이 시기에는 제품에 대한 수용도, 인지도가 낮기 때문에 광고, 홍보 및 판매촉진을 통하여 잠재적 소비자를 설득하여 기본수요를 확보해야 한다. 경쟁사의 경쟁품이 없는 단계로 가격경쟁은 없으나 가격이 높다. 이는 판매량은 적은데 비해 유통, 촉진활동에 따른 비용이 많이 지출되어 이익을 거의 얻을 수 없기 때문이다. 따라서 기업은 시장에서 고품질이라는 평가가 있어야만 성장기로 들어갈 수 있기 때문에 특히 품질관리에 중점을 두어야 한다.

ⓑ **성장기**(growth stage) : 성장기는 소비자들이 신제품에 대해 어느 정도 인식을 하게됨에 따라 판매가 급속히 증가되는 시기이다. 그리고 자사제품을 모방한 경쟁품이 등장하므로 선택적 수요(selective demand)를 자극하기 위해서 자사제품의 특징을 강조하는 제품차별화 전략이 필요하다.

ⓒ **성숙기**(maturity stage) : 판매 증가율이 감소하기 시작하고, 판매가 일정수준에 머물게 될 때 성숙기에 접어든다. 이 시기에는 기존의 시장점유율은 경쟁사에게 잠식당하지 않도록 방어하면서 이익을 극대화시키는 것이 궁극적 목표이다. 그리고 매출액 성장률이 둔화되기 시작함으로 새로운 고객보다 기존고객의 사용빈도를 높이는데 주력해야 한다. 또한 매출액의 증가도 없기 때문에 각종 비용에 대한 통제에 각별히 주의해야 한다. 그 방안으로 대체수요의 개발에 주력하고, 특히 R&D(Research & Development)에 대한 투자확대가 요구된다.

ⓓ **쇠퇴기**(decline stage) : 쇠퇴기는 신기술 개발, 소비자 기호변화, 경쟁사의 태도 등으로 인해서 새로운 대체상품이 시장에 나타남에 따라 판매와 이익이 급속하게 감소되는 것을 말한다. 성숙기에서부터 이어온 과다경쟁으로 시장전체 가격은 하락되고 이익이 감소됨에 따라 차츰 시장을 떠나는 기업들이 늘게 된다. 경쟁사가 줄어든 몇몇 남은 기업들은 원가를 절감하고, 유통망을 축소, 촉진활동에 따른 마케팅예산을 줄임으로써 새로운 길을 모색하게 된다. 따라서 일부 기업은 이익을 얻기도 한다.

26 다음은 전화조사를 수행할 때 발생하는 절차이다. 조사 진행의 과정으로 옳은 것은?

① 모집단 선정 → 설문지 작성 → 사전조사(Pre - test) → 코딩(Coding)

② 입력(Key - in) → 표본의 크기 결정 → 사전조사(Pre - test) → 분석

③ 설문지 작성 → 코딩(Coding) → 사전조사(Pre - test) → 분석

④ 모집단 선정 → 사전조사(Pre - test) → 설문지 작성 → 편집(Editing)

27 다음에서 설명하는 면접기법은?

> 비공개적이며, 설문지를 이용하지 않으면서 소수의 응답자들을 일정한 장소에 모이게 한 후에 자유로운 분위기와 상황 속에서 의사를 표시하는 면접기법이다.

① 표준화 면접법(Standardized Interview)

② 전화 면접법(Telephone Interview)

③ 개별방문 면접법(Face to Face Interview)

④ 표적집단 면접법(Focus Group Interview)

Answer— **26.** ① **27.** ④

26 전화조사 진행의 과정 : 모집단선정 → 설문지작성 → 사전조사 → 코딩(coding)

27 표적집단 면접법의 특징

집단의 크기	6~12명
집단구성	동질적
면접장소의 환경	편안하고 비공식적인 분위기
소요시간	1~3시간
기록수단	녹음기 및 비디오카메라 사용
관찰방법	면접집행자에 의한 관찰 및 상호대화의 유도

28 관찰조사의 특징으로 틀린 것은?

① 조사자가 현장에서 즉시 포착할 수 있다.

② 조사 결과의 정량화에 유리하다.

③ 일산적이어서 관심이 가지 않는 일에 유용하다.

④ 행위, 감정을 언어로 표현하지 못하는 유아, 동물에 유용하다.

29 종단조사와 횡단조사의 설명으로 옳지 않은 것은?

① 동일한 현상을 동일한 대상에 대해 반복적으로 측정을 하는 것은 종단조사에 해당한다.

② 횡단조사는 특정시점에서의 집단 간 차이를 연구하는 방법이다.

③ 종단조사는 동태적인 성격이라 할 수 있고, 횡단조사는 정태적인 성격이라 할 수 있다.

④ 종단조사는 조사 대상의 특성에 따라 집단을 나누어 비교분석하기 때문에 횡단조사에 비해 표본의 크기가 상대적으로 크다.

30 현재의 조사프로젝트를 수행하면서 조사자 자신이나 조사자가 의뢰한 조시기관에 의하여 실사를 통해 처음으로 직접 수집된 자료는?

① 1차 자료

② 2차 자료

③ 외부 자료

④ 내부 자료

Answer── **28. ② 29. ④ 30. ①**

28 ② 관찰조사는 정량화하기가 곤란하다.

29 관찰조사의 특징

㉠ 관찰조사는 일반적으로 조사연구 시 자료수집방법으로 사용되며, 조사결과의 해석에 부가적 자료를 수집하기 위한 방법으로도 사용된다. 탐색적 조사에도 보통 잘 활용된다.

㉡ 관찰조사는 면접이나 질문지 조사를 통해 얻기 어려운 자료를 얻는 데도 사용할 수 있으며, 문제형성이나 가설주성을 위한 정보를 얻는 데도 사용될 수 있다.

㉢ 관찰조사의 특징은 조사대상자에게 물어볼 필요가 없어 어느 행위가 일어날 때, 즉시 자료를 수집해서 연구가 가능하다는 직접성과 자연적 상황에서 이루어지기 때문에 인위적 조작의 개입 가능성이 적다는 것이다.

30 ① 1차 자료는 조사자가 문제해결을 위해 직접 수집한 자료로 보통 비용이 많이 들고 시간이 소비되며 수집 방법으로는 우편, 전화, 인터뷰 등의 방법이 있다. 또한 수집도구로는 설문지가 가장 많이 사용된다. 설문지는 응답자가 제시된 응답 중 한 가지를 선택하는 선택형 설문지, 응답자가 원하는 방식으로 응답할 수 있는 개방형 설문지로 나눌 수 있다.

31 명목척도의 특성으로 옳지 않은 것은?

① 상호 배반적이면서 동등한 관계
② 정보의 수준이 가장 높은 척도법
③ 통계기법 등에 활용 가능
④ 종류나 구분조사 등에 활용

32 특정하고자 하는 개념을 어느 정도로 정확하게 측정하였는가를 나타내는 타당성에 대한 설명과 거리가 먼 것은?

① 타당성은 동일한 측정을 위하여 항목 간의 평균적인 관계에 근거하여 내적인 일관성을 구할 수 있다.
② 타당성의 종류에는 내용타당성, 기준타당성, 구성타당성 등이 있다.
③ 내용타당성은 연구자가 의도한 내용대로 실제로 측정하고 있는가 하는 것이다.
④ 기준타당성은 측정도구에 의하여 나타난 결과와 다른 변수 간에 관계를 측정하는 것이다.

33 다음 질문은 질문지 작성원칙 중 어떠한 점을 위배하고 있는가?

> 백화점의 매장 직원들은 하루에도 수많은 고객을 응대하기 때문에 굉장히 피로가 누적되어 있습니다. 귀하는 매장 직원들이 얼마나 친절하다고 생각하십니까?

① 대답을 유도하는 질문을 하여서는 안 된다.
② 응답자들이 정확한 대답을 모르는 경우에는 중간값을 선택하는 경향이 있음을 알아야 한다.
③ 응답자들에게 지나치게 자세한 응답을 요구해서는 안 된다.
④ 응답자가 대답하기 곤란한 질문들에 대해서는 직접적인 질문을 피하도록 한다.

Answer — **31.** ② **32.** ① **33.** ①

31 ② 비율척도에 관한 설명이다.

32 ① 신뢰도에 관한 설명이다. 신뢰도란 측정하고자 하는 현상을 일관성 있게 측정하려는 능력으로 안정성, 일관성, 예측 가능성, 정확성 등으로 표현할 수 있는 것을 의미하는 것으로 동일한 개념이나 속성을 측정하기 위한 항목이 있어야 한다.

33 ① 질문지 작성의 기본 원칙은 간단하고, 명료하며, 구체적이고, 친근한 문장을 써야 하고, 평의한 용어를 사용하여야 한다. 가치의 중립성은 지켜지지 않을 경우 답을 유도하는 질문으로 흐를 수 있기 때문에 반드시 피해야 할 기본원칙이라고 할 수 있다.

34 시장 조사를 위한 자료 수집 중 1차 자료의 예로 옳지 않은 것은?

① 소비자나 유통점 주인들을 대상으로 한 서베이
② 고객 행동에 대한 관찰
③ 실험실 조사에서의 소비자 반응 측정
④ 대학이나 연구소의 소비자 조사자료

35 조사방법에 따라 1차 자료와 2차 자료로 구분할 때 2차 자료에 해당하는 것은?

① 신디케이트 자료(Syndicated Data)
② 실사자료(Survey Data)
③ 원 자료(Raw Data)
④ 현장자료(Field Data)

36 자료수집의 내용 설명 중 틀린 것은?

① 1차 자료는 조사자가 조사 프로젝트를 수행하면서 직접 수집해야 하는 자료이다.
② 2차 자료는 현재 조사프로젝트를 수행하고 있는 조사자가 아닌 다른 주체에 의해서 이미 수집된 자료이다.
③ 2차 자료는 사외의 연구기관이나 공공기관 등 여러 원천으로부터 구하게 된다.
④ 2차 자료는 일반적으로 시간이 많이 필요하고 비용이 많이 소요된다.

Answer — 34. ④ 35. ① 36. ④

34 ④ 2차 자료는 다른 조사 목적으로 수집되었으나, 현재 문제 해결하는데 사용할 수 있는 자료들이다. 사내자료, 정부 간행물, 연구기관 보고서 등이 해당되며 문제를 파악하고 접근 방법 개발, 1차 자료를 깊이 분석하는 장점이 있으나 문제에 대한 유용성이나 적합성 등은 한계가 있을 수 있으므로 2차 자료를 사용하기 전에 이런 요소들을 기준으로 평가하는 것이 중요하다.

35 ① 2차 자료의 원천은 기업내부의 고객, 판매원, 매출, 회계 및 재무자료, 공공단체가 발행하는 정기간행물, 전문조사 회사가 판매를 목적으로 수집하는 신디케이트자료 및 인터넷 데이터베이스 등이 있다.

36 ④ 2차 자료는 직접 조사를 해야하는 수고로움이 있는 1차 자료에 비해서 비용과 시간, 인력을 절감할 수 있는 장점이 있다.

37 획득하고자 하는 정보의 내용을 결정한 이후 이루어져야 할 질문지 작성과정을 순서대로 바르게 나열한 것은?

| ㉠ 자료수집방법의 결정 | ㉡ 질문내용의 결정 |
| ㉢ 질문형태의 결정 | ㉣ 질문순서의 결정 |

① ㉠→㉡→㉢→㉣
② ㉡→㉢→㉣→㉠
③ ㉢→㉠→㉡→㉣
④ ㉣→㉠→㉡→㉢

38 마케팅조사 절차 중 전반적인 조사골격의 설정, 자료 수집절차와 자료 분석기법들을 결정하는 단계는?

① 문제의 제기단계
② 마케팅조사 설계단계
③ 자료수집단계
④ 자료 분석, 해석 및 이용단계

Answer **37.** ① **38.** ②

37 설문지 작성의 과정
㉠ 필요한 정보의 결정
㉡ 자료수집방법의 결정
㉢ 개별항목의 내용결정
㉣ 질문형태의 결정
㉤ 개별적 항목의 완성
㉥ 질문의 순서결정
㉦ 질문의 외형결정
㉧ 설문지의 사전조사
㉨ 설문지의 완성

38 마케팅조사 절차 : 마케팅조사 목표 선정→마케팅조사 계획 수립→자료 수집→수집자료 분석 및 결과해석→조사 결과 보고

39 다음 질문문항이 부적합한 이유는?

> 귀하는 자장면과 짬뽕을 좋아합니까?
>   예[   ] 아니오[   ]

① 유도신문이기 때문이다.
② 적합성이 떨어지기 때문이다.
③ 한 번에 두 개의 질문을 하기 때문이다.
④ 응답자의 의견을 묻고 있기 때문이다.

40 다음 문항은 어떤 수준의 측정인가?

> [질의]
> 뱅킹 서비스방식에 대한 당신의 선호도를 알기 위한 질문입니다. 가장 선호하는 방식에 대해서는 1을, 다음으로 선호하는 방식에 대해서는 2로 표시함으로써 각각의 서비스 방식에 대해 선호도 순위를 매겨주시기 바랍니다.
>
> [답변]
> 은행 창구   (   )   ATM   (   )
> 온라인뱅킹 (   )   우편뱅킹   (   )
> 텔레폰뱅킨 (   )

① 비율수준의 측정   ② 등간수준의 측정
③ 명목수준의 측정   ④ 서열수준의 측정

Answer ─── 39. ③ 40. ④

39 ③ 설문지에서 이중질문은 배제되어야 한다.

40 ④ 서열척도(질적변수)는 관찰대상의 관심속성을 측정하여 그 값을 순위로 나타낸 것이다. ① 절대적 기준인 0값이 존재하고 모든 사칙연산이 가능하다. 또한 제일 많은 정보를 가지고 있는 척도이다.
② 관찰대상의 속성 값을 상대적 크기로 나타낸 것이다.
③ 관찰대상의 관심속성을 측정하여 그 값을 범주로 나타낸다. 범주들은 상호배타적이고 포괄적이어야 한다.

41 다음이 설명하고 있는 척도는?

> 측정 대상의 특성을 분류하거나 확인할 목적으로 숫자를 부여하는 척도 형태로 지역을 분류할 때 서울 (1), 부산 (2), 대전 (3) 등으로 구분하는 방법이다.

① 등간척도   ② 서열철도

③ 비율척도   ④ 명목척도

42 일반적으로 응답률이 가장 낮은 조사 방법은?

① 대인면접조사   ② 전화조사

③ 인터넷조사   ④ 우편조사

43 전화면접자의 올바른 자세로 보기 어려운 것은?

① 표현을 명확하게 한다.
② 반드시 1가지 질문에 2개 이상의 답변을 포함해야 한다.
③ 편견이 발생할 수 있는 용어나 상황은 피한다.
④ 조건이 포함되어 있는 질문에 유의한다.

Answer ── **41.** ④   **42.** ④   **43.** ②

41 ④ 명목척도(nominal scale)는 응답대안들을 상호배타적으로 분류하기 위하여 각각의 응답대안에 임의적으로 숫자를 부여한 척도이다.

42 ④ 우편조사의 또 다른 문제점은 낮은 응답률이다. 일반적으로 우편조사에서 질문을 무시하거나 답변하지 않을 가능성이 더 많다.

43 ② 1가지 질문에 1개의 내용만을 묻도록 해야한다.

44 다음 중 용어에 대한 설명 중 틀린 것은?

① 조사의 전체 대상을 모집단이라고 한다.
② 모집단의 특성을 그대로 살리면서 소수의 적절한 수를 뽑는 과정을 표집이라고 한다.
③ 모집단을 구성하는 단위의 목록을 표본집단이라고 한다.
④ 모집단으로부터 추정되는 값을 모수치라고 한다.

45 다음 중 최소의 경비와 노력으로 광범위한 지역과 대상을 표본으로 삼을 수 있는 자료 수집 방식은?

① 면접조사
② 관찰조사
③ 우편조사
④ 인과관계조사

46 다음 중 질문의 표준화가 쉽게 이루어질 수 있고 비교적 비용이 저렴하며 신속하게 자료를 얻을 수 있는 조사방법은?

① 전화조사법
② 개인면접법
③ 심층면접법
④ 우편조사법

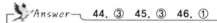

Answer ── **44.** ③ **45.** ③ **46.** ①

44 ③ 모집단에서 어떤 방법으로 일부를 통계의 자료로 선택한 부분을 표본집단이라고 한다.

45 우편조사의 장점
ⓐ 최소의 경비와 노력으로 광범위한 지역과 대상을 조사할 수 있다.
ⓑ 접근하기 쉽지 않던 대상도 포함할 수 있다.
ⓒ 익명성의 특성으로 인해 피조사자가 충분한 시간적 여유에서 솔직하게 답변할 수 있다.
ⓓ 조사원이 개입하지 않기 때문에 조사원의 편견이 개입될 우려가 없다.

46 전화조사의 장점
ⓐ 조사대상과의 접촉이 가능하다.
ⓑ 조사비용이 많이 들지 않는다.
ⓒ 특정시점에 일어나는 일에 대해 비교적 정도가 높은 정보를 얻을 수 있다.
ⓓ 심리효과를 고려하여 가장 적절한 순서로 질문을 할 수가 있다.
ⓔ 컴퓨터를 이용한 완전 자동화 조사가 가능하다.
ⓕ 면접이 어려운 사람에게 유리한 조사법이다.

47 시장조사를 활용한 활동으로 볼 수 있는 것은?

① 회사의 매출을 파악하기 위하여 회계자료를 분석한다.

② 회사의 규모를 파악하기 위하여 직원현황을 분석한다.

③ 새로 만든 다리의 이름을 짓기 위해 주민들에게 다리 이름을 공모한다.

④ 광고의 인지도를 파악하기 위해 전화조사를 실시한다.

48 조사를 끝내고 채택된 설문지에 대해 각 항목의 응답이 정확한 것인가를 파악하는 과정을 무엇이라고 하는가?

① 코딩

② 편집

③ 펀칭

④ 코딩가이드

Answer ── 47. ④ 48. ②

47 ①② 2차 자료 활용
   ③ 공모전

48 ② 펀칭은 부호화된 내용을 전산에 입력하는 작업이다.

49 다음 중 마케팅 조사 성격 중 가장 거리가 먼 것은?

① 구매 후 만족도 조사
② 여론 조사
③ 제품 관련 조사
④ 소비자 면접조사

50 면접조사 시 조사원이 지켜야 할 사항으로 가장 거리가 먼 것은?

① 응답자가 불필요한 말을 할 때는 질문에 관계된 화제로 자연스럽게 유도한다.
② 응답자가 왜 하필이면 자기가 선정되었냐고 질문하면 "귀하는 무작위로 선정되었고 표집원칙상 귀하에게 반드시 질문을 해야 한다."고 응답한다.
③ 면접조사를 할 때 친구나 다른 사람을 대동하는 것이 어색함을 덜어주므로 가급적 함께 다닌다.
④ 한 가족은 대체로 비슷한 의견이나 태도를 지니고 있기 때문에 한 가구당 한 사람으로부터 응답을 받는다.

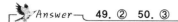

Answer ─── **49.** ② **50.** ③

49 ①③④ 기업 마케팅 활동을 위한 조사에 해당한다.

50 ③ 면접 시에 친구와 함께 가거나, 다른 사람에게 응답자를 만나 면접해주도록 부탁해서는 안된다.

51 콜센터의 성과관리 방법으로 옳지 않은 것은?

① 성과결과에 따른 보상은 우수 텔레마케터에게만 집중한다.
② 중간 점검을 통해 성과향상을 위한 지원요소와 방해요소를 분석한다.
③ 성과결과에 대한 공정한 평가가 이루어져야 한다.
④ 매일, 매주, 매월 등의 도달 가능한 목표를 수립한다.

52 텔레마케팅의 기술적 발전 단계의 순서로 옳은 것은?

① ARS → CTI → WFMS → IPCC
② WFMS → ARS → CTI → IPCC
③ ARS → WFMS → IPCC → CTI
④ CTI → WFMS → ARS → IPCC

Answer— **51.** ① **52.** ①

51 ① 포상은 많은 텔레마케터가 함께 나눌 수 있는 보상방법이 더 효과적이다.

52 ㉠ ARS : 음성으로 된 각종 정보를 기억장치에 저장하여 사용자가 원하는 정보를 자동으로 전달하는 시스템을 말한다.
ㄴ CTI : 컴퓨터와 전화를 결합시켜 사내로 들어오는 전화를 효율적으로 분산 관리하는 시스템을 지칭한다.
ㄷ WFMS : 콜센터 업무의 효율과 효과를 높이기 위한 시스템으로 적정한 인력배치에 대한 개량화, 예측기반의 지표 관리, 합리적 업무 배분 등을 통하여 효율적인 업무를 지원한다.
ㄹ IPCC : 기존 콜 센터가 가진 모든 기능을 지원함은 물론 멀티 채널, 양방향 센터로서 아날로그 음성뿐만아니라 VoIP, 화상, 채팅, e-메일, 팩스 등 인터넷을 통한 멀티미디어 통신과 다중 컨택 센터, 지능 호 라우팅(ICR) 등 네트워크 기능들을 가능하게 한다.

53 대량의 콜을 관리하는 시스템인 ACD(Automatic Call Distribution)의 설명으로 거리가 먼 것은?

① 효율적인 통화를 처리하도록 하는 관제탑
② 개인별 통화수, 매출액, 소요시간을 관리
③ 콜을 균등하게 텔레마케터에게 분배하는 장치
④ 현재 통화 중인 텔레마케터들이 상대방의 콜을 어느 정도 기다리게 하는가를 알려줌

54 텔레마케팅이 활용되는 분야가 아닌 것은?

① 주문접수
② 고객서비스
③ 제품시연
④ 판매리드선정

55 텔레마케팅에 관한 설명으로 틀린 것은?

① 통신수단을 활용한 마케팅이다.
② 고객밀착형의 쌍방향 커뮤니케이션이다.
③ 대중매체를 통하여 정보를 보내는 것이다.
④ 효과적인 다이렉트마케팅 매체이다.

Answer — **53.** ② **54.** ③ **55.** ③

53 자동호분배시스템(Automatic Call Distributor) : 많은 인입콜을 관리하는데 사용되는 특별한 전화 시스템이다. ACD는 콜센터로 걸려오는 전화를 해당 시점에서 대기 중인 상담원들에게 순차적으로 균등하게 분배해준다. 또한 통화량이 용량보다 많은 경우에는 일정 시간 대기하고 있는 고객에게 '혼잡 중으로 응답이 늦어진다'라는 녹음 메시지를 자동적으로 내보내주는 기능을 가지고 있다. ACD는 call queuing(대기콜), 상담원 그룹의 상태, 관리 및 경영상의 정보를 실시간으로 보여줄 수 있다. 보통 텔레마케팅에서 수신 전화는 하나의 대표번호에서 가까운 번호의 전화가 연결되며, 텔레마케터가 하나의 콜을 처리하고 나면 즉시 다음의 콜이 연결되기 때문에 대표번호에서 먼 전화를 담당하고 있는 텔레마케터에게는 콜이 잘 연결되지 않음으로써 업무량의 불균형이 생긴다. 이를 균등하게 해주는 것이 ACD의 기본적인 기능이다.

54 ③ 텔레마케팅의 활용분야 텔레마케팅은 고객 서비스 및 고객관리, 판매 및 주문접수, 예약, 정보 서비스, 판매지원, 고객정보 수집, 연체채권 회수, 상담, 마케팅 리서치 및 만족도 조사, 기금모집 및 선거홍보 등에 다각적으로 활용된다.

55 ③ 호텔기업이 고객을 직접 만나지 않고도 전화나 컴퓨터 등 정보통신 수단을 이용해 매출액을 늘리고 고객 만족을 실현하려는 종합적인 마케팅활동이다. 전화, 팩시밀리가 대표적인 텔레마케팅 수단이다. 그러나 전화교환기 워크 스테이션 등 하드웨어 제조, 프로그램 개발, 교육, 컨설팅업 등도 넓은 의미의 텔레마케팅 산업에 포함된다. 따라서 고객에게 전화를 걸어 판촉활동을 하는 단순 통신판매보다 포괄적인 개념이다.

56 콜센터 성과분석 시 고려사항으로 틀린 것은?

① 정성적인 평가는 구체화해야 한다.

② 정성적·정량적 평가를 모두 해야 한다.

③ 정량적 평가는 조직의 목표와 연계시켜 평가해야 한다.

④ 정확한 성과분석을 위해 최대한 많은 성과지표로 평가해야 한다.

57 허시-블랜차드(P. Hersey-K. Blanchard)의 리더십 상황 이론 중 리더의 행동유형에 해당하지 않는 것은?

① 지시적 리더 ② 설득적 리더

③ 위계적 리더 ④ 참여적 리더

58 수신자에 의한 커뮤니케이션 장애요인이 아닌 것은?

① 선입견 ② 과중한 정보

③ 선택적인 청취 ④ 반응과 피드백 부족

Answer 56. ④ 57. ③ 58. ②

56 ④ 지나치게 많은 성과지표는 성과분석을 저해할 수 있다.

57 허시-블랜차드의 리더십 상황 이론
  ○ 지시적 지도성 : 아직 과업에 익숙지 않은 구성원을 데리고 처음 공동체를 꾸려나갈 때 흔히 보이는 상황이다. 이런 상황에서는 무작정 일을 맡기는 것보다는 우선은 정상적인 과업 수행에 필요한 능력을 충분히 길러주어야 한다. 우선은 과업을 제대로 할 수 있는 것이 급선무이므로 과업성 행위에 모든 노력을 기울인다.
  ○ 설득적 지도성 : 점점 익숙해지고는 있지만 아직 독자적으로 일을 수행하기에는 실력이 모자란 상황이다. 자신의 실력이 느는 것을 보며 성취감을 느끼고 점점 일에 재미를 붙여가는, 다시 말해 동기가 꽤 높은 상황으로 볼 수 있으니 지속적인 성취를 맛보게 하며 동기를 계속 유지할 필요가 있다. 높은 수준의 동기는 곧 계속적인 자기 계발의 욕구를 의미한다.
  ○ 참여적 지도성 : 능력도 의욕도 상당히 높은 상태라 이 수준의 학습자들은 자신이 직접 과제를 맡아 수행하며 문제를 해결하고 싶어한다. 이 때에는 리더가 한 발자국 물러나 자신이 맡고 있던 권한을 일정부분 위임하면서 구성원들이 자발적으로 일을 수행할 기회를 줘야 한다.
  ○ 위양적 지도성 : 사실상 4단계는 모두가 리더십을 발휘하는 전문가들 간의 협동적인 공동체로 조직이 전환된 상태이다. 이 때에는 특별히 리더랍시고 신경을 쓸 필요는 없다.

58 수신자에 의한 커뮤니케이션 장애요인
  ○ 선입견
  ○ 평가적인 경향
  ○ 선택적인 청취
  ○ 반응과 피드백의 부족

59 콜센터의 생산성을 향상시킬 수 있는 방안으로 가장 거리가 먼 것은?

① 전반적인 업무환경을 개선한다.
② 콜센터 인력을 신규인력으로 대체한다.
③ 콜센터의 인력에 대한 교육을 강화한다.
④ 텔레마케터 성과에 대한 인센티브를 강화한다.

60 조직화의 원칙에 대한 설명 중 거리가 먼 것은?

① 비계층의 원칙
② 명령일원화의 원칙
③ 목표단일성의 원칙
④ 분업 및 전문화 원칙

61 인바운드 콜센터의 성과지표가 아닌 것은?

① 평균 후처리 시간
② 서비스 레벨
③ 성공 콜
④ 스케줄 준수율

Answer ― 59. ② 60. ① 61. ③

59 ② 신규인력을 채용하는 것은 인건비를 증가시킨다.

60 조직화의 원칙
㉠ 전문화의 원칙
㉡ 직능화 원칙
㉢ 조정의 원칙
㉣ 감독범위의 원칙(통제한계의 원칙)
㉤ 명령 일원화의 원칙
㉥ 계층단축화의 원칙
㉦ 권한이양의 원칙
㉧ 삼면등가의 원칙(권한과 책임의 원칙)

61 ③ 아웃바운드 콜센터의 성과지표에 해당한다.

62 상담원의 보상계획 수립 시 고려해야 할 사항으로 가장 거리가 먼 것은?

① 급여계획과 인센티브 정책 마련 시 직원을 참여시킨다.
② 인력 수요를 고려한다.
③ 정확하고 객관적으로 측정된 성과분석 자료를 활용한다.
④ 벤치마킹 및 산업평균을 최우선 반영한다.

63 일반적인 콜센터의 구성 요소가 아닌 것은?

① 데이터베이스
② 상품 전시 룸
③ 전화통신장비
④ 상담원 및 관리자

64 업무 능력을 향상시키기 위한 텔레마케터 대상 훈련프로그램과 가장 거리가 먼 것은?

① 표현능력 개발
② 코칭능력 개발
③ 판매능력 개발
④ 정보활용능력의 개발

Answer ─── **62.** ④ **63.** ② **64.** ②

62 콜센터 성과 향상을 위한 보상계획을 수립할 때 주의사항
　ⓐ 지속적이고 일관성 있는 보상계획을 수립해야 한다.
　ⓑ 달성 가능한 목표 수준을 고려해야 한다.
　ⓒ 직원을 참여시켜야 한다.

63 ② 일반적인 콜센터에 상품 전시 룸은 필요하지 않다.

64 ② 관리자의 역할에 해당한다.

65 미스터리(Mystery) 콜에 대한 설명으로 옳은 것은?

① 답변하기 어려운 내용의 전화

② 내용을 정확하게 파악하기 어려운 전화

③ 누가 전화를 받았는지 알 수 없는 전화

④ 통화 품질 측정을 위해 고객을 가장하여 거는 전화

66 콜센터 리더의 역할이 아닌 것은?

① 상호신뢰감 구축

② 원활한 의사소통

③ 직무별 촉매자

④ 독재적 리더십 발휘

67 서비스와 제품에 불만족한 고객에게 상담 도입부에 해야 할 기법과 가장 거리가 먼 것은?

① 침착하게 상황을 파악한다.

② 긍정적인 자세로 고객을 안심시키도록 노력한다.

③ 개방형 질문으로 최대한 고객의 불만족 상황을 경청한다.

④ 사실에 입각한 고객의 행동을 분속하고 논리적으로 책임소재부터 구분한다.

Answer **65. ④ 66. ④ 67. ④**

65 ④ 가상 시나리오를 이용해 고객을 가장한 전화조사를 미스터리 콜이라고 한다.

66 ④ 콜센터 리더의 주요 업무로는 상담원들의 능력과 기술을 개발해주고 지원하며, 객관적인 의견을 제공해 주는 것으로서 이를 바탕으로 콜센터 전체의 업무수행에 효율성을 높이는데 관심을 기울여야 한다. 콜센터 리더는 콜센터 내 분위기 조성, 상호 원활한 의사소통, 각 직무별 촉매자 역할, 새로운 아이디어 제공, 대안제시, 상호 신뢰감 구축, 합의도출 등 기본적인 역할에 영향력을 발휘해야 한다.

67 ④ 상대방의 마음을 공감하고 경청하면서 응대해야 한다.

68 아웃바운드 상담 기술의 설명으로 틀린 것은?

① 판매하려는 상품이나 서비스를 고객의 입장에서 이해한다.
② 아웃바운드 텔레마케팅은 무차별 전화세일즈이므로 사전 준비가 필요 없다.
③ 스크립트를 활용한 상황대응능력을 개선하여 상담의 효율성을 높인다.
④ 판매하려는 상품이나 서비스의 특징을 학습하여 어떤 상황에서도 응용할 수 있어야 한다.

69 다음 중 보상을 통한 동기부여 방안으로 옳지 않은 것은?

① 급여 차등지급
② 진급 우선 혜택
③ 근태 불량자 중점 관리
④ 유급 휴가 및 조기 퇴근 등 복무규정의 차등

70 즐겁고 행복한 콜센터 조직문화 만들기가 아닌 것은?

① 칭찬과 인정이 넘쳐나는 조직으로 변화
② 풍부한 감성이 묻어나는 조직으로 변화
③ 커뮤니케이션이 바탕이 된 수직조식으로 변화
④ 다름과 차이를 인정할 수 있는 조직으로 변화

Answer ── **68.** ② **69.** ③ **70.** ③

68 ② 아웃바운드 텔레마케팅을 할 때는 명확한 고객 데이터베이스를 갖추고 진행해야 한다.
  ※ 성공적인 아웃바운드 텔레마케팅을 위한 준비요소
    ㉠ 명확한 고객 데이터베이스
    ㉡ 아웃바운드 텔레마케팅은 인바운드 텔레마케팅보다 마케터의 자질에 많은 영향을 받으므로 전문적인 텔레마케터를 선발
    ㉢ 전화장치 및 콜센터 장비구축
    ㉣ 적합한 전용 상품 및 특화된 서비스

69 ③ 처벌을 통한 관리이다.

70 ③ 커뮤니케이션이 바탕이 된 수평조직으로의 변화가 바람직하다.

71 기존의 콜센터와 웹 콜센터의 차이점으로 올바른 것은?

① 기존의 콜센터는 PSTN(공중망)을 통하여 고객과 접촉하나, 웹 콜센터는 IP를 통하여 고객과 접촉한다.
② 웹 콜센터는 기존의 콜센터에 비해 실시간 응대율이 떨어진다.
③ 기존의 콜센터에 비해 웹 콜센터는 고객 불만을 효과적으로 해결할 수 있다.
④ 기존의 콜센터는 웹 콜센터에 비해 기업의 마케팅 활동을 효과적으로 수행할 수 있다.

72 고객센터의 훈련프로그램 개발에 관한 설명으로 적절하지 않은 것은?

① 학습자의 경험과 사례를 이용한다.
② 문제해결 중심의 훈련프로그램을 개발한다.
③ 멀티미디어 등 다양한 전달방법을 이용한다.
④ 학습시작 이후에 훈련프로그램의 목표를 알린다.

73 표준 작업일, 상담원 실근무시간 등의 상황변수를 토대로 보다 현실적이고 실제적으로 콜센터 업무를 계획하는 것을 무엇이라고 하는가?

① 수신콜 응답률   ② 콜센터 스케줄링
③ 주문획득률   ④ 포기콜률

Answer── **71.** ① **72.** ④ **73.** ②

71 ㉠ PSTN : 공공 통신 사업자가 운영하는 공중 전화 교환망을 말한다. 교환국을 통해 불특정 다수의 가입자들에게 음성 전화나 자료 교환 서비스를 제공한다.
㉡ IP : PC통신망을 통해 정보를 제공해주고 대가를 받는 사업자를 말한다.

72 ④ 학습시작 이전에 알려야 한다.

73 ② 콜센터 내 상담원의 업무 시간표와 그에 관한 변경 사항을 작성하는 것을 말한다. 스케줄링을 작성할 때에는 날짜, 시간, 상담원의 상태, 비용 등을 고려해야 한다.

74 텔레마케터 교육·훈련을 위한 역할연기(Role Playing)에 관한 설명으로 틀린 것은?

① 조직의 응집력과 단결력을 약화시킬 수 있다.

② 텔레마케터의 자신감과 상황대응 능력을 향상시킬 수 있다.

③ 실제 상황대로 스크립트를 가지고 연습함으로써 다양한 실전 경험을 할 수 있다.

④ 텔레마케터는 응대업무와 관련한 개인적인 문제점을 구체적으로 피드백받을 수 있다.

75 텔레마케팅의 도입효과로 볼 수 없는 것은?

① 매출액 증대

② 고객 서비스 향상

③ 상품, 서비스 홍보 효과

④ 면대면 서비스의 강화

Answer— **74. ① 75. ④**

74 ① 조직의 응집력과 단결력을 강화시킬 수 있다.
 ※ **역할연기**
  현실에 일어나는 장면을 설정하고 여러 명의 사람들 각자가 맡은 역을 연기하여 비슷한 체험을 통해 특정한 일이 실제로 일어났을 때 올바르게 대처할 수 있게 하는 학습 방법들 가운데 하나이다. 다른 나라 말 등을 통해 회화를 배우거나 기업 등에서 고객에 어떻게 대처하는지를, 또 리더십을 몸에 배게 하는 등 넓은 분야의 교육에 이용된다. 실제와 비슷한 다양한 장면을 미리 체험함으로써 실제로 경험을 쌓은 것과 같은 효과를 낼 수 있다. 따라서 현실에 같은 장면을 마주할 때 어색함을 줄일 수 있고 빠르게 대처할 수 있는 이점이 있다

75 ④ 텔레마케팅은 비대면 중심의 커뮤니케이션 행위이다.

 4 고객응대

76 외부 물리적 환경에 의한 경청의 방해 요인이 아닌 것은?

① 소음공해   ② 전화벨

③ 노크   ④ 편견

77 장기적인 고객관계 구축과 관련한 설명으로 옳지 않은 것은?

① 교차구매 개념을 개발·도입함으로써 고객의 욕구를 유도한다.

② 충성고객의 특징은 일반 고객들보다 구매빈도수가 낮다.

③ 충성고객은 기존의 상품이나 서비스를 쉽게 업그레이드한다.

④ 고객의 다음 구매 욕구를 예측하여 신상품을 개발한다.

78 CRM 도입에 따른 기대효과로 가장 거리가 먼 것은?

① 고객서비스 프로세스 개선

② 고객 DB의 적극적 활용

③ 다양한 고객요구에 대한 적극적 대처

④ 고객 DB의 분산

―Answer― **76.** ④ **77.** ② **78.** ④

76 ④ 개인적 요인

77 ② 충성고객의 특징은 일반 고객들보다 구매빈도수가 높다.
※ 충성고객 확보의 장점
    ㉠ 기존 고객의 유지 비용이 신규고객 유치 비용보다 저렴하다.
    ㉡ 고객 상실이나 타유업체로의 전이되는 경우가 작아 고객 전이 비용이 절감되어 매출등대에 기여한다.
    ㉢ 구전효과가 있다.

78 ④ CRM(Customer Relationship Management)은 수익성 있는 고객을 획득하고 유지하기 위한 전사적 노력이다. 따라서 CRM은 고객과 고객의 원하는 가치를 파악해 고객이 원하는 가치를 담은 제품과 서비스를 지속적으로 제공함으로써 고객을 오래 유지하고, 이를 통해 고객의 평생가치를 극대화해 수익성을 높이는 통합된 고객관계관리 프로세스라고 할 수 있다.

79 콜센터에서의 우량고객에 대한 고객응대 방법으로 옳지 않은 것은?

① 우량고객 전담 상담원을 두어 고객응대를 한다.
② ARS를 거치지 않고 상담원과 바로 연결되도록 한다.
③ 우량고객에 대해서는 장시간 장황하고 세밀하게 응대한다.
④ 우량고객에 해당하는 별도의 혜택을 제공한다.

80 고객응대에 대한 설명으로 옳지 않은 것은?

① 고객과 커뮤니케이션을 하는 활동이다.
② 고객이 필요로 하는 정보를 제공한다.
③ 고객의 요구를 미리 판단하여 답을 제시한다.
④ 고객응대 시 고객의 입장에서 판단한다.

81 전화상담 시 의사전달에 영향을 미치는 요소가 아닌 것은?

① 시각적 요소
② 청각적 요소
③ 촉각적 요소
④ 언어적 요소

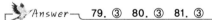

Answer ── 79. ③ 80. ③ 81. ③

79 ③ 고객의 문의에 신속하게 처리해야 한다.

80 ③ 고객이 원하는 것이 무엇인지 파악한 후, 고객의 문제를 해결해야 한다.

81 ③ 전화상담에서 촉각적 요소는 의사전달에 영향을 미치는 요소가 아니다.

82 다음 중 커뮤니케이션의 특성과 거리가 먼 것은?

① 수단의 고정화
② 정보교환과 의미부여
③ 순기능과 역기능의 존재
④ 오료와 장애의 발생가능성 존재

83 다음 중 효과적인 커뮤니케이션 방법으로 가장 옳은 것은?

① 전문화된 약어를 사용한다.
② 전문지식을 화제로 선택한다.
③ 개인의 주관적인 생각과 감정을 전달한다.
④ 적극적 경청을 통하여 고객의 욕구를 파악한다.

84 서비스 평가의 측정요소가 아닌 것은?

① 신뢰성   ② 응대성
③ 확신성   ④ 허구성

 Answer— **82.** ① **83.** ④ **84.** ④

82 ① 커뮤니케이션의 수단과 형식은 매우 유동적이다.
　※ 커뮤니케이션의 특징
　　㉠ 정보를 교환하고 의미를 부여한다.
　　㉡ 서로의 행동에 영향을 미친다.
　　㉢ 수단과 형식이 매우 유동적이다.
　　㉣ 순기능과 역기능이 존재한다.

83 ① 일반화된 표준어를 사용한다.
　② 쉬운 주제를 화제로 선택한다.
　③ 객관적인 자료에 근거하여 전달해야 한다.

84 서비스 평가의 측정요소
　㉠ 신뢰성
　㉡ 확신성
　㉢ 유형성
　㉣ 공감성
　㉤ 대응성

85 고객이 문제를 제기했을 때 바람직한 처리 절차로 옳은 것은?

① 문제파악 → 자료수집분석 → 대안 찾기 → 대안 평가 → 결정내리기
② 자료수집분석 → 문제파악 → 대안 찾기 → 결정내리기 → 대안 평가
③ 대안 찾기 → 대안 평가 → 문제파악 → 자료수집분석 → 결정내리기
④ 문제파악 → 대안 찾기 → 자료수집분석 → 대안 평가 → 결정내리기

86 고객응대 시 잘못된 응대와 그에 따른 효과적인 대응방법이 잘못 연결된 것은?

① 저는 모릅니다. → 제가 알아보겠습니다.
② 제 잘못이 아닙니다. → 저희 관리자와 상의하십시오.
③ 다시 전화 주십시오. → 제가 다시 전화 드리겠습니다.
④ 진정하세요. → 죄송합니다.

87 우유부단한 고객에 대한 상담기술을 설명하는 것으로 적합하지 않은 것은?

① 적극적으로 고객의 말을 들어주는 시간만을 가지는 것이 중요하다.
② 개방형 질문을 통하여 그들이 원하는 것이 무엇인지 적절히 표현할 수 있도록 도와준다.
③ 적절한 아이디어를 제공해 줌으로써 고객이 의사결정하는 데 도움을 준다.
④ 의사결정을 강화시킬 수 있는 다른 대안들을 설명해 주고, 적절한 보상기준도 설명하여 문제해결에 대한 신뢰를 가지도록 해준다.

Answer — 85. ① 86. ② 87. ①

85 고객 문제의 바람직한 처리 절차
문제파악 → 자료수집분석 → 대안 찾기 → 대안 평가 → 결정내리기

86 ② 제 잘못이 아닙니다. → 이 문제를 어떻게 처리할 수 있을지 연구해 봅시다.

87 ① 우유부단한 고객의 경우 고객의 요구사항이나 취향 등을 충분히 파악한 후 적합하다고 생각되는 상품에 대하여 구체적으로 설명한다. 그리고 최종결정 시에는 옆에서 조금 거들어 주게 되면 효과적이다.

88 다음은 고객의 행동별에 따른 단계 중 어디에 해당하는가?

> 자사의 제품이나 서비스를 필요로 하고 구매능력이 있는 자로서, 비록 자사의 제품을 사거나 서비스를 이용하지 않았더라도 자사의 서비스에 대해 알고 있거나 추천을 받은 자

① 구매자   ② 구매가능자
③ 옹호고객   ④ 탈락고객

89 CRM 도입의 이유로 볼 수 없는 것은?

① 기업의 성장전략변화
② 고객에 대한 접근 방법의 발전
③ 불만고객에 대한 신속한 고객리스트 삭제
④ 신속하고 일관성 있는 고객대응의 필요성

90 다음 중 운영CRM 시스템에 포함되지 않는 것은?

① 마케팅자동화시스템
② 영어자동화시스템
③ 고객서비스자동화시스템
④ 고객상호작용센터

Answer ── **88.** ② **89.** ③ **90.** ④

88 ③ 단골고객 중 자사 상품에 대해 다른 사람에게 적극적으로 구전활동을 하는 소비자

89 CRM의 등장배경
　㉠ **시장의 변화** : 제품 차별화의 희석, 고객확보 경쟁의 증가, 시장의 세분화, 대중마케팅의 비효율성 증대, 고객의 협상력 증가
　㉡ **고객의 변화** : 고객의 다양성 증대, 생활방식의 변화, 고객들의 지식화, 고객만족의 준거 변화, 고객 기대수준의 상승
　㉢ **정보기술의 변화** : 하드웨어의 변화, 소프트웨어의 변화, 네트워크의 변화, 개인정보화기기의 보급
　㉣ 마케팅 커뮤니케이션의 변화

90 ④ 고객상호작용센터는 CIC(Customer Interaction Center)로 기업이 고객과 상호작용을 원활히 하기위한 기업의 통합된 안내창구이다.

91 커뮤니케이션에 대한 설명으로 틀린 것은?

① 정보·의사를 효과적으로 전달할 수 있는 능력을 의미한다.
② 언어표현능력에 비하여 경청능력은 그리 중요하지 않다.
③ 정보의사를 호의적으로 받아들일 수 있는 능력을 의미한다.
④ 성의 있는 행동을 유발시킬 수 있는 능력을 말한다.

92 고객의 경계심과 망설임을 없애는 방법과 가장 거리가 먼 것은?

① 고객의 참여 유도
② 철저히 업무적인 응대
③ 상담원의 편의로 만들기
④ 데이터의 제시와 비교판단

93 수다쟁이형 고객의 응대요령으로 가장 적합한 것은?

① 묻는 말에 대답하고 의사를 존중한다.
② 맞장구와 함께 천천히 용건에 접근한다.
③ 근거가 되는 구체적 자료를 제시하며 응대한다.
④ 한 가지 상품을 제시하고 고객을 대신하여 결정을 내린다.

Answer— **91.** ② **92.** ② **93.** ②

91 ② 커뮤니케이션에서 경청을 통해 고객의 욕구를 파악하는 것이 중요하다.

92 ② 고객의 말을 듣고 고객의 욕구나 감정을 파악하여 고객의 감정을 헤아려주어야 한다.

93 ① 유아독존형 ③ 분석형 ④ 우유부단형

94 발신자에 의한 커뮤니케이션 장애요인이 아닌 것은?

① 준거의 틀 차이
② 반응과 피드백 부족
③ 커뮤니케이션 스킬 부족
④ 타인에 의한 민감성 부족

95 콜센터의 고객응대에 대한 설명으로 옳지 않은 것은?

① 상담사가 비대면 방식으로 하는 커뮤니케이션이다.
② 고객의 욕구 파악을 위해서는 부정적인 질문과 비판도 중요하다.
③ 고객응대 시 성의, 창의, 열의 등 기본적인 마음가짐이 있어야 한다.
④ 대화예절이 수반되며 각종 정보 숙지, 애로사항, 불만사항의 문제해결 관련 상담 전문성이 중요하다.

96 효과적인 상담을 위한 원리와 기법 중 틀린 것은?

① 소비자의 욕구 파악
② 소비자상담사의 역할지각 한계
③ 수동적인 대화과정 조절
④ 융통성과 단호함의 겸비

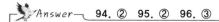

Answer ── **94. ② 95. ② 96. ③**

94 발신자에 의한 장애요인
　㉠ 커뮤니케이션의 기술 부족
　㉡ 발신자의 신뢰성 부족
　㉢ 발신자의 목표의식 결여
　㉣ 타인에 대한 민감성 부족

95 ② 항상 긍정적인 자세로 고객의 입장에 서서 정확한 원인을 파악하여 불평에 대한 해결해야 한다.

96 ③ 적극적인 자세로 대화과정을 조절해야 한다.

97 RFM분석에 대한 설명으로 적합하지 않은 것은?

① 최근 구매일(Recency) : 고객이 최근 구매한 날로부터 얼마나 지났는지 측정하는 항목
② 구매빈도(Frequency) : 정해진 기간 내에 각 고객이 얼마나 자주 구매했는지 측정하는 항목
③ 구입금액(Monetary) : 고객이 구매 시 평균적으로 얼마나 많은 돈을 지불하는지 측정하는 항목
④ 구매횟수(Recenty) : 고객이 최근에 몇 번이나 자사의 제품이나 서비스를 구매했는지를 측정하는 항목

98 상담자가 상담 초기에 파악해야 하는 고객의 기본적 상담 자료와 가장 거리가 먼 것은?

① 고객 인적사항
② 이전 상담 경험
③ 상담 목적
④ 상담 후 고객만족도

Answer — 97. ④ 98. ④

97 RFM분석
　㉠ **최근성(Recency)** : 고객이 가장 최근, 즉 마지막으로 구입한 날짜이다.
　㉡ **구매빈도(Frequency)** : 고객이 특정 기간 동안 구입한 횟수이다.
　㉢ **구매금액(Monetary)** : 고객이 일정 기간 동안 구입한 금액의 합계를 가리킨다.

98 ④ 상담초기에는 고객만족도를 확인하기 어렵다.

99 MOT(Moments Of Truth)와 관계없는 내용은?

① 스위스 항공사의 사장 한셀이 주창

② 기업의 생존이 결정되는 순간

③ 고객과 기억이 접촉하여 그 제공된 서비스에 대해 느낌을 갖는 15초간의 진실의 순간

④ 우리 회사를 선택한 것이 가장 현명한 선택이었다는 사실을 고객에게 입증시켜야 할 소중한 시간

100 다음 중 메시지의 성격이 다른 하나는?

① 자세

② 음색

③ 눈짓

④ 편지

Answer— **99.** ① **100.** ④

99 MOT(Moment of Truth)

마케팅 용어로서 '진실의 순간'이 중요한 것은 이 개념이 곱셈의 규칙과 관련이 있다는 점이다. 고객은 서비스를 더하기가 아니라 곱하기 개념으로 받아들인다는 얘기다. 한번 0점이나 마이너스(−) 점수를 받게 되면 여하한 노력으로도 만회가 어렵다는 뜻이다.

이 개념을 제대로 활용해 성공한 경영자가 있다. 지난 80년대 스칸디나비아항공(SAS) 사장이던 얀 칼슨이 주인공이다. 그는 70년대 말 오일쇼크로 2년 연속 적자를 기록한 이 회사에 81년 39세의 나이로 사장이 됐다. 그는 부임하자마자 직원들이 고객을 만나는 15초 동안이 '진실의 순간'이라고 일갈했다. 이 15초 동안에 고객을 평생 단골로 잡느냐 원수로 만드느냐가 결정된다는 것이 그의 주장이었다. 그는 "기내식 식반이 지저분하면 승객들은 비행기 전체가 불결하다고 느낀다"며 식반 닦는 종업원들에게도 '진실의 순간'을 직접 강조할 정도로 전사적 운동을 벌였다. 결과는 대성공이었다. 8백만 달러 적자였던 경영수지가 1년 만에 7천 1백만 달러 흑자로 바뀌었다. 에너지를 쓸데없는 데 소비하지 않고 결정적인 부분에 집중한 결과였다.

100 ④ 언어적 메시지

①②③ 비언어적 메시지

11 2016년 제2회 기출문제

1 판매관리

1 구전효과를 이용한 판촉기법으로 인터넷 이용자들 사이에 확산효과를 노린 마케팅 기법은?

① 제휴마케팅(Affiliate marketing)
② 바이러스마케팅(Virus marketing)
③ 데이터베이스마케팅(Database marketing)
④ 퍼미션마케팅(Permission marketing)

2 인구통계적 특성을 기초로 한 데이터베이스의 세분화 분석의 변수가 아닌 것은?

① 가구소득 ② 라이프스타일
③ 가족 수 ④ 거주형태

Answer — 1. ② 2. ③

1 ① 웹 비즈니스 촉진 기법의 하나로서, 웹 사이트 발행자가 그의 노력에 의해 파트너의 웹 사이트에 새로 방문자, 회원, 고객, 매출을 발생시키면, 그 웹 사이트 발행자는 소정의 보상을 받는 식의 마케팅 기법을 말한다.
③ 기업의 기존 고객 또는 잠재 고객에 대한 데이터를 데이터 베이스화하여 전산 시스템에 축적해두고, 이러한 데이터 베이스에 기반한 마케팅 유형이다.
④ 고객에게 동의를 받은 마케팅 행위를 말한다. 인터넷은 시간과 공간의 제약을 받지 않고 상호 작용이 가능하므로 엄청난 비용절감과 효율적인 고객확보를 기대할 수 있다.

2 ④ 사회심리학적 특성에 해당한다.
※ 인구통계적 특성
 ㉠ 나이
 ㉡ 성별
 ㉢ 가족생활주기
 ㉣ 소득
 ㉤ 직업
 ㉥ 교육

3 소비자 구매의사결정에 관한 단계별 설명으로 틀린 것은?

① 정보탐색 – 소비자들이 이용하는 내적, 외적 정보탐색 활동 등이 있다.
② 문제인식 – 소비자구매의사결정 과정의 첫 단계이다.
③ 대안평가 – 가장 선호하는 상표를 구매한다.
④ 구매 후 행동 – 제품 사용성과에 만족한 소비자는 재구매의 가능성이 높다.

4 상표전략 중 계열확장(Line extension)에 관한 설명으로 옳은 것은?

① 기존의 상표명을 기존 제품범주에서 새로운 형태, 크기, 맛 등으로 확대한다.
② 기존의 상표명을 새로운 제품범주로 확대한다.
③ 새로운 상표명을 동일한 제품범주에 도입한다.
④ 신제품범주에 새로운 상표명을 부여한다.

5 데이터베이스 마케팅의 목적이 아닌 것은?

① 고객 평생가치의 극대화
② 고객 릴레이션십 구축
③ 마케팅 리서치의 자동화
④ 간접적인 커뮤니케이션

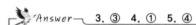 *Answer* 3. ③ 4. ① 5. ④

3 ③ 대안평가는 정보를 분석·통합하여 제품에 대한 평가에 이르는 단계이다.
  ※ 소비자 구매의사결정 5단계
   ㉠ 문제인식
   ㉡ 정보탐색
   ㉢ 대안평가
   ㉣ 구매
   ㉤ 구매 후 행동

4 ② 브랜드 확장 ③ 패밀리 브랜드 ④ 다상표전략

5 ④ 데이터베이스 마케팅은 직접적인 커뮤니케이션이 목적이다.
  ※ 데이터베이스 마케팅의 목적
   ㉠ 직접적인 커뮤니케이션
   ㉡ 장기적인 전략 수립
   ㉢ 고객생애가치 극대화를 통한 기업가치 극대화
   ㉣ 고객 획득, 유지 및 강화를 통한 관계 구축
   ㉤ 고객의 안정적 유지 및 고정 고객화

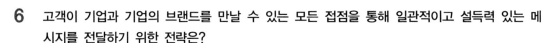

6 고객이 기업과 기업의 브랜드를 만날 수 있는 모든 접점을 통해 일관적이고 설득력 있는 메시지를 전달하기 위한 전략은?

① 통합마케팅커뮤니케이션(Integrated Marketing Communication)
② 통합판매(Integrated Selling)
③ 통합광고(Integrated Advertising)
④ 통합판매믹스(Integrated Sales Mix)

7 촉진 수단에 관한 설명으로 틀린 것은?

① 광고는 비대면 커뮤니케이션 방법이기 때문에 판매사원들을 사용하는 방법만큼 설득적이지 못하다.
② 인적 판매는 소비자의 욕구를 보다 직접적으로 알 수 있으며 또한 그에 대한 즉각적인 반응이 가능하다.
③ 판매촉진은 인지도 제고, 기업이나 제품 이미지 제고 등 장기적인 목표를 달성하기 위한 투자가 대부분이다.
④ 홍보는 촉진수단으로서 뉴스, 행사 등을 활용하기 때문에 일반적으로 광고보다 더 믿을 만하다고 여기는 것으로 알려져 있다.

8 회사가 다양한 상품의 포트폴리오를 가지고 상품·서비스를 고객에게 제공하는 경우, 전반적인 판매를 증가시키기 위해 매우 유용하게 사용되는 마케팅 기법은?

① 상향판매   ② 교차판매
③ 묶음판매   ④ 버저닝

Answer — 6. ① 7. ③ 8. ②

6 ① 통합마케팅커뮤니케이션이란 광고, DM, SP와 PR등 다양한 커뮤니케이션 수단들의 전략적인 역할을 비교 검토하고, 명료성과 일관성을 높여 최대의 커뮤니케이션 효과를 제공하기 위해 이들 다양한 수단들을 통합하는 총괄적 계획의 부가적 가치를 인식하는 마케팅 커뮤니케이션 계획의 개념이다.

7 ③ 판매촉진이란 소비자들의 구매를 자극하기 위하여 인적 판매, 광고, PR 이외의 단기적 마케팅활동으로, 소비자나 중간상이 특정 제품을 더 빨리, 더 많이 구매하도록 자극할 수 있는 수단들의 집합이다. 고객이나 중간상에게 상품을 구매하도록 설득하는데 이용되는 모든 활동들을 말하며, 단기적 매출 증대를 위해 사용되는 모든 수단들의 총칭이다.

8 ① 특정한 상품범주 내에서 상품 구매액을 늘리도록 업그레이드된 상품의 구매를 유도하는 방법이다.
③ 두 개 이상의 다른 제품을 하나로 묶어서 단일 가격으로 판매하는 방법이다.
④ 기존 제품의 버전을 다르게 하여 판매하는 방법이다.

9 다음에서 활용한 시장세분화 기준은?

> 텔레마케터가 생명보험 상품 판매를 위해 고객에게 전화 시 우선적으로 하게 되는 질문은 결혼여부와 가족이 있는지에 대한 것이다.

① 지리적 세분화
② 행동분석적 세분화
③ 인구통계적 세분화
④ 심리분석적 세분화

10 표적시장을 선택할 때 주로 전개하는 전략과 가장 거리가 먼 것은?

① 집중화 마케팅
② 차별화 마케팅
③ 매크로 마케팅
④ 비차별화 마케팅

Answer ─── 9. ③ 10. ③

9 시장세분화 변수
ⓐ **인구통계학적 변수** : 연령, 성별, 가족구성원, 가족력, 소득수준, 교육수준, 종교, 인종, 국적
ⓑ **지리적 변수** : 지역, 도시규모, 인구밀도
ⓒ **심리적 변수** : 라이프스타일, 사회계층, 개성, 관심, 활동
ⓓ **행동분석 변수** : 이용시기, 이용수준, 브랜드 충성도

10 ① 표적 마케팅 전략이라고도 불리는 집중화 마케팅은 세분된 시장 중 특정 시장에 초점을 맞춰, 마케팅 믹스를 집중시키는 전략이다.
② 상이한 구매자 욕구에 소구점을 맞춰, 세분화된 각각의 시장에 상이한 마케팅믹스를 사용하는 전략이다. 소비자들에게 제품의 이미지를 강화할 수 있는 장점이 있지만 각각 세분된 제품, 유통, 촉진을 이용함으로써 비용이 많이 들 수 있다.
④ 대량 마케팅과 일맥상통하는 비차별화 마케팅은 구매자 욕구의 차이보다는 공통적인 것에 소구점을 맞춰 동일한 마케팅믹스(Product, Price, Place, Promotion)를 적용시키는 마케팅전략이다. 표준화와 대량 생산을 통해 원가 경쟁력을 가질 수 있는 비차별화 마케팅은 광고와 유통에 있어서도 비용을 절감시킬 수 있다.

11 시장세분화 이후에 표적시장을 선택하는 기준이 아닌 것은?

① 잠재구매자들의 욕구 유사성　　② 기대 성장률
③ 경쟁상의 위치　　　　　　　　④ 기업목표와의 양립성

12 고객세분화 목적이 아닌 것은?

① 고객 집단별 차별화된 마케팅의 전개
② 이탈고객의 허용을 통한 관리비용의 절감
③ 고객과 기업 간의 우호적 관계 유지
④ 고객관리 면에서의 경쟁우위 확보

13 기존고객을 대상으로 하는 데이터베이스 마케팅 전략으로 거리가 가장 먼 것은?

① 고객 무차별마케팅 전략　　　　② 고객 애호도 제고 전략
③ 고객유지 전략　　　　　　　　④ 교차판매 전략

Answer　11. ① 　12. ② 　13. ①

11 표적시장 선택 기준

3C	평가요소
고객	• 시장규모 • 시장성장률
경쟁	• 현재의 경쟁사 • 잠재적 경쟁사
자사	• 기업목표 • 자원 • 시너지효과

12 ② 고객세분화는 고객을 구분해서 타깃 마케팅을 하는 데 있다. 이탈고객이 발생하지 않도록 노력해야 한다.

13 기존고객을 대상으로 하는 데이터베이스 마케팅 전략
　㉠ 고객의 애호도 제고 및 고객생애가치(신규고객 확보에 비해 기존고객 유지 관리가 보다 효율적임)
　㉡ 고객과의 장기적 관계 구축(우수 고객우대 프로그램 등)
　㉢ 관계 사다리에 기반한 고객관계관리

14 경쟁사와 대비하여 차별적인 우위를 누릴 수 있는 포지셔닝 전략과 적합하지 않은 것은?

① 제품차별화   ② 서비스차별화

③ 인적차별화   ④ 기업환경차별화

15 고객의 부재로 인해 통화가 항상 성공하는 것이 아니기 때문에 다음 통화에서는 성공할 수 있도록 사전에 예상 접촉가능시각을 미리 준비하는 콜은?

① Unattended Call   ② Cold Call

③ Handed Call   ④ Schedule Call

16 상황분석의 일반적인 외적요인으로 옳지 않은 것은?

① 경쟁상태   ② 기술의 진보

③ 소비자의 수요   ④ 부서의 목표

17 구매의사결정에 영향을 미치는 요인이 아닌 것은?

① 개인적 요인   ② 심리적 요인

③ 사회적 요인   ④ 정치적 요인

Answer — 14. ④ 15. ④ 16. ④ 17. ④

14 ④ 포지셔닝 전략에서 경쟁사대비 경쟁적 강점을 파악할 수 있는 방법으로는 제품차별화, 서비스차별화, 인적차별화, 이미지차별화가 있다.

15 ① 컴퓨터화된 다이얼링시스템이 응답할 수 있는 상담원을 예상하여 전화를 자동으로 걸어 연결된 통화를 말한다.
② 전화를 걸기 이전에 판매자나, 그 회사나, 제품을 전에 구매해 보지 않은 전혀 접촉이 없었던 낯선 상대자에게 전화에 의한 판매나 판촉활동을 실시하는 것을 말한다.

16 ④ 내적요인에 해당한다.

17 구매의사결정에 영행을 미치는 요인
㉠ 문화적 요인 : 문화, 소문화/하위 문화, 사회 계급/계층
㉡ 사회적 요인 : 가족, 준거집단, 역할 및 지위, 인터넷 커뮤니티
㉢ 개인적 요인 : 연령, 가족 생활주기, 직업, 경제 사정, 생활 스타일, 성격/개성, 자아개념
㉣ 심리적 요인 : 동기(부여), 지각, 학습, 신념과 태도

18 기업이 시장에서 재포지셔닝(Repositioning)을 필요로 하는 상황이 아닌 것은?

① 경쟁자의 진입에도 차별적 우위를 지키고 있는 경우
② 이상적인 위치를 달성하고자 했으나 실패한 경우
③ 시장에서 바람직하지 않은 위치를 가지고 있는 경우
④ 유망한 새로운 시장 적소나 기회가 발견되었을 경우

19 아웃바운드 텔레마케팅 상품판매의 상담 순서로 바르게 나열한 것은?

> ㉠ 고객에게 상품의 이점을 설명한다.
> ㉡ 자신을 소개하고 전화를 건 목적을 말한다.
> ㉢ 적극적 종결을 통하여 고객에게 확답을 받는다.
> ㉣ 질문을 활용하여 고객의 니즈를 도출한다.
> ㉤ 상품의 구매를 위한 필요사항을 안내하고 감사인사 및 사후관리를 약속한다.

① ㉡ → ㉣ → ㉠ → ㉢ → ㉤
② ㉡ → ㉠ → ㉣ → ㉢ → ㉤
③ ㉡ → ㉢ → ㉣ → ㉠ → ㉤
④ ㉡ → ㉠ → ㉢ → ㉣ → ㉤

Answer ── **18.** ① **19.** ①

18 재포지셔닝을 검토하는 경우
  ㉠ 경쟁자 진입으로 시장 내의 차별적 우위 유지가 힘들 때
  ㉡ 기존의 포지션이 진부해져 매력이 상실되었을 때
  ㉢ 판매 침체로 기존제품 매출이 감소했을 때
  ㉣ 소비자의 취향이나 욕구가 변화했을 때
  ㉤ 시장에서 위치 등 경쟁상황의 변화로 전략의 수정이 필요할 때
  ㉥ 유망한 새로운 시장적소나 기회가 발견되었을 때

19 B. 자신을 소개하고 전화를 건 목적을 말한다. →D. 상품의 구매를 위한 필요사항을 안내하고 감사인사 및 사후관리를 약속한다. →A. 고객에게 상품의 이점을 설명한다. →C. 적극적 종결을 통하여 고객에게 확답을 받는다. →E. 상품의 구매를 위한 필요하상을 안내하고 감사인사 및 사후관리를 약속한다.

20 인바운드 텔레마케팅이 지향하는 목표와 가장 거리가 먼 것은?

① 공격적이며 수익지향적인 마케팅
② 기존 고객과의 지속적 관계 유지
③ 빈번한 질문에 대한 예상 답변준비
④ 우수고객에 대한 서비스 차별화

21 제품의 가격결정에 영향을 미치는 요인이 아닌 것은?

① 비용지향적 가격결정 방법
② 경쟁지향적 가격결정 방법
③ 수요지향적 가격결정 방법
④ 유통지향적 가격결정 방법

22 판매촉진이 다른 커뮤니케이션 수단에 비해 더 많은 비중을 차지하는 이유가 아닌 것은?

① 광고와 달리 판매촉진은 매출에 즉각적인 영향을 미치기 때문이다.
② 판매촉진은 구매 관련 위험을 줄이는 가장 효율적인 수단이기 때문이다.
③ 상표의 종류가 많아지고 기업들 간의 등가성이 증가하고 있기 때문이다.
④ 많은 광고에 노출된 소비자들은 각각의 광고를 기억하기가 어렵기 때문이다.

Answer ── 20. ① 21. ④ 22. ②

20 ① 아웃바운드 텔레마케팅에 관한 설명이다. 아웃바운드 텔레마케팅은 공격적인 마케팅이어서 목표지향이 뚜렷하며, 결과에 대한 성과지향에 대해서도 뚜렷한 목표를 가진다.

21 ① 가격결정이 편리하며, 가격이 객관적으로 인식되고, 판매자나 구매자가 쉽게 수용가능하다는 장점이 있다.
② 가격결정시 경쟁자의 가격을 고려하여 자사제품의 가격을 결정하는 것을 말한다.
③ 가격에 대한 소비자의 반응을 우선적으로 고려, 결정하는 것을 말한다.

22 ② 판매촉진의 비중이 커지는 이유는 많은 제품들의 상표간의 경쟁이 격화되고 있고, 제품의 질이 상당히 동질화 되어 점차 차별화가 어려워짐에 따라 가격경쟁이 심해지고 있기 때문이다.

23 인바운드 상담절차로 바르게 연결된 것은?

① 상담준비 → 전화응답과 자신의 소개 → 문제해결 → 동의와 확인 → 고객 니즈 간파 → 종결
② 상담준비 → 전화응답과 자신의 소개 → 고객 니즈 간파 → 동의와 확인 → 문제해결 → 종결
③ 상담준비 → 전화응답과 자신의 소개 → 고객 니즈 간파 → 문제해결 → 동의와 확인 → 종결
④ 상담준비 → 고객 니즈 간파 → 문제해결 → 동의와 확인 → 전화응답과 자신의 소개 → 종결

24 다음 중 아웃바운드 텔레마케팅에 관한 설명으로 틀린 것은?

① 명확한 고객 데이터베이스를 갖추어 제품이나 서비스를 적극적으로 판매하는 마케팅이다.
② 아웃바운드 텔레마케팅에서는 Q&A보다는 스크립트의 활용도가 높다.
③ 업체 주도형으로 이루어지는 능동적, 목표지향적인 마케팅이다.
④ 고객이 제품, 서비스에 대해 관심을 가지고 전화를 거는 고객 주도형이다.

25 다음 설명 중 틀린 것은?

① 편의품은 진열위치가 대단히 중요하다.
② 선매품은 비교적 소수의 소매점을 통한 선별적 유통경로를 따른다.
③ 선매품과 전문품의 이익의 폭은 높다.
④ 전문품이 편의품보다 점포의 수가 더 많다.

Answer — **23.** ③ **24.** ④ **25.** ④

23 인바운드 상담절차 : 상담준비 → 전화응답과 자신소개 → 고객니즈 간파 → 문제해결 → 동의와 확인 → 종결

24 ④ 아웃바운드 텔레마케팅은 마케팅전략, 통화기법 등의 노하우, 텔레마케터의 자질 등에 큰 영향을 받으며 업체주도형으로 이루어지는 능동적, 목표지향적인 마케팅이다.

25 ④ 편의품이란 가까운 점포에서 가볍게 살 수 있는 상품이고 선매품이란 매장의 이곳저곳을 오랫동안 둘러보아서 선택권을 행사하여 구입할 수 있는 비교적 가격이 높은 상품이다. 그리고 전문품이란 특정의 점포에서 특정상품을 사는 상품을 말한다. 따라서 편의품이 전문품보다 점포수가 더 필요하다.

26 설문지를 작성 할 때 유의할 사항으로 옳지 않은 것은?

① 설문지의 표지에 연구목적, 연구기관, 연구자 연락처를 포함한다.

② 응답자가 질문을 쉽게 이해할 수 있도록 은어나 구어체 표현을 사용하는 것이 좋다.

③ 응답하기 어려운 질문은 설문지의 뒤쪽에 배치한다.

④ "항상", "반드시", "언제나"와 같은 용어는 사용하지 않는 것이 좋다.

27 다음에서 설명하고 있는 조사방법으로 가장 알맞은 것은?

> • 응답자들 내면의 태도나 동기를 이끌어 내는 조사 방법
> • 소비자의 잠재의식 속에 있는 욕구를 파악

① 전화조사법(Telephone Survey)

② 투사법(Projective Techniques)

③ 우편조사(Mail Survey)

④ 관찰조사(Observation)

✎ Answer ─── **26. ② 27. ②**

26 ② 질문지 작성의 기본 원칙은 간단하고, 명료하며, 구체적이고, 친근한 문장을 써야 하고, 평의한 용어를 사용하여야 한다.

27 ① 신속한 정보를 얻을 수 있어 여론 조사의 한 방법으로 많이 이용된다. 어떤 시점에 순간적으로 무엇을 하며, 무슨 생각을 하는가를 알아내기 위한 조사이다. 소요되는 시간이 짧아 분량이 제한되며, 많은 조사 내용을 수집하기 어렵고, 응답자가 특정한 주제에 대해 응답을 회피하거나 무성의하게 대답하기도 한다.
③ 설문지를 조사 대상자에게 우송해 이를 작성하게 한 후 다시 반송하게 하는 조사 방법이다.
④ 조사원이 직접 또는 기계장치를 이용해 조사 대상자의 행동이나 현상을 관찰하고 기록하는 조사 방법이다.

28 다음은 어떤 유형의 응답 형태에 해당하는가?

> 질문 : 당신이 가장 좋아하는 스타일의 구두는 어떤 것입니까?
> 답변 : 저는 굽이 낮고 검은색 구두를 선호합니다.

① 자유응답형   ② 다지선다형
③ 양자택일형   ④ OX형

29 마케팅 조사의 수행주체에 대한 설명으로 옳지 않은 것은?

① 기업은 객관성을 보장하기 위해 전문조사기관보다는 자체적으로 기획하는 것을 선호한다.
② 마케팅 조사전문기관은 전국적으로 조사망을 확보한 후 정기적으로 조사를 한다.
③ 대학의 연구소는 정보를 객관적이며 전문적으로 제공을 한다.
④ 비영리기관은 국가정책결정이나 국민복지 향상 등에 중요한 자료를 제공하고 있다.

30 다음 ( ) 안에 들어갈 알맞은 용어는?

> 반복해서 여러 번 측정을 해도 그 측정값이 비슷하게 나온다면 ( )이 있다고 할 수 있다.

① 타당성   ② 신뢰성
③ 민감성   ④ 선별성

Answer   **28.** ①   **29.** ①   **30.** ②

28 ② 응답 내용을 몇 가지로 제약하는 방법이다.
    ③ 두 가지 중 하나를 선택하는 극단적인 방법이다.

29 ① 마케팅 조사는 대부분 전문적인 지식과 경험을 요하므로, 외부 전문기관에 위탁하는 경우가 대부분이다.

30 ② 신뢰도란 측정하고자 하는 현상을 일관성 있게 측정하려는 능력으로 안정성, 일관성, 예측가능성, 정확성 등으로 표현할 수 있는 것을 의미하는 것으로 동일한 개념이나 속성을 측정하기 위한 항목이 있어야 한다.

31 일반적으로 기업에서 수행되는 시장조사의 목적과 가장 거리가 먼 것은?

① 소비자의 특성과 행동을 파악하기 위한 시장 조사

② 신제품에 관한 소비자의 반응을 파악하기 위한 조사

③ 시장 점유율을 파악하기 위한 조사

④ 신규 사업이나 기존 사업에 대해 고객에게 새로운 인상을 심어주기 위한 조사

32 척도의 종류 중 모든 사칙연산이 가능한 척도는?

① 비율척도　　　　　　　　　② 명목척도

③ 서열척도　　　　　　　　　④ 등간척도

33 2차 자료에 관한 설명으로 틀린 것은?

① 단기간에 자료를 쉽게 획득할 수 있다.

② 1차 자료에 비해 상대적으로 비용이 적게 든다.

③ 당면한 조사문제를 해결하기 위하여 직접 수집된 자료이다.

④ 1차 자료를 수집하기 전에 주로 예비조사로 사용된다.

Answer ── 31. ④　32. ①　33. ③

31 시장조사는 창업 및 신규사업의 경우 시장조사를 통해 판매 가능한 수요를 예측하고, 예측된 수요에 따라 시설을 계획하며 생산 및 판매 계획을 세워 평가해 봄으로써 계획사업의 경제성이 어느 정도인지에 대한 분석을 가능하게 해준다. 또한 시장조사를 통해 광고 등 판매촉진비용, 유통과정상의 비용, 판매가격, 할인 및 신용정책등에 관한 정보를 입수하고 그 원인과 효과를 분석하여 비용관리, 유통방법, 광고정책, 판매가격정책, 신용정책 등을 수종하고 보완하는데 활용할 수 있다.

32 ② 응답대안들을 상호배타적으로 분류하기 위하여 각각의 응답대안에 임의적으로 숫자를 부여한 척도이다.
　③ 관찰대상의 관심속성을 측정하여 그 값을 순위로 나타낸 것이다.
　④ 등간척도는 가감(+, −)의 연산이 가능하지만, 승제(×, ÷)의 연산은 불가능하다.

33 ③ 1차 자료에 관한 설명이다.
　※ 2차 자료
　2차 자료는 다른 조사 목적으로 수집되었으나, 현재 문제 해결하는데 사용할 수 있는 자료들이다. 사내자료, 정부 간행물, 연구기관 보고서 등이 해당되며 문제를 파악하고 접근 방법 개발, 1차 자료를 깊이 분석하는 장점이 있으나 문제에 대한 유용성이나 적합성 등은 한계가 있을 수 있으므로 2차 자료를 사용하기 전에 이런 요소들을 기준으로 평가하는 것이 중요하다.

34 탐색조사의 세부유형으로 보기 어려운 것은?

① 전문가 의견조사   ② 문헌조사

③ 설문조사   ④ 사례조사

35 의사소통 방법에 의한 시장조사방법 중에서 질문의 다양성을 크게 추구할 수 있는 조사의 순서로 옳은 것은?

① 전화조사→면접조사→우편조사

② 면접조사→우편조사→전화조사

③ 우편조사→면접조사→전화조사

④ 면접조사→전화조사→우편조사

36 시장조사의 과정을 순서대로 나열한 것은?

㉠ 자료분석	㉡ 조사설계
㉢ 실사와 자료수집	㉣ 문제 정의
㉤ 보고서	

① ㉣→㉡→㉢→㉠→㉤   ② ㉠→㉡→㉢→㉣→㉤

③ ㉡→㉢→㉠→㉣→㉤   ④ ㉣→㉠→㉡→㉢→㉤

Answer —— **34. ③　35. ②　36. ①**

34 ③ 탐색조사의 종류로는 문헌조사, 전문가의견 조사, 사례조사, FGI(Focus Group Interview)가 있다.
　※ 탐색조사의 목적
　　㉠ 마케팅문제와 기회의 규명
　　㉡ 마케팅조사 문제의 규명
　　㉢ 변수들 사이의 관계에 대한 통찰력 향상
　　㉣ 다양한 문제와 기회들 사이의 중요도에 따른 우선순의 파악
　　㉤ 지식수준의 향상
　　㉥ 조사 개념의 명료화

35 ② 전화를 이용하면 우편조사보다는 관리하기가 용이하고 응답률도 높지만, 가능한 질문의 종류와 설문의 문항수가 제한된다.

36 시장조사의 과정
　㉠ 문제 정의 : 의사결정문제와 조사문제
　㉡ 조사설계 : 탐색조사, 기술조사, 인과조사
　㉢ 실사와 자료수집 : 표본, 척도, 설문지, 자료정체
　㉣ 자료분석 : 기술통계, 추정통계
　㉤ 결과해석 : 결과해석 및 보고서 작성

37 자료조사 후 코딩과정에 대한 설명으로 틀린 것은?

① 모든 응답이 빠짐없이 범주화되어 코딩되어야 한다.

② 자세한 응답 내용에 파악될 수 있도록 충분한 범주로 나누어 코딩한다.

③ 기타로 응답된 경우에도 범주에 포함되어야 한다.

④ 대체로 응답범주는 광범위하게 나누는 것이 좋다.

38 다음 중 체계적인 설문지 작성과정을 바르게 나열한 것은?

㉠ 질문(문항)작성	㉡ 사전테스트
㉢ 설문인쇄	㉣ 질문내용결정
㉤ 질문순서결정	

① ㉠㉡㉢㉣㉤

② ㉣㉠㉤㉡㉢

③ ㉡㉠㉤㉣㉢

④ ㉢㉤㉣㉠㉡

Answer— **37.** ④ **38.** ②

37 ④ 응답범주를 되도록 세분화하여 포함되도록 하는 것이 중요하다.

38 설문지 작성과정
 ㉠ 필요한 정보의 결정
 ㉡ 자료 수집 방법의 결정
 ㉢ 개별 항목의 내용 결정
 ㉣ 질문의 형태 결정
 ㉤ 개별적 항목의 완성
 ㉥ 질문 순서의 결정
 ㉦ 설문지 외형 결정
 ㉧ 설문지의 사전 조사
 ㉨ 설문지의 완성

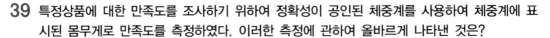

39 특정상품에 대한 만족도를 조사하기 위하여 정확성이 공인된 체중계를 사용하여 체중계에 표시된 몸무게로 만족도를 측정하였다. 이러한 측정에 관하여 올바르게 나타낸 것은?

① 신뢰도는 높지만 타당도가 낮다.
② 신뢰도는 낮지만 타당도는 높다.
③ 신뢰도와 타당도가 모두 낮다.
④ 신뢰도와 타당도가 모두 높다.

40 우편조사법과 전화조사의 공통적인 장점이 아닌 것은?

① 시간을 절약할 수 있다.
② 경비를 절약할 수 있다.
③ 사려 깊은 응답가능성이 높다.
④ 직접 면접이 어려운 사람에게 이용할 수 있다.

41 전화조사에 대한 설명으로 틀린 것은?

① 질문 문항의 수가 적고 간단한 것이 적당하다.
② 전화번호부를 이용하여 비교적 쉽고 정확하게 모집단의 표본을 추출할 수 있다.
③ 비교적 쉽게 응답자와 접촉할 수 있다.
④ 어떤 특정 현상이나 사물에 대한 조사의 경우에 특히 효과가 잇다.

Answer 39. ① 40. ③ 41. ④

39 ① 만족도를 체중계로 조사했으므로 타당도가 낮다. 측정 도구로 일관성 있게 측정하였으므로 신뢰도는 높다.
※ 타당도와 신뢰도
　㉠ **타당도**: '측정하고자 하는 개념을 얼마나 정확히 측정하였는가'를 말한다. 즉, 타당도는 측정한 값과 대상의 진정한 값과의 일치 정도를 의미한다. 타당한 측정도구는 측정하고자 하는 바를 정확하게 측정해야 한다.
　㉡ **신뢰도**: 측정하고자 하는 현상을 일관성 있게 측정하려는 능력으로 안정성, 일관성, 예측가능성, 정확성 등으로 표현할 수 있는 것을 의미하는 것으로 동일한 개념이나 속성을 측정하기 위한 항목이 있어야 한다.

40 ③ 우편조사의 장점에만 해당한다.

41 ④ 기술적 조사에 관한 설명이다.
※ 전화조사
면접원과 응답자가 전화를 이용한 비대면적 상황에서 질문지에 기재되어 있는 질문들을 면접원이 묻고 응답자는 응답하는 방식으로 진행한다.
　㉠ 장점
　　• 조사 비용이 비교적 저렴하다.
　　• 조사에 소요되는 기간 단축할 수 있다.
　㉡ 단점
　　• 조사내용이 매우 제한적으로 수용된다.
　　• 면접 진행시의 비대면적 상황이 응답을 왜곡시킬 가능성이 높다.

42 다음 중 우편조사의 응답률에 영향을 미치는 요인과 가장 거리가 먼 것은?

① 응답집단의 동질성
② 응답자의 거주 지역
③ 질문지의 양식 및 우송방법
④ 연구 주관기관 및 지원 단체의 성격

43 리서치 방법으로 주택통계, 자치단체통계 등 통계자료와 각종연감, 시장규모 등의 조사방법은?

① 데이터 서베이 ② 그룹인터뷰
③ 히어링 조사 ④ 관찰조사

44 소비자 패널(panel)에 관한 설명으로 옳은 것은?

① 조사기관과의 계약에 의해 자료를 제공하는 소비자 집단이다.
② 표적집단면접을 위해 운영되며, 성별과 연령을 고려해 선발한다.
③ 경쟁회사 상품의 장·단점을 분석하는 소비자 집단이다.
④ 소비자 겸 리서치 전문가 집단이다.

Answer — **42.** ② **43.** ① **44.** ①

42 ② 우편 조사는 광범위한 지역에 분포되어 있는 다수의 사람들을 대상으로 조사가 용이하다.

43 ① 경기예측에 사용되는 데이터. 경기에 관한 자료의 태반은 사후통계나 기업경영자나 소비자를 대상으로 하는 앙케트를 통해 장래에 대한 예상을 직접 조사하는 것이다. 실제의 경기 동향이 개인의 기대나 예상에 의해 크게 좌우된다고 하는 견해에 입각한다. 대표적인 것으로는 법인기업 동향조사, 소비동향조사, 기업단기 경제관측조사, 설비투자 계획조사 등이 있다. 그리고 어디까지나 주관에 근거한 회답이 되기 때문에 활용에는 약간의 주의가 필요하다.

44 ① 패널이란 조사회사 또는 제조회사와 계약을 맺고 지속적으로 자료를 제공하기로 한 소비자 집단을 말한다. 동일한 소비자로부터 반복적으로 구매와 관련된 자료를 수집하며 비 내구재의 의사결정에 유용한 자료수집기법이다.

45 비교집단을 설정하기 곤란한 경우 한 집단을 정해서 3회 이상 시간 간격을 두고 조사하는 방법은?

① 횡단 조사   ② 시계열 조사
③ 초점집단조사   ④ 코호트 조사

46 전화조사를 수행할 때 조사자가 지켜야 할 원칙으로 옳은 것은?

① 별도의 지시가 없는 한 모든 질문에 답을 얻어야 한다.
② 면접의 원활한 진행을 위해서 설명을 추가한다.
③ 응답자가 쉽게 답하도록 미리 수용 가능한 응답을 지정해 준다.
④ 응답을 잘 받기 위해 질문의 순서는 상황에 따라 조정해도 좋다.

47 인터넷 조사의 장점과 거리가 먼 것은?

① 인터넷 사용자로 표본이 한정됨
② 표본수가 많아져도 추가 비용이 적음
③ 원격지, 특수층, 전문가에 대한 접근이 용이함
④ 양방향 커뮤니케이션이 가능하고 설문이 빠른 회수와 실시간 분석이 가능함

Answer ─ 45. ② 46. ① 47. ①

45 ① 횡단조사란 특정 시점을 기준으로 한 번의 측정을 통해 집단 간의 차이를 연구하는 조사 방법으로 정적인 조사, 정태적 조사에 속한다.
③ 소수 인원을 선발하여 한 장소에 모이게 한 후 면접자의 진행 아래 조사목적과 관련된 토론을 유도하고 이 과정에서 자료를 수집하는 정성적 조사 기법이다.
④ 처음 조건이 주어진 집단(코호트)에 대하여 이후의 경과와 결과를 알기 위해 미래에 대해서 조사하는 방법이다.

46 전화로 길게 질문을 하거나 여러 항목을 길게 나열하는 것은 응답자의 주의와 이해를 떨어뜨리기 쉽고, 설문이 다소 어렵고 복잡한 경우에는 조사응답자가 이해하기가 어렵다. 질문은 보통 10개 내외로 많아도 20개 이상을 넘지 않는 것이 바람직하며, 시간적으로는 10~15분 정도로 그 이상을 넘지 않아야 한다.

47 인터넷 조사의 장점
㉠ 단기간에 조사가 가능하다.
㉡ 비용이 저렴하다.
㉢ 시간적 제약이 없다.
㉣ 특정 표본 선정이 용이하다.
㉤ 설문지 작성이 유연하다.
㉥ 재응답 요구가 용이하다.

48 시장조사가 기여할 수 있는 마케팅의사결정의 주요 구성 요소가 아닌 것은?

① 마케팅 계획의 수립과 실행
② 마케팅 계획의 유효성과 평가
③ 마케팅 기회와 제약 요인의 규명
④ 마케팅 조사에 할당되는 자금의 규모

49 다음 마케팅 조사방법의 종류가 바르게 연결된 것은?

① 탐색조사 – 횡단조사
② 기술조사 – 문헌조사
③ 인과조사 – 실험조사
④ 기술조사 – 사례조사

50 전화조사에서 가장 바람직한 질문 유형은?

① 개방형 질문
② 다지선다형
③ 5문 2선형
④ 양자택일형

Answer ── 48. ④ 49. ③ 50. ④

48 마케팅의사결정의 주요 구성 요소
　㉠ 마케팅 기회와 제약 요인의 규명
　㉡ 마케팅계획의 수립과 실행
　㉢ 마케팅 계획의 유효성의 평가

49 마케팅 조사방법의 종류
　㉠ 탐색조사 : 전문가 의견조사, 문헌조사, 사례조사
　㉡ 기술조사 : 횡단조사, 종단조사
　㉢ 인과조사 : 실험법, 인과관계

50 ④ 전화조사는 양자택일형의 질문이 효과적이다.

51 다음 중 모니터링의 성공요소를 설명한 것으로 옳지 않은 것은?

① 대표성 : 모니터링 대상 콜을 설정하여 전체 콜센터의 수준을 추정할 수 있어야 한다.
② 객관성 : 텔레마케터의 장·단점을 발견하여 능력을 향상시킬 수 있는 수단으로 활용해야 한다.
③ 차별성 : 모니터링 평가는 서로 다른 기술 분야의 차이를 인정하고 반영하여야 한다.
④ 신뢰성 : 고객들이 실제적으로 어떻게 대우를 받았는지에 대한 고객의 평가와 모니터링 점수가 일치해야 하고 이를 반영해야 한다는 것을 의미한다.

52 리더의 특성으로 옳지 않은 것은?

① 혁신을 주도하며, 창조적이고 개발적이다.
② 시스템과 구조에만 초점을 맞추고 일을 올바르게 하기 위해 노력한다.
③ 장기적인 관점에서 '무엇을', '언제', '어떻게' 보다는 '무엇에', '왜'에 관심을 갖는다.
④ 수평적 관점에서 현 상태에 머무르지 않고 도전하는 자세를 갖는다.

53 텔레마케터의 임무와 역할에 대한 설명으로 가장 거리가 먼 것은?

① 적절한 응대화법을 구사하여 고객의 고충을 해결해 주고 설득하여 구매의욕을 높이도록 한다.
② 텔레마케터는 회사의 대표자라는 자부심과 사명을 가지고 업무에 임해야 한다.
③ 텔레마케터는 조직보다는 오직 자신의 이익추구에 최선을 다해야 한다.
④ 텔레마케터는 고객응대에 최선을 다하여 고객만족을 달성해야 한다.

 **Answer** 51. ④ 52. ② 53. ③

51 ④ 타당성에 관한 설명이다.

52 ② 관리자는 시스템과 구조에 중점을 두지만, 리더는 사람에 중점을 둔다.

53 ③ 텔레마케터는 자신보다는 조직의 이익추구에 최선을 다해야 한다.

54 걸려온 모든 전화 중 텔레마케터와 고객이 연결된 통화를 의미하는 것은?

① 인입호   ② 응답호

③ 포기호   ④ 상담호

55 인바운드 텔레마케팅을 위해 활용되는 IVR의 기능으로 적절한 것은?

① 콜 수요 예측을 할 수 있다.

② 스케줄링에 필요한 정보를 제공한다.

③ 콜센터 시스템 증설 예측기능을 갖고 있다.

④ 상담사에게 업무별 특성에 맞도록 콜을 라우팅하는 기능을 갖고 있다.

56 리더십 이론 중 1980년대 조직의 전략을 책임지는 최고경영층에 초점을 둔 4가지 유형의 전략적 리더십 이론이 등장하였다. 이에 대한 설명으로 틀린 것은?

① 참여적 혁신형(Participartive Innovator)은 현상 수호형과는 정반대로 외적으로는 도전적이고 혁신적인 전략을 추구하나 조직내적으로는 참여적이고 개방적인 문화를 유지하는 유형을 말한다.

② 통제적 혁신형(High Control Innovator)은 내적으로는 강한 문화와 통제를 위한 제도를 중시하고 외적으로도 폐쇄적인 전략을 추구한다.

③ 과정 관리형(Process Manager)은 급진적 변화에 대해서 매우 부정적이며 조직 안정에 기반을 둔 점진적 변화를 추구한다.

④ 현상 수호형(Status – Quo Guardian)은 과거의 성공을 유지하고 지키려는 스타일이다.

Answer ─ 54. ②   55. ④   56. ②

54 ① 걸려 온 모든 전화
③ 연결되었다가 끊어진 통화
④ 고객과 텔레마케터가 상담 중인 통화

55 ④ 대화형 음성 응답(Interactive Voice Response, IVR)은 시스템이 먼저 고객에게 정보의 내역을 알린다. 고객이 특정 ID(주민 등록 번호 등)를 밝히면 그 ID에 기록된 정보를 검색하여 고객에게 들려준다.

56 ② 통제적 혁신형은 내적으로는 강한 문화와 통제를 위한 제도를 중시하나 외적으로는 도전적 전략을 추구하는 스타일(Microsoft의 Bill Gates)이다. 새로운 시장에 진출하고 미개척분야에 도전하며 비관련 산업에 대해서도 사업기회를 노리는 혁신적 스타일이다. 그러나 조직운영이나 관리에 있어서 보수적이어서 최고경영자가 모든 권한을 가지고 통제하려는 속성을 갖는다.

57 아웃바운드 콜센터에서 상담원 개인별 성과를 나타내는 양적 지표가 아닌 것은?

① 1인당 매출액
② 시간당 성공 콜 수
③ 시간당 통화 콜 수
④ 표준작업일 평균 통화 수

58 텔레마케터를 표현하는 말로 틀린 것은?

① 텔레마케터는 고객분석가이다.
② 텔레마케터는 텔레마케팅 코디네이터이다.
③ 텔레마케터는 기업의 이익만을 추구하는 상담사이다.
④ 텔레마케터는 고객과 커뮤니케이션을 직접 수행하는 고객관리 요원이다.

59 콜센터 운영 및 전략수립에 관한 내용으로 적절하지 않은 것은?

① 콜센터 운영에 적합한 제품이나 서비스를 선택할 때 신뢰성이 없는 제품이나 서비스를 선택하는 것이 유리하다.
② 제품의 가격을 고려할 때 고객이 부담 없이 접근할 수 있는 가격대가 좋다.
③ 아웃바운드형 콜센터를 운영할 때에는 전화를 거는 주고객층의 데이터를 직접 확보하거나 간접적인 제휴방식을 통해 확보할 수 있어야 한다.
④ 텔레마케팅 전략의 수립은 고객에 대한 접근의 틀과 고객으로부터의 신뢰창출과 매출 증대, 고객서비스 향상에 결정적인 영향을 미친다.

Answer ── **57.** ④ **58.** ③ **59.** ①

57 아웃바운드 콜센터에서 상담원 개인별 성과를 나타내주는 양적 지표 : 시간당 통화콜수, 시간당 성공콜수, 1인당매출액

58 ③ 텔레마케터는 고객관리와 고객서비스를 전문적으로 수행하는 고객상담가다.

59 ① 콜센터에서 취급 및 활용할 수 있는 제품 및 서비스는 콜센터 운영에 적합해야 하며 목표설정과 성과측정의 방법 등 세부 항목을 설정해야 한다.

60 콜 예측량 모델링을 위한 콜센터 지표가 아닌 것은?

① 평균 통화시간

② 평균 마무리 처리시간

③ 고객콜 대기시간

④ 신규고객 획득비용

61 성과측정을 위한 인터뷰 시 발생하는 오류 중 한 가지 측면에서 뒤떨어질 경우 나머지 모두를 부정적으로 평가하는 것을 무엇이라 하는가?

① horn effect

② halo effect

③ contrast effect

④ stereotype effect

62 다음 중 콜센터 발전 방향과 가장 거리가 먼 것은?

① 코스트(cost) 센터에서 프로핏(profit) 센터로 변화

② 고객관계 중심에서 생산성 중심으로 운영 관점의 변화

③ 전화 센터에서 멀티미디어 센터로 변화

④ 높은 이직율에서 캐리어패스(career path)의 직업으로 변화

Answer ── **60.** ④ **61.** ① **62.** ②

60 콜 예측량 모델링을 위한 콜센터 지표
  ㉠ 고객콜 대기시간
  ㉡ 평균 통화시간
  ㉢ 평균 마무리 처리시간
  ㉣ 평균 통화처리시간
  ㉤ 평균 응대속도

61 ② 어떤 대상이나 사람에 대한 일반적인 견해가 그 대상이나 사람의 구체적인 특성을 평가하는 데 영향을 미치는 현상·사회심리학이나 마케팅, 광고 등의 분야에서 나타나는 현상이다.
  ③ 도구적 조건 형성에서 두 조건 자극에 주어지는 강화의 양이나 빈도의 차이가 나도록 하였을 때, 강화가 더 많이 주어지는 조건 자극에 대해 상대적으로 반응 빈도가 증가하는 현상이다.
  ④ 특정한 사람이나 집단에 대하여 가지는 고정된 견해나 태도를 말한다.

62 ② 콜센터는 생산성 중심에서 고객관계 중심으로 운영 관점이 변화하였다.

63 텔레마케팅센터에서 재택근무자를 운영할 경우의 장점이 아닌 것은?

① 직원 관리가 용이하다.
② 우수 직원을 유인하고 유지할 수 있다.
③ 기상악화 등으로 인한 위험 요소를 감소시킨다.
④ 설비비용을 절약할 수 있다.

64 성공하는 텔레마케팅 조직의 특성으로 옳지 않은 것은?

① 공정한 성과 평가 및 보상이 이루어진다.
② 직무별 목표와 책임이 분명하다.
③ 인력개발을 위한 교육프로그램이 마련되어 있다.
④ 생산성 향상을 위해 내부 커뮤니케이션은 최대한 제한되어 있다.

65 텔레마케팅을 실시할 때 고객과의 커뮤니케이션을 원활히 진행시키기 위한 도구는?

① 슈퍼바이저(Supervisor)
② 모니터링(Monitoring)
③ 스크립트(Script)
④ 스크리닝(Screening)

Answer—— **63.** ① **64.** ④ **65.** ③

63 ① 자체운영방식의 장점이다.
   ※ 자체운영의 특징
   ㉠ 기업 내에 텔레마케팅 센터를 설치하여 이곳에서 기업의 모든 텔레마케팅 활동을 계획하고 실행하며 통제한다.
   ㉡ 기업의 입장에서 고객의 반응과 여과 기증 없이 바로 파악하여 융통성을 갖고 대응할 수 있다는 점이 최대의 장점이다.
   ㉢ 비용 측면에서 막대한 고정 투자비가 소요되므로 이를 감당할 수 있어야 하고 센터에 할당되는 작업량이 충분하여야 하며 안정적으로 공급되어야 한다.

64 성공하는 텔레마케팅 조직의 특성
   ㉠ 공정한 성과 평가 및 보상이 이루어진다.
   ㉡ 역할별목표와 책임이 분명하다.
   ㉢ 인력개발을 위한 교육프로그램이 마련되어 있다.
   ㉣ 생산성향상을 위한 내부 커뮤니케이션이 적극 권장되어 있다.

65 ③ 스크립트는 고객과의 원활한 대화를 위한 대화대본으로, 고객과의 커뮤니케이션을 원활히 진행시키기 위한 도구이다.

66 콜센터 개설 시 외부 전문기관에 위탁하여 조직을 운영할 경우의 장점이 아닌 것은?

① 초기 투자비용이 적게 든다.
② 고객정보 보안이 용이하다.
③ 최신의 효과적인 기술을 제공받을 수 있다.
④ 전문업체인 경우 외국어 등 다양한 유형의 콜을 처리할 수 있다.

67 텔레마케터 코칭 시 관리자가 지켜야 할 올바른 태도가 아닌 것은?

① 코칭 시작 시 텔레마케터와 친밀감 형성을 먼저 한다.
② 장점에 대한 칭찬을 곁들이면서 문제점에 대한 지적을 하고 동의를 구한다.
③ 문제 코칭사항에 대해 상담원의 답변을 들을 필요는 없다.
④ 문제점의 지적과 함께 개선 방안에 대해 제시하거나 토의한다.

68 직무설계에 관한 용어의 설명으로 틀린 것은?

① 직무설계(job design)는 직무에 관한 정보를 수집·분석하여 직무의 내용과 직무담당자의 자격요건을 체계화하는 것이다.
② 직무단순화(job simplification)는 직무담당자들이 좁은 범위의 몇 가지 일을 담당하도록 직무를 설계하는 방법이다.
③ 직무순환(job rotation)은 작업자로 하여금 여러 가지 다양한 직무에 순환 근무토록하여 직무활동에 다각화하는 방법이다.
④ 직무확대(job enlargement)는 직무수행자의 직무를 다양화하여 직무의 수평적 범위를 넓히는 것이다.

Answer— **66.** ② **67.** ③ **68.** ①

66 대행운영방식의 장점
㉠ 텔레마케팅 활동의 전문성을 최대한 이용할 수 있다.
㉡ 비용 측면에서 초기 투자비가 상대적으로 적게 든다.
㉢ 짧은 기간동안 많은 고객을 접촉해야 하는 기업과 판매 후 지원 시스템을 운용해야 하는 기업을 채택하는 것이 바람직하다.
㉣ 대행사를 선택할 경우 대행사 선택기준의 확립과 대행요구 결정기준을 수립하여 협상하여야 한다.

67 ③문제 코칭사항에 대해 상담원의 답변을 들어야 한다.

68 ① 직무설계란 조직 내에서 과업이 어떻게 수행되어야 하는지, 책임과 체제가 어떻게 사용되는지에 대한 설계과정을 의미한다. 즉, 직무를 수행하는 사람에게 의미와 만족을 부여하고, 조직이 그 목표를 보다 효율적이며 효과적으로 수행하여 바람직한 성과를 창출할 수 있도록 일련의 직무군과 단위직무내용 및 직무수행 방법을 설계하는 활동을 의미한다.

69 인바운드 텔레마케팅 조직에서 갑작스럽게 인입콜량이 증가할 경우 취해야 하는 조치로서 적합하지 않은 것은?

① 콜백서비스를 실시한다.
② 기본 스크립트에서 축소가 가능한 부분에 대해 조정하여 상담한다.
③ 관리자 및 지원부서가 상담을 지원한다.
④ 상담사들의 점심 및 휴식 시간을 최소화한다.

70 직장 내 훈련(On-the-Job Training : OJT)에 관한 설명으로 옳지 않은 것은?

① 많은 종업원에게 동일한 훈련을 시킬 수 있다.
② 종업원의 개인적 능력에 따른 훈련이 가능하다.
③ 상사와 동료 간에 이해와 협조 정신을 강화시킨다.
④ 상담원의 특성과 니즈에 따른 개인적인 교육과 코칭이 가능하다.

71 리더십 상황 이론의 설명이 잘못된 것은?

① 상황 이론은 리더(leader)가 리더십을 적절한 상황에 적합시키는 이론이다.
② 상황 이론은 리더(leader)의 행동유형과 여러 상황특성 간의 관계에 대한 이론이다.
③ 상황 이론은 리더가 모든 상황에서 리더십을 발휘할 수 있다는 이론이다.
④ 상황 이론은 리더십유형에 관한 유용한 데이터를 제공한다.

Answer ── 69. ④ 70. ① 71. ③

69 ④ 인력을 보충하거나 지원인력을 보충해야 한다.

70 OJT의 장점
  ㉠ 구체적이고 실제적인 교육훈련이 가능하다.
  ㉡ 계속적이고 반복적으로 할 수 있다.
  ㉢ 경비가 적게 든다.
  ㉣ 평가가 용이하다.
  ㉤ 상사와 부하, 선·후배 간의 인간관계가 두터워지며 상사와 선배의 자기계발의 기회가 많다.

71 ③ 리더의 효과성은 리더의 특성이나 행위와 함께 상황적 조건에 따라 달라진다는 리더십 이론이다.

72 텔레마케팅을 통한 판매 시 염두 해야 할 '80/20의 법칙'이란?

① 20%의 고객이 80%의 수익을 창출한다.

② 전화를 걸면 20%는 응답을 하고 80%는 거절을 한다.

③ 통화가 이루어진 고객 중 20%는 구매를 하고 80%는 구매를 하지 않는다.

④ 전체 판매용의 20%가 전화통화 비용의 80%를 차지한다.

73 콜센터 조직 구성원칙의 설명이 잘못된 것은?

① 고객응대 업무는 전문적이며 조직화되고 훈련된 상담원이 담당해야 하는 전문화 원칙

② 콜센터 내 조직원들에게 보다 명확한 업무 분장과 수행에 따른 권한의 부여가 이루어지는 책임과 권한의 원칙

③ 콜센터의 상담원이 라인에 따라 한 사람 이상의 상사들로부터 명령이나 지시를 받는 명령다원화 원칙

④ 콜센터 경영활동을 기업 전체의 관점에서 최대의 효과를 발휘하도록 조정하고 통합하는 원칙

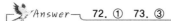

Answer — **72.** ① **73.** ③

72 ① 20 : 80 법칙은 잘 아는 대로 파레토가 말한 것으로 그의 이름을 붙여 파레토 법칙이라 한다. 그 뜻도 잘 알려진 대로 상위 20퍼센트 이내에 드는 고객이 전체의 80 퍼센트의 매출을 발생한다는 뜻이다. 1대1 마케팅을 지향하는 텔레마케팅에서의 파레토 법칙의 진정한 의미는 상위 20 퍼센트의 고객들을 끊임없는 노력으로 고객을 만족시켜 기업의 가치를 향상시킨다는 의미이다.

73 ③ 명령의 일원화(Principle of un of command) 원칙은 조직구성원은 누구나 한 사람의 상사로부터만 명령과 지시를 받아야 한다는 것이다. 명령의 일원화가 이루어지지 않고 이 사람 저 사람으로부터 업무지시를 받는다면 명령에 중복과 마찰이 생기게 되어 책임관계가 불명확하게 되고 조직의 질서가 무너지게 된다. 그러나 이 원칙만을 고수할 때 전문적인 지식과 기능에 따른 부하통솔이 어려워질 수 있다.

74 텔레마케팅은 어떤 단어의 조합으로 만들어진 용어인가?

① Television + Marketing

② Telephone + Marketing

③ Telecommunication + Marketing

④ Tele—sale + Marketing

75 텔레마케팅에 대한 설명으로 가장 거리가 먼 것은?

① 텔레마케팅은 시간, 공간, 거리의 장벽을 해소할 수 있다.

② 1 : 1 쌍방향 커뮤니케이션으로 인간적 관계형성이 될 수 있다.

③ 타 매체와의 연동이 어렵다.

④ 텔레마케팅은 즉각적인 고객의 반응을 알 수 있다.

76 텔레마케터의 바람직한 음성연출로 가장 거리가 먼 것은?

① 알맞은 음량   ② 또렷한 목소리

③ 동일한 목소리 톤   ④ 적당한 말의 속도

77 다음이 설명하고 있는 것은?

> 콜센터 내에서 통화 회선수 부족, 동시통화 과다, 근본적인 회선수 부족, 상담원 부족 등으로 고객이 상담원과 통화하기 전 전화를 끊어버리는 것

① 포기콜   ② 오프콜

③ 인바운드콜   ④ 콜장애

78 기업에서 고객만족을 위해 고객서비스를 중요하게 고려해야 하는 이유로 가장 옳은 것은?

① 전반적인 고객서비스에 대한 고객의 기대가 핵심제품에 대한 기대보다 높기 때문이다.

② 인터넷의 대중화로 판매자와 고객 간의 대면기회가 감소하고 있기 때문이다.

③ 내부고객에 대한 고객서비스가 외부고객에 대한 고객서비스로 연결되기 때문이다.

④ 제품의 물리적 품질에 큰 차이가 없으면 소비자들은 고객서비스를 통해 전체 품질을 평가하기 때문이다.

 Answer   76. ③   77. ①   78. ④

76 ③ 말의 속도와 마찬가지로 목소리의 톤도 상대방에게 긍정, 부정, 무관심 등의 반응을 불러 일으킨다. 따라서 텔레마케터는 상대방의 목소리에 민감하게 대응할 수 있도록 훈련되어야 한다.

77 ① 포기콜이란 통화량이 폭주하여 TM센터의 응대 직원이 부족할 때, 전화를 건 고객은 '통화 중' 신호를 듣게 되고, 일부 고객은 기다리는 도중에 끊어버리는 경우가 생긴다. 이것을 '포기콜'이라고 부르는데 고객서비스 측면에서 센터의 적정한 규모를 산정할 때 중요한 기초 자료로 검토된다.

78 고객서비스가 중요한 이유

  ㉠ 서비스는 제2의 상품이다.

  ㉡ 기업간, 점포간 수준높은 경쟁 수단이다.

  ㉢ 서비스 수준이 회사매출과 회사에 대한 고객 이미지를 좌우한다.

  ㉣ 안정된 수익기반이 되는 단골고객을 만드는 원동력이다.

  ㉤ 시장의 성숙기나 과다 경쟁시대에 있어서 경쟁력 우위는 서비스 차별화에 있다.

79 고객 상담 시 사용하는 스크립트에 관한 설명으로 틀린 것은?

① 스크립트를 마련하기 위해서는 고객의 니즈에 대한 처리방식을 정해야 한다.

② 상담원들은 스크립트를 이용하여 각각 다른 답변과 표현으로 고객에게 다양한 내용으로 상담할 수 있다.

③ 스크립트를 이용하면 고객 상담실의 생산성 향상에도 도움이 된다.

④ 스크립트를 이용하여 상담원들은 고객에게 일관된 흐름에 입각한 논리적인 상담을 진행할 수 있다.

80 전자 커뮤니케이션의 방법 중 한 번에 가장 많은 사람에게 정보를 전달할 수 있는 수단은?

① 팩스 ② 전화

③ Q&A ④ 이메일

81 전화상담 시 효과적인 대화 방법으로 거리가 먼 것은?

① 전화벨이 3번 울리기 전에 받아야 하고 인사말, 소속, 성명을 정확히 밝힌다.

② 고객의 불만사항을 적극적으로 경청한 후 진심으로 사과하고 불만에 대한 고객입장을 공감해야 한다.

③ 끝내기 언어를 잘 활용하여야 하며 고객이 끊는 것을 확인하고 2~3초 후에 수화기를 내려놓는다.

④ 고객의 요구를 가능한 빨리 파악하여 고객이 요구를 다 말하기 전에 신속히 처리한다.

Answer 79. ② 80. ④ 81. ④

79 ② 상담원들은 스크립트를 이용하여 표준화된 상담을 할 수 있다.

80 ④ 이메일은 즉시 전송하거나 확인할 수 있고, 여러 명에게 한꺼번에 발송할 수 있으며, 별도의 비용이 들지 않는다는 장점이 있다.

81 ④ 고객의 말을 주의 깊게 경청해야 한다.

82 다음 중 CRM의 등장 배경과 거리가 먼 것은?

① IT 기술의 발전
② 시장의 규제 강화
③ 매스마케팅의 비효율성
④ 고객의 기대 및 요구의 다양화

83 다음의 응대기법은 고객의 어떤 욕구를 충족시키기 위한 것인가?

> • 고객님께서 얼마나 실망하셨을지 잘 알겠습니다.
> • 그 당시 어떤 느낌을 갖게 되셨는지 이야기하고 싶습니다.
> • 고객님의 요구가 무리한 것이 아니었습니다.

① 존경을 받고자 하는 욕구
② 공평하게 대접받고자 하는 욕구
③ 적시에 신속한 서비스를 받고자 하는 욕구
④ 자신의 문제에 대해 공감해 주기를 바라는 욕구

84 고객관계 관리(CRM)에 대한 설명으로 가장 옳은 것은?

① 새로운 고객을 많이 확보하는 데 적합한 마케팅기법이다.
② 내부고객의 상담을 목적으로 하는 마케팅기법이다.
③ 기존고객을 단골고객으로 계속 유지하는 데 적합한 마케팅기법이다.
④ 고속도로 휴게소 식당에서 고객을 유인하는 데 적합한 마케팅이다.

 Answer ─ 82. ② 83. ④ 84. ③

82 CRM의 등장배경
ㄱ **시장의 변화** : 제품 차별화의 희석, 고객확보 경쟁의 증가, 시장의 세분화, 대중마케팅의 비효율성 증대, 고객의 협상력 증가
ㄴ **고객의 변화** : 고객의 다양성 증대, 생활방식의 변화, 고객들의 지식화, 고객만족의 준거 변화, 고객 기대수준의 상승
ㄷ **정보기술의 변화** : 하드웨어의 변화, 소프트웨어의 변화, 네트워크의 변화, 개인정보화기기의 보급
ㄹ 마케팅 커뮤니케이션의 변화

83 ④ 공감적 이해란 자신이 직접 경험하지 않고도 다른 사람의 감정을 거의 같은 내용과 수준으로 이해하는 것을 말한다. 주어진 내용은 고객이 자신의 문제에 대해 공감해 주기를 바라는 욕구를 충족시켜주는 응대기법이다.

84 CRM의 특징
ㄱ 고객점유율
ㄴ 고객유지
ㄷ 고객관계

85 고객 상담 처리 기술에 대한 설명으로 틀린 것은?

① 고객에 대한 다양한 정보를 얻기 위해서는 폐쇄형 질문을 한다.
② 고객이 말하기를 시작하면 경청하도록 한다.
③ 고객에게 상품의 특징과 이점에 대해 설명한다.
④ 고객의 반론에 대해서는 먼저 공감하는 자세를 취한다.

86 다음 대상에 따른 분류 중 B2B(Business to Business) CRM의 설명으로 틀린 것은?

① 기업 대 기업의 판매는 본질적으로 기업이 아닌 실체적인 개별 인간과의 거래이므로 실체적 인간이 바라는 요구에 대응하는 것이 B2B CRM의 핵심이다.
② B2B 고객과의 관계 관리는 기업의 특성을 고려한 가치 있는 해법을 찾는 것이 과제이다.
③ B2B 프로그램의 경우 기업과 소비자 모두를 대상으로 하기 때문에 개별 소비자 프로그램에 비해 범위가 넓다.
④ B2B CRM은 B2C(Business to Consumer) CRM에 비해서 고려해야 할 범위가 일반적으로 좁다고 할 수 있다.

87 구매 전 상담에서 제품정보를 제공하는 목적과 가장 거리가 먼 것은?

① 기업의 좋은 이미지를 형성하려는 목적이다.
② 경쟁제품과 비교할 수 있도록 하는 것이다.
③ 소비자가 충동 구매할 수 있게 만드는 것이다.
④ 소비자가 지불하는 제품 값과 품질의 합리성을 설명하는 것이다.

Answer **85.** ① **86.** ④ **87.** ③

85 ① 고객에 대한 다양한 정보를 얻기 위해서는 개방형 질문을 해야 한다. 개방형 질문은 응답자로 하여금 감정, 동기 행동을 자유롭게 표현하게 하는 질문방법이다.

86 ④ B2B와 B2C가 고려해야 할 범위는 일반적으로 차이가 없다.

87 ③ 구매 전 상담은 소비자들에게 정보와 조언을 제공하여 소비자들의 문제를 해결하거나 최선의 선택을 돕는 것이다. 다양한 정보와 조언을 제공함으로써 소비자생활의 질적 향상을 돕는다.

88 우유부단한 소비자를 상담하는 전략과 가장 거리가 먼 것은?

① 인내심을 가진다.
② 선택 대안을 제안한다.
③ 의사결정 과정을 안내한다.
④ 폐쇄형 질문을 많이 한다.

89 다음 중 라포(rapport)에 대한 설명으로 적합하지 않은 것은?

① 상대방에 대한 관심을 가짐으로써 형성될 수 있다.
② 성공적인 상담을 이끌어가기 위하여 라포 형성은 매우 중요하다.
③ 상담 시 고객마다 응대하는 방법이 다르므로 항상 중요하게 생각하지 않아도 무방하다.
④ 상담사가 따뜻한 관심을 가지고 생대방을 대할 때 라포가 형성될 수 있다.

90 고객 불만(complain)에 따른 기업의 긍정적인 측면과 가장 거리가 먼 것은?

① 자사 상품(서비스)을 평가하는 유용한 자료로 활용한다.
② 고객의 생활수준을 평가하는 유용한 자료로 활용한다.
③ 고객으로부터 상품에 대한 중요한 정보를 수집한다.
④ 신속한 불만 처리로 회사의 이미지를 상승시킨다.

Answer ── 88. ④ 89. ③ 90. ②

88 ④ 우유부단한 고객의 경우 인내심을 가져야 하며, 질문은 개방형으로 하고, 고객의 말을 주의 깊게 들어야 한다.

89 ③ 라포는 상담이나 교육을 위한 전제로 신뢰와 친근감을 형성하므로 항상 중요하게 생각해야 한다.

90 성의를 다하는 고객 불만의 처리는 회사의 신용을 더 높여 주고 고객과의 관계를 효과적으로 유지시켜 주는 지름길이 되기도 한다. 따라서 고객에 대한 의식 변화로 고객 불만 발생 원인과 처리 방법 및 예방책을 숙지하여 고객 불만의 발생에서부터 마무리까지의 과정 하나하나에 최선을 다해야 한다.

91 CRM 최적화를 위한 전략으로 가장 바람직한 것은?

① 기업의 내적 환경만을 분석하고, 기업의 과거 위치를 파악해야 한다.
② 미래예측은 수치보다는 상황을 설명하는 방향으로 해야 한다.
③ 시간의 효율성이 성공의 열쇠이기 때문에 신속하게 의사결정을 해야 한다.
④ 추상적인 경험이나 직관이 도움이 될 수 있다.

92 메타그룹의 산업보고서에서 처음 제안된 CRM 시스템 아키텍처(architecture)의 3가지 구성 요소에 포함되지 않는 것은?

① 분석 CRM   ② 운영 CRM
③ 협업 CRM   ④ 통합 CRM

93 다음 중 메시지의 성격이 다른 하나는?

① 서류   ② 표정
③ 편지   ④ 보고서

Answer ― **91. ② 92. ④ 93. ②**

91 ② 미래예측은 반드시 수치로 표시해야 한다.

92 CRM 3가지 구성요소
   ㉠ 분석 CRM : 전체 CRM 시스템의 기반이 되는 영역으로서 고객데이터를 축적, 관리, 분석하기 위한 모든 과정을 지원하는 정보기술 요소들로 구성된다.
   ㉡ 운영 CRM : CRM 전략을 수행하는 관점에서 분석된 고객정보를 응용하여 구체적인 CRM 프로세스 전략을 마련하고, 전개해 나가기 위한 일련의 정보기술을 제공한다.
   ㉢ 협업 CRM : 콜센터, 인터넷, 휴대폰, DM 그리고 오프라인 매장 등과 같은 다양한 고객접점채널에서 기업과 고객간의 상호 작용을 보다 효율·효과적으로 지원하기 위한 일련의 기술적 요소를 포함한다.

93 ② 비언어적 메시지
   ①③④ 언어적 메시지

94 효율적인 전화 상담을 위해 필요한 사항으로 옳지 않은 것은?

① 상대의 말하는 속도에 보조를 맞춘다.

② 목소리의 높이는 높게 할수록 긍정적인 이미지를 준다.

③ 정확한 발음으로 메시지를 전달한다.

④ 상담사는 건강한 목소리 유지를 위해 적절한 휴식시간을 갖는다.

95 다음의 행동성향을 가진 고객은 어떤 유형인가?

> • 매사에 추진력이 있다.
> • 엄숙하며 제한된 비언어적 표현을 사용한다.
> • 듣기보다는 말을 많이 하는 편이다.
> • 직접적으로 상대방을 응시한다.

① 호기심 많은 형　　　　　　② 단호한 형

③ 합리적인 형　　　　　　　④ 불만 형

Answer **94.** ② **95.** ②

94 ② 전화 상담은 얼굴을 보지 않고 상담하는 것이기 때문에 친절한 목소리와 톤이 중요하다. 목소리 톤은 약간 하이 톤
'솔톤으로 상냥하게 고객을 응대해야 한다.

95 단호한 고객의 특징
　㉠ 신속하게 움직인다.
　㉡ 즉각적인 결과나 욕구충족을 추구한다.
　㉢ 적극적으로 일한다.
　㉣ 경제적인 성격이 많다.
　㉤ 자신만만하고 거만한 태도를 보이기도 한다.
　㉥ 자기주장이 강하다.
　㉦ 구체적·직접적으로 질문하면, 짧고 직선적인 답변을 한다.
　㉧ 글로 쓰기보다는 토론을 좋아한다.
　㉨ 듣기보다 말을 많이 한다.
　㉩ 자신의 위세를 강조하려고 권력의 상징을 사용한다.
　㉠ 힘 있게 악수하며 직접적으로 상대방으로 응시한다.
　㉡ 활동적이고 경제적인 여가활동을 선호한다.
　㉢ 기능성을 살린 사무실을 선호한다.
　㉣ 엄숙하며 제한된 비언어적 신체표현을 사용한다.

96 고객관계유지를 위한 CRM의 역할 중 틀린 것은?

① 고객 니즈 분석
② 고객평가 및 세분화
③ 집단화 및 동일화
④ 고객이탈 방지

97 상품을 구매한 고객대상 응대 유형으로 틀린 것은?

① 구매행동을 위한 대안 제시
② 고객의 불만과 문제접수 및 해결
③ 구매 만족여부 확인 및 해피콜
④ 지불, 환불, 교환에 관한 응대

98 다음 중 고객의 컴플레인 처리방법에 대한 설명으로 틀린 것은?

① 컴플레인의 내용을 반복과 부연으로 정확히 이해한다.
② 부정적인 단어는 사용하지 않고 솔직하게 사과를 한다.
③ 고객의 말을 막아 격한 감정을 표출하지 못하도록 한다.
④ 고객의 컴플레인에 당황하지 말고 고객의 말을 주의 깊게 경청한다.

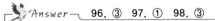

Answer ─── **96.** ③ **97.** ① **98.** ③

96 CRM의 역할
ⓐ **고객관계 획득** : 잠재 고객의 추출, 구매 고객으로 전환, 고객확보 비용감소, 이탈 고객 재획득
ⓑ **고객관계 유지** : 고객 니즈의 분석, 고객평가 및 세분화, 개인화 및 맞춤화, 이탈방지
ⓒ **고객관계 강화** : 핵심 고객의 발굴, 관계의 깊이와 폭의 확대, 고객 네트워크의 전략적 활용

97 ① 상품을 구매하기 전이나 구매하는 고객을 위한 응대이다.

98 ③ 고객의 말을 막지 않고, 경청하며 이해하며 듣는 것이 중요하다.

99 매슬로우(Maslow)의 욕구 5단계 중 생리적 욕구에 대한 설명으로 맞는 것은?

① 생활의 안정, 신체적인 안정, 생명의 안전, 자신의 직책상의 안정을 추구한다.

② 친화의 욕구, 애정의 욕구, 소속의 욕구 등으로 표현하기도 한다.

③ 좋은 직업을 갖기 위해 남보다 더 열심히 공부하거나, 봉급과 수당을 많이 받기 위해 더 열심히 일한다.

④ 상대방의 불만이나 불평의 말을 우선 상대방의 입장에서 인정해 주고 객관적 입장에서 회사의 입장을 이해시키는 것이 필요하다.

100 CRM 도입 시 고객정보를 이용하여 고객의 상황이나 요구사항 등을 파악하여 고객대응을 효율적으로 하는 기술은?

① CTI 기술

② 데이터베이스 기술

③ 판매성향 분석기술

④ 지식기반 기출

Answer —— **99.** ③ **100.** ②

99 ① 안정의 욕구 ② 사회적 욕구 ④ 자존의 욕구

100 ① 컴퓨터와 전화를 통합하여 정보 처리와 통신을 연결하는 기술이다. CTI는 은행, 보험사, 통신 판매 회사 등의 콜센터에서 주로 사용하는 시스템으로서, 콜센터에 고객의 전화 문의가 오면 고객의 발신 전화번호를 추적하여 회사의 데이터베이스에서 고객에 관한 각종 정보가 추출되어 상담원의 컴퓨터 화면에 표시되어 신속하게 대응할 수 있다.

12 2016년 제3회 기출문제

1 판매관리

1 마케팅 4P의 설명으로 옳은 것은?

① 환경 및 통제가능요소
② 환경 및 통제 불가능요소
③ 마케팅믹스 및 통제가능요소
④ 마케팅믹스 및 통제 불가능요소

2 의사결정지원시스템에 대한 설명으로 옳지 않은 것은?

① 입력된 자료들의 정확성은 의사결정지원시스템이 지원하는 의사결정에 크게 영향을 미칠 수 있다.
② 의사결정의 효과성을 높이기 위해서 사용해야 한다.
③ 시스템을 통해 경영자를 대신하여 의사결정을 할 수 있다.
④ 관리자가 의사결정이 필요한 상황에서 유용하게 사용된다.

3 RFM 분석법의 평가요소에 해당하지 않는 것은?

① 최근 구입여부   ② 구입횟수
③ 제품구입액의 정도   ④ 구입제품의 인지도

4 자동전화조사방법의 종류가 아닌 것은?

① PD(Predictive Dialing)
② ARS(Auto Response System)
③ UMS(Unified Massaging System)
④ CATI(Computer Assisted Telephone Interview)

5 다음 중 인바운드 고객상담의 설명으로 가장 옳은 것은?

① 인바운드 고객상담은 고객밀착형이다.
② 세일즈나 세일즈 리드(Sales Leads)를 창출할 수 있다.
③ 인바운드 고객상담은 주로 질문형의 문의상담 기능이 강하다.
④ 고객에게 오는 전화이니 만큼 대기시간을 줄이는 것이 중요하다.

Answer   **3. ④   4. 모두 정답   5. ④**

3 RFM 분석
   ㉠ **최근성**(Recency) : 고객이 가장 최근, 즉 마지막으로 구입한 날짜이다.
   ㉡ **구매빈도**(Frequency) : 고객이 특정 기간 동안 구입한 횟수이다.
   ㉢ **구매금액**(Monetary) : 고객이 일정 기간 동안 구입한 금액의 합계를 가리킨다.

4 ① 콜센터에서 상담원이 고객에게 직접 전화를 걸 필요 없이 시스템에서 자동으로 전화를 걸어 통화가 연결되면 콜센터의 상담원과 연결해주는 시스템이다.
   ② 음성으로 된 각종 정보를 기억장치에 저장하여 사용자가 원하는 정보를 자동으로 전달하는 시스템을 말한다.
   ③ 기존 일반전화망, 무선전화 인터넷망 등으로 구분되던 각종 통신망을 단일망으로 통합해 음성, 팩스, 이메일 메시지 등을 장소, 시간, 단말기에 관계없이 단일 메일함에서 통합 관리할 수 있도록 하는 통합메시징시스템이다.
   ④ 컴퓨터를 이용한 전화조사이다. 컴퓨터로 표본추출을 정교하게 할 수 있으며, 다양한 표본추출방법을 사용할 수 있다. 또한 자동으로 전화를 걸어주기 때문에 편리한 측면도 부가적으로 있다.

5 ①②③ 아웃바운드 고객상담의 설명에 해당한다.

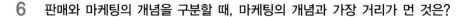

6 판매와 마케팅의 개념을 구분할 때, 마케팅의 개념과 가장 거리가 먼 것은?

① 시장지향적
② 통합된 수단
③ 고객의 욕구에 초점
④ 매출을 강조한 이윤창출

7 고객정보 시스템의 고객정보에 해당하지 않는 것은?

① 라이프스타일
② 인구통계적 특성
③ 고객관리 소프트웨어
④ 고객이 추구하는 혜택

 Answer ── 6. ④ 7. ③

6 ④ 판매의 개념에 해당한다.
※ 판매와 마케팅의 차이

구분	판매	마케팅
출발점	제조공장	시장
초점	제품	고객의 욕구
수단	판매와 촉진	통합 마케팅
목표	매출증대를 통한 이윤창출	고객만족을 통한 이윤창출
시점	제품을 생산한 후 판매방식 고안	고객의 욕구를 결정하고, 그 욕구의 충족을 위한 제품개발 및 전달방법 고안
계획기간	현재의 제품 및 시장 측면에 초점을 둔 단기지향적 계획	신제품, 장래시장, 성장성 측면에 초점을 둔 장기지향적 계획
기업 내에서의 위치	1개 부문	중심
활동구분	교환활동	창조활동
제품개념	주어지는 것	창출하는 것

7 ③ 고객정보 시스템은 고객에 대한 인구통계적, 라이프스타일, 고객이 추구하는 혜택 구매행동 등의 정보를 포함 한다. 기존 고객의 제품에 대한 충성도 제고 및 이탈방지, 신규고객 유인을 위한 마케팅 전략 수립에 활용한다.

8 고객 중심으로 모든 채널을 통합하고 연결하여 일괄된 커뮤니케이션 제공으로 고객경험 강화 및 판매를 증진시키는 채널 전략은?

① 옴니채널(omni channel)
② 멀티채널(multi channel)
③ 직접채널(direct channel)
④ 간접채널(indirect channel)

9 Cold Call에 관한 설명으로 맞는 것은?

① 고객에게 통화중 신호만을 계속 보냄으로써 결국 처리하지 못한 호(Call)를 말한다.
② 이전에 일체의 접촉이 없었던 상대에게 전화에 의해 판매나 프로모션을 실시하는 것을 말한다.
③ 아무에게나 전화하여 판매를 유도함으로써 상대방이 전혀 원하지 않는 냉담한 성격의 통화를 말한다.
④ 특별한 목적이나 권유 없이 인사차 하는 방문이나 고객 서비스의 증진 등을 통해 관매 활동을 활성화시키는 간접마케팅 방식을 말한다.

10 인바운드 텔레마케터의 주된 업무가 아닌 것은?

① 상품 A/S 접수
② 소비자의 불만 접수
③ 신상품 소개 및 구매 감사인사
④ 카탈로그를 통한 통신판매의 주문 예약 접수

Answer ─ 8. ① 9. ② 10. ③

8 ① 옴니채널이란 소비자가 온라인, 오프라인, 모바일 등 다양한 경로를 넘나들며 상품을 검색하고 구매할 수 있도록 한 서비스이다. 각 유통 채널의 특성을 결합해 어떤 채널에서든 같은 매장을 이용하는 것처럼 느낄 수 있도록 한 쇼핑 환경을 말한다. 백화점 온라인몰에서 구입한 상품을 백화점 오프라인 매장에서 찾는 '스마트픽'이 옴니채널의 대표적인 방식이다.

9 ② 콜드콜(cold call)이란 전화를 걸기 이전에 판매자나, 그 회사나, 제품을 전에 구매해 보지 않은 전혀 접촉이 없었던 낯선 상대에게 전화에 의한 판매나 판촉활동을 실시하는 것을 말한다.

10 ③ 아웃바운드 텔레마케터의 업무이다.
①②④ 인바운드 텔레마케터는 고객이 기업의 광고나 홍보활동 반응하여 기업에 전화하는 고객의 전화 접수, 광고의 반응, 각종문의, 불만사항 대응 등을 주된 업무로 한다.

11 효과적인 시장세분화의 요건이 아닌 것은?

① 변동가능성   ② 측정가능성

③ 접근가능성   ④ 유지가능성

12 STP 전략의 절차를 올바르게 나열한 것은?

① 시장세분화→표적시장 선정→포지셔닝

② 표적시장 선정→포지셔닝→시장세분화

③ 포지셔닝→표적시장 선정→시장세분화

④ 시장세분화→포지셔닝→표적시장 선정

13 고객과의 통화 시 제품에 대한 이용가능성, 구매행동의 변화 등의 신호나 암시를 의미하는 것은?

① 히트(hit)   ② 실마리(clue)

③ 동기유발(motivation)   ④ 의사소통(communication)

Answer   **11. ①**   **12. ①**   **13. ②**

11 효과적인 시장세분화의 요건 : 측정가능성, 접근가능성, 실질성, 행동가능성, 유효정당성, 유지가능성, 신뢰성, 차별성 (이질성)

12 STP전략
ㄱ **시장 세분화(Segement)** : 시장 세분화는 여러가지 기준에 의해 이루어질 수 있다. 성별, 연령, 소득수준, 지역 같은 인구통계학적 기준에 의한 분류이다. 소비성향에 따른 구분, 가치관에 따른 구분 등 라이프 사이클에 관련된 분류법도 다양하게 시도되고 있다.
ㄴ **목표시장 설정(Targeting)** : 시장에서 제품의 역량과 이미지 등을 고려하여 가장 효율적이고 적합한 목표시장을 설정하는 것이 바로 타겟팅이다. 목표시장이 광범위할 경우 기업의 역량이 분산되어 비효율적일 수 있고 혹은 목표시장이 너무 좁을 경우 제품의 성장에 한계가 있을 수도 있는데 성장 가능성과 수익의 범위, 마케팅 비용 등을 고려한 설정이 필요하다.
ㄷ **포지셔닝(Positioning)** : 타겟팅한 세그먼트에 우리 제품을 어떤 이미지로 인식시킬지 결정하는 단계이다. 잠재고객의 마인드에 자신을 차별화하는 방식으로 고객의 입장에서 제품의 위치를 알리는 것이다.

13 ② 실마리란 고객과 판매자(텔레마케팅 업무영역에서는 상담원) 간의 커뮤니케이션과정에서 생겨나는 고객의 반응 중 잠재고객들로부터 또는 기존고객으로부터 애용가능성, 구매행동의 변화에 대한 신호나 암시를 말한다.

14 상담원 통화가 끝나는 시간을 예측하여 고객에게 전화 걸어서 응답된 고객만을 연결시켜주는 기능은?

① Preview Dialing ② Progressive Dialing
③ Predictive Dialing ④ Proactive Dialing

15 생산과 수요의 조건에 따른 가격전략의 형태 중 고가격 정책에 해당하는 것은?

① 수요의 가격탄력성이 크고, 대량생산으로 생산비용이 절감될 수 있는 경우
② 수요의 가격탄력성이 작고, 대량생산으로 생산비용이 절감될 수 있는 경우
③ 수용의 가격탄력성이 크고, 소량다품종생산인 경우
④ 수용의 가격탄력성이 작고, 소량다품종생산인 경우

16 표적마케팅이 이루어지지 못하여 아무에게나 마구 전화하여 판매를 유도함으로써 소비자가 나타내는 무관심 또는 냉담한 반응의 통화는?

① Junk Phone call ② Per – per – call
③ Pre – call ④ Schedule call

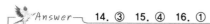 Answer ─── 14. ③ 15. ④ 16. ①

14 ① 아웃바운드 텔레마케터가 전화를 걸기 전에 전화를 걸 고객의 정보를 텔레마케터 화면에 미리 보여주는 시스템
② 콜센터 내에서 고객 리스트를 선정하면 시스템이 자동으로 전화를 걸어, 다음 응대를 위해 대기하고 있는 상담원에게 자동 연결해주는 시스템

15 고가격 정책
㉠ 시장수요의 가격탄력성이 낮을 때
㉡ 시장에 경쟁자의 수가 적을 것으로 예상될 때
㉢ 진입장벽이 높아 경쟁기업의 진입이 어려울 때
㉣ 높은 품질로 새로운 소비자층을 유인하고자 할 때

16 ① Junk phone call이란 표적 마케팅이 되지 못함에 따라 아무에게나 전화판매를 유도함으로써 상대방이 전혀 원하지 않는 냉담한 성격의 통화를 말한다. 냉담한 반응의 통화로서 불특정 다수의 고객에게 마구 전화하여 판매를 유도하는 방법으로 표적 마케팅도 되지 않을뿐더러 고객에게 불쾌감만 줄 수 있다.

17 제품·시장 확장 그리드(Product·Market Expansion Grid)에 관한 설명으로 틀린 것은?

① 시장개발(Market development)은 시장을 개발하여 기존 제품을 판매하는 것이다.

② 시장침투(Market penetration)는 기존제품을 변경하여 기존고객에게 더 많이 판매하는 것이다.

③ 제품개발(Product development)은 기존시장을 대상으로 수정된, 혹은 새로운 제품을 제공하는 것이다.

④ 다각화(Diversification)는 기존제품과 기존시장 밖에서 새로운 사업을 시작하거나 매입하는 것이다.

18 다음 설명과 관련이 없는 것은?

> (가) 이 세대는 자신이 늙었다고 생각하지 않고 실제 나이보다 7년에서 10년은 젊다고 생각한다.
> (나) 이 세대는 끼인세대라고도 하며, 경기침체기와 회사가 축소되는 시기에 자라난 세대로 이들에게 마케팅하는 것은 매우 어렵다고들 말한다.
> (다) 에코붐 세대(echo boomers)라고도 하며, 이 세대는 많은 10대와 젊은 성인시장을 창출했다.

① (나)세대는 (가)세대의 생활양식, 문화, 물질주의적인 가치를 대체하고 있다.

② (가)세대는 베이비 부머(Baby boomer) 세대라고 불리며, 소비시장에서 작은 부분을 차지하고 있다.

③ (다)세대에 접근하기 위해 마케터는 매우 창의적인 접근 방식을 택해야 한다.

④ (가), (나), (다)세대 모두 표적 고객층이 될 수 있다.

Answer ── **17.** ② **18.** ②

17 ② 기존제품과 기존시장에서 시장점유율을 확대함으로서 성장하는 전략이다. 현재 자사제품을 사용하지 않는 고객들에게 자사제품을 사용토록 하는 방법과 기존 고객의 제품사용빈도와 사용률을 높이는 방법이 있다.

※ 제품시장 확장 그리드

구분	기존 제품	신제품
기존 시장	시장침투	제품개발
신시장	시장개발	다각화

18 (가) 50 ~ 60대의 액티브 시니어
(나) 50대 베이버부머(1955~1963년생)
(다) 1977년부터 1997년 사이에 출생한 베이비붐 세대의 자녀세대
② (나)세대가 베이비 부머 세대이며, 소비시장에서 큰 부분을 차지한다.

19 고객서비스 지향적 인바운드 텔레마케팅 도입 시 점검사항과 가장 거리가 먼 것은?

① 소비자 상담창구 운영 능력
② 고객정보의 활용 수준
③ 성과분석과 피드백
④ 목표 고객의 리스트

20 시장세분화에 관한 설명으로 틀린 것은?

① 시장세분화의 기준변수로는 인구통계학적 변수, 지리적 변수, 심리적 변수, 행동분석 변수 등이 있다.
② 세분시장은 수익과 상관없이 가능한 작게 나눠야 한다.
③ 시장세분화가 효과적으로 이루어지기 위해서는 각 세분시장 내의 소비자들은 시장세분화의 기준으로 사용된 변수의 측면에서 가능하면 서로 비슷하여야 한다.
④ 시장세분화가 효과적으로 이루어지기 위해서는 각 세분시장간 소비자들의 특성이 서로 달라야 한다.

21 다음이 설명하고 있는 점포형태는?

> 단일 제품영역에 초점을 맞추어 다양하고 풍부한 상품을 저렴한 가격으로 판매하는 것이 특징이며, 전문할인점이라고도 한다.

① 카테고리 킬러　　　　　　② 백화점
③ 슈퍼마켓　　　　　　　　④ 할인점

Answer— 19. ④　20. ②　21. ①

19 ④ 아웃바운드 텔레마케팅 도입 시 점검사항에 해당한다.

20 ② 기업의 지나친 시장세분화는 수익을 약화시킬 수 있다. 시장세분화는 수익 극대화와 가장 관련성이 높은 중요성에 따라 전체 시장을 그룹핑하여 나누는 과정이다.

21 카테고리 킬러의 특징
　㉠ 체인화를 통한 현금 매입과 대량 매입
　㉡ 목표 고객을 통한 차별화된 서비스 제공
　㉢ 체계적인 고객 관리
　㉣ 셀프 서비스와 낮은 가격

22 소비자 행동연구의 의의가 아닌 것은?

① 소비자 권익을 옹호한다.

② 소비자의 동기부여를 이해하는 데 도움을 준다.

③ 일반 소비자들에게 구매의사 결정과정을 인식시킨다.

④ 기업의 광고 담당자로 하여금 광고 내용이 소비자를 어떻게 설득시켜 구매활동을 야기시킬 것인가를 분석할 능력을 부여한다.

23 마케팅믹스에 대한 설명으로 옳지 않은 것은?

① 제품믹스란 한 기업이 가지고 있는 모든 제품의 집합을 말한다.

② 제품수명주기 중 성장, 성숙기는 특히 매출액이 증가하는 시기이다.

③ 침투가격은 매출이 가격에 민감하게 반응하지 않는 경우에 그 효과가 크다.

④ 편의품은 소비자가 구매활동에 많은 시간과 돈을 들이지 않고 자주 구매하는 제품이다.

24 제품이용도를 제고하고자 이탈고객을 대상으로 거래단절의 원인을 조사하여 이에 대한 대책을 수립하는 마케팅 전략은?

① 관계마케팅(Relationship marketing)

② 유지마케팅(Retention marketing)

③ 내부마케팅(Internal marketing)

④ 데이터베이스마케팅(Database marketing)

Answer —— **22.** ① **23.** ③ **24.** ②

22 ① 소비자 행동연구는 소비자 권익을 옹호하는 것이 아니라 소비자의 욕구와 구매동기를 이해하여 마케팅 컨셉을 실현할 수 있도록 돕는다.

23 ③ 침투가격은 신제품을 시장에 선보일 때 초기에는 낮은 가격으로 제시한 후 시장점유율을 일정 수준 이상 확보하면 가격을 점차적으로 인상하는 정책이다. 빠른 시간 안에 시장에 침투하여 목표한 시장점유율을 달성하고자 할 때 활용하는 가격전략으로 시장침투가격전략, 혹은 도입기 저가전략이라고도 한다.

24 ① 기업의 거래 당사자인 고객과 지속적으로 유대관계를 형성, 유지하고 대화하면서 관계를 강화하고 상호 이익을 극대화할 수 있는 다양한 마케팅이다.

③ 종업원을 고객으로 생각하고 이들 기업구성원과 기업간의 적절한 마케팅 의사전달체계를 유지함으로써 외부 고객들에게 보다 양질의 서비스를 제공하려는 기업 활동이다.

④ 기업의 기존 고객 또는 잠재 고객에 대한 데이터를 데이터 베이스화하여 전산 시스템에 축적해두고, 이러한 데이터 베이스에 기반한 마케팅 유형이다.

25 참여 관점에 따른 고객의 유형 중 회사 내부의 종업원 및 회사 주주나 종업원의 가족은 어디에 해당하는가?

① 내부고객
② 법률규제자
③ 의견선도고객
④ 의사결정고객

 Answer ─┐ 25. ①

25 참여 관점에 따른 고객의 유형

고객 분류	특징
직접고객(1차고객)	제공자로부터 제품 및 서비스를 구입하는 사람
간접고객(개인/집단)	영업 사원을 통해 구매할 경우 구매자는 간접 고객이 됨
공급자	제품 및 서비스를 제공하면서 반대급부로 돈을 지급받는 행위가 수반
내부고객	회사내부의 종업원으로 가족과 주주도 이에 해당
의사결정고객	직접적으로 제품 및 서비스를 구매하지는 않지만, 1차 고객이 선택하는데 커다란 영향을 미치는 개인 또는 집단
의견선도고객	제품이나 서비스를 구매하기 보다는 평판, 심사, 모니터링에 영향을 미치는 집단
법률 규제자	소비자 보호나 관련 조직의 운영에 적용되는 법률을 만드는 의회나 정부
경쟁자	자사의 전략이나 고객관리들에 긴장을 심어주는 고객
단골 고객	자사의 제품이나 서비스를 지속, 반복적으로 애용하는 고객이나 다른 사람을 추천하지는 않음
옹호 고객	단골고객+다른 사람을 추천하는 로열티를 가진 고객
한계 고객	다 마케팅의 대상이 되는 고객으로 자사의 이익실현에 마이너스를 초래하는 고객

26 설문지 회수율을 높이는 노력으로 옳지 않은 것은?

① 독촉편지를 보내거나 독촉전화를 한다.
② 겉표지에 설문내용의 중요성을 부각시켜 응답자가 인식하게 한다.
③ 개인 신상에 민감한 질문들을 가능한 줄인다.
④ 폐쇄형 질문의 수를 가능한 줄인다.

27 편집과정에서 주의를 기울여야할 부분에 해당하지 않는 것은?

① 일관성
② 완결성
③ 자유응답형의 처리
④ 주관성

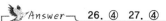
Answer   26. ④ 27. ④

26 설문지 회수율을 높이기 위해서는 반송봉투를 동봉하고, 재촉편지나 전화를 하며, 간단한 선물을 준비하는 것도 도움이 된다. 또한 연구의 중요성에 대해 자세한 설명을 하여 설득하는 것도 한 방법이다.

27 편집과정에서 주의사항
　㉠ 일관성 : 자료에 대한 편집과정은 전체 자료에 대한 일관성을 유지하면서 수행되어야 한다.
　㉡ 완결성 : 다지선다형 항목에서 응답되지 않은 항목은 가능하면 편집과정에서 완결되어야 한다. 이 과정에서 응답자와 다시 접촉하여 자료를 얻어내거나 설문지 내의 다른 항목으로부터 추론해 내는 방법이 주로 사용된다.
　㉢ 자유응답형의 처리 : 자유응답형 항목에서의 응답 등을 처리할 때 응답의 형태가 다양할 경우에도 다음의 코딩 과정에서 모든 항목이 분류 가능하도록 처리하여야 하고 응답이 명확치 않은 경우에는 응답자에게 추가 조사를 하거나 미취득 자료로 처리하는 것이 좋다.
　㉣ 정확성 : 조사자의 편견이나 조작된 자료를 찾아내는 것으로 응답이 일관적이어야 할 항목을 비교하거나 응답의 정확성과 무관한 응답패턴을 찾아냄으로써 보다 정확한 자료를 얻을 수 있다.

28 10명 내외의 사람들을 한 곳에 모아놓고 특정 주제에 대해 심층적인 논의를 진행하여 자료를 수집하는 집단은?

① 패널집단   ② 표적집단

③ 동질집단   ④ 관심집단

29 제품에 관한 시장조사의 설명으로 옳은 것은?

① 브랜드 선정에서의 적정한 가격을 조사한다.

② 가격변화에 대한 반응을 조사한다.

③ 적절한 제품디자인을 결정하는 조사를 한다.

④ 도매 및 소매의 장악 정도를 조사한다.

30 척도에 대한 설명으로 옳지 않은 것은?

① 서스톤 척도 : 문항중심의 척도화 방법으로 연구자가 문항들을 심리적 연구선상에 배열하려는 목적을 가진 방법이다.

② 리커트 척도 : 척도를 구성하는 여러 문항들이 단일한 차원을 측정하고 있는 방법이다.

③ 거트만 척도 : 서술형의 질문에 대해 찬성의 정도나 반대의 정도를 표시하도록 측정하는 방법이다.

④ 어의차이 척도 : 다차원 척도로서 응답자가 특정 개념을 어떻게 이해하고 있는지와 같은 주관적 의미를 측정하는 방법이다.

Answer   **28. ②**   **29. ③**   **30. ③**

28 ② 표적집단면접조사는 면접진행자가 7~8명의 면접 대상자들을 한 장소에 모이게 한 후, 비체계적이고 자연스러운 분위기에서 조사목적과 관련된 토론을 함으로써 대상자들의 생각, 태도, 의향 등을 파악하는 조사방법이다.

29 ③ 제품의 형태, 중량, 경쟁사 경쟁제품, 경쟁상품의 제품 특성 등을 파악하는 것이 제품에 관한 시장조사에 해당한다.

30 ③ 거트만척도는 응답자의 반응을 측정하기 위해 사용하는 척도로 응답자의 반응을 예측할 수 있는 좋은 방법이다. 즉 어떤 하나의 주제에 대해 여러 개의 질문문항이 주어질 때 한 응답자가 긍정적인 대답이 많다면 다른 문항이 주어졌을 때 그 사람은 긍정적인 방향으로 응답할 가능성이 높다고 예측을 할 수 있는데, 그럴 때 사용하는 방법이다.

31 윤리적 측면을 고려한 조사자의 행동으로 옳지 않은 것은?

① 응답자 개인의 사생활 보장, 익명처리 등은 연구윤리 측면에서 매우 중요하다.
② 응답자 또는 조사참가자들 대상 연구로 인해 발생할 수 있는 피해가능성에 대한 충분한 설명을 해야 한다.
③ 조사대상자들이 사적인 정보가 공개되거나 피해를 입을 가능성이 높은 경우는 비공식석으로 조사를 할 수 있다.
④ 응답자를 대상으로 조사에 응하겠다는 동의서를 받아두어야 한다.

32 다음 중 전화조사를 위한 표본추출방법에 대한 설명으로 틀린 것은?

① 지역적 표본 추출 시 전화번호부에 표기된 지역번호 구분으로 표본단위를 정할 수 있다.
② 전화번호부를 활용할 때에는 맨 앞과 맨 끝은 배제하는 것이 좋다.
③ 최초의 목적대로 그리고 하나의 규정이 있으면 그에 따라 계속한다.
④ "가나다" 순으로 되어 있는 기존 전화번호부에서 표본을 추출할 때에는 계통적 표본추출법을 사용하는 것이 좋다.

Answer ── 31. ③ 32. ④

31 조사자가 조사과정에서 지켜야 할 사항
  ㉠ 마케팅 조사자는 개인의 존엄성과 개인의 권리를 존중하면서 접근해야한다. 개인의 사적인 권리를 침해하거나 개인에게 피해를 주어서는 안된다.
  ㉡ 조사 의뢰기관과 경쟁관계에 있는 기관들이 있기 때문에 마케팅조사의 보안을 지켜 주어야 하며, 경제적 이익을 침해해서는 안된다.
  ㉢ 마케팅 조사자는 조사목적을 충실하게 달성해야한다.
  ㉣ 마케팅조사자는 자료원천을 보호해야 한다.
  ㉤ 마케팅 조사자는 조사결과에 대해 책임을 지고, 정확하고 성실하게 보고해야 한다.

32 ④ "가나다" 순으로 되어 있는 기존 전화번호부에서 표본을 추출할 때에는 체계적 표본추출법을 사용하는 것이 좋다.
  ※ 체계적 표본추출
    전체 모집단에 매 n번째의 일정한 간격으로 표본을 추출하는 것을 말한다. 표본선정이 쉽고, 단순 무작위 표본추출보다는 표본 선정이 더 정확하며, 표본추출비용이 적게 든다. 그러나 표본 선정의 명부가 전체 모집단을 대표하지 못할 경우에는 체계적 표본추출방법을 사용하지 못한다.

33 야구선수의 등번호를 표현하는 측정의 수준은?

① 비율수준의 측정
② 명목수준의 측정
③ 등간수준의 측정
④ 서열수준의 측정

34 다음 중 통계분석법에 관한 설명으로 틀린 것은?

① 여름철 기온변화에 따라 아이스크림 구매량이 어떻게 변화하는가를 분석하는 것은 상관관계분석이다.
② 광고매체의 종류에 따라 매출액에 영향을 미치는지를 파악하는 것은 상관관계분석이다.
③ 분산분석은 전자회사가 새로운 모델을 만들었을 때 소비자들이 어떤 마케팅 전략에 더 좋은 반응을 나타내는가를 알고자 할 때 사용되는 분석이다.
④ 분산분석은 전략의 효과측정이나 소비자 집단 간의 반응 차이 등을 알아보는 데 유용한 기법이다.

35 우편조사에 관한 설명으로 옳은 것은?

① 전화조사법에 비해 경제적이고 신속하다.
② 다른 자료수집방법에 비해 회수율이 높다.
③ 다른 자료수집방법에 비해 비용이 가장 많이 든다.
④ 면접조사에 비해 피조사자가 성실하지 못한 응답을 할 가능성이 높다.

36 내적 타당도를 위협하는 요소가 아닌 것은?

① 우연적 사건(history)
② 측정수단의 변화(instrumentation)
③ 주시험효과(main testing effect)
④ 표본의 편중(selection bias)

37 표본추출법 중 확률표본추출법의 특성에 해당되는 것은?

① 시간과 비용이 적게 소요
② 인위적 표본추출
③ 표본오차의 추정이 가능
④ 분석결과의 일반화에 제약

Answer— 36. ④ 37. ③

36 내적 타당도 저해요인
㉠ 우연한 사건
㉡ 성숙 또는 시간의 경과
㉢ 검사
㉣ 도구화
㉤ 통계적 회귀
㉥ 대상자 선정편견
㉦ 실험대상의 탈락
㉧ 인과관계 영향의 방향 모호
㉨ 치료의 확산 및 모방

37 확률표본추출법의 특성
㉠ 표본으로 추출될 확률이 알려져 있을 때 사용한다.
㉡ 무작위 추출(객관적)이다.
㉢ 모집단에 대한 정보가 필요하다.
㉣ 표본오차의 추정이 가능하다.
㉤ 시간과 비용이 많이 든다.

38 시장조사의 유형으로 가장 바람직하지 않은 것은?

① 가설 검증
② 실태조사
③ 관계 자료 재검토와 고찰
④ 위험을 감수하는 조사

39 다음이 설명하고 있는 것은?

> 마케팅 조사설계의 기본요소로서 일반적으로 마케팅 관리자가 통제하는 변수이다. 이 변수는 관찰하고자 하는 현상의 원인이라고 가정한 변수이다.

① 결과변수
② 종속변수
③ 외생변수
④ 독립변수

40 설문지 초안이 완성된 후 본조사가 실행되기 전에 실시하는 조사는?

① 표본조사(Sample survey)
② 기초조사(Basic test)
③ 사전조사(Pre – test)
④ 모의조사(Simulated investigation)

Answer ── 38. ④ 39. ④ 40. ③

38 시장조사의 유형
㉠ 관계자료의 재검토
㉡ 가설검정
㉢ 수단적 조사
㉣ 실태조사
㉤ 탐험적 조사

39 ① 우리가 주로 관심이 있는 결과, 성과에 대한 것이다.
② 서로 관계가 있는 둘 이상의 변수가 있을 때, 어느 한쪽의 영향을 받아서 변하는 변수를 말한다.
③ 연구의 대상이 되는 현상과 관련된 실험변수와 결과변수 이외의 기타 변수들로써, 결과변수에 영향을 미칠 수 있는 변수들을 말한다.

40 ③ 설문지가 완성되면 그대로 인쇄로 들어갈 것이 아니라 반드시 사전조사(pre-test)를 거쳐야 한다. 설문지에는 자체 결함이 있을 수 있으므로 본조사에 들어가기 전에 사전조사를 통하여 설문지에 내재된 문제점을 미리 발견하여 수정하고자 하는 것이다.
※ 사전조사시 유의사항
㉠ 사전조사는 본 조사의 표본과 비슷하지만 조사대상에 포함되지 않는 사람들에게 실시해야 한다.
㉡ 사전조사에 임하는 면접원은 각 면접당 소요되는 시간, 각 문항에서 문제가 되는 부분, 응답자가 당황해 하거나 불쾌감을 나타낸 질문 등을 자세하게 적어 오도록 해야 한다.
㉢ 조사결과에 대한 백분비를 계산할 수 있도록, 조사대상자는 대개 20 ~ 50명 정도로 한다.
㉣ 사전조사는 가능하면 직접면접을 통하여 실시한다. 그래야만 예상하지 못했던 여러 가지 문제점들을 파악할 수 있게 된다.
㉤ 본 조사 방법을 전화나 우편 조사를 실시하는 경우에는, 예비조사도 전화나 우편조사를 통해서 할 수 있다.

41 질문지의 질문순서의 결정에 관한 설명으로 옳지 않은 것은?

① 첫 번째 질문은 가능한 한 쉽게 응답할 수 있고 흥미를 유발할 수 있는 것이어야 한다.

② 응답자의 인적사항에 대한 질문은 가능한 한 앞부분에 위치하도록 하여야 한다.

③ 응답자가 심각하게 고려하여 응답하여야 하는 성질의 질문은 위치선정에 주의하여야 한다.

④ 문항이 담고 있는 내용의 범위가 넓은 것에서부터 점차 좁아지도록 문항을 배열하는 것이 좋다.

42 마케팅 조사를 수행하기 위한 척 번째 단계는?

① 조사의 결론이 왜 그렇게 되었는가의 원인을 규명한다.

② 조사에서 채택된 가설을 엄격하게 검증하여야 한다.

③ 마케팅문제를 정확하게 파악하여야 한다.

④ 과거 연구 성과나 이론으로부터 유도된 가설이나 리서치 설계를 이용한다.

43 시장조사의 역할이 아닌 것은?

① 문제해결을 위한 조직적 탐색

② 불확실성의 극대화

③ 고객의 심리적 · 행동적인 특성 간파

④ 타당성과 신뢰성 높은 정보획득

Answer — 41. ② 42. ③ 43. ②

41 ② 민감한 질문들이 일부 있는 경우 뒤로 보내 이전 문항에 대해서라도 응답을 얻을 수 있도록 한다.

42 ③ 마케팅 조사를 시작하기 위해서는 우선 기업이 당면하고 있는 마케팅 문제를 파악하여 전체적인 조사의 방향을 설정하는 것이 필요하다.

43 ② 문제해결을 위한 조직적 탐색으로, 불확실성과 위험성의 최소화하고, 고객의 심리적, 행동적인 특성 간파를 통한 고객만족 경영과 타당성과 신뢰성이 높은 정보의 획득 및 의사결정능력을 제고한다.

44 측정의 신뢰성을 높이는 방법에 대한 설명으로 틀린 것은?

① 동일한 개념이나 속성의 측정항목 수를 줄인다.
② 측정항목의 모호성을 제거한다.
③ 중요한 질문의 경우 동일하거나 유사한 질문을 2회 이상 한다.
④ 조사대상자가 잘 모르거나 전혀 관심이 없는 내용은 측정하지 않는다.

45 면접조사기법 중 다음에서 설명하는 기법에 해당하는 것은?

> 면접대상자로부터 충분한 응답을 듣지 못했을 경우 추가적인 질문을 통해 다시 확인하는 기법

① 프로빙(probing)기법
② 래더링(laddering)기법
③ 심층면접법
④ 소그룹면접법

46 시장조사에서 일반적인 자료수집방법의 선택기준이 아닌 것은?

① 필요한 자료의 객관성
② 수집된 자료의 정확성
③ 필요한 자료의 독창성
④ 자료수집과정의 신속성

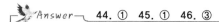 Answer— 44. ① 45. ① 46. ③

44 ① 신뢰도란 측정하고자 하는 현상을 일관성 있게 측정하려는 능력으로 안정성, 일관성, 예측가능성, 정확성 등으로 표현할 수 있는 것을 의미하는 것으로 동일한 개념이나 속성을 측정하기 위한 항목이 있어야 한다.

45 ② 어떤 제품이나 브랜드가 가지고 있는 속성, 혜택, 가치들이 어떻게 계층적으로 연결 되어있는지를 찾아내는 방법이다.
③ 1명의 응답자와 일대일 면접을 통해 소비자의 심리를 파악하는 조사법이다.
④ 어떤 특정 목적을 위해서 준비된 화제를 그 목적에 따라 모여진 소수인(5~6인)의 그룹에서 이야기하는 과정으로 숙련된 사회자의 컨트롤 기술에 의해 집단의 이점을 황용하여 그룹멤버가 상호영향을 미치도록 장면을 주고 주로 비구성적인 접근법에 의해 얻은 개개인의 반응을 통합하여 가설의 추출과 가설의 검증 등 그때그때 목적에 따라서 관찰하고 분석하는 방법이다.

46 자료수집방법의 선택기준
조사자는 조사목적이나 자료의 특성에 따라 적합한 자료수집방법을 선택하여야 한다. 일반적으로 선택하는 기준으로는 필요한 자료의 다양성, 자료수집하는 과정의 신속도와 비용, 수집된 자료의 객관성과 정확성 등이 있다.

47 설문지를 작성할 때 반드시 지켜져야 할 사항이 아닌 것은?

① 가능한 한 쉽고 명료한 단어를 이용한다.
② 응답 항목들 간의 내용이 중복되어서는 안 된다.
③ 조사자의 가치판단 기준이 포함되어야 한다.
④ 대답을 유도하는 질문을 해서는 안 된다.

48 전화조사에서 무응답 오류의 의미로 옳은 것은?

① 데이터 분석에서 나타나는 오류
② 부적절한 질문으로 인하여 나타나는 오류
③ 응답자의 거절이나 비접촉으로 나타나는 오류
④ 조사와 관련 없는 응답자를 선정하여 나타나는 오류

Answer 47. ③ 48. ③

47 ③ 조사자의 가치판단을 배제하고 중립적인 질문이 되도록 질문을 만드는 것이다.

48 ③ 무응답 오류는 응답자의 거절이나 비접촉으로 나타나는 오류이다.

49 인터넷의 장점을 활용한 온라인 여론조사방법의 특징으로 옳지 않은 것은?

① 온라인 여론조사 방법은 전화조사보다 대규모 표본추출이 용이하다.
② 온라인 여론조사 방법은 전화조사보다 저렴한 비용으로 신속하게 조사할 수 있다.
③ 온라인 여론조사 방법은 통계처리 프로그램과 연결하여 실시하는 경우 결과 분석이 용이하다.
④ 온라인 여론조사 방법은 전화조사보다 표본의 대표성이 보장된다.

50 통계청과 같은 곳에서 획득되어진 2차 자료의 장점이 아닌 것은?

① 저렴한 비용
② 수집과정의 용이성
③ 시간의 절약
④ 입수자료의 적합성

Answer— **49.** ④ **50.** ④

49 ④ 온라인 여론조사는 모집단이 불완전하여 표본들의 대표성 확보가 어렵다.

50 ④ 2차 자료는 다른 조사 목적으로 수집되었으나, 현재 문제 해결하는데 사용할 수 있는 자료들이다. 사내자료, 정부 간행물, 연구기관 보고서 등이 해당되며 문제를 파악하고 접근 방법 개발, 1차 자료를 깊이 분석하는 장점이 있으나 문제에 대한 유용성이나 적합성 등은 한계가 있을 수 있으므로 2차 자료를 사용하기 전에 이런 요소들을 기준으로 평가하는 것이 중요하다.

51 'House'가 제시한 목표 – 경로 모형의 리더십 유형에 관한 설명으로 틀린 것은?

① 후원적 리더십 – 부하의 복지와 욕구에 관심을 가지며 배려적이다.

② 참여적 리더십 – 하급자들과 상의하고 의사결정에 참여시키며 팀워크를 강조한다.

③ 성취지향적 리더십 – 일상적 수준의 목표를 가지고 지속적인 성과를 달성할 수 있도록 유도한다.

④ 지시적 리더십 – 조직화, 통제, 감독과 관련되는 행위, 규정, 작업일정을 수립하고 직무 명확화를 기한다.

52 다음 중 콜센터 발전 방향과 가장 거리가 먼 것은?

① 전화 센터에서 멀티미디어 센터로 변화

② 프로핏(profit) 센터에서 코스트(cost) 센터로 변화

③ 생산성 중심에서 고객관계 중심으로 운영 관점의 변화

④ 높은 이직율에서 캐리어패스(career path)의 직업으로 변화

Answer ─ 51. ③ 52. ②

51 ③ 성취지향적 리더십은 도전적인 작업 목표를 설정하고 그 성과를 강조하며, 조직 구성원(부하)들이 그 목표를 충분히 달성할 수 있을 것이라고 믿는 리더십 유형이다.

52 ② 코스트 센터에서 프로핏 센터로 변화

53 텔레마케팅의 특징으로 옳지 않은 것은?

① 텔레마케팅은 짧은 시간에 많은 고객과 접촉할 수 있다.

② 텔레마케팅은 다이렉트 메일보다 비용이 적게 들며 고객의 반응도는 5~10배 정도 더 많이 얻을 수 있다.

③ 텔레마케팅은 데이터베이스를 바탕으로 고객과의 원활한 커뮤니케이션을 통해 신뢰를 쌓아가는 지속적인 마케팅 수단이다.

④ 소득이 증대하고 가치관과 생활양식이 변화하는 오늘날 고객의 삶의 가치나 계속성을 강조하는 텔레마케팅 프로그램의 개념은 더욱더 중요시된다.

54 통화품질관리를 통해 고객이 얻을 수 있는 이점은?

① 상담원의 상담능력 개선

② 고객응대에 대한 자신감 향상

③ 고객에게 신속하고 빠른 피드백

④ 고객응대 시 상담원 과실 최소화

55 콜센터의 역할 및 기능과 가장 거리가 먼 것은?

① 비용절감   ② 수익증대

③ 고객정보 분산   ④ 고객관리

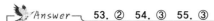 **Answer** ┌ **53.** ②   **54.** ③   **55.** ③

53 ② 텔레마케팅은 다이렉트 메일보다 비용이 많이 든다.
  ※ 다이렉트 마케팅
    잠재적인 고객 또는 기존의 고객정보를 확보하여 고객에게 직접적으로 1 : 1로 수행하는 마케팅을 말한다.

54 통화품질관리를 통해 고객이 얻을 수 있는 이점
  ㉠ 정확하고 표준화된 서비스 경험
  ㉡ 신뢰 및 서비스 충족도 향상
  ㉢ 불필요한 시간 및 비용 절약
  ㉣ 신속하고 빠른 피드백

55 ③ 콜센터는 고객정보를 집중시킨다.

56 콜센터의 인력 계획 시 전략적으로 선택해야 할 요소로 거리가 먼 것은?

① 인력계획의 홍보 ② 인력계획의 방법
③ 인력계획의 공식화 ④ 조직전략과의 연계성

57 다음 설명에 해당하는 용어는?

> 콜센터 조직이 점차 커지고 활성화됨에 따라 상담원들은 반복적인 상담업무에서 비롯되는 권태감, 자책감, 음성피로와 장애 등으로 정신적·육체적인 이상 현상을 호소한다.

① 철새둥지 ② Burn – out
③ 콜센터 심리공황 ④ 콜센터 바이탈사인

58 콜센터에서 QAA의 기본적인 자격요건이 아닌 것은?

① 지식 ② 평가
③ 태도 ④ 기술

Answer **56.** ① **57.** ④ **58.** ②

56 전략적 선택
㉠ 인력계획의 방법
㉡ 인력계획의 폭
㉢ 인력계획의 공식화
㉣ 조직전략과 연계성

57 ① 상담원이 대부분 비정규직이다 보니 근무조건의 변화, 약간의 급여 차이, 복리후생적 차이나 비교정보를 획득 했을 때 심리변화와 태도변화를 일으켜 조금이라도 자신에게 유리한 콜센터로 근무지를 옮기는 현상을 말한다.
② 정신적·신체적 피로로 인해 무기력해지는 증상을 뜻하는 심리학 용어이다. 다른 말로는 탈진 증후군 또는 연소 증후군, 소진 증후군 등으로 불린다.
③ 조직이 점차 커지고 활성화됨에 따라 상담원들이 근무하기를 원하는 업종이나 기업의 콜센터는 그 운영의 효율성과 생산성이 배가되는 반면, 그렇지 못한 콜센터는 상담원의 기피, 집단이탈, 인력채용과 운영효율의 저하를 초래하여 급기야는 콜센터를 관리하는 슈퍼바이저나 매니저 등도 자기역할의 한계를 느낌에 따라 콜센터 조직의 와해를 빚게 되는 현상이다.

58 기본적인 자격요건 : 업무지식, 경청능력, 태도, 기술

59 다음이 설명하고 있는 스크립트(script)작성 원칙은?

> 이 원칙은 고객에게 신뢰성과 혜택을 제공할 수 있어야 한다. 통화 중에 상대방에게 이익을 줄 수 있다는 확신과 고객에게 이익이 될 수 있는 사항을 꼭 넣는다.

① 이해의 원칙
② 차별성의 원칙
③ 상황관리의 원칙
④ 고객 중심의 원칙

60 콜센터의 통화품질 관리 목적으로 가장 옳은 것은?

① 텔레마케터의 사적 통화 감시
② 텔레마케터의 개인적 품성을 중심으로 평가
③ 통화품질 결과를 텔레마케터의 급여에 반영
④ 통화품질 개선으로 고객에 대한 서비스 향상

Answer ─ **59.** ④ **60.** ④

59 스크립트작성 원칙
  ㉠ 활용목적 명확의 원칙
  ㉡ 간단명료의 원칙
  ㉢ 이해의 원칙
  ㉣ 유연의 법칙
  ㉤ 설득, 확신의 법칙
  ㉥ 고객 중심의 원칙
  ㉦ 상황대응의 원칙
  ㉧ 상황관리의 원칙
  ㉨ 차별성의 원칙
  ㉩ 회화체 활용의 원칙

60 통화품질 관리 목적
  ㉠ 회사와 고객의 기대치 실현
  ㉡ 통화품질 관리에 의한 정확한 업무 처리
  ㉢ 지속적 코칭 및 상담원 업무능력 향상

61 인바운드 콜센터의 핵심성과지표가 아닌 것은?

① 통화품질평가점수
② 스케줄 준수율
③ 첫통화 해결율
④ 접촉시도 통화 수

62 고객 콜센터를 활용하여 고객반응을 향상시키는 방안 중 전화를 건 사람의 전화번호를 수신자 측에 나타내주는 장치는?

① ARS(Auto Response System)
② ANI(Automatic Number Identification)
③ PBX(Private Branch Exchange)
④ VRU(Voice Response Unit)

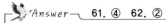

Answer ── 61. ④ 62. ②

61 인바운드 콜센터의 핵심성과지표
　㉠ 계량적 기준
　　• 총 전화 통화수, 총 전화 통화시간, 평균 통화시간
　　• 응답 포기호수, 응답지연시간, 수신보류시간, 평균 보류 콜 수, 평균보류 시간
　　• Peak Time 콜 수
　　• 마케팅 캠페인, Cross/Up-Selling 주문접수 수(성공적 통화 수), 총 통화대비 주문접수율(성공적 통화율)
　　• Cross/Up-Selling 건수 및 금액, 평균단가, 총 매출액
　　• 통화건 당 소요비용, 주문(조사) 등 성공적 통화건 당 소요비용
　　• 일별 평균 수신수, 시간당 평균 수신수
　㉡ 질적 기준(QA)
　　• 통화 내용 등급
　　• 통화 모니터링 등급
　　• 고객 만족도
　㉢ 관리 기준
　　• 근태
　　• 서비스 내용 숙지도
　　• 고객 추천

62 ① 음성으로 된 각종 정보를 기억장치에 저장하여 사용자가 원하는 정보를 자동으로 전달하는 시스템을 말한다.
　③ 자동으로 전화를 연결해 주는 구내 전화교환시스템이다.
　④ 전화에 의한 조회나 질문에 대한 컴퓨터의 응답 내용을 음성으로 변환, 출력하여 단말로 되돌려 주는 장치이다.

63 콜센터 상담원을 대상으로 성과측정을 위한 인터뷰를 할 때 평가과정에 영향을 미치는 일반적 오류 중 한 가지 측면에서 뒤떨어질 경우 나머지 모두를 나쁘게 평가하는 것은?

① 각인효과(horn effect)
② 후광효과(halo effect)
③ 대조효과(contrast effect)
④ 상동효과(stereotype effect)

64 콜센터가 효율적인 조직화를 이룰 경우 나타나는 현상으로 옳지 않은 것은?

① 각 업무에 대한 책임이 명확해진다.
② 목표달성에 필요한 과업의 집중화가 발생한다.
③ 구성원들이 무엇을 할 것인가의 역할이 명확해진다.
④ 의견대립과 문제해결을 위한 의사소통 통로가 분명해진다.

65 개인 성과평가의 신뢰성과 공정성을 확보하기 위한 방법으로 틀린 것은?

① 다면평가를 효율적으로 활용한다.
② 평가자에 대해 평가체계, 평가기법 등의 종합적인 평가관련 교육을 강화한다.
③ 피평가자 보호를 위해 평가결과를 공개하지 않고 평가결과에 대한 면담을 지양한다.
④ 피평가자가 평가결과에 불만이 있는 경우 이의제기를 할 수 있는 소통채널을 운영한다.

✒Answer — **63.** ① **64.** ② **65.** ③

63 ② 어떤 대상이나 사람에 대한 일반적인 견해가 그 대상이나 사람의 구체적인 특성을 평가하는 데 영향을 미치는 현상이다.
③ 두 사물이 차례로 제시 되었을 때, 처음에 제시된 사물을 기준으로 나중에 제시된 사물과 처음에 제시된 사물과의 차이를 실제 차이보다 훨씬 크게 인식하는 오류이다.

64 ② 목표달성에 필요한 과업의 분업화가 발생한다.

65 ③ 개인 성과평가의 신뢰성과 공정성을 확보하기 위해 평가결과의 공개가 불가피해 졌으며, 인사평가의 신뢰성을 확보하기 위하여 다양한 평가자 소스를 활용하고 있다.

66 성과 달성을 위한 목표 관리의 중점사항이 아닌 것은?

① 개인별 수행목표는 수치화로 명확해야 한다.
② 환경이 변하더라도 목표는 일관성이 있어야 한다.
③ 조직의 목표와 개인의 목표가 연계성이 있어야 한다.
④ 목표 수행 시 상담원과 관리자 간의 의사소통이 필요하다.

67 인바운드 텔레마케팅 도입 시의 점검사항으로 거리가 먼 것은?

① 고객정보를 처리할 수 있는 컴퓨터 및 소프트웨어 등의 처리규모수준은 도입 후 점검한다.
② 인바운드 텔레마케팅 우수기업 등을 사전에 방문하여 벤치마킹할 필요성이 있다.
③ 고객에게 제공할 정보, 스크립트 작성, 텔레마케터의 근무방법 등 텔레마케팅을 전개하는 방법 등을 점검한다.
④ 고객의 문의에 보다 객관적이고 합리적인 답변을 위해 일종의 질의응답 매뉴얼인 Q&A를 준비한다.

68 직무만족의 의의를 직원의 개인적인 측면과 조직의 측면으로 나누어 생각할 수 있는데 조직의 입장에서 살펴본 직무만족에 관한 설명으로 가장 거리가 먼 것은?

① 직장은 직원들이 하루 중 대부분의 시간을 보내는 곳으로 직무만족도가 높으면 삶의 만족도도 높다.
② 직무만족이 높으면 이직률이 감소하여 직원의 생상성 증가효과가 있다.
③ 직무만족을 하는 직원은 조직내부 및 조직외부에서 원만한 인간관계를 유지한다.
④ 자신의 조직에 긍정적인 감정을 가진 직원은 조직에 호의적이다.

Answer─ **66.** ② **67.** ① **68.** ①

66 ② 환경이 변하면, 목표도 수정되어야 한다.

67 ① 고객정보를 처리할 수 있는 컴퓨터 및 소프트웨어 등의 처리규모수준은 도입 전에 점검해야 한다.

68 ① 개인적 측면에 해당한다.
　※ 개인적 측면의 직무만족
　　㉠ 가치판단적 측면 : 직장생활의 많은 시간을 할애하는 개인에게 만족의 기회를 제공하는 것은 기업의 사회적 책임을 다하는 것이 된다.
　　㉡ 정신건강적 측면 : 직장생활의 불만족은 가정생활 및 삶의 불만족으로 이어지게 된다.
　　㉢ 신체건강적 측면 : 직무불만족으로 인한 스트레스는 종업원의 건강에 지장을 초래할 수 있다.

69 고객 불편사항, 주문 접수 등을 수행하는 콜센터 형태로 가장 적합한 것은?

① 인바운드 콜센터 　　　　　② 아웃바운드 콜센터

③ 인소싱 콜센터 　　　　　　④ 혼합형 콜센터

70 다음 중 아웃바운드 콜센터의 성과분석 관리지표로 가장 올바른 것은?

① 콜 처리율 　　　　　　　　② 서비스레벨

③ 평균통화처리시간 　　　　　④ 시간당 판매량

71 다음 중 인하우스 텔레마케팅(In – House Telemarketing)에 대한 설명으로 가장 옳은 것은?

① 소비자를 대상으로 텔레마케팅 활동을 하는 것이다.

② 기업을 소구대상으로 하여 텔레마케팅 활동을 하는 것이다.

③ 자체적으로 텔레마케팅센터를 설치하여 텔레마케팅 활동을 하는 것이다.

④ 텔레마케팅 경험이 없는 경우에 외부에 위탁하여 텔레마케팅 활동을 하는 것이다.

Answer 　69. ① 　70. ④ 　71. ③

69 ② 서비스를 판매하기 위해서 고객을 설득하고 가입을 유도하는 판매촉진 업무
　　③ 컨택센터 운영에 필요한 설비 등 시설을 기업이 자체적으로 구축하고, 컨택센터 운영 업무는 아웃소싱 전문기업에 의뢰하여 운영하는 형태
　　④ 인바운드와 아웃바운드 업무를 혼합해 놓은 형태의 콜센터

70 아웃바운드 콜센터 생산성 관리지표
　　㉠ 평균통화시간
　　㉡ 평균마무리 처리시간
　　㉢ 평균통화 처리시간
　　㉣ 평균 응대속도
　　㉤ 예산 인입률 총량
　　㉥ 콜서비스 목표율
　　㉦ 포기콜수

71 인하우스 텔레마케팅
　　㉠ 기업 내에 콜센터 설비를 직접 구축하고 인원을 배치하여 기업의 모든 텔레마케팅 활동을 계획하고 실행하는 기법
　　㉡ 기업의 자체제품을 판매하거나 마케팅을 하기 위하여 특별히 훈련된 기업내부 인력에 의해서 수행되는 텔레마케팅

72 공식적 직위로 인해 부하의 복종을 요구할 수 있는 리더의 권리를 의미하며, 이것은 권한과 같은 개념으로 'M. Weber'가 관료제의 중요한 요소로 강조하는 권력의 원칙은?

① 강압적 권력
② 보상적 권력
③ 합법적 권력
④ 전문적 권력

73 조직의 리더에 대한 특성과 관련이 없는 것은?

① 장기적 비전 중심
② 현 상태 수용
③ 조직 개혁
④ 수평적 관점

74 성과가 낮은 경우 콜센터 관리자들이 점검해야 할 사항으로 거리가 먼 것은?

① 상담원의 개인적 성향 및 경제적 수준 등을 점검
② 텔레마케터가 근무스케줄을 잘못 알고 있는지 점검
③ 신입직원에 대한 슈퍼바이저의 지원 및 코칭이 유용하지 않은지 점검
④ 응대 준비의 중요성에 대한 직원교육 및 동기부여의 실패 여부 점검

Answer ── **72.** ③ **73.** ② **74.** ①

72 ① 부정적인 성격을 띠고 있는 벌을 줄 수 있는 능력
② 부하의 경제적 보상요인으로 행동을 유인하는 공식 또는 비공식적 능력
④ 능력이나 전문기술, 지식 등이 리더의 개인적인 실력을 통해 발휘되는 영향력

73 ① 조직의 리더는 현 상태를 수용하는 것이 아니라 장기적인 관점으로 비전을 바라볼 수 있어야 한다.

74 ① 상담원의 개인적 성향이나 경제적 수준 등을 점검하는 것은 바람직하지 않다.

75 다음 중 CTI(Computer Telephony Intergration)의 기능으로 옳지 않은 것은?

① CTI는 콜센터의 생산성 및 효율성을 향상시킬 수 있는 근원적 장치라고 할 수 있다.

② CTI는 콜센터에서 사용하는 많은 데이터 및 음성 시스템들을 통합하는 데 핵심적인 시스템이다.

③ CTI는 음성시스템(교환기, IVR 등)과 데이터시스템(고객정보, 제품정보 등)을 각각 분리할 수 있는 솔루션이다.

④ CTI는 콜센터로 고객의 콜이 인바운드될 때 발생되는 고객정보를 상담원에게 전달하여 정확한 정보를 고객에게 빠르게 제공할 수 있게 한다.

Answer ── **75.** ③

75 ③ CTI는 컴퓨터와 전화 시스템의 통합을 지칭하는 것으로 PC를 통해 전화 시스템을 효율적으로 관리하는 기술이다.

76 인터넷 고객상담의 일반적인 원칙과 가장 거리가 먼 것은?

① 고객 지향적 마인드를 제고한다.
② 사이버 상에서 one – stop service를 제공한다.
③ 개인적 의견과 감정에 최대한 충실히 상담한다.
④ 게시판 정보를 업데이트하고, FAQ 역시 신속하게 데이터베이스화한다.

77 억양을 좀 더 세련되게 다듬기 위한 방법이 아닌 것은?

① 제스처를 활용한다.
② 호흡은 짧고, 빠르게 한다.
③ 전화로 이야기할 때도 미소를 짓는다.
④ 필요한 낱말에 강세를 두는 법을 연습한다.

78 CRM 전략을 수행하기 위한 활동 중 고객유치와 고객유지 및 교차판매 등과 같은 구체적인 마케팅 활동에 필요한 운영상의 의사결정을 목표로 하는 것은?

① 차별적 세분화   ② 전술적 세분화
③ 혼합형 세분화   ④ 실행적 세분화

Answer — **76.** ③ **77.** ② **78.** ②

76 ③ 개인적 의견을 지양하고 감정을 지켜나가며 상담한다.

77 ② 호흡은 깊고, 길게 한다.

78 ② CRM은 우선 인구통계적 변수와 기업 전략적 요인을 가지고 전략적 세분화를 한다. 이것을 하위부서에서 CRM을 수행하기 위해서 전술적인 세분화를 한다. 이때 상품구매정보, 심리정보, 라이프사이클정보를 이용한다. 더 나아가 좀 더 하위부서에서 구체적으로 행동정보, 수익성, 고객평생가치, RFM 등을 이용해서 실행적 세분화를 한다.

79 불평불만 고객의 심리로 올바르지 않은 것은?

① 자신의 의견이 존중받길 원한다.

② 회사의 방침이나 제품에 관심이 많다.

③ 요구조건은 없지만 담당자와 이야기하고 싶어 한다.

④ 비이상적으로 표현하며 거친 말투를 사용한다.

80 텔레마케팅을 통한 효과적인 잠재고객의 신규 · 고정 고객화 방법으로 옳지 않은 것은?

① 고객정보를 근거로 의도적으로 접근하여 강압적으로 전화를 한다.

② 고객의 성향별로 차별화 전략을 세우고 지속적으로 특별 관리한다.

③ 잠재고객과 지속적인 유대관계를 갖기 위해 고객에게 필요한 정보를 제공한다.

④ 관심이 있고 이용 가능성이 높은 고객을 대상으로 집중 접촉하거나 설득한다.

81 인바운드 텔레커뮤니케이션의 심리적 장애요소가 아닌 것은?

① 피면접자에게 자신의 표정이 읽힐 가능성에 대한 두려움

② 자신의 상품에 대한 확신감 결여

③ 똑같은 내용 반복에 대한 권태감

④ 목소리 느낌만으로 상대방을 판단하려는 선입관

Answer ── **79.** ③ **80.** ① **81.** ①

79 ③ 불평고객은 전혀 자신과 관계없는 삼자에게 불만을 토로한다. 즉 공식기관(소비자보호원, 정부기관 등)이나 조직(민간단체 등)에 불평을 토로함으로써 자신의 불만을 해소하거나 배상을 요구하는 것이다.

80 ① 텔레마케팅을 성공으로 이끌기 위하여 지나치게 의도적이거나 강압적으로 접근함으로써 고객의 반감을 사는 것은 금물이다.

81 ① 인바운드 텔레커뮤니케이션은 전화를 통해 이루어지는 서비스이므로, 피면접자에게 자신의 표정이 읽힐 가능성에 대한 두려움은 존재하지 않는다.

82 고객의 불평, 불만처리 요령인 MTP법의 설명으로 옳은 것은?

① Man : 어떠한 고객인가?

Time : 불만요인이 언제 일어난 것인가?

Place : 어느 장소에서 일어난 것인가?

② Man : 어떠한 고객인가?

Time : 어느 시간에 처리할 것인가?

Place : 어느 장소에서 일어난 것인가?

③ Man : 누가 처리할 것인가?

Time : 어느 시간에 처리할 것인가?

Place : 어느 장소에서 처리할 것인가?

④ Man : 누가 처리할 것인가?

Time : 불만요인이 언제 일어난 것인가?

Place : 어느 장소에서 처리할 것인가?

83 고객 유형 중 '유아독존형' 고객에게 가장 효과적인 응대방법은?

① 여유 있게 설명한다.

② 체면과 프라이드를 높여준다.

③ 묻는 말에 대답하고 의사를 존중한다.

④ 천천히 부드러우며 조용한 목소리로 응대한다.

Answer 82. ③ 83. ③

82 MTP법
ⓐ Man(사람) : 누가 처리할 것인가?
ⓑ Time(시간) : 언제 처리할 것인가?
ⓒ Place(장소) : 어느 장소에서 처리할 것인가?

83 고객 유형별 응대요령
ⓐ 충동/돌격형 : 짧게, 빨리, 요점만 명확히 응대
ⓑ 심사숙고형 : 여유있게 설명, 경쟁사보다 혜택이 많음을 설명
ⓒ 미결정형 : 한가지 상품을 제시, 고객을 대신하여 결정을 내린다.
ⓓ 다변형 : 적당히 칭찬과 인정하고 찬스를 포착, 상품소개를 유도
ⓔ 의심형 : 근거가 되는 구체적 자료제시
ⓕ 결정형 : 체면과 프라이드를 높여주고 스스로 결정토록 유도
ⓖ 부끄럼형 : 천천히 부드럽게 조용한 소리로 응대
ⓗ 수다쟁이형 : 맞장구와 함께 천천히 용건에 접근
ⓘ 유아독존 : 묻는 말에 대답하고 의사를 존중
ⓙ 불평형 : 변명에 앞서 고객의 입장을 동감하고 사과

84 고객니즈 파악 과정에 대한 설명으로 거리가 먼 것은?

① 상담코드 및 VOC코드 등을 세분화하는 것보다는 통합하여 고객의 니즈를 파악한다.
② 자사의 상품 및 서비스를 제공받을 고객을 사전에 정의한다.
③ 고객접점 분석을 통해 업무단위 및 고객동선 등 서비스 프로세스를 분석한다.
④ 각 접점단위별로 고객의 요구품질 VOC, Workthrough 등을 통해 조사한다.

85 일반적으로 텔레마케터가 고객과의 전화에서 활용할 수 있는 음성 연출로 적합하지 않는 것은?

① 억양의 특이한 엑센트
② 음성의 크고 작음
③ 말의 빠르고 느림
④ 말의 색깔과 느낌

86 다음 중 커뮤니케이션의 원칙과 가장 거리가 먼 것은?

① 지속성
② 명료성
③ 신뢰성
④ 표현 / 전달내용의 다양성

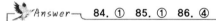
Answer **84.** ① **85.** ① **86.** ④

84 ① 다양하고 세분화된 VOC 채널에 의하여 고객의 니즈 및 요구사항을 청취해야 한다.

85 ① 성공적인 구두 커뮤니케이션을 위하여 음성의 톤, 억양, 울림, 발음, 속도 등을 적절하게 조절하는 것이 중요하다.

86 커뮤니케이션의 원칙
ㄱ 신뢰성
ㄴ 상황
ㄷ 내용
ㄹ 명료성
ㅁ 지속성
ㅂ 일관성
ㅅ 경로
ㅇ 수신자의 능력

87 서비스 상담 화법에 대한 설명으로 옳지 않은 것은?

① 반론극복에 성공하려면 말을 하지 않고 침묵이 가장 좋은 방법이다.
② 문제파악화법의 단계는 어떤 단계보다도 질문을 제기하는 것이 중요하다.
③ 친밀감 화법의 일차적인 목적은 고객의 경계심, 불안감을 제거하는 것이다.
④ 해결화법은 고객이 안고 있는 문제를 해결할 수 있는 방안을 제시할 수 있어야 한다.

88 고객 성향별 응대는 텔레마케터에게 있어 중요한 스킬이다. 이에 대한 설명과 거리가 먼 것은?

① 고객 성향에 따른 응대 포인트를 사전 학습하여 고객과 불필요한 마찰을 감소시켜야 한다.
② 유사한 성향을 가지고 있는 고객은 전적으로 상감원의 개인적 상담 노하우를 반영하여 응대한다.
③ 고객성향별 행동특성을 명확히 이해하고 성향에 따른 돌발적 반응에도 침착하게 대응해야 한다.
④ 자사 상품 및 서비스에 대한 고객의 다양한 성향을 파악하여 이를 매출과 연계하여야 한다.

89 고객반론의 원인을 간파하기 위한 방법으로 옳지 않은 것은?

① 고객반론의 원인이 무엇인지 파악한다.
② 고객반론의 구체적인 요소가 무엇인지 분석한다.
③ 정확한 설명과 설득을 위해서는 강경한 대화충돌을 감수해야 한다.
④ 아무리 성가신 상황에서도 능숙하게 대처하며 결코 짜증을 내지 않는다.

Answer ── **87.** ① **88.** ② **89.** ③

87 ① 반론극복에 성공하려면 침묵하지 않고, 상품과 서비스의 장점과 준비된 화법으로 고객을 차근차근 설득해야 한다.

88 ② 상이한 성향을 가지고 있는 고객은 전적으로 상담원의 개인적 상담 노하우를 반영하야 응대하는 것이 중요하다.

89 ③ 고객의 행동 등에 훈계를 하거나 고객이 가치관이나 생각과 반대되는 기준을 이해 또는 설득시키려는 경우는 오히려 고객이 마음의 문을 닫는 결론을 낳는다.

90 고객 응대에 있어서 Moments Of Truth(결정적 순간, 진실의 순간)의 의미로 가장 적합한 것은?

① 고객이 제품을 구매하여 처음 사용해 보는 순간

② 고객과 기업이 상호 접촉하여 커뮤니케이션을 하는 매 순간

③ 고객이 제품 사용을 통해 제품의 장·단점을 실제로 깨달은 순간

④ 고객이 만족할 만한 응대가 끝난 시점

91 고객응대 시 지켜야 할 사항으로 거리가 가장 먼 것은?

① 동료와의 사적인 대화는 삼간다.

② 고객에게 무관심한 모습은 보이지 않는다.

③ 고객에게 항상 감사하는 마음가짐을 갖는다.

④ 고객응대 상황에 관계없이 항상 규정에 따라 정해진 답변을 한다.

 *Answer* **90.** ③ **91.** ④

90 MOT(Moment of Truth)
마케팅 용어로서 '진실의 순간'이 중요한 것은 이 개념이 곱셈의 규칙과 관련이 있다는 점이다. 고객은 서비스를 더하기가 아니라 곱하기 개념으로 받아들인다는 얘기다. 한번 0점이나 마이너스(−) 점수를 받게 되면 여하한 노력으로도 만회가 어렵다는 뜻이다.
이 개념을 제대로 활용해 성공한 경영자가 있다. 지난 80년대 스칸디나비아항공(SAS) 사장이던 얀 칼슨이 주인공이다. 그는 70년대 말 오일쇼크로 2년 연속 적자를 기록한 이 회사에 81년 39세의 나이로 사장이 됐다. 그는 부임하자마자 직원들이 고객을 만나는 15초 동안이 '진실의 순간'이라고 일갈했다. 이 15초 동안에 고객을 평생 단골로 잡느냐 원수로 만드느냐가 결정된다는 것이 그의 주장이었다. 그는 "기내식 식반이 지저분하면 승객들은 비행기 전체가 불결하다고 느낀다"며 식반 닦는 종업원들에게도 '진실의 순간'을 직접 강조할 정도로 전사적 운동을 벌였다. 결과는 대성공이었다. 8백만 달러 적자였던 경영수지가 1년 만에 7천 1백만 달러 흑자로 바뀌었다. 에너지를 쓸데없는 데 소비하지 않고 결정적인 부분에 집중한 결과였다.

91 ④ 상황에 따라 답변은 달라질 수 있다. 따라서 상황에 맞게 적절하게 응대할 수 있어야 한다.

92 CRM에 대한 설명으로 틀린 것은?

① 고객과의 관계관리에 초점을 맞춘 고객지향적 경영방식이다.
② 고객의 생애 전체에 걸친 장기적이고 지속적인 이윤을 추구하는 동적인 경영방식이다.
③ 고객관리를 위한 고객데이터 분석과 같은 정보기술에 기반을 둔 효율적 활용을 요구한다.
④ 고객과의 직접적인 접촉을 통해 한 방향 커뮤니케이션을 지속하면서 고객과의 관계를 강화시킨다.

93 다음 중 고객만족의 중요요소와 가장 거리가 먼 것은?

① 상품
② 기업
③ 서비스
④ 이미지

94 분석 CRM의 본질적인 역할을 수행하기 위해 고려해야 하는 요소가 아닌 것은?

① 데이터마트
② 데이터마이닝
③ 데이터웨어하우스
④ 데이터베이스마케팅

Answer ── 92. ④ 93. ② 94. ④

92 ④ CRM은 고객과의 직접적인 접촉을 통해 쌍방향 커뮤니케이션(Two-way Communication)을 지속한다.

93 고객만족의 3대 요소는 상품, 서비스, 이미지다. 이 중에서 상품은 최우선적으로 고객들이 고려하는 것이다.

94 ④ 운영 CRM에서 고려하는 요소이다.
 ※ 분석적 CRM
   다양한 데이터 마이닝(data mining) 도구를 사용하여, 운영적 CRM에 의해 생성된 데이터 웨어하우스나 데이터 마트 내의 자료를 추출하여 분석하고, 이를 기반으로 모델을 만든다.

95 제품과 서비스에 불만족한 고객에 대한 응대방법으로 적합하지 않은 것은?

① 사과 : 회사를 대표해서 정중하게 사과한다.
② 경청 : 선입관을 버리고, 끝까지 잘 들어준다.
③ 공감 : 고객의 입장에서 기분을 이해하고 공감한다.
④ 설득 : 제품 또는 서비스에 잘못이 없음을 정확하게 알린다.

96 인바운드 콜 상담기법에 대한 설명으로 옳지 않은 것은?

① 상대방의 말을 막지 않는다.
② 지나치게 과장된 정서표현은 삼간다.
③ 상대방의 민감한 부분이나 콤플렉스는 대화에서 제외한다.
④ "언제나", "반드시"와 같은 정확하고 단호한 표현을 지속적으로 사용하여 고객에게 신뢰를 준다.

97 새로운 패러다인의 요구에 의해 고객관계관리(CRM)의 중요성이 부각되었다. 고객관계관리가 기업운영에 있어서 중요하게 등장한 이유로 거리가 먼 것은?

① 시장의 규제완화로 인하여 새로운 시장으로의 진입 기회가 늘어남에 따라 동일 업종에서의 경쟁이 치열하게 되었다.
② 컴퓨터 및 IT기술의 급격한 발전으로 인해 기업의 외적인 환경이 형성되었다.
③ 고객의 기대와 요구가 다양해지고 끊임없이 더 나은 서비스나 차별화된 대우를 요구하게 되었다.
④ 광고를 비롯한 마케팅커뮤니케이션 방식에서 획일적인 매스마케팅 방식의 요구가 커졌다.

Answer ─ **95. ④ 96. ④ 97. ④**

95 ④ 고객과 협의하여 해결책을 찾아야 한다.

96 ④ '언제나', '절대로'와 같은 극단적인 표현은 삼간다.

97 ④ 광고를 비롯한 마케팅커뮤니케이션 방식에서 쌍방향 매스마케팅 방식의 요구가 커졌다.

98 다음 사례에서 고객의 역할은?

> 콜센터에서 고객으로부터 걸려오는 전화의 매 12회마다 1회씩 짤막한 조사를 시행하고 있으며, 이때 걸리는 시간은 1분도 채 걸리지 않는다.

① 정보 제공자   ② 정보 소비자

③ 정보 이용자   ④ 정보 관리자

99 고객 성격의 특성에 따른 응대요령으로 틀린 것은?

① 급한 성격은 신속하게 행동하고 설명도 핵심만 강조한다.
② 결단성이 없는 성격은 기회를 잡아 빨리 요점만 설명한다.
③ 내성적인 성격을 조용하게 응대하고 상대의 의견을 충분히 들어준다.
④ 흥분을 잘하는 성격은 부드러운 분위기를 유지하며 강압하지 않는다.

100 고객 응대의 질을 향상시키기 위해 상담자가 가져야 할 핵심 요소와 가장 거리가 먼 것은?

① 신뢰성과 고객존중
② 비판적인 사고와 분석력
③ 긍정적인 태도와 적극성
④ 창의력과 원만한 대인관계

Answer ─ **98.** ① **99.** ② **100.** ②

98 고객에 대한 조사를 통해 콜센터에서 정보를 수집하고 있으므로 고객은 정보 제공자로서의 역할을 하고 있다고 볼 수 있다.

99 ② 우유부단한 고객의 경우 인내심을 가져야 하며, 질문은 개방형으로 하고, 고객의 말을 주의 깊게 들어야 한다.

100 ② 긍정적인 사고와 분석력이 필요하다.

13 2017년 제1회 기출문제

1 판매관리

1 제품의 수명주기를 순서대로 바르게 나열한 것은?

① 도입기 → 성숙기 → 성장기 → 포화기 → 쇠퇴기
② 도입기 → 성장기 → 포화기 → 쇠퇴기 → 성숙기
③ 도입기 → 성장기 → 성숙기 → 포화기 → 쇠퇴기
④ 도입기 → 성숙기 → 포화기 → 성장기 → 쇠퇴기

2 아웃바운드 텔레마케팅 활용분야와 예시로 옳지 않은 것은?

① 제품 및 서비스 상담 : 회원모집, 보험판매
② 계약갱신 : 카드갱신, 잡지 재구독, 보험 계약 갱신
③ 제품 반품 및 교환 상담 : 가전제품, 가구 등의 반품 교환 전화
④ 교체구입 및 업그레이드 구입 권유 : 컴퓨터 관련 제품 판매, VIP카드 결제

 Answer ── 1. ③ 2. ③

1 제품 수명주기(PLC) : 도입기 → 성장기 → 성숙기 → 포화기 → 쇠퇴기

2 ③ 인바운드 텔레마케팅의 활용분야다.
  ※ 아웃바운드 활용분야
    ㉠ 판매분야 : 신규고객 개척 및 잠재고객 발굴
    ㉡ 비판매분야 : 조사업무, 판매지원업무, 연체대금 회수, 고객관리, 리스트 정비

3 주문접수 처리에 요구되는 사항과 가장 거리가 먼 것은?

① 고객번호, 전화번호 등 고객데이터의 정확한 작동과 관리가 이루어져야 한다.

② 고객의 기본이력을 통해 그 고객의 특성을 이해하여 신상정보 DB를 상업적으로 이용한다.

③ 문의나 요구사항, 접수에 대해서는 전화를 받는 사람이 즉시 원스톱 중심으로 처리할 수 있어야 한다.

④ 고객관리에서 가장 기초적인 고객정보 화면의 신규입력과 수정입력이 용이하게 이루어져야 한다.

4 아웃바운드 판매전략의 과정으로 바르게 나열된 것은?

① 잠재고객 파악 → 잠재고객 특성 정의 → 스크리닝 → 판매 → 사후관리

② 잠재고객 파악 → 스크리닝 → 잠재고객 특성 정의 → 판매 → 사후관리

③ 잠재고객 특성 정의 → 잠재고객 파악 → 스크리닝 → 판매 → 사후관리

④ 잠재고객 특성 정의 → 스크리닝 → 잠재고객 파악 → 판매 → 사후관리

5 고객 데이터베이스 분석기법에 대한 설명으로 틀린 것은?

① 회귀분석 : 영향을 주는 변수와 영향을 받는 변수가 서로 선형관계가 있다고 가정하여 이루어지는 분석방법

② 판별분석 : 집단 간의 차이가 어떠한 변수에 의해 영향을 받는지를 분석하는 방법

③ 군집분석 : 여러 대상들을 몇 개의 변수를 기초로 서로 비슷한 것끼리 묶어주는 분석방법

④ RFM(Recency, Frequency & Monetary) : 제품에 대한 특성을 중심으로 분석하는 방법

Answer — 3. ② 4. ① 5. ④

3 ② 고객에 대한 다양한 정보를 통해 데이터베이스 생성하고 고객 개개인과 장기적인 관계를 구축해야 한다.

4 아웃바운드 판매전략의 과정 : 잠재고객 파악 → 잠재고객 특성 정의 → 등급화(스크리닝) → 판매 → 사후관리

5 RFM(Recency-Frequency-Monetary) : 최근 구입여부와 구입빈도 및 제품구입액 정도를 나타내는 것으로 3가지 요소를 가산 평균하여 고객의 가치를 평가하는 데 이용하는 방법이다.

6 아웃바운드 텔레마케팅의 업무영역 중 고객니즈의 자극 영역은?

① 판매촉진　　　　　　　　　　② 벤치마킹
③ 시장조사　　　　　　　　　　④ 상담창구

7 인바운드 고객상담의 개념과 가장 거리가 먼 것은?

① 보험권유는 전형적인 인바운드 텔레마케팅 예이다.
② 수신자부담 전화도 일종의 인바운드 텔레마케팅이다.
③ 고객이 먼저 주도하는 고객주도형 텔레마케팅이다.
④ 인바운드 고객상담은 특히 서비스 마인드 자세가 강조되는 텔레커뮤니케이션이다.

8 잠재시장을 평가할 때 마케팅 관리자가 체크해야 할 사항으로 가장 거리가 먼 것은?

① 시장의 규모　　　　　　　　　② 시장의 위치
③ 2차 자료 수집방법　　　　　　④ 시장세분화의 적합한 기준

9 기업의 전략적 사업 단위를 분석하는 데 이용되는 BCG(boston consulting group) 매트릭스에서 시장점유율은 높으나, 시장성장률이 낮은 유형은?

① Star　　　　　　　　　　　　② Cash Cow
③ Dog　　　　　　　　　　　　④ Question mark

Answer ─ **6.** ① **7.** ① **8.** ③ **9.** ②

6 ① 판매촉진이란 고객의 구매 욕구를 일으키기 위해 자극하는 모든 활동으로 아웃바운드 텔레마케팅의 업무영역 중 고객니즈의 자극영역에 해당한다.

7 ① 보험권유는 전형적인 아웃바운드 텔레마케팅의 예이다.

8 ③ 2차 자료는 기존에 다른 주체에 의해, 다른 목적을 가지고 수집되어진 이미 존재하는 자료를 의미한다. 문제를 규명하고 문제에 대한 적절한 접근방법을 개발하고 조사 설계 및 조사 문제에 대한 가설을 제공하는 역할을 한다.

9 ② Cash Cow는 시장점유율은 높으나, 시장성장률이 낮기 때문에 다른 경쟁기업이 뛰어들 확률이 적어 수익은 높고 안정적이다.

10 다음 중 고객충성도(Customer loyalty) 형성에 영향을 미치는 요소와 가장 거리가 먼 것은?

① 구매횟수   ② 구매방법
③ 이용실적   ④ 이용기간

11 인바운드 텔레마케팅의 중요성에 대한 설명으로 가장 거리가 먼 것은?

① 거래마케팅에서 관계마케팅으로서 변화에 대응
② 기업 서비스 향상으로 고객요구에 대한 신속한 대응
③ 광고, 경험, 구전 등에 의한 고객 기대가치의 대응
④ 서비스 및 상품 이용고객의 만족여부의 정확한 확인

12 인바운드 텔레마케팅의 업무가 아닌 것은?

① 문의 및 불만사항 대응   ② 예금상담 서비스
③ 해피콜 서비스   ④ 통신판매의 주문접수

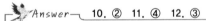

Answer ── 10. ② 11. ④ 12. ③

10 고객충성도 형성에 영향을 미치는 요소
  ㉠ 구매 횟수
  ㉡ 이용 기간과 이용 실적
  ㉢ 회사의 기여도
  ㉣ 추천 소개

11 ④ 아웃바운드 텔레마케팅의 중요성에 대한 설명이다.

12 ③ 해피콜 서비스는 아웃바운드 텔레마케팅의 업무다.
  ※ 아웃바운드 텔레마케팅의 업무 : 해피콜, 설문조사, 고객 만족도 조사, 시장 조사, 대금 회수, 계약 갱신

13 광고효과의 측정 방법이 아닌 것은?

① 식별 측정(recognition measure)　② 기억 측정(recall measure)

③ 구매행위 측정(purchase measure)　④ 과업기준 측정(task-based measure)

14 다음은 제품의 어떤 가격정책을 설명하는 것인가?

> A제품은 모든 연령대가 즐겨 찾는 제품이며, 그 수요가 점차 증가하고 있다. A제품의 초기가격은 50만원대로 형성되었으나 기본 모델의 경우, 현재는 약 30만원대로 구입이 가능하다. 즉 가격대가 하락하면서 판매는 증가하고 있다.

① 가격 탄력성(price elasticity)　② 시장침투 가격(penetration pricing)

③ 명예 가격(prestige pricing)　④ 초기 고가격(skimming pricing)

15 다음 시장세분화의 기준 중 행동분석적 변수에 해당하지 않은 것은?

① 가격민감도　　　　　　　② 브랜드선호도

③ 소득　　　　　　　　　④ 사용량

Answer — 13. ④　14. ④　15. ③

13 광고효과의 측정 방법
- ㉠ 문안내용 분석(content analysis)
- ㉡ 식별측정(recognition measure)
- ㉢ 기억측정(recall measure)
- ㉣ 의견 또는 태도 측정(opinion or attitude measure)
- ㉤ 구매행위 측정(purchase measure)

14 ④ 초기 고가격전략은 신제품을 시장에 내놓을 때 혁신 고객층을 대상으로 가격을 높게 책정하는 전략이다. 이 전략은 고객층이 넓지 않은 혁신제품이나 프리미엄제품에 바람직하다.

15 시장세분화 변수
- ㉠ 인구통계학적 변수 : 연령, 성별, 가족구성원, 가족력, 소득수준, 교육수준, 종교, 인종, 국적
- ㉡ 지리적 변수 : 지역, 도시규모, 인구밀도, 국가, 기후
- ㉢ 심리적 변수 : 라이프스타일, 사회계층, 개성, 관심, 활동
- ㉣ 행동분석 변수 : 이용시기, 이용수준, 브랜드 충성도

16 효율적인 인바운드 고객응대를 위해서 실시할 수 있는 방법이 아닌 것은?

① 콜센터(call center)의 설치운영   ② 일률적인 성과급제
③ 고객대응창구의 일원화   ④ 24시간 전화접수 체제 구축

17 다음 중 고객생애가치(Life Time Value)와 가장 관계가 깊은 것은?

① Renwal(갱신)   ② CRM(고객관계관리)
③ Up-Sale(고가 판매)   ④ Cross-Sale(교차 판매)

18 다음 설명에 해당하는 용어는?

> 하나의 제품이나 서비스 제공 과정에서 다른 제품이나 서비스에 대해 판매를 촉진시키는 마케팅 기법

① 리피팅(Repeating)   ② 업 셀링(Up-Selling)
③ 크로스 셀링(Cross-Selling)   ④ 경쟁광고(Pioneering advertising)

19 어느 특정기업이 소비자의 마음속에 자사상품을 원하는 위치로 부각시키려는 노력은?

① 이미테이션   ② 포지셔닝
③ 시장의 표적화   ④ 독점시장화

Answer ── 16. ②   17. ②   18. ③   19. ②

16 ② 성과에 따른 보수 지급으로 동기부여와 성과 향상을 유도해야 한다.

17 ② CRM(Customer Relationship Management)은 수익성 있는 고객을 획득하고 유지하기 위한 전사적 노력이다. 따라서 CRM은 고객과 고객의 원하는 가치를 파악해 고객이 원하는 가치를 담은 제품과 서비스를 지속적으로 제공함으로써 고객을 오래 유지하고, 이를 통해 고객의 평생가치를 극대화해 수익성을 높이는 통합된 고객관계관리 프로세스라고 할 수 있다.

18 크로스 셀링이란 추가 구입을 유도하는 판매방법을 말한다. 이는 인바운드 텔레마케팅에 있어서 판매 증대는 물론 고객만족을 위해서도 중요한 마케팅 활동이다.
② 고객이 희망했던 상품보다 단가가 높은 상품의 구입을 유도하는 판매방법이다.

19 ② 타겟팅한 세그먼트에 우리 제품을 어떤 이미지로 인식시킬지 결정하는 단계이다. 잠재고객의 마인드에 자신을 차별화하는 방식으로 고객의 입장에서 제품의 위치를 알리는 것이다.

20 여러 점포를 모두 특정지역에 집중하여 입지시키는 방법으로 대개 대형 상권이나 교통 중심 지를 대상으로 하는 마케팅 방법은?

① 니치마케팅　　　　　　　　　② 포화마케팅

③ 프랜차이징　　　　　　　　　④ 다경로 유통시스템

21 제품의 가격 변화에 따른 소비자의 수요 변화나 공급추이에 관한 정도를 의미하는 것은?

① 가격대 성능비　　　　　　　　② 가격 탄력성

③ 가격표시제　　　　　　　　　④ 기회 비용

22 마케팅 정보시스템의 대표적인 4가지 구성요소에 해당하지 않은 것은?

① 기업광고 시스템　　　　　　　② 내부보고 시스템

③ 마케팅조사 시스템　　　　　　④ 외부정보입수 시스템

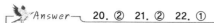 **Answer** 　20. ② 　21. ② 　22. ①

20 ② 스타벅스, 맥도날드 등과 같은 특정한 비즈니스에 대해 고밀도 도시 지역에서 가장 성공적이다.
　① 시장의 빈틈을 공략하는 새로운 상품을 연달아 시장에 내놓음으로써, 다른 특별한 제품 없이도 셰어(share)를 유지
　　시켜 가는 판매 전략을 말한다.
　③ 파리바게트나 도미노 피자와 같은 특정 기업이 갖고 있는 유명한 상표나 상호의 사용권을 다른 기업에게 제공하면
　　서 경영에 직, 간접적으로 참가하고, 그 대가로 사용료를 받는 것이다.
　④ 둘 이상의 상이한 마케팅 경로이다. 상권이 세분화됨에 따라 각 상권에 효과적으로 접근할 수 있는 다양한 종류의
　　유통시스템이다.

21 ② 어떤 제품의 가격이 변할 때 그 제품의 수요량이 얼마나 민감하게 변하는지 나타내는 지표다. 수요량 변화율을 가격
　변화율로 나눈 값으로 나타낸다.

22 마케팅 정보시스템 구성요소
　㉠ 내부정보 시스템
　㉡ 마케팅조사 시스템
　㉢ 외부정보입수 시스템
　㉣ 고객정보 시스템

23 마케팅 믹스에서 4P에 해당하지 않는 것은?

① 유통   ② 고객
③ 가격   ④ 제품

24 아웃바운드 텔레마케팅을 활용하는 마케팅 전략이라고 볼 수 없는 것은?

① 매스마케팅   ② 다이렉트마케팅
③ 데이터베이스마케팅   ④ 1대 1마케팅

25 서비스의 특성과 설명이 잘못 연결된 것은?

① 소멸성 : 서비스는 재고형태로 보존할 수 없다.
② 이질성 : 서비스는 표준화되기 어렵다.
③ 유형성 : 서비스를 제공받기 전에는 서비스의 품질을 인식할 수 없다.
④ 동시성 : 서비스는 제공자에 의해 제공되는 동시에 고객에 의해 소비된다.

Answer ── **23. ② 24. ① 25. ③**

23 4P : 제품(product), 유통(place), 가격(price), 촉진(promotion)

24 ① 아웃바운드 텔레마케팅은 마케팅전략, 통화기법 등의 노하우, 텔레마케터의 자질 등에 큰 영향을 받으며, 업체 스스로 주도하는 능동적이고 목표지향적인 마케팅이라 할 수 있다. 아웃바운드 텔레마케팅은 수동적인 인바운드 텔레마케팅에 비해 비용이 많이 들고 표적 대상이 아닌 고객을 불편하게 해서는 안 되기 때문에 훨씬 더 정확한 고객정보 DB가 요구된다. 매스마케팅은 대중마케팅으로 1960년에 추구했던 마케팅 개념이다.

25 ③ 무형성에 해당하는 설명이다.

26 넓은 의미로 문헌조사라고도 하며 각종 학술연구지, 상업잡지, 통계자료집 등과 같은 다양한 분야의 자료를 조사하는 방법은?

① 종단조사

② 횡단조사

③ 1차 자료분석방법

④ 2차 자료분석방법

27 모집단으로부터 이를 대표할 수 있는 부분을 선택하는 과정은?

① 가설의 설정

② 표본추출

③ 설문지 조사

④ 실험조사

28 2차 자료 수집 시 고려해야 할 사항과 가장 거리가 먼 것은?

① 조사목적의 적합성

② 자료의 신뢰성

③ 자료의 편견

④ 자료의 편집

Answer— **26.** ④ **27.** ② **28.** ④

26 ① 정해진 조사대상의 특정 변수 값을 여러 시점에 걸쳐 조사하여 이들의 변화와 그 차이의 발생요인을 분석하는 방법이다.

② 모집단에서 추출한 표본으로부터 단 1회의 조사를 통하여 마케팅정보를 수집하는 방법이다.

③ 조사연구의 목적을 달성하기 위해 직접 수집하는 자료이다.

27 ② 표본추출이란 모집단을 정확하게 대표할 수 있는 표본을 선정·조사해서 이로부터 얻는 표본통계량(statistic)값으로 모집단의 모수(parameter)를 추론한다.

28 2차 자료수집 시 고려사항

㉠ 자료가 해당 조사 목적에 적합한 자료인지 검토해야 한다.

㉡ 사용하고자 하는 자료가 정확한지 검토해야 한다.

㉢ 2개 이상의 자료원에서 자료를 수집할 경우 자료의 일관성을 검토해야 한다.

29 설문조사 전에 작성된 설문지를 테스트하는 목적 및 요령과 거리가 먼 것은?

① 설문문항의 타당성을 낮추기 위해 실시한다.
② 질문에 대한 이해도, 잘못된 표현, 응답항목의 누락 및 중복 등의 문제점을 검토한다.
③ 응답에 걸리는 시간, 응답의 어려움, 측정도구의 신뢰도 검증에 대한 적절성을 평가하기 위해서 실시한다.
④ 설문을 소량으로 만들어 조사대상이 될 모집단에서 표본을 일부 추출하여 조사한다.

30 마케팅 조사 절차 중 조사계획 수립단계에 관한 사항으로 옳지 않은 것은?

① 데이터를 분석하고, 문제점에 대한 대안을 모색한다.
② 문제점을 파악하고 이를 해결할 수 있는 방향으로 조사목적을 설정한다.
③ 필요한 정보를 얻기 위해 조사내용 전반에 대한 범위를 정한다.
④ 사용가능한 조사 예산 등을 감안하여 합리적인 방법으로 조사 예산 계획을 수립한다.

31 설문지의 질문 유형 중 개방적 질문에 대한 특성으로 볼 수 없는 것은?

① 응답자가 생각나는 대로 어떤 형식 없이 응답할 수 있다.
② 응답자의 다양한 의견을 수렴할 수 있다.
③ 응답자가 생각하기 귀찮을 경우 불성실하게 답을 할 수 있다.
④ 조사자가 의도한 답을 얻기 쉽다.

Answer **29.** ① **30.** ① **31.** ④

29 ① 설문문항의 타당성을 높이기 위해 실시한다.

30 조사계획 수립 시 가장 중요한 것은 문제해결 즉 조사목적 달성에 적합한 자료수집방법과 표본설계의 절차이다. 또한, 조사결과로 산출될 내용의 목차를 통해 조사항목을 가늠해볼 수 있어야 하며, 조사일정이나 예산도 명확하게 제시되어야 한다.
① 자료 분석 및 해석 단계이다.

31 ④ 개방형 질문은 조사자의 의도나 질문의 형식에 구애받지 않는다는 장점이 있다.

32 다음 중 수요를 예측할 때 사용될 수 있는 가장 효율적인 조사방법은?

① 문헌조사 ② 소비자 욕구조사
③ 인과조사 ④ 사례조사

33 인터넷 조사의 문제점이 아닌 것은?

① 응답자가 정말로 진실을 말하고 있는 것인지 아닌지를 구분하기가 매우 어렵다.
② 인센티브를 받기 위해서 또는 자신의 의견을 더욱 많이 반영하기 위해서 여러 번 응답할 수 있다.
③ 타 조사방식에 비해 응답률이 매우 낮다는 문제가 있다.
④ 조사 주제에 대해 개인적으로 관심이 많은 사람들만이 응답을 하게 되는 자기선택편향이 발생할 수 있다.

34 조작적(Operational) 정의에 대한 설명으로 가장 옳은 것은?

① 연구하고자 하는 문제를 진술하기 위한 구성개념을 정의하는 것이다.
② 구성개념을 측정 가능한 상태가 되도록 정의하는 것이다.
③ 현상을 설명하는 구성개념을 정의하는 것이다.
④ 분석대상에 대한 통계적 방법을 정의하는 것이다.

Answer── 32. ② 33. ② 34. ②

32 ② 특정 제품에 대한 소비자의 선호나 구매의사를 직접 조사하여 미래의 수요를 예측하는 방법이다.

33 ③ 우편조사의 단점에 해당한다.
※ 인터넷 조사의 문제점
ⓐ 인터넷을 이용하는 사람들만을 대상으로 하기 때문에 표본의 대표성이 문제가 된다.
ⓑ 표본의 대표성이 불분명하다.
ⓒ 사람들이 자발적인 참여에 의존하기 때문에 응답자 의존성 문제가 발생한다.
ⓓ 제한된 시간 내에 대표성 있는 표본을 추출하기 어려우므로 실시간 문제가 발생된다.
ⓔ 자료의 검증이 어렵다.

34 ② 조작적 정의(operational definition)는 추상적인 구성개념을 측정 가능한 상태로 정의하는 과정을 말한다.

35 탐색조사에 대한 설명으로 옳지 않은 것은?

① 탐색조사는 사전정보를 파악하기 위해 실시되는 조사이다.

② 연구가 충분히 되지 않은 분야의 연구수행에 적절하다.

③ 탐색조사에서 편견이 개입되지 않아야 하고 통찰력, 독창력이 필요하다.

④ 자료수집방법, 자료조사절차 등에 대한 사전계획이 명확한 조사방법이다.

36 다음 자료수집방법 중 응답 정보를 가장 빨리 얻을 수 있는 것은?

① 우편조사 ② 전화조사

③ 심층면접조사 ④ 대리질문조사

37 종단조사에 대한 설명이 옳은 것은?

① 시간 간격을 두고 반복적 조사를 통한 마케팅 변수에 대한 반응 측정

② 기온에 민감한 지역을 위도별로 분류하여 각 지역별로 선호되는 상품에 대한 반응요소 측정

③ 소득수준에 따른 모집단을 분류하여 선호하거나 이용하는 상품을 가격대별, 상품군별로 분석한 자료

④ 어떠한 시점에서의 소비자의 구매형태를 측정하여 시장의 전반적 상황을 조사

Answer─ 35 .④ 36. ② 37. ①

35 ④ 기술조사에 관한 설명이다.
　※ 탐색조사
　　탐색조사(Exploratory Research)는 조사의 초기단계에서 조사에 대한 아이디어와 통찰력을 얻기 위해서 주로 사용된다. 탐색조사는 그 자체가 조사라기보다는 다른 조사를 수행하기 위한 선행단계로서 실행되는 것이다. 이러한 탐색조사의 종류에는 문헌조사, 사례조사, 전문가의견조사, 표적집단면접법(FGI) 등이 있다.

36 전화조사의 특징
　㉠ 장점
　　• 조사 비용이 비교적 저렴하다.
　　• 조사에 소요되는 기간을 단축할 수 있다.
　㉡ 단점
　　• 조사 내용이 매우 제한적으로 수용된다.
　　• 면접 진행시의 비대면적 상황이 응답을 왜곡시킬 가능성이 높다.

37 ① 종단조사는 정해진 조사대상의 특정 변수 값을 여러 시점에 걸쳐 조사하여 이들의 변화와 그 차이의 발생요인을 분석하는 것으로 시계열조사(time series research)라고도 부른다. 이는 시간 간격을 두고 한 번 이상 조사를 실시하기 때문에 시간의 경과에 따른 마케팅 변수에 대한 소비자 반응의 변화를 측정할 수 있다.

38 조사과정에서 조사원이 응답자에게 가장 영향을 많이 미칠 수 있는 조사방법은?

① 우편조사 ② 인터넷조사

③ ARS조사 ④ 면접조사

39 조사의 유형에 대한 설명으로 적절하지 않은 것은?

① 전화조사 : 특정표본 추출에 한계가 있다.

② 우편조사 : 조사 대상을 다양하게 할 수 있다.

③ 면접조사 : 다수의 면접원이 조사에 참여하기 때문에 조사결과의 객관성이 유지된다.

④ 집단설문조사 : 한 번에 많은 응답자의 반응을 얻을 수 있으므로 시간을 단축시킬 수 있다.

40 면접조사의 특성으로 볼 수 없는 것은?

① 설문지법에 비해 시간, 비용, 노력이 많이 든다.

② 다양한 질문을 사용할 수 있고, 정확한 응답을 얻어 낼 수 있다.

③ 설문지법에 비해 응답자의 환경을 통제, 표준화할 수 없다.

④ 응답자의 과거 행동이나 사적 행위에 관한 정보를 얻을 수 있다.

41 다음 질문 형태 중 자료처리를 위한 코딩에 어려움이 있는 것은?

① 자유응답형 ② 다지선다형

③ 양자택일형 ④ 가치개입형

Answer ── **38.** ④ **39.** ③ **40.** ③ **41.** ①

38 ④ 면접조사는 정성적 조사의 대표적인 방법으로 정보를 갖고 있는 응답자들과 마케팅 및 커뮤니케이션에 전문능력을 가진 진행자가 자유로운 분위기 속에서 면담을 진행하면서 정보를 수집하는 방법으로, 조사과정에서 조사원이 응답자에게 가장 영향을 많이 미칠 수 있다.

39 ③ 조사원의 개인차에 의한 편견과 부정의 소지가 있다는 것이 면접조사의 단점이다.

40 ③ 설문지법에 비해 응답자의 환경을 통제, 표준화할 수 있다.

41 ① 응답자가 질문에 대해 자신의 의견을 제약 없이 표현할 수 있도록 해주는 자유응답형은 자료처리를 위한 코딩에 어려움이 따른다.

42 설문지의 응답내용을 컴퓨터 장치를 활용하여 통계처리하기 위해 숫자 등의 부호로 바꾸는 일을 수행하는 시장조사의 주체는?

① 조사자
② 코딩원
③ 검증원
④ 응답자

43 시장조사의 정의를 설명한 것으로 옳지 않은 것은?

① 시장조사는 매출과 이익을 증가시키도록 도와주는 기법들의 집합이다.
② 시장조사는 경쟁자들과의 매출과 시장점유율에 대한 정보를 수집하는 것이다.
③ 시장조사는 소비자보다 제품을 공급하는 공급의 욕구를 정확히 파악하는 것이다.
④ 시장조사는 목표시장으로부터 자료들을 획득하는 것이다.

44 우편조사의 응답률에 영향을 미치는 요인과 가장 거리가 먼 것은?

① 응답집단의 동질성
② 응답자의 지역적 범위
③ 질문지의 양식 및 우송방법
④ 조사주관기관 및 지원 단체의 성격

45 다음 중 표본추출을 할 때 가장 먼저 해야 할 사항은?

① 모집단 규정
② 표본크기 확정
③ 사전조사
④ 표본특성 조사

Answer ─ 42. ② 43. ③ 44. ② 45. ①

42 ② 코딩원은 여론조사, 시장조사 등에서 수집된 자료를 일정한 규칙 하에서 부호화하고 관련 내용을 정리하여 추후에 통계작업에 사용될 수 있도록 한다.

43 ③ 시장조사는 고객의 욕구와 문제를 파악하고, 성장기회를 포착하기 위해 이용된다.

44 ② 우편조사는 응답자의 분포거리(지역적 범위)에 영향을 받지 않는다.

45 표본추출과정
　㉠ 모집단의 확정
　㉡ 표본프레임의 결정
　㉢ 표본추출방법의 결정
　㉣ 표본 크기의 결정
　㉤ 표본추출

46 다음 척도에 대한 설명 중 옳은 것은?

① 명목척도는 절대적 크기를 비교한다.
② 서열척도는 조작적으로 정의된 특징이나 속성에 관해 순서로 배열된 경우이다.
③ 등간척도의 숫자 간의 간격은 특성의 간격과는 다르다.
④ 비율척도는 등간척도와 같이 절대영점을 가지고 있다.

47 설문지의 대표적 구성요소에 해당되지 않는 것은?

① 식별자료
② 응답자에 대한 협조요청
③ 응답자의 분류를 위한 자료
④ 설문문항 요약 자료

48 측정의 신뢰성을 향상시킬 수 있는 방법으로 옳지 않은 것은?

① 설문지의 문항별 설명을 명확히 하여 응답자별로 해석상의 차이가 발생하지 않도록 한다.
② 조사원들에 대한 교육을 강화하여 설문을 명확히 이해하도록 하고, 질문 방식 등을 표준화시킨다.
③ 성의가 없거나 일관성 없게 응답한 경우 설문지 자체를 폐기시킴으로써 위험요소를 없앤다.
④ 중요한 질문의 경우 반복 질문을 피함으로써 혼선을 피한다.

Answer— **46.** ② **47.** ④ **48.** ④

46 ① 응답대안들을 상호배타적으로 분류하기 위하여 각각의 응답대안에 임의적으로 숫자를 부여한 척도이다.
③ 변수의 특성을 분류하고 서열의 순서를 정할 뿐만 아니라, 일정한 간격의 연속선상에 배치하는 것이다. 간격이 동일하므로 산술적 계산(+, -)에만 사용될 수 있다
④ 등간척도에는 절대영점이 존재하지 않는다.

47 설문지 구성요소
㉠ 응답자에 대한 협조 요청
㉡ 식별 자료(Identification Data)
㉢ 지시 사항
㉣ 필요한 정보의 획득을 위한 문항
㉤ 응답자의 분류를 위한 자료(가능한 한 설문지의 맨 뒤 부분에 위치)

48 ④ 측정의 신뢰성을 향상시키기 위해 중요한 질문의 경우 유사 질문을 이용하여 반복 응답을 구한다.

49 의사소통방법에 의해 자료를 수집할 경우, 다음과 같은 사례의 문제점은?

> 주부들에게 가계부를 쓰느냐고 물을 경우에 거의 모든 주부들이 가계부를 쓰는 것이 주부로서의 역할을 충실히 하는 것이라고 믿고 있기 때문에 가계부를 안 쓰고 있는 주부들도 가계부를 쓴다고 대답한다.

① 응답자가 정보를 고의로 왜곡되게 제공하는 경우이다.
② 응답자가 자료를 제공할 능력이 없는 경우이다.
③ 조사자가 필요로 하는 정보를 응답자가 기억하지 못하는 경우이다.
④ 응답하는 방법을 모르는 경우이다.

50 시장조사에 관한 설명으로 옳지 않은 것은?

① 마케팅 관련자료를 체계적으로 수집, 기록, 처리, 분석하는 활동이다.
② 마케터들이 마케팅 활동 시 근거자료로 활용된다.
③ 마케팅 활동의 목표와 목적이 된다.
④ 과학적인 접근을 통하여 정확하고 신뢰할 수 있어야 한다.

Answer 49. ① 50. ③

49 의사소통방법의 장·단점
　㉠ 장점
　　• 다양성이 높은 정보를 수집할 수 있다.
　　• 신속하게 정보를 수집할 수 있다.
　㉡ 단점
　　• 응답자가 응답을 기피하는 경우가 많다.
　　• 응답자가 자료를 제공할 수 없는 경우 자료수집이 어려워진다.
　　• 응답자가 고의로 자료를 왜곡하여 제공할 수 있다.(바람직한 응답을 지향하는 경향이 있다.)
50 ③ 시장조사는 마케팅 활동의 근거자료가 된다.

51 상담원의 이직원인을 파악하기 위한 방법으로 가장 거리가 먼 것은?

① 360도 다면평가 실시
② 상담사와 개별 미팅 수행
③ 기존 이직 관련 인터뷰 분석
④ 시장상황과 비교하여 직무 및 급여 수준 파악

52 변화적 리더십의 예로 볼 수 없는 것은?

① A는 어떤 장애물도 스스로의 능력으로 극복할 수 있다고 나를 신뢰한다.
② B는 내가 고민해 온 고질적인 문제를 새로운 관점에서 생각해볼 수 있게 해준다.
③ C는 내가 필요한 경우 나를 코치해준다.
④ D는 내가 실수를 저질렀을 때만 관여한다.

53 텔레마케팅 적용하기에 적합하지 않은 것은?

① 유권자 홍보   ② 신시장 개척
③ 제품 생산기술   ④ 신상품에 대한 관심도 조사

Answer ── **51.** ① **52.** ④ **53.** ③

51 ① 360도 다면평가란 상급자, 동료, 하급자에 대한 역량 평가를 말한다.

52 ④ 거래적 리더십에 관한 예이다.
※ **변화적 리더십**
부하의 현재 욕구수준을 중심으로 한 교환관계에 의한 것이 아니고 부하의 욕구수준을 높여 더 높은 수준의 욕구에 호소함으로써 리더는 부하들로 하여금 자신의 이익을 초월하여 조직의 이익을 위해 공헌하도록 동기부여하는 리더십이다.

53 텔레마케팅의 적용 : 고객서비스, 고객관리, 휴면고객 활성화, 판매 · 주문 접수, 예약, 정보 서비스, 고객정보 수집, 연체 · 채권 회수, 상담(카운셀링), 마케팅 리서치, 만족도 조사, 기금모집, 선거홍보 등

54 콜센터 조직의 인력계획 활동에 대한 설명으로 가장 적절하지 않은 것은?

① 인사부문에 대한 계획 활동은 인력확보계획, 인력개발계획, 인력보상계획, 인력유지계획, 인력방출계획을 포함한다.

② 인력배치계획은 고객지향적으로 구성하기보다 회사 내부의 관리지향적으로 구성해야 한다.

③ 기존인력의 기술목록에는 기술과 경험, 능력정보, 교육훈련, 인적사항 등이 포함된다.

④ 인력개발에 관한 계획 활동에는 상담원의 현제 및 잠재능력의 측정과 상담원의 개발 욕구분석, 경력욕구분석을 포함한다.

55 콜센터의 생산성 지표에 대한 설명으로 틀린 것은?

① 상담사의 평균 통화 시간, 후처리 시간 등이 대표적인 생산성 지표이다.

② 생산성 지표는 상담사 투입에 따른 결과로 투입량과 산출량의 비율로 나타난다.

③ 콜 생산성과 수익 관련 지표가 대표적이다.

④ 고객 만족도 향상과 수익 증대가 목표이다.

Answer — **54. ② 55. ①**

54 ② 콜센터 조직의 인력배치계획은 고객 지향적으로 구성해야 한다.

55 ① 상담사의 평균 통화 시간, 후처리 시간은 인바운드 콜센터 생산성 관리지표에 해당한다.
  ※ 인바운드 콜센터 생산성 관리지표
  ㉠ 평균통화시간
  ㉡ 평균마무리 처리시간
  ㉢ 평균통화 처리시간
  ㉣ 평균 응대속도
  ㉤ 예산 인입률 총량
  ㉥ 콜서비스 목표율
  ㉦ 포기콜수

56 텔레마케팅 구성요소에 해당하지 않는 것은?

① 고객(customer)　　　　　　② 콜 센터(call center)
③ 스크립트(script)　　　　　　④ 데이터베이스(database)

57 통화품질과 텔레마케팅 모니터링의 차이점에 대한 설명으로 틀린 것은?

① 통화품질은 종합적 평가체제이고, 텔레마케팅 모니터링은 상담원과 고객 간의 통화 자체에서 느껴지는 상담의 질 정도를 평가한다.
② 통화품질은 콜센터의 종합품질과 경쟁력을 동시에 평가하며, 텔레마케팅 모니터링은 콜센터 자체의 커뮤니케이션 능력의 정도를 평가한다.
③ 통화품질은 주로 상담원 개개인의 전문능력을 평가하며, 텔레마케팅 모니터링은 인바운드, 아웃바운드 콜, 동시 통화량의 처리능력 등을 종합적으로 평가한다.
④ 통화품질의 궁극적인 목적은 콜센터 경영의 질을 향상시키는 것이며, 텔레마케팅 모니터링의 궁극적인 목적은 상담원의 상담의 질을 향상시키는 것이다.

Answer── **56.** ① **57.** ③

56 텔레마케팅의 구성요소
　㉠ 콜센터(Call Center)
　㉡ 데이터베이스(DB : Date Base)
　㉢ 텔레마케팅 운용 요원
　㉣ 스크립트(Script)

57 ③ 통화품질은 콜센터 매니지먼트에 전체적으로 영향을 미치는 종합적인 상황에서의 통화품질 평가업무를 말한다. 반면 텔레마케팅 모니터링은 가장 대표적인 예로 상담원이 고객과의 커뮤니케이션에서 느껴지는 전화상담의 질 정도를 평가하는 것이다.
　※ 통화품질과 텔레마케팅 모니터링의 차이점
　　㉠ 통화품질은 종합적인 평가 체제이고, 텔레마케팅 모니터링은 상담원과 고객 간의 통화 자체에서 느껴지는 상담의 질 정도를 평가한다.
　　㉡ 통화품질은 콜센터의 종합품질과 경쟁력을 동시에 평가하며, 텔레마케팅 모니터링은 콜센터 자체의 커뮤니케이션 능력의 정도를 평가한다.
　　㉢ 통화품질의 궁극적인 목적은 콜센터 경영의 질을 향상시키는 것이며, 텔레마케팅 모니터링의 궁극적인 목적은 상담원의 상담의 질을 향상시키는 것이다.
　　㉣ 통화품질은 인바운드 콜, 아웃바운드 콜. 동시 통화량의 처리능력 등을 종합적으로 평가하지만, 텔레마케팅 모니터링은 주로 상담원 개개인의 전문능력을 평가한다.

58 콜센터 정량적 평가 지표인 서비스 레벨에 대한 설명으로 틀린 것은?

① 전화응대 스크립트의 품질수준을 나타내는 지표이다.
② "X%의 콜을 Y시간 내에 응대"와 같은 형식으로 표시한다.
③ 고객들의 통화대기시간에 대한 평균적인 수준을 가장 잘 나타내 주는 지표이다.
④ 인바운드 콜센터의 대표적인 관리지표 중 하나이다.

59 최근 인사고과의 경향에 해당되지 않는 것은?

① 임금관리 중심의 고과에서 능력개발 중심으로 변화
② 연공서열 중심의 고과에서 성과 중심의 고과로 변화
③ 목적별 고과에서 만능형 고과로 변화
④ 상위자 주체의 고과에서 종업원 참가의 고가로 변화

60 인바운드 콜센터의 운영 성과측정지표에 관한 설명으로 옳지 않은 것은?

① 품질평가는 "목표 서비스 기간 내에 총 인입된 콜의 몇 %를 응답하였는가?"를 측정하는 항목이다.
② CPH(Call Per Hour)는 "텔레마케터가 시간당 인입콜을 얼마나 많이 처리하였는가?"를 측정하는 항목이다.
③ 스케줄 고수율은 (콜 처리시간 + 콜 처리 준비가 되어 있는 시간)/업무를 하도록 스케줄된 시간을 측정하는 항목이다.
④ 고객 만족도는 고객이 콜센터에 대해 느끼는 만족도를 측정하는 항목이다.

Answer ┌ **58.** ① **59.** ③ **60.** ①

58 ① 서비스레벨은 콜센터의 고객만족(CS) 정도를 평가하는 대표적인 지표로 활용된다.

59 ③ 만능형 고과에서 역량과 업적을 중시하는 목적별 고과로 변화하였다.

60 ① 서비스 레벨에 관한 설명이다. 서비스 레벨은 X초 내 X% 콜을 응대하는 것을 뜻한다.

61 인바운드 콜과 아웃바운드 콜을 혼용해서 처리하는 업무형태는?

① 포지셔닝(positioning) ② 블랜딩(blending)
③ 콜 라우팅(call routing) ④ 모니터링(monitoring)

62 텔레마케터의 역할로서 옳지 않은 것은?

① 텔레마케터는 기업의 이미지 향상을 위해 노력하여야 한다.
② 상담을 통해 기록된 고객반응결과를 분석하여 경영정보를 제공한다.
③ 텔레마케터는 회사의 업무나 제품에 대해 적극적으로 홍보하여야 한다.
④ 고객의 특수한 요구나 고충 등은 관리자와의 협의를 통해 최선의 해결안을 모색하여야 한다.

63 통화품질에 대한 설명을 가장 거리가 먼 것은?

① 통화품질이란 기업과 고객 간에 이루어지는 통화에서 느껴지는 품질의 정도를 말한다.
② 하드웨어적인 품질과 소프트웨어적인 품질로 구분할 수 있다.
③ 콜센터의 통화에 대한 종합적인 품질의 정도를 말한다.
④ 불만고객과의 의사소통 수단으로 사용하는 DM 활동이다.

Answer **61. ② 62. ② 63. ④**

61 ② 블랜딩은 인바운드와 아웃바운드 콜 및 상담원을 섞어서 블렌드 상담원을 만들고 이 상담원은 어떤 종류의 콜이라도 모두 다룰 수 있게 하는 것을 말한다. 블랜딩을 통해 다음 인바운드 콜을 기다리는 상담원의 시간을 활용할 수 있으며, 돌발적인 인바운드 콜 과부하를 조절할 수 있게 된다.

62 ② 고객반응결과를 분석하여 경영정보를 제공하는 것은 텔레마케터의 역할과 관련이 없다.

63 ④ 통화 품질(CQA : Call Quality Assurance)이란 기업과 고객 간에 이루어지는 총체적인 품질의 정도를 말한다. 통화 품질은 하드웨어적인 통화 품질과 소프트웨어적인 통화 품질로 크게 구분된다. 즉, 통화와 관계되는 하드웨어·소프트웨어적 통화 수단과 통화 방법의 측정과 평가, 커뮤니케이션의 품격 정도, 내·외부 모니터링 실시를 통해 생성되는 통화 품질에 대한 종합 평가와 분석, 관리 교육지도, 사후 관리를 종합적으로 수행하는 업무를 말한다.

64 역할연기(role playing)의 진행순서로 옳은 것은?

① 상황설정 – 대상자 선정 – 반복 훈련 및 효과상승 체크 – 역할내용 검토 및 평가 –스크립트 및 매뉴얼의 수정
② 대상자 선정 – 스크립트 및 매뉴얼의 수정 – 반복 훈련 및 효과상승 체크 – 역할 내용 검토 및 평가 – 상황 설정
③ 대상자 선정 – 상황 설정 – 역할내용 검토 및 평가 – 스크립트 및 매뉴얼의 수정 – 반복 훈련 및 효과상승 체크
④ 상황 설정 – 대상자 선정 – 스크립트 및 매뉴얼의 수정 – 역할내용 검토 및 평가 – 반복 훈련 및 효과상승 체크

65 콜센터 시스템 매니저의 역할로 적합하지 않은 것은?

① 콜센터 전반의 시스템을 관리하고, 시스템 업그레이드를 실시한다.
② 시스템의 장애를 예방하고 장애 시 신속히 복구하여야 한다.
③ 보안에 대처하여 서비스 연속성을 관리하여야 한다.
④ 콜센터 서비스 관리 지표에 대한 계획과 인력 계획을 수립하여야 한다.

66 다음 (　)에 알맞은 용어는?

> 콜센터 조직구성 원칙 중 (　)은 콜센터 매니지먼트에 있어서 정형적 의사결정과 반복적이고 일상적인 업무 처리는 하위자에게 권한을 위임하고, 자신은 예외적, 우발적인 사항을 처리해야 함을 말한다.

① 예외의 원칙　　　　　　　　② 전문화의 원칙
③ 명령일원화의 원칙　　　　　　④ 책임과 권한의 원칙

Answer── **64.** ③ **65.** ④ **66.** ①

64 ③ 스크립트 및 Q&A 교육 시 역할연기를 시행하는 경우가 많은데 역할연기의 순서는 대상자 선정→상황설정→역할 내용의 검토와 평가→스크립트 및 매뉴얼의 수정→OJT 평가와 피드백으로 진행된다.

65 ④ 콜센터 운영 매니저의 역할에 해당한다.

66 ① 권한을 가진 상위자가 하위자에게 직무를 위임할 경우에 그 직무내용에 관한 일정한 권한까지도 부여해야 한다는 원칙으로 경상의 업무는 위양하고 예외적인 업무는 유보하는 원칙을 뜻한다.

67 텔레마케팅에 대한 설명으로 옳지 않은 것은?

① 정보통신 기술을 활용한다.
② 시간을 효과적으로 관리하기가 어렵다.
③ 훈련받은 인적자원에 의해 이루어진다.
④ 기업의 마케팅 활동에 다양하게 사용될 수 있다.

68 리더십 이론에 관한 설명으로 옳은 것은?

① 특성이론(trait theory)에 의하면, 리더는 리더십 행사에서 상황의 영향을 받을 수 있음을 제시한다.
② 피들러(fiedler)의 상황이론에서는 리더십의 상황요인으로 리더 – 구성원 관계, 과업구조, 리더의 직위권한을 제시하고 있다.
③ 경로 – 목표 이론(path – goal theory)에서는 의사결정 상황에 따라 리더의 의사결정 유형을 달리하는 의사결정나무(decision tree)를 제시하고 있다.
④ 관리격자(managerial grid)이론에 의하면, 중간관리자에게 가장 적절한 리더십 유형은 중간형(5, 5)이다.

Answer— **67.** ② **68.** ②

67 ② 소비자는 방문에 따른 불필요한 시간의 낭비를 막을 수 있으며, 기업은 판매를 위해 방문 시간을 줄일 수 있어 시간을 효과적으로 관리할 수 있다.

68 ① 특성이론은 리더 자신만이 가지고 있는 우수한 자질이나 특성만 있으면 자신이 처해 있는 상황이나 환경이 변하더라도 언제나 리더가 될 수 있다고 가정한다.
③ 경로–목표이론은 리더는 부하가 바라는 보상을 받게 해 줄 수 있는 경로가 무엇인가를 명확히 해 줌으로써 성과를 높일 수 있다는 리더십 이론을 말한다.
④ 관리격자이론은 리더십 유형을 무기력형, 사교형, 과업지향형, 절충형, 팀형으로 분류한 이론이다.

69 스크립트를 작성하는 목적으로 틀린 것은?

① 텔레마케터가 주관적으로 상담하기 위해서 작성한다.
② 상담원의 능력과 수준을 일정수준 이상으로 유지시켜 준다.
③ 통화의 목적과 어떻게 대화를 이끌어 나갈 것인가의 방향을 잡아준다.
④ 균등한 대화를 사용하여 정확한 효과를 측정하고 효율적인 운영체제를 구축한다.

70 인적자원개발을 위한 교육훈련 절차를 나타낸 것으로 옳은 것은?

① 목표설정 – 직무분석 – 교육시행 – 성과평가 – 보상과 개선
② 목표설정 – 교육시행 – 직무분석 – 성과평가 – 보상과 개선
③ 직무분석 – 목표설정 – 성과평가 – 교육시행 – 보상과 개선
④ 직무분석 – 목표설정 – 교육시행 – 성과평가 – 보상과 개선

71 텔레마케팅 성장 배경에 관한 설명 중 '신용카드 보급으로 고객 정보의 취득과 수요 창출의 효과'를 고려한 측면은?

① 기술적 측면　　　　　　② 사회적 측면
③ 소비자 측면　　　　　　④ 생산자 측면

Answer — **69.** ① **70.** ④ **71.** ②

69 스크립트를 작성하는 목적
㉠ 오퍼레이션의 목적 및 방향성의 명확화
㉡ 정확한 오퍼레이션의 실시와 효율적인 전개
㉢ 텔레마케터의 능력 및 수준 유지

70 인적자원개발을 위한 교육훈련 절차
㉠ 직무분석
㉡ 목표설정
㉢ 교육시행
㉣ 성과평가
㉤ 보상과 개선

71 ② 정보처리 기술의 발달로 컴퓨터 보급이 확대되어 고객 데이터베이스 구축 및 접근이 용이하게 되었다. 그리하여 보다 정밀한 시장 세분화로 전략적 활용이 가능해졌으며, 정보통신 기술의 발달로 전화를 이용해 소비자와의 접촉이 용이해졌을 뿐만 아니라 다양한 형태의 고객접촉이 가능해졌다.

72 다음 (   )에 들어갈 알맞은 용어는?

> (   )(이)란 상담원들의 고객 상담 및 서비스 품질의 강점과 약점을 평가하고 측정하기 위해 고객과의 call 상담내용을 듣거나 또는 multimedia를 통한 접촉내용을 관찰하는 모든 활동 및 과정이다.

① 코칭　　　　　　　　　　　② 스크립트
③ 벤치마킹　　　　　　　　　④ QA(Quality Assurance)활동

73 다음 (   )에 들어갈 알맞은 용어는?

> (   )은/는 신규 종업원에게는 직무환경에 자신의 능력을 적응시켜 효과적 직무수행에 도움을 주고 기존 종업원에게는 새로운 기술과 능력을 증진시켜 변화하는 환경에 능동적으로 대처하게 한다.

① 인사이동　　　　　　　　　② 보상관리
③ 교육훈련　　　　　　　　　④ 경력개발

Answer ── **72.** ④　**73.** ③

72 ④ QA(Quality Assurance)란 말 그대로 통화 품질 관리를 뜻한다. 텔레마케터가 고객과의 전화 응대 과정에서 고객사와 콜센터 관리자가 정해놓은 각종 필수 사항과 기준 사항을 정확히 준수하는지를 확인·평가함으로써, 콜센터의 모든 고객 응대 통화의 수준을 표준화하고, 만일의 경우 고객 응대의 문제점 발견시, 이의 개선안을 제안하는 활동을 말한다.

73 ③ 교육훈련은 기업에 소속된 모든 종업원들의 지식·기술·태도를 향상시킴으로써 기업을 발전시키는 것을 목적으로 한다. 기업의 교육훈련은 기업의 목표를 달성하기 위한 수단으로 필요하며, 인적 자원의 수준을 예측하고, 장래에 예상되는 높은 수준의 업무수행이 가능하도록 종업원들의 자질과 능력을 개발하며, 미래의 기업을 경영할 유능한 후계자를 양성하고자 한다.

74 리더십의 유형을 의사결정방식과 태도에 따라 구분할 때 태도에 따른 유형에 해당하는 것은?

① 민주형 리더십   ② 독재형 리더십

③ 자유방임형 리더십   ④ 인간관계 중심형 리더십

75 인바운드 콜처리 품질에 직접적인 영향을 미치는 요소가 아닌 것은?

① 콜센터 위치

② 콜처리 평균시간 수준

③ 콜상담 인력 투입 정도

④ 콜처리 시스템 접근 수준

Answer — **74.** ④ **75.** ①

74 의사결정방식에 따른 리더십의 유형
   ㉠ **독재형 리더십** : 조직의 목표와 계획 수립 및 모든 경영 활동에서 조직 구성원의 의견을 수렴하지 않고, 리더가 독단적으로 의사결정을 하며, 조직의 모든 기능을 독점하려는 형태
   ㉡ **민주형 리더십** : 중요한 의사결정시 조직 구성원의 조언과 협의 과정을 거치며, 객관적이고, 타당한 기준을 설정하여 업적이나 상벌 등의 규정을 수립하는 형태
   ㉢ **자유방임형 리더십** : 조직의 계획이나 의사결정에 관여하지 않고 수동적인 입장에서 행동할 뿐만 아니라 모든 일을 조직 구성원에게 방임하고 책임을 전가하는 형태

75 ① 콜센터의 위치는 인바운드 콜처리 품질에 직접적인 영향을 미치는 요소가 아니다.

 4 고객관리

76 조직 측면에서의 CRM 성공요인에 해당되지 않는 것은?

① 최고경영자의 관심과 지원
② 고객 및 정보 지향적 기업문화
③ 전문 인력 확보
④ 데이터 통합수준

77 화난 소비자에 대한 상담가법으로 틀린 것은?

① 선입견으로 응대한다든지 사무적으로 처리하면 반드시 반발을 사게 되므로 유의한다.
② 화난 소비자가 수고스럽지 않게 상담원이 모든 과정을 일괄적으로 처리한다.
③ 고객의 감정을 상하게 하지 않도록 불만 내용을 끝까지 참고 듣는다.
④ 진실을 확인하고 변명하지 않으며 불만사항에 대하여 정중히 사과한다.

78 CRM에서 고객이 기업에게 기대하는 관계 구축의 요소로 볼 수 없는 것은?

① 상호 간의 신뢰
② 공정한 대우
③ 단기적인 관계
④ 열린 대화 창구

Answer— **76.** ④ **77.** ② **78.** ③

76 ④ 시스템 측면에서의 CRM 성공요인이다.
※ 조직 측면에서의 CRM 성공요인
  ㉠ 최고경영자의 관심과 지원
  ㉡ 고객 및 정보 지향적 기업문화
  ㉢ 전문 인력 확보
  ㉣ 부서 간 업무협조
  ㉤ 평가 및 보상체계

77 ② 고객과 대화를 하는 가운데 틈틈이 진심으로 성실하고 친절한 말을 하여야 한다. "고객님께서 염려하는 점이 이해가 됩니다" 또는 "고객님께서 화내실 만도 합니다" 등의 말을 공손히 하여야 한다. 상담원이 고객의 문제를 이해하고 공감하고 있음을 보여줄 때, 고객은 상담원과 이성적으로 대화를 할 수 있게 된다.

78 ③ 장기적인 관계

79 고객 가치를 측정하기 위한 데이터 마이닝 기법 중 기술모형 기법에 해당하지 않는 것은?

① 의사결정나무 분석   ② 장바구니 분석

③ 계층적 군집 분석   ④ 순차적 패턴 분석

80 마케팅 커뮤니케이션의 변화 트렌드로 옳지 않은 것은?

① 시장이 세분화되어 가고 있다.

② 상품이나 서비스에 대한 차별화된 광고 메시지를 선별하는 것이 필요하다.

③ 불특정 다수에게 광고하는 매스마케팅을 확대한다.

④ 고객과의 장기적 관점에서의 통합적 마케팅 커뮤니케이션이 필요하다.

81 다음 중 인바운드 상담의 도입부분에 해당하지 않은 것은?

① 니즈 파악   ② 첫인사

③ 고객확인   ④ 자기소개

82 의사소통(communication)에 대한 설명으로 틀린 것은?

① 의사소통의 방법에는 언어적 방법과 비언어적 방법이 있다.

② 특정대상에게 구체적인 정보나 감정을 전달하는 것이다.

③ 욕구 충족을 위한 인간의 행동이다.

④ 의사전달→감정이입→정보교환의 순으로 나타난다.

Answer— 79. ①   80. ③   81. ①   82. ④

79 ① 예측모형 기법에 해당한다.
※ 데이터 마이닝 기법 중 기술모형 기법 : 장바구니 분석, 계층적 군집 분석, 순차패턴탐사

80 ③ 마케팅 다수를 위한 매스 마케팅에서 1:1 개인 맞춤형 마케팅으로 트렌드 변화하였다.

81 ① 용건의 파악 단계에 해당한다.

82 ④ 의사소통과정은 상호간에 전달되는 의사소통, 정보, 감정 등을 의미한다.

83 효과적인 커뮤니케이션을 위한 방안으로 볼 수 없는 것은?

① 방어적 커뮤니케이션
② 메시지 전달자의 감정이입 커뮤니케이션
③ 메시지 수신자의 적극적 경청
④ 수신자 중심의 정서적 화법 사용

84 CRM의 목적은 고객의 이익 극대화와 이를 통해 기업의 수익성을 극대화하는 것이다. 다음 중 CRM의 목적 달성을 위한 특성이 아닌 것은?

① 목표시장과 목표고객에 대한 고객관계의 집중화에 노력한다.
② 고객과 관계를 유지하는 것보다는 다양한 상품 및 할인정책을 제시하여 보다 더 많은 고객을 획득하는 것을 주목적으로 한다.
③ 고객에 대한 이해와 반응을 분석하고, 고객의 욕구를 파악하여 고객이 원하는 상품을 만든다.
④ 기존고객 및 잠재고객을 위한 마케팅전략을 통해 고객 점유율을 높이는 전략이 필요하다.

85 의사소통 방법 중 언어적인 메시지에 해당되지 않는 것은?

① 말
② 편지
③ 메일
④ 음성의 억양

Answer — **83.** ① **84.** ② **85.** ④

83 ① 효과적인 커뮤니케이션을 위해 방어적 커뮤니케이션을 최소화해야 한다.

84 ② CRM은 고객과의 관계를 지속적으로 유지하고자 하는 원칙으로서 이를 통하여 기업의 이익을 지속적으로 증가하는 데 목적이 있다.

85 ④ 비언어적 메시지
※ **의사소통 방법**
　　㉠ 언어적 메시지 : 전달하고자 하는 의사를 말과 글로 표현한 것
　　㉡ 비언어적 메시지 : 표정, 자세, 음성, 옷차림, 몸짓, 눈짓 등

86 불만고객의 상담원칙이 아닌 것은?

① 불만의 정도나 깊이를 파악한다.
② 회사의 규정과 기준에 대해 우선 설명한다.
③ 상담원의 개인감정을 표출하지 않는다.
④ 고객의 가치관을 바꾸려고 하지 않는다.

87 구매 후 고객관리에 관한 설명으로 틀린 것은?

① 고객이 구입한 제품이나 서비스를 사용하는 과정 혹은 배달 및 운송에서 발생한 문제 등에 대해 효과적이고 전문적인 상담을 수행한다.
② 고객이 구입한 제품의 결함, 정신적 또는 물질적 피해에 대한 보상을 요구했을 때 이 미 판매한 이후의 일이므로 고객의 요구를 무마시킨다.
③ 고객들로부터 제품이나 서비스의 성능, 재질, 가격, 배송, 사후관리 등에 대한 만족도 와 상담의 질에 대한 만족도를 측정·관리한다.
④ 고객의 정기적 또는 비정기적 온·오프라인상의 모니터링 참여를 유도하여 이를 마케 팅 정책이나 상담관리에 반영한다.

88 상담원이 갖추어야 할 용어와 복장의 기준으로 적합하지 않는 것은?

① 깔끔하고 단정한 용모, 복장을 갖춘다.
② 내적이미지와 외적이미지의 균형과 조화를 위해 노력한다.
③ 자신의 인격과 근무하는 기업의 이미지를 고려한다.
④ 목소리를 주로 사용하는 업무이므로 복장은 신경 쓸 필요가 없다.

Answer ― **86.** ② **87.** ② **88.** ④

86 ② 변명에 앞서 고객의 입장을 동감하고 사과해야 한다.

87 ① 고객이 구입한 제품의 결함, 정신적 또는 물질적 피해에 대한 보상을 요구했을 때 합의를 통해 피해를 해결거나, 합의가 되지 않을 경우 피해보상 기준과 관련 법규에 따라 합의 권고하여 고객의 피해를 금전적 내지는 물질적으로 구제해야 한다.

88 ④ 음성을 통한 의사소통에서 필요한 능력 외에 시각적인 면인 태도, 용모, 복장 등의 비언어적 능력을 갖추어야 한다.

89 커뮤니케이션 채널에 대한 설명으로 틀린 것은?

① 커뮤니케이션 채널은 발신자가 수신자에게 메시지를 전달하는데 사용되는 수단을 말한다.

② 커뮤니케이션 채널은 크게 인적 채널과 비인적 채널로 나누어진다.

③ 인적 채널은 발신자와 수신자 사이의 직접적인 접촉을 통한 커뮤니케이션 방법으로 대중매체와 인터넷 같은 다이렉트 마케팅 도구들이 포함된다.

④ 비인적 채널은 발신자와 수신자 사이의 직접적인 접촉 없이 메시지가 전달되는 방법으로 인쇄매체, 방송매체 등이 포함된다.

90 경어법에 대한 설명으로 옳지 않은 것은?

① 텔레마케팅은 말은 그의 인격과 회사의 품격을 나타내므로 품위 있는 표현을 하도록 습관화한다.

② 합쇼체(높임말씨)와 해요체(반 높임말씨)의 비율을 4:6으로 하는 것이 적당하다.

③ 경어에는 상대를 높이는 존경어와 자신을 상대방보다 낮추어 간접적으로 상대방을 높이는 겸양어가 있다.

④ 사물존칭은 고객에게 거부감을 줄 수 있어 주의가 필요하다.

91 FAQ(Frequently Asked Question) 작성 시 유의해야 할 점이 아닌 것은?

① FAQ는 전문적이고 고도화된 답변만을 엄선하여 올린다.

② FAQ는 반복적이고 잦은 질의응답에 대해서 답변하는 응답코너를 제시한다.

③ FAQ는 고객이 쉽게 이해할 수 있도록 분류하여 제시하면 더욱 효과적이다.

④ FAQ는 적절한 질문, 부적절한 질문 등의 검증을 거쳐 등록한다.

Answer — **89.** ③ **90.** ② **91.** ①

89 ③ 커뮤니케이션 채널은 크게 친구나 이웃을 통해 정보가 전달되는 인적 채널과 인쇄매체나 방송매체를 통해 전달되는 비인적 채널로 나눌 수 있다. 대중 매체와 인터넷은 비인적 채널에 해당한다.

90 ② 합쇼체와 해요체는 둘 다 높임을 뜻하긴 하지만 해요체는 비격식체에 해당한다 따라서 비율을 6 : 4로 하는 것이 적당하다.

91 ① FAQ는 일반적이고, 자주 묻는 질문에 대한 답변을 제공해야 한다.

92 듣기와 말하기에 대한 설명으로 옳지 않은 것은?

① 다른 사람들이 전하는 메시지를 집중하여 듣는 것을 hearing이라고 한다.
② 사람들은 듣기보다 말하기를 선호하는 경향이 있다.
③ 효과적인 듣기를 위해서는 성급함 결론과 평가는 금물이다.
④ 동의할 수 있는 메시지의 부분을 찾아서 신중히 들은 후 상대방을 격려한다.

93 다음 중 CRM 마케팅전략으로 가장 거리가 먼 것은?

① 통합적 마케팅 커뮤니케이션 전개
② 고객 맞춤형 커뮤니케이션으로 변화
③ 고객지향적 마케팅으로 변화
④ 매스미디어 마케팅 활동 중시

94 텔레마케팅을 통한 고객관리의 특징이 아닌 것은?

① 고객과 상담원 간의 쌍방향 커뮤니케이션이다.
② 전화장치를 활용한 비대면 중심의 커뮤니케이션이다.
③ 텔레마케팅에서는 비언어적인 메시지를 사용하지 않는다.
④ 고객상황에 맞추어 융통성 있는 커뮤니케이션이 가능하다.

──────────────

Answer ── **92.** ① **93.** ④ **94.** ③

92 ① 다른 사람들이 전하는 메시지를 집중하여 듣는 것을 listening라 한다.

93 ④ CRM은 고객과 긍정적인 관계를 유지하는 마케팅 전략으로 고객을 중심으로보고 쌍방향 커뮤니케이션 전략을 사용한다.

94 ③ 언어적 메시지와 비언어적 메시지를 동시에 사용한다.

95 다음 스크립트에 관한 설명 중 가장 적합하지 않은 것은?

① 잠재고객 또는 고객과 통화를 할 때 사용하는 대본과 같은 것으로써 고객과의 원활한 대화를 돕는다.

② 스크립트는 통화 목적과 방향 설정이 명확해야 하고 효과적인 통화시간을 관리할 수 있다.

③ 다양한 고객을 접하게 됨에 따라 스크립트는 지속적인 보완을 해야 한다.

④ 효과적인 통화를 위해 반드시 상담원은 스크립트에 명시되어 있는 대로만 고객응대를 해야 한다.

96 전화 상담에서 필요한 말하기 기법에 관한 설명으로 틀린 것은?

① 전화로 이야기할 때에도 미소를 지으며, 중요한 단어를 강조하여 말한다.

② 어조를 과장하여 억양에 변화를 주는 것은 소비자의 집중력을 약화시키므로 바람직하지 않다.

③ 소비자가 말하는 속도에 보조를 맞추되, 상담원은 되도록 천천히 말하는 습관을 갖는 것이 좋다.

④ 명확한 발음을 하기 위해 큰소리로 반복해서 연습하는 것이 필요하다.

97 상담대화모델에서 대화 진행 중 상담원과 고객이 주고받는 메시지에 포함되지 않는 것은?

① 성과   ② 정보

③ 감정   ④ 태도

Answer — **95.** ④ **96.** ② **97.** ①

95 ④ 스크립트는 상황에 따라 상황 대응의 원칙, 상황 관리의 원칙, 차별성의 원칙을 지닌다. 따라서 상황에 맞게 차별해 사용해야 한다.

96 ② 억양 변화는 소비자의 집중력을 높일 수 있다. 음성의 톤·억양·올림·발음·속도 등을 적절하게 조절하는 것은 고객에게 신뢰를 얻어 성공적인 커뮤니케이션을 이끌 수 있다.

97 ① 성과는 상담원과 고객이 주고받는 메시지에 포함되지 않는다.

98 안정형 고객의 행동경향에 대한 설명으로 옳지 않은 것은?

① 대체적으로 인내심이 강하다.

② 자신의 의견을 말하기보다는 듣고자 한다.

③ 상품 구매 결정이 신속히 이루어진다.

④ 질문에 대한 답변이 바로 나오지 않는다.

99 CRM 성공전략 중 시스템 통합수준의 성공요인이 아닌 것은?

① 후방조직 영역 활동의 종합적 관리

② 전방적인 영역의 CRM활동의 자동화

③ 조직 내 다른 정보 시스템과의 개별화

④ 고객중심 업무처리절차 확립

100 마케팅 커뮤니케이션 분류에 속하지 않는 것은?

① 광고 커뮤니케이션

② 인적판매 커뮤니케이션

③ 감성 커뮤니케이션

④ PR과 퍼블리시티

Answer— 98. ③ 99. ③ 100. ③

98 ③ 안정형 고객은 내성적이고 느긋한 편이다. 따라서 단도직입적이기보다 주변 이야기를 하며 편안하게 다가가 구매를 유도하는 것이 좋다.

99 ③ CRM은 조직 내 다른 정보 시스템과의 개별화를 하지 않고, 모든 정보를 통합하여 전략적으로 활용한다.

100 ③ 마케팅 커뮤니케이션 활동은 촉진의 하위활동(sub-activities)인 광고, 판매촉진, 홍보, 인적판매 등을 통해 수행된다.

14 2017년 제2회 기출문제

 1 판매관리

1 유통경로의 설계과정을 올바르게 나열한 것은?

① 고객욕구의 분석 → 주요 경로대안의 식별 → 경로대안의 평가 → 유통경로의 목표 설정
② 유통경로의 목표 설정 → 고객욕구의 분석 → 주요 경로대안의 식별 → 경로대안의 평가
③ 유통경로의 목표 설정 → 주요 경로대안의 식별 → 경로대안의 평가 → 고객욕구의 분석
④ 고객욕구의 분석 → 유통경로의 목표 설정 → 주요 경로대안의 식별 → 경로대안의 평가

2 아웃바운드 텔레마케팅의 활용 분야에 해당하지 않는 것은?

① 신상품 판매 안내
② 계약 갱신 안내
③ 불만처리 접수
④ 대금 회수 안내

Answer — 1. ④ 2. ③

1 유통경로의 설계과정
㉠ 고객욕구 분석
㉡ 유통경로의 목표설정
㉢ 주요 경로대안의 식별
㉣ 경로대안의 평가

2 ③ 인바운드 텔레마케팅의 활용분야다.
※ 아웃바운드 활용분야
㉠ 판매분야 : 신규고객 개척 및 잠재고객 발굴
㉡ 비판매분야 : 조사업무, 판매지원업무, 연체대금 회수, 고객관리, 리스트 정비

3 시장세분화의 변수로 틀린 것은?

① 인구통계적 변수　　　② 수요예측 변수
③ 심리적 분석 변수　　　④ 행동분석적 변수

4 데이터베이스 마케팅 주요 장점이 아닌 것은?

① 단기이익을 우선으로 한다.
② 신규사업 진출에 유리하다.
③ 기존고객을 적극 활용할 수 있다.
④ 기존 고객 중 타깃 고객을 발굴할 수 있다.

5 제품을 판매하거나 서비스를 제공하는 과정에서 관련되는 다른 제품이나 서비스에 대하여 판매를 유도하고 촉진시키는 마케팅 기법으로 인바운드 고객 상담 시 많이 행해지는 것은?

① 플러스 셀링(Plus Selling)
② 크로스 셀링(Cross Selling)
③ 추가 셀링(Additional Selling)
④ 협력 셀링(Cooperative Selling)

Answer ── 3. ②　4. ①　5. ②

3　시장세분화 변수
　㉠ 인구통계학적 변수 : 연령, 성별, 가족구성원, 가족력, 소득수준, 교육수준, 종교, 인종, 국적
　㉡ 지리적 변수 : 지역, 도시규모, 인구밀도, 국가, 기후
　㉢ 심리적 변수 : 라이프스타일, 사회계층, 개성, 관심, 활동
　㉣ 행동분석 변수 : 이용시기, 이용수준, 브랜드 충성도

4　① 장기적인 관계를 우선으로 한다.

5　② 크로스 셀링이란 추가 구입을 유도하는 판매방법을 말한다. 이는 인바운드 텔레마케팅에 있어서 판매 증대는 물론 고객만족을 위해서도 중요한 마케팅 활동이다.

6 인바운드 상담 시 요구되는 스킬과 거리가 먼 것은?

① 오감의 능력을 총동원하여 고객의 소리를 경청한다.
② 상품은 비교적 길고, 장황하게 설명해야 한다.
③ 고객의 입장에서 말하고 듣는다.
④ 자사 상품이 가지고 있는 상품의 장점을 강조한다.

7 인바운드 스크립트 구성요소가 아닌 것은?

① 인사/소개
② 탐색질문
③ 가치설득
④ 통화가능여부 확인

8 아웃바운드 텔레마케팅 특성과 가장 거리가 먼 것은?

① 고객 주도적인 텔레마케팅이다.
② 기존 및 신규고객 관리에 유용하다.
③ 대상고객의 명단이나 데이터가 있어야 한다.
④ 데이터베이스마케팅 기법을 활용하면 더욱 효과적이다.

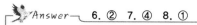Answer ─ 6. ② 7. ④ 8. ①

6 ② 상품은 간결하고 명확하게 설명해야 한다.

7 ④ 아웃바운드에 해당한다.
　※ 인바운드 스크립트 구성요소
　　㉠ 첫인사
　　㉡ 고객확인
　　㉢ 탐색질문
　　㉣ 문의사항 해결
　　㉤ 끝인사

8 ① 인바운드 텔레마케팅은 고객이 주도적으로 기업에 전화를 걸어 상품문의를 하거나 고객상담, 소비자센터 등에 전화가 걸려 와서 응대할 때를 뜻한다.

9 RFM 분석에 대한 설명으로 틀린 것은?

① RFM 분석을 위해서는 고객 Database의 축적과 가공이 필요하다.
② R은 최근성, F는 구매 빈도, M은 구입 총금액을 의미한다.
③ 기업마다 고객 특성은 동일하므로 RFM 점수를 일률적으로 적용할 수 있다.
④ RFM은 마케팅 담당자의 목적에 따라 각각 임의로 가중치를 부여할 수 있다.

10 아웃바운드 텔레마케팅의 전략적 활용방안 중 판매촉진의 방법으로 볼 수 있는 것은?

① 소비동향 조사
② 수요예측조사
③ 대금, 미수금 독촉
④ 신상품, 고가상품 대체판매 정보제공 및 구입 권유

11 제품의 설치, 배달, 대금결제방식, 보증, 애프터서비스 등이 포함된 제품의 유형으로 옳은 것은?

① 확장제품(Augmented product)
② 서비스제품(Service product)
③ 유형제품(Tangible product)
④ 핵심제품(Core product)

Answer ── **9.** ③ **10.** ④ **11.** ①

9 ③ RFM(Recency-Frequency-Monetary)은 최근 구입여부와 구입 빈도 및 제품구입액 정도를 나타내는 것으로 3가지 요소를 가산 평균하여 고객의 가치를 평가하는 데 이용하는 방법이다.

10 ④ 판매촉진은 최종 고객이나 경로상의 다른 고객에 의해 관심, 사용, 구매를 자극하는 촉진활동을 말한다. 이는 소비자, 중간상, 기업자신의 종업원을 겨냥한 것이다.

11 코틀러의 정의에 의한 상품수준별 분류
　㉠ 핵심상품 : 소비자가 상품을 사용함으로써 충족되는 혜택이나 호용을 말하며 기업은 상품의 핵심적 부분이 소비자의 욕구와 일치할 수 있도록 노력하게 된다.
　㉡ 유형상품 : 소비자의 욕구충족에 도달하기 위해 물리적인 형태로 표현된 실체를 말하며 상표, 스타일, 포장, 품질, 라벨 등의 요소가 혼합되어 유형적 상태로 표현하게 된다.
　㉢ 확장상품 : 소비자의 필요를 충족시키기 위해 유형화된 상품의 가치를 확장시킴으로서 효용가치를 증가시키는 것을 말하며 품질보증, 신용판매, 배달, 설치, 애프터서비스, 상담 등의 형태로 표현되게 된다.

12 21세기 마케팅 관점에서 그 내용으로 옳지 않은 것은?

① 마케팅은 판매하는 행위를 말한다.
② 마케팅은 제품 또는 서비스, 유통, 판매촉진, 가격이 조화를 이루어야 한다.
③ 고객가치를 실현시키는 과정이다.
④ 마케팅의 목적은 판매행위 노력을 벗어나 고객욕구를 충족시키는 과정이다.

13 축적된 고객관련 데이터에서 의미 있는 규칙이나 패턴을 찾아내는 것은?

① Data cleansing
② Data mining
③ Data filtering
④ Data screening

14 고객욕구의 차이점보다는 공통점을 맞추는 마케팅 전략은?

① 대량마케팅(Mass marketing)
② 차별적마케팅(Differentiated marketing)
③ 집중적마케팅(Concentrated marketing)
④ 니치마케팅(Niche marketing)

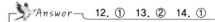

Answer ─ **12.** ① **13.** ② **14.** ①

12 ① 마케팅은 판매를 하는 행위라는 오래된 개념에서 벗어나 고객 욕구를 충족시키는 과정으로 변화하였다.

13 ② 대규모의 데이터베이스로부터 과거에는 알지 못했던 것을 쉽게 이해할 수 있도록 실행 가능한 정보를 추출해 내어 중요한 의사결정에 이용하는 과정을 의미한다.

14 ②③④ 모두 세분시장에서 적합하다. 상품의 수가 많을 때에는 공통점을 맞추는 대량마케팅 전략이 효과적이다.

15 다음 (   )에 알맞은 유통경로는?

> (   )란 취급점포의 수를 최대한으로 늘리는 유통경로를 뜻하며, 이것의 이점으로는 충동구매의 증가, 상품에 대한 소비자 인식의 고취, 소비자의 편의성 제고 등을 들 수 있다.

① 통제적 유통경로　　　　　　　　② 개방적 유통경로
③ 선택적 유통경로　　　　　　　　④ 선속적 유통경로

16 포지셔닝 전략을 개발하기 위해서는 기본적으로 시장분석, 기업내부분석, 경쟁사 및 제품 분석이 필요하다. 다음 중 경쟁분석 정보에 해당하는 것은?

① 시장점유율
② 기술상의 노하우
③ 성장률
④ 인적자원

17 아웃바운드 텔레마케팅 시 상품을 효과적으로 설명하는 방법으로 틀린 것은?

① 고객의 말을 경청하고 질문을 곁들이면서 설명한다.
② 경쟁 상품과 비교하여 고객이 쉽게 판단할 수 있어야 한다.
③ 상품의 장점을 반복해서 설명하여 고객이 납득할 수 있어야 한다.
④ 구매한 고객의 상품후기는 주관적인 의견이 개입되어 있으므로 활용하지 않는다.

 Answer — 　15. ②　16. ①　17. ④

15 유통경로 커버리지
　㉠ 개방적 유통경로 : 누구나 자사의 상품을 취급할 수 있도록 하는 개방적 유통경로 전략
　㉡ 전속적 유통경로 : 일정한 상권 내에 제한된 수의 소매점으로 하여금 자사 상품만을 취급하게 하는 전속적 유통경로 전략
　㉢ 선택적 유통경로 : 개방적 유통경로와 전속적 유통경로의 중간적 형태로 일정 지역 내에 일정 수준 이상의 이미지, 입지 등을 갖춘 소매점을 선별하여 이들에게 자사제품을 취급하도록 하는 선택적 유통경로 전략

16 ① 소비자가 마음속에 자사제품이나 기업을 표적시장 · 경쟁 · 기업능력과 관련하여 가장 유리한 포지션에 있도록 노력하는 과정 또는 소비자들의 인식 속에 자사의 제품이 경쟁제품과 대비하여 차지하고 있는 상대적 위치를 포지셔닝이라 하고, 시장점유율은 포지셔닝 전략을 개발하기 위한 경쟁분석의 정보에 해당한다.

17 ④ 고객의 후기를 활용해서 기업이 필요한 시장정보를 수집하는 것이 좋다.

18 다음 중 대중홍보(public relations)에 해당하는 것은?

① 유명한 연예인으로 하여금 자사 제품을 TV에서 선전하게 한다.
② 제품에 대한 할인권, 샘플(sample)을 제공한다.
③ 맥주회사에서 음주운전 방지를 위한 프로그램을 행한다.
④ 제품전시회(trade show)를 연다.

19 고객 데이터베이스를 분석하는 기법에 대한 설명으로 틀린 것은?

① RFM(Recency, Frequency, Monetary) : 제품에 대한 특성을 중심으로 분석하는 방법
② 판별분석 : 집단 간의 차이가 어떠한 변수에 의해 영향을 받는가를 분석하는 방법
③ 군집분석 : 여러 대상들을 몇 개의 변수를 기초로 서로 비슷한 것끼리 묶어주는 분석방법
④ 회귀분석 : 영향을 주는 변수와 영향을 받는 변수가 서로 선형관계가 있다고 가정하여 이루어지는 분석방법

20 다음 중 아웃바운드 텔레마케팅의 성공요소로 볼 수 없는 것은?

① 브랜드 품질의 확보와 신뢰성 ② 인력자원과 시스템 환경의 다원화
③ 동기부여 요소와 인센티브   ④ 조직의 목표달성 의지

Answer ─ **18. ③ 19. ① 20. ②**

18 ③ 공중에게 기업에 대한 좋은 이미지 형성으로 해당 제품을 향한 좋은 상표이미지로 연결되게 한다.
 ※ PR(Public Relation)
  기업, 정부, 단체, 조합, 정당 등이 소비자, 노동자, 언론사, 경쟁자, 정부, 원료 공급자, 주주, 채권 채무자, 지역사회 구성원, 여론 지도자, 일반 국민 등 공중과의 관계를 자신에게 유리하게 이끌어 나가기 위해 수행하는 일체의 커뮤니케이션 활동 또는 그러한 활동의 상태나 기술을 의미한다. 불특정 다수의 일반 대중을 대상으로 이미지의 제고나 제품의 홍보 등을 주목적으로 한다.

19 ① RFM(Recency-Frequency-Monetary)은 최근 구입여부와 구입빈도 및 제품구입액 정도를 나타내는 것으로 최근성, 빈도성, 구매액의 3가지 요소를 가산평균하여 고객의 가치를 평가하는 데 이용하는 방법이다.

20 아웃바운드 텔레마케팅 성공요소
 ㉠ 명확한 고객 데이터베이스
 ㉡ 전문적인 텔레마케터 선발
 ㉢ 전화장치 및 콜센터 장비구축
 ㉣ 적합한 전용 상품 및 특화된 서비스

21 다음 중 인바운드 상담의 활용분야와 거리가 먼 것은?

① 긴급구조요청
② 예약 및 예매 접수
③ 각종 불평, 불만 접수 처리
④ 경품·이벤트 당첨자에 대한 해피콜

22 제품 또는 서비스의 가격을 결정할 때 상대적인 저가전략이 적합하지 않은 경우는?

① 시장수요의 가격탄력성이 높을 때
② 소비자들의 본원적인 수요를 자극하고자 할 때
③ 가격에 민감하지 않은 혁신소비자층을 대상으로 할 때
④ 원가우위를 확보하고 있어 경쟁기업이 자사 제품의 가격만큼 낮추기 힘들 때

23 제품의 가격 결정 시 상대적으로 저가전략이 적합한 경우가 아닌 것은?

① 시장수요의 가격탄력성이 높을 때
② 시장에서 경쟁사의 수가 많을 것으로 예상될 때
③ 소비자들의 본원적인 수요를 자극하고자 할 때
④ 높은 품질의 제품으로 특권 의식을 가지고 싶어 하는 소비자층을 유인하고자 할 때

Answer ── 21. ④ 22. ③ 23. ④

21 ④ 해피콜 서비스는 아웃바운드 텔레마케팅의 업무다.

22 저가전략 조건
㉠ 시장수요의 가격탄력성이 높을 때
㉡ 시장에 경쟁자의 수가 많을 것으로 예상될 때
㉢ 소비자들의 본원적인 수요를 자극하고자 할 때
㉣ 원가우위를 확보하고 있어 경쟁기업이 자사 제품의 가격만큼 낮추기 힘들 때
㉤ 가격 경쟁력이 있을 때

23 고가전략 조건
㉠ 시장수요의 가격탄력성이 낮을 때
㉡ 시장에 경쟁자의 수가 적을 것으로 예상될 때
㉢ 규모의 경제효과를 통한 이득이 미미할 때
㉣ 진입장벽이 높아 경쟁기업의 진입이 어려울 때
㉤ 높은 품질로 새로운 소비자층을 유인하고자 할 때
㉥ 품질 경쟁력이 있을 때

24 제품의 분류에 대한 설명으로 옳지 않은 것은?

① 사용시기가 한 번 내지 몇 번으로 제한된 제품을 비내구재라고 한다.
② 시간이 오랫동안 경과하여도 사용할 수 있는 제품을 내구재라고 한다.
③ 비내구재의 경우는 많은 수의 점포를 이용하여 판매하는 전략이 적합하다.
④ 내구재의 경우는 비내구재에 비해 일반적으로 광고에 비중을 두어 판매목표를 달성하게 된다.

25 데이터마이닝에 대한 설명으로 옳지 않은 것은?

① 데이터마이닝은 데이터웨어하우스를 구축한 후, 정보 분석 과정을 거쳐 경영전략을 지원하는 정보를 추출하는 것이다.
② 데이터마이닝은 일종의 데이터분석기법이다.
③ 대용량의 고객데이터 분석이 복잡하여 고객데이터의 활용도를 저하시킨다.
④ 데이터마이닝은 데이터 변수간의 통계처리과정을 말한다.

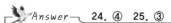

Answer— **24.** ④ **25.** ③

24 ④ 비내구재는 고객이 자주 구입하고 빨리 소비해 버리므로 광고로 뒷받침하면서 적은 마진으로 되도록 많은 수의 점포를 통해 판매하는 전략이 적합하다.

25 ③ 대용량 데이터베이스에서 유용한 정보를 추출하고, 추출된 정보로부터 다시 숨어있는 규칙이나 패턴 등 새로운 정보를 도출한다.

26 마케팅조사와 마케팅정보시스템의 비교 설명으로 옳지 않은 것은?

① 마케팅조사는 문제해결에 초점을 맞추고, 마케팅정보시스템은 문제해결 및 문제예방에도 초점을 맞춘다.

② 정보와 자료에 있어서 마케팅조사는 미래지향적이고, 마케팅정보시스템은 과거중심적이다.

③ 마케팅조사는 마케팅정보시스템에 정보를 제공하는 하나의 자료원이다.

④ 마케팅정보시스템은 경영정보시스템 개념을 도입하여 마케팅 분야에 적합하도록 수정하였다.

27 2차 자료에 대한 설명으로 옳은 것은?

① 2차 자료는 기업외부의 자료원으로부터만 얻어지는 것이다.

② 2차 자료는 1차 자료보다 신속하게 구할 수 있다.

③ 과거조사의 결과는 2차 자료가 아니다.

④ 2차 자료는 1차 자료를 얻는 것보다 보통 비용이 많이 든다.

28 전화조사에서 일반적인 응답자의 표본을 추출하기 위해 목표 크기 n의 표본을 확보할 때의 고려 대상으로 거리가 먼 것은?

① 지역　　　　　　　　　② 성(gender)

③ 연령(age)　　　　　　　④ 소득

Answer ― 26. ② 27. ② 28. ④

26 ② 정보와 자료에 있어서 마케팅 조사는 과거중심적이고, 마케팅 정보시스템은 미래지향적이다.

27 ① 조사자가 현재의 조사를 위하여 직접 자료를 수집하거나 작성한 1차 자료를 제외한 모든 자료이다.
②④ 1차 자료는 2차 자료에 비해 시간과 비용이 많이 드는 단점이 있다.
③ 수행 중인 조사연구에 도움이 되는 기존의 모든 자료를 말한다.

28 ④ 전화조사는 대부분 할당추출을 통하여 응답자 표본을 확보한다. 따라서 지역, 성, 연령을 고려해야 한다.

29 집단조사법에 관한 설명으로 옳지 않은 것은?

① 조사의 설명이나 조건을 표준화할 수 있다.
② 응답자가 다른 사람의 영향을 받을 가능성이 있다.
③ 모집단이 클수록 조사 집단이 대표성을 확보할 수 있다.
④ 응답자 개인별 차이를 무시할 우려가 있어 타당성이 낮아질 수 있다.

30 의사소통 방법을 이용하여 자료를 수집할 때 의사소통 수단에 의한 부류 중 체계적 의사소통 방법에 해당하는 것은?

① 인터넷 조사법　　　　　　　　② 심층면접법
③ 표적집단면접법　　　　　　　　④ 그림묘사법

31 여러 가지 평가할 수 있는 차원에 따라 제품이나 상품의 위치를 나타내는 것은?

① 지각도　　　　　　　　　　　② 소시오메트리
③ 수적평정척도　　　　　　　　　④ 거트만척도

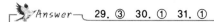

Answer ── 29. ③　30. ①　31. ①

29 ③ 모집단 규모가 클수록 모집단이 가지고 있는 특성이 분산되므로 대표성은 약화된다.

30 ① 의사소통수단이란 조사 시에 응답자로부터 필요한 조사내용을 끄집어내는 것 등을 말한다. 직접 만나거나, 인터넷, 전화 또는 우편 등이 이에 해당한다.

31 ① 지각도는 우리 브랜드와 경쟁브랜드의 위치를, 제품을 선택할 때 중요하게 고려되는 두 가지 차원을 x축과 y축으로 만든 이차원 그래프로 나타낸 것이다.
② 인간관계나 집단의 구조 및 동태를 경험적으로 기술·측정하는 이론과 방법의 총칭이다.
③ 평가자들이 속성의 강도에 따라 일정 척도점을 부여하거나 범주에 수치를 부여하여 그 결과를 통계처리하기에 용이하게 하는 방법이다.
④ 어떤 사상에 대한 태도를 일련의 질문에 의해 측정하는데, 이 때 질문이 그 사상에 대하여 호의적·비호의적, 관심·무관심 등의 축에 관하여, 어떤 순서 하에 나열되도록 하는 것이 특징이다.

32 다음 (   )에 알맞은 시장조사 방법은?

> (   )은(는) 조사의뢰자가 당면하고 있는 상황과 유사한 사례들을 찾아내어 깊이 있는 분석을 하는 조사방법으로서 분석하는 사례와 주어진 문제 사이의 유사점과 상이점을 찾아내어 현 상황에 대한 논리적인 유추를 하는 데 도움을 얻는 시장조사방법이다.

① 문헌조사(literature review)
② 횡단조사(cross-sectional study)
③ 사례조사(case study)
④ 전문가 의견조사(expert survey)

33 설문지 작성의 원칙과 거리가 먼 것은?

① 직접적, 간접적 질문을 혼용하여 작성한다.
② 조사목적 이외에도 기타 문항을 삽입하여 응답자를 지루하지 않게 배려한다.
③ 편견 또는 편의가 발생하지 않도록 작성한다.
④ 유도질문을 회피하고 객관적인 시각에서 문항을 작성한다.

34 시장조사 전개 시 고려해야 할 사항이 아닌 것은?

① 합목적성   ② 적합성
③ 주관성   ④ 신뢰성

Answer — **32.** ③   **33.** ②   **34.** ③

32 ③ 조사 의뢰자가 당면해 있는 상황과 유사한 사례들을 찾아 종합적으로 분석하는 조사방법으로서 실제로 일어났던 사건의 기록이나 목격한 사실을 분석하는 방법도 있고 시뮬레이션에 의하여 가상적 현실을 만들어 분석을 하는 방법도 있다.
　① 문제를 규명하고 가설을 정립하기 위하여 일반 사회과학 및 관련된 자연과학에 이르기까지 다양한 분야에서 출판된 2차적 자료를 포함한 가장 경제적이고 빠른 방법이다.
　② 가장 보편적으로 사용되는 조사로서 여러 조사대상자들을 정해진 한 시점에서 조사·분석하는 방법으로 비교적 큰 규모의 표본조사가 필요하다.
　④ 주어진 문제에 대하여 전문적인 견해와 경험을 가지고 있는 전문가들로부터 정보를 얻는 방법이다. 문헌조사에 대한 보완적인 수단으로 이용되며 경험조사 또는 파일롯(pilot)조사라고도 한다.

33 ② 설문지를 작성할 때는 조사목적에 맞는 질문만을 해야 한다.

34 시장조사 시 고려해야 할 사항 : 합목적성, 객관성, 정밀성, 신뢰성, 적합성

35 다음 중 면접 방식에 대한 설명으로 옳지 않은 것은?

① 표준화 면접 방식에 장점은 질문별 응답자들의 응답을 비교할 수 있다는 것이다.
② 표준화 면접 방식에 의해 응답자들에 대한 보다 심층적인 정보를 알아낼 수 있다.
③ 비표준화 면접 방식은 질문형식, 순서, 내용이 미리 정해져 있지 않은 것이다.
④ 비표준화 면접 방식은 면접결과의 정량화가 어렵다.

36 우편조사의 설명으로 옳지 않은 것은?

① 대인조사법에 비해 조사방법이 간편하므로 응답률이 높다.
② 전화면접법에 비해 자료수집기간이 길다.
③ 응답자가 시간적 제한 없이 여유 있게 응답할 수 있다.
④ 응답자의 대표성에 문제가 있다면 신뢰성 있는 자료를 얻기가 힘들다.

37 전화조사법의 단점이 아닌 것은?

① 미등재 전화번호가 존재한다.
② 지역의 범위가 제한적이다.
③ 수신거부에 따라 조사대상이 한정적이다.
④ 조사할 수 있는 양이 제한되어 있다.

Answer— 35. ② 36. ① 37. ②

35 표준화(구조화)면접의 장·단점
ⓐ 장점
  • 질문문항이나 질문순서에서 오는 오류를 최소한으로 할 수 있다.
  • 응답자 차이가 비교 가능하며 신뢰도가 높다.
  • 자료의 수량적 표준화와 통계처리가 가능하다.
ⓑ 단점
  • 응답자의 지식을 충분히 끌어낼 수 없다. 타당도가 저하될 수 있다.
  • 응답자의 의견을 파악하기 어렵다.

36 ① 우편조사는 응답자가 질문내용을 이해하지 못한 경우 보충설명이 불가능하며 응답률이 낮다는 단점이 있다.

37 ② 전화조사의 가장 큰 장점은 빠른 시간 내에 광범위한 지역을 대상으로 원하는 자료를 조사할 수 있다는 것이다.

38 다음 중 설문지 조사에 적합한 질문 문항은?

① 당신의 소득은 얼마입니까?
② 당신의 A마트 점포방문시간은 몇 시간입니까?
③ 지난 주 당신의 주당 근로시간은 총 몇 시간이었습니까?
④ 당신이 특정 정육점만을 간다고 한다면 그 이유는 무엇입니까?

39 단일차원적(unidimensional)인 특성, 태도, 현상 등을 측정하기 위해 마련된 누적척도의 한 방법으로서, 척도도식법 또는 척도분석법으로도 불리는 척도법은?

① 리커트 척도법
② 거트만 척도법
③ 평정 척도법
④ 사회적거리 척도법

40 특정 응답자 집단을 정하여 놓고 그들로부터 지속적으로 필요한 정보를 얻어내는 시장 조사 방법은?

① 옴니버스 조사
② 신디케이트 조사
③ 갱서베이 조사
④ 소비자패널 조사

41 조사결과를 이용하는 사람이 지켜야 할 윤리로 옳은 것은?

① 조사결과자료와 일관성이 없는 결과를 이용해서는 안 된다.
② 조사결과를 개인이나 조직에서 수행한 업무가 결정을 정당화시키는 데 사용을 해도 된다.
③ 연구자의 허락 없이 고유한 특성이 있는 자료를 사용할 땐 참고문헌을 표시하면 괜찮다.
④ 정당화 될 수 없는 결과라도 조사자료와 연관 짓는 것은 상관이 없다.

42 시장조사의 유형을 조사방법에 따라 분류할 때, 다음은 어떤 조사방법애 해당하는가?

> – 문제의 일반적 특성, 의사결정의 대안, 관련변수에 대한 통찰력을 얻기 위해 이용된다.
> – 시장조사의 초기 단계에서 아이디어를 구하고 미래의 조사와 행위의 기초를 제공한다.

① 패널 조사
② 탐색적 조사
③ 인과적 조사
④ 기술적 조사

43 기업 내부 자료에 포함되지 않는 2차 자료는?

① 회계자료
② 조직현황
③ 경제 신문사 자료
④ 영업자료

Answer — **41.** ① **42.** ② **43.** ③

41 ② 조사결과를 개인이나 조직에서 수행한 업무의 결정을 정당화시키는 데 사용해서는 안 된다.
③ 연구자의 허락 없이 고유한 특성이 있는 자료를 사용해서는 안 된다.
④ 정당화될 수 없는 자료를 조사 자료와 연관 지어서는 안 된다.

42 ② 탐색조사(Exploratory Research)는 조사의 초기단계에서 조사에 대한 아이디어와 통찰력을 얻기 위해서 주로 사용된다. 탐색조사는 그 자체가 조사라기보다는 다른 조사를 수행하기 위한 선행단계로서 실행되는 것이다. 이러한 탐색조사의 종류에는 문헌조사, 사례조사, 전문가의견조사, 표적집단면접법(FGI) 등이 있다.

43 내부적 2차 자료(internal secondary data) : 조사를 실시하고 있는 기업·조직 내부에서 보유하고 있는 자료이다. 내부자료에는 기업의 재무제표, 판매 보고서, 영업부의 판매기록, 경리부의 회계기록, 원가 및 재고, 광고비, 고객의 반응, 스캐너데이터, 데이터웨어하우스 등 일상적인 업무수행활동을 통해 얻어진 각종 보고·기록자료 및 이전의 마케팅조사자료 등이 있다.

44 응답자들에게 느낌이나 믿음을 간접적으로 투사하게 하여 응답자의 심리상태를 알아내는 투사법에 해당하지 않은 것은?

① 단어연상법　　　　　　　　　　　② 문장완성법
③ 역할행동법　　　　　　　　　　　④ 심층면접법

45 질문의 순서결정 시 고려해야 할 사항이 아닌 것은?

① 응답자가 심각하게 고려하여 응답해야 하는 질문은 위치선정에 주의하여야 한다.
② 질문항목간의 관계를 고려해야 한다.
③ 첫 번째 질문은 흥미를 유발할 수 있게 인적사항 질문으로 배치하여야 한다.
④ 조사 주제와 관련된 기본적인 질문들을 우선적으로 배치하여야 한다.

46 다음 중 예비조사(Pilot test)가 필요한 경우가 아닌 것은?

① 설문 문항의 구성과 배열, 문맥상의 오류를 파악하여 설문지의 객관적인 다당성을 높이기 위한 경우
② 소비자가 진정으로 원하는 속성이나 편익을 제공해 주고 있어 경쟁상대가 없다고 여겨질 경우
③ 제품이나 서비스 컨셉에 대하여 소비자로부터 정확하고 객관적인 평가를 실시하여 포지셔닝을 재설정하는 경우
④ 크리에이티브와 구매제안에 대한 대안을 평가하고자 할 경우

Answer ── **44.** ④ **45.** ③ **46.** ①

44 ① 응답자들에게 단어들을 한 번에 하나씩 제시하고, 그 단어와 관련하여 첫 번째로 떠오르는 단어를 적거나, 말하도록 요구하는 방법이다.
　　② 응답자들에게 완성되지 않은 문장을 제시하고 이를 채우도록 요구하는 방법이다.
　　③ 응답자들에게 상황을 제시하고 그 상황에 처했을 경우에 대한 느낌이나 믿음 등을 말하게 하는 방법을 말한다.

45 ③ 응답자에 관련된 인적사항 질문은 가능한 뒤에 하는 것이 좋다.

46 ① 사전조사에 대한 설명이다.

47 다음 중 시장조사의 6W1H 원칙을 적용함에 있어 적절하지 않은 것은?

① 목표고객 조사 　　　　② 구매대상 조사
③ 유통경로 조사 　　　　④ 경쟁업체 조사

48 다음 중 시장조사의 필수 요소로 볼 수 없는 것은?

① 조사목적과 조사대상 　　　　② 컴퓨터와 전화장치의 구성
③ 자료종류와 자료원천 　　　　④ 설문지 작성과 활용

49 다음 중 여러 개의 항목으로 응답자의 태도를 측정하고 해당 항목에 대한 응답을 합산하여 평가대상응답자에 대한 전체적인 태도를 측정하는 방법은?

① 리커트 합산 척도법 　　　　② 어의 차이 척도법
③ Q-소트기법 　　　　④ 비율분할법

50 다음 중 시장조사의 수행방법에 해당하지 않는 것은?

① 문제해결을 위해 공식적으로 이루어져야 한다.
② 효과적인 의사결정을 위해 많은 예산과 인력을 투입해야만 한다.
③ 의사결정에 사용될 수 있도록 적기에 이루어져야 한다.
④ 과학적 방법론을 적용해야 한다.

Answer — **47. ④ 48. ② 49. ① 50. ②**

47 시장조사 6W1H 원칙 : 목표고객, 구매대상, 구매동기, 유통경로, 구매타임, 구매조건, 고객만족도

48 ① 시장조사 방법의 유형 ③ 시장조사 절차 ④ 시장조사 자료수집방법

49 ② 하나의 개념에 대한 의미에 대해서 두개의 극단으로 분화하여 두 극단 중에서 하나를 선택하도록 한다. 응답자들이 비교적 쉽고 빠르게 응답을 할 수 있다.
　③ 서스틴 척도의 변형으로, 조사하려는 특정 주제에 대하여 일련의 진술이나 문장을 제시한 뒤 이를 9~11개의 무더기 파일로 분류하도록 하고, 평가자의 문장 분류 유형에 따라 그 사람의 태도 또는 속성의 척도상 위치를 나타내는 분석방법이다.
　④ 응답자에게 기준이 되는 자극과 조사하고자 하는 자극 2개를 주고 그들 간의 비율을 숫자로 표시하게 하는 방법이다.

50 ② 효과적인 의사결정을 위해 목적에 맞는 예산과 인력을 투입해야 한다.

51 조직 내의 직원의 직무만족은 심리적인 측면과 보상적인 측면으로 나눌 수 있는데 다음 중 심리적인 측면에 해당하는 것은?

① 임금　　　　　　　　　　　　② 승진 기회

③ 신념　　　　　　　　　　　　④ 성과급

52 아웃바운드 콜센터의 성과분석 관리지표에 관한 설명으로 옳은 것은?

① 사용 대비 고객획득률은 총 고객DB 불출 건수 대비 고객으로 유지하는 비율을 말한다.

② 아웃바운드 TM의 경우 콜당 평균 전화비용은 1콜당 평균적으로 소요되는 전화비용의 정도를 말한다.

③ 콜 접촉률은 아웃바운드 TM을 실행한 후 고객과 접촉 및 미접촉한 총 건수를 말한다.

④ 총매출액은 일정 기간 동안 아웃바운드 TM을 실행한 결과 발생한 총이익을 말한다.

53 스트레스는 내부적, 외부적 요인으로 구분할 수 있다. 다음 중 스트레스의 내부적 요인에 해당하지 않는 것은?

① 화학적인 자극　　　　　　　　② 성격 요인

③ 정신적인 자극　　　　　　　　④ 신체 피로적인 자극

Answer **51.** ③ **52.** ② **53.** ①

51 ①②④ 보상적인 측면에 해당한다.

52 ① 사용 대비 고객획득률은 총 고객 DB 사용건수 대비 고객으로 획득한 비율을 말한다.
③ 콜 접촉률은 아웃바운드 텔레마케팅을 실행한 후 고객과 접촉한 총 건수를 말한다.
④ 총매출액은 일정기간 동안 아웃바운드 텔레마케팅을 실행한 결과 발생한 총매출액을 말한다.

53 ① 외부적 자극에 해당한다.
※ 스트레스의 내부적 요인
　㉠ 긴장이나 탈진 등의 느낌
　㉡ 두통, 근육·관절통증, 피로
　㉢ 수면 부족 같은 신체적 증상

54 텔레마케터의 효과작인 성과관리 방법으로 가장 거리가 먼 것은?

① 다양한 방법의 포상이 텔레마케터에게는 더 효과적이다.

② 모니터링은 교육 및 동기부여를 위한 긍정적인 피드백으로 활용되어야 한다.

③ 개인의 성과는 팀의 성과에 연계되어 평가되어야 한다.

④ 제품 판매 콜센터의 경우 성과에 대한 보상 차등 폭을 최소화해야 한다.

55 콜센터 시스템의 구성요소에 대한 설명으로 옳은 것은?

① 콜센터의 CTI를 통해 교환기로 전화회선을 수용한다.

② DB서버는 교환기에 연결되는 모든 콜에 대해 데이터를 저장하고 관리한다.

③ 다이얼러 모듈은 인바운드 서비스를 자동처리하는 시스템이다.

④ ARS는 적정 상담원에게 자동으로 전화를 배분하는 역할을 한다.

56 텔레마케팅을 통해 얻을 수 있는 기업의 혜택이 아닌 것은?

① 효율적 비용관리   ② 현금흐름의 통제

③ 효율적 시간관리   ④ 시장확대

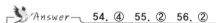

Answer— 54. ④ 55. ② 56. ②

54 ④ 성과에 따른 차등적인 보수 지급으로 동기부여와 성과 향상을 유도해야 한다.

55 ① CTI는 자동, 재다이얼 기능을 비롯해 영상회의 기능, 자료전송 및 음성사서함 기능, 송신호에 대한 자동 정보 제공 기능 등을 구현할 수 있다.
③ 아웃바운드 서비스를 자동으로 처리하는 시스템이다.
④ ACD에 관한 설명이다.

56 ② 텔레마케팅을 통해 얻을 수 있는 기업의 혜택이 아니다.

57 다음 중 리더쉽 이론으로 볼 수 없는 것은?

① 특성이론　　　　　　　　　② 상황이론
③ PM이론　　　　　　　　　　④ 강화이론

58 직무의 특성이 직무수행자의 성장욕구수준에 부합할 때 동기유발 측면에서 긍정적인 성과를 낳게 된다는 직무특성이론에 따라 직무설계를 함에 있어 지켜야 할 원칙이 아닌 것은?

① 과업의 결합
② 고객과의 관계 구축과 관리
③ 직무의 비자율성 확대
④ 피드백 경로의 개방

59 다음 중 인적자원관리의 주체가 아닌 것은?

① 최고경영자
② 인사담당자
③ 각 부서의 장
④ 노동조합위원장

Answer —　**57. ④　58. ③　59. ④**

57 ① 리더십 이론의 초기이론, 리더는 리더만이 가진 독특함, 자질이 있다고 보고, 그들만이 가진 공통적 특성을 찾아내려 한 것으로 성공적인 리더의 지적·정서적·육체적 특성을 찾아내려는 연구를 말한다.
② 모든 상황에 언제나 적합하고 유일한 리더십의 유형은 없다는 이론으로 리더십의 유효성을 상황과 연결시키려는 취지에서 등장하게 되었다.
③ 리더십의 기능을 성과기능과 유지기능으로 나누어 리더십 유형을 4가지로 구분한 것으로 성과기능이 높으면 P, 낮으면 p, 유지기능이 높으면 M, 낮으면 m으로 표시하였다.

58 ③ 직무의 자율성을 확대해야 한다.
※ **직무특성이론**
　직무설계에 있어서 일률적인 직무확대 또는 직무충실화에 반대하고 개인차를 고려하여 각 개인에게 가장 적합한 직무설계를 통하여 종업원을 동기부여 하고, 조직의 유효성·생산성을 향상시키고자 하는 이론이다.

59 인적자원관리의 주체 : 경영자, 인사전담자, 감독자

60 텔레마케터의 상담품질 관리를 위해 모니터링 평가와 코칭 업무를 담당하는 사람을 표현하는 용어는?

① ATT(Average talk time)

② QC(Quality Control)

③ QAA(Quality Assurance Analyst)

④ CMS(Call Management System)

61 효과적으로 모니터링을 실행하는 방법으로 틀린 것은?

① 모니터링 평가 결과에 따른 개별 코칭이 필요하다.

② 모니터링 평가기준은 정기적으로 수정·보완해야 한다.

③ 모니터링의 평가기준을 텔레마케터가 충분히 숙지할 수 있도록 한다.

④ 모니터링의 평가기준은 기업의 서비스레벨과 고객 요구수준보다 텔레마케터의 수준이 우선으로 고려되어야 한다.

62 유통업체에서 직접 텔레마케팅을 운영하는 직영체제의 장점이 아닌 것은?

① 통제의 용이성 증가

② 종업원의 업무 몰입도 향상

③ 고정투자비의 감소

④ 교육/훈련의 숙련도 향상

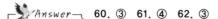

Answer ── **60.** ③ **61.** ④ **62.** ③

60 ③ 통화품질관리자는 상담 통화 품질 관리, 고객 상담 모니터링. 모니터링 후 코칭, 상담원 교육 등의 역할을 한다.

61 ④ 텔레마케터의 수준보다는 모니터링 내용에 충실하며, 평가결과에 따라 개별코칭 등의 보완이 필요하다.

62 ③ 고정투자비가 증가한다.

63 콜 예측을 위한 콜센터 성과지표의 설명으로 틀린 것은?

① 평균통화시간(초) – 상담원이 고객 한 사람과 통화하기 위해 준비 단계부터 상담종료까지 소요되는 평균적인 시간을 말한다.

② 평균 마무리 처리시간(초) – 평균통화시간 이후 상담내용을 별도로 마무리 처리하는데 소요되는 평균적인 시간을 말한다.

③ 평균 통화처리시간(초) – 평균통화시간과 평균 마무리 처리시간을 합한 것이다.

④ 평균응대속도(초) – 고객이 상담원과 대화 이전에 대기하고 있는 총시간을 응답한 총 통화수로 나눈 값을 말한다.

64 다음 중 스크립트(script) 작성 시 주의할 사항으로 가장 거리가 먼 것은?

① 간결하고 명료한 표현 사용

② 흥미유발과 친밀감 형성 유도

③ 예상반론에 대한 충분한 자료준비

④ 문화트렌드에 맞춘 유행어 활용

65 다양한 전문적 기술을 가진 사람들의 집단에 의해 해결될 수 있는 프로젝트를 중심으로 조직화된 신속한 변화와 적응이 가능한 임시적 시스템인 조직구조는?

① 매트릭스 조직구조

② 혼합형 조직구조

③ 위원회 조직구조

④ 직능별 조직구조

Answer— 63. ① 64. ④ 65. ①

63 ① 일정시간 동안에 모든 상담원이 모든 호와 통화하는 데 소요되는 평균시간을 말한다.

64 ④ 경어와 표준어를 사용해야 한다.

65 ① 기능별부문화와 사업별부문화가 결합된 혼합형부문화가 이루어진 모형을 말한다. 이를 통해 조직의 활동을 기능적 부문으로 전문화시킴과 동시에 전문된 부문을 다시 사업별로 연결 통합시키는 사업형태를 가지고 있다. 매트릭스 조직은 전문 인력과 기술 및 장비를 여러 사업 부서에서 공동으로 활용할 수 있으나 이중적 권위구조로 인해 갈등을 유발하게 되는 단점을 가지고 있다.

66 콜센터 조직 특성으로 적합하지 않은 것은?

① 현재 비정규직, 계약직 중심의 근무형태가 주종을 이루고 있으며, 타 직종에 비하여 이 직률이 높은 편이다.

② 정규직과 비정규직간, 혹은 상담원간에 보이지 않는 커뮤니케이션 장벽 등이 발생할 확률이 높다.

③ 국내의 콜센터 조직은 점차 대형화, 전문화, 시스템화 되어가는 추세이다.

④ 콜센터 조직의 가장 큰 특징은 다른 어떤 직종보다 인력의 전문성을 크게 요구하지 않는다는 것이다.

67 Service Level 결정 시 고려사항이 아닌 것은?

① 인건비

② 상담원 이직률

③ 통화포기율

④ 상담원 만족도

68 다음 중 우수한 리더의 특성으로 옳지 않은 것은?

① 솔직하고 즉각적인 감정표현

② 상호역할에 대한 이해

③ 팀원 행동에 대한 이해

④ 성과에 대한 공정한 평가

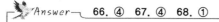

Answer — 66. ④ 67. ④ 68. ①

66 ④ 콜센터 조직은 전문화, 집중화, 분산화의 특징을 가진다.

67 ④ 적정 서비스 레벨을 결정하는 데에는 인건비나 인프라 사용료, 고객 성향, 콜 센터의 고객서비스에 대한 욕구, 고객의 요구 수준, 통화 포기율, 상담원 이직율, 수익과 비용 등의 요소가 함께 고려되어야 한다.

68 ① 즉각적인 감정 표현은 삼가야 한다.

69 리더십 역량 측정에 관한 용어에 대한 설명으로 틀린 것은?

① 명확성 – 의사소통 시 자신의 의사를 분명히 전달하여 직원이 혼란스럽거나 추측하지 않도록 하는 역할

② 신뢰성 – 리더의 권력을 인정함으로 그들이 리더와 자신의 일에 대해 신뢰하게 하는 역할

③ 균형잡힌 시각 – 전체 업무에 대한 왜곡되지 않은 시각을 견지하는 역할

④ 참여 – 직원들이 그들의 일을 스스로 판단해서 할 수 있도록 허락하는 역할

70 다음 중 텔레마케팅의 특성으로 볼 수 없는 것은?

① 텔레마케팅은 현장판매원을 대체한 개념이다.

② 텔레마케팅은 무점포 방식이나 재택근무를 가능하게 한다.

③ 텔레마케팅은 각종 통신미디어와 결합하여 연중무휴 영업시간을 확장할 수 있다.

④ 텔레마케터는 전문 직업으로 볼 수 있다.

71 다음 텔레마케터 교육내용 중 직무교육에 해당하는 것은?

① PC활용

② 정확한 문법의 사용

③ 발음교정

④ 상품지식교육

Answer— **69.** ② **70.** ① **71.** ④

69 ② 신뢰성 – 리더의 책임감을 인정함으로 그들이 리더와 자신의 일에 대해 신뢰하게 하는 역할

70 ① 텔레마케팅은 전문지식을 갖춘 상담요원이 컴퓨터를 결합한 정보통신 기술을 활용하여 고객에게 필요한 정보를 즉시 제공하고 신상품을 소개, 고객의 고충사항 처리, 시장조사 등 다양한 기능을 수행하는 첨단 마케팅 기법이다.

71 직무교육이란 조직의 자질향상을 지향하고 그 조직에 속하는 멤버의 교육필요성에 따라서 계획, 실천되는 교육으로 내용은 조직에 따라 다르다. 새롭게 채용한 멤버가 하루라도 빨리 그 시설, 조직에 익숙해져서 직무를 원활하게 수행할 수 있도록 하는 것을 말한다. 따라서 ④가 직무교육에 해당한다.

72 수평축을 생산에 대한 관심, 수직축을 인간에 대한 관심으로 나누고, 이를 계량화하여 리더의 행동유형을 분석한 이론은?

① 상황적합성 이론　　　　② 수명주기 이론
③ 관리격자 이론　　　　　④ 경로·목표 이론

73 교환기 및 CTI 장비에서 측정할 수 없는 성과지표는?

① 평균 통화시간
② 통화 포기율
③ 통화품질 만족도
④ 서비스 레벨

74 콜센터 도입의 기대효과와 가장 거리가 먼 것은?

① 업무통계처리로 인건비, 부대비용 부담 증대
② 고객 요구사항의 신속한 처리
③ 기업의 서비스에 대한 고객의 이미지 증대
④ 데이터베이스마케팅을 통한 잠재고객 창출

Answer— **72.** ③　**73.** ③　**74.** ①

72 ③ 관리격자이론은 리더십 유형을 무기력형, 사교형, 과업지향형, 절충형, 팀형으로 분류한 이론이다.

73 ③ CTI 장비로는 통화품질 만족도를 측정할 수 없다.

74 콜센터 도입의 기대효과
　㉠ profit contact center(비용대비효과)
　㉡ 고객 서비스 만족도 향상
　㉢ 체계적 Process 안정화로 업무
　㉣ 효율성 제고
　㉤ 생산성 향상으로 매출이익 도모
　㉥ 품질 높은 서비스 수준 우위
　㉥ 전문성 축척

75 텔레마케팅에 대한 설명으로 옳은 것은?

① 텔레마케팅은 방문 상담을 통한 수익 창출 형태의 마케팅 기법이다.
② 텔레마케팅을 위해서는 필수적으로 전용 교환기 및 CTI 장비를 갖춘 콜센터가 반드시 필요하다.
③ 웹 사이트 상으로 상품의 판매나 고객 지원이 가능한 경우는 별도로 전화 상담원을 둘 필요가 없다.
④ 홈쇼핑 광고를 통해 소비자에게 주문 전화를 유도하여 상품을 판매하는 것도 텔레마케팅의 기법 중에 하나이다.

 4 고객관리

76 CRM에 관한 설명으로 틀린 것은?

① 고객과의 신뢰를 중시한다.
② 고객지향적 경영기법이다.
③ 안정적이고 장기적인 수익을 창출한다.
④ "Customer Rational Manager"의 약자이다.

77 다음 중 CRM의 특징에 관한 설명을 틀린 것은?

① 고객과의 관계에 있어서 기업에 초점을 맞추는 기업 중심적이다.
② 고객의 생애에 걸친 관계를 구축하고 장기적인 이윤을 추구한다.
③ 고객과의 직접적인 접촉을 통한 쌍방향 커뮤니케이션을 지속한다.
④ 정보기술에 기반을 둔 과학적 제반 환경의 효율적 활용을 요구한다.

Answer — 75. ④ 76. ④ 77. ①

75 ④ 인바운드 텔레마케팅에 관한 설명이다.

76 ④ CRM은 Customer Relationship Management의 약자이다.

77 ① 고객과의 관계를 지속적으로 유지하고자 하는 원칙으로서 이를 통하여 기업의 이익을 지속적으로 증가하는 데 목적이 있다.

78 CRM을 위한 고객정보를 분류한 것 중 정보의 원천이 다른 것은?

① 접촉 데이터 ② 조사, 분석 데이터
③ 직접입수 데이터 ④ 제휴 데이터

79 상황에 따른 커뮤니케이션 장애요인으로 옳지 않은 것은?

① 어의상의 문제
② 비언어적 메시지의 오용
③ 시간의 압박
④ 공감의 표현

80 SAS사 얀 칼슨이 주장한 것으로 고객 접점의 중요성을 뜻하는 용어는?

① CSP(Customer Situation Performance)
② MOT(Moments of Truth)
③ POCS(Point of Customer Services)
④ CRM(Customer Relationship Management)

Answer— **78.** ① **79.** ④ **80.** ②

78 ① 반응고객정보
②③④ 내부고객정보

79 커뮤니케이션의 장애요인
㉠ 일반적인 장애요인 : 언어상의 장애, 특정인·전문가의 편견, 지위의 차이, 지리적 차이, 다른 직무로 인한 압박감, 발언자의 자기옹호 등
㉡ 발신자에 의한 장애 : 목적·목표의식 부족, 스킬 부족, 발신자에 대한 신뢰성 부족, 준거의 틀, 타인에 대한 민감성 부족 등
㉢ 수신자에 의한 장애 : 선입견, 평가적인 경향, 선택적인 청취, 반응과 피드백의 부족 등
㉣ 상황에 따른 장애 : 어의상 문제, 비언어적인 메시지의 오용, 과중한 정보, 시간의 압박 등

80 ② 고객접점(MOT) 순간은 고객이 서비스 품질에 대한 강한 인상을 가지게 되는 시점을 의미한다. 바로 어느 한 순간에 고객의 인정을 받을 수도 있고 반대로 고객의 신뢰를 잃을 수도 있기 때문에 기업은 고객과의 접점의 순간을 정확하게 파악하고 있어야 한다.

81 다음 중 상호관계의 깊이에 따른 대화의 순서로 옳은 것은?

① 일상적 대화 → 사실 → 감정 → 의견
② 일상적 대화 → 사실 → 의견 → 감정
③ 사실 → 일상적 대화 → 감정 → 의견
④ 사실 → 일상적 대화 → 의견 → 감정

82 비음성적 단서들 중 신체언어에 대한 설명으로 틀린 것은?

① 신체언어는 전체 내용의 50% 이상을 의사소통할 수 있으므로 신체적 언어를 이해하는 것이 필수적이라고 할 수 있다.
② 모든 사람들이 동일한 방식으로 비언어적 단서들을 사용하지는 않는다.
③ 언어적 메시지를 강조하기 위해서 팔과 손을 사용하는 것은 의사소통을 촉진시킨다.
④ 팔짱을 끼거나 주먹을 움켜쥐는 등의 행동은 개방적이고 고객에게 관심을 보이는 것으로 보일 수 있다.

83 효과적인 의사소통이 이루어지기 위해 지켜져야 하는 사항으로 틀린 것은?

① 의사소통의 목적을 파악하고 그 목적에 맞는 의사소통을 해야 한다.
② 의사소통 시 최대한 많은 양의 정보를 제공하는 것이 좋다.
③ 서로 나누는 의사소통에 진심이 담겨 있어야 한다.
④ 서로에게 말하고자 하는 의도가 분명히 드러나도록 한다.

Answer — **81.** ② **82.** ④ **83.** ②

81 ② 일상적 재화→사실→의견→감정

82 ④ 팔짱을 끼거나 주먹을 움켜쥐는 등의 행동은 상대의 말을 예사로 듣거나 상대를 비꼬고 있다는 심리의 표현이 될 수 있으므로 삼가야 한다.

83 ② 의사소통 시 적절한 양의 정보를 제공해야 한다.

84 텔레마케팅 스크립트의 활용 방법으로 옳지 않은 것은?

① 스크립트를 사전에 충분히 숙지하여 응대한다.
② 고객과의 상담흐름에 따라 조절하여 사용한다.
③ 스크립트에 작성된 표현 외에는 절대 사용하지 않는다.
④ 스크립트는 정기적으로 검토하여 수정 및 보완한다.

85 CRM의 도입배경 중 시장 변화 현상이 아닌 것은?

① 시장 세분화 현상　　　　　　② 대중 마케팅의 효율성의 감소
③ 고객 협상력의 증가　　　　　　④ 제품차별화의 증가

86 텔레마케팅을 통한 고객응대의 특성에 대한 설명으로 틀린 것은?

① 상대방의 얼굴을 볼 수 없어 청각에 절대적으로 의존하게 되므로 더욱 세심한 주의가 요구된다.
② 상담 시에는 텔레마케터와 고객 모두 통화 내용에만 집중하므로 다른 소음 등의 전달 여부에는 별도의 주의가 필요 없다.
③ 고객은 시간과 장소를 가리지 않고 전화를 하므로 언제든지 이를 수용할 수 있는 자세를 갖추어야 한다.
④ 고객의 시간과 경비를 배려하기 위해 정확하고 간결하게 정보를 전달한다.

Answer ─── **84.** ③ **85.** ④ **86.** ②

84 ③ 스크립트는 상황에 따라 상황 대응의 원칙, 상황 관리의 원칙, 차별성의 원칙을 지닌다. 따라서 상황에 맞게 차별해 사용해야 한다.

85 CRM 등장배경
　㉠ 고객욕구 요구의 다양화
　㉡ 고객생애가치의 중요성
　㉢ 시장의 탈대중화
　㉣ 마케팅 커뮤니케이션의 변화
　㉤ 정보기술의 급격한 발전
　㉥ 비즈니스 패러다임 변화

86 ② 통화에 영향을 줄 수 있으므로 소음을 통제할 수 있어야 한다.

87 경청의 방해요인을 상담사의 개인적 요인과 외부 환경요인으로 구분할 때 개인적 요인이 아닌 것은?

① 편견
② 신체상태
③ 잡념
④ 사무실 집기 소음

88 전화상담 시 호감을 주는 표현의 예로 거리가 먼 것은?

① 긍정적일 때 : 잘 알겠습니다.
② 맞장구칠 때 : 저도 그렇게 생각하고 있습니다.
③ 거부할 때 : 회사 방침에 따라야 합니다.
④ 분명하지 않을 때 : 어떻게 하는 것이 좋겠습니까?

89 고객의 구체적인 욕구를 파악하기 위한 질문기법에 해당되는 것은?

① 고객의 말을 평가하며 질문한다.
② 반론을 제시하며 구체적으로 질문한다.
③ 가급적이면 긍정적인 질문을 한다.
④ 폐쇄형 질문을 연속하여 한다.

90 CRM 프로세스 전략 중에서 관계강화 전략에 속하지 않는 것은?

① 교차 상승 판매 전략
② 고객추천 제도
③ 잠재고객 획득
④ 고객참여 정책

Answer ─ 87. ④ 88. ③ 89. ③ 90. ③

87 ④ 외부 환경요인에 해당한다.

88 ③ 거부할 때 : 고객님께 원하시는 답변을 드릴 수 없어 저도 안타깝습니다.

89 ①② 상대방의 말을 평가하거나 비판하지 않는다.
④ 구체적으로 질문한다.

90 ③ 신규 고객화 전략에 해당한다.

91 다음 중 올바른 전화응대 요령과 가장 거리가 먼 것은?

① 신호가 세 번 울리기 전에 수화기를 든다.
② 수화기를 들고 전화를 건 상대방이 누구인지 먼저 묻는다.
③ 전화를 받는 사람의 이름을 밝힌다.
④ "무엇을 도와드릴까요?"라고 묻는다.

92 다음 중 표현이 적극적인 행동스타일을 가진 고객응대 스킬로 가장 거리가 먼 것은?

① 고객의 욕구가 받아들여지고 있다는 것에 초점을 맞추어 상담을 한다.
② 논리적으로 대화를 전개하고 원칙과 사실을 중심으로 대화를 전개한다.
③ 이야기에 보조를 맞추며, 필요시 맞장구를 친다.
④ 고객이 먼저 요청하지 않는 한, 제품의 세부사항은 최소한으로 제공한다.

93 효과적인 커뮤니케이션을 위한 방안에 대한 설명이 틀린 것은?

① 평가하지 말고, 자신이 느낀 바를 묘사한다.
② 정서적 화법을 구사한다.
③ 전략적 자세를 피하고 솔직하게 대한다.
④ 문제에 대해 확실한 답을 알고 있다는 입장에서 대화한다.

Answer — **91.** ② **92.** ② **93.** ④

91 ② 자신이 누구인지 먼저 밝히는 것이 옳다.

92 ② 합리적인 행동스타일을 가진 고객에게 적합한 응대 방법이다. 정중하고 친절히 응대하되 개방형 질문을 통해 합리적인 행동스타일을 가진 고객이 가진 정보를 끌어내도록 한다.

93 ④ 사실과 느낌을 경청하며 객관적으로 판단하고 감정을 통해 이해하려고 노력한다.

94 마케팅 커뮤니케이션의 분류로 옳지 않은 것은?

① 광고 커뮤니케이션
② 대인판매 커뮤니케이션
③ 선전 커뮤니케이션
④ 판매촉진 커뮤니케이션

95 메시지 전달자에게 요구되는 효과적인 커뮤니케이션 스킬은?

① 비언어적 수단과 언어적 수단의 미스매칭
② 나 메시지(I-Message) 사용
③ 너 메시지(You-Message) 사용
④ 감정적 커뮤니케이션

96 경청(Listening)에 대한 설명으로 옳지 않은 것은?

① 경청은 수동적이며 인지적인 과정이다.
② 경청의 과정은 언이적 측면, 음성적 측면 모두에 집중하는 것이다.
③ 경청이 어려운 이유 중 하나는 집중력의 부족이다.
④ 심리적 잡음은 경청의 방해요소가 된다.

Answer── **94.** ③ **95.** ② **96.** ①

94 ③ 마케팅 커뮤니케이션 활동은 촉진의 하위활동인 광고, 판매촉진, 홍보, 인적판매 등을 통해 수행된다.

95 ① 비언어적 수단과 언어적 수단의 매칭

96 ① 경청은 집중하려는 능동적인 노력이 수반된다.

97 인바운드 업무처리 중 통화 종료 이후에 이루어지는 업무가 아닌 것은?

① 정확한 대상고객 리스트 확보
② 고객요청 자료의 발송
③ 고객 클레임 이관관리 및 통보업무
④ 감사전화

98 인바운드 텔레커뮤니케이션의 중요 요소가 아닌 것은?

① 말하기(speaking)　　　　② 생각하기(thinking)
③ 판매하기(selling)　　　　④ 듣기(listening)

99 다음 중 고객유형별 상담기법에 대한 설명으로 가장 옳은 것은?

① 우유부단한 고객 : 의사결정 과정을 조금 앞서서 안내하되 최종결정은 스스로 했다는
　 인식을 갖도록 한다.
② 무례한 고객 : 목소리 크기를 약간 높여 말함으로써 상대방의 태도를 제압하는 것이 중
　 요하다.
③ 유아독존 고객 : 질문형식으로 대안이나 반대의견을 명확하게 제시한다.
④ 오만한 고객 : 고객이 표현한 내용을 알기 쉽게 다시 말하는 것이 중요하다.

Answer─── **97.** ① **98.** ③ **99.** ①

97 ① 아웃바운드 텔레마케팅을 위한 준비 요소이다.
　※ 아웃바운드 텔레마케팅 성공요소
　　㉠ 명확한 고객 데이터베이스
　　㉡ 전문적인 텔레마케터 선발
　　㉢ 전화장치 및 콜센터 장비구축
　　㉣ 적합한 전용 상품 및 특화된 서비스

98 ③ 인바운드 고객 상담은 판매보다는 신속한 고객 응대를 위해 말하기, 생각하기, 듣기의 다양한 기술을 많이 활용하게
　 된다.

99 ① 우유부단형 고객에게는 적극적인 태도를 보이며 상담하는 것이 필요하며 최종선택은 고객 스스로가 했다는 의식을
　 갖게 하는 것이 중요하다.

100 신상품 및 서비스가 나오면 내부직원들을 대상으로 먼저 사용하는 테스트는?

① 알파 테스트

② 베타 테스트

③ 파일럿(pilot) 테스트

④ 샘플 테스트

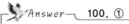Answer ─ 100. ①

100 ① 알파 테스트란 내부 직원을 대상으로 하는 성능시험으로, 내부 필드 테스트라고도 한다. 일반적으로 신제품이 대상이 되는데, 알파버전의 소프트웨어·하드웨어·인터넷 서비스·온라인게임 등을 실제 사용 환경에서 동작시키는 방식으로 이뤄진다.
② 베타 테스트란 하드웨어나 소프트웨어 제품을 정식 상품으로 내놓기 전에 오류가 있는지를 발견하기 위해 미리 정해진 사용자 계층들이 써보도록 하는 것을 말한다.
③ 주로 컴퓨터 프로그램 등 최신 기술을 개발하여, 실제 상황에서 실현하기 전에 소규모로 시험 작동해보는 것을 말한다.

15 2017년 제3회 기출문제

1 판매관리

1 유통경로의 설계과정을 바르게 나열한 것은?

① 고객욕구분석 → 유통경로의 목표설정 → 경로대안의 평가 → 주요 경로대안의 식별
② 고객욕구분석 → 유통경로의 목표설정 → 주요 경로대안의 식별 → 경로대안의 평가
③ 고객욕구분석 → 주요 경로대안의 식별 → 유통경로의 목표설정 → 경로대안의 평가
④ 고객욕구분석 → 주요 경로대안의 식별 → 경로대안의 평가 → 유통경로의 목표설정

2 유통경로를 설계할 때 고려해야 할 상황과 가장 거리가 먼 것은?

① 유통기관의 광고 수준
② 이용할 유통기관의 수
③ 유통기관에 대한 통제 수준
④ 소비자에게 제공할 유통서비스 수준

Answer— 1. ② 2. ①

1 유통경로의 설계과정
㉠ 고객욕구분석
㉡ 유통경로의 목표설정
㉢ 주요 경로대안의 식별
㉣ 경로대안의 평가

2 유통경로의 설계 시 고려요인
㉠ 표적소비자에게 제공할 유통서비스 수준
㉡ 유통기관에 대한 통제 수준
㉢ 이용할 유통기관의 수
㉣ 유통경로의 경제성

3 소비자가 서비스 구매의 의사결정과정에서 접할 수 있는 일반적인 위험 유형에 관한 설명으로 옳지 않은 것은?

① 재무적 위험 – 구매가 잘못되었거나 서비스가 제대로 수행되지 않았을 때 발생할 수 있는 금전적인 손실
② 물리적 위험 – 구매했던 의도와 달리 기능을 제대로 발휘하지 못할 가능성
③ 사회적 위험 – 구매로 인해 소비자의 사회적인 지위가 손상 받을 가능성
④ 심리적 위험 –구매로 인해 소비자의 자존심이 손상 받을 가능성

4 아웃바운드 텔레마케팅의 특성으로 틀린 것은?

① 아웃바운드에서는 고객 리스트가 반응률을 결정하며 기본적으로 고객주도형이다.
② 아웃바운드는 무차별적 전화 세일즈와는 달리 전화 걸기 위한 사전준비가 필요하다.
③ 고정고객관리는 신규고객 획득에 비해 시간과 비용면에서 경제적이고 효과도 크다.
④ 아웃바운드가 인바운드보다 상대적으로 고도의 기술을 요하며 마케팅 전략, 통합기법 등의 노하우, 상담원의 역량 등에 큰 영향을 받는다.

5 아웃바운드 텔레마케팅에서 판매의 효율성을 제고시키기 위한 방안과 가장 거리가 먼 것은?

① 아웃바운드 텔레마케팅에서의 판매관리는 마케팅 4P와 4C(Communication, Commerce, Community, Contents)를 전략적으로 적절히 활용한다.
② 원활한 판매활동과 고객만족을 실현하기 위해서 판매관리 데이터베이스의 정보 시스템화를 촉진시켜야 한다.
③ 고객과 원활히 대화할 수 있는 홈페이지를 구축하고 상품에 대한 정보교환 및 문의는 이메일을 통해서만 가능하게 한다.
④ 아웃바운드 텔레마케팅 분양에 적합한 상품을 적극적으로 개발한다.

Answer ── 3. ② 4. ① 5. ③

3 ② 기능적 위험에 관한 설명이다.
4 ① 아웃바운드에서는 고객 리스트가 반응률을 결정하며, 기본적으로 기업주도형이다.
5 ③ 이메일뿐 아니라 전화를 통해서도 가능하게 해야 한다.

6 고객속성 데이터에 대한 설명으로 옳은 것은?

① 주로 콜센터나 기업의 내부에서 직접 확보 또는 생성한 데이터베이스를 말한다.

② 외부 전문기관에서 구입한 명단, 제휴마케팅을 통해 획득한 데이터베이스를 말한다.

③ 고객이 지닌 고유 속성으로 주소, 전화번호 등의 데이터를 의미한다.

④ 거래나 구매사실, 구매행동 결과로 나타나는 속성으로 회원가입일, 최초구매일, 연체 내역 등의 데이터를 말한다.

7 다음은 어떤 가격조정전략에 해당하는가?

> A 대형마트에서는 B사의 오디오 제품 가격을 300,000원에서 299,000원으로 조정하였다.

① 세분화 가격결정

② 심리적 가격결정

③ 촉진적 가격결정

④ 지리적 가격결정

8 인바운드 고객 상담은 신속한 고객 응대를 위해 다양한 기술을 많이 활용하게 된다. 인바운드 고객 상담을 위해 사용되는 CTI(Computer Telephony Integration)기술이 현재 제공하는 기능이 아닌 것은?

① 전화 건 사람의 전화 번호 인식

② 컴퓨터를 통한 전화 걸기

③ 고객에 대한 정보를 불러 와서 스크린에 보여주기

④ 고객의 성향에 대한 분석

Answer ─── 6. ③ 7. ② 8. ④

6 ③ 고객이 원하는 것, 필요로 하는 것, 욕구 등을 동기화시키는 요인을 발견하기 위해 고객의 이름, 연령 등 생활에 대한 전반적인 상황 기록 등을 데이터베이스화하는 것이 고객 속성 데이터이다.

7 ② 가격이 최하의 가능한 선에서 결정되었다는 인상을 주기위해 고의로 단수를 붙여 가격을 정하는 단수가격결정법으로 심리적 가격결정에 해당한다.

8 ④ CTI로는 고객의 성향에 대한 분석을 할 수 없다.

9 다음에서 설명하고 있는 용어는?

> 기업이 시장세분화를 기초로 정해진 표적시장 내 고객들의 마음속에 자사의 제품을 부각시키기 위해
> 시장분석, 고객분석, 경쟁분석 등을 기초로 하여 전략적 위치를 계획하는 것

① 표적시장
② 차별화 마케팅
③ 내부시장분석
④ 포지셔닝

10 소비자의 구매 의사결정 과정을 순서대로 바르게 나열한 것은?

> A. 선택
> B. 자극
> C. 정보탐색
> D. 문제 인식
> E. 대안 평가
> F. 구매 후 평가

① B→D→C→E→A→F
② B→D→A→E→C→F
③ D→B→E→C→A→F
④ D→B→C→E→A→F

11 소비자가 구매행위에 대한 최소한의 노력을 들이는 제품으로 편리한 위치에 있는 매장을 이용하여 구매하는 소비재의 유형은?

① 편의품
② 선매품
③ 전문품
④ 비탐색품

🕊️ *Answer* — 9. ④ 10. ① 11. ①

9 ④ 소비자가 마음속에 자사제품이나 기업을 표적시장·경쟁·기업능력과 관련하여 가장 유리한 포지션에 있도록 노력하는 과정 또는 소비자들의 인식 속에 자사의 제품이 경쟁제품과 대비하여 차지하고 있는 상대적 위치를 포지셔닝이라 한다.

10 ① 소비자는 문제의 인식→정보의 탐색→대안의 평가→구매결정→구매 후 행동의 다섯 단계의 구매의사 결정과정을 밟게 된다.

11 ① 구매가 빈번하고 구매에 대한 시간과 노력이 적게 소요되며 가격이 비싸지 않다.
② 구매하는데 있어 수고와 노력을 아끼지 않는 제품으로 선택기준은 속성, 가격이 된다.
③ 독특한 제품의 특성을 지녔고 소비자들이 드물게 구매하며 가격이 비싼 편이다.
④ 소비자의 관심도가 낮은 제품으로 소비자 스스로 제품의 정보를 탐색하지 않고 의식하지 않는 경우도 많다.

12 잠재고객에 대한 설명으로 옳은 것은?

① 자사에 한 번 이상 방문한 고객
② 상품을 구매하지는 않았으나 상품에 대해 관심을 가지고 있는 고객
③ 자사 제품을 정기적으로 구매하는 고객
④ 자사에서 판매하는 모든 상품을 구매하는 고객

13 가격결정에 있어서 상대적으로 고가의 가격이 적합한 경우가 아닌 것은?

① 수요의 가격 탄력성이 높을 때
② 진입장벽이 높아 경쟁기업의 진입이 어려울 때
③ 규모의 경제효과를 통한 이득이 미미할 때
④ 높은 품질로 새로운 소비자층을 유인하고자 할 때

14 인바운드 텔레마케팅 활용분야에 해당하는 것은?

① 시장조사   ② 가맹고객 획득
③ 대금회수, 계약갱신   ④ 고객의 각종 주문이나 문의 접수

Answer **12. ② 13. ① 14. ④**

12 ② 잠재고객은 제외 잠재자로서 이는 구매가능자 중에서 그 제품에 대하여 호의적이거나 구매능력도 없는 자이기 때문에 목표고객에서 제외해도 무리가 없다.

13 고가전략 조건
㉠ 시장수요의 가격탄력성이 낮을 때
㉡ 시장에 경쟁자의 수가 적을 것으로 예상될 때
㉢ 규모의 경제효과를 통한 이득이 미미할 때
㉣ 진입장벽이 높아 경쟁기업의 진입이 어려울 때
㉤ 높은 품질로 새로운 소비자층을 유인하고자 할 때
㉥ 품질 경쟁력이 있을 때

14 아웃바운드 활용분야
㉠ 판매분야 : 신규고객 개척 및 잠재고객 발굴
㉡ 비판매분야 : 조사업무, 판매지원업무, 연체대금 회수, 고객관리, 리스트 정비

15 마케팅의사결정 지원시스템에 관한 설명으로 옳지 않은 것은?

① 일종의 보조적인 하드웨어와 소프트웨어로 된 통계적 도구와 의사결정 모델을 말한다.
② 자료(Data), 모형(Model), 통계(Statics)의 3가지로 구성된다.
③ 여러 하부시스템에 의해 수집된 정보는 적기에 의사결정자에게 제공되어야 한다.
④ 재고정보 시스템 등과 같은 분화된 정보시스템을 잘 갖추어야 한다.

16 아웃바운드 텔레마케팅의 판매촉진 강화를 위한 방안이 아닌 것은?

① 상담원은 고객의 요구만을 열심히 경청하게 한다.
② 상담원들에게 상품에 대한 사전지식을 철저히 쌓도록 한다.
③ 고객에게 호감을 줄 수 있는 커뮤니케이션 기술을 갖추도록 한다.
④ 상담원은 고객의 반론에 대한 자연스러운 대응력을 갖추도록 한다.

17 e-mail을 이용한 마케팅의 특성으로 옳지 않은 것은?

① e-CRM 중심의 접촉경로를 활용한다.
② 많은 비용이 소요된다.
③ 쌍방향 커뮤니케이션을 추구한다.
④ 전달속도가 빠르다.

Answer— **15.** ② **16.** ① **17.** ②

15 ② 데이터베이스 시스템, 모델베이스 시스템, 사용자 인터페이스, 지식베이스 시스템으로 구성된다.
16 ① 고객의 니즈를 간파하는 경청능력이 필요하다.
17 ② 적은 비용이 소요된다.

18 아웃바운드 텔레마케터가 가져야 할 자질로 적합하지 않은 것은?

① 밝고 생동감 있는 목소리   ② 목표의식과 달성능력

③ 수동적인 상담자세   ④ 인내심과 냉철한 판단력

19 주문 접수처리 업무의 특성에 대한 설명으로 옳은 것은?

① 일반적으로 홈쇼핑, 카달로그 쇼핑 업체에서 많이 이루어진다.

② 주로 상품구매 고객의 불만사항을 접수하는 역할만 한다.

③ 연결된 통화의 품질 유지가 우선이며 이를 위해서 때로는 들어오는 통화 중 일부를 포기하는 것이 바람직하다.

④ 고객이 주도하는 전화이므로 초보적인 상담원도 문제없이 처리할 수 있는 업무이다.

 *Answer*   **18. ③   19. ①**

18 ③ 적극적이고 능동적인 상담자세를 가져야 한다.
  ※ 아웃바운드 텔레마케터의 자질
     ㉠ 목소리 : 긍정적이고 자신감 있는 목소리로 상대방이 호감을 가질 수 있는 사람이 유리하다.
     ㉡ 자세 : 적극적이고 능동적인 마케팅으로 거절당하더라도 즐거운 마음으로 받아들일 수 있는 자세가 필요하다.
     ㉢ 인내심 : 거절이 쉽게 나오므로 공감관계의 형성이 쉽지 않으므로 인내심이 절대적으로 필요하다.
     ㉣ 시간관계 : 아웃바운드는 텔레마케터가 콜시간, 콜내용, 콜방향을 리드해야 한다.
     ㉤ 목표의식 : 반복적인 거절에도 무너지지 않도록 확고한 목표의식이 필요하다.
     ㉥ 커뮤니케이션 능력 : 고객의 반론 극복, 돌발 상황의 대처능력, 고객의 니즈를 간파할 경청능력이 필요하다.

19 주문 접수처리 업무
     ㉠ 문의, 상담 대응, 상품설명
     ㉡ 관련 상품 교차판매(Cross-selling)
     ㉢ 고가격 · 고이익 상품 판매(Upgrading)
     ㉣ 과잉재고, 긴급 매출 상품(계절상품 등)의 판촉
     ㉤ 재고 부족 상품의 입하일 안내(주문취소율의 저하)
     ㉥ 재고 부족 상품의 타 상품으로의 대체 촉진
     ㉦ 지불 방법 안내, 배달일 안내 · 확인(부재 시의 배달 조치)
     ㉧ 반품 · 교환 · 취소에 대응

20 효과적인 시장 세분화 조건에 해당하지 않는 것은?

① 제품 및 서비스의 품질과 양을 감소시키거나 가격을 통제할 수 있는 강력한 공급업자가 반드시 있어야 한다.
② 세분시장의 규모, 구매력 등이 측정 가능해야 한다.
③ 세분시장에 접근할 수 있어야 하고, 그 시장에서 어느 정도 효과적으로 활동할 수 있느냐를 고려해야 한다.
④ 세분시장을 유인하여 서브할 수 있도록 효과적인 마케팅 프로그램을 입안하여 활동할 수 있어야 한다.

21 판매촉진 전략에 대한 설명으로 옳지 않은 것은?

① 상품에 따라 촉진믹스의 성격이 달라진다.
② 광고(advertising)는 비인적 대중매체를 활용하는 촉진수단이다.
③ 불황기에는 촉진활동보다 경로 및 가격설정전략이 중요하다.
④ 촉진의 본질은 소비자에 대한 정보의 전달에 있다.

22 고객세분화의 기준에 해당하지 않는 것은?

① 인구통계적 변수　　　　　② 유통경로적 변수
③ 행동분석적 변수　　　　　④ 심리분석적 변수

 Answer ── **20.** ①　**21.** ③　**22.** ②

20 효과적인 세분화의 조건
　㉠ 측정가능성 : 세분시장의 규모와 구매력이 측정될 수 있는 정도
　㉡ 접근가능성 : 세분시장에 도달할 수 있고 그 시장에서 어느 정도 영업할 수 있는가의 정도
　㉢ 실질성 : 어느 세분시장의 규모가 충분히 크고, 이익이 발생할 가능성이 큰 정도
　㉣ 행동가능성 : 세분시장으로 유인하고, 그 세분시장에서 영업활동을 할 수 있도록 구성되어 질 수 있는 효과적인 프로그램의 정도

21 ③ 판매촉진 전략은 단기적으로 직접적인 효과를 끌어낼 수 있으므로 불황기에 더욱 중요하다.

22 고객세분화 기준
　㉠ 인구통계학적 변수 : 연령, 성별, 가족구성원, 가족력, 소득수준, 교육수준, 종교, 인종, 국적
　㉡ 지리적 변수 : 지역, 도시규모, 인구밀도, 국가, 기후
　㉢ 심리적 변수 : 라이프스타일, 사회계층, 개성, 관심, 활동
　㉣ 행동분석 변수 : 이용시기, 이용수준, 브랜드 충성도

23 충성고객이 기업에 미치는 영향으로 볼 수 없는 것은?

① 새로운 고객창출의 용이성
② 충성고객 신용관리를 위한 비용의 증대
③ 보다 우수한 제품 및 서비스의 개발 및 제공
④ 기업이 추구하는 고객관리를 위한 새로운 수립이 용이

24 전문품의 특성에 해당하지 않는 것은?

① 대체품이 존재하지 않고 브랜드 인지도가 높다
② 소비자가 품질, 가격, 색상, 디자인을 중심으로 대체 상품을 비교한 후 선택하는 성향의 제품이다.
③ 일반적으로 고가격 정책을 유지한다.
④ 유명 디자이너의 제품, 의상, 미술작품 등이 해당된다.

25 인바운드 상담 절차를 바르게 나열한 것은?

A. 상담준비	B. 전화응답과 자신소개
C. 문제해결	D. 고객니즈 간파
E. 동의와 확인	F. 종결

① A→C→D→B→E→F   ② A→D→C→B→E→F
③ A→B→D→C→E→F   ④ A→D→B→C→E→F

Answer ─ **23.** ② **24.** ② **25.** ③

23 충성고객 확보의 장점
　㉠ 기존 고객의 유지 비용이 신규 고객 유치 비용보다 저렴하다.
　㉡ 고객 상실이나 타 업체로의 전이되는 경우가 작아 고객 전이 비용이 절감되어 매출 증대에 기여한다.
　㉢ 구전효과가 있다.

24 ② 편의품에 관한 설명이다.
　※ **전문품**(Specialty products)
　　㉠ 전문품은 독특한 제품의 특성을 지녔는데 소비자들이 드물게 구매하며, 가격 또한 비싼 편이다.
　　㉡ 소비자는 그들이 원하는 정확한 제품과 상표를 획득하기 위하여 특별한 노력을 기꺼이 하려 한다. 이러한 제품에는 교육, 주택과 고성능 자동차를 포함한다.

25 인바운드 상담 절차 : 첫인사→고객요구파악→문제해결→요약종결→끝인사

26 다음 중 종속변수를 선행하면서 영향을 미치는 변수는?

① 잔여변수　　　　　　　　　② 외생변수
③ 독립변수　　　　　　　　　④ 통제변수

27 자료편집과정에서 주의를 기울여야 할 항목과 가장 거리가 먼 것은?

① 일관성　　　　　　　　　　② 완결성
③ 자유응답형의 처리　　　　　④ 주관성

28 다음 중 확률표본추출방법이 아닌 것은?

① 편의표본추출법　　　　　　② 단순무작위표집
③ 층화표집　　　　　　　　　④ 집락표집

Answer ── **26. ③　27. ④　28. ①**

26 ③ 관찰하고자 하는 현상의 원인이라고 가정한 변수를 독립변수라 하고, 독립변수의 영향을 받아 변화되리라고 가정한 변수를 종속변수라고 한다.

27 ④ 객관성에 주의를 기울여야 한다.

28 ① 비확률표본추출방법에 해당한다.
　※ **확률표본추출법의 특성**
　　㉠ 표본조사를 실시하는 경우, 모집단을 정확하게 대표할 수 있는 표본을 선정·조사해서 이로부터 얻는 표본통계량(Statistic)값으로 모집단의 모수(parameter)를 추론하게 된다.
　　㉡ 표본통계량으로 모집단의 모수를 추론하는 과정에서 적지 않은 오류(error)가 발생할 가능성이 있다. 이 중에 가장 큰 오류를 표본오류(Sampling error)라 한다.
　　㉢ 이러한 표본오류를 줄이기 위해서는 모집단을 가장 정확하게 대표할 수 있는 표본을 추출하는 것이 무엇보다도 중요하다. 표본통계량들은 모두 확률변수에 해당하므로 표본오차의 추정이 가능하다.

29 탐색조사에 대한 설명으로 적절하지 않은 것은?

① 조사 시점을 달리하여 동일한 현상에 대한 측정을 반복한다.
② 문제와 기회의 포착에 주안점을 둔다.
③ 상황에 관련된 변수들 사이의 관계에 대한 통찰력을 제고한다.
④ 최종적인 조사를 시행하기 전에 관련된 정보를 입수한다.

30 전화 서베이 방법의 장점이 아닌 것은?

① 빠른 시간 내에 자료를 수집할 수 있다.
② 저렴한 비용으로 많은 사람에게 자료를 얻을 수 있다.
③ 직접 얼굴을 대면하지 않기 때문에 민감한 문제에 대한 질문이 가능하다.
④ 연구자가 알고자 하는 다양한 문제에 대하여 시간적 제한 없이 여러 가지 질문을 할 수 있다.

31 표본 프레임(sampling frame)에 대한 설명으로 틀린 것은?

① 표본을 추출하기 위한 모집단의 목록을 말한다.
② 표본추출단위가 집단인 경우에는 모집단의 목록인 표본프레임도 개인별 목록이 아니라 집단별 목록만 있으면 된다.
③ 비확률표본추출방법을 이용할 경우 정확한 표본 프레임이 반드시 있어야 한다.
④ 정확한 확률표본 추출을 하기 위해서는 모집단과 정확하게 일치하는 표본 프레임이 확보되어야 한다.

Answer ── **29.** ① **30.** ④ **31.** ③

29 ① 종단조사에 관한 설명이다.
※ **탐색조사**(Exploratory Research)
조사의 초기단계에서 조사에 대한 아이디어와 통찰력을 얻기 위해서 주로 사용된다. 탐색조사는 그 자체가 조사라기보다는 다른 조사를 수행하기 위한 선행단계로서 실행되는 것이다. 이러한 탐색조사의 종류에는 문헌조사, 사례조사, 전문가의견조사, 표적집단면접법(FGI) 등이 있다.

30 ④ 수집되어야 할 자료의 양이 많지 않고 내용이 간단한 경우라면 전화조사가 바람직하며, 설문의 양이 많고 각 문항들에 대한 보조적인 설명이 필요한 경우라면 대인면접법을 이용하는 것이 바람직하다.

31 ③ 비확률표본추출방법은 조사대상이 되는 모집단의 규모가 매우 크거나 표본프레임을 구하기가 쉽지 않은 상업적 조사에서 흔히 사용된다. 모집단 내의 각 구성요소가 표본으로 선택될 확률을 알 수 없기 때문에 이들로부터 수집된 자료가 모집단을 어느 정도 잘 대표하는지에 대한 정확한 추정이 어렵다.

32 텔레마케터를 활용해서 보험 상품을 판매하고자 하는 보험사에게 있어, 다음과 같은 정보가 주어졌다. 이 정보를 무엇이라 하는가?

> 한국문화조사협회에서 실시한 조사에 따르면 한국인들은 개인 간의 관계를 크게 중시한다고 한다. 이러한 특성은 한국 사람들이 전화를 통해 판매되는 제품의 구매를 상당히 주저하게 한다고 한다.

① 내부 2차 자료   ② 외부 2차 자료

③ 내부자료   ④ 종속변수

33 다음 중 코딩과 분석이 용이하고, 응답하기가 쉽고 협조를 쉽게 얻어낼 수 있으며 조사자에 의한 영향을 배제할 수 있는 질문형태는?

① 자유응답형   ② 양자택일형

③ 다지선다형   ④ 가치개입형

 Answer ── **32.** ②   **33.** ②

32 ② 외부 2차 자료(external secondary data)란 행정기관, 협회 등의 기관, 혹은 인터넷으로부터 획득하는 자료로서 마케팅회사가 신디케이트조사로써 미리 수집해 놓은 자료가 있다.

33 ① 양자택일형 질문이란 두 가지 선택만을 제시하여 하나를 선택하도록 하는 방법을 말한다. 조사자가 영향을 미치지 않으며 집계작업과 편집이 간단하고 응답처리가 수월하여 면접을 신속히 할 수 있다.

   ※ 양자택일형 질문

       ㉠ 장점

        • 조사자가 영향을 미치지 않는다.

        • 응답자가 대답하기 수월하다.

        • 응답처리가 수월하고 면접을 신속히 할 수 있다.

        • 집계작업과 편집이 간단하다.

       ㉡ 단점

        • 응답범위를 제한하여 더 중요한 정보를 잃을 수도 있다.

        • 중간의 의견을 가진 사람도 극단적 결론으로 유도될 수 있다.

34 다음 중 개인의 사생활(Privacy) 보호로 면접조사가 어려울 때 실시할 수 있는 조사방법으로 가장 적합한 것은?

① 조사원을 이용하여 질문지를 배포하고 우편으로 회수한다.
② 조사원을 이용하여 질문지를 배포하고 전화로 조사한다.
③ 우편으로 질문지를 배포하고 전화로 조사한다.
④ 조사대상자들을 한 자리에 모아 질문지를 배포하고 전화로 조사한다.

35 시장조사를 통해 수집된 자료의 처리 순서를 바르게 나열한 것은?

① 편집(editing) → 입력(key-in) → 코딩(coding)
② 코딩(coding) → 편집(editing) → 입력(key-in)
③ 편집(editing) → 코딩(coding) → 입력(key-in)
④ 입력(key-in) → 코딩(coding) → 편집(editing)

36 관찰대상들이 가지고 있는 속성의 상대적 크기를 측정하여 대상 간 서로 비교할 수 있도록 하는 척도는?

① 명목척도   ② 서열척도
③ 등간척도   ④ 비율척도

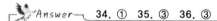

Answer ── **34.** ① **35.** ③ **36.** ③

34 ① 우편조사는 익명성이 높아 개인의 사생활 보호로 면접조사가 어려울 때 실시할 수 있는 조사방법이다.
　※ 우편조사의 장점
　　㉠ 조사비용 절감
　　㉡ 조사기간 절약
　　㉢ 응답자가 시간적인 제약을 받지 않음
　　㉣ 익명성이 높음
　　㉤ 조사대상자 자율응답성 보장
　　㉥ 정보의 안전성
　　㉦ 접근용이

35 ③ 자료의 처리 과정은 자료의 검토, 자료의 편집, 자료의 코딩의 과정을 거친다.

36 ③ 명목척도와 서열척도가 제공하는 정보 이외에 추가로 수치 사이의 간격이 동일하다는 정보를 제공하는 척도이다.
　① **명목척도** : 숫자의 차이가 대상에 따라 측정한 속성이 다르다는 것만 나타낸다.
　② **서열척도** : 숫자의 차이가 측정한 속성의 차이에 관한 정보 뿐 아니라 순위관계에 대한 정보도 포함한다.
　④ **비율척도** : 차이 정보와 서열정보, 등간정보 외에 수의 비율에 관한 정보도 담고 있는 척도이다.

37 1차 자료와 2차 자료를 비교한 것으로 옳지 않은 것은?

① 1차 자료는 수집과정에서의 관여도가 높고, 2차 자료는 관여도가 낮다.

② 1차 자료는 수집비용이 적게 들고, 2차 자료는 많이 든다.

③ 1차 자료는 수집기간이 길고, 2차 자료는 짧다.

④ 1차 자료는 수집목적이 당면한 문제에 대한 직접적 해결이고, 2차 자료는 당면한 문제에 도움을 줄 수 있는 간접적 해결이다.

38 시장조사를 위한 면접조사의 특성으로 틀린 것은?

① 커뮤니케이션에 전문적인 능력을 가진 진행자의 역할이 중요하다.

② 형식적이고 정형화된 절차를 통해 정보를 수집한다.

③ 여유를 가져야 깊고 풍부한 정보를 수집할 수 있다.

④ 마케팅 조사에서 활용빈도가 높아지고 있다.

Answer ── **37. ② 38. ②**

37 ② 2차 자료는 1차 자료에 비해 상대적으로 비용이 적게 든다.

※ 1차 자료와 2차 자료

　㉠ 1차 자료

　　• 조사방법으로는 관찰조사, 표적집단조사, 질문조사, 행동자료 및 실험이 있다.

　　• 조사자가 문제해결을 위해 직접 수집한 자료로 보통 비용이 많이 들고 시간이 소비된다.

　　• 수집도구로 설문지가 가장 많이 사용된다. (우편, 전화, 면접, 온라인)

　㉡ 2차 자료

　　• 기존에 수집되어있는 자료로 다른 조사 목적으로 조사되었으나 현재 당면한 문제에도 이용가치가 있는 자료들이다.

　　• 사내자료, 정부간행물, 연구기관 보고서등이 있으며 수집 기간과 비용이 짧다.

38 ② 면접조사는 정성적 조사의 대표적인 방법으로 정보를 갖고 있는 응답자들과 마케팅 및 커뮤니케이션에 전문능력을 가진 진행자가 자유로운 분위기 속에서 면담을 진행하면서 정보를 수집하는 것이다.

39 다음 실험에 관한 설명으로 옳지 않은 것은?

> 음주가 자동차 운전행동에 미치는 영향을 연구하기 위하여 실험을 실시하였다. 한 집단(집단A)은 알코올이 포함된 술을 마시게 하고, 다른 집단(집단 B)은 알코올 냄새가 나지만 알코올은 포함되지 않은 음료를 마시게 한 후 운전행동을 측정했다.

① 알코올이 운전행동에 영향을 미치는 인과관계를 분명하게 알 수 있다.
② 독립변수는 알코올 섭취 여부이다.
③ 종속변수는 운전행동에 관한 측정치이다.
④ 이 설계에서는 위약효과(placebo effect)를 통제할 수 없다.

40 응답자의 권리 보호와 거리가 먼 것은?

① 응답자의 개인정보를 상품판매에 이용해서는 안 된다.
② 응답자이 개인정보를 조사의뢰회사에 누설해서는 안 된다.
③ 응답자의 개인정보는 보호되어야 한다.
④ 응답자의 개인정보를 임의로 활용하여 재조사를 요구할 수 있다.

41 초점면접법과 같이 조사연구의 목적과 내용에 대해서 미리 질문내용을 결정하고, 나머지는 면접지침에 따라 융통성 있게 면접하는 방법은?

① 표준화면접
② 비표준화면접
③ 반표준화면접
④ 비지시적면접

Answer — 39. ④ 40. ④ 41. ③

39 ④ 집단 A와 집단 B를 각각 알코올이 포함된 술과 알코올은 없지만 냄새만 나는 술을 마시게 하여 음주에 대한 위약효과를 통제하고 있다.
 ※ **위약효과**
  플라시보 효과(placebo effect)라고도 한다. 전혀 없는 거짓 약을 진짜 약으로 가장, 환자에게 복용토록 했을 때 환자의 병세가 호전되는 효과를 말한다.

40 ④ 응답자의 개인정보를 임의로 활용해서는 안 된다.

41 ③ 반표준화면접은 일정한 수의 중요한 질문은 표준화하고 그 외의 질문은 비표준화하는 방법이다. 이 방법은 표준화방법과 비표준화방법의 장·단점을 중화한 것이다.

42 종단조사에 관한 설명으로 틀린 것은?

① 시점을 달리하여 동일한 현상에 대한 측정을 되풀이하는 조사방법이다.

② 각 기간 동안 일어난 변화에 대한 측정이 주된 과제가 된다.

③ 특정 조사대상들을 선정해 놓고 반복적으로 조사를 실시하는 조사방법이다.

④ 모집단에서 임시로 추출된 표본으로부터 자료를 얻는다.

43 전화면접법의 단점이 아닌 것은?

① 그림, 도표 등의 시각적 보조자료를 활용할 수 없다.

② 전화를 통해 접근할 수 있는 대상이 인구학적 변수에 따라 달라질 수 있다.

③ 질문의 길이와 내용에 제한을 받게 된다.

④ 조사자들에 대한 감독이 어렵다.

 Answer ┐ **42.** ④ **43.** ④

42 ④ 표본조사에 관한 설명이다.
※ 종단조사와 횡단조사
  ㉠ 종단조사(Longitudinal study) : 조사대상의 특정 변수 값을 여러 시점에 걸쳐 조사하여 이들의 변화와 그 차이의 발생요인을 분석하는 것으로 시계열조사라고도 하며 시간 간격을 두고 한 번 이상 조사를 실시하기 때문에 시간의 경과에 따른 마케팅 변수에 대한 소비자반응의 변화를 측정할 수 있다.
  ㉡ 횡단조사(Cross-Sectional research) : 가장 보편적으로 사용되는 조사로서 여러 조사대상자들을 정해진 한 시점에서 조사분석하는 방법으로 비교적 큰 규모의 표본조사가 필요하다.

43 전화면접법의 특징
  ㉠ 장점
  • 비용이 저렴하다.
  • 절차가 간편하다.
  • 다양한 응답자를 쉽고 빠르게 접촉할 수 있다.
  ㉡ 단점
  • 상대적으로 짧은 질문만이 가능하다.
  • 보조자료를 활용하는 것이 어렵다.
  • 복잡하고 심층적인 질문을 하는 것이 곤란하다.

44 면접자 선정 시 고려해야 할 사항과 가장 거리가 먼 것은?

① 적절한 면접시간 설정
② 면접에 소요되는 제반 경비 고려
③ 응답자에 대한 접근 용이도 고려
④ 면접 목적에 맞는 대상자 선정

45 다음의 설문 내용을 볼 때 설문지 작성 시 어떤 점에 유의하여야 하는가?

> Q. 여성이 태아에 좋지 않은 영향을 미치는 담배를 피우는 것에 대해 어떻게 생각하십니까?
> 1 매우 부정적이다.
> 2 부정적이다.
> 3 긍정적이다.
> 4 긍정도 부정도 아니다.
> 5 매우 긍정적이다.

① 응답자를 비하하거나 무시하는 표현의 금지
② 응답하기 곤란한 질문은 간접적으로 질문
③ 사실을 비화한 허구적 질문
④ 대답의 유도 또는 강요하는 표현 금지

46 자료 수집을 위해 사용된 방법론의 타당성을 확인하기 위한 것으로 가장 거리가 먼 것은?

① 출판시기   ② 표본의 크기와 질
③ 설문지 설계와 관리   ④ 응답률과 질

Answer — **44.** ② **45.** ④ **46.** ①

44 ② 자료수집 방법 결정 시 고려해야 할 사항이다.

45 ④ 설문지 작성 시 답을 유도하는 질문은 피해야 한다. 제시된 질문은 이미 흡연에 대해 부정적인 인식을 심어주고 있다.

46 ① 신뢰성을 확인하기 위한 것이다.
   ※ 타당성과 신뢰성
   ㉠ 타당성 : 측정값을 얼마나 정확하게 옳게 측정하였는가를 나타내는 것이다.
   ㉡ 신뢰성 : 그 측정값이 옳든 틀리든, 얼마나 일관된 값을 가지는가를 보는 것이다.

47 다음 중 탐색적 조사방법에 해당되지 않는 것은?

① 전문가 의견조사　　　　　② 문헌조사
③ 실험연구　　　　　　　　　④ 사례연구

48 시장조사의 중요성에 대한 설명으로 옳지 않은 것은?

① 고객의 특성, 욕구, 그리고 행동에 대한 정확한 이해를 통해 고객지향적인 마케팅활동을 가능케 해준다.
② 마케팅 전략 수립 및 집행에 필요한 모든 정보를 적절한 시기에 입수할 수 있다.
③ 시장조사는 타당성과 신뢰성 높은 정보의 제공을 통해 의사결정의 기대가치를 높일 수 있는 수단이 된다.
④ 정확한 시장정보와 경영활동에 대한 효과분석은 기업목표의 달성에 공헌할 수 있는 자원의 배분과 한정된 자원의 효율적인 활용을 가능케 한다.

49 질문지 작성 시 폐쇄형 질문의 장점이 아닌 것은?

① 부호화와 분석이 용이하여 시간과 경비를 절약할 수 있다.
② 민감한 주제에 보다 적합하다.
③ 질문지에 열거하기에는 응답의 범주가 너무 클 경우에 사용하면 좋다.
④ 질문에 대한 대답이 표준화되어 있기 때문에 비교가 가능하다.

Answer　**47. ③　48. ②　49. ③**

47 탐색조사의 종류
　㉠ 문헌조사
　㉡ 사례조사
　㉢ 전문가의견조사
　㉣ 표적집단면접법(FGI)

48 ② 마케팅 전략 수립 및 집행에 필요한 모든 정보를 입수할 수 있는 것은 아니다.

49 ③ 개방형 질문의 장점이다. 개방형 질문은 넓게 그리고 이미 노출되어 있으며, 고객 상황에 대한 명확한 이해를 하는 데 유용한 질문 방법이다.

50 다음 척도의 종류는?

[제품 디자인에 대한 평가]

	1	2	3	4	5	6	7	
기능적이다.	├	─┼	─┼	─┼	─┼	─┼	─┤	비기능적이다.
고급스럽다.	├	─┼	─┼	─┼	─┼	─┼	─┤	대중적이다.
현대적이다.	├	─┼	─┼	─┼	─┼	─┼	─┤	고전적이다.

① 서스톤 척도 ② 리커트 척도
③ 거트만 척도 ④ 의미분화 척도

 3 텔레마케팅관리

51 다음 중 텔레마케팅 활동과 가장 거리가 먼 것은?

① 백화점에서 생일 고객에게 축하 전화를 한다.
② 여행사에서 Fax를 이용하여 신여행상품을 소개한다.
③ 이동통신사에서 전화로 신상품에 대한 고객 반응을 조사한다.
④ 우연히 길에서 마주친 동창생에게 상품을 소개하였다.

 Answer ─ **50.** ④ **51.** ④

50 ① 평가자를 사용하여 척도 상에 위치한 항목들을 어디에 배치할 것인가를 판단한 후 다음 조사자가 이를 바탕으로 척도에 포함된 적절한 항목들을 선정하여 척도를 구성하는 방법을 말한다.
② 평정척도의 변형으로 여러 문항을 하나의 척도로 구성하여 전체 항목의 평균값을 측정치로 하는 방법을 말한다.
③ 일련의 동일한 항목을 갖는 하나의 변수만을 측정하는 척도를 말한다.

51 ④ 텔레마케팅이란 전화 등의 매체를 이용하여 소비자 개개인의 구매 이력 데이터베이스에 근거하여 세심한 세일즈를 행하는 과학적 마케팅 방법이다.

52 콜센터 경력개발 경로 수립 관련 사항과 거리가 먼 것은?

① 콜센터 규모를 고려하기보다는 필요한 전문가를 각각 배출할 수 있도록 개발하여야 한다.
② 조직의 요구와 직원들의 요구를 균형에 맞춰 개발한다.
③ 선발, 코칭, 훈련, 성과 피드백과 같은 다른 프로세스와도 연계되어야 한다.
④ 경력을 개발할 수 있는 훈련을 가능하게 해야 한다.

53 OJT(On the Job Training)의 설명으로 옳지 않은 것은?

① 현장적응 훈련한다.
② OJT는 사내직업훈련이다.
③ 실무에 투입되기 전 평가결과에 대해 피드백한다.
④ OJT리더는 피교육자의 문제점, 건의사항을 수렴한다.

54 상담원들의 고객 상담 및 서비스 품질의 강점과 약점을 평가하고 측정하기 위해 고객과의 콜 상담내용을 듣거나 또는 멀티미디어를 통해 접촉내용을 관찰하는 모든 과정은?

① Call Taping
② QT(Queue Time)
③ QA(Quality Assursnce)
④ QM(Quality Monitoring)

Answer— **52.** ① **53.** ③ **54.** ④

52 ① 콜센터 규모를 고려하여 필요한 전문가를 각각 배출할 수 있도록 개발하여야 한다.

53 ③ Off JT에 관한 설명이다.
※ OJT 실시시기
  ㉠ 신입사원 : 회사 기본교육 후 직무배치 시점
  ㉡ 전입직원 : 전입으로 직무변동이 확정된 시점
  ㉢ 승진직원 : 승진으로 직무변동이 확정된 시점
  ㉣ 직무변동사항 : 직무 변동 시점
  ㉤ 기타 OJT 필요직원 : 필요시점

54 ① 콜 샘플을 녹음한 것을 랜덤하게 선택하여 듣고 상담원 성과 평가를 한다.
② 고객 콜 대기시간을 뜻한다.
③ 통화품질로 기업과 고객 간에 이루어지는 총체적인 품질의 정도를 뜻한다.

55 콜센터 리더의 역할로 옳지 않은 것은?

① 대행자 ② 정보제공자
③ 정보수집자 ④ 동기부여자

56 텔레마케팅 성과분석 범위에 대한 설명으로 틀린 것은?

① 텔레마케터 개인의 일일 업무일지를 통하여 개인성과 분석을 한다.
② 고객명단 정리 및 일반적인 업무처리 시간은 개인성과의 총 소요 시간에서 제외한다.
③ 텔레마케터의 처리능력은 시간단위별로 평가를 하는 것이 일반적이다.
④ 일반적으로 텔레마케터에게 부과하는 목표는 손익분기점에서 최소 15% 이상이다.

57 다음 직무 스트레스 중 역할갈등의 예에 해당되는 것은?

① 상담원 A는 인터넷을 사용할 줄 모르는데 전자우편 상담 업무를 하도록 지시 받았다.
② 상담원 A의 상사는 업무 이외의 요소, 예를 들면 복장 등에 대한 지적이 잦다.
③ 상담원 A가 맡은 업무는 야근이 많고 수시로 근무시간이 바뀌는 업무이다.
④ 상담원 A는 동료들과 어울리지 못하여 업무 외 활동에 자주 소외된다.

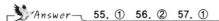

Answer ── 55. ① 56. ② 57. ①

55 ① 콜센터 리더는 조력자의 역할을 한다.

56 ② 후처리 시간도 개인성과의 총 소요 시간에 포함된다.

57 ① 한 사람이 여러 가지 역할을 동시에 수행해야 하는 상황에서 역할들이 서로 충돌하여 곤란을 겪는 경우를 역할갈등 이라고 한다.

58 다음 갈등해결에 대한 설명 중 옳지 않은 것은?

① 갈등해결의 방법 중 무관심, 물리적 분리는 단기적으로 효과가 있는 방법이다.
② 조하리의 창(Johari Window)은 대인간의 스타일이나 개인 간의 갈등의 원인을 설명하는 이론이다.
③ 조하리의 창(Johari Window)에 의하면 갈등을 해결하기 위해서는 자기노출과 피드백을 통해 미지영역을 넓혀야 한다.
④ 갈등해결을 위해 권력을 이용하는 방법으로 계층을 통한 개입이나 정치적 타결을 들수 있다.

59 콜센터의 심리적 장애요인 중 소속감의 부재로 인하여 급여조건의 변동 또는 이점이 있으면 쉽게 근무지를 이동하여 높은 이직률이 나타나는 현상은?

① 유리벽　　　　　　　　　　② 뜨내기 문화
③ 끼리끼리 문화　　　　　　　④ 콜센터 심리공황

60 서비스 품질 성과지표가 아닌 것은?

① 포기율　　　　　　　　　　② 콜 전환율
③ 모니터링 점수　　　　　　　④ 첫 번째 콜 해결율

Answer── 58. ③　59. ②　60. ①

58 ③ 갈등을 해결하기 위해서는 열린 영역을 넓혀야 한다.
※ 조하리의 창

조하리의 창		
	자신이 아는 부분	자신이 모르는 부분
다른 사람이 아는 부분	열린 창 Open area	보이지 않는 창 Blind area
다른 사람이 모르는 부분	숨겨진 창 Hidden area	미지의 창 Unknown area

59 ① 여성들이 특정한 직종, 특히 핵심 업무가 아닌 곳에만 편중되는 현상을 말한다.
③ 끼리끼리 모이는 자기들만의 폐쇄성 가득한 문화를 말한다.
④ 콜센터 조직이 점차 커지고 활성화됨에 따라 상담원들이 기피, 집단이탈, 인력채용과 운영효율의 저하를 초래하여 급기야는 콜센터 조직의 와해를 빚게 되는 현상이다.

60 ① 인입콜 중 상담사가 응답 전에 고객이 전화를 끊은 콜의 비율로 서비스 품질 성과지표에 해당하지 않는다.

61 아웃바운드 텔레마케팅의 성과지표로 옳지 않은 것은?

① 콜 접촉률
② 콜 응답률
③ 평균 포기 콜
④ 건당 평균 매출금액

62 리더십에 대한 설명으로 옳지 않은 것은?

① 그린리프는 새로운 리더십으로 서번트 리더십을 제시하였다.
② 리더십의 특징은 조직구성원들의 행동을 통해 확인할 수 있다.
③ 리더는 자신의 강점보다는 약점을 보완하기 위해 최대한의 시간과 노력을 투자해야 한다.
④ 리더십은 리더의 특성, 상황적 특성, 직원의 특성에 의한 함수관계에 따라 발휘되어야 한다.

63 리더십 특성이론에 대한 설명으로 틀린 것은?

① 리더의 개인적 자질에 의해 리더십의 성공이 좌우된다고 가정한다.
② 우수한 리더 확보를 위해 선발에만 의존하지 않고 훈련 프로그램을 통해서도 양성할 수 있다고 보았다.
③ 유능한 리더는 지적 능력, 성격, 신체적 조건 등에서 탁월해야 한다고 보았다.
④ 개인적 특성이 리더십 발휘능력과 상관관계가 있다는 일관된 증거가 존재하지 않아 한계가 있는 이론이라고 할 수 있다.

Answer— **61.** ① **62.** ③ **63.** ②

61 텔레마케팅 성과지표
㉠ 콜당 평균비용(CPC : Cost Per Call) : 1콜에 소요되는 비용
㉡ 주문당 평균비용(CPO : Cost Per Order) : 1건의 주문을 받는데 소요된 비용
㉢ 콜 응답률(CRR : Call Response Rate) : 총 발신 수에 대한 반응 비율
㉣ 주문 획득률(Order Rate) : 총 발신에 대한 주문의 비율
㉤ 건당 반응비용(CPR : Cost Per Response) : 1건의 반응을 얻는데 소요된 비용
㉥ 계약률(CR : Conversion Rate) : 리드(문의, 자료요청 등의 반응)를 주문으로 변환시키는 비율

62 ③ 리더는 자신의 강점을 부각시키면서 약점을 보완하기 위해 노력해야 한다.

63 ② 특성이론은 리더 자신만이 가지고 있는 우수한 자질이나 특성만 있으면 자신이 처해 있는 상황이나 환경이 변하더라도 언제나 리더가 될 수 있다고 가정한다.

64 콜센터에 대한 인식 변화를 설명한 것으로 틀린 것은?

① 마케팅 수단에서 고객불만의 접수창구로의 변화
② 수익성 중심에서 고객과의 관계 중심으로 변화
③ 거래보조 수단에서 세일즈 수단으로 변화
④ 고객서비스 수단에서 고객의견조사의 수단으로 변화

65 다음 중 콜센터 중간관리자에 해당되지 않는 것은?

① 교육 강사
② 텔레마케터
③ 슈퍼바이저
④ 통화품질관리자

66 다음 중 텔레마케팅의 활용분야가 아닌 것은?

① 대고객 서비스
② 상품 주문 접수
③ 직접 판매 서비스
④ 카탈로그 통신 판매 서비스

Answer ── **64.** ① **65.** ② **66.** ③

64 ① 고객 불만의 접수창구에서 마케팅 수단으로 변화했다.

65 ② 콜센터 중간관리자란 기업전략의 핵심부서로 중요성이 강조되고 있는 콜센터의 인력관리와 운영전략에 대한 전문지식을 보유한 전문가로서 고객에게 좋은 서비스, 기대를 뛰어넘는 서비스를 제공하기 위한 운영 기획 전문가이다. 교육강사, 슈퍼바이저, 통화품질관리자 등이 있다.

66 텔레마케팅의 활용분야
㉠ 상품주문접수
㉡ 고객서비스
㉢ 판매지원
㉣ 고객관리
㉤ 정보의 제공

67 콜센터의 인적자원 관리 방안으로 옳지 않은 것은?

① 다양한 동기부여 프로그램
② 콜센터 리더 육성 프로그램
③ 상담원 수준별 교육훈련 프로그램
④ 상담원의 심리적 안정을 위한 일정한 성과급의 지급체계

68 콜센터의 생산성 향상을 위한 방법으로 옳은 것은?

① 모니터링은 내부에서만 실시한다.
② 업무시간대별 근무인력을 획일화한다.
③ 개인별, 팀별로 role playing과 코칭을 한다.
④ 언제나 기본 스크립트를 지속적으로 사용한다.

69 콜센터의 성과향상을 위한 보상계획을 수립할 때 고려해야 할 사항으로 가장 거리가 먼 것은?

① 지속적이고 일관성 있는 보상계획을 수립해야 한다.
② 달성 가능한 목표 수준을 고려해야 한다.
③ 계획 수립 과정에 직원을 참여시켜야 한다.
④ 팀보다 개인의 성과에 초점을 맞추어야 한다.

Answer 67. ④ 68. ③ 69. ④

67 ④ 성과에 따른 차등적인 보수 지급으로 동기부여와 성과 향상을 유도해야 한다.

68 ① 모니터링은 내부 및 외부에서도 실시한다.
② 개인별, 팀별로 role playing과 코칭을 한다.
④ 기본 스크립트 역시 수정 가능하다.

69 ④ 팀과 개인 모두를 고려하여 보상계획을 수립하여야 한다.

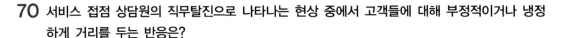

70 서비스 접점 상담원의 직무탈진으로 나타나는 현상 중에서 고객들에 대해 부정적이거나 냉정하게 거리를 두는 반응은?

① 비인격화
② 직무 긴장
③ 정서적 고갈
④ 감소된 개인 성취감

71 다음 중 콜센터의 역할로 볼 수 없는 것은?

① 고객접점 센터이다.
② 고객중심의 마케팅을 전개한다.
③ 충성고객을 위한 서비스만을 제공한다.
④ 전화, 우편, 이메일 등 다양한 매체 중심의 마케팅을 전개한다.

72 스크립트의 기대효과에 관한 설명으로 틀린 것은?

① 고객과의 상담업무에 체계적인 틀을 제공하여 업무에 대한 자신감을 제공한다.
② 고객이 자주 문의하는 질문의 경우, 스크립트를 생략할 수 있다.
③ 통화의 순서와 내용을 표준화하여 고객에게 신뢰감 있는 서비스 제공이 가능하다.
④ 교육에서 충분하게 숙지시키지 못했던 부분의 보완이 가능하다.

---

70 ① 업무나 프로젝트, 동료, 고객들에게 집중하지 못하고 소외감이나 부정적인 감정들을 느끼며 심지어 냉담해지며, 업무 몰입도가 낮아지는 현상을 의미한다.

71 ③ 콜센터는 고객접점 채널이며, 고객을 정확히 이해한 서비스 전략과 고객중심의 마케팅 전략, 프로세스와 조직 시스템 전개한다.

72 ② 일반적이고, 자주 묻는 질문일 경우 스크립트를 활용하여 상담을 진행하는 것이 효율적이다.

73 텔레마케팅의 특성으로 옳지 않은 것은?

① 고객의 현재가치를 중점으로 둔다.
② 시간, 공간, 거리의 장벽을 극복한다.
③ 기업을 정보창조 조직으로 변모시킨다.
④ 구성요소가 유기적으로 결합된 시스템에 의해 움직인다.

74 인사관리의 구체적 기능에 대한 설명으로 옳은 것은?

① 확보관리기능이란 개인, 조직 간의 이해관계를 합리적으로 조정하기 위한 고충을 처리하는 것이다.
② 개발관리기능이란 조직목표 달성에 필요한 적절한 인력의 모집, 선발, 배치를 하는 것이다.
③ 보상관리기능이란 조직목표 달성을 위한 인력의 유능성을 지속하기 위한 교육, 훈련을 하는 것이다.
④ 유지관리기능이란 근로조건의 개선 및 노동질서의 유지·발전·향상을 위한 제반문제를 해결하는 것이다.

75 텔레마케터의 성과를 평가할 때 가장 강조되는 것은?

① 차별성   ② 간결성
③ 책임성   ④ 객관성

Answer   73. ①   74. ④   75. ④

73 ① 고객의 미래가치를 중점으로 둔다.
 ※ 텔레마케팅의 특성
  ㉠ 업무 및 조직의 전문화, 보편화
  ㉡ 서비스 질 개선과 수익구조 안정적인 개선
  ㉢ 데이터베이스 마케팅, CRM기법 전략 활용

74 ① 보상관리기능
 ② 확보관리기능
 ③ 개발관리기능

75 ④ 모든 고객이 동등한 수준의 서비스를 받을 수 있도록 하는 객관성이 가장 강조된다.

76 상담사의 용모와 복장의 바람직한 자세가 아닌 것은?

① 항상 단정하고 청결하게 한다.
② 근무하는 기관의 이미지를 고려한다.
③ 유행에 맞추어 화려하게 자신의 개성을 나타낸다.
④ 손과 손톱도 청결히 하며 매니큐어는 화려하지 않은 것을 선택한다.

77 CRM의 성공요인 중 조직적 측면의 요인이 아닌 것은?

① 최고경영자의 지속적인 지원과 관심이 있어야 한다.
② 고객지향적이고 정보지향적인 기업의 성향이 높을수록 CRM의 수용도가 높아진다.
③ CRM은 시스템의 복합성 때문에 여러 부서의 참여보다는 마케팅부서의 단독 실행이 더 효과적이다.
④ 평가 및 보상은 CRM의 성공적 실행에서 반드시 극복해야 할 장애물임과 동시에 조직 변화를 유도하는 필수적인 요소이다.

78 CRM에 대한 설명 중 틀린 것은?

① 고객관계관리에는 교차판매, 고객유지, 채널 최적화, 개인 맞춤화 등이 있다.
② 교차판매 전략은 신규고객을 대상으로 제품 구매를 유도하는 전략이다.
③ 관계마케팅은 소비자의 관여도가 높은 제품에 많이 사용된다.
④ 채널 최적화는 사이트 방문객들의 유입경로를 파악해 가장 효과적인 마케팅 채널에 집중하고, 투자 대 수익률을 크게 높일 수 있는 방법이다.

Answer ── **76. ③　77. ③　78. ②**

76 ③ 지나치게 화려하거나 유행하는 의상은 품위를 떨어지게 할 수 있다.

77 ③ CRM은 시스템의 복합성 때문에 CRM 구현과 관련이 있는 모든 부서의 책임자들을 관여시켜야 한다.

78 ② 교차판매 전략이란 특정 제품의 기존 고객 DB를 다른 제품이나 신제품의 판매에 활용하여 범위의 경제를 노리는 것을 말한다.

79 고객이 제품에 대한 문의를 한 경우 상담처리 기술에 대한 설명으로 옳은 것은?

① 먼저 문의 내용을 명확히 파악한다.
② 문의 내용을 기록하지 않고 경청에 집중한다.
③ 상담원의 수준에 맞는 내용으로 설명한다.
④ 고객이 필요로 하는 정보를 제한적으로 제공한다.

80 화가 난 고객과의 상담 시 적합한 응대 요령이 아닌 것은?

① 고객의 문제가 이미 상담원이 잘 알고 있는 문제라 하더라도, 고객이 충분히 말할 수 있도록 고객을 방해하지 않는다.
② 고객이 말하는 사실보다 고객의 감정을 헤아리며 공감적 표현을 전달한다.
③ 일상적인 불만으로 해결이 가능하더라도 바로 처리하기보다는 그 고객만을 위한 특별한 배려임을 강조하며 최대한 시간을 끈다.
④ 문제와 고객의 불만 정도에 따른 적절한 사과를 잊지 않는다.

Answer 79. ① 80. ③

79 ② 중요한 부분을 기록하며 경청해야 한다.
③ 전문적인 용어보다 고객 수준에 맞는 말을 사용해야 한다.
④ 고객이 필요로 하는 정보를 충분히 제공한다.

80 화가 난 고객의 상담기술
㉠ 고객과 대화를 하는 가운데 틈틈이 진심으로 성실하고 친절한 말을 하여야 한다. "고객님께서 염려하는 점이 이해가 됩니다" 또는 "고객님께서 화내실 만도 합니다" 등의 말을 공손히 하여야 한다. 상담원이 고객의 문제를 이해하고 공감하고 있음을 보여줄 때, 고객은 상담원과 이성적으로 대화를 할 수 있게 된다.
㉡ 상담원은 고객의 말에서 문제점을 가능한 빨리 확인하여야 한다. 상담원이 고객의 말을 정확히 이해하고 있는지 확인을 하여야 한다. 만일 고객이 원하는 해결책을 명확하게 말하지 않으면, 고객이 원하는 것이 무엇인지 물어 보아야 한다. 그러면 고객은 상담원이 자신의 문제해결에 충분한 관심을 보이고 있음을 알게 될 것이다.

81 불만고객에 대한 응대표현으로 옳지 않은 것은?

① 고객에게 정확한 사실을 알려줄 경우 : "고객님 그 서비스를 추가하신다면 비용이 추가로 발생합니다. 괜찮으시겠습니까?"
② 고객의 감정을 존중하고 있다는 것을 표현하는 경우 : "무슨 말씀이신지 충분히 이해됩니다."
③ 제공해 줄 수 있는 것을 강조할 때 : "고객님, 이렇게 하시면 어떨까요? 이 부분은 가능할 것 같습니다."
④ 불만 발생 원인을 개인화시킬 때 : "누가 처리했는지 모르지만, 제 생각으로는 안내가 잘못된 것 같습니다."

82 텔레마케터에게 필요한 자질에 대한 설명으로 옳지 않은 것은?

① 목소리가 명랑하고 유쾌하고, 발음이 정확해야 한다.
② 조직 적응력보다 개인의 독립적 업무처리 능력이 더 중요하다.
③ 고객의 거절에 당황하지 않고 설득을 할 수 있는 끈기가 있어야 한다.
④ 다양한 상황과 개성이 넘치는 고객에게 대응하는 융통성이 있어야 한다.

83 효과적인 커뮤니케이션의 방법으로 거리가 먼 것은?

① 자신의 관점에서 이해
② 적극적인 태도의 피드백
③ 적극적린 경청의 자세
④ 예상되는 장애에 대한 사전 준비

Answer— 81. ④ 82. ② 83. ①

81 고객의 불평, 불만 처리요령
ⓐ 고객의 불평사항을 잘 듣는다. 고객이 말하는 것을 성의를 가지고 메모를 하면서 듣고, 고객과는 의견 대립을 하지 않으며, 불평사항을 긍정적으로 받아들인다.
ⓑ 원인을 분석한다. 요점을 파악하여 고객의 착오는 없었는지를 검토한다. 또한 과거의 예와 비교하여 어디에서 책임을 져야 할 문제인가 또는 즉시 대답할 수 있는가를 생각한다.
ⓒ 해결책을 마련한다. 회사의 방침과 결부하여 결정하며, 자신의 권한 밖에 있을 때는 이관하되 진행은 자신이 한다.
ⓓ 해결책을 전달한다. 신속하게 해결책을 마련하여 처리하고, 친절하게 해결책을 납득시킨다.
ⓔ 결과를 검토한다. 결과를 검토·반성하여 두 번 다시 동일한 고객 불만(컴플레인)이 발생하지 않도록 유의한다.

82 ② 조직 적응력과 개인의 업무 처리능력을 모두 갖추어야 한다.

83 ① 효과적인 커뮤니케이션을 하기 위해서는 고객의 입장에서 생각하면서 고객을 이해하도록 하여야 한다.

84 커뮤니케이션의 기본요소에 대한 설명으로 옳지 않은 것은?

① 발신자(Communicator) : 상대방에게 사상, 감정, 정보 등을 전달하고자 하는 사람을 말한다.
② 부호화(Encoding) : 사상, 감정, 정보 등 전달하고자 하는 것을 언어, 몸짓, 기호로 표현한 것을 말한다.
③ 메시지(Message) : 기호화의 결과로 나타난 것이며, 언어적인 것과 비언어적인 것으로 구분된다.
④ 해독(Decoding) : 메시지를 받고나서 어떤 반응을 보일 뿐만 아니라, 자신의 반응 일부를 전달자에게 다시 보내는 과정을 말한다.

85 주문접수 처리업무의 특성에 대한 설명으로 옳지 않은 것은?

① 편리한 주문접수처리 기능은 인바운드 텔레마케팅의 대표적인 업무이다.
② 주문 성공률을 높이는 것이 절대적으로 요구된다.
③ 대금결제의 안정성 보장을 위해 VAN사업자를 통한 업무제휴가 필요하다
④ 전산으로 처리되는 업무가 증가하고 있기 때문에 상담사교육의 중요성은 과거보다 감소되고 있다.

86 다음 괄호 안에 들어갈 알맞은 용어는?

> 기업에 있어 기존고객은 현재 거래 상태에 있는 고객으로서 유지 및 가치 증진의 대상이며, (   )
> 은 현재 거래 상태에 있지는 않으나 기업의 지속적인 성장을 위해 확보해 나가야 할 대상이다.

① 가망고객　　　　　　　　　② 개별고객
③ 이탈고객　　　　　　　　　④ 우량고객

Answer ── 84. ④　85. ④　86. ①

84 ④ 피드백에 관한 설명이다.

85 ④ 주의 깊은 경청을 통하여 고객의 니즈를 파악하고, 니즈를 바탕으로 하여 해결책을 제시할 수 있는 능력을 길러야 하므로 상담사교육은 중요하다.

86 ① 상품에 관심이 있는 고객이나 열성고객이 아닌, 아직 크게 반응이 없는 잠재고객을 말한다.

87 다음 중 연세가 많은 고객에 대한 효과적인 상담방법과 가장 거리가 먼 것은?

① 호칭에 신경을 쓰도록 한다.
② 공손하게 응대하고 질문에 정중하게 답한다.
③ 순발력 있고 빠른 속도로 응대한다.
④ 고객의 의견을 존중한다.

88 텔레마케터의 말하기 기법에 관한 설명으로 옳은 것은?

① 텔레마케터의 전문성을 드러낼 수 있는 전문용어를 사용하여 고객의 신뢰를 구축한다.
② 고객의 요구사항을 받아들이지 못할 경우, 단호하게 "안 됩니다."라고 말하도록 한다.
③ 텔레마케터보다 나이가 어린 소비자일 경우, 친근감을 더하기 위해 경어를 쓰지 않는다.
④ 텔레마케터는 고객과 말하는 속도를 맞추는 것이 중요하며, 가능한 천천히 말하도록 한다.

89 CRM의 등장배경에 관한 설명이 아닌 것은?

① 과거의 산업사회가 정보화 사회로 변화되고 있다.
② 마케팅 전문부서에서 소수 전문가의 책임이 더 커지고 있기 때문이다.
③ 기업의 경쟁력은 규모의 경제에서 개인 소비자의 성향에 적합한 가치를 제공함으로써 확보되는 가치의 경제로 변화되고 있다.
④ 소비자들에게 있어 제품구입은 소유개념에서 공유개념으로 전환되고 있다.

Answer **87.** ③ **88.** ④ **89.** ②

87 ③ 연세가 많은 고객을 상담할 때에는 자세히 차근차근 듣는 것을 중요하게 여겨야 한다.

88 ① 소비자 수준에 맞는 어휘를 사용한다.
② 단정적인 말은 삼간다.
③ 나이가 어린 소비자일 경우라도 항상 경어를 사용해야 한다.

89 ② 다양한 부서의 참여를 필요로 하므로 소수 전문가의 책임이 커지고 있다는 것은 옳지 않다.
※ CRM 등장배경
　㉠ 고객욕구 요구의 다양화
　㉡ 고객생애가치의 중요성
　㉢ 시장의 탈대중화
　㉣ 마케팅 커뮤니케이션의 변화
　㉤ 정보기술의 급격한 발전
　㉥ 비즈니스 패러다임 변화

90 고객에게 걸려온 전화를 다른 직원에게 연결해 주어야 하는 경우 취해야 할 행동으로 옳지 않은 것은?

① 전화를 다른 직원에게 연결해야 하는 이유와 받을 직원이 누구인지, 고객에게 미리 안내한다.
② 전화를 받은 직원이 통화 중인지, 아닌지 미리 확인한다.
③ 전화를 전환한 후, 바로 끊는다.
④ 전화를 연결 받을 직원에게 고객의 이름과 용건을 간략히 전달한다.

91 고객서비스의 등장배경과 가장 거리가 먼 것은?

① 공급이 수요보다 초과되어 기업의 고객중심적 마케팅 활동의 확산
② 소비자 불만 및 피해급증으로 인한 소비자 문제의 심화
③ 소비자보호원의 설립, 기업의 고객센터 및 상담센터 설립의 확산
④ 소비자 권익실현에 대한 소비자의 기대수준 증가 등 소비자 의식 고조

92 성공적인 CRM 운영을 위하여 필요한 사항이 아닌 것은?

① CRM 관련 기술 및 마케팅 관련 전문 인력을 확보해야 한다.
② 매스 미디어를 이용한 마케팅 활동이 중요시되어야 한다.
③ CRM 중심의 부서 간 업무가 통합되어서 고객 대응이 원활해야 한다.
④ 고객 및 정보 지향적 문화가 기업내부에 확산되어야 한다.

Answer ─ **90. ③ 91. ③ 92. ②**

90 ③ 전화를 전환한 후, 고객과 직원이 연결되었는지 확인하고 통화를 종료해야 한다.

91 ③ 고객서비스에 대한 관심이 높아진 후에 설립되기 시작하였으므로, 등장배경과는 관련이 없다.

92 ② CRM은 마케팅 다수를 위한 매스 마케팅의 비효율성을 보완하기 위해 등장하였다.

93 다음 중 소비자 피해보상의 일반원칙에 대한 설명으로 옳지 않은 것은?

① 제품에 결함이 있으면 무조건 가격환불을 해주어야 한다.

② 구입 가격에 분쟁이 발생하면 기재한 가격을 제시한 자가 입증책임을 진다.

③ 소비자에게 계약해지에 따른 손해발생 시 사업자는 손해배상책임이 있다.

④ 제품 하자에 따른 환불 시 구입 가격을 기준으로 한다.

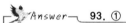 Answer 93. ①

93 수리 · 교환 · 환급에 대한 보상기준
  ㉠ 품질보증기간 이내 수리 · 교환 · 환급에 소요되는 비용 : 사업자 부담
  ㉡ 품질보증기간 이내라도 아래의 경우는 소비자가 수리비 부담
  • 소비자의 사용상 부주의 또는 천재지변에 의한 고장이나 손상된 경우
  • 제조자 및 제조가가 지정한 수리점이 아닌 곳에서 수리해 제품에 고장이 발생하거나 손상된 경우
  ㉢ 수리완료기간 : 1개월 이내
    수리는 지체 없이 하되, 불가피한 지체 사유가 있을 때에는 이를 소비자에게 통보하여야 하고, 소비지기 수리를 의
    뢰한 날로부터 1개월 이내에 수리된 물품을 소비자에게 인도해야 함.
  ㉣ 1개월 이내에 인도하지 못할 경우
  • 품질보증기간 이내 : 동종 물품으로 교환(교환 불가능시 환급)
  • 품질보증기간 경과 : 구입가를 기준으로 정액 감가 상각한 금액에 100분의 10을 가산하여 환급
  ㉤ 유상수리 보증기간 : 2개월
  • 유상 수리한 물품이 2개월 이내 정상적으로 사용하던 중 수리한 부분이나 기능에 동일 고장 재발 시 무상수리
  • 수리가 불가능 시 이전 수리비 환급
  ㉥ 물품 교환 : 동일 제품으로 교환이 원칙
  ㉦ 동일 제품으로 교환이 불가능한 경우 동종의 유사제품으로 교환
  ㉧ 소비자가 동종의 유사제품으로 교환을 원하지 않는 경우에는 환급
  ㉨ 할인판매 기간에 할인된 가격으로 구입한 물품의 경우
  • 정상가격으로 가격이 환원되어 가격차이가 발생한다고 하더라도 가격 차이에 관계없이 동일제품으로 교환
  • 동일제품으로의 교환이 불가능할 경우에는 동종의 유사제품으로 교환
  • 소비자가 동종의 유사제품으로 교환을 원하지 않을 경우에는 제품의 구입가격 환급
  ㉩ 환급 금액 : 거래시 교부된 영수증 등에 기재된 물품 및 용역의 가격
  • 영수증 등에 기재된 가격에 대하여 다툼이 있는 경우에는 영수증 등에 기재된 금액과 다른 · 금액을 기준으로 하고
    자 하는 자가 그 다른 금액이 실제 거래가격임을 입증하여야 함.
  • 영수증이 없는 등의 사유로 실제 거래가격을 입증할 수 없는 경우에는 당해 지역에서 거래되는 통상적인 가격을 기
    준으로 함.
  ㉪ 경품류 처리기준
  • 사업자가 물품이나 용역의 거래에 부수하여 소비자에게 제공한 경품류의 하자 · 채무불이행으로 인한 소비자 피해에
    대한 보상기준은 위의 내용을 그대로 적용함.
  • 다만, 소비자의 귀책사유로 계약이 해제 또는 해지되는 경우 사업자는 소비자로부터 당해 경품을 반환 받거나 반환
    이 불가능한 경우에는 당해 지역에서 거래되는 동종의 유사제품을 반환 받거나 동종의 유사 제품의 통상적인 가격
    을 기준으로 환급 받아야 함.

94 CRM 시스템의 구성요소와 그에 대한 설명이 틀린 것은?

① 분석 CRM : 고객정보를 분석하고 고객 개인별로 등급화를 하여 고객응대 전략을 수립
② 운영 CRM : 고객접점과 관련된 기능을 강화하여 고객응대 프로세스가 원활하게 운영되도록 지원
③ 확보 CRM : 기존 고객의 만족 사례를 전파하여 새로운 고객을 확보
④ 협업 CRM : 고객불만 제거를 위하여 부서 간 업무를 협력하여 공동으로 고객과의 상호작용을 관리

95 시대의 흐름에 따라 변화하는 고객 트렌드의 특징을 나타낸 것으로 옳은 것은?

① 고객들의 구매 영향력이 감소하였다.
② 고객들의 권위의식이 낮아졌다.
③ 고객들의 욕구가 통일되어 기고 있다.
④ 동일서비스와 제품을 이용하는 커뮤니티가 활발해지고 있다.

96 효과적인 커뮤니케이션을 위해 메시지 전달자에게 요구되는 사항으로 틀린 것은?

① 전달하는 내용에 대한 명확한 목표설정이 있어야 한다.
② 적절한 커뮤니케이션 수단의 활용으로 효과적인 메시지 전달이 될 수 있다.
③ 자신이 원하는 메시지를 전하고 기다리는 소극적인 커뮤니케이션 자세가 필요하다.
④ 상호간의 공감적인 관계 형성 없이는 실질적인 의미의 커뮤니케이션은 불가능하다.

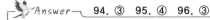

Answer **94.** ③ **95.** ④ **96.** ③

94 CRM 3가지 구성요소
　㉠ 분석 CRM : 전체 CRM 시스템의 기반이 되는 영역으로서 고객데이터를 축적, 관리, 분석하기 위한 모든 과정을 지원하는 정보기술 요소들로 구성된다.
　㉡ 운영 CRM : CRM 전략을 수행하는 관점에서 분석된 고객정보를 응용하여 구체적인 CRM 프로세스 전략을 마련하고, 전개해 나가기 위한 일련의 정보기술을 제공한다.
　㉢ 협업 CRM : 콜센터, 인터넷, 휴대폰, DM 그리고 오프라인 매장 등과 같은 다양한 고객접점채널에서 기업과 고객 간의 상호 작용을 보다 효율·효과적으로 지원하기 위한 일련의 기술적 요소를 포함한다.

95 ① 고객들의 구매 영향력이 증가하였다.
　② 고객들의 권위의식이 높아졌다.
　③ 고객들의 욕구가 다양해졌다.

96 ③ 자신이 원하는 메시지를 전하고 기다리는 적극적이고 능동적인 커뮤니케이션 자세가 필요하다.

97 인바운드 상담의 스킬이라 볼 수 없는 것은?

① 고객의 입장에서 고객이 이해하기 쉬운 용어로 설명한다.

② 어떠한 경우라도 판매를 위해 유도질문을 하는 것은 옳지 않다.

③ 고객의 문의사항을 요약 · 정리하며 상담한다.

④ 인바운드와 아웃바운드 상황이 갑자기 바뀔 수 있으므로 전환능력을 갖추어야 한다.

98 고객에게 긍정적인 이미지를 심어주기 위한 텔레마케터의 능력과 관련이 없는 것은?

① 자신감   ② 전문성

③ 신뢰감   ④ 우월감

99 텔레마케팅 고객응대의 특징이라 볼 수 없는 것은?

① 쌍방 간의 커뮤니케이션이 필요하다.

② 언어적 메시지만이 이용되는 특수한 커뮤니케이션이다.

③ 전화장치를 활용한 비대면 커뮤니케이션이다.

④ 피드백이 즉각적이고 직접적이다.

Answer ── **97. ②   98. ④   99. ②**

97 ② 자사 제품의 장점을 강조하고, 판매를 종결지을 수 있도록 유도해야 한다.

　※ 성공적인 인바운드 상담기술

　　㉠ 고객의 입장에서 말하며 전화 이전에 미소가 우선이다.

　　㉡ 자사 제품의 장점을 강조하고, 판매를 종결지을 수 있도록 유도해야 한다.

　　㉢ 전화는 즉시 받으며 전화대화의 테크닉을 기른다.

　　㉣ 간결하고 알아듣기 쉽게 말한다.

　　㉤ 항상 메모하는 습관을 기르며 신원을 정확히 밝힌다.

　　㉥ 상대방의 의견을 경청한다.

98 ④ 우월감은 고객에게 부정적인 이미지를 심어줄 수 있다.

99 ② 비언어적 수단과 언어적 수단을 매칭 시키는 특수한 커뮤니케이션이다.

100 성공적인 인바운드 상담을 위한 기술에 관한 설명으로 옳은 것은?

① 고객의 언어적 표현뿐 아니라 억양과 속도를 고려하여 고객의 요구를 잘 파악하도록
한다.

② 상담을 할 때 고객에 대한 신뢰감을 높이기 위해 전문적인 용어 위주로 고객을 설득한다.

③ 고객과 직접 만나는 상황이 아니라는 점을 인식하여 사무적으로 응대한다.

④ 고객과 친밀감을 조성해야 하므로 낮은 목소리 톤으로 간결하게 응대한다.

Answer ─── **100. ①**

100 ② 전문적인 용어 대신 고객 수준에 맞는 말을 사용한다.
   ③ 밝은 표정과 목소리로 응대한다.
   ④ 밝은 목소리로 간결하게 응대한다.

16 2018년 제1회 기출문제

1 판매관리

1 마케팅 정보시스템에 관한 설명으로 옳지 않은 것은?

① 마케팅 정보시스템은 마케팅을 보다 효과적으로 수행하기 위하여 관련된 사람, 고객의 정보, 기구 및 절차, 보고서 등을 관리하는 시스템을 말한다.

② 마케팅 정보시스템은 경영 정보시스템의 하위 시스템이다.

③ 마케팅 담당자가 마케팅 의사 결정에 사용할 수 있도록 한 정보관리 시스템이다.

④ 기업 내부 자료, 외부 자료와 정보를 체계적으로 관리한다.

2 다음 중 심리적 변수에 해당하지 않는 것은?

① 브랜드 충성도　　　　　　　② 개성

③ 관심　　　　　　　　　　　④ 라이프스타일

Answer—　1.③　2.①

1 마케팅정보시스템은 마케팅 경영자의 마케팅 의사 결정에 사용할 수 있도록 한 정보관리 시스템이다.

2 브랜드 충성도는 행동분석 변수에 해당한다.
　※ 시장세분화 변수
　• 인구통계학적 변수 : 연령, 성별, 가족구성원, 가족력, 소득수준, 종교 등
　• 지리적 변수 : 지역, 도시규모, 인구밀도 등
　• 심리적 변수 : 라이프스타일, 사회계층, 개성, 관심, 활동 등
　• 행동분석 변수 : 이용 시기, 이용수준, 브랜드 충성도 등

3 다음 중 콜 센터 발전 방향과 가장 거리가 먼 것은?

① 높은 이직율에서 캐리어패스(career path)의 직업으로 변화
② 코스트(cost) 센터에서 프로핏(profit) 센터로 변화
③ 전화 센터에서 멀티미디어 센터로 변화
④ 고객관계 중심에서 생산성 중심으로 운영 관점의 변화

4 세분시장의 평가요소가 아닌 것은?

① 세분시장의 규모　　　　　　② 시장 내 경쟁상황
③ 조직 내 내부고객　　　　　　④ 기업의 목표와 자원

5 마케팅 믹스의 4P's에 해당하지 않는 것은?

① Promotion　　　　　　　　② Package
③ Place　　　　　　　　　　　④ Product

Answer── 3.④　4.③　5.②

3 콜 센터는 생산성 중심에서 고객관계 중심으로 운영 관점이 변화하였다.

4 세분시장의 평가요소
- **시장의 상황** : 세분시장의 규모 및 성장성
- **시장 내 경쟁상황** : 세분시장의 구조적인 이점
- **자사와의 적합성** : 기업의 목표와 자원

5 마케팅 믹스 4P's에는 촉진(Promotion), 가격(Price), 제품(Product), 유통(Place)이 있다.

6 다음이 (   )안에 알맞은 것은?

> 가격결정 정책을 수립할 때 판매자는 반드시 활용 가능한 가격정책의 조건들을 모두 고려해야 한다.
> 공급자의 비용에 대한 고려는 (   )가(이) 된다.

① 가격하한선　　　　　　　　　　② 변동률
③ 가격의 범위　　　　　　　　　　④ 원가경쟁

7 제품수명주기 중 성장기의 특성과 가장 거리가 먼 것은?

① 새로운 경쟁사들이 이익의 기회를 잡기 위해 시장에 진입한다.
② 수요의 급성장에 따라 판매촉진의 비중이 증가한다.
③ 제품의 판매가 급속히 증가하기 시작한다.
④ 제품 확산과 구매 유도를 위한 광고를 한다.

8 회사가 다양한 상품의 포트폴리오를 가지고 상품 및 서비스를 고객에게 제공하는 경우, 전반적인 판매를 증가시키기 위해 매우 유용하게 사용되는 마케팅 기법은?

① 버저닝　　　　　　　　　　　　② 묶음판매
③ 교차판매　　　　　　　　　　　④ 상향판매

Answer　6.①　7.②　8.③

6 공급자의 비용에 대한 고려는 가격하한선이라 하며, 고객의 수요에 대한 고려는 가격 상한선이라 한다.

7 성장기에는 수요가 급성장함에 따라 판매촉진의 비중이 감소하게 된다.

8 ① 기존 제품의 버전을 다르게 하여 판매하는 방법이다.
② 두 개 이상의 다른 제품을 하나로 묶어서 단일 가격으로 판매하는 방법이다.
④ 특정한 상품범주 내에서 상품 구매액을 늘리도록 업그레이드 된 상품의 구매를 유도하는 방법이다.

9 포지셔닝 전략을 개발하기 위한 경쟁사 및 경쟁제품의 분석 정보에 해당되는 것은?

① 기술상의 노하우   ② 시장점유율
③ 인적자원   ④ 성장률

10 다음 중 아웃바운드 텔레마케팅의 특성으로 옳지 않은 것은?

① 고객접촉률과 고객반응률을 중시한다.
② 고객에게 전화를 거는 수동적, 소극적 마케팅이다.
③ 업체주도형의 마케팅유형이다.
④ 대상고객의 명단이나 데이터가 있어야 한다.

11 시장세분화 이후에 표적시장을 선택하는 기준이 아닌 것은?

① 기업목표와의 양립성
② 경쟁상의 위치
③ 기대 성장률
④ 잠재구매자들의 욕구 유사성

Answer—— 9.②   10.②   11.④

9 ①③④ 기업 내부 분석에 해당한다.

10 아웃바운드 텔레마케팅은 업체 스스로 주도하는 능동적이고 적극적이며 목표지향적인 마케팅이다.

11 표적시장 선택기준

3C	평가요소
고객	• 시장규모 • 시장성장률
경쟁	• 현재의 경쟁사 • 잠재적 경쟁사
자사	• 기업목표 • 자원 • 시너지효과

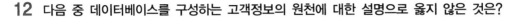

12 다음 중 데이터베이스를 구성하는 고객정보의 원천에 대한 설명으로 옳지 않은 것은?

① 반응고객 정보 : 회사가 발송한 메일이나 대중매체를 이용하여 직접반응광고 등에 반응한 고객정보

② 타 기업의 정보 : 다른 기업이 보유한 고객정보

③ 내부고객 정보 : 회사내부에 보유하게 될 정보

④ 외부고객 정보 : 현재까지 기업과 별다른 관계를 가지고 있지 않는 고객정보

13 고객과의 통화 시 제품에 대한 이용가능성, 구매행동의 변화 등의 신호나 암시를 의미하는 것은?

① 의사소통　　　　　　　　② 동기유발

③ 실마리　　　　　　　　　④ 히트

14 다음은 제품의 어떤 가격정책을 설명하는 것인가?

> A제품은 모든 연령대가 즐겨 찾는 제품이며, 그 수요가 점차 증가하고 있다. A제품의 초기가격은 50만 원대로 형성되었으나 기본 모델의 경우, 현재는 약 30만 원대로 구입이 가능하다. 즉 가격대가 하락하면서 판매는 증가하고 있다.

① 초기 고가격

② 명예 가격

③ 시장침투 가격

④ 가격 탄력성

Answer── **12.③　13.③　14.①**

12 내부고객 정보는 회사 내부에 이미 보유하고 있는 정보를 말한다.

13 실마리란 고객과 판매자 간의 커뮤니케이션 과정에서 생겨나는 고객의 반응 중 잠재고객들로부터 또는 기존고객으로부터 애용가능성, 구매행동의 변화에 대한 신호나 암시를 말한다.

14 초기 고가격전략은 신제품을 시장에 내놓을 때 혁신 고객층을 대상으로 가격을 높게 책정하는 전략이다. 이 전략은 고객층이 넓지 않은 혁신제품이나 프리미엄제품에 바람직하다.

15 다음 ( )에 알맞은 유통경로는?

> ( )란 취급점포의 수를 최대한으로 늘리는 유통경로를 뜻하며, 이것의 이점으로는 충동구매의 증가, 상품에 대한 소비자 인식의 고취, 소비자의 편의성 제고 등을 들 수 있다.

① 전속적 유통경로 　　　　　② 선택적 유통경로
③ 개방적 유통경로 　　　　　④ 통제적 유통경로

16 아웃바운드 텔레마케팅의 판매촉진 강화를 위한 방안이 아닌 것은?

① 상담원은 고객의 반론에 대한 자연스러운 대응력을 갖추도록 한다.
② 고객에게 호감을 줄 수 있는 커뮤니케이션 기술을 갖추도록 한다.
③ 상담원들에게 상품에 대한 사전지식을 철저히 쌓도록 한다.
④ 상담원은 고객의 요구만을 열심히 경청하게 한다.

17 아웃바운드 텔레마케팅 시 상품을 효과적으로 설명하는 방법으로 틀린 것은?

① 구매한 고객의 상품후기는 주관적인 의견이 개입되어 있으므로 활용하지 않는다.
② 상품의 장점을 반복해서 설명하여 고객이 납득할 수 있어야 한다.
③ 경쟁 상품과 비교하여 고객이 쉽게 판단할 수 있어야 한다.
④ 고객의 말을 경청하고 질문을 곁들이면서 설명한다.

 *Answer* 　15.③　16.④　17.①

15 경로커버리지의 유형은 다음과 같다.
　• 개방적 유통경로 : 누구나 자사의 상품을 취급할 수 있도록 하는 개방적 유통경로 전략(주로 편의품)
　• 전속적 유통경로 : 일정한 상권 내에 제한된 수의 소매점으로 하여금 자사 상품만을 취급하게 하는 전속적 유통경로 전략(주로 전문품)
　• 선택적 유통경로 : 개방적 유통경로와 전속적 유통경로의 중간적 형태로 일정 지역 내에 일정 수준 이상의 이미지, 입지 등을 갖춘 소매점을 선별하여 이들에게 자사제품을 취급하도록 하는 선택적 유통경로 전략(주로 선매품)
16 고객의 니즈를 간파하는 경청능력이 필요하다.
17 ① 고객의 후기를 활용해서 기업이 필요한 시장정보를 수집하는 것이 좋다.

18 다음 중 아웃바운드 텔레마케팅 판매 전략에 해당하지 않는 것은?

① 고객의 데이터베이스가 필요하다.
② 고객 맞춤의 구매제안이 중요하다.
③ 다른 마케팅 매체와의 효과적인 믹스가 필요하다.
④ 시간대별 통화량에 따른 인력배치가 중요하다.

19 다음에서 설명하는 시장세분화의 기준으로 옳은 것은?

세분시장으로 유인하고, 그 세분시장에서 영업활동을 할 수 있도록 구성되어질 수 있는 효과적인 프로그램의 정도를 말한다.

① 실질가능성   ② 행동가능성
③ 접근가능성   ④ 측정가능성

20 다음 중 내부정보가 아닌 것은?

① 외상거래내역   ② 지역별 점포 수
③ 지역별 매출   ④ 구매빈도

Answer ── **18.④ 19.② 20.④**

18 인바운드 텔레마케팅 판매 전략에 해당한다.

19 시장세분화의 기준
　① 실질가능성 : 어떤 세분시장의 규모가 충분히 크고, 이익이 발생할 가능성이 큰 정도를 말한다.
　③ 접근가능성 : 세분시장에 도달할 수 있고 그 시장에서 어느 정도 영업할 수 있느냐의 정도를 말한다.
　④ 측정가능성 : 세분시장의 규모와 구매력이 측정될 수 있는 정도를 말한다.

20 내부정보란 상품별, 지역별, 기간별 매출, 재고수준, 외상거래내역, 지역별 점포 수, 점포별 실적 등의 정보를 말한다.

21 다음이 설명하고 있는 점포형태는?

> 단일 제품영역에 초점을 맞추어 다양하고 풍부한 상품을 저렴한 가격으로 판매하는 것이 특징이며, 전문할인점이라고도 한다.

① 할인점   ② 슈퍼마켓

③ 백화점   ④ 카테고리 킬러

22 판매촉진이 다른 커뮤니케이션 수단에 비해 더 많은 비중을 차지하는 이유가 아닌 것은?

① 많은 광고에 노출된 소비자들은 각각의 광고를 기억하기가 어렵기 때문이다.
② 상표의 종류가 많아지고 기업들 간의 등가성이 증가하고 있기 때문이다.
③ 판매촉진은 구매 관련 위험을 줄이는 가장 효율적인 수단이기 때문이다.
④ 광고와 달리 판매촉진은 매출에 즉각적인 영향을 미치기 때문이다.

23 다음 중 아웃바운드 텔레마케팅의 활용방안으로 옳은 것은?

① 통신판매의 전화 접수
② 휴먼고객의 활성화
③ 문의 및 상담 대응
④ 예금상담

 Answer ──── 21.④   22.③   23.②

21 카테고리 킬러의 특징
  • 체인화를 통한 현금 매입과 대량 매입
  • 목표 고객을 통한 차별화된 서비스 제공
  • 체계적인 고객 관리
  • 셀프 서비스와 낮은 가격

22 판매촉진의 비중이 커지는 이유는 많은 제품들의 상표간의 경쟁이 격화되고 있고, 제품의 질이 상당히 동질화 되어 점차 차별화가 어려워짐에 따라 가격경쟁이 심해지고 있기 때문이다.

23 통신판매의 전화 접수, 문의·상담 대응, 예금상담 등은 인바운드 텔레마케팅 활용방안에 해당한다.

24 STP 전략의 절차를 바르게 나열한 것은?

① 목표시장 선정 → 포지셔닝 → 시장세분화
② 목표시장 선정 → 시장세분화 → 포지셔닝
③ 시장세분화 → 포지셔닝 → 목표시장 선정
④ 시장세분화 → 목표시장 선정 → 포지셔닝

25 다음에서 설명하는 가격정책은 무엇인가?

> A사는 이번에 신제품을 개발하여 출시하면서 경쟁사 B사보다 가격을 10% 낮추어 책정하였다.

① 수요후발 가격정책
② 초기고가전략
③ 시장침투가격전략
④ 명성 가격정책

Answer 24.④ 25.③

24 STP 전략과정
　시장세분화(Segmentation) → 목표시장 선정(Targeting) → 포지셔닝(Positioning)

25 시장침투가격전략은 기업들이 시장점유율을 확대하고 많은 매출액을 올리기 위해 경쟁자보다 가격을 낮게 설정하는 정책
　이다. 그 시장에 경쟁자가 곧 진입할 것으로 예상될 때와 제품의 수요가 가격에 탄력적일 때 침투가격전략을 선택한다.

26 시장조사의 중요성과 거리가 먼 것은?

① 고객의 특성, 욕구 그리고 행동에 대한 정확한 이해를 통해 고객지향적인 마케팅활동을 가능하게 해 준다.

② 마케팅 전략 수립 및 집행에 필요한 모든 정보를 적절한 시기에 입수할 수 있다.

③ 시장조사는 타당성과 신뢰성 높은 정보의 제공을 통해 의사결정에 기대가치를 높일 수 있는 수단이 된다.

④ 정확한 시장정보와 경영활동에 대한 효과분석은 기업목표의 달성에 공헌할 수 있는 자원의 배분과 한정된 자원의 효율적인 활용을 가능하게 한다.

27 개방형 설문지의 특성과 가장 거리가 먼 것은?

① 명확한 응답을 구할 수 있다.

② 예비조사나 탐색적인 조사 등을 위해 흔히 쓰인다.

③ 소규모 조사에 많이 활용된다.

④ 오류 발생 소지가 적다.

*Answer*— **26.② 27.④**

26 ② 마케팅 전략 수립 및 집행에 필요한 모든 정보를 입수할 수 있는 것은 아니다.

27 개방형 질문의 단점
- 응답의 부호화가 어렵고, 세세한 정보의 부분이 유실될 수 있다.
- 응답 표현상의 차이로 상이한 해석이 가능하고 편견이 개입된다.
- 무응답률이 높다.
- 통계적 비교 또는 분석이 어렵다.
- 폐쇄형 질문보다 시간이 많이 걸린다.

28 전화면접자의 기본자세가 아닌 것은?

① 정확한 단어와 정돈된 말투를 사용한다.
② 부정이나 긍정을 유도하는 질문은 하지 않는다.
③ 정보파악을 위해 매우 세밀하고 자세히 질문한다.
④ 한 질문에 두 가지 이상의 내용을 포함하지 않는다.

29 탐색조사에 대한 설명으로 적절하지 않은 것은?

① 조사 시점을 달리하여 동일한 현상에 대한 측정을 반복한다.
② 최종적인 조사를 시행하기 전에 관련된 정보를 입수한다.
③ 문제와 기회의 포착에 주안점을 둔다.
④ 상황에 관련된 변수들 사이의 관계에 대한 통찰력을 제고한다.

30 의사소통 방법을 이용하여 자료를 수집할 때 의사소통 수단에 의한 분류 중 체계적 의사소통 방법에 해당하는 것은?

① 그림묘사법
② 심층면접법
③ 표적집단면접법
④ 인터넷 조사법

🕊 *Answer* ─ **28.③ 29.① 30.④**

28 전화면접법은 응답자들이 보조물을 활용해야 하거나 질문내용이 어렵고 면접시간이 길어지면 응답자들로부터 협조를 얻기가 어렵다는 것이 단점으로 작용한다. 따라서 매우 세밀하고 자세한 질문은 피하는 것이 좋다.

29 ①번은 종단조사에 관한 설명이다.
※ 탐색조사(Exploratory Research)
조사의 초기단계에서 조사에 대한 아이디어와 통찰력을 얻기 위해서 주로 사용된다. 탐색조사는 그 자체가 조사라 기보다는 다른 조사를 수행하기 위한 선행단계로서 실행되는 것이다. 이러한 탐색조사의 종류에는 문헌조사, 사례 조사, 전문가의견조사, 표적집단면접법(FGI) 등이 있다.

30 의사소통수단이란 조사 시에 응답자로부터 필요한 조사내용을 끄집어내는 것 등을 말한다. 직접 만나거나 인터넷, 전 화 또는 우편 등이 이에 해당한다.

31 설문지의 질문 유형 중 개방적 질문에 대한 특성으로 볼 수 없는 것은?

① 조사자가 의도한 답을 얻기 쉽다.

② 응답자가 생각하기 귀찮을 경우 불성실하게 답을 할 수 있다.

③ 응답자의 다양한 의견을 수렴할 수 있다.

④ 응답자가 생각나는 대로 어떤 형식 없이 응답할 수 있다.

32 다음 중 전화조사를 위한 표본추출방법에 대한 설명으로 틀린 것은?

① 최초의 목적대로 그리고 하나의 규정이 있으면 그에 따라 계속한다.

② "가나다" 순으로 되어 있는 기존 전화번호부에서 표본을 추출할 때에는 계통적 표본추출법을 사용하는 것이 좋다.

③ 지역적 표본 추출 시 전화번호부에 표기된 지역번호 구분으로 표본단위를 정할 수 있다.

④ 전화번호부를 활용할 때에는 맨 앞과 맨 끝은 배세하는 것이 좋다.

33 동일한 실험대상자들에게 일정한 간격을 두고 반복적으로 조사하는 방법은?

① 연속 조사

② 횡단 조사

③ 코호트 조사

④ 패널 조사

Answer ── **31.① 32.③ 33.④**

31 개방적 질문은 조사자의 의도나 질문의 형식에 구애받지 않는다는 장점이 있다.

32 전화번호부에서 지역적 표본추출을 할 경우 행정적인 경제 대신에 전화번호부에 표시된 지역구분에 따라 지역별 표본단위를 정하는 것이 좋다. 예컨대 지역은 경기도인데 서울전화를 쓰는 경우 등을 들 수 있다.

33 시점을 달리한 동일한 현상에 대하여 측정을 반복하는 조사방법으로 주로 패널조사를 이용하며, 패널조사는 특정 조사대상들을 선정해 놓고 반복적으로 조사를 실시하는 방법이다.

34 탐색조사의 세부유형으로 보기 어려운 것은?

① 문헌조사
② 사례조사
③ 설문조사
④ 전문가 의견조사

35 시장조사의 첫 단계인 "문제정의"에 대한 설명에 해당되는 것은?

① 연구목적, 관련된 배경정보, 필요한 정보와 이 정보가 마케팅 의사결정에 어떻게 사용될 것인지의 고려가 필요하다.
② 조사의 목적이나 이론적 틀, 분석모델, 연구 질문, 가설 등을 공식화하고 리서치 디자인에 영향을 줄 수 있는 요인이나 특성을 규명한다.
③ 현장에서 개인면접, 우편면접, 전화조사 등의 방법을 통해 조사한다.
④ 자료의 편집, 코딩, 복사 그리고 검증 등을 포함한다.

36 자료수집의 내용 설명 중 틀린 것은?

① 1차 자료는 조사자가 조사 프로젝트를 수행하면서 직접 수집해야 하는 자료이다.
② 2차 자료는 사외의 연구기관이나 공공기관 등 여러 원천으로부터 구하게 된다.
③ 2차 자료는 일반적으로 시간이 많이 필요하고 비용이 많이 소요된다.
④ 2차 자료는 현재 조사프로젝트를 수행하고 있는 조사자가 아닌 다른 주체에 의해서 이미 수집된 자료이다.

Answer━ **34.**③ **35.**① **36.**③

34 탐색조사의 종류로는 문헌조사, 전문가 의견조사, 사례조사, 표적집단면접법(FGI)이 있다.

35 시장조사를 시작하는 데 있어 가장 먼저 해야 할 일은 조사문제를 정의하는 것이다. 조사문제를 명확하게 인식함으로써 조사의 방향과 조사의 목적을 명료하게 설정할 수 있다.

36 2차 자료는 직접 조사를 해야 하는 수고로움이 있는 1차 자료에 비해서 비용과 시간, 인력을 절감할 수 있는 장점이 있다.

37 측정오차의 발생원인과 가장 거리가 먼 것은?

① 통계분석기법
② 측정시점에 따른 측정대상자의 변화
③ 측정방법 자체의 문제
④ 측정시점의 환경요인

38 우편조사의 응답률에 영향을 미치는 요인과 가장 거리가 먼 것은?

① 응답자의 지역적 범위
② 질문지의 양식 및 우송방법
③ 응답집단의 동질성
④ 연구주관기관 및 지원 단체의 성격

39 마케팅 조사 설계 시 내적 타당성을 저해하는 요소에 해당되지 않는 것은?

① 특정사건의 영향
② 통계적 회귀
③ 사전검사의 영향
④ 반작용 효과

Answer—— **37.**① **38.**① **39.**④

37 측정오차의 발생원인
• 측정자에 의한 오차
• 시간 및 공간적 제약에 의한 오차
• 인간 지적 특수성에 의한 오차
• 측정대상 관련 오차

38 우편 조사는 광범위한 지역에 분포되어 있는 다수의 사람들을 대상으로 조사가 용이하다.

39 반작용 효과는 외적 타당성을 저해하는 요소이다. 내적 타당도를 저해하는 요인에는 외적사건(history), 성장효과 (maturation), 검사효과(testing effect), 도구효과, 통계적 회귀, 표본의 편중, 중도탈락, 치료의 모방 등이 있다.

40 인과조사에 대한 설명으로 옳지 않은 것은?

① 독립변수와 종속변수 간에는 인과관계가 성립한다.

② 특정 현상의 원인과 결과를 규명하기 위한 방법이다.

③ 활용이 용이하여 널리 사용되는 방법이다.

④ 변화의 시간적 우선순위, 외생변수 통제 등의 조건이 갖추어져야 인과관계 조사가 가능하다.

41 다음 중 탐색조사의 종류에 해당하지 않는 것은?

① 문헌조사   ② 사례조사

③ 전문가 의견조사   ④ 횡단조사

42 전화면접법의 장점에 대한 설명으로 맞는 것은?

① 회답률이 높다

② 전화소유자에게만 가능하다.

③ 많은 비용과 많은 시간이 걸린다.

④ 간단한 질문만 가능하다.

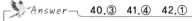

Answer ── 40.③   41.④   42.①

40 인과조사는 변수간의 인과관계를 밝히는 목적으로 시행하는 조사이다. 인과조사의 조건으로 원인 변수가 결과 변수보다 시간적으로 먼저 일어나야 하고, 언제나 함께 발생하고 변화하며 다른 설명이 가능하지 않아야 하므로 특정 현상의 원인과 결과를 규명하는데 주로 사용된다.

41 횡단조사는 기술조사의 한 종류이다.

42 회답률이 높은 것은 전화조사의 장점으로, ②③④는 단점에 해당한다.

43 마케팅 조사의 한 종류로써 인과조사는 원인과 결과를 규명하기 위한 조사이다. 인과관계를 정확하게 밝히기 위한 인과관계의 성립요건이 아닌 것은?

① 실험변수의 변화
② 외생변수 영향의 통제
③ 변화의 시간적 우선순위
④ 병발생의 조건

44 시장조사 시 자료 분석 절차에 해당하지 않는 것은?

① 통제(Control)
② 코딩(Coding)
③ 편집(Editing)
④ 분석(Analysis)

45 다음 중 탐색적 조사방법(exploratory research)에 해당하지 않는 것은?

① 연구문제에 정통한 경험자를 대상으로 한 조사
② 통찰력을 얻을 수 있는 소수의 사례조사
③ 변수 간의 상관관계에 대한 조사
④ 유관분야의 관련문헌 조사

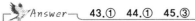*Answer* **43.① 44.① 45.③**

43 인과조사는 마케팅 현상의 원인과 결과 간의 관계를 알아보기 위한 조사로 변수들 간의 인과관계가 확실한지를 알아보는 것을 말한다. 조사자가 관심을 두는 결과변수와 이에 영향을 미치는 원인변수들을 규명하고 이들 간의 관계를 파악하는데 이용하는 방법으로 원인변수와 결과변수는 함께 발생되어야 하며, 원인변수와 결과변수는 순차적으로 발생되어야 하고, 외생변수의 영향을 통제해야 하는 세 가지 요건을 만족해야 결론을 내릴 수 있다.

44 자료 분석은 편집→코딩→분석의 과정을 거친다.

45 탐색적 조사란 조사 분야에 대한 연구정도를 조사하여 가설을 발전시키는 조사로 문헌조사, 경험자조사, 특례분석, 현지조사로 분류할 수 있다.

46 다음 중 관찰 대상들이 가지고 있는 속성의 상대적 크기를 측정하여 대상 간에 서로 비교할 수 있도록 하는 척도는?

① 명목척도
② 서열척도
③ 등간척도
④ 비율척도

47 다음 중 척도법의 선택으로 가장 적합한 것은?

① 성별을 분류하기 위해 서열척도를 선택했다.
② 상품의 무게를 알아보기 위해 명목척도를 선택했다.
③ 상품의 유형별 분류를 위해 비율척도를 선택했다.
④ 지구온난화를 조사하기 위해 등간척도를 선택했다.

48 신뢰도의 구체적 평가방법에 해당하지 않는 것은?

① 구성체 신뢰도법
② 내적 일관성법
③ 재조사법
④ 복수양식법

Answer ── **46.③ 47.④ 48.①**

46 명목척도와 서열척도가 제공하는 정보 이외에 추가로 수치 사이의 간격이 동일하다는 정보를 제공하는 척도이다.

47 ① 성별, 국적, 학교, 지역, 고향, 인종 등은 상하 관계가 없고 구분만 있으므로 명목척도를 사용한다.
② 선호도 순위를 측정하려면 순서(크기)는 있지만 그 간격이 얼마나 큰지 알 수 없는 서열척도를 사용한다. 예를 들어 직위, 학력, 등수, 친한 친구 순서 등이 있다.
③ 등간척도는 간격척도라고도 한다. 간격이 일정하여 +, −는 가능하지만 ×, ÷는 할 수 없다. 예를 들어 시각(연도, 시각, 월), 섭씨온도, 화씨온도가 있다.

48 신뢰도를 측정하는 방법에는 재검사법(재조사법), 동형검사법, 반분신뢰도법, 문항 내적 합치도법(내적 일관성법) 및 크론바흐 알파 계수법 등이 있다.

49 마케팅 리서치에 대한 설명으로 가장 거리가 먼 것은?

① 정확하고 타당성이 있어야 한다.
② 신뢰할 수 있어야 한다.
③ 미래 예측이 중요하기 때문에 미래의 정보를 수집해야 한다.
④ 마케팅 활동과 관련성이 있어야 한다.

50 관찰을 통한 자료수집의 장점으로 옳은 것은?

① 조사비용이 가장 적게 든다.
② 신속하게 자료를 수집할 수 있다.
③ 조사자가 관심을 보이는 유형을 다양하게 얻을 수 있다.
④ 자료 수집방법이 보다 객관적이고 정확하다.

Answer ── 49.③ 50.④

49 마케팅 리서치는 현재의 정보를 수집해야 한다.

50 관찰은 인간의 감각기관을 매개로 현상을 인식하는 가장 기본적인 방법으로 자료 수집방법이 객관적이며 정확한 특징이 있다.

51 다음 중 텔레마케팅의 특성으로 바르지 않은 것을 고르면?

① 공간 및 거리의 장벽을 극복할 수 없디.
② 시간의 절약이 가능하다.
③ 고객들과의 관계를 중요시한다.
④ 데이터베이스를 기반으로 마케팅활동을 수행한다.

52 콜 센터 경력개발 경로 수립 관련 사항과 거리가 먼 것은?

① 콜 센터 규모를 고려하기보다는 필요한 전문가를 각각 배출할 수 있도록 개발하여야 한다.
② 조직의 요구와 직원들의 요구를 균형에 맞춰 개발한다.
③ 선발, 코칭, 훈련, 성과 피드백과 같은 프로세스와도 연계되어야 한다.
④ 경력을 개발할 수 있는 훈련을 가능하게 해야 한다.

53 스트레스는 내부적, 외부적 요인으로 구분할 수 있다. 다음 중 스트레스의 내부적 요인에 해당하지 않는 것은?

① 화학적인 자극
② 신체 피로적인 자극
③ 성격 요인
④ 정신적인 자극

Answer ── **51.**① **52.**① **53.**①

51 텔레마케팅은 전화라는 수단을 활용하게 되므로 공간 및 거리의 장벽을 극복할 수 있다.

52 콜 센터 규모를 고려하여 필요한 전문가를 각각 배출할 수 있도록 개발하여야 한다.

53 화학적인 자극은 외부적 자극에 해당한다.

54 콜 센터의 생산성 지표에 대한 설명으로 틀린 것은?

① 고객만족도 향상과 수익 증대가 목표이다.
② 콜 생산성과 수익 관련 지표가 대표적이다.
③ 생산성 지표는 상담사 투입에 따른 결과로 투입량과 산출량이 비율로 나타난다.
④ 상담사의 평균통화시간, 후처리 시간 등이 대표적인 생산성 지표이다.

55 콜 센터의 역할 및 기능과 가장 거리가 먼 것은?

① 고객관리
② 고객정보 분산
③ 수익증대
④ 비용절감

56 리더십 이론 중 1980년대 조직의 전략을 책임지는 최고경영층에 초점을 둔 4가지 유형의 전략적 리더십 이론이 등장하였다. 이에 대한 설명으로 틀린 것은?

① 현상 수호형(Status – Quo Guardian)은 과거의 성공을 유지하고 지키려는 스타일이다.
② 과정 관리형(Process Manager)은 급진적 변화에 대해서 매우 부정적이며 조직 안정에 기반을 둔 점진적 변화를 추구한다.
③ 통제적 혁신형(High Control Innovator)은 내적으로는 강한 문화와 통제를 위한 제도를 중시하고 외적으로도 폐쇄적인 전략을 추구한다.
④ 참여적 혁신형(Participartive Innovator)은 현상 수호형과는 정반대로 외적으로는 도전적이고 혁신적인 전략을 추구하나 내적으로는 참여적이고 개방적인 문화를 유지하는 유형을 말한다.

Answer **54.④ 55.② 56.③**

54 상담사의 평균통화시간, 후처리 시간은 인바운드 콜 센터 생산성 관리지표에 해당한다.

55 콜 센터는 고객정보를 분산이 아닌 집중시킨다.

56 통제적 혁신형은 내적으로는 강한 문화와 통제를 위한 제도를 중시하나 외적으로는 도전적 전략을 추구하는 스타일이다. 새로운 시장에 진출하고 미개척분야에 도전하며 비관련 산업에 대해서도 사업기회를 노리는 혁신적 스타일이다. 그러나 조직운영이나 관리에 있어서 보수적이어서 최고경영자가 모든 권한을 가지고 통제하려는 속성을 갖는다.

57 허시-블랜차드(P. Hersey-K. Blanchard)의 리더십 상황 이론 중 리더의 행동 유형에 해당하지 않는 것은?

① 참여적 리더 ② 위계적 리더
③ 설득적 리더 ④ 지시적 리더

58 수신자에 의한 커뮤니케이션 장애요인이 아닌 것은?

① 반응과 피드백 부족 ② 선택적인 청취
③ 과중한 정보 ④ 선입견

59 다음 중 아웃바운드 텔레마케팅의 특징으로 적합하지 않은 것은?

① 콜 예측을 통한 서비스레벨을 효과적으로 관리하는 것이 중요하다.
② 기존고객이 이탈하지 않도록 하기 위한 적극적인 고객관리에 유효하다.
③ 고객반응을 유도할 수 있는 적합한 제안이 필요하다.
④ 고객리스트는 반응률을 결정하는 중요 요소이다.

Answer ─ 57.② 58.③ 59.①

57 허시-블랜차드의 리더십 상황 이론
- 지시적 지도성 : 아직 과업에 익숙지 않은 구성원을 데리고 처음 공동체를 꾸려나갈 때 흔히 보이는 상황이다. 이런 상황에서는 무작정 일을 맡기는 것보다는 우선은 정상적인 과업 수행에 필요한 능력을 충분히 길러주어야 한다. 우선은 과업을 제대로 할 수 있는 것이 급선무이므로 과업성 행위에 모든 노력을 기울인다.
- 설득적 지도성 : 점점 익숙해지고 있지만 아직 독자적으로 일을 수행하기에는 실력이 모자란 상황이다. 자신의 실력이 느는 것을 보며 성취감을 느끼고 점점 일에 재미를 붙여가는, 다시 말해 동기가 꽤 높은 상황으로 볼 수 있으니 지속적인 성취를 맛보게 하며 동기를 계속 유지할 필요가 있다. 높은 수준의 동기는 곧 계속적인 자기 계발의 욕구를 의미한다.
- 참여적 지도성 : 능력도 의욕도 상당히 높은 상태라 이 수준의 학습자들은 자신이 직접 과제를 맡아 수행하며 문제를 해결하고 싶어한다. 이 때 리더가 한 발자국 물러나 자신이 맡고 있던 권한을 일정부분 위임하면서 구성원들이 자발적으로 일을 수행할 기회를 줘야 한다.
- 위양적 지도성 : 사실 상 4단계는 모두가 리더십을 발휘하는 전문가들 간의 협동적인 공동체로 조직이 전환된 상태이다. 이 때 특별히 리더라고 신경을 쓸 필요는 없다.

58 수신자에 의한 커뮤니케이션 장애요인
- 선입견
- 평가적인 경향
- 선택적인 청취
- 반응과 피드백의 부족

59 아웃바운드 텔레마케팅은 고객과 접촉한 총 건수인 콜 접촉률로 관리한다.

60 콜량 예측 시 필요한 데이터와 가장 관련이 없는 것은?

① 최근 인입 콜   ② 콜량 예측시간

③ 후처리 시간   ④ 대화시간

61 다음 중 조직 설계에 있어서의 기본 변수에 해당하지 않는 것은?

① 복잡성   ② 단순화

③ 집권화   ④ 공식화

62 다음 중 텔레마케팅 조직문화의 변화추세에 관한 내용으로 바르지 않은 것은?

① 고객지향화   ② 집중 및 통합화

③ 저품격 서비스화   ④ 전략 및 전사화

63 콜 센터 조직의 특성으로 틀린 것은?

① 작업에 대한 만족감, 적극성, 고객응대 수준 등 상담원 개인차이가 있는 조직이다.

② 고객과 대면 접촉이 일반화된 조직이다.

③ 초기 조직적응이 중시되는 조직이다.

④ 아웃소싱 활용의 보편화로 인해 이직률이 높은 조직이다.

Answer ─ 60.②   61.②   62.③   63.②

60 콜량 예측 시 필요 데이터
- 대화시간
- 마무리시간
- 평균 처리시간
- 콜 처리량
- 최근 인입 콜

61 일반적으로 조직의 구조 및 체계를 설계하는 것으로 조직의 변화를 목표로 새로운 구조 또는 체계를 설계하게 된다. 또한, 조직설계를 통해 조직은 더 높은 성과를 수행하는 구조로 전환하게 된다.

62 텔레마케팅은 고객들에게 고품격의 서비스를 제공해야 한다.

63 콜 센터 조직은 고객과의 직접적인 접촉이 일반화된 조직이 아니며, 전화로써 고객들과 간접적인 접촉을 할 뿐이다.

64 반론극복기법의 종류 중 논문이나 통계자료에 나와 있는 객관적이고 입증할만한 자료를 인용하여 설명하는 것은?

① 칭찬기법
② 사례법
③ 입증법
④ 부메랑기법

65 다음이 설명하고 있는 것은?

> 상담원들의 고객 상담 및 서비스 품질의 강점과 약점을 평가하고 측정하기 위해 고객과의 Call 상담내용을 듣거나 또는 Multimedia를 통한 접촉내용을 관찰하는 모든 활동 및 과정이다.

① QM(Quality Monitoring)
② 스크립트
③ 벤치마킹
④ 코칭

66 인바운드 콜 센터의 전화상담 시 중요사항으로 맞는 것은?

① 통화상대방 확인
② 전화 건 목적 설명
③ 통화가능여부 확인
④ 고객문의 내용파악

67 변화를 성공적으로 주도하기 위해 변화가 일어날 수 있도록 추진하는 인사관리자의 역할은?

① 촉진자   ② 중재자

③ 입증자   ④ 설계자

68 조직의 성과관리를 위한 개인평가방법을 상사평가방식과 다면평가방식으로 구분할 때 상사평가방식의 특징이 아닌 것은?

① 중심화, 관대화 오류 발생 가능성

② 평가결과의 공정성 확보

③ 간편한 작업 난이도

④ 상사의 책임감 강화

69 다음 중 텔레마케팅 용어와 그에 대한 설명이 옳은 것은?

① 통화중평균대기 : 상담원의 업무처리 과정 중 고객의 통화를 잠시 보류시키는 시간

② 1차 통화처리율 : 고객이 콜 센터로 전화 했으나 모든 상담원이 상담 중인 관계로 사후에 고객과의 통화가 요구되는 콜의 비율

③ 평균통화처리시간 : 상담원이 고객과 통화한 평균 시간

④ 평균통화시간 : 상담원의 통화 시간과 통화 마무리 시간을 합한 시간

*Answer* ── **67.**① **68.**② **69.**①

67 촉진자란 조직 내·외부의 변화를 성공적으로 주도하여 변화가 일어나도록 추진하는 일을 한다.

68 상사평가방식은 상사가 부하직원을 평가하는 방식이고, 다면평가방식은 상사가 부하직원이나 동료에 의하여 평가를 받는 방식이다.

69 통화시간 관련 용어
- 평균통화시간 : 상담원의 평균 통화 시간과 마무리 시간을 합한 시간이다.
- 평균통화처리시간 : 평균 통화 시간과 평균 마무리 처리 시간을 합한 것이다.
- 1차 통화 처리율 : 전화를 받은 상담원이 문의사항을 바로 해결하는 비율을 말한다.

70 다음 중 콜 센터 활성화 방안으로 보기 어려운 것은?

① 목표설정을 하고 결과를 점검한다.

② 상담원의 업무능력을 올릴 수 있는 쾌적한 환경을 조성한다.

③ 피드백은 거의 필요하지 않다.

④ 인인보고서를 분석한다.

71 텔레마케팅 시스템의 기능에 대한 설명으로 틀린 것은?

① FMS : 외부에서 팩스문서를 보낼 때 이를 관리하는 기능이다.

② ANI : 상담원에게 균등하게 Call transfer 한다.

③ VMS : 상담원에게 메시지를 남기는 기능이다.

④ IVR : 외부에서 전화가 걸려오면 자동으로 응답하고 서비스를 시작한다.

72 텔레마케팅을 통한 판매 시 염두 해야 할 '80/20의 법칙' 이란?

① 전체 판매용의 20%가 전화통화 비용의 80%를 차지한다.

② 통화가 이루어진 고객 중 20%는 구매를 하고 80%는 구매를 하지 않는다.

③ 전화를 걸면 20%는 응답을 하고 80%는 거절을 한다.

④ 20%의 고객이 80%의 수익을 창출한다.

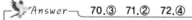
Answer ── **70.③ 71.② 72.④**

70 상담원들의 고객 상담에 관한 피드백은 통화품질 및 서비스 제공에 있어서 필요한 부분이다.

71 ANI(Automatic Number Identification)는 전화를 건 고객의 번호를 수신자가 알 수 있게 신호를 함께 보내주는 전화국의 서비스를 통칭한다.

72 ① 20:80 법칙은 파레토가 말한 것으로 그의 이름을 붙여 파레토 법칙이라 한다. 그 뜻도 잘 알려진 대로 상위 20퍼센트 이내에 드는 고객이 전체의 80 퍼센트의 매출을 발생한다는 뜻이다. 1대1 마케팅을 지향하는 텔레마케팅에서의 파레토 법칙의 진정한 의미는 상위 20 퍼센트의 고객들을 끊임없는 노력으로 고객을 만족시켜 기업의 가치를 향상시킨다는 의미이다.

73 다음 콜 센터의 성과요소 중 총비용을 바르게 표현한 것은?

① 총비용 = 고정비 − 변동비

② 총비용 = 고정비 + 변동비

③ 총비용 = 평균단가 × 수주건수

④ 총비용 = 수주건수 × 월 처리능력

74 콜 모니터링과 코칭을 통해 생산성 향상과 고품격서비스를 제공하기 위한 일련의 과정은?

① 텔레커뮤니케이션

② 성과관리

③ 통화품질관리

④ 인사관리

75 인터넷 콜 센터 서비스 품질요소 중 기업이 고객에게 제공하는 개별적인 배려와 관심에 해당하는 것은?

① 공감성

② 확신성

③ 반응성

④ 유형성

Answer— **73.② 74.③ 75.①**

73 총비용은 관련되는 모든 비용을 합한 금액이다.

74 통화품질관리는 기업과 고객 간에 이루어지는 통화에서 느껴지는 품질의 정도를 통화품질이라고 하며, 이는 종합적으로 평가하여 얻어지는 체제로 텔레마케팅 모니터링은 상담원과 고객 간의 통화 자체에서 느껴지는 상담의 질의 정도를 평가하려는 것을 말한다.

75 기업이 고객에게 제공하는 개별적인 배려 및 관심은 공감성이다.

76 CRM의 등장배경이 된 마케팅역할의 변화 현상 중 틀린 것은?

① 규모의 경제 지향
② 다중채널 지향
③ 고객점유율 지향
④ 일대일 지향

77 CRM의 성공요인 중 조직적 측면의 요인이 아닌 것은?

① 평가 및 보상은 CRM의 성공적 실행에서 반드시 극복해야 할 장애물임과 동시에 조직 변화를 유도하는 필수적인 요소이다.
② CRM은 시스템의 복합성 때문에 여러 부서의 참여보다는 마케팅부서의 단독 실행이 더 효과적이다.
③ 고객지향적이고 정보지향적인 기업의 성향이 높을수록 CRM의 수용도가 높아진다.
④ 최고경영자의 지속적인 지원과 관심이 있어야 한다.

78 CRM을 위한 고객정보를 분류한 것 중 정보의 원천이 다른 것은?

① 제휴 데이터
② 직접 입수 데이터
③ 조사, 분석 데이터
④ 접촉 데이터

Answer ─ **76.① 77.② 78.④**

76 CRM은 고객과의 직접 대면적인 접촉을 통해 이루어지는 것이며, 일대 다수 규모의 경제는 대중 마케팅의 특징이다.

77 CRM은 시스템의 복합성 때문에 CRM 구현과 관련이 있는 모든 부서의 책임자들을 관여시켜야 한다.

78 ④번은 반응고객정보, ①②③번은 내부고객정보에 해당한다.

79 고객 가치를 측정하기 위한 데이터 마이닝 기법 중 기술모형 기법에 해당하지 않는 것은?

① 순차적 패턴 분석
② 계층적 군집 분석
③ 장바구니 분석
④ 의사결정나무 분석

80 텔레마케팅을 통한 효과적인 잠재고객의 신규 및 고정고객화 방법으로 옳지 않은 것은?

① 관심이 있고 이용 가능성이 높은 고객을 대상으로 집중 접촉하거나 설득한다.
② 잠재고객과 지속적인 유대관계를 갖기 위해 고객에게 필요한 정보를 제공한다.
③ 고객의 성향별로 차별화 전략을 세우고 지속적으로 특별 관리한다.
④ 고객정보를 근거로 의도적으로 접근하여 강압적으로 전화를 한다.

81 전화상담 시 효과적인 대화 방법으로 거리가 먼 것은?

① 고객의 요구를 가능한 빨리 파악하여 고객이 요구를 다 말하기 전에 신속히 처리한다.
② 끝내기 언어를 잘 활용하여야 하며 고객이 끊는 것을 확인하고 2~3초 후에 수화기를 내려놓는다.
③ 고객의 불만사항을 적극적으로 경청한 후 진심으로 사과하고 불만에 대한 고객입장을 공감해야 한다.
④ 전화벨이 3번 울리기 전에 받아야 하고 인사말, 소속, 성명을 정확히 밝힌다.

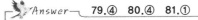

Answer— 79.④ 80.④ 81.①

79 ④ 예측모형 기법에 해당한다.

80 텔레마케팅을 성공으로 이끌기 위하여 지나치게 의도적이거나 강압적으로 접근함으로써 고객의 반감을 사는 것은 금물이다.

81 고객의 말을 주의 깊게 경청해야 한다.

82 다음 중 커뮤니케이션의 특성과 거리가 먼 것은?

① 오류와 장애의 발생가능성 존재
② 순기능과 역기능의 존재
③ 정보교환과 의미부여
④ 수단의 고정화

83 고객가치 평가모델인 RFM에 대한 설명으로 맞는 것은?

① 추천을 통해 직접적으로 확보된 고객의 재무적 가치를 말한다.
② 특정상품 카테고리 내에서 고객이 소비할 수 있는 총액을 말한다.
③ 한 고객이 소비하는 제품이나 서비스군 중에서 특정 기업을 통해 제공받는 제품이나 서비스의 비율을 말한다.
④ 고객과의 관계에 있어 재무적인 가치뿐만 아니라 관계 활동에 대한 질적 측면도 함께 측정할 수 있다.

84 청자가 효과적으로 듣기 위한 방법이 아닌 것은?

① 화자의 의도가 잘못되었다면 즉시 듣기를 중단하고 반응할 내용을 정리해 나간다.
② 화자가 전달하고자 하는 내용을 간파한 후에 그에 적합한 반응을 나타낸다.
③ 화자의 진정한 의도에 대한 목적을 알도록 한다.
④ 화자가 말하는 내용의 핵심을 파악한다.

 *Answer* 82.④ 83.① 84.①

82 사람 간의 생각이나 감정을 교환하는 커뮤니케이션은 말과 같은 언어적 요소를 비롯해 제스처나 자세, 얼굴표정, 눈 맞춤, 목소리, 억양 등 다양한 의사소통을 통해 진행된다. 커뮤니케이션의 형식은 유동적이며 고정되어 있지 않다

83 기업 입장에서 어떤 사람들이 가장 중요한 고객이 될 것인가를 구별해 내기 위하여 마지막 주문 혹은 구매 시점 (Recency), 구매빈도(Frequency), 구매량(Monetary Amount)을 이용하여 고객의 예상기여도를 예측하고 고객의 가치를 결정하는 방법이다.

84 청자는 화자의 말에서 취한 정보에 초점을 두고 문맥으로부터 의미를 파악해야 하며, 그 즉시 중단하는 것은 적절하지 못하다.

85 CRM의 성과를 정량적 측면과 정성적 측면으로 구분할 때 정성적 측면에 해당하는 것은?

① 구전효과
② 시장점유율
③ 고객유지
④ 원가절감

86 다음 중 고객가치 측정방법에 해당하지 않는 것은?

① 시장점유율
② RFM
③ 고객점유율
④ 고객생애가치

87 FAQ(Frequently Asked Question) 작성 시 유의해야 할 점이 아닌 것은?

① FAQ는 적절한 질문, 부적절한 질문 등의 검증을 거쳐 등록한다.
② FAQ는 네티즌이나 고객이 쉽게 이해할 수 있도록 분류하여 제시하면 더욱 효과적이다.
③ FAQ는 반복적이고 잦은 질의응답에 대해서 답변하는 응답코너를 제시한다.
④ FAQ는 전문적이고 고도화된 답변만을 엄선하여 올린다.

88 커뮤니케이션에 관한 설명으로 가장 옳은 것은?

① 커뮤니케이션은 일방적인 활동이다.
② 상대방과 어떠한 관계에 있느냐와 관계없이 주고받는 내용이나 전달방식이 일정해야만 한다.
③ 커뮤니케이션은 사람들이 서로의 정보, 생각, 느낌 등을 공유하기 위한 활동이다.
④ 커뮤니케이션은 단시간 반복되는 일련의 행위이다.

Answer ─ 85.① 86.① 87.④ 88.③

85 정량적(quantitative) 측면은 자료를 수치화 하는 것으로 수치로 구체적으로 표현할 수 있는 것을 말하고, 정성적 (qualitative) 측면은 자료의 성질, 특징을 자세히 풀어 쓰는 방식으로 수치로 표현은 되지 않으며 말로써 풀어 쓰는 것이다. 구전효과는 정성적 측면에 해당한다.

86 고객가치 측정방법에는 고객생애가치, 고객점유율, RFM 등이 있다.

87 FAQ는 일반적이고, 자주 묻는 질문에 대한 답변을 제공해야 한다.

88 커뮤니케이션이란 유기체들이 기호를 통해 서로 정보나 메시지를 전달하고 수신해서 서로 공통된 의미를 수립하고, 나아가서는 서로의 행동에 영향을 미치는 과정 및 행동을 말한다.

89 고객의 구체적 욕구를 파악하기 위한 질문기법이 아닌 것은?

① 더 좋은 서비스를 제공하기 위해 소비자가 확실히 원하는 것을 찾아내는 질문을 한다.
② 구체적으로 질문한다.
③ 가능하면 긍정적인 질문을 한다.
④ 고객이 틀린 말은 즉각적으로 바르게 고쳐주거나 평가해 준다.

90 고객응대 시 지켜야 할 사항으로 가장 거리가 먼 것은?

① 고객에게 무관심한 모습은 보이지 않는다.
② 동료와의 사담, 웅얼웅얼하는 소리는 삼간다.
③ 고객에게 항상 감사하는 마음가짐을 갖는다.
④ 고객응대 상황에 관계없이 항상 같은 답변만 반복한다.

91 전화 상담에서 필요한 말하기 기법에 관한 설명으로 틀린 것은?

① 명확한 발음을 하기 위해 큰소리로 반복해서 연습하는 것이 필요하다.
② 소비자가 말하는 속도에 보조를 맞추되, 상담원은 되도록 천천히 말하는 습관을 갖는 것이 좋다.
③ 어조를 과장하여 억양에 변화를 주는 것은 소비자의 집중력을 약화시키므로 바람직하지 않다.
④ 전화로 이야기할 때에도 미소를 지으며, 필요한 낱말에 강세를 두어 말한다.

Answer ─ **89.**④ **90.**④ **91.**③

89 고객의 말을 고치거나 평가하기 보다는 인정하며 수용하는 분위기를 조성한다.

90 상황에 따라 답변은 달라질 수 있다. 따라서 상황에 맞게 적절하게 응대할 수 있어야 한다.

91 전화 상담은 상담자를 이해하는데 필요한 정보나 단서가 음성언어로만 제한되어 행동언어(태도, 제스처 등)로 파악될 수 있는 표현을 놓칠 수 있는 약점이 있다. 따라서 이를 극복하기 위해서 목소리에서 묻어나는 각종 음성정보(목소리톤, 억양, 말의 빠르기, 음색, 숨쉬기, 단어 사용량 등)에서 나타나는 의미를 파악하는 것이 중요하다.

92 주문접수 처리업무의 특성에 대한 설명으로 틀린 것은?

① 전산으로 처리되는 업무가 증가하고 있기 때문에 상담사교육의 중요성은 과거보다 감소되고 있다.
② 대금결제의 안정성 보장을 위해 VAN사업자를 통한 업무제휴가 필요하다.
③ 통화성공률을 높이는 것이 절대적으로 요구된다.
④ 편리한 주문접수처리 기능은 인바운드 텔레마케팅의 대표적인 업무이다.

93 불평고객을 응대하는 요령 중 MTP기법에 해당되지 않는 것은?

① 방문고객의 경우 조용한 장소로 옮기고 편안하게 앉을 수 있도록 배려한다.
② 처음부터 변명하거나 대꾸하지 않고 경청을 하며 고객이 진정할 때까지 기다린다.
③ 환불을 요구하는 경우는 고객과 절충해서 적당한 선에서 해결한다.
④ 해당 상담원에서 슈퍼바이저 또는 팀장으로 바꿔 응대한다.

94 효과적인 경청기법이라고 할 수 없는 것은?

① 끝까지 경청   ② 응대어 구사
③ 선판단   ④ 재진술

Answer 92.① 93.③ 94.③

92 주의 깊은 경청을 통하여 고객의 니즈를 파악하고, 니즈를 바탕으로 하여 해결책을 제시할 수 있는 능력을 길러야 하므로 상담사 교육은 중요하다.

93 MTP기법에서 M은 '응대하는 사람을 바꿔준다'는 것을 뜻하며, T는 '시간을 바꿔준다'는 것이고 P는 '장소를 바꿔준다'는 것을 가리킨다. ④번은 M, ②번은 T, ①번은 P에 해당한다.

94 선판단, 선입견을 가질 경우 왜곡된 판단을 할 우려가 있다.

16. 2018년 제1회 기출문제 **597**

95 고객에게 제품 또는 서비스를 설명하는 방법으로 가장 적절하지 않은 것은?

① 요점을 간결하게 전달하여 시간적 낭비를 줄인다.

② 고객의 반응과 관계없이 한마디, 한마디를 정확하게 포인트만을 전달한다.

③ 자신의 업무적 지식을 과시하는 듯한 대화를 통하여 관계를 불편하게 해서는 안 된다.

④ 고객이 가장 관심을 갖고 있는 부분을 파악하고 집중하는 것이 필요하다.

96 고객이 기업과 만나는 모든 장면에서의 결정적인 순간을 의미하며 텔레마케팅에 널리 활용되는 개념은?

① POS   ② CSP

③ CRM   ④ MOT

97 RFM분석에 대한 설명으로 적합하지 않은 것은?

① 구매횟수 : 고객이 최근에 몇 번이나 자사의 제품이나 서비스를 구매했는지를 측정하는 항목

② 구입금액 : 고객이 구매 시 평균적으로 얼마나 많은 돈을 지불하는지 측정하는 항목

③ 구매빈도 : 정해진 기간 내에 각 고객이 얼마나 자주 구매했는지 측정하는 항목

④ 최근 구매일 : 고객이 최근 구매한 날로부터 얼마나 지났는지 측정하는 항목

Answer ── **95.② 96.④ 97.①**

95 고객에게 제품 또는 서비스를 설명할 때에는 고객의 반응을 잘 살펴야 한다.

96 고객접점(MOT)의 관리
고객접점(MOT) 순간은 고객이 서비스 품질에 대한 강한 인상을 가지게 되는 시점을 의미한다. 바로 어느 한 순간에 고객의 인정을 받을 수도 있고 반대로 고객의 신뢰를 잃을 수도 있기 때문에 기업은 고객과의 접점의 순간을 정확하게 파악하고 있어야 한다.

97 RFM 분석
• **최근성**(Recency) : 고객이 가장 최근, 즉 마지막으로 구입한 날짜
• **구매빈도**(Frequency) : 고객이 특정 기간 동안 구입한 횟수
• **구매금액**(Monetary) : 고객이 일정 기간 동안 구입한 금액의 합계

98 다음 중 CRM의 분석방법에 해당하지 않는 것은?

① 협업적 CRM

② 분석적 CRM

③ 운영적 CRM

④ 통제적 CRM

99 다음 중 CRM의 특징을 잘못 설명한 것은?

① 기업 지향적이다.

② 고객의 생애 전체에 걸쳐 관계를 구축하고 강화시켜 장기적인 이윤을 추구한다.

③ 정보기술에 기반을 둔 과학적인 제반 환경의 효율적 활용에 있다.

④ 단순히 마케팅에만 역점을 두는 것이 아니라 기업의 모든 내부 역량의 통합적 경영방식이다.

100 CRM 도입 시 고객정보를 이용하여 고객의 상황이나 요구사항 등을 파악하여 고객대응을 효율적으로 하는 기술은?

① 지식기반 기술

② 판매성향 분석기술

③ 데이터베이스 기술

④ CTI 기술

🕊️ *Answer* ── **98.④ 99.① 100.③**

98 CRM의 분석방법에는 협업적 CRM, 분석적 CRM, 운영적 CRM이 있다.

99 CRM은 기업이 아닌 고객 지향적이다.

100 컴퓨터와 전화를 통합하여 정보 처리와 통신을 연결하는 기술이다. CTI는 은행, 보험사, 통신 판매 회사 등의 콜 센터에서 주로 사용하는 시스템으로서, 콜 센터에 고객의 전화 문의가 오면 고객의 발신 전화번호를 추적하여 회사의 데이터베이스에서 고객에 관한 각종 정보가 추출되어 상담원의 컴퓨터 화면에 표시되어 신속하게 대응할 수 있다.

16. 2018년 제1회 기출문제 **599**

17 2018년 제2회 기출문제

 1 판매관리

1 마케팅믹스에 대한 설명으로 틀린 것은?

① 제품믹스란 한 기업이 가지고 있는 모든 제품의 집합을 말한다.

② 침투가격은 매출이 가격에 민감하게 반응하지 않는 경우에 그 효과가 크다.

③ 편의품은 소비자가 구매활동에 많은 시간과 돈을 들이지 않고 자주 구매하는 제품이다.

④ 제품수명주기 중 성장·성숙기는 극히 매출액이 증가하는 시기이다.

2 다음 중 아웃바운드 텔레마케팅 전용상품의 요건과 가장 거리가 먼 것은?

① 구체적인 전략과 차별화

② 접촉대상 고려

③ 법적, 제도적인 요인

④ 판매상품에 대한 특성

Answer ── 1.② 2.③

1 침투가격이란 신제품을 소비자에게 별다른 판매저항 없이 시장에 침투시키고자 판매 초기에 낮게 설정하는 가격을 말한다. 매출이 가격에 민감하게 반응할 경우에 그 효과가 크다.

2 아웃바운드 전용상품의 요건
• 브랜드가 있고 인지도가 높은 상품이여야 한다.
• 대중들에게 신뢰도가 높은 상품이어야 한다.
• 비대면 판매이므로 사후관리가 용이한 상품이어야 한다.
• 거래 조건의 변동을 최소화해야 한다.
• 타 제품과 차별되는 구체적인 전략이 있어야 한다.

3 다음 중 제품수명주기의 단계별 특징과 마케팅 전략에 관한 설명으로 가장 거리가 먼 것은?

① 도입기 – 판매가 완만하게 상승하나 수요가 적고 제품의 원가도 높다.

② 성장기 – 경쟁제품이 나타나고 모방제품, 개량제품이 나타난다.

③ 성숙기 – 이미지광고를 통한 제품의 차별화를 시도한다.

④ 쇠퇴기 – 제품을 다시 한번 활성화시키는 재활성화(revitalization)를 시도할 필요가 있다.

4 고객 데이터베이스의 설계 및 활용 방안으로 적합하지 않은 것은?

① 고객별 DB 반응도를 분석한다.

② 제품별 판매 히스토리를 분석한다.

③ 고객의 체계적 분류를 실현한다.

④ 고객 라이프스타일을 분류한다.

5 가격결정에 영향을 미치는 요인 중 내부적 요인에 해당하지 않는 것은?

① 마케팅믹스 전략　　　　　　② 경쟁사 가격

③ 마케팅 목표　　　　　　　　④ 목표시장 점유율

 Answer　　3.④　4.②　5.②

3 제품수명주기(Product life cycle)
- **도입기** : 신제품이 시장에 소개되는 시기이므로 제품의 가격과 이윤율이 높음에도 불구하고 제품 광고비의 과다한 지출 및 판매량의 부진, 그리고 높은 개발비 등으로 기업의 위험 또한 높다.
- **성장기** : 제품에 대한 수요가 점점 증가함에 따라 시장 규모가 확대되고 제조 원가가 하락하여 기업의 이윤율이 증가하는 성장기에 접어들면 기업의 위험이 현격하게 줄어든다.
- **성숙기** : 높은 수익성으로 인하여 새로운 기업이 시장에 속속 진입하기 시작하고 수요가 포화상태로 접어들면 가격의 인하를 통한 경쟁이 시작되는 시기이므로 경쟁력이 약한 기업은 산업에서 도태되는 위험한 시기이다.
- **쇠퇴기** : 이 시기에 접어들면 판매량이 급격히 줄어들고 이윤이 하락하며 기존의 제품은 시대에 뒤떨어지는 상품으로 전락한다.

4 기업이 고객에 대한 다양한 정보를 컴퓨터를 이용하여 Data Base화하고, 구축된 고객 데이터를 바탕으로 고객 개개인과의 지속적이고 장기적인 관계(Relationship)구축을 위한 마케팅 전략을 수립하고 집행하는 여러 가지 활동을 데이터베이스 마케팅이라고 한다. 개별적 제품판매 히스토리 분석은 고객 데이터베이스 설계 및 활용과는 관련이 없다.

5 가격결정에 영향을 미치는 요인
- **내부적요인** : 마케팅 목표, 마케팅믹스 전략, 원가, 목표시장 점유율 등
- **외부적요인** : 시장과 수요, 경쟁자, 기업의 활동에 관한 정부의 규제, 인플레이션 및 이자율 등

6 아웃바운드 텔레마케팅에서 잠재고객을 구매고객으로 전환시키는 방법으로 볼 수 없는 것은?

① 고객과 텔레마케터 간 커뮤니케이션 강화
② 조건 없는 가격할인을 통한 구매유도
③ 고객을 이해시키고 실질적 혜택부여
④ 관심이 많은 고객을 집중적으로 설득

7 데이터베이스 마케팅의 특징으로 옳지 않은 것은?

① 쌍방향 의사소통
② 단기간의 고객관리
③ 고객과의 1:1 관계의 구축
④ 고객의 데이터베이스화

8 다음 (   )안에 공통적으로 들어갈 용어는?

> (   )는(은) 청중의 반응이 정보제공자에게 전달되는 과정을 말한다. (   )는(은) 커뮤니케이션 과정의 마지막 단계와 처음 단계를 연결시켜 준다. (   )과정을 통하여 정보 제공자는 촉진 전략이 당초의 목표 수준에 달성하였는지 평가할 수 있고, 이를 통해 전략을 수정하기도 한다.

① 해독화   ② 부호화
③ 피드백   ④ 노이즈

9 제품의 가격 결정 시 주요 변수로 거리가 먼 것은?

① 가격 정책
② 법적 및 제도적 요인
③ 고객별 재산 상태
④ 경쟁자 상황

10 서비스의 특성에 대한 설명으로 가장 거리가 먼 것은?

① 서비스 품질을 측정하는 방법 중 가장 널리 쓰이는 방법은 SERVQUAL이다.
② 고객의 서비스 만족도에 영향을 미치는 요인에는 고객구전, 개인적인 욕구, 과거 경험, 기업의 외부 커뮤니케이션이 있다.
③ 유형 제품과 비교하여 비유형적이고 표준화가 어려우며 즉시 소멸되며 생산과 소비가 동시에 이루어지는 차별적 특성을 갖는다.
④ 소비자들은 유형성, 신뢰성, 대응성, 설득성, 공감성의 5가지 요인으로 서비스를 분류한다.

11 기업이 시장에서 재포지셔닝(Repositioning)을 필요로 하는 상황이 아닌 것은?

① 경쟁자의 진입에도 차별적 우위를 지키고 있는 경우
② 시장에서 바람직하지 않은 위치를 가지고 있는 경우
③ 유명한 새로운 시장 적소나 기회가 발견되었을 경우
④ 이상적인 위치를 달성하고자 했으나 실패한 경우

Answer ── 9.③ 10.④ 11.①

9 제품가격 결정 시 주요 변수
• 법적 및 제도적인 요인
• 가격정책
• 경쟁자 상황

10 서비스의 특징으로 소비자들은 신뢰성, 대응성, 확신성, 공감성, 유형성의 5가지 요인으로 서비스를 분류한다.

11 재포지셔닝을 검토하는 경우
• 경쟁자 진입으로 시장 내의 차별적 우위 유지가 힘들 때
• 기존의 포지션이 진부해져 매력이 상실되었을 때
• 판매 침체로 기존제품 매출이 감소했을 때
• 소비자의 취향이나 욕구가 변화했을 때
• 시장에서 위치 등 경쟁상황의 변화로 전략의 수정이 필요할 때
• 유망한 새로운 시장적소나 기회가 발견되었을 때

12 다음 설명에 해당하는 용어는?

> 하나의 제품이나 서비스 제공 과정에서 다른 제품이나 서비스에 대해 판매를 촉진시키는 마케팅 기법

① 경쟁광고   ② 크로스 셀링
③ 입셀링   ④ 리피팅

13 다음 중 대중홍보(public relations)에 해당하는 것은?

① 제품에 대한 할인권, 샘플(sample)을 제공한다.
② 제품전시회(trade show)를 연다.
③ 유명한 연예인으로 하여금 자사 제품을 tv에서 선전하게 한다.
④ 맥주회사에서 음주운전 방지를 위한 프로그램을 행한다.

14 아웃바운드 텔레마케터가 가져야 할 자질로 적합하지 않은 것은?

① 수동적인 상담자세
② 목표의식과 달성능력
③ 밝고 생동감 있는 목소리
④ 인내심과 냉철한 판단력

*Answer*   **12.② 13.④ 14.①**

12 크로스 셀링은 추가 구입을 유도하는 판매방법을 말한다. 이는 인바운드 텔레마케팅에 있어서 판매 증대는 물론 고객 만족을 위해서도 중요한 마케팅 활동이다.

13 공중에게 기업에 대한 좋은 이미지 형성으로 해당 제품을 향한 좋은 상표이미지로 연결되게 한다.

14 아웃바운드 텔레마케터는 적극적이고 능동적인 상담 자세를 가져야 한다.

15 시장세분화의 변수로 틀린 것은?

① 구매행동변수
② 심리적 분석변수
③ 수요예측변수
④ 인구통계적 변수

16 의사결정지원 시스템에 대한 설명으로 틀린 것은?

① 시스템을 통해 경영자를 대신하여 의사결정을 할 수 있다.
② 입력된 자료들의 정확성은 의사결정지원 시스템이 지원하는 의사결정에 크게 영향을 미칠 수 있다.
③ 관리자가 의사결정이 필요한 상황에서 유용하게 사용된다.
④ 의사결징의 효율성(efficiency)이 아니라 효과성(effectiveness)을 높이기 위해서 사용해야 한다.

17 어느 특정기업이 소비자의 마음 속에 자사상품을 원하는 위치로 부각시키려는 노력을 무엇이라 하는가?

① 포지셔닝
② 이미테이션
③ 독점시장화
④ 시장의 표적화

Answer ── 15.③ 16.① 17.①

15 시장세분화 변수의 종류에는 지리적 변수, 인구통계적 변수, 심리분석적 변수, 행태적 변수 등이 있다.

16 의사결정지원시스템은 각 마케팅정보 시스템을 통해 수집된 정보를 마케팅의사결정에 유용한 정보를 가공하기 위한 것으로, 수집된 정보의 해석 및 분석에 이용되는 관련자료, 지원소프트웨어, 분석도구 등을 통합한 것이다. 의사결정에 도움을 주기는 하지만 경영자를 대신하여 의사결정을 하는 것은 아니다.

17 제품의 포지션이란 제품이 소비자들에 의해 자각되고 있는 모습을 말한다.

18 다음 중 유통경로 설계절차가 바른 것은?

> 1. 유통경로의 목표 설정
> 2. 소비자 욕구 분석
> 3. 유통경로의 대안 평가
> 4. 유통경로의 대안 확인

① 2 - 1 - 4 - 3   ② 2 - 1 - 3 - 4

③ 1 - 2 - 4 - 3   ④ 1 - 2 - 3 - 4

19 기업의 내적 강점과 약점, 그리고 외부위협과 기회를 자세히 평가하는 데 사용할 수 있는 기법은?

① SWOT분석   ② 전략적 관리

③ 시장세분화   ④ 수익성분석

20 다음 중 자료의 수집을 위해 기업들은 다양한 조사방법을 활용할 수 있다. 이러한 조사방법들 중 "수집할 수 있는 자료의 양은 적지만, 조사의 소요시간이 빠르고 표본의 대표성이 높은 조사방법"은?

① 우편조사   ② 대인면접

③ 방문조사   ④ 전화조사

Answer — **18.① 19.① 20.④**

18 유통경로 설계절차
소비자 욕구 분석→유통경로의 목표설정→유통경로의 대안 확인→유통경로의 대안 평가

19 SWOT분석은 기업의 환경 분석을 통해 강점(Strength)과 약점(Weakness), 기회(Opportunity)와 위협(Threat) 요인을 규정하고 이를 토대로 강점은 약점은 보완, 기회는 활용하고 위협은 억제하는 마케팅 전략을 수립하는 기법이다.

20 전화조사는 면접원이 전화로 조사 대상자에게 질문을 하면서 응답을 얻는 조사 방법이다. 일반적으로 확률표집을 사용하기 때문에 정확한 조사 결과를 얻을 수 있고, 빠른 기간 내에 적은 비용으로 조사할 수 있다는 장점을 지닌 반면 설문량이 적고 간단한 설문만을 얻을 수 있다는 한계를 지닌다. 신제품이나 새로운 광고 캠페인 직후 간단한 소비자 반응을 단기간에 정확하게 알고 싶을 때 주로 사용한다.

21 마케팅에서 판매촉진 비중이 증가하게 된 주된 원인으로 볼 수 없는 것은?

① 광고노출
② 판매촉진 성과 측정
③ 가격민감도
④ 경쟁의 완화

22 마케팅에 대한 설명으로 틀린 것은?

① 마케팅은 제품과 서비스를 계획하고 그 가격을 결정하며, 이들의 구매 및 소비에 필요한 정보를 제공하고 유통시키는데 소요되는 조화된 인간 활동의 수행이다.
② 유형품만을 생산자로부터 소비자에게 유통되는 과정에서 수반되는 활동을 총괄하는 것이다.
③ 마케팅이란 교환과정을 통하여 인간의 욕구와 필요를 충족시키고자 하는 활동을 말한다.
④ 소비자에게 만족을 주고 이를 통해 기업의 이윤을 추구하는 활동이다.

23 고객생애가치에 영향을 미치는 요소로 거리가 먼 것은?

① 고객의 성장성
② 고객의 반응률
③ 고객의 주거지역
④ 고객의 기여도

Answer ― 21.④ 22.② 23.③

21 판매촉진의 비중이 증가한다는 것은 고객들에게 자사 제품에 대한 환기를 요청하고, 시장에서의 경쟁이 점점 치열해지고 있는 것을 말한다.

22 마케팅은 눈에 보이지 않는 무형의 서비스까지 포함하는 개념이다.

23 고객생애가치에 영향을 미치는 요소
• **고객반응률** : 신규고객유지율, 기존고객보유율, 고객반복이용률 등의 효과를 측정
• **고객신뢰도** : 고객접촉 채널별 이용의 편의성, 고객 불만처리 정도 등의 평가
• **고객기여도** : 고객의 누적된 기여도
• **고객성장성** : 규모성장성과 로열티 성장성으로 구분하여 관리 및 측정

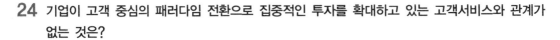

24 기업이 고객 중심의 패러다임 전환으로 집중적인 투자를 확대하고 있는 고객서비스와 관계가 없는 것은?

① 자동음성안내시스템(ARS)의 운영
② 대규모 영역, 제품이윤에 대한 서비스
③ 고개안내센터(Help Desk)의 운영
④ 수신자부담 서비스(080)의 제공

25 다음 중 아웃바운드 텔레마케팅에 관한 설명으로 틀린 것은?

① 업체 주도형으로 이루어지는 능동적, 목표지향적인 마케팅이다.
② 아웃바운드 텔레마케팅에서는 Q&A보다는 스크립트의 활용도가 높다.
③ 고객이 제품, 서비스에 대해 관심을 가지고 전화를 거는 고객 주도형이다.
④ 명확한 고객 데이터베이스를 갖추어 제품이나 서비스를 적극적으로 판매하는 마케팅이다.

Answer— **24.② 25.③**

24 고객서비스가 아닌 기업과 관련된 내용이다.

25 아웃바운드 텔레마케팅은 마케팅전략, 통화기법 등의 노하우, 텔레마케터의 자질 등에 큰 영향을 받으며 업체주도형으로 이루어지는 능동적, 목표지향적인 마케팅이다.

26 설문지 질문의 순서를 결정하기 위한 일반적인 지침이 아닌 것은?

① 조사자는 가능한 한 쉽게 대답할 수 있는 질문들은 전반부에 배치하고 응답하기 어려운 질문들은 후반부에 배치하여야 한다.

② 인구통계학적인 질문은 설문지의 맨 앞부분에 배치하여야 한다.

③ 첫 번째 질문은 응답자의 부담감을 덜어줄 수 있도록 재미있으며 관심을 가질 수 있는 내용이여야 한다.

④ 갑작스러운 논리의 전환이 이루어지지 않도록 질문의 순서를 정하여야 한다.

27 다음 중 척도법의 선택으로 가장 적합한 것은?

① 지구온난화를 조사하기 위해 등간척도를 선택했다.

② 상품의 유형별 분류를 위해 비율척도를 선택했다.

③ 상품의 무게를 알아보기 위해서 명목척도를 선택했다.

④ 성별을 분류하기 위해 서열척도를 선택했다.

28 마케팅 믹스의 4P's 중 제품(Product) 결정과 관련된 시장조사의 역할과 목적으로 틀린 것은?

① 제품 판매에 적합한 유통경로를 파악할 수 있다.

② 기존 제품에 새로 추가할 속성이나 변경해야 할 속성을 파악할 수 있다.

③ 타겟 소비자가 제품으로부터 기대하는 편익이 무엇인지 알 수 있다.

④ 브랜드명의 결정, 패키지, 로고 대안들에 대한 테스트를 할 수 있다.

Answer — **26.② 27.① 28.①**

26 인구통계적 질문은 설문지의 맨 마지막 부분에 배치하는 것이 좋다.

27 ② 등간척도는 간격척도라고도 한다. 간격이 일정하여 +, −는 가능하지만 *, ÷는 할 수 없다. 예를 들어 시각(년도, 시각, 월), 섭씨온도, 화씨온도가 있다.

　　③ 선호도 순위를 측정하려면 순서는 있지만 그 간격이 얼마나 큰지 알 수 없는 서열척도를 사용한다. 예를 들어 직위, 학력, 등수, 친한 친구 순서 등이 있다.

　　④ 성별, 국적, 학교, 지역, 고향, 인종 등은 상하 관계가 없고 구분만 있으므로 명목척도를 사용한다.

28 제품 판매에 적합한 유통경로를 파악할 수 있는 것은 유통전략에 해당한다.

29 독립변수와 종속변수의 사이에서 독립변수의 결과인 동시에 종속변수의 원인이 되는 변수는?

① 매개변수
② 선행변수
③ 억제변수
④ 외적변수

30 개방형 질문에 대한 설명으로 틀린 것은?

① Pilot Study 또는 탐색적 조사에 쓰인다.
② 질문에 대하여 자유롭고 제한받지 않고 응답할 수 있다.
③ 응답자에게 폐쇄형 질문보다 더 심리적 부담을 준다.
④ 대규모 조사에 적합하다.

31 어떤 현상이나 변수의 원인이 무엇인가에 대한 해답 즉, 두 변수간의 인과관계에 대한 해답을 얻기 위한 조사방법은?

① 탐색법
② 관찰법
③ 실험법
④ 분석법

32 다음 중 확률표본추출방법이 아닌 것은?

① 단순무작위표집
② 층화표집
③ 집락표집
④ 편의표본추출법

Answer── 29.① 30.④ 31.③ 32.④

29 매개변수란 변수들 간의 함수적 관계를 설명할 때, 두 변수 사이에서 연계하는 변수를 말한다.

30 개방형 질문은 자유응답형 질문방식으로 응답자가 할 수 있는 응답의 형태에 제약을 가하지 않고 자유롭게 표현할 수 있어 질문에 대하여 자유롭고 제한받지 않고 응답이 가능하다. 개방형 질문은 탐색조사 등 문제의 핵심을 알려고 할 때 이용되며, 조사단위의 수가 적은 조사에 더 적합하다.

31 실험법은 모든 조건이 일정하게 유지되는 경우의 상황에서 조사 주제에 관련된 하나 또는 그 이상의 변수들을 조작을 통해 인과관계를 파악하는 방법을 말한다.

32 편의표본추출법은 비확률 표본추출의 한 종류에 해당한다.

33 조사원의 통제가 가능하고 응답률이 높은 편이며, 시간과 비용이 적게 드는 조사는?

① 방문조사　　　　　　　　　　　② 간접조사
③ 전화조사　　　　　　　　　　　④ 우편조사

34 응답자에게 조사자가 전화를 걸어 질문하는 전화조사법의 단점으로 틀린 것은?

① 질문의 길이와 내용에 제한을 받는다.
② 질문 중에 응답자가 전화통화를 중단하는 경우도 있다.
③ 전화보급의 보편화로 응답자에게 접근이 용이하다.
④ 시각적인 보조 자료(그림, 도표)를 활용할 수 없다.

35 조사를 끝내고 채택된 설문지에 대해 각 항목의 응답이 정확한 것인가를 파악하는 과정을 무엇이라고 하는가?

① 편집　　　　　　　　　　　　　② 코딩
③ 펀칭　　　　　　　　　　　　　④ 코딩가이드

36 시장조사가 기여할 수 있는 마케팅의사결정의 주요 구성 요소가 아닌 것은?

① 마케팅 계획의 수립과 실행
② 마케팅 기회와 제약 요인의 규명
③ 마케팅 조사에 할당되는 자금의 규모
④ 마케팅 계획의 유효성과 평가

Answer　33.③　34.③　35.①　36.②

33 전화조사는 면접조사에 비해 시간과 비용을 절약할 수 있으며, 응답률이 높고, 컴퓨터를 이용한 자동화가 가능하다.

34 전화조사법은 전화보급의 보편화로 응답자에게 접근이 용이하다는 장점을 갖는다.

35 편집은 조사를 끝난 설문지에 대해 정확성을 파악하는 과정이고, 펀칭은 부호화된 내용을 전산에 입력하는 작업이다.

36 마케팅의사결정의 주요 구성 요소
　• 마케팅 기회와 제약 요인의 규명
　• 마케팅계획의 수립과 실행
　• 마케팅 계획의 유효성의 평가

37 전화조사에서 무응답 오류의 의미로 옳은 것은?

① 응답자의 거절이나 비접촉으로 나타나는 오류
② 조사와 관련 없는 응답자를 선정하여 나타나는 오류
③ 부적절한 질문으로 인해 나타나는 오류
④ 데이터 분석에서 나타나는 오류

38 측정의 신뢰성을 향상시킬 수 있는 방법으로 옳지 않은 것은?

① 중요한 질문의 경우 반복 질문을 피함으로써 혼선을 피한다.
② 조사원들에 대한 교육을 강화하여 설문을 명확히 이해하도록 하고, 질문 방식 등을 표준화시킨다.
③ 성의가 없거나 일관성 없게 응답한 경우 설문지 자체를 폐기시킴으로써 위험요소를 없앤다.
④ 설문지의 문항별 설명을 명확히 하여 응답자별로 해석상의 차이가 발생하지 않도록 한다.

39 다음 중 시장조사의 필수 요소로 볼 수 없는 것은?

① 설문지 작성과 활용
② 조사목적과 조사대상
③ 자료종류와 자료원천
④ 컴퓨터와 전화장치의 구성

 *Answer* ── **37.**① **38.**① **39.**④

37 무응답 오류는 응답자의 거절이나 비접촉으로 나타나는 오류를 말한다.

38 측정의 신뢰성을 향상시키기 위해 중요한 질문의 경우 유사 질문을 이용하여 반복 응답을 구한다.

39 시장조사의 필수 요소
 • 설문지 작성과 활용
 • 조사의 목적 및 대상
 • 자료의 종류 및 자료의 원천

40 시장조사의 중요성에 대한 설명으로 옳지 않은 것은?

① 시장조사는 타당성과 신뢰성 높은 정보의 제공을 통해 의사결정의 기대가치를 높일 수 있는 수단이 된다.
② 정확한 시장정보와 경영활동에 대한 효과분석은 기업목표의 달성에 공헌할 수 있는 자원의 배분과 한정된 자원의 효율적인 활동을 가능케 한다.
③ 마케팅 전략 수립 및 집행에 필요한 모든 정보를 적절한 시기에 입수할 수 있다.
④ 고객의 특성, 욕구, 그리고 행동에 대한 정확한 이해를 통해 고객지향적인 마케팅활동을 가능케 해 준다.

41 다음의 A 은행이 수집하고 있는 자료는?

> A 은행은 현재 자사은행과 거래하고 있는 고객들을 직접 만나 예금상품 외 다른 서비스(대출, MMF, 신용카드 등)를 이용하고 있지 않는 이유 등을 질문했다고 한다.

① 설문지 자료
② 비확률적 자료
③ 관찰 자료
④ 2차 자료

42 일반적인 자료수집방법의 선택기준이 아닌 것은?

① 수집된 자료의 정확성
② 필요한 자료의 공개와 독창성
③ 필요한 자료의 객관성
④ 자료수집과정의 신속성

Answer── **40.③ 41.① 42.②**

40 마케팅 전략 수립 및 집행에 필요한 모든 정보를 입수할 수 있는 것은 아니다.

41 위에 자료는 조사를 하거나 통계 자료 따위를 얻기 위하여 어떤 주제에 대해 문제를 내어 묻는 설문지 자료라 볼 수 있다.

42 자료수집방법의 선택기준 : 조사자는 조사목적이나 자료의 특성에 따라 적합한 자료수집방법을 선택하여야 한다. 일반적으로 자료수집방법을 선택하는 기준으로는 필요한 자료의 다양성, 자료수집하는 과정의 신속도와 비용, 수집된 자료의 객관성과 정확성 등이 있다.

43 다음 중 설문지를 통해 자료를 수집하는 방법으로 조사상황에 따라 신속하게 질문방법, 절차, 순서, 내용 등을 바꿀 수 있는 자료수집 방법은?

① 인터넷 조사방법　　　　　② 전화조사방법
③ 우편조사방법　　　　　　④ 개인면접법

44 인구 통계학적 질문으로 거리가 먼 것은?

① 학력　　　　　　　　　② 성별
③ 나이　　　　　　　　　④ 선호하는 취미

45 다음 질문지 작성순서가 맞게 나열된 것은?

ⓐ 질문용어의 선택	ⓑ 예비조사와 질문서의 보완
ⓒ 질문순서의 결정	ⓓ 질문서 작성의 예비조사
ⓔ 질문서의 구조와 질문내용의 파악	ⓕ 질문–응답형태의 선택

① ⓐ→ⓑ→ⓒ→ⓓ→ⓔ→ⓕ
② ⓒ→ⓓ→ⓔ→ⓐ→ⓑ→ⓕ
③ ⓑ→ⓐ→ⓒ→ⓓ→ⓔ→ⓕ
④ ⓓ→ⓔ→ⓕ→ⓒ→ⓐ→ⓑ

Answer ── **43.④　44.④　45.④**

43 전화조사, 우편조사, 인터넷조사의 경우 조사자가 응답자의 반응 및 조사 상황에 따라 질문방법, 절차, 순서, 내용 등을 바꾸기 어렵다.

44 소득, 학력, 직업, 성별, 연령 등은 인구 통계학적 질문 내용이다. 참고로 질문지 작성 시 인구통계학적 질문은 설문지의 맨 마지막에 배치하는 것이 좋다.

45 질문지 작성순서
질문서 작성의 예비조사→질문서의 구조와 질문내용의 파악→질문–응답형태의 선택→질문순서의 결정→질문 용어의 선택→예비조사와 질문서의 보완

46 시장조사 전개 시 고려해야 할 사항이 아닌 것은?

① 신뢰성   ② 주관성

③ 합목적성   ④ 적합성

47 다음과 같은 특징을 지닌 연구방법은?

> 질적인 정보를 양적인 정보로 바꾼다. 예를 들어, 최근에 유행하는 드라마에서 주로 다루었던 주제가 무엇인가를 알아낸다. 고객과의 상담 내용도 연구대상이 될 수 있다.

① 사회성측정법   ② 투사법

③ 내용분석법   ④ 질적연구법

48 시장 조사를 위한 자료 수집 중 1차 자료의 예로 옳지 않은 것은?

① 소비자나 유통점 주인들을 대상으로 한 서베이

② 실험실 조사에서의 소비자 반응 측정

③ 대학이나 연구소의 소비자 조사자료

④ 고객 행동에 대한 관찰

Answer— **46.② 47.③ 48.③**

46 시장조사 시 고려해야 할 사항
- 합목적성
- 객관성
- 정밀성
- 신뢰성
- 적합성

47 ① 사회성측정법은 집단 내 개인의 사회적 위치 및 비형식적인 집단형성의 구조를 알아내는 방법이다.
② 투사법은 직접 질문하기 어렵거나 직접 질문을 하여도 타당성 있는 응답이 나올 가능성이 없을 때 어떤 자극상태를 형성하여 이에 대한 응답자의 반응을 보고 의향이나 의도를 파악하는 방법이다.
④ 질적연구법은 인터뷰, 관찰결과, 문서, 그림, 역사기록 등 질적 자료를 얻기 위해 사용되는 방법이다.

48 2차 자료는 다른 조사 목적으로 수집되었으나, 현재 문제를 해결하는데 사용할 수 있는 자료들이다. 사내자료, 정부 간행물, 연구기관 보고서 등이 해당되며 문제를 파악하고 접근 방법 개발, 1차 자료를 깊이 분석하는 장점이 있으나 문제에 대한 유용성이나 적합성 등은 한계가 있을 수 있으므로 2차 자료를 사용하기 전에 이런 요소들을 기준으로 평가하는 것이 중요하다.

49 탐색조사의 세부유형으로 보기 어려운 것은?

① 문헌조사
② 설문조사
③ 전문가 의견조사
④ 사례조사

50 다음 중 통계분석법에 관한 설명으로 틀린 것은?

① 분산분석은 전자회사가 새로운 모델을 만들었을 때 소비자들이 어떤 마케팅 전략에 더 좋은 반응을 나타내는가를 알고자 할 때 사용되는 분석이다.
② 분산분석은 전략의 효과측정이나 소비자 집단 간의 반응 차이 등을 알아보는 데 유용한 기법이다.
③ 여름철 기온변화에 따라 아이스크림 구매량이 어떻게 변화하는가를 분석하는 것은 상관관계분석이다.
④ 광고매체의 종류에 따라 매출액에 영향을 미치는지를 파악하는 것은 상관관계분석이다.

Answer **49.② 50.④**

49 탐색조사의 종류로는 문헌조사, 전문가의견 조사, 사례조사, FGI가 있다.

50 상관관계분석은 서열 척도, 등간 척도, 비율 척도로 측정된 변수들 간의 관련성 정도를 알아보기 위한 것이다. 하나의 변수가 다른 변수와의 어느 정도 밀접한 관련성을 갖고 변화하는가를 알아보기 위해 사용한다.

51 텔레마케팅 운영방법 중 일반적으로 자체운영방식이 대행운영방식보다 더 비효율적인 경우는?

① 텔레마케팅 교육 및 경험이 축적되어 있을 경우
② 새로운 고객이나 시장에 기술적인 상품을 아웃바운딩 해야 하는 경우
③ 고객 정보, DB의 외부유출방지가 요구될 경우
④ 짧은 시간 집중적으로 고객과 통화해야 하는 경우

52 상담원에 대한 OJT 종료 후 평가에 대한 설명으로 틀린 것은?

① OJT 종료 후에 개인별 및 전체적인 측면을 평가하여 업무나 경영에 적극적으로 반영해야 한다.
② OJT 실시 중 기업의 전략, 업무, 영업방법 등이 변경되었을 때에는 평가기준에 대한 수정 여부를 검토해야 한다.
③ 계획, 실시, 결과의 단계별로 평가하면 효율적이다.
④ OJT 평가결과에 대한 수용도가 낮으므로 평가결과에 대한 피드백은 개인에게 하지 않아야 한다.

53 텔레마케터의 사기저하 원인이 아닌 것은?

① 동료 간이나 상사와의 인간관계 갈등이 있을 때
② 적절한 보상이나 교육훈련이 결핍된 채로 장시간 근무
③ 텔레마케터 스스로 동기부여 및 애사심을 가질 때
④ 근무환경이 열악하여 일할 의욕 상실

Answer — 51.④ 52.④ 53.③

51 단기에 대량의 수신 및 발신을 처리할 필요가 있거나 짧은 기간에 많은 사람들과 접촉해야 되는 경우 자체운영방식이 대행운영방식보다 더 비효율적이다.

52 OJT가 성공하기 위해서는 평가결과에 대해 적시에 Feed Back을 행해야 한다.

53 텔레마케터 스스로 동기부여 및 애사심을 가질 때에는 반대로 사기가 상승하게 된다.

54 텔레마케터의 능력개발을 위한 교육방법으로 부적합한 것은?

① 상담실습 및 훈련과정보다 업무지식습득에 초점을 맞추어야 한다.
② 신상품이 출시될 경우 스크립트를 개발하여 제공한다.
③ 정기적인 모니터링을 통해 개인별 코칭을 실시한다.
④ 업무에 따른 표준 매뉴얼을 제공한다.

55 다음 중 콜 인입을 예측하기 위해 필요한 요소로 가장 거리가 먼 것은?

① 기본 상담인원 수   ② 평균 콜 처리시간
③ 비 상담시간   ④ 3년 간의 콜 인입량

56 콜 센터의 근무환경에 대한 고려사항으로 적절치 않은 것은?

① 쇼핑 편이성   ② 근무쾌적성
③ 휴게 및 편의시설   ④ 교통의 편이성

Answer ── **54.**① **55.**① **56.**①

54 업무 지식습득에 초점을 맞추는 것뿐만 아니라 다양한 고객의 욕구에 대비한 응대방법을 교육받아야 한다.

55 콜 인입을 예측하기 위한 필요 요소
  • 비 상담시간
  • 평균 콜 처리시간
  • 3년간의 콜 인입량

56 콜 센터에서의 근무환경에 직접적으로 영향을 미치는 고려사항에 쇼핑의 편이성은 업무환경에 있어서 고려할 사항과는 관련이 없다.

57 텔레마케팅의 기술적 발전 단계의 순서로 옳은 것은?

① ARS → CTI → WFMS → IPCC
② WFMS → ARS → CTI → IPCC
③ ARS → WFMS → IPCC → CTI
④ CTI → WFMS → ARS → IPCC

58 콜 센터 경력개발 경로 수립 관련 사항과 거리가 먼 것은?

① 조직의 요구와 직원들의 요구를 균형에 맞춰 개발한다.
② 콜 센터 규모를 고려하기보다는 필요한 전문가를 각각 배출할 수 있도록 개발하여야 한다.
③ 선발, 코칭, 훈련, 성과 피드백과 같은 다른 프로세스와도 연계되어야 한다.
④ 경력을 개발할 수 있는 훈련을 가능하게 해야 한다.

59 텔레마케팅 운영방법 중 일반적으로 자체운영방식이 대행운영방식보다 더 비효율적인 경우는?

① 짧은 기간 집중적으로 고객과 통화해야 하는 경우
② 새로운 고객이나 시장에 기술적인 상품을 아웃바운딩 해야 하는 경우
③ 고객 정보, DB의 외부유출방지가 요구될 경우
④ 텔레마케팅 교육 및 경험이 축적되어 있을 경우

Answer **57.① 58.② 59.①**

57 • ARS : 음성으로 된 각종 정보를 기억장치에 저장하여 사용자가 원하는 정보를 자동으로 전달하는 시스템을 말한다.
• CTI : 컴퓨터와 전화를 결합시켜 사내로 들어오는 전화를 효율적으로 분산 관리하는 시스템을 지칭한다.
• WFMS : 콜 센터 업무의 효율과 효과를 높이기 위한 시스템으로 적정한 인력배치에 대한 개량화, 예측기반의 지표 관리, 합리적 업무 배분 등을 통하여 효율적인 업무를 지원한다.
• IPCC : 기존 콜 센터가 가진 모든 기능을 지원함은 물론 멀티채널, 양방향 센터로서 아날로그 음성뿐만 아니라 VoIP, 화상, 채팅, e-메일, 팩스 등 인터넷을 통한 멀티미디어 통신과 다중 컨택 센터, 지능 호 라우팅(ICR) 등 네트워크 기능들을 가능하게 한다.

58 콜 센터 규모를 고려하여 필요한 전문가를 각각 배출할 수 있도록 개발하여야 한다.

59 단기에 대량의 수·발신을 처리할 필요가 있거나 짧은 기간에 많은 사람들과 접촉해야 되는 경우 자체운영방식이 대행운영방식보다 더 비효율적이다.

60 상담원에 대한 OJT 종료 후 평가에 대한 설명으로 틀린 것은?

① OJT 평가결과에 대한 수용도가 낮으므로 평가결과에 대한 피드백은 개인에게 하지 않아야 한다.

② 계획, 실시, 결과의 단계별로 평가하면 효율적이다.

③ OJT 종료 후에 개인별 및 전체적인 측면을 평가하여 업무나 경영에 적극적으로 반영해야 한다.

④ OJT 실시 중 기업의 전략, 업무, 영업방법 등이 변경되었을 때에는 평가기준에 대한 수정 여부를 검토해야 한다.

61 콜 센터 문화에 영향을 미치는 기업적 요인에 해당되지 않는 것은?

① 기업의 지명도

② 상담원에 대한 직업의 매력도

③ 근로 급여조건

④ 상담원과 슈퍼바이저의 인간적 친밀함

62 다음 중 OJT의 장점과 가장 거리가 먼 것은?

① 개인 지도를 통해 교육 효과가 높다.

② 교육 대상자는 교육 받은 내용을 바로 실행해 보고 수정할 수 있다.

③ 실제 일이 이루어지는 과정을 현장에서 보여주면 되므로 교육자는 사전 교육 계획을 세울 필요가 없다.

④ 교육 대상자의 능력과 수준에 맞추어 지도가 가능하다.

Answer── **60.**① **61.**③ **62.**③

60 OJT가 성공하기 위해서는 평가결과에 대해 적시에 Feed Back을 행해야 한다.

61 콜 센터 문화에 직접 및 간접적으로 영향을 미치는 요인은 사회적, 커뮤니케이션적, 기업적, 개인적 측면으로 나누어진다. 모두 기업적 요인에 해당하지만 상담원에 대한 직업의 매력도는 개인적 측면으로 볼 수 있다.

62 교육자는 사전 교육 계획을 세워야 한다.
  ※ OJT의 장점
  • 훈련 및 개발의 내용이 실제적이며 그 실시가 용이하다.
  • 훈련으로 인한 진보를 알기 쉽기 때문에 종업원의 동기를 유발시키는데 효과적이다.
  • 일과 훈련을 병행할 수 있어 저비용으로 할 수 있다.
  • 상급자와 하급자 간의 상호 이해를 촉진할 수 있다.
  • 종업원의 습득도와 능력에 따른 훈련을 할 수 있다.

63 상담을 하는 상황이나 대응하는 상담원, 또는 어떤 경로로 상담이 이루어졌는지 등에 따라 상담 난이도가 달라지는데, 다음 중 상담 난이도에 관한 설명으로 옳지 않은 것은?

① 상담 난이도는 고객의 상담 난이도를 예측하여 적절한 상담원에게 연결해야 한다.
② 상담 난이도는 상담원의 경험과 기술 수준에 따라 정성적으로 분류한다.
③ 상담 난이도는 상황에 따라 유동적이나 코드별 분류보다 수준별 분류가 적절하다.
④ 상담 난이도는 상담시간이나 상담횟수 등의 정량적 측도로 측정한다.

64 텔레마케팅 조직구성원의 역할이 잘못 연결된 것은?

① 모니터링담당자 – 텔레마케터가 고객과 통화한 내용을 분석한다.
② 시스템담당자 – 텔레마케터가 효율적으로 업무를 할 수 있도록 스크립트를 개발한다.
③ 교육담당자 – 텔레마케터의 경력개발을 위한 교육프로그램을 개발한다.
④ 수퍼바이저 – 텔레마케터의 스케줄을 관리한다.

65 콜 센터의 인력관리 프로세스를 순서대로 바르게 나열한 것은?

A. 상담인력의 계산	B. 과거 콜 데이터의 수집과 분석
C. 일별 성과의 관리 및 분석	D. 콜 양의 예측
E. 상담원의 스케줄 배정	

① B→C→D→E→A
② A→B→D→E→C
③ B→D→A→E→C
④ B→A→D→E→C

Answer **63.④ 64.② 65.③**

63 상담의 난이도라는 것은 상담시간이나 상담횟수 등의 정량적인 척도로 측정할 수 있는 부분은 아니며, 단지 상담원의 경험과 기술 수준에 따라 정성적으로 분류하여야 할 부분이다. 따라서 상담 난이도의 분류 방법은 다소의 오류가 있더라도 전문 상담원들을 통하여 정성적인 측정방법을 사용하여야 한다.

64 시스템 담당자는 고객들 DB를 포함한 전산시스템의 개발을 하게 되는 구성원들이다.

65 콜 센터의 인력관리 프로세스
과거 콜 데이터의 수집과 분석→콜 량의 예측→상담인력의 계산→상담원의 스케줄 배정→일별 성과의 관리 및 분석

66 다음이 설명하고 있는 콜 센터 시스템의 기능은?

> 상담원의 업무숙련도에 따라 콜을 분배하는 기능으로 상담원의 직무능력을 평가하여 숙련도에 따른
> 등급을 책정하고 각각의 등급에 따라 적용하거나 콜 센터의 특성에 맞게 활용한다.

① Call Blending 기능
② Skill Based Call Routing 기능
③ CTI 기능
④ 음성인식 기능

67 성과가 낮은 경우 콜 센터 관리자들이 점검해야 할 사항으로 거리가 먼 것은?

① 신입직원에 대한 슈퍼바이저의 지원 및 코칭이 유용하지 않은지 점검
② 텔레마케터가 근무스케줄을 잘못 알고 있는지 점검
③ 상담원의 개인적 성향 및 경제적 수준 등을 점검
④ 응대 준비의 중요성에 대한 직원교육 및 동기부여의 실패 여부 점검

68 다음 중 CTI(Computer Telephony Integration)의 기능으로 옳지 않은 것은?

① CTI는 음성시스템(교환기, IVR 등)과 데이터시스템(고객정보, 제품정보 등)을 각각 분리할 수 있는 솔루션이다.
② CTI는 콜 센터에서 사용하는 많은 데이터 및 음성 시스템들을 통합하는 데 핵심적인 시스템이다.
③ CTI는 콜 센터로 고객의 콜이 인바운드될 때 발생되는 고객정보를 상담원에게 전달하여 정확한 정보를 고객에게 빠르게 제공할 수 있게 한다.
④ CTI는 콜 센터의 생산성 및 효율성을 향상시킬 수 있는 근원적 장치라고 할 수 있다.

Answer **66.② 67.③ 68.①**

66 Skill Based Routing은 상담원의 업무 능력을 기준으로 호(Call)를 분배하는 기능을 말한다.

67 상담원의 개인적 성향이나 경제적 수준 등을 점검하는 것은 바람직하지 않다.

68 CTI는 컴퓨터와 전화 시스템의 통합을 지칭하는 것으로 PC를 통해 전화 시스템을 효율적으로 관리하는 기술이다.

69 리더십의 유형을 의사결정방식과 태도에 따라 구분할 때 태도에 따른 유형에 해당하는 것은?

① 독재형 리더십
② 민주형 리더십
③ 자유방임형 리더십
④ 인간관계 중심형 리더십

70 콜 센터 도입의 기대효과와 가장 거리가 먼 것은?

① 데이터베이스 마케팅을 통한 잠재고객 창출
② 업무통계처리에 따른 인건비, 부대비용 부담 증대
③ 고객 요구사항의 신속한 처리
④ 기업의 서비스에 대한 고객의 이미지 증대

 *Answer* — **69.**④ **70.**②

69 의사결정방식에 따른 리더십의 유형
- **독재형 리더십** : 조직의 목표와 계획 수립 및 모든 경영 활동에서 조직 구성원의 의견을 수렴하지 않고, 리더가 독단적으로 의사결정을 하며, 조직의 모든 기능을 독점하려는 형태
- **민주형 리더십** : 중요한 의사결정 시 조직 구성원의 조언과 협의 과정을 거치며 객관적이고 타당한 기준을 설정하여 업적이나 상벌 등의 규정을 수립하는 형태
- **자유방임형 리더십** : 조직의 계획이나 의사결정에 관여하지 않고 수동적인 입장에서 행동할 뿐만 아니라 모든 일을 조직 구성원에게 방임하고 책임을 전가하는 형태

70 콜 센터 도입의 기대효과
- profit contact center(비용대비효과)
- 고객 서비스 만족도 향상
- 체계적 Process 안정화로 업무
- 효율성 제고
- 생산성 향상으로 매출이익 도모
- 품질 높은 서비스 수준 우위
- 전문성 축척

71 인사관리의 구체적 기능에 대한 설명으로 옳은 것은?

① 보상관리기능이란 조직목표 달성을 위한 인력의 유능성을 지속하기 위한 교육, 훈련을 하는 것이다.
② 개발관리기능이란 조직목표 달성에 필요한 적절한 인력의 모집, 선발, 배치를 하는 것이다.
③ 유지관리기능이란 근로조건의 개선 및 노동질서의 유지·발전·향상을 위한 제반문제를 해결하는 것이다.
④ 확보관리기능이란 개인, 조직 간의 이해관계를 합리적으로 조정하기 위한 고충을 처리하는 것이다.

72 텔레마케팅의 특성으로 옳지 않은 것은?

① 시간, 공간, 거리의 장벽을 극복한다.
② 구성요소가 유기적으로 결합된 시스템에 의해 움직인다.
③ 고객의 현재가치를 중점으로 둔다.
④ 기업을 정보 창조 조직으로 변모시킨다.

73 텔레마케터 교육·훈련을 위한 역할연기(Role Playing)에 관한 설명으로 틀린 것은?

① 텔레마케터는 응대업무와 관련한 개인적인 문제점을 구체적으로 피드백 받을 수 있다.
② 실제 상황대로 스크립트를 가지고 연습함으로써 다양한 실전 경험을 할 수 있다.
③ 조직의 응집력과 단결력을 약화시킬 수 있다.
④ 텔레마케터의 자신감과 상황대응 능력을 향상시킬 수 있다.

Answer ─ 71.③ 72.③ 73.③

71 ① 개발관리기능, ② 확보관리기능, ④ 보상관리기능을 각각 설명한 것이다.

72 텔레마케팅은 고객의 미래가치를 중점으로 둔다.

73 역할연기로 조직의 응집력과 단결력을 강화시킬 수 있다.

74 콜 센터 조직의 구성 원칙과 거리가 먼 것은?

① 책임과 권한의 원칙 : 콜 센터 내 조직원들에게 보다 명확한 업무분장과 수행에 따른 적정한 권한의 부여가 이루어져야 한다.

② 감독한계의 원칙 : 콜 센터 리더 한 사람이 직접 리더십을 발휘할 수 있는 상담원의 수에는 한계가 있다.

③ 전문화의 원칙 : 콜 센터 조직의 구성원은 가능한 한 하나의 특수한 전문화된 업무만을 담당할 때 효율성과 생산성이 더욱 향상될 수 있다.

④ 통일성의 원칙 : 상담원은 라인에 따라 한 사람의 상사로부터 명령이나 지시를 받아야 업무지침의 혼란과 조직 관리의 혼선을 방지할 수 있다.

75 고객에게 전달할 내용을 선정할 때 유의할 사항으로 틀린 것은?

① 상담사가 충분히 알고 있는 내용을 선정한다.

② 고객 정보를 바탕으로 하여 내용을 선정한다.

③ 상황에 알맞은 내용을 선정한다.

④ 상담사의 수준에 맞는 내용을 선정한다.

Answer ── **74.④   75.④**

74 명령일원화의 원칙은 상담원이 라인에 따라 한 사람의 상사로부터 명령이나 지시를 받아야 업무지침의 혼란과 조직 관리의 혼선을 방지할 수 있다는 것을 의미한다.

75 상담사가 아닌 고객의 수준에 맞는 내용을 선정해야 한다.

76 기업이 고객의 불평불만업무를 효율적으로 처리하기 위해 지켜야 할 사항이 아닌 것은?

① 고객에게 업무처리 절차에 대한 홍보가 잘 되어 있어야 한다.

② 고객의 불평불만을 상담한 직원 뿐 아니라 관련 직원들도 처리절차 및 결과를 함께 인지해야 한다.

③ 상담원이 주관적으로 즉시 처리할 수 있도록 한다.

④ 불평불만을 담당하는 부서에 고객이 접근하기 용이하게 해야 한다.

77 고객 상담의 필요성을 증가시키는 요인으로 가장 거리가 먼 것은?

① 소비자권리에 대한 소비자 의식 상승

② 제품수요 대비 공급부족 현상 심화

③ 소비자불만과 소비자피해의 양적 증가

④ 소비생활의 복잡화와 다양화

Answer— **76.③ 77.②**

76 불만은 제공하는 서비스가 고객의 기대수준 보다 낮을 때 발생한다. 고객이 불평불만을 나타낼 경우 감정적인 대응보다 경청과 질문을 통해 고객의 불만 원인을 객관적으로 정확히 파악하여 불평불만을 해소시켜야 하며 상담원이 주관적으로 즉시 처리하는 것은 적절하지 못하다.

77 현재는 기업들의 과다 경쟁이 심해지면서 수요보다 공급이 훨씬 앞지르는 상태이다.

78 고객에게 질문 시 상황에 따라 각기 다르게 질문 유형을 적용하여야 한다. 다음 중 고객 니즈 탐색을 위한 폐쇄형 질문 유형으로 적합하지 않은 경우는?

① 보다 구체적인 정보를 필요로 할 때
② 고객의 이해정도를 확인하고자 할 때
③ 고객의 민감한 부분의 확인이 필요할 때
④ 고객으로부터 자유로운 의사타진이나 대답을 원할 때

79 고객응대관계의 특징과 가장 거리가 먼 것은?

① 인바운드 고객응대관계는 고객의 자발적인 요청으로 관계가 형성된다.
② 고객응대관계에서 텔레마케팅 고객응대는 언어적 커뮤니케이션만이 가능하다.
③ 아웃바운드 고객응대관계는 상담원의 자발적인 요청으로 고객의 상담 동의관계가 형성된다.
④ 고객응대관계는 도움을 주고받는 관계로서 고객과 상담원은 서로의 가치를 존중하는 의미 있는 관계를 형성한다.

Answer ⌐ **78.④   79.②**

78 고객으로부터 자유로운 의사타진이나 대답을 원할 경우에는 개방형 질문이 적합하다.
   ※ 개방형 질문
   • 고객에게 그들이 원하는 대로 표현하도록 하는 질문 형식으로 응답자의 견해를 보다 잘 서술할 수 있도록 해준다.
   • 개방형 질문은 모든 가능한 응답의 범주를 모르거나 응답자가 어떻게 응답하는가를 탐색적으로 살펴보고자 할 때 적합하며, 특히 예비조사에서 유용하다.
   • 질문지에 열거하기에는 응답범주가 너무 많을 경우에 사용하면 좋다.
   • 응답 자료가 개인별로 표준화되어 있지 않기 때문에 비교나 통계분석이 어렵고 부호화 작업이 주관적이어서 작업을 하는 사람들 간에 차이가 날 수 있다.
   • 응답자가 어느 정도 교육수준을 가지고 있어야 하며 응답하는 데 시간과 노력이 들기 때문에 무응답이나 거절의 빈도가 높을 수 있다.
   • 응답자가 질문에 대해 자신의 답을 제공하도록 요청 받는 질문방식이다.
   • 응답자는 질문에 대해 대답을 적을 수 있는 여백을 제공받으며, 보다 심층적이고 질적인 면접방법에서 사용된다.

79 커뮤니케이션의 방법 중 비언어적인 커뮤니케이션은 언어적 메시지 이상의 효과가 있다. 몸동작, 자세, 얼굴표정, 움직임 등 신체언어 또한 서비스 메시지를 구성하는 중요한 언어이다.

80 CRM 도입에 따른 기대효과로 가장 거리가 먼 것은?

① 고객 DB의 분산
② 고객 DB의 적극적 활용
③ 고객서비스 프로세스 개선
④ 다양한 고개요구에 대한 적극적 대처

81 기업에서 고객만족을 위해 고객서비스를 중요하게 고려해야 하는 이유로 가장 옳은 것은?

① 인터넷의 대중화로 판매자와 고객 간의 대면기회가 감소하고 있기 때문이다.
② 내부고객에 대한 고객서비스가 외부고객에 대한 고객서비스로 연결되기 때문이다.
③ 전반적인 고객서비스에 대한 고객의 기대가 핵심제품에 대한 기대보다 높기 때문이다.
④ 제품의 물리적 품질에 큰 차이가 없으면 소비자들은 고객서비스를 통해 전체 품질을 평가하기 때문이다.

82 CRM 전략을 수행하기 위한 활동 중 고객유치와 고객유지 및 교차판매 등과 같은 구체적인 마케팅 활동에 필요한 운영상의 의사결정을 목표로 하는 것은?

① 차별적 세분화
② 실행적 세분화
③ 혼합형 세분화
④ 전술적 세분화

Answer **80.① 81.④ 82.④**

80 CRM(Customer Relationship Management)은 수익성 있는 고객을 획득하고 유지하기 위한 전사적 노력이다. 따라서 CRM은 고객과 고객이 원하는 가치를 파악해 고객이 원하는 가치를 담은 제품과 서비스를 지속적으로 제공함으로 써 고객을 오래 유지하고, 이를 통해 고객의 평생가치를 극대화해 수익성을 높이는 통합된 고객관계관리 프로세스라고 할 수 있다.

81 고객서비스가 중요한 이유
  • 서비스는 제2의 상품이다.
  • 기업 간, 점포 간 수준 높은 경쟁 수단이다.
  • 서비스 수준이 회사매출과 회사에 대한 고객 이미지를 좌우한다.
  • 안정된 수익기반이 되는 단골고객을 만드는 원동력이다.
  • 시장의 성숙기나 과다 경쟁시대에 있어서 경쟁력 우위는 서비스 차별화에 있다.

82 CRM은 우선 인구통계적 변수와 기업 전략적 요인을 가지고 전략적 세분화를 한다. 이것을 하위부서에서 CRM을 수행하기 위한 전술적인 세분화를 한다. 이때 상품구매정보, 심리정보, 라이프사이클정보를 이용한다. 더 나아가 좀 더 하위부서에서 구체적으로 행동정보, 수익성, 고객평생가치, RFM 등을 이용해서 실행적인 세분화를 한다.

83 CRM에서 고객이 기업에게 기대하는 관계 구축의 요소로 볼 수 없는 것은?

① 공정한 대우 　　　　　　　② 단기적인 관계

③ 열린 대화 창구 　　　　　　④ 상호 간의 신뢰

84 CRM에 대한 설명 중 틀린 것은?

① 관계마케팅은 소비자의 관여도가 높은 제품에 많이 사용된다.

② 교차판매 전략은 신규고객을 대상으로 제품 구매를 유도하는 전략이다.

③ 고객관계관리에는 교차판매, 고객유지, 채널 최적화, 개인 맞춤화 등이 있다.

④ 채널 최적화는 사이트 방문객들의 유입경로를 파악해 가장 효과적인 마케팅 채널에 집중하고, 투자 대 수익률을 크게 높일 수 있는 방법이다.

85 컴플레인 고객응대의 기본 원칙에서 위배되는 사항은?

① 생산, 유통 과정과 품질에 관한 지식

② 제품 및 서비스에 관한 지식

③ 통신시스템에 대한 전문적 지식

④ 고객의 구매심리 및 고객시장에 관한 지식

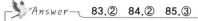

Answer　　**83.②　84.②　85.③**

83 단기가 아닌 장기적인 관계이다.

84 교차판매 전략이란 특정 제품의 기존 고객 DB를 다른 제품이나 신제품의 판매에 활용하여 범위의 경제를 노리는 것을 말한다.

85 텔레마케터는 고객응대 시 통신시스템에 대한 전문지식까지는 필요하지 않다.

86 스크립트에 대한 적절한 설명으로 옳지 않은 것은?

① 다양한 고객을 접하게 됨에 따라 스크립트는 지속적인 보완을 해야 한다.

② 스크립트는 통화 목적과 방향 설정이 명확해야 하고 효과적인 통화시간을 관리할 수 있다.

③ 효과적인 통화를 위해 반드시 상담사는 스크립트에 명시되어 있는 대로 고객응대를 해야 한다.

④ 잠재고객 또는 고객과 통화를 할 때 사용하는 대본과 같은 것으로써 고객과의 원활한 대화를 돕는다.

87 기업과 고객의 만남과 상호작용을 통한 고객변화의 단계에 관한 설명으로 틀린 것은?

① 고객 단계 – 금전적 인센티브 등에 의해 재구매 동기를 갖게 된다.

② 예상고객 단계 – 개인적 접촉, 우편, 텔레마케팅 등을 통해 첫 거래를 성사시킬 수 있는 상태이다.

③ 단골 단계 – 제품 또는 서비스에 불만이 생겨도 동일한 점포나 동일한 브랜드를 이용하는 성향을 보인다.

④ 기업의 옹호자 단계 – 좋은 구전을 전파함으로써 간접적인 광고역할을 하며 고객을 끌어오기도 한다.

Answer ─ **86.**③ **87.**③

86 스크립트(Script)는 일반적으로 잠재고객 또는 고객과 통화를 할 때 사용하는 대본과 같은 것으로서 고객과의 원활한 대화를 위한 안내서와 같다. 이러한 스크립트를 활용한 대화 시에는 스크립트 내용 외에도 상황에 맞는 내용으로 대화를 이끌 수 있다.

87 단골단계는 제품 또는 서비스에 불만족이 생기지 않는 한 하나의 점포 또는 브랜드만을 구매하는 성향을 갖게 된다.

88 고객의 일반적인 욕구에 대한 설명으로 적합하지 않은 것은?

① 소비자는 원할 때 적시에 서비스를 제공받기를 원한다.

② 책임당사자인 제3자에게 업무를 넘겨서 처리해 주기를 원한다.

③ 자신의 문제에 대해 공감을 얻고 공정하게 처리되기를 원한다.

④ 개인적으로 알아주고 관심과 정성이 담긴 서비스를 제공받기를 원한다.

89 커뮤니케이션의 특성으로 옳지 않은 것은?

① 오류와 장애의 발생 가능성 존재　　② 순기능과 역기능의 존재

③ 의사소통 수단의 고정화　　④ 정보교환과 의미부여

Answer ── **88.②　89.③**

88 고객심리의 유형
　㉠ 환영기대심리
　　• 고객은 언제나 환영받기를 원하므로 항상 밝은 미소로 맞이해야 한다.
　　• 고객들이 고객으로서 가장 바라는 심리는 점포를 찾아갔을 때 나를 왕으로 대접해주길 바라는 것보다, 나를 환영해주고 반가워해 주었으면 하는 것이다.
　㉡ 독점심리
　　• 고객은 누구나 모든 서비스에 대하여 독점하고 싶은 심리를 가지고 있다.
　　• 고객 한 사람의 독점하고 싶은 심리를 만족시키다 보면 다른 고객들의 불편을 사게 된다. 따라서 모든 고객에게 공평한 친절을 베풀 수 있는 마음자세를 가져야 한다.
　㉢ 우월심리
　　• 고객은 서비스 종사자보다 우월하다는 심리를 갖고 있다. 따라서 서비스 종사자는 고객에게 서비스를 제공하는 직업의식으로 고객의 자존심을 인정하고 자신을 낮추는 겸손한 태도가 필요하다.
　　• 고객의 장점을 잘 찾아내어 적극적으로 칭찬하고 실수는 덮어주는 요령이 필요하다.
　㉣ 모방심리
　　• 고객은 다른 고객을 닮고 싶은 심리를 갖고 있다.
　　• 반말을 하는 고객이라도 정중하고 상냥하게 응대하면, 고객도 친절한 태도로 반응하게 되며 앞 고객이 서로 친절한 대화를 나누었다면, 그 다음 고객도 이를 모방하여 친절한 대화를 나누게 된다.
　㉤ 보상심리
　　• 고객은 비용을 들인 만큼 서비스를 기대하며, 다른 고객과 비교해 손해보고 싶지 않은 심리를 갖고 있다.
　　• 언제나 고객의 기대에 어긋나지 않는 좋은 물적·인적 서비스를 공평하게 제공하는 것이 중요하며, 특정 고객에게 별도의 서비스를 제공할 때에는 그 서비스를 받는 고객보다 주변의 다른 고객에 대해 더욱 신경을 써야 한다.
　㉥ 자기 본위적 심리
　　• 고객은 각자 자신의 가치기준을 가지고 있다.
　　• 고객은 항상 자기 위주로 모든 사물을 판단하는 심리를 가지고 있다.

89 사람 간의 생각이나 감정을 교환하는 커뮤니케이션은 말과 같은 언어적 요소를 비롯해 제스처나 자세, 얼굴표정, 눈맞춤, 목소리, 억양 등 다양한 의사소통을 통해 진행된다. 커뮤니케이션의 형식은 유동적이며 고정되어 있지 않다.

90 다음 중 조직 측면에서의 CRM 성공요인에 해당하지 않는 것은?

① 전문 인력 확보　　　　　　　② 데이터 통합수준
③ 최고경영자의 관심과 지원　　④ 고객 및 정보 지향적 기업문화

91 메타그룹의 산업보고서에서 처음 제안된 CRM 시스템 아키텍처의 3가지 구성요소가 아닌 것은?

① 운영적 CRM　　　　　　　　② 협업적 CRM
③ 분석적 CRM　　　　　　　　④ 통합적 CRM

92 의사소통의 환경적 상황의 3가지 측면이 아닌 것은?

① 물리적 환경　　　　　　　　② 심리적 환경
③ 사회적 환경　　　　　　　　④ 개인적 환경

93 소비자 행동(소비자 의사결정)에 영향을 미치는 심리적인 요소로 거리가 먼 것은?

① 서비스　　　　　　　　　　② 동기
③ 지각　　　　　　　　　　　④ 신념과 태도

Answer ─ **90.②　91.④　92.④　93.①**

90 CRM은 타 부서와의 긴밀한 업무협조를 통해 정책의 일관성을 갖는 것이 중요하다.

91 홍보컨설팅, SNS 및 컨텐츠 개발 전문회사로 유명한 메타그룹은 메타그룹 산업보고서에서 CRM을 기능적인 측면에 서 분석적 CRM, 운영적 CRM, 협업적 CRM의 세 가지로 분류하였다.

92 의사소통의 환경적 상황은 물리적, 심리적, 사회적 환경이 있다.

93 심리적 요인에는 동기, 지각, 신념과 태도, 학습이 있다.
　　※ 소비자 구매행동의 결정요인
　　• 개인적 요인 : 연령, 직업, 라이프스타일 등
　　• 심리적 요인 : 동기, 지각, 신념과 태도, 학습 등
　　• 문화적 요인 : 문화, 사회계층 등
　　• 사회적 요인 : 준거집단, 사회적 지위 등
　　• 마케팅 요인 : 마케팅 전략 및 마케팅 자극 등

94 의사소통(Communication)에 대한 설명으로 적합하지 않은 것은?

① 의사소통은 불확실성을 증가시킨다.
② 일반적으로 어느 누구도 의사소통을 하지 않을 수 없다.
③ 일련의 의사소통은 연속된 상호작용으로 간주될 수 있다.
④ 의사소통이란 생각이나 사고의 언어적 상호교환이다.

95 의심이 많은 고객의 응대요령으로 가장 올바른 것은?

① 묻는 말에 대답하고 의사를 존중해 준다.
② 근거가 되는 구체적 자료를 제시한다.
③ 맞장구와 함께 천천히 용건에 접근한다.
④ 한 가지 상품을 제시하고 고객을 대신하여 결정을 내린다.

96 마케팅 커뮤니케이션의 변화 트렌드로 옳지 않은 것은?

① 시장이 세분화되어 가고 있다.
② 불특정 다수에게 광고하는 매스마케팅을 확대한다.
③ 고객과의 장기적 관점에서의 통합적 마케팅 커뮤니케이션이 필요하다.
④ 상품이나 서비스에 대한 차별화된 광고 메시지를 선별하는 것이 좋다.

Answer ─ **94.① 95.② 96.②**

94 의사소통을 통해 불확실성을 해소해 나갈 수 있다.

95 자신감을 갖고 확실한 태도와 언어로 근거가 될 수 있는 구체적인 자료 등을 제시하면서 고객이 충분히 납득할 수 있도록 한다.

96 다수를 위한 매스 마케팅에서 1:1 개인 맞춤형 마케팅으로 트렌드가 변화하였다.

97 전화상담 시 호감을 주는 표현의 예로 거리가 먼 것은?

① 긍정적일 때 : 잘 알겠습니다.
② 거부할 때 : 회사 방침에 따라야 합니다.
③ 맞장구칠 때 : 저도 그렇게 생각하고 있습니다.
④ 분명하지 않을 때 : 어떻게 하는 것이 좋겠습니까?

98 다음 중 연세가 많은 고객에 대한 효과적인 상담방법과 가장 거리가 먼 것은?

① 고객의 의견을 존중한다.
② 호칭에 신경을 쓰도록 한다.
③ 순발력 있고 빠른 속도로 응대한다.
④ 공손하게 응대하고 질문에 정중하게 답한다.

99 효과적인 커뮤니케이션을 위해 메시지 전달자에게 요구되는 사항으로 틀린 것은?

① 자신이 원하는 메시지를 전하고 기다리는 소극적인 커뮤니케이션 자세가 필요하다.
② 상호간의 공감적인 관계 형성 없이는 실질적인 의미의 커뮤니케이션은 불가능하다.
③ 적절한 커뮤니케이션 수단의 활용으로 효과적인 메시지 전달이 될 수 있다.
④ 전달하는 내용에 대한 명확한 목표설정이 있어야 한다.

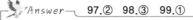

Answer ── **97.**② **98.**③ **99.**①

97 거부할 때는 "고객님께 원하시는 답변을 드릴 수 없어 저도 안타깝습니다." 라고 한다.

98 연세가 많은 고객을 상담할 때에는 자세히 차근차근 듣는 것을 중요하게 여겨야 한다.

99 자신이 원하는 메시지를 전하고 기다리는 적극적이고 능동적인 커뮤니케이션 자세가 필요하다.

100 고객이 기업과 만나는 모든 장면에서의 결정적인 순간을 의미하며 텔레마케팅에 널리 활용되는 개념은?

① CRM
② MOT
③ POCS
④ CSP

Answer— 100.②

100 고객접점(MOT)의 관리
　　고객접점 순간은 고객이 서비스 품질에 대한 강한 인상을 가지게 되는 시점을 의미한다. 바로 어느 한 순간에 고객의 인정을 받을 수도 있고 반대로 고객의 신뢰를 잃을 수도 있기 때문에 기업은 고객과의 접점의 순간을 정확하게 파악하고 있어야 한다. 더불어서 대면 고객접점에 위치한 서비스 맨은 고객만족의 성패가 실제는 자기 자신에 의해 결정된다는 신념을 갖고 접점의 중요성을 바르게 인식하고 그 역할과 책임을 다해야 한다.

18 2018년 제3회 기출문제

1 판매관리

1 아웃바운드 텔레마케팅의 상담내용으로 맞는 것은?

① 상품 문의
② 불편사항 신고
③ 상담원 서비스 평가
④ 상품 주문

2 유통경로의 설계과정을 바르게 나열한 것은?

① 고객요구분석→유통경로의 목표설정→경로대안의 평가→주요 경로대안의 식별
② 고객욕구분석→주요 경로대안의 식별→유통경로의 목표설정→경로대안의 평가
③ 고객욕구분석→유통경로의 목표설정→주요경로대안의 식별→경로대안의 평가
④ 고객욕구분석→주요 경로대안의 식별→경로대안의 평가→유통경로의 목표설정

3 제품수명주기를 순서대로 바르게 나열한 것은?

① 도입기→성장기→성숙기→포화기→쇠퇴기
② 도입기→성숙기→성장기→포화기→쇠퇴기
③ 도입기→성장기→포화기→쇠퇴기→성숙기
④ 도입기→성숙기→포화기→성장기→쇠퇴기

Answer 1.③ 2.③ 3.①

1 상품 문의, 불편사항 신고, 상품 주문은 고객이 기업으로 전화를 거는 인바운드 텔레마케팅에 활용이 가능하다. 상담원 서비스 평가를 위해서 기업이 고객에게 전화를 걸어 평가를 진행하기 때문에 아웃바운드 텔레마케팅에 해당한다.

2 유통경로의 설계과정 … 고객욕구분석→유통경로의 목표설정→주요 경로대안의 식별→경로대안의 평가

3 제품수명주기(PLC) … 도입기→성장기→성숙기→포화기→쇠퇴기

4 마케팅조사에 대한 설명으로 옳은 것은?

① 1차 자료는 특정 조사목적을 달성하기 위해 수집하는 정보이다.
② 전화조사는 표본의 범주를 통제하기가 어렵다.
③ 일반적으로 마케팅조사를 수행하는 출발점은 1차 자료의 수집이다.
④ 온라인조사는 비용이 많이 소요되나, 표본의 대표성을 확보할 수 있다는 장점이 있다.

5 RFM 분석법의 평가요소에 해당하지 않는 것은?

① 최근 구입여부 　　　　　　　　② 구입제품의 인지도
③ 제품구입액의 정도 　　　　　　④ 구입횟수

6 상품판매에 있어서 고객이 동시에 구매할 가능성이 높은 상품들을 찾아내어 함께 판매한다는 것을 뜻하는 말은?

① 상승 판매 　　　　　　　　　　② 교차판매
③ 순차적 판매 　　　　　　　　　④ 인적 판매

Answer ── 4.② 　5.② 　6.①

4 ① 1차 자료는 새로운 정보를 얻기 위해 조사목적에 따라 직접 조사자가 수집하는 자료이다.
　　③ 일반적으로 마케팅 조사 시 2차 자료에서 정보를 얻은 후 부족한 부분을 1차 자료를 통해 수집한다.
　　④ 온라인조사는 다른 조사방법보다 비용이 적게 소요된다.

5 RFM 분석
　　• **최근성** : 고객이 가장 최근에 구입한 날짜
　　• **구매빈도** : 고객이 특정 기간 동안 구입한 횟수
　　• **구매금액** : 고객이 일정 기간 동안 구입한 금액의 합계

6 상승 판매(업셀링)는 고객이 삼겹살을 구매할 때 쌈장을 구매하듯이 동시에 구매할 가능성이 높은 상품을 함께 판매하는 것을 말한다.

7 판매와 마케팅의 개념을 구분할 때, 마케팅의 개념과 가장 거리가 먼 것은?

① 시장지향적　　　　　　　② 통합된 수단
③ 고객의 욕구에 초점　　　　④ 매출을 강조한 이윤창출

8 소비자 구매의사결정에 관한 단계별 설명으로 틀린 것은?

① 정보탐색 – 소비자들이 이용하는 내적, 외적 정보탐색 활동 등이 있다.
② 문제인식 – 소비자 구매의사결정 과정의 첫 단계이다.
③ 대안평가 – 가장 선호하는 상표를 구매한다.
④ 구매 후 행동 – 제품 사용성과에 만족한 소비자는 재구매의 가능성이 높다.

9 제품에 관한 설명 중 틀린 것은?

① 전문품은 제한적인 유통경로를 택하는 경우가 많다.
② 편의품은 포장이 중요하다.
③ 전문품의 이익 폭은 높다.
④ 전문품이 편의품보다 점포수가 더 필요하다.

10 생산자가 광고와 인적판매를 이용하여 판매를 촉진하며, 소수의 판매점으로 선택적인 유통을 하는 소비재의 유형은?

① 선매품　　　　　　　　　② 편의품
③ 비탐색품　　　　　　　　④ 전문품

Answer— 7.④　8.③　9.④　10.①

7　매출을 강조한 이윤창출은 판매의 개념에 해당한다.

8　대안평가는 정보를 분석 및 통합하여 제품에 대한 평가에 이르는 단계이다.

9　편의품은 어디서든 쉽게 구매할 수 있는 제품이기 때문에 편의품이 전문품보다 점포 수가 더 필요하다.

10　선매품은 가격이나 스타일 등의 비교구매를 통해 선택적으로 구입하는 것으로 가격 외에 품질, 디자인 등이 구매에 결정적인 요인이다.

11 마케팅관리자가 적용 가능한 마케팅기회를 평가하는 방법으로 가장 적합한 것은?

① 계량적(Quantitative)인 기준의 사용을 자제해야 한다.

② 단기적이기 보다 장기적인 관점에서 모든 마케팅기회를 평가해야만 한다.

③ 통제가 가능한 내부자원만을 살펴봐야 한다.

④ 다수의 기회가 존재할 경우 개발적으로 대안들을 평가해야 한다.

12 일반적으로 인쇄매체를 통한 마케팅과는 달리 텔레마케팅이 가지고 있는 가장 큰 특성은?

① 예약 가능성

② 대중성

③ 양방향성

④ 목표 도달성

13 다음 중 인바운드 텔레마케팅의 업무가 아닌 것은?

① 앙케이트 조사

② 각종 문의, 불만사항 대응

③ 광고에 대한 문의 설명

④ 통신판매의 전화 접수

Answer ─ **11.**② **12.**③ **13.**①

11 ① 효과적인 마케팅 계량지표는 마케팅 활동의 계획을 평가하는 것은 물론 성과를 측정하고 판단하여 개선할 수 있는 척도가 된다.
　 ③ 내부자원과 함께 외부자원까지 함께 고려하여 평가한다.
　 ④ 다수의 기회가 존재할 경우 통합적으로 대안들을 평가해야 한다.

12 텔레마케팅은 고객과의 1대1 관계 개선을 위해 고객의 욕구나 요구사항을 정밀하게 간파하여 고객과의 친밀감을 갖는 양방향성의 마케팅 특성을 가진다.

13 인바운드 텔레마케팅의 업무에는 고객의 불편이나 불만을 처리하거나, 고객의 문의사항을 접수받거나, 통신판매의 전화 접수 등이 있으며 앙케이트 조사는 아웃바운드 텔레마케팅 업무에 해당한다.

14 다음 중 아웃바운드 텔레마케팅 전용상품의 요건으로 맞는 것은?

① 소비자들에 덜 알려진 신제품
② 소비자들의 인식보다 앞서는 기술혁신상품
③ 표준화된 상품
④ 고가의 상품

15 다음 고객 행동에 따른 구매가능자 중 자사의 제품서비스에 대하여 필요성을 느끼지 못하거나, 구매할 능력이 없다고 확실하게 판단되는 고객유형은?

① 최초구매자
② 구매용의자
③ 구매가능자
④ 비자격잠재자

16 아웃바운드 텔레마케팅의 판매촉진 강화를 위한 방안이 아닌 것은?

① 상담원은 고객의 요구만을 열심히 경청하게 한다.
② 상담원은 고객의 반론에 대한 자연스러운 대응력을 갖추도록 한다.
③ 고객에게 호감을 줄 수 있는 커뮤니케이션 기술을 갖추도록 한다.
④ 상담원들에게 상품에 대한 사전지식을 철저히 쌓도록 한다.

Answer — **14.③ 15.④ 16.①**

14 아웃바운드 텔레마케팅은 기업에서 고객에게 전화를 하여 마케팅 하는 방법으로 브랜드가 있고 인지도가 높은 상품이어야 한다. 즉 표준된 상품이 아웃바운드 텔레마케팅 전용 상품의 요건에 해당한다.

15 ① 최초구매자 : 자사의 제품을 1번 구매한 사람으로 자사의 고객이 될 수도 있고 경쟁사의 고객이 될 수도 있다.
② 구매용의자 : 자사의 제품이나 서비스를 이용할 것인지 여부가 불확실하고 애매하게 느껴지는 사람이다.
③ 구매가능자 : 자사의 제품이나 서비스를 필요로 하고 구매능력이 있는 자로서, 비록 자사의 제품을 사거나 서비스를 이용하지 않았더라도 자사의 서비스에 대해 알고 있거나 추천을 받은 자

16 상담원은 고객의 요구를 경청하며 니즈를 간파하는 경청능력이 필요하다.

17 다음 중 대중홍보(Public relations)에 해당하는 것은?

① 유명한 연예인으로 하여금 자사 제품을 TV에서 선전하게 한다.
② 맥주회사에서 음주운전 방지를 위한 프로그램을 행한다.
③ 제품전시회(Trade show)를 연다.
④ 제품에 대한 할인권, 샘플을 제공한다.

18 다음 설명에 해당하는 용어는?

> 하나의 제품이나 서비스 제공 과정에서 다른 제품이나 서비스에 대해 판매를 촉진시키는 마케팅 기법

① 크로스셀링(Cross-Selling)
② 리피팅(Repeating)
③ 업셀링(Up-Selling)
④ 경쟁광고(Pioneering advertising)

19 고객서비스 지향적 인바운드 텔레마케팅 도입 시 점검사항과 가장 거리가 먼 것은?

① 소비자 상담창구 운영 능력
② 성과분석과 피드백
③ 목표 고객의 리스트
④ 고객정보의 활용 수준

Answer — **17.**② **18.**① **19.**③

17 공중에게 기업에 대한 좋은 이미지 형성으로 해당 제품을 향한 좋은 상표이미지로 연결되게 한다.

18 크로스셀링은 추가 구입을 유도하는 판매방법으로 인바운드 텔레마케팅에 있어서 판매 증대는 물론 고객만족을 위해서도 중요한 마케팅 활동이다.

19 목표 고객의 리스트는 아웃바운드 텔레마케팅 도입 시 점검사항에 해당한다.

20 인바운드 텔레마케팅이 지향하는 목표와 가장 거리가 먼 것은?

① 우수고객에 대한 서비스 차별화
② 기존 고객과의 지속적 관계 유지
③ 빈번한 질문에 대한 예상 답변 준비
④ 공격적이며 수익지향적인 마케팅

21 편의품에 대한 소비자 구매 행동유형에 해당하지 않는 것은?

① 구매결정에 신중하다.
② 구매 계획을 하지 않는다.
③ 빈번한 구매가 일어난다.
④ 최소의 노력으로 비교 구매를 하게 된다.

22 세분시장을 더욱 작게 세분화함으로써 다른 제품들로는 그 욕구가 충족되지 않은 소수의 소비자들을 표적으로 하는 마케팅은?

① 관계마케팅(Relationship Marketing)
② 블루오션 마케팅(Blue Ocean Marketing)
③ 대량 마케팅(Mass Marketing)
④ 니치 마케팅(Niche Marketing)

Answer ── **20.④ 21.① 22.④**

20 공격적이며 수익지향적인 마케팅은 아웃바운드 텔레마케팅의 지향 목표에 해당한다.

21 편의품은 소비자가 마음만 먹으면 어디서든 쉽게 구매할 수 있고, 가격도 저렴한 편으로 구매결정에 있어서 쉽게 판단한다.

22 니치 마케팅은 마치 틈새를 비집고 들어가는 것과 같다는 뜻에서 붙여진 이름이다. '니치'란 '빈틈' 또는 '틈새'라는 뜻으로 '남이 아직 모르는 좋은 낚시터'라는 은유적 의미를 담고 있다. 시장의 빈틈을 공략하는 새로운 상품을 시장에 내놓음으로써, 소수의 소비자들을 표적으로 한다.

23 판매촉진의 효과로 볼 수 없는 것은?

① 구매량 증가
② 구매시점의 지연
③ 학습에 의한 재구매
④ 구매를 위한 상황 확장

24 시장세분화의 변수로 틀린 것은?

① 구매행동 변수
② 심리적 분석변수
③ 수요예측변수
④ 인구통계적 변수

25 다음 설명에 해당하는 가격결정 전략은?

> 홈쇼핑이나 인터넷 쇼핑 등에서 주로 볼 수 있는 가격결정 전략으로, 9,900원 혹은 99,000원 등 가격 상의 실제적인 차이는 그렇게 없지만 심리적으로 가격이 훨씬 싼 것처럼 느껴지게 하는 전략

① 유도가격결정　　　　　　　② 가격단계화
③ 위신가격결정　　　　　　　④ 단수가격결정

Answer　**23.②　24.③　25.④**

23 판촉 효과가 긍정적이면 구매시점에 있어서 지연될 이유가 없으므로 이는 판매촉진의 효과로 보기 어렵다.

24 시장세분화 변수
 • 인구통계적 변수
 • 지리적 변수
 • 심리적 변수
 • 행동분석 변수

25 단수가격결정은 시장에서 경쟁이 치열할 때 소비자들에게 심리적으로 값싸다는 느낌을 주어 판매량을 늘리려는 심리적 가격 결정의 한 방법이다.

26 표본조사와 전수조사에 관한 설명으로 가장 적합한 것은?

① 전수조사가 표본조사보다 항상 오류가 없으나 비용이 많이 들어서 표본조사를 한다.

② 마케팅 부서는 항상 전수조사를 선호한다.

③ 표본조사는 조사결과에 심각한 오류가 많아 기피된다.

④ 모집단의 수가 너무 많을 경우 표본조사를 한다.

27 합리적 의사결정을 위해 유용한 정보를 획득할 목적으로 시장조사를 실시할 때, 다음 중 가장 신뢰할 수 있는 지식획득 방법은?

① 직관적 방법   ② 집착적 방법

③ 과학적 방법   ④ 권위적 방법

28 수집된 자료 중 2차 자료의 장점이 아닌 것은?

① 저렴한 비용   ② 수집과정의 용이성

③ 입수자료의 적합성   ④ 시간의 절약

Answer ── **26.④ 27.③ 28.③**

26 일반적으로 조사는 관심의 대상이 되는 전체 모집단의 특성을 파악하기 위해서 실시한다. 이를 위한 조사방법으로는 모집단 구성원 전체에 대해 조사하는 전수조사와 모집단을 대표할 수 있는 일부 표본을 선정하여 조사하는 표본조사가 있다.

27 과학적 방법은 어떤 현상에 대한 사고나 과학적 탐구를 위해 새로운 현상과 기존의 지식체계와의 연결이 잘 이루어지도록 가설적인 명제들을 체계적이고 비판적으로 탐구·검증하여 이론을 도출하는 것으로 종합적·체계적인 실험을 통해 일반원칙을 밝히는 것이다.

28 1차 자료에 대한 장점으로 1차 자료는 조사자가 직접 필요한 내용을 조사하기 때문에 자료에 대한 적합성이 높다.

29 표본조사의 궁극적 목적으로 가장 적당한 것은?

① 모집단의 특성 추출
② 분산의 산출
③ 표준편차의 산출
④ 표본의 평균치 산출

30 예비조사와 사전조사를 잘못 설명하고 있는 것은?

① 예비조사는 탐색적인 조사의 성격을 가지고 있다.
② 사전조사는 설문지 작성 초기단계에 예비조사는 설문지를 작성한 후에 실시한다.
③ 예비조사를 통해 조사문제 규명 및 가설을 명백화한다.
④ 사전조사는 설문지 작성과정에서 발생한 오류를 점검하기 위한 조사이다.

31 전수조사와 표본조사에 대한 설명으로 틀린 것은?

① 다면적으로 조사결과를 이용하려 할 때에는 표본조사를 한다.
② 전수조사는 정밀도에 중점을 두고 사용되며, 모든 부분을 전부 조사하는 것을 말한다.
③ 표본조사는 전수조사에 비해 인력과 시간 및 비용이 적게 든다.
④ 다면적으로 조사결과를 이용하려 할 때에는 표본조사를 한다.

 **Answer** **29.**① **30.**② **31.**①

29 표본조사는 전체 모집단 중 일부를 선택하여 전체 집단의 특성을 추정하는 방법이다. 또한, 모집단의 특성을 정확히 추출하여 전체집단의 특성을 추정하는데 목적이 있다.

30 예비조사(pilot study)는 효과적인 표본 설계를 위해서 사전 정보와 실제 조사비용에 대한 정보를 얻기 위한 것으로, 설문지 작성 전에 실시된다. 사전조사는 설문지의 초안이 완성된 후 모집단의 일부에게 본조사가 실행되기 전 간이조사를 실시하는 것으로 설문지의 문제점을 파악해보는 절차이다.

31 조사결과를 다면적으로 이용할 경우 전수조사가 유리한데 그 이유는 특정 목적을 위한 표본조사는 다른 목적으로 이용할 경우 정밀도가 떨어지기 때문이다.

32 탐색조사방법에 해당하지 않는 것은?

① 문헌조사　　　　　　　　　② 사례조사
③ 종단조사　　　　　　　　　④ 전문가 의견조사

33 조사방법의 비교 순서가 틀린 것은?

① 속도가 빠른 조사 방법 순서로는 전화면접, 개인면접, 우편면접 순이다.
② 표본 통제가 높은 조사방법 순서로는 개인면접, 전화면접, 우편면접 순이다.
③ 질문의 다양성이 높은 조사 방법 순서로는 개인면접, 우편면접, 전화면접 순이다.
④ 자료수집의 유연성이 높은 조사 방법 순서로는 우편면접, 전화면접, 개인면접 순이다.

34 간행된 2차 자료원을 일반 상업용 자료원과 정부 자료원으로 분류할 수 있다. 다음 중 일반 상업용 자료원이 아닌 것은?

① 색인(index)　　　　　　　　② 통계자료
③ 명감(directories)　　　　　④ 센서스자료

35 조사방법에 따라 1차 자료와 2차 자료로 구분할 때 2차 자료에 해당하는 것은?

① 신디케이트 자료(Syndicated Data)　　② 원 자료(Raw Data)
③ 현장자료(Field Data)　　　　　　　　④ 실사자료(Survey Data)

Answer ── 32.③　33.④　34.④　35.①

32 탐색조사의 종류에는 문헌조사, 전문가 의견조사, 사례조사, 표적집단면접법이 있다. 종단조사는 일반적으로 기술조사에서 사용한다.

33 자료수집의 유연성이 높은 조사 방법 순서로는 개인면접, 전화면접, 우편면접 순이다.

34 2차 자료원 구분
　• 상업 및 인쇄화 된 자료 : 지침, 명감, 색인, 통계자료, 서지, 편람, 연감, 논문, 사전 등
　• 정부자료원 : 센서스 자료, 기타 자료 등

35 2차 자료의 원천은 기업내부의 고객, 판매원, 매출, 회계 및 재무자료, 공공단체가 발행하는 정기간행물, 전문조사 회사가 판매를 목적으로 수집하는 신디케이트 자료 및 인터넷 데이터베이스 등이 있다.

36 다음 시장조사의 과정을 순서대로 바르게 나열한 것은?

> ㉠ 자료 분석　　　　　　　㉡ 조사 설계
> ㉢ 실사와 자료수집　　　　　㉣ 문제정의
> ㉤ 보고서

① ㉣→㉡→㉢→㉠→㉤　　　② ㉠→㉡→㉢→㉣→㉤
③ ㉣→㉠→㉡→㉢→㉤　　　④ ㉡→㉢→㉠→㉣→㉤

37 표본추출법 중 확률표본추출법의 특성에 해당되는 것은?

① 시간과 비용이 적게 소요　　② 분석결과의 일반화에 제약
③ 인위적 표본추출　　　　　　④ 표본오차의 추정이 가능

38 조사과정에서 조사원이 응답자에게 가장 영향을 많이 미칠 수 있는 조사방법은?

① 인터넷조사　　　　　　　② ARS조사
③ 면접조사　　　　　　　　④ 우편조사

Answer— **36.① 37.④ 38.③**

36 시장조사의 과정
- 문제 정의 : 의사결정문제와 조사문제 등
- 조사 설계 : 탐색조사, 기술조사, 인과조사 등
- 실사와 자료수집 : 표본, 척도, 설문지, 자료정체 등
- 자료 분석 : 기술통계, 추정통계 등
- 결과해석 : 결과해석 및 보고서 작성 등

37 확률표본추출법의 특성
- 표본으로 추출될 확률이 알려져 있을 때 사용한다.
- 무작위 추출이다.
- 모집단에 대한 정보가 필요하다.
- 표본오차의 추정이 가능하다.
- 시간과 비용이 많이 든다.

38 면접조사는 정성적 조사의 대표적인 방법으로 정보를 갖고 있는 응답자들과 마케팅 및 커뮤니케이션에 전문능력을 가진 진행자가 자유로운 분위기 속에서 면담을 진행하면서 정보를 수집하는 방법으로, 조사과정에서 조사원이 응답자에게 가장 영향을 많이 미칠 수 있다.

39 단일차원적(unidimensional)인 특성, 태도, 현상 등을 측정하기 위해 마련된 누적척도의 한 방법으로서, 척도 도식법 또는 척도 분석법으로도 불리는 척도법은?

① 리커트 척도법
② 평정 척도법
③ 거트만 척도법
④ 사회적거리 척도법

40 응답자의 권리 보호와 거리가 먼 것은?

① 응답자의 개인정보를 상품판매에 이용해서는 안 된다.
② 응답자의 개인정보는 보호되어야 한다.
③ 응답자의 개인정보를 임의로 활용하여 제조사를 요구할 수 있다.
④ 응답자의 개인정보를 조사의뢰 회사에 누설해서는 안 된다.

41 집단면접법에 관한 설명으로 틀린 것은?

① 집단성격은 다양한 의견을 위해 이질적으로 구성한다.
② 집단의 규모는 8~12명으로 구성한다.
③ 집단 구성원 간의 자유로운 참여를 유도하는 진행자의 역할이 중요하다.
④ 환경은 편안하고 비공식적 분위기로 자발적인 참여를 유도한다.

Answer ── 39.③ 40.③ 41.①

39 거트만 척도는 태도의 강도에 대한 연속적 증가유형을 측정하고자 하는 척도로서 초기에는 질문지의 심리적 검사를 위해 고안된 것이나 최근에는 사회과학의 제 분야에서 널리 사용되고 있다.

40 개인정보보호법에 의하여 응답자의 개인정보는 임의로 활용할 수 없다.

41 집단면접법은 조사자가 동질의 소수 응답자 집단을 대상으로 특정한 주제에 대하여 자유롭게 토론하는 가운데 필요한 정보를 찾아나가는 방법이다.

42 종속변수를 선행하면서 영향을 미치는 변수는?

① 잔여변수 ② 외생변수

③ 독립변수 ④ 통제변수

43 마케팅 조사의 한 종류로써 인과조사는 원인과 결과를 규명하기 위한 조사이다. 인과관계를 정확하게 밝히기 위한 인과관계의 성립요건이 아닌 것은?

① 변화의 시간적 우선순위

② 실험변수의 변화

③ 외생변수 영향의 통제

④ 병발생의 조건

44 측정의 신뢰도와 타당도에 관한 설명으로 틀린 것은?

① 신뢰도는 측정치와 실제치가 얼마나 일관성이 있는지를 나타내는 정도이다.

② 타당도 측정 시 외적타당도보다 내적타당도가 더 중요하다.

③ 타당성이 있는 측정은 항상 신뢰성이 있으며, 신뢰성이 없는 측정은 타당도가 보장되지 않는다.

④ 타당도는 측정하고자 하는 개념이나 속성을 정확히 측정하였는가의 정도를 의미한다.

Answer — **42.③ 43.② 44.②**

42 관찰하고자 하는 현상의 원인이라고 가정한 변수를 독립변수라고 한다. 독립변수의 영향을 받아 변화되리라고 가정한 변수를 종속변수라고 한다.

43 인과조사란 마케팅 현상의 원인과 결과 간의 관계를 알아보기 위한 조사로 변수들 간의 인과관계가 확실한지를 알아보는 것이다. 조사자가 관심을 두는 결과변수와 이에 영향을 미치는 원인변수들을 규명하고 이들 간의 관계를 파악하는 데 이용하는 방법으로 원인변수와 결과변수는 함께 발생되어야 하며, 원인변수와 결과변수는 순차적으로 발생되어야 하고, 외생변수의 영향을 통제해야 하는 세 가지 요건을 만족해야 결론을 내릴 수 있다.

44 타당도는 검사도구가 측정하고자 하는 것을 얼마나 충실히 측정하였는지를 나타내는 것으로 검사점수의 해석에 대하여 근거나 이론이 지지해 주는 정도를 말한다. 타당도 측정 시 내적 타당도와 외적 타당도를 모두 고려해야 한다.

45 어떤 정보를 얻기 위해서 연구대상으로 선정된 집단 전체를 무엇이라 하는가?

① 확률 　　　　　　　　　　　② 추출 틀

③ 모집단 　　　　　　　　　　④ 표본

46 다음 중 단순히 측정대상을 구분하기 위한 목적으로 숫자를 부여하는 데 사용되는 척도는?

① 명목척도 　　　　　　　　　② 비율척도

③ 서열척도 　　　　　　　　　④ 등간척도

47 측정한 자료의 적합성을 검증하는 두 가지 주요한 기준으로 옳은 것은?

① 타당성과 신뢰성

② 효과성과 신뢰성

③ 효율성과 효과성

④ 타당성과 효율성

48 조사원의 통제가 가능하고 응답률이 높은 편이며, 시간과 비용이 적게 드는 조사는?

① 방문조사 　　　　　　　　　② 전화조사

③ 간접조사 　　　　　　　　　④ 우편조사

Answer　**45.③　46.①　47.①　48.②**

45 모집단은 어떤 조사를 할 때 그 대상이 되는 전체 집단을 말한다.

46 명목척도는 단순히 다른 속성들을 갖는 변수를 기술하는 측정수준을 말한다. 명목척도는 남녀성별, 결혼여부, 출신지역, 인종, 운동선수 등번호처럼 상호가 다르다는 것을 표시하는 척도로 측정대상간의 크기를 나타내거나 더하기 빼기를 할 수 없으며, 설령 하더라도 의미 있는 결과가 도출되지 않는다.

47 타당성과 신뢰성으로 측정한 자료의 적합성을 검증한다.

48 전화조사는 면접조사에 비해 시간과 비용을 절약할 수 있으며, 응답률이 높고, 컴퓨터를 이용한 자동화가 가능하다.

49 횡단조사에 대한 설명으로 틀린 것은?

① 조사의 신뢰성을 유지하기 위해 동일한 표본을 대상으로 조사
② 표본을 활용한 조사기법
③ 설문지 활용 특정 시점의 상황파악
④ 한 번의 측정을 통한 측정치 비교

50 면접조사 시 조사원이 지켜야 할 사항으로 가장 거리가 먼 것은?

① 응답자가 불필요한 말을 할 때는 질문에 관계된 화제로 자연스럽게 유도한다.
② 한 가족은 대체로 비슷한 의견이나 태도를 지니고 있기 때문에 한 가구당 한 사람으로 부터 응답을 받는다.
③ 응답자가 왜 하필이면 자기가 선정되었냐고 질문하면 "귀하는 무작위로 선정되었고 표 집원칙상 귀히에게 반드시 질문을 해야 한다."고 응답한다.
④ 면접조사를 할 때 친구나 다른 사람을 대동하는 것이 어색함을 덜어주므로 가급적 함 께 다닌다.

Answer ┌ **49.① 50.④**

49 동일한 조사를 일정 시간을 두고 반복해서 실시하는 것은 종단조사, 특정 문제에 대해 1회 실시하는 조사를 횡단조사라고 한다.

50 면접조사를 할 때 친구와 함께 가거나, 다른 사람에게 응답자를 만나 면접해주도록 부탁해서는 안 된다.

51 콜 센터의 성과관리 방법으로 옳지 않은 것은?

① 성과결과에 따른 보상은 우수 텔레마케터에게만 집중한다.

② 매일, 매주, 매월 등의 도달 가능한 목표를 수립한다.

③ 중간 점검을 통해 성과향상을 위한 지원요소와 방해요소를 분석한다.

④ 성과결과에 대한 공정한 평가가 이루어져야 한다.

52 리더의 특성으로 옳지 않은 것은?

① 장기적인 관점에서 '무엇을', '언제', '어떻게' 보다는 '무엇에', '왜'에 관심을 갖는다.

② 시스템과 구조에만 초점을 맞추고 일을 올바르게 하기 위해 노력한다.

③ 수평적 관점에서 현 상태에 머무르지 않고 도전하는 자세를 갖는다.

④ 혁신을 주도하며, 창조적이고 개발적이다.

53 텔레마케팅의 특징으로 옳지 않은 것은?

① 텔레마케팅은 짧은 시간에 많은 고객과 접촉할 수 있다.

② 텔레마케팅은 데이터베이스를 바탕으로 고객과의 원활한 커뮤니케이션을 통해 신뢰를 쌓아가는 지속적인 마케팅 수단이다.

③ 소득이 증대하고 가치관과 생활양식이 변화하는 오늘날 고객의 삶의 가치나 계속성을 강조하는 텔레마케팅 프로그램의 개념은 더욱 더 중요시된다.

④ 텔레마케팅은 다이렉트 메일보다 비용이 적게 들며 고객의 반응도는 5~10배 정도 더 많이 얻을 수 있다.

Answer ── **51.**① **52.**② **53.**④

51 콜 센터의 성과관리 방법 중 포상은 많은 텔레마케터가 함께 나눌 수 있는 보상방법이 더 효과적이다.

52 관리자는 시스템과 구조에 중점을 두고, 리더는 사람에게 중점을 둔다.

53 텔레마케팅은 다이렉트 메일보다 비용이 많이 소요된다.

54 콜 센터 조직의 인력계획 활동에 대한 설명으로 가장 적절하지 않은 것은?

① 기존인력의 기술목록에는 기술과 경험, 능력정보, 교육훈련, 인적사항 등이 포함된다.
② 인력배치계획은 고객 지향적으로 구성하기 보다 회사 내부의 관리 지향적으로 구성해야 한다.
③ 인력개발에 관한 계획 활동에는 상담원의 현재 및 잠재능력의 측정과 상담원의 개발 욕구분석, 경력욕구분석을 포함한다.
④ 인사부문에 대한 계획 활동은 인력확보계획, 인력개발계획, 인력보상계획, 인력유지계획, 인력방출계획을 포함한다.

55 콜 센터 시스템의 구성요소에 대한 설명으로 옳은 것은?

① 콜 센터의 CTI를 통해 교환기로 전화회선을 수용한다.
② DB서버는 교환기에 연결되는 모든 콜에 대해 데이터를 저장하고 관리한다.
③ ARS는 적정 상담원에게 자동으로 전화를 배분하는 역할을 한다.
④ 다이얼러 모듈은 인바운드 서비스를 자동 처리하는 시스템이다.

56 텔레마케팅 성과분석 범위에 대한 설명으로 틀린 것은?

① 고객명단 정리 및 일반적인 업무처리 시간은 개인성과의 총 소요 시간에서 제외한다.
② 텔레마케터 개인의 일일 업무일지를 통하여 개인성과 분석을 한다.
③ 일반적으로 텔레마케터에게 부과하는 목표는 손익분기점에서 최소 15% 이상이다.
④ 텔레마케터의 처리능력은 시간단위별로 평가를 하는 것이 일반적이다.

Answer **54.② 55.② 56.①**

54 콜 센터 조직의 인력배치계획은 회사 내부의 관리 지향적으로 구성하기 보다는 고객 지향적으로 구성해야 한다.

55 ① CTI는 자동, 재다이얼 기능을 비롯해 영상회의 기능, 자료전송 및 음성사서함 기능, 송신호에 대한 자동 정보 제공 기능 등을 구현할 수 있다.
③ ACD는 적정 상담원에게 자동으로 전화를 배분하는 역할을 한다.
④ 다이얼러 모듈은 아웃바운드 서비스를 자동으로 처리하는 시스템이다.

56 고객명단 정리 및 일반적인 업무처리 시간은 개인성과의 총 소요 시간에 포함된다.

57 OJT(On the Job Training) 교육단계로 맞는 것은?

① 업무실행 → 업무설명 → 학습준비 → 결과확인
② 업무실행 → 결과확인 → 업무설명 → 학습준비
③ 업무실행 → 학습준비 → 업무설명 → 결과확인
④ 학습준비 → 업무설명 → 업무실행 → 결과확인

58 다음 중 경력관리에 대한 설명으로 틀린 것은?

① 경력관리는 장기적인 계획이다.
② 능력주의와 연공주의를 절충한다.
③ 조직의 목표와 개인의 목표를 일치시킨다.
④ 적재적소, 후진양성에 필요하다.

59 텔레마케터 교육훈련을 위한 역할연기(role playing)에 관한 설명으로 가장 적합하지 않은 것은?

① 텔레마케터는 응대업무와 관련한 개인적인 문제점을 구체적으로 피드백 받을 수 있다.
② 실제 상황대로 스크립트를 가지고 연습함으로써 다양한 실전 경험을 할 수 있다.
③ 텔레마케터의 자신감과 상황대응 능력을 향상시킬 수 있다.
④ 조직의 응집력과 단결력을 강화할 수 있다.

Answer — 57.④ 58.② 59.④

57 직장 내 훈련(OJT)은 오늘날 일선종업원을 위한 훈련방법 중 가장 널리 이용되고 있는 것으로 상사나 숙련공이 일하는 과정에서 직접 부하 종업원에게 실무 또는 기능에 대해 훈련시키는 방법(역할연기, 보고하기, 발표기회 제공)이며, 현장훈련을 시키는 데 있어 가장 효과적이라 할 수 있다.

58 경력관리는 성과주의체제를 따른다.

59 역할연기 효과
• 참여를 적극적으로 유도하고 사고를 자극한다.
• 모방, 관찰, 피드백, 분석 및 개념화를 통하여 학습이 이루어진다.
• 정보를 제공하고 성과에 대한 즉각적인 평가를 통해 기술을 향상시킨다.
• 연습을 통해 새롭고 유용한 행동을 습관화시킬 수 있다.
• 문제의 해결안을 실행하는 능력을 향상시킬 수 있다.
• 상대방의 입장에 서서 다양한 문제 상황을 이해하고 경험해 볼 수 있다.
• 타인이 그 자신의 행동에 대해 인식하고 통찰할 수 있도록 피드백 해주고 능력을 키울 수 있다.
• 자기반성의 기회를 가질 수 있으며, 자주성과 창조성을 제고시킬 수 있다.

60 텔레마케팅에서 효과적인 코칭의 목적과 가장 거리가 먼 것은?

① 특정 행동에 대한 감시 감독
② 특정부문에 대한 피드백을 제공하고 지도 교정해 가는 과정
③ 텔레마케터의 업무수행능력 강화과정
④ 모니터링 결과에 대한 커뮤니케이션

61 상담원이 자신이 맡은 직무를 수행하는 데 한 가지 직무에 수반되는 과업의 수나 종류를 늘리는 것은?

① 직무확대   ② 직무몰입
③ 직무만족   ④ 직무평가

62 직무분석(Job analysis)의 결과물로 산출되는 것은?

① 직무 개발서   ② 직무 발전서
③ 직무 기술서   ④ 직무 관리서

Answer — **60.① 61.① 62.③**

60 텔레마케터에 대한 코칭의 목적은 목표부여 및 관리, 자질 향상을 위한 지원, 상담원의 역할 인식, 텔레마케터로서의 집중적인 학습 및 자기개발에 있다.

61 ① **직무확대** : 직무수행자의 직무를 다양화하여 직무의 수평적 범위를 넓히는 것이다.
  ② **직무몰입** : 한 개인이 자신의 일에 대해 심리적으로 일체감을 가지고 있는 정도와 개인에게 자신의 일이 차지하는 중요도를 의미한다. 종업원 자신이 직무와 심리적으로 동화되는 정도 또는 전체적인 자아 이미지 속에 일이 중요하다고 생각하는 정도, 개인이 자신의 직무에 몰두하거나 사로잡히는 정도, 개인이 직무를 동일시하며 직무에 적극적으로 참여하고, 성과가 그의 자아가치에 중요하게 여겨지는 정도로 볼 수 있다.
  ③ **직무만족** : 자신의 직업 또는 직무에 대해 개인이 만족하는 정도를 말한다.
  ④ **직무평가** : 직무급에 있어 직무간의 임금비율을 정하는 가장 기본적인 절차로, 각 직무 상호간의 비교에 의하여 상대가치를 결정하는 일이다.

62 직무 기술서는 직무분석의 결과 직무의 능률적인 수행을 위하여 직무의 성격, 요구되는 개인의 자질 등 중요한 사항을 기록한 문서를 말한다.

63 일반적인 텔레마케팅의 전개과정을 순서대로 바르게 나열한 것은?

① 기획 → 실행 → 측정 → 반응 → 평가
② 기획 → 측정 → 실행 → 평가 → 반응
③ 기획 → 측정 → 실행 → 반응 → 평가
④ 기획 → 실행 → 반응 → 측정 → 평가

64 텔레마케팅 조직의 인력 채용 및 선발에 대한 설명으로 가장 적합한 것은?

① 상담사는 경력자보다는 비경력자를 선발하는 것이 바람직하다.
② 상담사 인력투입은 적응기간을 고려하여 1주일 전에 선발하도록 한다.
③ 슈퍼바이저, 강사 등 관리자는 가능한 외부에서 선발하는 것이 바람직하다.
④ 직무별 요구자질에 다른 선발기준이 객관적으로 마련되어 있어야 한다.

65 막스 베버(Max Weber)가 주장한 이상적인 관료조직(bureaucracy)의 특징을 올바르게 설명한 것은?

① 경영자는 개인적인 방법과 생각으로 조직을 이끌어야 한다.
② 과업의 성과가 일정하도록 다양한 규칙이 있어야 한다.
③ 조직의 각 부서 관리는 해당 업무의 전문가에 의해 이루어져야 한다.
④ 조직구성원의 채용과 승진은 경영자의 지식과 경험에 기초한다.

Answer ─ **63.④ 64.④ 65.③**

63 텔레마케팅의 전개과정 … 기획 → 실행 → 반응 → 측정 → 평가

64 ① 상담사는 비경력자보다는 경력자를 선발하는 것이 바람직하다.
② 상담사 인력투입은 적응기간을 고려하여 충분한 시간을 두고 선발해야 한다.
③ 슈퍼바이저, 강사 등의 관리자는 가능한 내부에서 선발하는 것이 바람직하다.

65 조직의 각 부서 지휘는 개선조직에 의해 이루어진다.

66 콜 센터 리더의 역할이 아닌 것은?

① 상호신뢰감 구축
② 직무별 촉매자
③ 독재적 리더십 발휘
④ 원활한 의사소통

67 텔레마케터 코칭 시 관리자가 지켜야 할 올바른 태도가 아닌 것은?

① 문제 코칭사항에 대해 상담원의 답변을 들을 필요는 없다.
② 문제점의 지적과 함께 개선 방안에 대해 제시하거나 토의한다.
③ 장점에 대한 칭찬을 곁들이면서 문제점에 대한 지적을 하고 동의를 구한다.
④ 코칭 시작 시 텔레마케터와 친밀감 형성을 먼저 한다.

68 직무만족의 의의를 직원의 개인적인 측면과 조직의 측면으로 나누어 생각할 수 있는데 조직의 입장에서 살펴본 직무만족에 관한 설명으로 가장 거리가 먼 것은?

① 직무만족이 높으면 이직률이 감소하여 직원의 생산성 증가효과가 있다.
② 직장은 직원들이 하루 중 대부분의 시간을 보내는 곳으로 직무만족도가 높으면 삶의 만족도도 높다.
③ 자신의 조직에 긍정적인 감정을 가진 직원은 조직에 호의적이다.
④ 직무만족을 하는 직원은 조직내부 및 조직외부에서 원만한 인간관계를 유지한다.

Answer ─── 66.③ 67.① 68.②

66 콜 센터 리더의 주요 업무로는 상담원들의 능력과 기술을 개발해 주고 지원하며, 객관적인 의견을 제공해 주는 것으로서 이를 바탕으로 콜 센터 전체의 업무수행에 효율성을 높이는데 관심을 기울여야 한다.

67 문제 코칭사항에 대해 상담원의 답변을 들어야 한다.

68 ②번은 조직의 측면보다는 직원의 개인적인 측면에 해당한다.

69 스크립트를 작성하는 목적으로 틀린 것은?

① 텔레마케터가 주관적으로 상담하기 위해서 작성한다.
② 통화의 목적과 어떻게 대화를 이끌어 나갈 것인가의 방향을 잡아준다.
③ 균등한 대화를 사용하여 정확한 효과를 측정하고 효율적인 운영체제를 구축한다.
④ 상담원의 능력과 수준을 일정수준 이상으로 유지시켜 준다.

70 다음 텔레마케터 교육 내용 중 직무교육에 해당하는 것은?

① PC 활용 ② 발음교정
③ 정확한 문법의 사용 ④ 상품지식교육

71 서비스 접점 상담원의 직무탈진으로 나타나는 현상 중에서 고객들에 대해 부정적이거나 냉정하게 거리를 두는 반응은?

① 직무긴장 ② 정서적 고갈
③ 비인격화 ④ 감소된 개인 성취감

Answer — 69.① 70.④ 71.③

69 스크립트 작성 목적
• 오퍼레이션의 목적 및 방향성의 명확화
• 정확한 오퍼레이션의 실시와 효율적인 전개
• 텔레마케터의 능력 및 수준 유지

70 직무교육은 조직의 자질향상을 지향하고 그 조직에 속하는 멤버의 교육필요성에 따라서 계획, 실천되는 교육으로 내용은 조직에 따라 다르다. 새롭게 채용한 멤버가 하루라도 빨리 그 시설, 조직에 익숙해져서 직무를 원활하게 수행할 수 있도록 하는 것을 말한다.

71 업무나 프로젝트, 동료, 고객들에게 집중하지 못하고 소외감이나 부정적인 감정들을 느끼며 심지어 냉담해지며, 업무 몰입도가 낮아지는 현상을 의미한다.

72 상담원 인사관리 및 교육 등에 대해 관련 직무분석을 활용한다. 다음 중 직무분석에 대한 설명으로 틀린 것은?

① 해당 직무의 모든 중요한 정보만을 수집하는 것이 직무분석이다.
② 상담원의 훈련 및 교육 개발의 기준이 된다.
③ 조직이 요구하는 일의 내용, 요건 등을 정리, 분석한 것이다.
④ 해당 업무 프로세스 개선의 기초가 된다.

73 인바운드 텔레마케팅을 위해 활용되는 WFMS 시스템의 기능이 아닌 것은?

① 스케줄링에 필요한 정보를 제공한다.
② 콜 센터 시스템 증설 예측기능을 갖고 있다.
③ 콜 수요 예측을 할 수 있다.
④ 상담사에게 업무별 특성에 맞도록 콜을 라우딩 하는 기능을 갖고 있다.

Answer **72.**① **73.**④

72 직무분석은 인적자원관리의 기초자료를 제공하기 위하여 직무에 대한 정보를 수집하고 수집된 정보를 분석하여 직무의 내용을 파악한 후 직무의 수행에 필요한 책임, 숙련, 능력과 지식, 작업조건 등의 직무수행요건을 명확하게 하는 과정을 의미한다.

73 WFMS(Work Force Management System)은 콜 센터 인력 운영의 효율화 및 서비스 레벨의 유지를 도와주는 전문 소프트웨어로서, 콜 센터의 콜 량을 예측하고(forecasting), 상담원들의 스케줄을 배치하고(scheduling), 실적을 체크(tracking)하는 주요 기능이 있다.

74 콜 센터 조직의 구성 원칙과 거리가 먼 것은?

① 감독한계의 원칙 : 콜 센터 리더 한 사람이 직접 리더십을 발휘할 수 있는 상담원의 수에는 한계가 있다.

② 전문화의 원칙 : 콜 센터 조직의 구성원은 가능한 한 하나의 특수한 전문화된 업무만을 담당할 때 효율성과 생산성이 더욱 향상될 수 있다.

③ 통일성의 원칙 : 상담원은 라인에 따라 한 사람의 상사로부터 명령이나 지시를 받아야 업무지침의 혼란과 조직 관리의 혼선을 방지할 수 있다.

④ 책임과 권한의 원칙 : 콜 센터 내 조직원들에게 보다 명확한 업무분장과 수행에 따른 적정한 권한의 부여가 이루어져야 한다.

75 텔레마케터 선발 시 면접방법으로 가장 거리가 먼 것은?

① 그룹 면접

② 음성테스트

③ 스크립트 개발테스트

④ 전산능력

Answer ─── 74.③ 75.③

74 명령일원화의 원칙에 대한 설명이다.
　※ **콜 센터 조직의 구성 원칙**
　• 전문화의 원칙
　• 직능화의 원칙
　• 조정의 원칙
　• 통제한계의 원칙
　• 명령일원화의 원칙
　• 계층화의 원칙
　• 권한이양의 원칙

75 텔레마케터 면접 기준표에는 구술능력, 청취, 이해력, 품성, 인성, 경험 및 목표의식 등의 평가 항목이 있다.

 4 **고객관리**

76 의사소통(Communication)에 대한 설명으로 틀린 것은?

① 의사전달 → 감정이입 → 정보교환의 순으로 나타난다.
② 욕구충족을 위한 인간의 행동이다.
③ 특정대상에게 구체적인 정보나 감정을 전달하는 것이다.
④ 의사소통으로 표현되지만 보다 넓은 의미이다.

77 표현적인(Expressive) 유형의 고객 상담 전략과 가장 거리가 먼 것은?

① 고객의 생각을 인정하면서 긍정적인 피드백을 준다.
② 고객의 이야기만을 경청하고, 상담자 본인의 이야기는 전혀 하지 않는다.
③ 의사결정을 촉진할 적정수준의 인센티브를 제공한다.
④ 제품이나 서비스가 어떻게 고객의 목표나 욕구를 충족시켜 줄 수 있는지 설명한다.

78 불만을 제기한 고객에 대한 응대 원칙이 아닌 것은?

① 신속하게 해결을 한다.
② 우선 사과를 한다.
③ 고객이 틀린 부분은 논쟁한다.
④ 불만 원인을 파악한다.

Answer **76.① 77.② 78.③**

76 의사소통의 행위과정에는 의사(opinion), 정보(information), 감정(sentiment)의 요소를 내포하고 있기 때문에 의사소통은 의사(opinion)를 전달하고 정보(information)를 교환하며 감정(sentiment)을 이입시키는 순서로 나타난다.

77 고객의 이야기를 듣고 자신에 관한 이야기를 재미있게 털어놓은 것이 좋다.

78 불만족한 고객과 상담 시 충분한 배려를 하면서 개방형 질문을 통해 고객의 불만사항을 자세히 알아내야 하며 고객과 논쟁하는 것은 삼가야 한다.

79 성공적인 텔레마케터의 화법으로 틀린 것은?

① 고객의 부담을 더는 화법을 활용한다.
② 고객의 감정을 자극할 수 있는 쿠션 언어 화법을 사용한다.
③ 텔레마케터와 고객이 일반적으로 알 수 있는 용어를 사용한다.
④ 고객의 불평, 불만, 반론에 대한 응대화법을 개발하여 사용한다.

80 고객에게 제품이나 서비스를 설명하는 방법으로 틀린 것은?

① 제품이나 서비스의 특성을 전문 용어로 설명한다.
② 구체적으로 정확한 수치나 관련 사례를 들어가며 설명한다.
③ 전달하고자 하는 주요 내용을 명확하게 설명한다.
④ 고객의 상황을 파악해가면서 정확하게 핵심을 전달한다.

81 전화상담 시 의사전달에 영향을 미치는 요소가 아닌 것은?

① 언어적 요소
② 청각적 요소
③ 시각적 요소
④ 촉각적 요소

Answer ─── 79.② 80.① 81.④

79 쿠션화법이란 단호한 표현이 아닌 미안하거나 고마운 마음을 먼저 전함으로써 말에 쿠션 역할을 할 수 있게 해주는 양해의 화법을 말한다. 고객의 감정을 자극하는 것보다 고객의 입장에서 말과 행동을 이해하며 고객의 감정 상태를 배려하는 화법이 적절하다.

80 제품 및 그에 따르는 서비스는 고객들이 이해하기 쉽게 일반적인 단어로 설명해야 한다.

81 전화 상담에서 촉각적 요소는 의사전달에 영향을 미치는 요소가 아니다.

82 다음 중 CRM의 등장 배경과 거리가 먼 것은?

① IT 기술의 발전
② 매스마케팅의 비효율성
③ 고객의 기대 및 요구의 다양화
④ 시장의 규제 강화

83 고객 유형 중 '유아독존형' 고객에게 가장 효과적인 응대방법은?

① 천천히 부드러우면서 조용한 목소리로 응대한다.
② 묻는 말에 대답하고 의사를 존중한다.
③ 체면과 프라이드를 높여준다
④ 여유 있게 설명한다.

84 CRM의 목적은 고객의 이익 극대화와 이를 통해 기업의 수익성을 극대화하는 것이다. 다음 중 CRM의 목적 달성을 위한 특성이 아닌 것은?

① 고객과 관계를 유지하는 것보다는 다양한 상품 및 할인정책을 제시하여 보다 더 많은 고객을 획득하는 것을 주목적으로 한다.
② 고객에 대한 이해와 반응을 분석하고, 고객의 욕구를 파악하여 고객이 원하는 상품을 만든다.
③ 기존고객 및 잠재고객을 위한 마케팅전략을 통해 고객 점유율을 높이는 전략이 필요하다.
④ 목표시장과 목표고객에 대한 고객관계의 집중화에 노력한다.

Answer ─ **82.④ 83.② 84.①**

82 CRM의 등장배경
• **시장의 변화** : 제품 차별화의 희석, 고객확보 경쟁의 증가, 시장의 세분화, 대중마케팅의 비효율성 증대, 고객의 협상력 증가 등
• **고객의 변화** : 고객의 다양성 증대, 생활방식의 변화, 고객들의 지식화, 고객만족의 준거 변화, 고객 기대수준의 상승 등
• **정보기술의 변화** : 하드웨어의 변화, 소프트웨어의 변화, 네트워크의 변화 등
• **마케팅 커뮤니케이션의 변화**

83 유아독존형에는 묻는 말에 대답하고 의사를 존중한다.

84 CRM은 고객과의 관계를 지속적으로 유지하고자 하는 원칙으로서 이를 통해 기업의 이익을 지속적으로 증가하는데 목적이 있다.

85 의사소통 방법 중 언어적인 메시지에 해당되지 않는 것은?

① 음성의 억양
② 메일
③ 편지
④ 말

86 텔레마케팅을 통한 고객응대의 특성에 대한 설명으로 틀린 것은?

① 고객 시간과 장소를 가리지 않고 전화를 하므로 언제든지 이를 수용할 수 있는 자세를 갖추어야 한다.
② 고객의 시간과 경비를 배려하기 위해 정확하고 간결하게 정보를 전달한다.
③ 상담 시에는 텔레마케터와 고객 모두 통화 내용에만 집중하므로 다른 소음 등의 전달 여부에는 별도의 주의가 필요 없다.
④ 상대방의 얼굴을 볼 수 없어 청각에 절대적으로 의존하게 되므로 더욱 세심한 주의가 요구된다.

87 다음 중 연세가 많은 고객에 대한 효과적인 상담방법과 가장 거리가 먼 것은?

① 호칭에 신경을 쓰도록 한다.
② 공손하게 응대하고 질문에 정중하게 답한다.
③ 순발력 있고 빠른 속도로 응대한다.
④ 고객의 의견을 존중한다.

Answer — 85.① 86.③ 87.③

85 음성의 억양은 비언어적 메시지에 해당한다.

86 통화에 영향을 줄 수 있으므로 소음을 통제할 수 있어야 한다.

87 연세가 많은 고객을 상담할 때는 자세히 차근차근 듣는 것을 중요하게 여겨야 한다.

88 고객 응대 시 제공하는 서비스의 특징에 해당되지 않는 것은?

① 동질의 서비스를 제공하면 고객 개인별로 서비스를 평가하는 기분은 동일하다.
② 서비스는 생산과 동시에 소멸되는 성격을 가지고 있다.
③ 서비스를 제공하는 장소, 인적 자원에 따라 서비스의 품질이 달라진다.
④ 서비스는 형태가 없는 무형의 상품으로 객관적으로 불 수 없는 형태로 되어 있어 측정하기 매우 어렵다.

89 다음 중 개방형 질문에 관한 설명으로 틀린 것은?

① 고객으로부터 많은 의견과 정보를 기대할 수 있다.
② 개방형 질문에 대한 고객의 답변에 이어 필요하다면 다른 내용을 추가로 질문함으로써 고객의 욕구를 명확하게 파악할 수 있게 된다.
③ 개방형 질문은 비교적 상담 후반에 사용하는 깃이 효과직이다.
④ 개방형 질문은 답변하는 사람에 따라 말의 내용과 말의 양이 달라진다.

90 다음 중 CRM을 통한 기업의 핵심과제로 가장 거리가 먼 것은?

① 각 고객집단이 가진 가치의 상대적 중요성을 인지한다.
② 고객에 대한 이해를 바탕으로 시스템을 구축한다.
③ 특정사업에 적합한 소비자 가치를 규명한다.
④ 기업이 원하는 방법으로 고객가치를 충족한다.

Answer — **88.① 89.③ 90.④**

88 동질의 서비스를 제공하더라도 고객의 성향에 따라 개인별로 서비스를 평가하는 기분은 달라진다.

89 고객의 욕구를 알아내는 질문법인 개방형 질문은 모든 가능한 응답의 범주를 모르거나 응답자가 어떻게 응답하는가를 탐색적으로 살펴보고자 할 때 적합하며, 특히 예비조사에서 유용하다.

90 CRM(고객관계관리)은 기업이 고객과 관련된 내외부 자료를 분석 · 통합하여 고객 중심 자원을 극대화하고 이를 토대로 고객특성에 맞게 마케팅 활동을 계획 · 지원 · 평가하는 과정이다. 과거 은행 · 증권 등 금융 오프라인 기업들이 컴퓨터 응용기술로 가입자 신상명세, 거래내역 등을 데이터화해 콜 센터를 구축하는 등에 많이 적용했으나 최근 회원관리가 생명인 닷컴기업들이 가입자 확보를 위해 서둘러 CRM을 도입하고 있다.

91 CRM의 성공요인 중 조직 측면적인 요인으로 볼 수 없는 것은?

① 고객 지향적이고 정보지향적인 기업의 성향이 높을수록 CRM의 수용도도 높아진다.
② CRM은 시스템의 복합성 때문에 여러 부서의 참여보다는 마케팅부서의 단독 실행이 더 효과적이다.
③ 평가 및 보상은 CRM의 성공적 실행에서 반드시 극복해야 할 장애물임과 동시에 조직 변화를 유도하는 필수적인 요소이다.
④ 최고경영자의 지속적인 지원과 관심이 있어야 한다.

92 고객상담 시 고객과의 공감대를 형성하는 방법과 가장 거리가 먼 것은?

① 고객을 진심으로 칭찬한다.
② 인사는 격식에 따라서 위엄 있게 한다.
③ 공통적인 화제로 성의 있게 대화한다.
④ 고객의 신분에 맞는 존칭어를 구사한다.

93 전화상담시 상황에 맞게 호감을 주는 말로 가장 거리가 먼 것은?

① 긍정적일 때 – 잘 알겠습니다.
② 정보를 제공할 때 – 메모 가능하십니까?
③ 사과할 때 – 뭐라 사과를 드려야 할지 모르겠습니다.
④ 부탁할 때 – 어떻게 하면 좋을까요?

Answer — 91.② 92.② 93.④

91 CRM은 타부서와의 긴밀한 업무협조를 통해 정책의 일관성을 유지하는 것이 중요하다.

92 인사는 가장 편한 느낌이 들게 하는 것이 보편적이다.

93 고객에게 부탁할 때에는 "양해해 주셨으면 합니다."등과 같은 표현이 호감을 주는 표현이다.

94 상담 화법에 대한 설명으로 바람직하지 않은 것은?

① 아이 메시지(I-Message) : 대화 시 상대방에게 내 입장을 설명하는 화법

② 비 메시지(Be-Message) : 잘못에 대한 결과를 서로 의논하여 합의점을 찾는 화법

③ 유 메시지(You-Message) : 대화 시 결과에 대해 상대방에게 핑계를 돌리는 화법

④ 두 메시지(Do-Message) : 어떤 잘못된 행동 결과에 대해 그 사람의 행동과정을 잘 조사하여 설명하고 잘못에 대하여 스스로 반성을 구하는 화법

95 고객이 기업과 만나는 모든 장면에서의 결정적인 순간을 의미하며 텔레마케팅에 널리 활용되는 개념은?

① CRM

② POCS

③ CSP

④ MOT

96 효과적인 상담을 위한 원리와 기법 중 틀린 것은?

① 소비자의 욕구 파악

② 수동적인 대화과장 조절

③ 융통성과 단호함의 겸비

④ 소비자상담사의 역할지각 한계

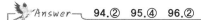

Answer ─ 94.② 95.④ 96.②

94 비 메시지(Be-Message)는 잘못에 대한 결과를 일방적으로 단정함으로써 상대방으로 하여금 반감을 일으키는 화법이다.

95 고객접점 순간은 고객이 서비스 품질에 대한 강한 인상을 가지게 되는 시점을 의미한다. 바로 어느 한 순간에 고객의 인정을 받을 수도 있고 반대로 고객의 신뢰를 잃을 수도 있기 때문에 기업은 고객과의 접점의 순간을 정확하게 파악하고 있어야 한다.

96 적극적인 자세로 대화과정을 조절해야 한다.

97 상품을 구매한 고객대상 응대 유형으로 틀린 것은?

① 지불, 환불, 교환에 관한 응대
② 구매 만족여부 확인 및 해피콜
③ 고객의 불만과 문제접수 및 해결
④ 구매행동을 위한 대안 제시

98 고객 성격의 특성에 따른 응대요령으로 틀린 것은?

① 흥분을 잘하는 성격은 부드러운 분위기를 유지하며 강요하지 않는다.
② 내성적인 성격은 조용하게 응대하고 상대의 의견을 충분히 들어준다.
③ 결단성이 없는 성격은 기회를 잡아 빨리 요점만 설명한다.
④ 급한 성격은 신속하게 행동하고 설명도 핵심만 강조한다.

99 CRM 성공전략 중 시스템 통합수준의 성공요인이 아닌 것은?

① 고객중심 업무처리절차 확립
② 조직 내 다른 정보 시스템과의 개별화
③ 전방적인 영역의 CRM 활동의 자동화
④ 후방조직 영역 활동의 종합적 관리

Answer ─── **97.④ 98.③ 99.②**

97 상품을 구매하기 전이나 구매하는 고객을 위한 응대이다.

98 우유부단한 고객의 경우 인내심을 가져야 하며, 질문은 개방형으로 하고, 고객의 말을 주의 깊게 들어야 한다.

99 CRM은 조직 내 다른 정보 시스템과의 개별화를 하지 않고, 모든 정보를 통합하여 전략적으로 활용한다.

100 신상품 및 서비스가 나오면 내부직원들을 대상으로 먼저 사용하는 테스트는?

① 샘플테스트

② 파일럿(Pilot)테스트

③ 베타 테스트

④ 알파 테스트

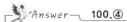

100 ② 파일럿(Pilot)테스트는 주로 컴퓨터 프로그램 등 최신 기술을 개발하여, 실제 상황에서 실현하기 전에 소규모로 시험 작동해보는 것을 말한다.
③ 베타 테스트는 하드웨어나 소프트웨어 제품을 정식 상품으로 내놓기 전에 오류가 있는지 발견하기 위해 미리 정해진 사용자 계층들이 써보도록 하는 것을 말한다.
④ 알파 테스트는 내부 직원을 대상으로 하는 성능시험으로, 내부 필드 테스트라고도 한다. 일반적으로 신제품이 대상이 되는데, 알파버전의 소프트웨어·하드웨어·인터넷 서비스·온라인 게임 등을 실제 사용 환경에서 동작시키는 방식으로 이뤄진다.

19 2019년 제1회 기출문제

 1 판매관리

1 재포지셔닝이 필요한 상황과 가장 거리가 먼 것은?

① 기업 매출 증가
② 경쟁우위 열세
③ 소비자 기호의 변화
④ 제품속성 선택 실패

2 아웃바운드 텔레마케팅의 특성으로 옳지 않은 것은?

① 고객주도형의 마케팅유형이다.
② 고객접촉률과 고객반응률을 중시한다.
③ 대상고객의 명단이나 데이터가 있어야 한다.
④ 고객에게 전화를 거는 능동적, 공격적, 성과지향적인 마케팅이다.

3 마케팅에서 판매촉진 비중이 증가하게 된 주된 원인으로 볼 수 없는 것은?

① 광고노출 효과
② 소비자 가격 민감도
③ 기업 간 경쟁의 완화
④ 기업 내 판매성과 측정

Answer 1.① 2.① 3.③

1 포지셔닝은 소비자의 마음 속에 자사제품이나 기업을 가장 유리한 포지션에 있도록 노력하는 과정을 말하는데, 기업 매출이 증가하고 있는 상황에서는 굳이 다시 포지셔닝을 하지 않아도 된다.

2 아웃바운드 텔레마케팅은 업체 주도형이며 능동적이고 목표지향적인 마케팅이다.

3 기업 간의 경쟁이 심화되면서 쿠폰이나 샘플 등의 판매촉진 마케팅수단이 증가하였다.

4 표적시장을 선택하기에 앞서 효과적인 시장세분화를 위해 충족되어야 하는 요건으로 볼 수 없는 것은?

① 측정가능성　　　　　　　　　　② 기대가능성
③ 접근가능성　　　　　　　　　　④ 유지가능성

5 소비자에 의하여 자사의 제품 특성이 정의되는 것을 의미하며, 경쟁 브랜드에 비하여 차별적으로 받아들일 수 있도록 고객들의 마음속에 위치시키는 노력을 의미하는 것은?

① 제품 가격설정　　　　　　　　　② 제품 포지셔닝
③ 제품 브랜딩　　　　　　　　　　④ 제품 촉진

6 구매의사결정에 영향을 미치는 요인으로 볼 수 없는 것은?

① 개인적요인　　　　　　　　　　② 심리적요인
③ 사회적요인　　　　　　　　　　④ 정치적요인

7 특정 상품이나 서비스에 대해 관심이 있는 고객으로부터 온 전화를 콜 센터에서 받아 처리하는 텔레마케팅 유형은?

① 인사이드 텔레마케팅　　　　　　② 인바운드 텔레마케팅
③ 아웃사이드 텔레마케팅　　　　　④ 아웃바운드 텔레마케팅

Answer　　4.② 　5.② 　6.④ 　7.②

4 시장세분화의 기준 : 측정가능성, 접근가능성, 실질가능성, 행동가능성, 유지가능성 등

5 포지셔닝이란 소비자의 마음 속에 자사제품이나 기업을 표적시장 · 경쟁 · 기업능력과 관련하여 가장 유리한 포지션에 있도록 노력하는 과정 또는 소비자들의 인식 속에 자사의 제품이 경쟁제품과 대비하여 차지하고 있는 상대적 위치를 말한다.

6 구매의사결정에 영향을 미치는 요인 : 개인적 요인, 심리적 요인, 사회적 요인, 문화적 요인 등

7 인바운드 텔레마케팅은 고객이 외부에서 기업이나 기업 내부의 콜 센터로 전화를 하는 경우를 말하고, 아웃바운드 텔레마케팅은 기업에서 고객이나 잠재고객에게 전화를 걸어 상품정보와 관련된 메시지를 발송하는 형태의 마케팅이다.

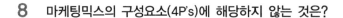

8 마케팅믹스의 구성요소(4P's)에 해당하지 않는 것은?

① 유통   ② 가격
③ 제품   ④ 고객

9 마케팅의 범위를 대중고객과 개별고객으로 구분할 때, 마케팅 촉진수단별 마케팅 범위의 연결이 옳지 않은 것은?

① 광고 – 대중고객
② 인적판매 – 대중고객
③ publity – 대중, 개별고객
④ PR(public relations) – 대중, 개별고객

10 마케팅 정보시스템에 관한 설명으로 옳지 않은 것은?

① 마케팅 정보시스템은 경영 정보시스템의 상위 시스템이다.
② 기업 내부 자료, 외부 자료와 정보를 체계적으로 관리한다.
③ 경영자의 마케팅 의사 결정에 사용할 수 있도록 하는 정보관리 시스템이다.
④ 마케팅을 보다 효과적으로 수행하기 위하여 관련된 사람, 고객의 정보, 기구 및 절차, 보고서 등을 관리하는 시스템을 말한다.

Answer   8.④   9.②   10.①

8 마케팅믹스 4P's : Product(제품), Promotion(판매촉진), Place(유통), Price(가격)

9 인적판매는 판매원이 개별고객에게 구입을 유도하기 위해 기울이는 여러 가지 노력이다.

10 마케팅 정보시스템은 경영 정보시스템의 하위 시스템이다.

11 회사가 제품에 대한 가격을 결정할 때 제품의 저가전략이 적합한 경우가 아닌 것은?

① 경쟁사가 많을 때
② 시장수요의 가격탄력성이 낮을 때
③ 소비자들의 수요를 자극하고자 할 때
④ 경쟁기업에 비해 원가우위를 확보하고 있을 때

12 매우 비탄력적인 수요곡선을 지니는 신상품을 도입할 때 가장 적합한 가격책정전략은?

① 침투가격전략　　　　　　　② 초기할인전략
③ 고가가격전략　　　　　　　④ 경쟁가격전략

13 아웃바운드 텔레마케팅 업무 시 관리자의 역할로 옳지 않은 것은?

① 텔레마케터가 고객과 통화할 수 있는 시간을 최대한 확보해 주어야 한다.
② 통계분석 등의 잔무에서 해방시켜 업무에 집중할 수 있는 여건을 마련해 주어야 한다.
③ 통화 성공률을 시간대별로 분석하여 통화업무 집중 시간대를 조정할 수 있어야 한다.
④ 고객 구매이력정보 등의 개인정보가 텔레마케터에게 노출되지 않도록 보안을 유지해야 한다.

 *Answer* ── **11.**② **12.**③ **13.**④

11 저가전략 조건
　• 시장수요의 가격탄력성이 높을 때
　• 시장에 경쟁자의 수가 많을 것으로 예상될 때
　• 소비자들의 본원적인 수요를 자극하고자 할 때
　• 원가우위를 확보하고 있어 경쟁기업이 자사 제품의 가격만큼 낮추기 힘들 때
　• 가격 경쟁력이 있을 때

12 고가가격전략은 신제품의 시장진입 초기에 고가의 가격을 설정하여 가격에 대한 민감도가 낮은 고소득층을 유인한 후 점차 가격을 인하하여 저소득층으로 제품 대상을 확대하는 전략이다.

13 텔레마케터는 고객 구매이력정보 등의 개인정보를 통해 고객에게 전화를 할 수 있다.

14 STP 전략의 절차를 바르게 나열한 것은?

① 표적시장 선정→포지셔닝→시장세분화
② 포지셔닝→표적시장 선정→시장세분화
③ 시장세분화→표적시장 선정→포지셔닝
④ 시장세분화→포지셔닝→표적시장 선정

15 유통경로의 원칙에 대한 설명으로 옳지 않은 것은?

① 총 거래 수 최소화 원칙 : 유통경로를 설정할 때 중간상을 필요로 하는 원칙으로, 거래의 총량을 줄여 제조업자와 소비자 양측에게 실질적인 비용부담을 감소시키게 하는 원칙
② 집중준비의 원칙 : 제조업자가 물품을 대량으로 보관하게 하여 소매상의 보관 부담을 덜어주는 원칙
③ 분업의 원칙 : 유통경로에서 수행되는 제반활동을 중간상을 통하여 특화, 분업화하여 효율성과 경제성을 향상하고자 하는 원칙
④ 변동비 우위의 원칙 : 중간상의 역할분담을 중시하여 결국에는 비용부담을 줄이는 원칙

16 다음 괄호 안에 들어갈 알맞은 것은?

> (   )는 기업의 경영 활동에 있어서 고객들이 기업의 서비스에 반응하는 각종 문의, 불만, 제안 등을 의미한다.

① 고객충성도
② 고객의 수요
③ 고객의 니즈(needs)
④ 고객의 소리(VOC)

Answer 14.③ 15.② 16.④

14 STP의 S는 시장세분화, T는 목표시장 선정, P는 포지셔닝을 말하며, 전략절차는 시장세분화→표적시장 선정→포지셔닝의 순으로 이루어진다.

15 집중준비의 원칙 : 도매상은 상당량의 브랜드 제품을 대량으로 보관하기 때문에 유통경로 상의 다른 경로 구성원들은 적정량만을 보관함으로써 원활한 유통기능을 수행할 수 있다는 원칙

16 • 고객 충성도 : 특정 제품 또는 서비스를 얼마나 지속적으로 구매하는 정도를 나타내는 고객의 태도
 • 고객의 소리(Voice Of Customer) : 고객의 문의, 불만, 제안 등

17 소비재 유형 중 선매품의 일반적인 소비자 구매행동으로 가장 거리가 먼 것은?

① 계획구매를 한다.
② 반복구매를 자주 하지 않는다.
③ 쇼핑에 대한 노력을 적게 하게 한다.
④ 가격, 품질, 스타일에 따라 상표를 비교한다.

18 일반적인 아웃바운드 텔레마케팅의 활용분야로 볼 수 없는 것은?

① 직접 판매
② 가망고객 획득
③ 반복구매 촉진
④ 컴플레인 접수

19 고객의 모든 정보를 전화 인입과 동시에 상담원의 모니터에 나타내주는 시스템은?

① ACD
② ANI
③ ACRDM
④ ADRMP

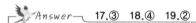

Answer ── 17.③ 18.④ 19.②

17 선매품은 소비자가 구매하기 전 예산을 세우고 구매계획을 수립하여 가격, 품질, 스타일 등을 비교하여 구매하는 제품으로 쇼핑에 대해 이러한 노력을 거친 후 구매하게 된다.

18 컴플레인 접수는 일반적으로 인바운드 텔레마케팅의 활용분야에 해당한다.

19 • ACRDM(Automatic Computer Record Dialing Machine) : 미리 지정된 전화번호를 스스로 돌린 후 자동적으로 녹음된 메시지를 전달하는 시스템
　• ADRMP(Automatic Interaction Detection) : 새 프로그램된 전화번호 데이터베이스 기능에 의해 순차적으로 자동 다이얼링해서 녹음 메시지 보내고 그 반응 기록까지 처리하는 시스템
　• ANI(Automatic Number Identification) : 외부에서 걸려온 고객 번호를 수신자가 알 수 있게 추적하는 장치

20 다음 중 제품이 가지는 전문성이나 독특한 성격 때문에 대체품이 존재하지 않고 브랜드 인지도와 상표충성도가 높은 것은?

① 전문품   ② 편의품

③ 선매품   ④ 원재료

21 서비스의 특성에 관한 설명으로 옳지 않은 것은?

① 소멸성 – 서비스는 저장하거나, 재판매하거나 돌려받을 수 없다.

② 비분리성 – 서비스는 제품의 특성과 분리되지 않고 동일하게 생산 후 소비가 된다.

③ 무형성 – 서비스는 객체라기보다 행위이고 성과이기 때문에 유형적 제품처럼 보거나 느낄 수 없다.

④ 이질성 – 서비스를 제공하는 행위자에 따라 오늘과 내일이 다르고 시간마다 달라질 수 있다.

22 2개 혹은 그 이상의 세분시장을 표적시장으로 선정하고 각각의 세분시장에 적합한 제품과 마케팅 프로그램을 개발하여 공급하는 전략은?

① 차별화 마케팅

② 집중화 마케팅

③ 노이즈 마케팅

④ 다이렉트 마케팅

Answer— **20.**①   **21.**②   **22.**①

20 명품시계, 명품가방과 같은 전문품은 독특성 제품의 특성을 지녔음에도 소비자는 원하는 제품과 상표를 얻기 위해 많은 노력을 하며, 가격 또한 소비재 중 가장 비싸다.

21 비분리성 : 서비스는 제품의 특성과 분리되지 않고 일반적으로 생산과 동시에 소비된다.

22 ② 집중화 마케팅 : 중간상을 배제하고 소비자에게 직접 판매하는 즉, 소매업자에 대한 제조업자의 직접 판매를 포함하는 마케팅 전략을 말한다.

    ③ 노이즈 마케팅 : 전체 시장 구성원이 원하는 것의 차이를 인식하여 시장을 세분하고 그 결과로 도출된 세분시장들 중에서 하나의 표적시장을 선정하여 마케팅노력을 집중시키는 전략을 말한다.

    ④ 다이렉트 마케팅 : 기업의 자원이 제약되어 있을 때 한 개 또는 소수의 세분시장에서 시장점유율을 확대하려는 전략을 말한다.

23 가격의 특징으로 옳지 않은 것은?

① 정형화된 일정한 체계를 구축하기가 쉽다.
② 예기치 않은 상황에 의해 가격이 결정될 수도 있다.
③ 마케팅 믹스 중에서 가장 강력한 경쟁도구이다.
④ 수요가 탄력적인 시장상황에서 매우 쉽게 변경할 수 있는 요인이다.

24 기업의 환경분석을 통해 강점과 약점, 기회와 위협 요인으로 규정하고 이를 토대로 마케팅 전략을 수립하는 기법은?

① 5 Force 분석
② 경쟁사 분석
③ SWOT 분석
④ 소비자 분석

25 본사가 다른 업체와 계약을 맺고 그 업체가 일정기간 동안 자사의 상호, 기업운영 방식 등을 사용하여 사업을 할 수 있도록 권한을 부여하는 유통 제도를 일컫는 말은?

① 소매상 제도
② 도매상 제도
③ 분업화 제도
④ 프랜차이즈 제도

Answer— **23.**① **24.**③ **25.**④

23 정형화된 일정한 체계를 구축하기가 어렵다.

24 • SWOT 분석 : 기업의 내부환경과 외부환경을 분석하여 강점과 약점, 기회와 위협 요인을 규정하고 이를 토대로 경영 전략을 수립하는 마케팅 기법
• 5 Force 분석(Porter's five forces analysis) : 경쟁 정도, 잠재적 시장 진입자, 대체제의 위험, 공급자의 파워, 구매 자의 파워 등의 5가지 경쟁 요인을 분석함으로써, 산업의 매력도를 판단한다.
• 경쟁사 분석 : 목표로 하는 경쟁사의 전략이나 보유 능력 등을 벤치마킹하여 뛰어넘을 수 있는 전략을 수립하는 것

25 프랜차이즈 제도에서 본사는 다른 업체에게 일정기간 동안 자사의 상호와 기업운영 방식 등을 사용할 수 있도록 권한 을 부여하고 이에 일정한 로열티를 받아 계약을 맺는 제도이다.

26 시장조사의 역할로 옳지 않은 것은?

① 의사결정력 제고
② 문제해결을 위한 조직적 탐색
③ 타당성과 신뢰성 높은 정보획득
④ 고객의 심리적, 행동적 특성 배제

27 면접조사의 원활한 자료수집을 위해 조사자가 응답자와 인간적인 친밀 관계를 형성하는 것은?

① 라포(rapport)
② 사회화(socialization)
③ 개념화(conceptualization)
④ 조작화(operationalization)

28 어떤 정보를 얻기 위해서 연구대상으로 선정된 집단 전체를 무엇이라 하는가?

① 확률　　　　　　　　　② 추출틀
③ 표본　　　　　　　　　④ 모집단

Answer ── **26.**④ **27.**① **28.**④

26 시장조사를 함으로써 고객의 심리적, 행동적 특성과 행동에 대해 이해를 하여 고객지향적인 마케팅활동을 가능하게 한다.

27 면접진행에 필요한 기술로 RAPPORT(친근한 관계)를 형성하여 유지하도록 한다.

28 ③ 표본 : 모집단의 특성을 나타내는 수치를 말한다.
　　④ 모집단 : 통계적인 관찰의 대상이 되는 집단 전체를 의미한다.

29 조사 시 활용되는 변수에 대한 설명으로 옳지 않은 것은?

① 교육수준에 따라 월평균소득에 차이가 있다면 월평균소득이 종속변수가 된다.

② 연속변수는 사람·대상물 또는 사건을 그들 속성의 크기나 양에 따라 분류하는 것이다.

③ 이산변수는 시간, 길이, 무게 등과 같이 측정 시 최소한의 단위를 확정할 수 없을 때 사용하는 변수를 말한다.

④ 독립변수는 한 변수(X)가 다른 변수(Y)에 시간적으로 선행하면서 X에 변화가 Y의 변화에 영향을 미칠 때 영향을 미치는 변수를 의미한다.

30 비확률표본추출 방법에 해당하는 것은?

① 층화표본추출법

② 군집표본추출법

③ 편의표본추출법

④ 단순무작위표본추출법

31 면접방법 중 조사자가 응답자를 직접 만나는 개인면접조사의 장점으로 볼 수 없는 것은?

① 조사자가 필요에 따라서 질문을 수정할 수 있다.

② 응답자의 응답이 모호해도 재질문을 할 수 없다.

③ 질문을 반복하거나 변경함으로써 응답자의 반응을 살필 수 있다.

④ 조사자는 응답자의 비언어(몸짓, 표정 등)에서도 반응을 살필 수 있다.

Answer ── **29.③ 30.③ 31.②**

29 • 이산변수 : 학생수, 개수, 과목수와 같이 하나씩 셀 수 있는 정수의 값을 가지는 변수
• 종속변수 : 다른 변수에 의해 영향을 받는 변수(월평균소득)
• 독립변수 : 다른 변수에 영향을 주는 변수(교육수준)

30

확률표본추출방법	비확률표본추출방법
• 단순 무작위표본추출법 • 체계적추출법 • 층화표본추출법 • 군집표본추출법	• 편의표본추출법 • 판단표본추출법 • 할당표본추출법

31 면접조사는 자유로운 분위기 속에서 면담을 진행하면서 정보를 수집하는 방법으로, 응답자의 응답이 모호한 경우 재질문하여 정확한 정보를 수집할 수 있다는 장점이 있다.

32 일반적으로 응답률이 가장 낮은 조사 방법은?

① 웹조사
② 전화조사
③ 우편조사
④ 대인면접조사

33 탐색조사의 종류가 아닌 것은?

① 문헌조사
② 전문가조사
③ 횡단조사
④ 사례조사

34 실험설계의 내적타당성과 외적타당성을 저해하는 외생변수의 종류에 해당되지 않는 것은?

① 우발적 사건
② 표본의 균형
③ 실험대상의 소멸
④ 측정수단의 변화

Answer ── 32.③ 33.③ 34.②

32 우편조사법은 응답자가 우편으로 발송된 설문지에 응답하도록 한 후 이를 반송용 봉투를 이용하여 회수하여 자료를 수집하는 방법이다. 1인당 조사비가 적게 드는 장점이 있지만 응답률이 낮다는 단점을 가진다.

33 횡단조사는 기술조사의 종류에 해당한다.
※ 조사설계 목적에 따른 분류

탐색조사	기술조사	인과관계조사
·문헌조사 ·표적집단면접법 ·전문가 의견조사	·종단조사 ·횡단조사	·실험

34 ·내적 타당도 저해 요인: 외적 사건(우발적 사건), 성장효과, 검사효과, 도구효과, 통계적 회귀, 중도탈락(실험대상의 소멸), 치료의 모방 등
·외적 타당도 저해 요인: 위약 효과, 편향성, 생태적 대표성 등

35 전화면접법에 대한 설명으로 옳지 않은 것은?

① 통화시간상 제약이 존재한다.
② 전화번호부를 표본프레임으로 선정하여 사용한다.
③ 전화면접법은 링크 서베이(link survey)라고도 한다.
④ 무작위로 전화번호를 추출(random-digit dialing)하는 방법이 사용된다.

36 획득하고자 하는 정보의 내용을 대략 결정한 이후 이루어져야 할 질문지 작성과정을 바르게 나열한 것은?

㉠ 자료수집방법의 결정	㉡ 질문내용의 결정
㉢ 질문형태의 결정	㉣ 질문순서의 결정

① ㉠→㉡→㉢→㉣
② ㉡→㉢→㉣→㉠
③ ㉡→㉣→㉢→㉠
④ ㉢→㉠→㉡→㉣

Answer — 35.③ 36.①

35 링크 서베이(link survey)는 인터넷조사의 한 종류이다.

36 질문지 작성단계
① 자료수집방법의 결정 : 면접자를 사용할 것인지, 자기기입식 조사를 할 것인지 결정
② 질문내용의 결정 : 연구주제를 사용할 것인지 직접 자료를 수집하여 사용할 것인지 결정
③ 질문지 길이의 결정 : 조사범위, 면접조사원의 자질, 면접상황, 조사비용 등을 고려하여 질문지의 전체 길이를 결정
④ 질문형태의 결정 : 개방형 질문 또는 폐쇄형 질문 등을 결정
⑤ 질문순서의 결정

37 1차자료를 수집하는 방법과 특징에 대한 설명으로 옳지 않은 것은?

① 의사소통방법은 관찰방법에 비해 자료수집이 신속하다.
② 의사소통방법에 의해 자료를 수집하면 응답자가 응답을 회피하는 경우가 없다.
③ 의사소통방법은 설문지나 응답자에게 직접 질문하여 자료를 얻는 방법이다.
④ 관찰에 의한 방법은 관심 있는 어떤 상황을 측정하거나 응답자의 행동 또는 사건 등을 기록하는 방법이다.

38 면접조사의 장단점에 관한 설명으로 옳지 않은 것은?

① 장점 : 심층질문이 가능하다.
② 단점 : 응답률이 대체로 낮다.
③ 단점 : 면접원의 통제가 어렵다.
④ 장점 : 응답자의 적극적인 참여 유도가 가능하다.

39 과학적 조사방법의 설명으로 옳지 않은 것은?

① 과학적 조사방법을 통해 시장조사과정과 분석과정에서 오류를 최소화하도록 해야 한다.
② 과학적 조사방법은 개인적 경험, 직관, 감성을 근거로 자료를 수집하여 시장문제를 분석한다.
③ 과학적 조사방법으로 시장의 문제점을 발견하고, 원인규명을 통하여 시장문제를 예측할 수 있다.
④ 조사자는 시장문제를 구성하고 있는 요소들을 구분하고 그 상호관계를 분석함으로써 시장문제의 원인을 파악하고 해결방안을 모색한다.

Answer ── 37.② 38.② 39.②

37 의사소통법은 질문과 답변을 통하여 정보를 얻는 방식이고 관찰법은 응답자의 행동과 태도를 관찰하여 기록하는 방법으로, 의사소통방법이 관찰법에 비해 자료수집이 느리다.

38 면접조사는 조사대상을 조사원이 직접면접을 통해 조사대상이 바로 응답하기 때문에 응답률이 높다는 장점이 있다.

39 과학적 조사방법은 어떤 관찰 가능한 현상을 기술하고, 설명하며, 예측하기 위한 객관적, 논리적, 체계적 분석방법으로 시장문제를 분석한다.

40 다음 문항은 어떤 수준의 측정인가?

[질의]

뱅킹 서비스방식에 대한 당신의 선호도를 알기 위한 질문입니다. 가장 선호하는 방식에 대해서는 1을, 다음으로 선호하는 방식에 대해서는 2로 표시함으로써 각각의 서비스 방식에 대해 선호도 순위를 매겨주시기 바랍니다.

[답변]

은행 창구 ( )　　　　　ATM ( )

온라인뱅킹 ( )　　　　우편뱅킹 ( )

텔레폰뱅킹 ( )

① 비율수준의 측정　　　　　② 등간수준의 측정

③ 명목수준의 측정　　　　　④ 서열수준의 측정

41 다음 설문 문항에서 나타나는 오류는?

당신은 현재 근무하는 고객센터의 복지수준과 임금 수준에 대해서 어느 정도 만족하고 계십니까?

① 대답을 유도하는 질문을 하였다.

② 단어들의 뜻을 명확하게 설명하지 않았다.

③ 하나의 항목으로 두 가지 내용을 질문하였다.

④ 응답자들에게 지나치게 자세한 응답을 요구하였다.

Answer— **40.④　41.③**

40 서열식 질문은 어떤 문제에 대한 가능한 응답을 나열해 놓고 중요한 순서, 좋아하는 순서대로 번호를 기입하는 질문방식을 말한다.

41 보기는 현재 근무하고 있는 고객센터의 '복지수준'과 '임금수준' 두 가지에 대해 질문을 하고 있다. 하나의 질문문항 속에 두 개 이상의 질문이 내포되어 있는 질문을 하지 않도록 한다.

42 다음 괄호 안에 들어갈 알맞은 것은?

> A텔레콤에서 50대 이상 연령층을 목표시장으로 하는 새로운 브랜드를 출시하기 위해 연령에 따른 인구통계적 자료가 필요하다고 가정할 때, 이를 위하여 소비자들을 대상으로 설문조사 등을 통해 정보를 수집할 경우 이것은 (㉠)자료지만, 기존의 자료를 이용한다면 이는 (㉡)자료가 된다.

① ㉠ : 1차, ㉡ : 2차
② ㉠ : 1차, ㉡ : 3차
③ ㉠ : 2차, ㉡ : 1차
④ ㉠ : 2차, ㉡ : 3차

43 전수조사와 비교하여 표본조사가 가지는 이점으로 볼 수 없는 것은?

① 시간과 비용, 인력을 절약할 수 있다.
② 조사대상자가 적기 때문에 조사과정을 보다 잘 통제할 수 있다.
③ 통계자료로부터 올바른 모수추정이 어려운 경우에 더 효율적이다.
④ 비표본오류를 상대적으로 더 많이 줄일 수 있기 때문에 정확도를 높일 수 있다.

44 마케팅조사 업체들이 조사 업무 수행 시 지켜야 할 사항으로 볼 수 없는 것은?

① 사전에 정한 표본추출대상을 추출하고 정확한 조사를 실시해야 한다.
② 면접원의 교육과 감독을 철저히 하여 올바른 자료가 수집되도록 해야 한다.
③ 조사 자료의 분석과 해석은 조사 의뢰 회사가 원하는 방향으로 맞추어서 해야 한다.
④ 조사실시과정에서 일어난 오류는 조사 의뢰 회사에 보고해야 한다.

Answer **42.① 43.③ 44.③**

42 1차 자료는 조사자가 현재 수행 중인 조사목적을 달성하기 위해 직접 수집한 자료를 의미하며 2차 자료는 수행 중인 조사목적에 도움이 될 수 있는 기존의 모든 자료를 의미한다.

43 표본조사는 전체 모집단 중 일부의 모집단에서 전체 집단의 특성을 추정하는 방법으로 올바른 모수추정이 어려운 경우 모든 개체들을 조사하여 모집단 특성을 측정하는 전수조사가 효율적이다.

44 조사 자료의 분석과 해석은 객관적으로 처리해야 한다.

45 비확률표본추출방법의 종류 중 인구통계적 요인, 경제적 요인, 사회·문화·환경적 요인 등의 분류기준에 의해 전체 표본을 여러 집단으로 구분하고 각 집단별로 필요한 대상을 사전에 정해진 비율로 추출하는 방법은?

① 할당표본추출법(quota sampling)
② 판단표본추출법(judgement sampling)
③ 편의표본추출법(convenience sampling)
④ 층화표본추출법(stratified random sampling)

46 측정도구의 타당도에 관한 설명으로 옳지 않은 것은?

① 내용타당도(content validity)는 전문가의 판단에 기초한다.
② 구성타당도(construct validity)는 예측타당도(predictive validity)라 한다.
③ 동시타당도(concurrent validity)는 신뢰할 수 있는 다른 측정도구와 비교하는 것이다.
④ 기준관련 타당도(criterion-related validity)는 내용타당도보다 경험적 검증이 용이하다.

Answer ┌ **45.**① **46.**②

45 ② **판단표본추출법(judgement sampling)** : 조사문제를 잘 알고 있거나 모집단의 의견을 효과적으로 반영할 수 있을 것으로 판단되는 특정집단을 표본으로 선정하여 조사하는 방법이다.
③ **편의표본추출법(convenience sampling)** : 임의로 선정한 지역과 시간대에 조사자가 임의로 원하는 사람들을 표본으로 선택하는 방법이다.
④ **층화표본추출법(stratified random sampling)** : 모집단을 특정한 기준에 따라 상이한 소집단으로 나누고 이들 각각의 소집단들로부터 빈도에 따라 적절한 일정수의 표본을 무작위로 추출하는 방법으로, 확률표본추출방법에 해당한다.

46 타당도는 내용타당도, 구성타당도, 준거타당도가 있으며, 준거타당도는 공인타당도와 예측타당도로 구분된다. 구성타당도는 개념타당도 또는 구조적 타당도라고도 한다.

47 면접조사 시 면접조사원이 지켜야할 사항과 가장 거리가 먼 것은?

① 응답자가 불필요한 말을 할 때는 질문에 관련된 화제로 자연스럽게 유도한다.

② 응답자가 왜 하필이면 자기가 선정되었냐고 질문하면 "귀하는 무작위로 선정되었고 표집 원칙상 귀하에게 반드시 질문을 해야 한다."고 응답한다.

③ 면접조사를 할 때 친구나 다른 사람을 대동하는 것이 응답자의 어색함을 덜어주므로 가급적 함께 다닌다.

④ 한 가족은 대체로 비슷한 의견이나 태도를 지니고 있기 때문에 한 가구당 한 사람으로부터 응답을 받는다.

48 고정된 일정수의 표본가구 또는 개인을 선정하여 반복적으로 조사에 활용하는 방법은?

① 소비자패널 조사

② 신디케이트 조사

③ 옴니버스 조사

④ 가정유치 조사

49 마케팅 조사의 과학적 특성으로 적절하지 않은 것은?

① 이론적으로 근거가 있는 객관적 사실에 입각하여 자료를 수집한다.

② 현재의 사실에만 국한하여 사실의 원인을 설명해야 한다.

③ 구성요소들의 상관관계, 원인 등을 분석한다.

④ 이론이나 가설이 보편적으로 적용될 수 있어야 한다.

 Answer **47.③ 48.① 49.②**

47 면접조사의 종류 중 FGI, MGI, FGD와 같이 복수의 응답자가 참여하여 면접을 진행하는 방법과 달리 한명의 응답자와 진행자 간의 집중적인 면담을 통해 자료를 수집하는 심층면접법의 경우에는 친구나 다른 사람을 대동하는 것이 오히려 불편할 수 있다.

48 일정한 간격을 두고 정보제공에 동의한 응답자의 표본을 만드는 조사방법을 패널조사라 한다.

49 일정시기에 국한하여 사실의 원인을 설명해서는 안된다.

50 질문의 유형 중 폐쇄형 질문의 장점이 아닌 것은?

① 부호화(coding)와 분석이 용이하다.

② 측정에 통일성을 기할 수 있어 신뢰성을 높일 수 있다.

③ 응답의 처리가 간편하고 신속해 질문지 완성이 용이하다.

④ 한정된 응답지 가운데 선택하도록 되어 있기 때문에 응답자의 의견을 충분하게 반영시킬 수 있다.

 3 텔레마케팅관리

51 임금의 계산 및 지불방법을 의미하는 임금형태에 대한 설명으로 틀린 것은?

① 변동급제에는 성과급제, 상여급제가 있다.

② 고정급제에는 시간급제, 일급제, 주급제, 월급제, 연봉제가 있다.

③ 일을 기준으로 연공급, 직능급, 사람을 기준으로 직무급, 성과급으로 분류할 수 있다.

④ 경영이 안정 지향적이냐 혹은 성장 지향적이냐에 따라 고정급과 성과급으로 구분된다.

Answer ─ **50.**④ **51.**③

50 개방형 질문은 강제성이 없어 응답자의 다양한 응답이 충분히 가능하다. 폐쇄형 질문은 한정된 응답지 중에서 선택하기 때문에 응답자의 의견을 충분히 반영하기 어렵다.

51 일을 기준으로 직무급과 성과급, 사람을 기준으로 연공급과 직능급으로 분류할 수 있다.
• **연공급** : 근속연수에 따라 임근수준을 결정
• **직능급** : 근로자가 직무를 수행하는데 요구되는 능력을 기준으로 결정
• **직무급** : 직무의 난이도, 책임도, 작업조건, 중요도 등을 기준으로 직무의 가치를 평가하고 그 결과에 따라 임금을 결정하는 방식
• **성과급** : 개별근로자 및 집단이 수행한 작업의 성과를 기준으로 임금을 결정하여 지급하는 방식

52 콜 센터의 생산성을 향상시킬 수 있는 방안과 가장 거리가 먼 것은?

① 전반적인 업무환경(콜 센터환경)을 개선한다.
② 콜 센터 인력을 신규인력으로 대폭 교체한다.
③ 텔레마케터 성과에 대한 인센티브를 강화한다.
④ 콜 센터의 인력(리더 및 상담원 등)에 대한 교육을 강화한다.

53 개인 혹은 집단의 조직변화에 대한 거부적 행위를 변화에 대한 저항(resistance to change) 이라고 하는데 이 변수에 속하지 않는 것은?

① 갈등
② 근무의욕 감퇴
③ 조직 내 불신
④ 정시 출퇴근

54 역량관리를 위한 직무분석의 내용으로 옳지 않은 것은?

① 역량관리는 직무를 수행할 종업원을 분석하는 것이 아니라 직무를 분석한다.
② 역량관리는 개인의 역량과 조직의 목표 간 직접적인 연결 관계가 있다.
③ 역량관리는 성공적 직무수행에 반드시 필요한 것이라고 규명된 일련의 역량세트로 구성된다.
④ 역량관리는 직무의 담당자가 일을 성공적으로 수행할 수 있는 역량을 갖는 것에 초점을 맞춘다.

Answer— 52.② 53.④ 54.①

52 판매를 위한 아웃바운드 텔레마케팅을 실시할 경우 신규인력보다는 경력자가 생산성을 향상시킬 확률이 더 높다.

53 조직변화에 대한 저항으로 갈등, 근무의욕 감퇴, 조직 내 불신, 등이 있으며 정시출퇴근과 관련이 없다.

54 역량관리는 직무를 수행할 종업원을 분석하는 것이다.

55 다음은 어떤 리더십에 관한 설명인가?

> 추종자들에게 장기적 비전을 제시하고, 비전 달성을 위해서 함께 매진할 것을 호소하며 비전 성취에 대한 자신감을 고취시킴으로서 조직에 대한 몰입을 강조하며 부하를 성장시키는 리더십

① 거래적 리더십
② 변혁적 리더십
③ 전략적 리더십
④ 자율적 리더십

56 콜 센터 조직의 인력 채용 및 선발에 대한 설명으로 가장 적합한 것은?

① 슈퍼바이저, 강사 등 관리자는 가능한 외부에서 선발하는 것이 바람직하다.
② 상담사는 경력자보다는 비경력자를 선발하는 것이 바람직하다.
③ 직무별 요구자질에 따른 선발기준이 객관적으로 마련되어 있어야 한다.
④ 상남사 인력투입은 적응기간을 고려하여 1주일 전에 선발하도록 한다.

57 다음에서 설명하고 있는 콜 센터의 현상은?

> (   )은/는 근무조건의 변화, 급여의 차이, 업무의 난이도, 복리후생 정책 등의 비교 정보를 획득했을 때 심리변화와 태도변화를 일으켜 조금이라도 자신에게 유리한 콜 센터로 근무지를 옮기는 현상을 말한다.

① 유리천장
② 철새둥지
③ 콜 센터 심리공황
④ 콜 센터 바이러스

Answer ── **55.② 56.③ 57.②**

55 변혁적 리더십은 추종자들의 신념, 요구, 가치를 변화시킬 수 있어야한다. 또한 변혁적 리더는 추종자들로부터 신뢰감을 얻어야 하는데, 이는 리더 자신이 추종자들로부터 전적으로 충성과 신뢰를 받을 수 있는 능력을 가지고 있어야 한다.

56 ① 외부에서 충원하기에 앞서 조직 내부에 적절한 인적 자원이 존재하는지 먼저 살핀다.
② 상담자는 비경력자보다는 경력자를 선발하는 것이 조직의 생산성 향상에 도움된다.
④ 상담사 인력투입은 적응기간을 고려하여 한달전에 선발하도록 한다.

57 철새는 계절에 따라 서식지를 이동하는 새를 말하는데 이를 빗대어 조금이라도 자신에게 유리한 콜 센터가 있을 때 마다 자주 근무지를 이동하는 현상을 철새둥지라고 한다.

58 다음에서 설명하고 있는 텔레마케팅의 유형이 올바르게 나열된 것은?

> A 생명보험 회사는 주요 5대 일간지에 저렴한 보험료의 상해보험 상품을 광고하고 고객들이 무료전화
> 를 이용하여 전화를 걸어오면 보험 가입을 받고 상품을 판매하고 있다.

① 인바운드(Inbound), 기업 대 소비사(B to C)
② 인바운드(Inbound), 기업 대 기업(B to B)
③ 아웃바운드(Outbound), 기업 대 소비자(B to C)
④ 아웃바운드(Outbound), 기업 대 기업(B to B)

59 콜 센터 조직에서 상담사에게 필요한 동기부여의 조건이 아닌 것은?

① 칭찬과 인정
② 자부심과 소속감
③ 상사의 권위적 리더십
④ 업무에 몰입할 수 있는 분위기 조성

60 조직관리의 목적으로 옳지 않은 것은?

① 운영전략과 수행 효율성의 최적화를 이룬다.
② 인적자원의 능력을 초과한 업무수행이 가능하도록 한다.
③ 충성심과 애호도를 높일 수 있도록 교육 및 훈련을 시킨다.
④ 조직의 역할이 최적화 될 수 있도록 구성원 간의 역할과 기능을 명확히 한다.

Answer ─── **58.**① **59.**③ **60.**②

58 고객이 콜 센터로 전화를 하는 방식은 인바운드, 일반소비자를 대상으로 하는 텔레마케팅은 B to C(기업 대 소비자)
텔레마케팅이라고 한다.

59 상사의 권위적 리더십은 오히려 상담사에게 부담되어 능력을 저해할 수 있다.

60 조직관리의 목적으로 한정된 인적자원을 최대한 활용할 수 있도록 한다.

61 'House'가 제시한 목표 – 경로 모형의 리더십 유형에 관한 설명으로 틀린 것은?

① 후원적 리더십 – 부하의 복지와 욕구에 관심을 가지며 배려적이다.
② 참여적 리더십 – 하급자들과 상의하고 의사결정에 참여시키며 팀워크를 강조한다.
③ 성취지향적 리더십 – 일상적 수준의 목표를 가지고 지속적인 성과를 달성할 수 있도록 유도한다.
④ 지시적 리더십 – 조직화, 통제, 감독과 관련되는 행위, 규정, 작업일정을 수립하고 직무의 명확화를 기한다.

62 콜 센터 조직의 변화의 슬로건이 '즐겁고 행복한 콜 센터 조직문화 만들기'일 경우 나타날 수 있는 조직의 변화로 옳지 않은 것은?

① 칭찬과 인정이 넘쳐나는 조직으로 변화
② 풍부한 감성이 묻어나는 조직으로 변화
③ 상명하복이 바탕이 된 수직조직으로 변화
④ 다름과 차이를 인정할 수 있는 조직으로 변화

63 모니터링 평가 시 고려 요소의 하나로서 고객들이 실제로 상담원에게 어떻게 대우를 받았는지에 대한 서비스 평가와 서비스 모니터링 점수가 일치해야 하는 것을 의미하는 것은?

① 모니터링의 객관성   ② 모니터링의 차별성
③ 모니터링의 타당성   ④ 모니터링의 대표성

Answer 61.③ 62.③ 63.③

61 성취지향적 리더십에서는 능력을 최대한 발휘하고, 도전적 목표를 설정할 수 있도록 자신감을 강조한다.

62 상명하복배치방법은 과거에 종업원의 수평적 직위의 이동으로 상부에서의 일방적인 형태로 현재는 자기신고제를 통해 개개인의 의사를 반영하여 배치하도록 한다.

63 ① 모니터링의 객관성 : 주관성을 배제한 편견없이 객관적인 기준으로 평가하여 누구든지 인정할 수 있게 해야 한다.
② 모니터링의 차별성 : 모니터링은 서비스 전·후의 내용을 차별을 둠으로써 해당 서비스에 대한 이점은 인정할 수 있도록 해야 한다.
④ 모니터링의 대표성 : 모니터링 대상 콜은 하루의 모든 시간대별·요일별 및 그 달의 모든 주를 대표할 수 있도록 수행되어야 한다.

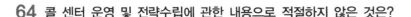

64 콜 센터 운영 및 전략수립에 관한 내용으로 적절하지 않은 것은?

① 제품의 가격을 고려할 때 고객이 부담없이 접근할 수 있는 가격대가 좋다.

② 콜 센터 운영에 적합한 제품이나 서비스를 선택할 때 신뢰성이 없는 제품이나 서비스도 선택하는 것이 유리하다.

③ 텔레마케팅 전략의 수립은 고개에 대한 접근익 틀을 제공하고 고객으로부터의 신뢰창출 및 매출증대, 고객서비스 향상에 결정적인 영향을 미친다.

④ 아웃바운드형 콜 센터를 운영할 때에는 전화를 거는 주고객층의 데이터를 직접 확보하거나 간접적인 제휴방식을 통해 확보할 수 있어야 한다.

65 다음과 같은 요인들의 상호작용을 통해서 나타날 수 있는 리더십 이론은?

> – 리더와 구성원 관계가 좋다 또는 나쁘다.
> – 과업구조가 높다 또는 낮다.
> – 직위권력이 강하다 또는 약하다.

① 리더십 특성이론

② 리더십 관계이론

③ 리더십 상황이론

④ 리더-구성원 상호작용이론

66 OJT(On the Job Training) 교육단계로 옳은 것은?

① 학습준비 → 업무설명 → 업무실행 → 결과확인

② 업무실행 → 학습준비 → 업무설명 → 결과확인

③ 업무실행 → 결과확인 → 업무설명 → 학습준비

④ 업무실행 → 업무설명 → 학습준비 → 결과확인

Answer ┈ **64.② 65.③ 66.①**

64 콜 센터 운영에 적합한 제품이나 서비스를 선택할 때 신뢰성이 있는 제품이나 서비스를 선택하는 것이 유리하다.

65 피들러의 상황이론은 리더십의 유형을 LPC 점수에 따라 관계형·과업형으로 구분하고, 리더와 부하의 관계, 과업구조, 리더의 직위권한을 상황변수로 정하여 상황에 적합한 효과적인 리더십을 발견하려고 하였다.

66 직장내 훈련(OJT)는 상사나 숙련공이 일하는 과정에서 직접 부하 종업원에게 실무 또는 기능에 관하여 훈련시키는 방법으로 학습준비 → 업무설명 → 업무실행 → 결과확인 단계를 거친다.

67 인바운드형 콜 센터 조직에 대한 설명으로 옳은 것은?

① 인바운드형 콜 센터는 고객이 전화했으므로 전문적인 상담스킬을 필요로 하지 않는다.

② 인바운드형 콜 센터는 무엇보다 고객상담 서비스의 질적인 관리와 업그레이드가 요구된다.

③ 외부로부터 걸려오는 전화를 받아서 처리하는 곳이기 때문에 전화량을 사전예측할 필요가 없다.

④ 인바운드형 콜 센터는 각종 광고나 알림, 서비스 개선 약속을 대중매체를 통해 전달하는 곳이다.

68 인적자원의 개발을 위한 교육훈련의 성과를 측정하기 위한 평가 방법에 관한 설명으로 옳지 않은 것은?

① 전이 평가 – 교육의 결과를 얼마나 현업에서 활용하고 있는지를 측정한다.

② 학습 평가 – 실제 교육을 통해 향상된 지식과 기술 및 태도를 측정한다.

③ 반응 평가 – 설문을 통해 피교육자가 교육을 어떻게 생각하는지 조사한다.

④ 효과성 평가 – 교육의 결과를 얼마나 동료에게 효과적으로 전달했는지 평가한다.

69 표준 작업일 상담원 실근무시간 등의 상황변수를 토대로 보다 현실적이고 실제적으로 콜 센터 업무를 계획하는 것은?

① 포기콜률
② 주문획득
③ 수신콜 응답률
④ 콜 센터 스케줄링

Answer ── 67.② 68.④ 69.④

67 ③ 인바운드는 통화중을 발생시키지 않도록 하기 위해서 피크타임시의 착신예약 콜수를 예상해서 이를 기준으로 인원을 배치한다.
④ 아웃바운드형 콜 센터에 대한 설명이다.

68 효과성 평가는 교육훈련의 결과로 얼마나 현업에서 활용할 수 있는지 평가한다.

69 콜 센터 스케줄링은 콜 서비스 목표율 등에 의해 예측된 콜량과 필요한 상담원수, 표준작업일 상담원의 실제근무시간 등의 상황 변수를 토대로 보다 현실적이고 실제적으로 콜 센터 업무계획을 실시하는 것을 말한다.

70 텔레마케팅의 개념에 대한 설명 중 옳지 않은 것은?

① 텔레마케팅은 고객과 1:1의 커뮤니케이션을 통해 이루어진다.
② 텔레마케팅은 각종 통신수단을 활용한 적극적이고 역동적인 마케팅이다.
③ 텔레마케팅은 데이터베이스 마케팅기법을 응용하여 마케팅을 전략적으로 활용할 수있다.
④ 텔레마케팅은 기업이나 조직의 마케팅활동이므로 사회적, 서비스적 기능을 갖고 있지 않다.

71 직무만족의 의의를 직원의 개인적인 측면과 조직의 측면으로 나누어 생각할 수 있는데 조직의 입장에서 살펴본 직무만족에 관한 설명으로 가장 거리가 먼 것은?

① 직장은 직원들이 하루 중 대부분의 시간을 보내는 곳으로 직무만족도가 높으면 삶의 만족도도 높다.
② 직무만족이 높으면 이직률이 감소하여 직원의 생산성 증가효과가 있다.
③ 직무만족을 하는 직원을 조직내부 및 조직외부에서 원만한 인간관계를 유지한다.
④ 자신의 조직에 긍정적인 감정을 가진 직원은 조직에 호의적이다.

72 직무분석의 방법 중 관찰법에 대한 설명으로 옳은 것은?

① 대상 직무의 작업자가 많은 시간을 할애해야 한다.
② 다른 작업자를 감독하거나 조정하는 등의 직무내용에 적합하다.
③ 분석자의 주관이 개입될 위험이 적다.
④ 분석자는 대상업무에 대한 전문적 지식이 필요 없다.

Answer— **70.④ 71.① 72.②**

70 텔레마케팅은 사회적, 서비스적 기능을 가지고 있다.

71 삶의 만족도는 여러 가지 이유가 있기 때문에 직무만족도가 높다고 해서 반드시 삶의 만족도도 높다고 볼 수 없다.

72 ① 수작업 및 육체적 작업의 경우 적은 시간과 비용으로 직무분석이 가능하다.
③ 관찰법은 분석자의 주관이 개입될 위험이 높다.
④ 직무분석자가 직무수행자를 직접 관찰하면서 정보를 수집하기 때문에 어느 정도 전문적 지식이 있어야 정보수집이 가능하다.

73 콜 센터 상담원의 역할 스트레스에서 역할모호성의 영향 요인 중 개인적 요인에 해당하는 것은?

① 피드백(feedback)

② 고려(consideration)

③ 권한위임(empowerment)

④ 직무경험(duty experience)

74 콜 센터 내의 팀 업무성과관리에 대한 설명으로 틀린 것은?

① 팀 목표를 설정하면 1년은 목표의 변경없이 목표를 달성해야 한다.

② 성과관리는 지속적인 과정으로서 1년에 1회씩 등급을 판정하는 연례행사가 아니다.

③ 팀은 주요 목표달성 상황을 지속적으로 추적하고 토의, 평가하고 의견을 수렴하여야 한다.

④ 업무성과관리는 팀이 고객을 만족시키는 능력을 개선하기 위해 노력하는 것에 초점을 맞춰야 한다.

75 리더십의 정의에 있어서 전제적 가정이 잘못된 것은?

① 지도자(leader)는 추종자(follower)가 있어야 한다.

② 지도자(leader)는 추종자(follwer)보다 많은 권력을 가진다.

③ 리더십은 추종자의 행동에 영향을 미치기 위하여 상이한 권력 형태를 이용한다.

④ 지휘는 조직의 관리 기능 중의 하나이며 조직구성원의 비행동적 측면을 다룬다.

 **73.④ 74.① 75.④**

73 역할모호성의 영향 요인 중 개인적 요인으로 직무경험 및 직무만족 등이 있다.

74 팀 목표를 설정하였다고 하여도 대내외 상황의 변화에 맞게 목표를 수정 또는 변경해야 하는 일이 발생하므로 이에 맞게 변경하는 것이 옳다.

75 지휘는 조직의 관리 기능 중의 하나이며 조직구성원의 행동적 측면을 다룬다.

76 고객관계관리(CRM: Customer Relationship Management)의 등장배경에 대한 설명으로 옳지 않은 것은?

① 고객관계관리는 e-business 전략과는 무관하다.
② 기업이 가치 있는 고객을 중심으로 기업경영을 함에 따라 고객의 중요성은 점차 증대되고 있다.
③ 기존의 대량생산체제 아래의 고객관리에서 벗어나 타깃(target)중심, 개별고객중심의 고객관리를 지향한다.
④ 고객에 대한 마케팅 활동이 파레토의 법칙(80:20)에 의해 고객에 의한, 고객에 대한 새로운 분류와 평가가 이루어지고 있다.

77 다음 중 고객가치 측정방법에 해당하지 않는 것은?

① RFM
② 시장점유율
③ 고객점유율
④ 고객생애가치

78 우수한 고객관계관리를 통한 기업의 이득이 아닌 것은?

① 경쟁기업의 성장
② 고객의 상품 재구매
③ 고객만족과 직원만족
④ 기업에 대한 긍정적 이미지 형성

Answer — **76.**① **77.**② **78.**①

76 CRM(고객관계관리)는 기업이 고객에 대한 정보를 분석해 이를 마케팅에 유용한 자료로 만들어 마케팅을 개발하고 실행하는 고객 중심 경영기법이고, E-비즈니스는 인터넷을 기반으로 하는 비즈니스 형태를 말한다. 최근에는 인터넷을 이용한 통합마케팅 기법인 e-CRM이 발전할 만큼 고객관계관리와 E-비즈니스 전략은 아주 밀접한 관계를 가진다.

77 고객가치 측정를 측정하는 요소에는 고객점유율, RFM(recency frequency monetary), 고객평생가치(LTV)등이 사용된다.

78 우수한 고객관계관리를 통해 경쟁기업이 아닌 자사가 성장하는데 도움이 된다.

79 메타그룹의 산업보고서에서 처음 제안된 CRM 시스템 아키텍처(architecture)의 3가지 구성요소에 포함되지 않는 것은?

① 분석적 CRM　　　　　　　　② 운영적 CRM
③ 협업적 CRM　　　　　　　　④ 통합적 CRM

80 고객 성격의 특성에 따른 상담요령으로 옳지 않은 것은?

① 급한 성격은 신속하게 행동하고 설명도 핵심만 강조한다.
② 결단성이 없는 성격은 기회를 잡아 빨리 요점만 설명한다.
③ 내성적인 성격은 조용하게 응대하고 상대의 의견을 충분히 들어준다.
④ 흥분을 잘하는 성격은 부드러운 분위기를 유지하며 강압하지 않는다.

81 관계마케팅 전략 개발을 위한 요소와 그에 대한 설명으로 틀린 것은?

① 제품 – 동일한 제품을 가지고 새로운 고객을 찾는 전략이 필요하다.
② 종업원 – 종업원들에 대한 적극적인 인적관리가 필요하다.
③ 고객 – 모든 고객을 대상으로 관계구축을 하는 것보다 고객 충성도가 높은 고객을 대상으로 한다.
④ 측정 – 측정내용을 계량화하여 정확한 마케팅 효과를 측정할 수 있게 한다.

Answer 　79.④　80.②　81.①

79 홍보컨설팅, SNS 및 컨텐츠 개발 전문회사로 유명한 메타그룹은 CRM을 기능적인 측면에서 분석적 CRM, 운영 CRM, 협업적 CRM으로 분류하였다.

80 결단형 고객은 이미 점포에 도달하기 전에 자신이 어떤 것을 구매해야 하는지 명확하기 때문에 기회를 잡아 빨리 요점만 설명하고, 가급적 고객이 혼자 선택하도록 해야 하며 고객이 직접 문의를 하기 전에 무엇을 하는 일이 없어야 한다.

81 제품 – 고객이 원하는 제품을 가지고 기존 고객의 이탈 방지 및 서비스 전략이 필요하다.

82 다음 중 언어적 의사소통의 도구는?

① 표정   ② 몸짓

③ 음성   ④ 스크립트

83 CRM에 대한 설명으로 틀린 것은?

① CRM은 고객점유율보다 시장점유율을 중시한다.

② CRM은 고객과 일대일관계를 중시한다.

③ CRM은 통합된 멀티채널을 활용한다.

④ CRM은 상호적 서비스를 제공한다.

84 라포(rapport) 에 대한 설명으로 옳지 않은 것은?

① 상대방에 대한 관심을 가짐으로서 형성될 수 있다.

② 성공적인 상담을 이끌어 가기 위하여 라포형성은 매우 중요하다.

③ 상담 시 고객마다 응대하는 방법이 다르므로 항상 중요하게 생각하지 않아도 무방하다.

④ 상담사가 따뜻한 관심을 가지고 상대방을 대할 때 라포가 형성될 수 있다.

Answer   **82.**④   **83.**①   **84.**③

82 • 언어적 의사소통 : 말과 글을 사용하여 자신의 의사를 전달하는 것
     • 비언어적 의사소통 : 말과 글이 아닌 표정, 행동, 외모, 음성, 감정 등을 통해 전달하는 것

83 고객관계관리는 고객에 대한 지속적인 서비스를 제공하는 것으로 고객유지, 고객점유율, 고객관계에 중점을 둔다.

84 라포는 상담이나 교육을 위한 전제로 신뢰와 친근감을 형성하므로 항상 중요하게 생각해야 한다.

85 CRM 도입에 따른 기대효과로 가장 거리가 먼 것은?

① 고객 DB의 분산
② 고객 DB의 적극적 활용
③ 고객서비스 프로세스 개선
④ 다양한 고객요구에 대한 적극적 대처

86 기업에서 고객만족을 위해 고객서비스를 중요하게 고려해야 하는 이유로 가장 옳은 것은?

① 전반적인 고객서비스에 대한 고객의 기대가 핵심제품에 대한 기대보다 높기 때문이다.
② 인터넷의 대중화로 판매자와 고객 간의 대면기회가 감소하고 있기 때문이다.
③ 내부고객에 대한 고객서비스가 외부고객에 대한 고객서비스로 연결되기 때문이다.
④ 제품의 물리적 품질에 큰 차이가 없으면 소비자들은 고객서비스를 통해 전체 품질을 평가하기 때문이나.

87 까다로운 고객을 설득하는 방법 중 공감을 표시하는 말로 적당하지 않은 것은?

① "고객님 말씀을 충분히 이해합니다."
② "제 말을 이해하지 못하시는 것 같습니다."
③ "현재 최선을 다해 방법을 찾고 있습니다."
④ "정말 뭐라 말씀드려야 할지 모를 정도로 면목이 없습니다."

Answer ─ **85.**① **86.**④ **87.**②

85 CRM 도입에 따라 고객 DB의 확보가 가능하다.

86 고객서비스가 중요한 이유
• 서비스는 제2의 상품이다.
• 기업간, 점포간 수준높은 경쟁 수단이다.
• 서비스 수준이 회사매출과 회사에 대한 고객 이미지를 좌우한다.
• 안정된 수익기반이 되는 단골고객을 만드는 원동력이다.
• 시장의 성숙기나 과다 경쟁시대에 있어서 경쟁력 우위는 서비스 차별화에 있다.

87 까다롭고 깐깐한 고객에게 잘못을 지적받을 때에는 "제 말을 이해하지 못하시는 것 같습니다."와 같이 반론을 펴기보다는 "지적해 주셔서 감사합니다."하고 받아들이는 자세를 보여야한다.

88 CRM을 실현하기 위한 정보기술에 해당되지 않는 것은?

① 고객만족지수
② 데이터마이닝
③ 마케팅 채널
④ 데이터 웨어하우스

89 구매 전 상담에서 제품정보를 제공하는 목적과 가장 거리가 먼 것은?

① 기업의 좋은 이미지를 형성하려는 목적이다.
② 경쟁제품과 비교할 수 있도록 하는 것이다.
③ 소비자가 충동 구매할 수 있게 만드는 것이다.
④ 소비자가 지불하는 제품 값과 품질의 합리성을 설명하는 것이다.

90 다음 중 수다쟁이형 고객의 상담요령으로 가장 적합한 것은?

① 근거가 되는 구체적 자료를 제시한다.
② 맞장구와 함께 천천히 용건에 접근한다.
③ 묻는 말에 대답하고 의사 표현은 하지 않는다.
④ 한 가지 상품을 제시하고, 고객을 대신하여 결정을 내린다.

Answer **88.① 89.③ 90.②**

88 CRM의 정보기술은 고객과의 관계를 관리하기 위하여 고객정보를 분석하고 컴퓨터 등 정보기술 및 이에 기반한 과학적인 마케팅 활동을 한다. 고객만족지수는 고객지향적 특성에 가깝다.

89 구매 전 상담은 소비자들에게 정보와 조언을 제공하여 소비자들의 문제를 해결하거나 최선의 선택을 돕는 것이다. 다양한 정보와 조언을 제공함으로써 소비자생활의 질적 향상을 돕는다.

90 ① 분석형
③ 유아독존형
④ 우유부단형

91 고객의 반론을 극복하기 위한 방법과 가장 거리가 먼 것은?

① 참을성 있게 공감적 경청을 한다.
② 최대한 회사의 입장에서 고객을 설득한다.
③ 거절이나 반론에 대한 두려움을 없앤다.
④ 고객의 니즈를 집중적으로 분석하여 관심을 유도한다.

92 다음에서 설명하는 상담의 기능으로 옳은 것은?

> 대화를 할 때 상대방의 도움이나 구매행동, 우호적인 참여를 획득하기 위해 권유 등의 말을 하게 되는
> 기능으로서 이 기능은 상대방에게 행동의 변화를 요구하게 되며 특히, 의식이나 신조를 바꾸게 하고
> 그것을 실행하도록 요구할 수 있는 간접적인 명령 형태이다.

① 친화적인 기능
② 사고형성의 기능
③ 정서표현의 기능
④ 명령·설득의 기능

Answer— **91.② 92.④**

91 고객의 반론을 극복하기 위한 방법
- 거절이나 반론에 대한 두려움을 없앤다.
- 실질적·현실적인 혜택을 베푼다.
- 고객의 니즈를 집중적으로 분석하여 관심을 유도한다.
- 인간적인 신뢰성으로 설득한다.
- 참을성 있게 공감적 경청을 한다.
- 최대한 고객의 입장에서 이해하려고 한다.

92 명령·설득의 기능은 상대방의 도움이나 구매행동, 우호적인 참여를 획득하기 위해 권유 등의 말을 하는 기능으로, 상대방에게 행동의 변화를 요구하게 된다.

93 고객과의 상담과정에서 재진술을 하는 목적이나 효과로 가장 거리가 먼 것은?

① 고객의 이야기를 적극적으로 듣고 있다는 신뢰감을 줄 수 있다.

② 고객의 문제 또는 욕구를 명확하게 이해할 수 있다.

③ 상담사가 잘못 이해했던 부분을 발견할 수 있다.

④ 고객은 더 이상 자신의 문제나 욕구를 설명할 필요가 없게 된다.

94 개방형 질문에 관한 설명으로 옳지 않은 것은?

① 고객으로부터 많은 의견과 정보를 기대할 수 있다.

② 개방형 질문은 비교적 상담 후반에 사용하는 것이 효과적이다.

③ 개방형 질문은 답변하는 사람에 따라 말의 내용과 분량이 달라진다.

④ 개방형 질문에 대한 고객의 답변에 이어 필요하다면 다른 내용을 추가로 질문함으로써 고객의 욕구를 명확하게 파악할 수 있게 된다.

95 커뮤니케이션 과정에서 전달과 수신 사이에 발생하며 의사소통을 왜곡시키는 요인을 의미하는 것은?

① 잡음(noise)

② 해독(decoding)

③ 피드백(feedback)

④ 부호화(encoding)

Answer **93.**④ **94.**② **95.**①

93 고객에 대한 상담은 항상 객관적인 입장에서 행해져야 하고, 고객 불만에 대한 책임소재가 명확히 파악되어야 한다. 고객에 대한 반응을 보이는 것은 고객의 이야기를 적극적으로 경청하고 있다는 신뢰감을 줄 수 있고, 이러한 과정에서 텔레마케터는 고객의 상담내용을 좀 더 자세히 파악할 수 있다.

94 개방형 질문은 모든 가능한 응답의 범주를 모르거나 응답자가 어떻게 응답하는가를 탐색적으로 살펴보고자 할 때 적합하며, 질문지에 열거하기에는 응답범주가 너무 많을 경우에 사용하면 좋다.

95 잡음은 정확한 정보의 수용을 방해하는 생리적이거나 심리적인 요인들인 신체적 특성, 주의력 부족, 메시지의 명확도나 메시지의 시끄러움과 같은 환경적 요인들이다.

96 양방향 의사소통의 구성요건에 해당하지 않는 것은?

① 의사소통을 일으키는 발신자가 있어야 한다.
② 발신된 메시지를 받아들이는 수신자가 있어야 한다.
③ 발신자와 수신자 사이에 의사소통이 일어나는 통로가 있어야 한다.
④ 반드시 말하기와 쓰기가 이루어질 수 있는 환경이 있어야 한다.

97 텔레마케터의 바람직한 음성연출로 가장 거리가 먼 것은?

① 알맞은 음량
② 또렷한 목소리
③ 동일한 목소리 톤
④ 적당한 말의 속도

98 기업이 고객과 직·간접적으로 접촉하는 모든 채널과 방법들을 유기적으로 연관시키는 CRM의 형태는?

① 기능적 CRM
② 고객접점 통합 CRM
③ 전략적 CRM
④ 운영적 CRM

Answer **96.④ 97.③ 98.②**

96 양방향 의사소통은 반드시 말하기와 쓰기가 이루어지지 않아도 말하고 듣기가 되는 환경이여도 된다.

97 동일한 목소리 톤 보다는 음성에도 억양을 넣어 효과적으로 연출한다.

98 고객접점이란 고객이 기업의 한 부분과 직·간접적으로 접촉하여 서비스에 대한 인식을 영향을 미치는 결정적인 순간을 말한다.

99 텔레마케팅을 통한 고객상담에 대한 설명으로 옳지 않은 것은?

① 통신장비를 활용한 비대면 중심의 커뮤니케이션이다.

② 언어적인 메시지와 비언어적인 메시지를 동시에 사용할 수 있다.

③ 고객을 직접 만나는 것이 아니기 때문에 응대의 결과와 반응은 그다지 중요하지 않다.

④ 고객과 텔레미게터 간에 제품구매 또는 서비스거래 등의 커뮤니케이션 행위가 일어난다.

100 고객관계유지를 위한 CRM의 역할로 볼 수 없는 것은?

① 고객 니즈 분석

② 고객평가 및 세분화

③ 집단화 및 획일화

④ 고객이탈 방지

 Answer ─ **99.**③ **100.**③

99 텔레마케팅은 고객을 직접 만나지는 않지만 전화를 통하여 간접적으로 고객과 만나는 것이기 때문에 응대의 경과와 반응도 중요하게 생각하여 상담해야 한다.

100 CRM의 역할
① 고객관계획득 측면 : 잠재고객의 추출, 고객이탈 방지, 고객확보비용 감소 등
② 고객관계유지 측면 : 고객 니즈 분석, 고객평가 및 세분화 등
③ 고객관계강화 측면 : 핵심고객의 발굴, 관계의 깊이와 폭의 확대 등

20 2019년 제2회 기출문제

1 판매관리

1 시장세분화의 인구 통계적 변수에 해당하지 않는 것은?

① 나이
② 종교
③ 개성
④ 소득

2 대형 가전제품, 의류, 가구류 등에 해당하는 소비재 유형은?

① 편의품
② 선매품
③ 전문품
④ 비탐색품

3 일반적인 인바운드 텔레마케팅 활용 사례를 모두 고른 것은?

| ㉠ 유권자 여론 조사 | ㉡ 클레임 접수 |
| ㉢ 상품주문접수 | ㉣ 자사제품 만족도 조사 |

① ㉠, ㉡
② ㉠, ㉣
③ ㉡, ㉢
④ ㉢, ㉣

Answer — 1.③ 2.② 3.③

1 인구통계적 변수에는 나이, 성별, 가족규모, 가족수명주기, 소득, 직업, 교육수준, 종교 등이 있다. 개성은 시장세분화의 심리분석적 변수에 해당한다.

2 선매품은 제품을 구매하는 데 있어 여러 가지 다양한 대안을 비교하고 수고와 노력을 아끼지 않는 제품으로 대형 가전제품, 의류, 가구류, 헬스서비스 등이 있다.

3 인바운드 텔레마케팅은 고객으로부터 콜 센터에 전화가 오는 것으로 클레임 접수, 상품주문접수 등에 활용된다. 유권자 여론 조사와 자사제품 만족도 조사는 아웃바운드 텔레마케팅 활용 사례에 해당한다.

4 시장세분화의 이점으로 볼 수 없는 것은?

① 마케팅 믹스를 보다 효과적으로 조합할 수 있다.
② 시장수요의 변화에 보다 신속하게 대처할 수 있다.
③ 다양한 특성을 지닌 전체 시장의 욕구를 모두 충족시킬 수 있다.
④ 세분시상의 욕구에 맞는 시장기회를 보다 쉽게 찾아낼 수 있다.

5 판매촉진이 다른 커뮤니케이션 수단에 비해 더 많은 비중을 차지하는 이유로 볼 수 없는 것은?

① 광고와 달리 판매촉진은 매출에 즉각적인 영향을 미치기 때문이다.
② 판매촉진은 구매 관련 위험을 줄이는 가장 효율적인 수단이기 때문이다.
③ 상표의 종류가 많아지고 제품들 간의 등가성이 증가하고 있기 때문이다.
④ 많은 광고에 노출된 소비자들은 각각의 광고를 기억하기가 어렵기 때문이다.

6 콜 센터 내 여러 직원에게 골고루 전화가 배분되도록 분배해주는 장치는?

① ACD   ② ARS
③ ANI   ④ ACRDM

✿*Answer* ─ 4.③ 5.② 6.①

4 시장세분화를 통해 소비자욕구, 구매동기 등의 기준에서 시장을 보다 정확히 파악하여 변화에 대해 보다 신속하게 대처가 가능하다. 전체 시장의 욕구를 모두 충족시킬 수는 없지만 각 마케팅 활동에 대한 소비자들의 반응을 알고 있으므로 마케팅 자원을 보다 효율적으로 배분할 수 있다.

5 판매촉진의 비중이 커지는 이유는 많은 제품들의 상표간의 경쟁이 격화되고 있고, 제품의 질이 상당히 동질화 되어 점차 차별화가 어려워짐에 따라 가격경쟁이 심해지고 있기 때문이다.

6 • ACD(Automatic call distributor) : 콜 센터 내에 인입된 전화를 대기중인 상담원에게 순차적으로 균등하게 분배하는 장치
• ANI(Automatic number identification) : 고객의 모든정보를 전화 인입과 동시에 상담원의 모니터에 스크린 팝업해주는 장치
• ACRDM(Automatic computer record dialing machine) : 사전에 지정된 전화번호를 스스로 돌린 후 자동적으로 녹음된 메시지를 전달하는 장치

7 다음이 설명하는 표적시장 선정 전략은?

> 큰 시장에서 낮은 점유율을 유지하는 대신에 자신에게 가장 알맞은 하나 혹은 몇 개의 세분시장을 선택한 후 이 세분시장에 집중함으로써 보다 높은 점유율을 확보하는 데 유용한 전략이다.

① 순차적 마케팅
② 차별화 마케팅
③ 집중화 마케팅
④ 비차별화 마케팅

8 아웃바운드 판매 전략의 특성에 대한 설명으로 옳지 않은 것은?

① 아웃바운드에서는 고객리스트가 반응률에 영향을 미친다.
② 아웃바운드에서는 고객에게 전화를 건다는 측면에서 소극적, 방어적 마케팅이다.
③ 아웃바운드에서 데이터베이스마케팅기법을 활용하면 더욱 효과가 증대된다.
④ 아웃바운드는 마케팅전략이나 통화기법 등의 노하우, 텔레마케터의 자질 등에 큰 영향을 받는다.

9 제품 포지셔닝(positioning)에 대한 내용으로 옳지 않은 것은?

① 한번 정한 포지셔닝은 바꿀 수 없다.
② 포지셔닝 맵을 사용하여 분석할 수 있다.
③ 경영자로 하여금 신제품 개발 및 광고 활동에 있어서 방향성을 제시해 줄 수 있다.
④ 기업이 시장세분화를 기초로 정해진 표적시장 내 고객들의 마음속에 전략적 위치를 계획하는 것을 말한다.

Answer ── 7.③ 8.② 9.①

7 집중화마케팅이란 중간상을 배제하고 소비자에게 직접 판매하는 즉, 소매업자에 대한 제조업자의 직접 판매를 포함하는 마케팅전략을 말한다.

8 아웃바운드 텔레마케팅은 고객의 정보에 대한 체계적인 데이터 베이스를 기반으로 하여 제품 또는 서비스를 적극적으로 판매하는 것을 말한다. 업체 스스로 주도하는 능동적이고 목표지향적인 마케팅이라 할 수 있다.

9 한번 정한 포지셔닝을 다시 바꾸는 것을 재포지셔닝이라고 한다. 재포지셔닝은 자사제품이 경쟁사의 제품보다 열등할 경우에 기존제품을 리뉴얼하거나 전혀 새로운 상품으로 접근을 하는 것을 의미한다.

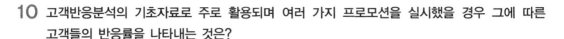

10 고객반응분석의 기초자료로 주로 활용되며 여러 가지 프로모션을 실시했을 경우 그에 따른 고객들의 반응률을 나타내는 것은?

① Queue
② Response rate
③ Order processing
④ Call management system

11 가격결정에 있어서 상대적으로 고가가격이 적합한 경우가 아닌 것은?

① 수요의 탄력성이 높을 때
② 규모의 경제효과를 통한 이득이 미미할 때
③ 높은 품질로 새로운 소비자층을 유인하고자 할 때
④ 진입장벽이 높아 경쟁기업이 자사 제품의 가격만큼 낮추기가 어려울 때

12 소비자가 온라인, 오프라인, 모바일 등 다양한 경로를 통해 제품을 검색하고 구매할 수 있도록 각 유통채널의 특성을 통합한 채널 전략은?

① 옴니채널(omni channel)
② 멀티채널(multi channel)
③ 직접채널(direct channel)
④ 간접채널(indirect channel)

Answer ── **10.**② **11.**① **12.**①

10 Response rate는 고객의 반응률, 즉, 응답률을 말한다. 여론조사등의 경우에 있어 여론조사 면접원이 하는 질문에 대해 고객이 얼마나 응답하는지의 비율을 나타낸다.

11 시장침투가격정책은 가격을 낮게 설정하는 정책으로 그 시장에 경쟁자가 곧 진입할 것으로 예상되거나 제품의 수요가 가격에 탄력적일 때 침투가격책정을 선택하는데, 이는 대량으로 판매함으로써 원가가 낮아져 가격인하가 가능해진다.

12 옴니채널은 온라인, 모바일, 오프라인 등 다양한 경로를 동시에 활용하는 형태를 말한다.

13 제품을 판매하거나 서비스를 제공하는 과정에서 다른 제품이나 서비스에 대하여 판매를 유도하고 촉진시키는 마케팅 기법은?

① 재판매   ② 교차판매
③ 인적판매   ④ 이중판매

14 텔레마케터에게 요구되는 판매기술로 볼 수 없는 것은?

① 고객의 목소리를 통해 고객의 심리를 파악할 수 있는 능력을 가져야 한다.
② 갑작스러운 접촉을 통해 상담이 진행되는 경우에도 차분하게 상담을 진행하는 능력을 가져야 한다.
③ 시간제약(time constraint)이 방문판매 보다 심하기 때문에 제한된 시간 내에 마케팅을 진행할 수 있는 능력을 가져야 한다.
④ 상담 중 판매관련 문헌(sales literature)의 동시 사용이 불가능하기 때문에 완벽히 제품에 관한 지식을 숙지해야 한다.

15 제품의 가격결정 시 가장 일반적으로 쓰이는 방법으로, 제품 원재료의 가격에 일정 이익을 가산하여 가격을 결정하는 것은?

① 편습적 가격결정법
② 원가가산 가격결정법
③ 경쟁입찰 가격결정법
④ 투자수익률기준 가격결정법

Answer   13.②   14.④   15.②

13 교차판매(cross-selling)은 소비자에게 제품을 판매하거나 서비스를 제공하는 도중에 다른 제품이나 서비스에 대해 판매를 유도하는 방법으로, 권유 시 한 두 문장 정도로 짧으면서도 절도가 있어야 한다.

14 텔레마케터는 고객과 상담 중 고객에게 양해를 구하여 판매관련 문헌을 참고하여 상담을 진행할 수 있다.

15 원가가산 가격결정법은 가장 단순한 형태로서 가격은 예상된 판매 단위 수에 총원가인 단위당 고정비와 변동비를 곱하여 계산된 총비용에다 예정된 이익을 더한 것을 단위수로 나누어 결정된다.

16 해피콜에 대한 설명으로 옳지 않은 것은?

① 고객과의 관계 개선을 통해 추가판매를 유도하고 고객만족도를 높여 충성고객화 한다.

② 감사 전화, 서비스 만족 확인 전화, 캠페인 지지 전화 등이 이에 해당한다.

③ 해피콜의 지속적인 운영관리를 위해 대상 데이터베이스를 유지하도록 한다.

④ 해피콜은 소비자와의 최종 커뮤니케이션 단계로 해피콜 이후의 조치사항은 특별히 필요 없다.

17 중간상은 생산자와 사용자 사이에서 다양한 효용을 창출한다. 다음 중 중간상이 창출해 내는 효용에 관한 설명으로 옳지 않은 것은?

① 소유효용(possession utility) : 생산자로 하여금 상품과 서비스를 소유할 수 있도록 도와주는 활동

② 시간효용(time utility) : 소비자가 원하는 시기에 언제든지 상품을 구매할 수 있는 편의를 제공하는 것

③ 장소효용(place utility) : 소비자가 어디에서나 원하는 장소에서 상품이나 서비스를 구입 할 수 있게 하는 것

④ 형태효용(form utility) : 상품과 서비스를 고객에게 조금 더 매력 있게 보이기 위해 그 형태 및 모양을 변형시키는 활동

18 마케팅정보시스템의 구성요소 중 마케팅 인텔리전스시스템에 관한 설명으로 옳지 않은 것은?

① 기업 내부에서 일어나고 있는 현상에 관한 자료를 공급하는 것을 목적으로 한다.

② 양질의 정보를 모으기 위해서 정보제공자(판매자, 유통업자 등)들에게 훈련 및 동기를 부여하는 것이 중요하다.

③ 변화하는 시장(산업)환경에 대한 정보를 입수하는 절차와 이러한 정보를 제공하는 정보원에 대한 시스템을 말한다.

④ 마케팅관리자가 신문, 잡지, 통계 등을 통해 자사와 자사가 속한 시장, 산업에 대한 정보를 모으는 것도 마케팅인텔리전스 시스템 활동이다.

Answer ── 16.④ 17.① 18.①

16 해피콜은 소비자와의 최종 커뮤니케이션 단계로 고객이 상품이나 서비스에 만족여부 등을 확인하는 단계로 여기서 얻은 정보를 활용하여 상품이나 서비스 개선에 신경써야 한다.

17 소유효용이란 사용자로 하여금 상품과 서비스를 소유할 수 있도록 도와주는 활동이다.

18 마케팅 인텔리전스 시스템의 목적은 기업 외부 정보를 수집하여 공급하는 것을 목적으로 한다.

19 외부 환경 및 기업 내부로부터 정보를 수집, 처리하여 기업이 환경변화에 적절히 대응할 수 있도록 컴퓨터에 기반을 둔 데이터베이스, 의사결정 도구와 모델로 이루어진 시스템은?

① 내부정보시스템
② 마케팅조사시스템
③ 마케팅인텔리전스시스템
④ 마케팅의사결정지원시스템

20 마케팅 믹스(marketing mix)의 4P's에 해당하지 않는 것은?

① 가격(Price)
② 제품(Product)
③ 과정(Process)
④ 판매촉진(Promotion)

21 다음 설명이 나타내는 서비스의 특성은?

> 제품과 비교한 서비스는 객체(object)라기 보다 행위이고 성과이기 때문에 보거나, 만지거나 저장할 수 없다.

① 소멸성
② 이질성
③ 무형성
④ 생산과 소비의 동시성

Answer ─ **19.④ 20.③ 21.③**

19 내부정보시스템은 기업 내부 정보를 통합적으로 관리하는 시스템을 말하며, 마케팅 인텔리전스 시스템은 일반적인 상황에 따라 조사하게 되는 외부환경조사 마케팅정보 시스템이다.

20 마케팅믹스 4P's : Product(제품), Promotion(판매촉진), Place(유통), Price(가격)

21 서비스의 특성
- 소멸성 : 서비스는 보관되지 않고 판매되지 않은 서비스는 소멸한다.
- 이질성 : 한 고객에 대한 서비스가 다른 고객에 대한 서비스는 다를 수 있다.
- 무형성 : 서비스는 실체를 보거나 만질 수 없다.
- 비분리성(동시성) : 서비스는 제공자에 의해 제공과 동시에 고객에 의해 소비된다.

22 시장점유율이 높은 상위의 기업체들이 제품의 가격을 올리거나 내리게 되면 다른 기업체들도 이에 따라 가격을 결정하는 전략은?

① 선도가격전략
② 특별가격전략
③ 품위가격전략
④ 서수가격전략

23 포지셔닝 전략을 개발하기 위한 기업 내부의 분석정보가 아닌 것은?

① 성장률　　　　　　　　② 인적자원
③ 시장점유율　　　　　　④ 기술상의 노하우

24 시장세분화의 기준 중 추구하는 편익, 상표충성도, 가격민감도 등의 변수를 지니는 것은?

① 지리적 변수
② 인구통계적 변수
③ 심리분석적 변수
④ 행동분석적 변수

Answer 　22.① 　23.③ 　24.④

22 경쟁자의 가격을 비교하여 가격을 결정하는 방법으로 가격선도기업이 가격을 변화시키면 경쟁기업 역시 조정을 하게 된다.

23 제품의 속성 및 소매점의 특성, 제품이나 소매점이 제공하는 편익, 고객의 특정계층, 경쟁제품이나 경쟁점과 직접 대비하여 포지셔닝 전략을 세울 수 있다. 이 경우 제품의 기술상의 노하우, 시장 성장률, 인적자원이 기업 내부의 분석정보이다.

24 세분화 변수의 종류

세분화 기준	세분화 변수
지리적 변수	지역, 인구밀도, 도시의 크기, 기후 등
인구통계적 변수	나이, 성별, 가족규모, 가족수명주기, 소득, 직업, 교육수준, 종교 등
심리분석적 변수	사회계층, 생활양식, 개성 등
행동분석적 변수	추구하는 편익, 사용량, 제품에 대한 태도, 상표 충성도, 상품구매단계, 가격에 대한 민감도 등

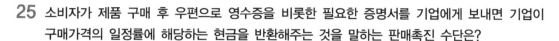

25 소비자가 제품 구매 후 우편으로 영수증을 비롯한 필요한 증명서를 기업에게 보내면 기업이 구매가격의 일정률에 해당하는 현금을 반환해주는 것을 말하는 판매촉진 수단은?

① 리베이트
② 프리미엄
③ 가격할인쿠폰
④ 마일리지 서비스

 2 **시장조사**

26 자료의 성격에 따라 1차 자료와 2차 자료로 구분할 때 2차 자료에 해당하는 것은?

① 원 자료(Raw data)
② 현장자료(Field data)
③ 실사자료(Survey data)
④ 신디케이트 자료(Syndicated data)

Answer — **25.**① **26.**④

25 리베이트는 소비자가 구매 후 구매영수증과 같은 증거서류를 기업에게 제시할 경우 해당 제품에 대해 할인하여 금액을 환불해 주는 방법으로, 리펀드(refund)와 비슷하지만 가격할인이 구매시점이 아니라 증거서류의 제시 시점이라는 점에서 다르다.

26 2차 자료는 현재의 조사목적에 도움을 줄 수 있는 기존의 모든 자료를 말하므로 기존에 만들어진 신디케이트 자료는 2차 자료에 해당한다. 신디케이트 자료는 상업자료라고도 하며 외부의 독립적인 조사기관들이 영리를 목적으로 특정한 자료를 수집하여 특정한 기업이나 기관으로 판매하는 상업적인 자료를 말한다.

27 다음 설명에 가장 적합한 조사유형은?

> S은행 내부 직원들의 회사만족도를 조사하기 위하여 3,000명의 직원들을 대상으로 10일간 조사를 실시하고자 한다. 문항에 대한 이해 부족으로 생길 수 있는 응답오류를 최소화 하면서 적은 비용으로 조사를 할 수 있는 방법을 생각하고 있다.

① 면접조사
② 방문조사
③ 관찰조사
④ 집단설문조사

28 사전조사에 대한 설명으로 옳지 않은 것은?

① 본 조사에 앞서 조사방법과 조사과정이 적절한지 등을 검토하기 위하여 실시한다.
② 마케팅 문제에 대한 사전정보가 적은 경우 전반적인 환경을 파악하기 위한 탐색적인 방법이다.
③ 사전조사는 본 조사에서 오차를 줄일 수 있도록 본 조사의 50% 정도의 규모로 실시하는 경우가 많다.
④ 표본설계에서 표본크기를 정하고자 할 때 모분산을 모르는 경우에 이를 추정하기 위해서 실시한다.

Answer— **27.④ 28.③**

27 ① 교육을 받은 조사원이 직접 응답자와 1대 1의 대면접촉을 통해 자료를 수집하는 방법으로 질문내용을 상세하게 응답자에게 설명해 줄 수 있으며 응답률을 높일 수 있다.
② 전화를 통해 응답자들로부터 자료를 수집하는 방법으로 응답자들은 전화번호부를 이용해 선정된다.
③ 응답자가 우편으로 발송된 설문지에 응답하도록 한 후 이를 반송용 봉투를 이용하여 회수함으로써 자료를 수집하는 방법이다.

28 설문지의 초안이 완성된 후 조사대상이 되는 모든 계층의 응답자들에게 본조사가 들어가기 전 간이조사를 실시하여 미리 문제점이 무엇인지 파악해 보는 절차를 사전조사라 한다.

29 표본추출법을 결정한 후 표본크기를 결정할 때 고려해야할 사항으로 옳지 않은 것은?

① 조사자가 표본을 통해 얻은 통계량에 대해 표본오류가 적길 원한다면 표본의 크기를 크게 한다.

② 조사자가 통계량을 바탕으로 추정한 신뢰 구간에 보다 확신, 신뢰를 갖길 원할 때 표본의 크기를 크게 한다.

③ 표본의 크기가 커질수록 시간과 비용이 상승하게 되므로 조사에서 사용 가능한 예산 범위를 고려하여 표본의 크기를 정해야 한다.

④ 조사자가 밝히고자 하는 모수에 대한 모집단 내 차이가 미비하고 유사한 특징을 보인다면 표본의 크기를 크게 하여 정확성을 높인다.

30 시장조사에 활용되는 측정척도에 대한 설명으로 옳지 않은 것은?

① 서열척도는 순서(순위, 등급)에 대한 정보를 포함하는 자료이다.

② 비율척도는 모든 산술계산이 가능하며 절대영점이 존재하지 않는 유일한 척도이다.

③ 등간척도는 명목자료와 서열자료에 포함된 정보와 측정값 간의 양적 차이에 관한 정보를 포함한다.

④ 명목척도는 숫자에 의해 양적인 개념이 전혀 내포되어 있지 않으며 단지 확인과 분류에 관한 정보만을 내포한다.

31 마케팅 조사를 수행하기 위한 첫 번째 단계는?

① 현재 당면하고 있는 문제를 파악하여야 한다.

② 조사의 결론이 왜 그렇게 되었는가의 원인을 규명한다.

③ 조사에서 채택된 가설을 엄격하게 검증하여야 한다.

④ 과거 연구 성과나 이론으로부터 유도된 가설이나 리서치 설계를 활용한다.

Answer ── **29.④ 30.② 31.①**

29 조사자가 밝히고자 하는 모수에 대한 모집단 내 차이가 미비하고 서로 유사한 특징을 보인다면 표본의 크기를 작게 하여 정확성을 높인다.

30 비율척도는 가장 포괄적인 정보를 제공하는 최상위 수준의 측정척도로 등간척도의 모든 정보를 제공하면서 절대영점을 가진다. (소득, 시간, 체중, 가격 등)

31 마케팅 조사의 단계 : 문제와 조사목적 확립→탐색조사→본격 조사기획→실제조사→자료분석과 보고서 제시

32 자료를 수집할 때 의사소통방법을 이용한 것이 아닌 것은?

① 관찰법
② 대인면접법
③ 전화면접법
④ 우편면접법

33 다음 ( )에 들어갈 알맞은 용어는?

반복해서 여러 번 측정을 해도 그 측정값이 비슷하게 나온다면 ( )이 있다고 할 수 있다.

① 신뢰성   ② 타당성
③ 민감성   ④ 선별성

34 비확률표본추출방법에 해당하는 것은?

① 편의표본추출법
② 층화표본추출법
③ 군집표본추출법
④ 단순무작위표본추출법

Answer ── 32.① 33.① 34.①

32 관찰법이란 질문과 답변을 통하여 정보를 수집하는 의사소통방법이 아니라 응답자의 행동과 태도를 조사자가 관찰하고 기록함으로써 정보를 수집하는 방법이다.

33 신뢰도는 오차가 없다면 1이 되며 오차가 클수록 신뢰도는 0에 가까워진다. 즉, 신뢰도가 높다는 말은 측정오차가 작은 상태라 할 수 있다.

34 비확률표본추출방법에는 편의표본추출법, 판단표본추출법, 할당표본추출법 등이 있다.

35 면접조사 방법과 비교한 전화조사 방법의 장점으로 틀린 것은?

① 전화조사 방법은 면접조사 방법에 비해 시간과 비용을 절약할 수 있다.
② 면접원을 용무가 없는 사람으로 생각하고 방문을 금지하는 경우가 있지만 전화는 이러한 상황을 극복할 수 있다.
③ 면접조사는 면접원들이 조사결과에 영향을 미쳐 각각 다른 결과를 가져올 수 있으나 전화조사는 그럴 위험이 비교적 적다.
④ 전화조사는 면접조사보다 응답자가 긴 시간을 할애할 수 있어 구체적이고 자세한 조사를 할 수 있다.

36 다음 설문을 보고 연구자가 고려해야 할 사항은?

> Q. 당신은 2019년에 방문한 커피숍 브랜드는 몇 개 입니까?
>
> ① 1개   ② 3개   ③ 5개   ④ 10개

① 응답 항목들 간의 내용이 중복되어서는 안 된다.
② 응답자에게 지나치게 자세한 응답을 요구해서는 안 된다.
③ 응답자가 대답하기 곤란할 질문들에 대해서는 직접적인 질문을 피하도록 한다.
④ 응답자가 응답할 수 있는 모든 경우의 수를 고려하여야 한다.

37 다음 2차 자료의 종류 중 내부자료(internal data)는?

① 정부기관 발행물   ② 기업 내 회계자료
③ 민간 연구소 연구자료   ④ 국책 연구소 간행 자료

Answer — **35.**④ **36.**④ **37.**②

35 면접조사는 전화조사보다 응답자가 긴 시간을 할애할 수 있어 구체적이고 자세한 조사를 할 수 있다.

36 위 설문과 같은 폐쇄형 질문에는 응답자가 몇 개의 한정된 응답지 가운데 선택해야 하므로 응답자의 충분한 의견반영이 곤란하다. 그렇기 때문에 응답자가 응답할 수 있는 모든 경우의 수를 고려하여야 한다.

37 내부적 2차 자료는 조사를 실시하고 있는 기업 · 조직내부에서 보유하고 있는 자료이다. 내부자료에는 기업의 재무제표, 영업부의 판매기록, 원가 및 재고, 고객의 반응 등 일상적인 업무수행활동을 통해 얻어진 각종 보고자료 및 이전의 마케팅조사자료 등이 있다.

38 총 학생 수가 2,000명인 학교에서 800명을 표집할 때의 표집률은?

① 20%   ② 40%
③ 80%   ④ 100%

39 다음 중 대구, 부산, 전주에 있는 주부들을 대상으로 자주 이용하는 대형마트를 단 기간 내 조사 완료해야 할 때 가장 적합한 자료수집방법은?

① 방문조사   ② 면접조사
③ 전화조사   ④ 관찰조사

40 확률표본추출방법과 비교한 비확률표본 추출방법의 특징으로 볼 수 없는 것은?

① 시간과 비용이 적게 든다.
② 표본오차의 추정이 가능하다.
③ 인위적 표본추출이 가능하다.
④ 연구대상이 표본으로 추출될 확률이 알려져 있지 않다.

Answer 　 38.② 　 39.③ 　 40.②

38 표집률이란 모집단에서 개별 요소가 선택될 비율이다. (800/200)×100 = 40%가 된다.

39 전화조사의 특징: 전국적 조사 가능, 시간과 비용의 절약, 합리적 자료수집 방법 등

40 비확률표출 vs 확률표출

확률표출	비확률표출
연구대상이 표출될 확률이 알려져 있을 때	연구대상이 표출될 확률이 알려져 있지 않을 때
무작위 표출	인위적 표출
표본오차의 추정 가능	표본오차의 추정 불가능
시간과 비용이 많이 듦	시간과 비용이 적게 듦

41 우편조사법의 특징으로 옳지 않은 것은?

① 대인면접법에 비해 비용이 많이 든다.
② 지역에 제한 받지 않고 조사가 가능하다.
③ 대인면접법보다 상대적으로 응답률이 낮다.
④ 전화조사법에 비해 자료수집기간이 길다.

42 다음 사례의 조사유형으로 가장 적합한 것은?

> 2002년 월드컵 4강 진출을 경험한 20명의 고등학생을 선정하여 시간경과에 따른 축구경기에 대한 관심의 변화를 매년 반복조사하여 마케팅전략수립에 활용했다.

① 횡단조사   ② 추세조사
③ 코호트조사   ④ 패널조사

43 시장조사의 역할로 옳지 않은 것은?

① 의사결정능력 제고
② 기업지향적 경영활동 지원
③ 문제해결을 위한 조직적 탐색
④ 고객의 심리적·행동적인 특성 파악

Answer ─── 41.① 42.④ 43.②

41 우편조사법은 응답자 1인 당 조사비가 적게 들며 설문지의 인쇄비와 발송 및 회수를 위한 우편료 정도로 자료수집비용이 적게든다.

42 패널조사란 특정 응답자 집단을 정하여 놓고 그들로부터 장시간을 두고 지속적으로 필요한 정보를 얻어내는 조사방법이다.

43 시장조사를 함으로써 고객의 심리적, 행동적 특성과 행동에 대해 이해를 하여 고객지향적인 마케팅활동을 가능하게 한다.

44 다음 중 우편조사 시 설문지의 회수율을 높일 수 있는 방법과 거리가 먼 것은?

① 설문 조사에 대한 참여를 극대화하기 위해 대중매체를 이용하여 홍보를 지속적으로 한다.
② 설문지 응답자 중 추첨을 통해 선물을 보내드린다는 사실을 적어서 설문지와 함께 보낸다.
③ 설문 내용에 하나라도 체크가 되지 않은 부분이 있다면 응답자에게 다시 발송됨을 설문지에 명기한다.
④ 설문지를 다 작성하여 우편을 보낸 모든 응답자에게 관할 지역에서 제공하는 편의시설 이용권을 발송해 준다.

45 모집단으로부터 매 k번째 표본을 추출해 내는 표집방법은?

① 군집표본추출법(cluster sampling)
② 편의표본추출법(convenience sampling)
③ 계통표본추출법(systematic sampling)
④ 단순무작위표본추출법(simple random sampling)

46 측정의 신뢰성을 높이는 방법에 대한 설명으로 옳지 않은 것은?

① 측정항목의 모호성을 제거한다.
② 동일한 개념이나 속성의 측정항목 수를 줄인다.
③ 중요한 질문의 경우 동일하거나 유사한 질문을 2회 이상 한다.
④ 조사대상자가 잘 모르거나 전혀 관심이 없는 내용은 측정하지 않는다.

Answer **44.③ 45.③ 46.②**

44 ③번과 같은 방법은 오히려 회수율을 낮추는 요인이 될 수 있다. 응답을 함으로써 고객에게 이익이 될 수 있다는 인식을 심어주어 회수율을 높이는 것이 좋다.

45 계통표본추출법이란 모집단의 규모를 먼저 파악한 후 그에 따라 표본의 규모를 결정하여 하나씩 무작위로 추출하는 방법을 말한다.

46 신뢰성이란 같은 검사를 반복 시행했을 때 측정값이 일관성 있게 나타나는 정도를 의미하며, 신뢰성을 높이기 위해서는 동일한 개념이나 속성의 측정항목 수를 늘린다.

47 응답자에 대해 조사자가 지켜야 할 사항으로 옳지 않은 것은?

① 조사를 통해 모아진 응답자들의 개인 자료를 함부로 사용하거나 공개해서는 안 된다.

② 응답자가 조사에 참여하는 동안 신체적, 심리적으로 해로운 상황이 없도록 해야 한다.

③ 조사자는 응답자에게 조사 참여 여부를 강요하지 않고 응답자가 스스로 결정하도록 해야 한다.

④ 특수성이 있는 경우 응답자가 참여하는 조사 목적, 정보를 제공받는 곳 등의 내용을 알려주지 않아도 된다.

48 설문지의 외형 결정에 관한 설명으로 옳지 않은 것은?

① 설문지의 관리를 쉽게 할 수 있도록 외형을 결정하여야 한다.

② 응답자가 작성하는 경우에는 응답하기 쉽도록 문항을 배치하고 시각적인 효과를 고려하여 여백을 아주 적게 두는 것이 좋다.

③ 응답자들이 설문지를 중요한 것으로 인지하여 자발적인 협조를 할 수 있도록 설문지의 형태를 결정하여야 한다.

④ 응답자의 기록이 조사자에 의해 이루어지는지, 응답자가 직접 기록하는지에 따라서도 설문지의 형태는 차이가 나게 된다.

Answer— **47.④ 48.②**

47 특수성이 있는 경우 더욱더 응답자에게 조사 목적과 정보를 제공받는 곳 등의 정보를 정확히 알려야 한다.

48 응답자가 작성하는 경우에는 응답하기 쉽도록 문항을 배치하고 시각적인 효과를 고려하여 어느 정도의 여백을 두는 것이 좋다. 조사에 있어서는 똑같은 질문내용에 대해서도 질문지의 외관적인 인상에 따라 응답자의 협조·조사의 진행에 많은 차이가 있으므로 많은 주의를 기울여야 한다.

49 다음 중 일반적인 설문지 작성과정을 순서대로 바르게 나열한 것은?

A. 질문(문항)작성   B. 사전 테스트
C. 설문인쇄   D. 질문내용결정
E. 질문순서결정

① A > B > C > E > D
② B > A > E > D > C
③ C > E > D > A > B
④ D > A > E > B > C

50 다음 (   )에 알맞은 조사의 종류는?

(   )은(는) 조사자가 흥미를 가지고 있는 주제에 관하여 목표집단 소비자들과의 자유로운 토론을 통하여 조사 문제에 대한 시사점을 얻어내는 조사방법이다.

① 사례조사
② 횡단조사
③ 전문가의견조사
④ 표적집단면접법

Answer — 49.④ 50.④

49 설문지 작성과정 : 질문내용결정 → 질문(문항)작성 → 질문순서결정 → 사전 테스트 → 설문 인쇄

50 표적집단면접법은 심층면접의 변형된 형태로 조사자가 소수의 응답자에게 토론을 벌이게 하여 필요한 정보를 획득하는 방법이다.

51 임금을 임금형태와 임금체계로 나눌 때 임금체계에 따른 분류에 해당하지 않는 것은?

① 연공급   ② 시간급
③ 직무급   ④ 직능급

52 피들러(Fidler)의 상황리더십이론에서 제시한 상황호의성 변수로 볼 수 없는 것은?

① 과업구조
② 지위권력
③ 구성원의 성숙도
④ 리더와 구성원과의 관계

53 수행하고 있는 업무를 중심으로 콜 센터를 구분하는 경우에 해당하지 않는 것은?

① 혼합형 콜 센터
② 인바운드형 콜 센터
③ 아웃바운드형 콜 센터
④ CTI시스템 자동화 콜 센터

Answer ── **51.② 52.③ 53.④**

51 임금체계는 임금지급항목의 구성내용 및 개별 근로자의 임금을 결정하는 기준을 말한다. 임금체계에는 연공급, 직무급, 직능급 등이 있으며 임금형태에는 시간급, 업적급, 성과급제 등이 있다.

52 피들러는 리더십의 유형을 LPCI점수에 따라 관계형 · 과업형으로 구분하고, 리더와 부하의 관계, 과업구조, 리더의 직위권한을 상황변수로 정하여 상황에 적합한 효과적인 리더십을 발견하려고 하였다.

53 CTI(Computer Telephony Integration) : 컴퓨터 및 전화를 서로 결합하여 회사 내로 인입되는 전화를 효과적으로 분산 관리하는 시스템을 말한다.

54 리더십의 유형을 의사결정 방식과 태도에 따라 구분할 때 의사결정 방식에 따른 구분이 아닌 것은?

① 독재형 리더십　　　　　② 민주형 리더십
③ 직무중심형 리더십　　　④ 자유방임형 리더십

55 전통적인 마케팅과 비교하여 텔레마케팅이 지향하는 마케팅 전략으로 가장 적합한 것은?

① 판매 중심적 마케팅 전략
② 고객 중심적 마케팅 전략
③ 제품 중심적 마케팅 전략
④ 기업 중심적 마케팅 전략

56 다음에서 설명하고 있는 텔레마케팅의 유형과 대상의 관계가 올바르게 나열된 것은?

> A화장품 회사의 영업사원 B씨는 자신의 고객에게 카탈로그를 보내고 고객들로부터 무료 전화가 오면 화장품을 판매한다.

① 인바운드(Inbound), 기업 대 소비자(B to C)
② 인바운드(Inbound), 기업 대 기업(B to B)
③ 아웃바운드(Outbound), 기업 대 소비자(B to C)
④ 아웃바운드(Outbound), 기업 대 기업(B to B)

Answer　54.③　55.②　56.①

54 의사결정 방식의 리더십에는 독재형, 민주형, 자유방임형에 해당한다.

55 최근 텔레마케팅은 지금까지의 판매방식, 즉 대중매체와 함께 발전해 온 매스마케팅과 달리 생산자와 소비자 간에 1대 1의 판매방식으로 이루어지는 마케팅활동을 의미한다.

56 지문은 고객으로부터 기업에 전화가 오는 인바운드 텔레마케팅의 형태이다. B to C(Business To Customer)은 기업이 제공하는 물품 및 서비스가 소비자에게 직접적으로 제공되는 거래 형태를 의미한다.

57 텔레마케팅 조직의 특성과 가장 거리가 먼 것은?

① 타 부서와의 연계성이 낮다.
② 시스템의 운영능력이 필요하다.
③ 성과분석이 실시간으로 가능하다.
④ 반복되는 업무로 매너리즘에 빠지기 쉽다.

58 다음 중 일반적인 역할연기(role playing)의 진행 순서로 옳은 것은?

① 상황설정 > 스크립트 및 매뉴얼 수정 > 역할 내용의 평가 > 연기 실시 > 반복 훈련 및 효과상승 체크
② 상황 설정 > 스크립트 및 매뉴얼 수정 > 연기 실시 > 역할 내용의 평가 > 반복 훈련 및 효과상승 체크
③ 상황 설정 > 연기 실시 > 역할내용의 평가 > 반복훈련 및 효과 상승 체크 > 스크립트 및 매뉴얼 수정
④ 상황 설정 > 연기 실시 > 역할내용의 평가 > 스크립트 및 매뉴얼 수정 > 반복훈련 및 효과 상승 체크

59 콜 센터 업무의 세분화, 전문화로 인해 전체 과업이 분화되면 능률 도모를 위해 관련된 과업을 모아 수평적으로 그룹을 형성하는 콜 센터 조직설계의 기본과정은?

① 일반화   ② 부문화
③ 조직도   ④ 집권화

 *Answer*   **57.**①   **58.**④   **59.**②

57 타 부서와의 긴밀한 업무협조를 통해 정책의 일관성을 유지하는 것이 좋다. 그렇기 때문에 타 부서와의 연계성이 높다.

58 역할연기의 단계
상황 설정→연기 실시→역할내용의 평가→스크립트 및 매뉴얼 수정→반복훈련 및 효과 상승 체크

59 조직의 전체과업이 분화되면 능률을 도모하기 위하여 관련 과업을 모아 그룹을 형성할 필요가 있는데, 이 형성과정을 '부문화'라고 한다. 즉, 분업은 전문가를 만들어내는데, 그 전문가 중에서 유사한 직무를 수행하는 집단으로 집단화하는 것을 부문화라고 한다.

60 신입 텔레마케터를 선발 할 때 사용되는 인사선발도구와 가장 거리가 먼 것은?

① 인성검사
② 적성검사
③ 학력평가
④ 인지능력검사

61 콜 센터 문화에 영향을 미치는 기업적 요인에 해당되지 않는 것은?

① 근로 급여조건
② 기업의 지명도
③ 상담원에 대한 직업의 매력도
④ 상담원과 슈퍼바이저의 인간적 친밀감

62 상담원의 보상계획 수립 시 고려해야 할 사항으로 가장 거리가 먼 것은?

① 동종 업계 벤치마킹 및 산업평균을 최우선으로 반영한다.
② 급여 계획과 인센티브 정책 마련 시 직원을 참여시킨다.
③ 금전적 보상과 비금전적 보상을 적절한 비율로 설정한다.
④ 정확하고 객관적으로 측정된 성과분석 자료를 활용한다.

Answer **60.③ 61.③ 62.①**

60 학력평가는 인사선발도구와 매우 관련이 적다.

61 상담원이라는 직업에 대한 매력도는 기업적 요인보다 사회적 요인에 해당한다.

62 상담원의 보상계획 수립 시 보상을 받는 상담원의 의견을 최우선으로 반영해야 한다.

63 콜 센터의 효율적 운영방안과 가장 거리가 먼 것은?

① 고객상담을 종합적으로 처리할 수 있는 전문 인력을 배치한다.

② 고객의 특수한 요구 발생 시 스스로 판단하여 처리하도록 한다.

③ 고객이 요구하는 사항은 가능한 원스톱(one-stop)으로 처리하는 것을 지향한다.

④ 고객위주의 상담 스크립트를 개발하고 상담 내용을 데이터베이스화 하여 경영활동에 반영한다.

64 콜 센터의 조직구성원 중 텔레마케터에 대한 교육훈련 및 성과관리 업무를 주로 수행하는 사람은?

① 센터장

② OJT 담당자

③ 슈퍼바이저

④ 통화품질관리자

65 콜 센터에서 재택근무자를 운영할 경우의 장점이 아닌 것은?

① 직원 관리가 용이하다.

② 설비비용을 절약할 수 있다.

③ 우수 직원을 유인하고 유지할 수 있다.

④ 기상악화 등으로 인한 위험 요소를 감소시킨다.

Answer 63.② 64.③ 65.①

63 발생할 수 있는 고객의 특수한 요구에 대비하여 상담 스크립트를 준비하여 텔레마케터 스스로 판단하지 않도록 한다.

64 슈퍼바이저는 텔레마케팅의 교육, 훈련, 관리에서 스크립트 작성, 리스트 세분화, 판매전략의 기획 입안, 운영코스트의 관리, 활용 등 여러 직무를 수행한다.

65 콜 센터에서 재택근무자를 운영할 경우 해당 텔레마케터를 관리하기 위해서는 일일이 메신저나 통화를 하여 확인할 수 있으므로 직원 관리가 어렵다.

66 콜 센터 리더의 역할로 볼 수 없는 것은?

① 상호신뢰감 구축

② 원활한 의사소통

③ 각 직무별 촉매자

④ 독재적 리더십 발휘

67 다음에서 설명하는 콜 센터 리더의 유형은?

> 이 리더의 유형은 상담원과 수시로 상의하고 그들의 제안과 의견을 신중히 고려함은 물론 정보와 권한을 공유하며 합리적인 의사결정을 구하며, 관계지향성은 높지만 과업지향성은 낮은 특성을 가진다.

① 지시형 리더(directive leader)

② 위양형 리더(delegating leader)

③ 참가형 리더(participative leader)

④ 성취지향형 리더(achievement-oriented leader)

68 C통신사에서는 신규제품의 홍보를 위한 DM 2,000건을 발송하여 주문 32건, 문의 58건을 접수하였다. 이 경우 아웃바운드 콜 센터의 CRR은 얼마인가?

① 1.6%

② 2.9%

③ 3.2%

④ 4.5%

Answer **66.④ 67.③ 68.④**

66 독재적 리더십은 오히려 콜 센터 내의 반감을 일으키거나 의사소통에 장애를 만든다.

67 참가형(민주형) 리더는 과업을 계획하고 수행하는 데 있어서 부하와 함께 책임을 공유하고, 인간에 대하여 높은 관심을 갖는 형이다. 맥그리거의 Y이론에 입각하여 모든 정책이 집단토의나 결정에 의해서 이루어진다.

68 CRR = (총반응수/총발신수)×100

따라서, (32 + 58 / 2000)×100 = 4.5%

69 조직의 성과관리를 위한 개인평가방법을 상사평가방식과 다면평가방식으로 구분할 때 상사평가방식의 특징으로 볼 수 없는 것은?

① 상사의 책임감 강화
② 간편한 작업 난이도
③ 평가결과의 공정성 확보
④ 중심화, 관대화 오류발생 가능성

70 콜 센터 상담사나 각 팀별 성과향상을 위한 활동으로 적합하지 않은 것은?

① 개인, 팀별로 적절한 동기부여를 시킬 수 있는 프로그램을 운영한다.
② 성과 측정 시 공정성과 객관성을 유지하도록 최대한 노력한다.
③ 합리적인 급여체계를 구축하여 근무 집중도를 향상시키고 이직률을 낮추어야 한다.
④ 교통이 혼잡하지 않은 시외 지역에 사무실을 두고 쾌적한 근무 환경을 제공한다.

71 다음 중 콜 센터 관리자에게 요구되는 자질과 가장 거리가 먼 것은?

A. 리더십	B. 시스템 프로그래밍 능력
C. 상황 대응 능력	D. 예술적 감각(감성)

① A, C
② B, D
③ B, C
④ A, B

✿ *Answer* ── **69.③ 70.④ 71.②**

69 상사가 직접 조직구성원들을 평가하는 상사평가방식은 상사의 주관적인 생각이 개입될 수 있으므로 평가결과에 대해 공정성이 부족할 수 있다.

70 교통이 혼잡하지 않은 시외 지역에 사무실을 둔다고 하여 콜 센터 상담사의 성과향상이 된다고 보기는 어렵다.

71 콜 센터 관리자는 리더십을 통하여 조직구성원의 협동을 확보할 수 있어야 하고, 어느 상황이 발생하더라고 상황에 따라 대응할 수 있는 능력이 있어야 한다.

72 상담원 코칭 시 관리자가 지켜야 할 올바른 태도로 볼 수 없는 것은?

① 코칭 시작 시 상담원과 친밀감 형성을 먼저 한다.
② 장점에 대한 칭찬을 곁들이면서 문제점에 대한 지적을 하고 동의를 구한다.
③ 문제 코칭사항에 대해 상담원의 의견을 듣기보다 해결책을 바로 제시해 준다.
④ 문제점의 지적과 함께 개선 방안에 대해 제시하거나 토의한다.

73 서비스의 전략적인 측면에서 본 콜 센터의 역할로 옳지 않은 것은?

① 서비스 및 고객 니즈를 정확히 이해하고 이에 대해 피드백을 줄 수 있어야 한다.
② 콜 센터는 철저한 서비스 실행 조직으로서 기업 전체에 미칠 영향을 중요시 해야 한다.
③ 고객에게 신속한 서비스를 제공하기 위해서 커뮤니케이션 채널을 단순화시켜야 한다.
④ 기업의 서비스 전략을 효과적으로 수행하기 위한 콜 센터 성과지표(KPI)를 가지고 있
   어야 한다.

74 텔레마케팅 조직구성원의 역할이 잘못 연결된 것은?

① 교육담당자 – 텔레마케터의 경력개발을 위한 교육 프로그램을 개발한다.
② 모니터링담당자 – 텔레마케터가 고객과 통화한 내용을 분석한다.
③ 시스템담당자 – 텔레마케터가 효율적으로 업무를 할 수 있도록 스크립트를 개발한다.
④ 슈퍼바이저 – 텔레마케터의 스케줄을 관리한다.

Answer **72.**③ **73.**③ **74.**③

72 상담원 코칭 시 문제 코칭사항에 대해 상담원의 의견을 충분히 듣고 의견을 전제로하여 해결책을 제시해 준다.

73 고객에게 신속한 서비스를 제공하기 위해서 커뮤니케이션 채널을 다양화시켜야 한다.

74 감독자는 텔레마케팅 업무가 효율적으로 운영되도록 지휘·지도하는 중간관리책임자로서, 텔레마케터가 효율적으로
업무를 할 수 있도록 스크립트를 개발한다.

75 콜 센터의 역할 및 기능과 가장 거리가 먼 것은?

① 비용절감
② 수익증대
③ 고객관리
④ 고객정보 분산

 4 고객관리

76 다음 ( )에 들어갈 알맞은 것은?

> CRM의 구체적인 실행을 지원하는 시스템으로 기존의 전사적 자원 관리 시스템이 조직 내부의 관리 효율화를 담당하는 시스템임에 반하여 (   )은 조직과 고객 간의 관계 향상, 즉, 전사적 자원 관리 시스템의 기능 중에서 고객 접촉과 관련된 기능을 강화하여 조직의 전방위 업무를 지원하는 시스템이다.

① 운영적 CRM
② 협업적 CRM
③ e-CRM
④ 분석적 CRM

Answer 75.④ 76.①

75 콜 센터의 역할 및 기능 : 기업의 비용절감, 수익증대, 고객관리, 고객정보 수집 등

76 운영적 CRM은 데이터웨어하우스나 데이터마트에 해당하는 부문으로서 고객에 대한 정보를 종합하고, 고객의 취향과 정보형태를 지속적으로 축적해 가는 과정을 말한다.

77 면대면 고객 응대 시 비언어적인 긍정적 행동 단서가 아닌 것은?

① 미소 짓기
② 짧게 직접 눈 마주치기
③ 소비자와 대화 시 고개를 끄덕이기
④ 소비자에게 손가락 또는 물건으로 지적하기

78 다음 중 커뮤니케이션의 원칙과 가장 거리가 먼 것은?

① 지속성
② 명료성
③ 신뢰성
④ 표현, 전달 내용의 다양성

79 우유부단한 소비자를 상담하는 전략과 가장 거리가 먼 것은?

① 폐쇄형 질문을 많이 한다.
② 의사결정 과정을 안내한다.
③ 선택할 수 있는 대안을 제시한다.
④ 인내심을 가지고 차분히 안내한다.

80 콜 센터에서의 우량고객에 대한 고객관리 방법으로 옳지 않은 것은?

① 우량고객 전담 상담원을 두어 고객응대를 한다.
② ARS를 거치지 않고 상담원과 바로 연결되도록 한다.
③ 우량고객에 대해서는 장시간 장황하고 세밀하게 응대한다.
④ 우량고객에 해당하는 별도의 혜택을 제공한다.

Answer 77.④ 78.④ 79.① 80.③

77 소비자에게 손가락질 또는 물건으로 지적하는 행동은 비언어적인 부정적 행동 단서가 된다.

78 레드필드(C.E. Redfield) 커뮤니케이션의 7원칙 : 명료성, 일관성(신뢰성), 적기적시성, 분포성, 적당성, 적응성과 통일성, 관심과 수용

79 우유부단형 소비자는 논리 정연하게 설명하며, 요점을 간결하게 근거를 명확히 한다.

80 장시간동안 장황하게 통화하는 것은 오히려 기업에 대해 더 싫증이 날 수 있다. 우량고객에 대해서는 짧고 굵게(세밀하게) 응대해야 한다.

81 다음 중 의사전달을 위한 표현방법에 대한 설명으로 옳지 않은 것은?

① "잔디밭에 들어가지 마시오."는 부정형 표현방법이다.
② "실내에서 조용히 해 주시겠습니까?"는 청유형 표현방법이다.
③ "서류를 가져와야 합니다."는 감탄형 표현방법이다.
④ "옆 계단에서 담배를 피울 수 있습니다. 담배는 그 곳에서 부탁드립니다."는 긍정형 표현방법이다.

82 호감가는 음성의 조건과 가장 거리가 먼 것은?

① 비음
② 억양
③ 속도
④ 목소리

83 기업측면에서 본 고객 로열티에 의한 효과로 옳지 않은 것은?

① 수익 증대
② 우량고객 확보
③ 비용의 절감
④ 삶의 질 향상

84 고객 응대에 있어서 MOT(Moments Of Truth, 결정적 순간, 진실의 순간)의 의미로 가장 적합한 것은?

① 고객이 만족할 만한 응대가 끝난 시점
② 고객이 제품을 구매하여 처음 사용해 보는 순간
③ 고객과 기업이 상호 접촉하여 커뮤니케이션을 하는 매 순간
④ 고객이 제품 사용을 통해 제품의 장, 단점을 실제로 깨닫는 순간

Answer ─ 81.③ 82.① 83.④ 84.③

81 "서류를 가져와야 합니다."는 지시형 표현방법이다.

82 비음은 상대방에게 불쾌감을 줄 수 있으므로 호감가는 음성의 조건과는 거리가 멀다.

83 기업입장에서의 고객 로열티에 따른 효과
• 수익의 증대
• 비용의 절감
• 우량 고객 확보

84 고객접점(MOT) 순간은 고객이 서비스 품질에 대한 강한 인상을 가지게 되는 시점을 의미한다.

85 고객관계관리(CRM : Customer Relationship Management)를 위한 필요 사항이 아닌 것은?

① 고객통합 데이터베이스 구축

② 데이터베이스 마케팅의 기능 축소

③ 고객특성 분석을 위한 데이터마이닝 도구 준비

④ 마케팅 활동 대비를 위한 캠페인 관리용 도구 필요

86 상담 화법에 대한 설명으로 옳지 않은 것은?

① 상담 화법은 의사소통의 과정이다.

② 말하기의 대부분은 음성언어로 이루어진다.

③ 상담 화법은 대인 커뮤니케이션과 밀접한 상관관계를 지니고 있다.

④ 상담 화법은 대화상대, 대화목적에 따라 변화되지 않아야 한다.

87 고객 불만처리의 중요성에 대한 설명으로 옳지 않은 것은?

① 기업의 좋은 이미지를 구축할 수 있다.

② 경영에 대한 유용한 정보를 얻게 된다.

③ 고객 불만의 해결은 기업이윤을 감소시킨다.

④ 고객 불만을 잘 처리하면 고객유지율이 향상된다.

Answer **85.② 86.④ 87.③**

85 전략적인 CRM을 위한 전제조건 : 고객 통합 데이터베이스가 구축, 고객 특성을 분석하기 위한 데이터 마이닝 도구 필요, 마케팅 활동을 대비하기 위한 캠페인 관리용 도구가 필요 등

86 고객은대의 필수요소는 대화상대와 접촉하여, 대화목적과 대화내용을 거쳐 최종적으로 메시지를 전달하는 것이다. 즉 대화상대, 대화목적에 따라 상담 화법이 변한다.

87 고객이 불만을 가지고 있다는 것은 그만큼 제품이나 서비스에 기대하고 있는 바가 크다는 것을 역설적으로 나타내주는 것이므로 고객불만처리에 소요된 비용은 기업의 이윤을 감소시키는 것이 아니라 장기적으로는 이윤을 증가시키게 해 준다.

88 스트레스 관리에 대한 설명으로 옳지 않은 것은?

① 자신의 스트레스 수준을 아는 것이다.
② 스트레스를 극복하기 위한 대처 방식이다.
③ 자신의 스트레스 증상을 알고 스스로 조절한다.
④ 고객의 스트레스 누적상태를 파악하는 것이 주 목적이다.

89 소비자의 욕구가 다양해지고 기업 간의 경쟁이 치열하기 때문에 고객만족 경영이 필수적이 되었다. 이러한 경영 환경의 변화에 관한 설명으로 틀린 것은?

① 산업화 사회에서 정보화 사회로 변하였다.
② 시장의 중심이 소비자에서 생산자로 변하였다.
③ 규모의 경제에 따른 경쟁에서 부가가치로 변하였다.
④ 소비자 요구가 소유 개념에서 개성 개념으로 변하였다.

90 CRM(고객관계관리)에 대한 설명으로 옳지 않은 것은?

① 고객유지보다는 고객획득에 중점을 둔다.
② 시장점유율보다 고객점유율에 비중을 둔다.
③ 제품판매보다는 고객관계관리에 중점을 둔다.
④ 고객로열티 극대화를 중시한다.

Answer — **88.**④ **89.**② **90.**①

88 텔레마케터의 스트레스 누적상태를 파악하는 것이 주 목적이다.

89 시장의 중심이 생산자에서 소비자로 변하였다.

90 고객관계관리란 고객에 대한 지속적인 서비스를 제공하는 것으로 고객유지, 고객점유율, 고객관계에 중점을 두며 고객정보, 사내 프로세스, 전략, 조직 등 경영전반에 걸친 관리체계이며, 이는 정보기술이 밑받침되어 구성되는 것이다.

91 고객 유형 중 '유아독존형' 고객에게 가장 효과적인 응대방법은?

① 여유있게 설명한다.
② 체면과 프라이드를 높여준다.
③ 묻는 말에 대답하고 의사를 존중한다.
④ 천천히 부드러우며 조용한 목소리로 응대한다.

92 기업의 CRM 전략 수행에 있어서 콜 센터가 중심적 역할을 수행하게 된 배경으로 적절하지 않은 것은?

① 일대일(1:1) 마케팅 기법이 발달되었다.
② 고객데이터나 관련 데이터를 과학적인 분석기법으로 처리가 가능해졌다.
③ 정보나 영업지식을 영업부서 내에서만 활용하도록 변화되었다.
④ 마케팅 자동화, 또는 SFA(Sales Force Automation)를 할 수 있게 되어 영업 비용을 줄일 수 있게 되었다.

93 제품에 불만족한 소비자를 상담할 시 필요한 상담처리 기술로 옳지 않은 것은?

① 참을성 있게 공감적 경청을 한다.
② 차분하게 목소리를 상대적으로 낮추어 응대한다.
③ 가능한 문제해결을 위해 최선을 다하고 있음을 전한다.
④ 형사 고발 등 법적으로 대응하겠다는 엄포를 놓아 강경하게 응대한다.

Answer **91.③ 92.③ 93.④**

91 유아독존형 고객에게는 묻는 말에 대답하고 의사를 존중하는 것이 가장 효과적인 응대방법이다.

92 콜 센터에서 수집한 정보나 영업지식을 기반으로 여러 부서에서 공유함으로써 기업은 고객관계관리 전략을 더 효과적으로 수행할 수 있다.

93 불만족한 고객과 상담 시 충분한 배려를 하면서 개방형 질문을 통해 고객의 불만사항을 자세히 알아내야 한다.

94 CRM의 기본 분류 방법 중 프로세스 관점에 따른 분류가 아닌 것은?

① 분석적 CRM
② 운영적 CRM
③ 협업적 CRM
④ 브랜드 CRM

95 고객의사결정 단계별 상담에서 구매 전 상담에 해당하는 것은?

① 상품 유통 후 혹시 발생할지도 모르는 고객의 불만을 사전에 예방하는 차원에서의 상담
② 소비자가 재화와 서비스를 사용하고 이용하는 과정에서 고객의 욕구와 기대에 어긋났을 때 발생하는 모든 일들을 도와주는 상담
③ 재화와 서비스의 사용에 관한 정보 제공, 소비자의 불만 및 피해구제, 이를 통한 소비자의 의견 반영 등에 관한 상담
④ 제품이나 서비스의 매출 증대를 위해 텔레마케팅 시스템을 도입하여 소비자에게 구매에 관한 정보와 조언을 제공하는 상담

96 고객 접점별로 고객이 느끼는 정신적, 육체적 상황을 의미하는 용어는?

① CPA(Call Progress Analysis)
② CSP(Customer Situation Performance)
③ CSR(Customer Service Representative)
④ CAT(Computer Assisted Telemarketing)

Answer ── **94.④ 95.④ 96.②**

94 CRM의 분석방법 : 협업적 CRM, 분석적 CRM, 운영적 CRM 등

95 구매 전 상담은 구매선택과 관련된 상담뿐만 아니라 소비 생활 전반과 관련된 다양한 정보와 조언을 제공함으로써 소비 생활의 질적 향상을 도모하는데 그 목적이 있다. 텔레마케터는 충분한 정보를 수집하고 충분한 교육을 수료하여 자신 있고 확실한 정보를 제공해야만 매출증대를 이룰 수 있다.

96 고객이 느끼는 정신적, 육체적 상황을 의미하는 용어는 "CSP"이다.

97 고객이 가지고 있는 경계심과 망설임을 없애는 방법과 가장 거리가 먼 것은?

① 고객의 자발적인 참여를 유도한다.
② 고객에게 객관적인 자료를 제시한다.
③ 고객에게 업무중심의 고객응대를 한다.
④ 고객에게 타 사와의 비교분석에 대해 설명한다.

98 매슬로우 (Maslow)의 욕구 5단계 중 생리적 욕구에 대한 설명으로 옳은 것은?

① 생활의 안정, 신체적인 안정, 생명의 안전, 자신의 직책상의 안정을 추구한다.
② 친화의 욕구, 애정의 욕구, 소속의 욕구 등으로 표현하기도 한다.
③ 좋은 직업을 갖기 위해 남보다 더 열심히 공부하거나, 봉급과 수당을 많이 받기 위해 더 열심히 일한다.
④ 상대방의 불만이나 불평의 말을 우선 상대방의 입장에서 인정해 주고 객관적 입장에서 회사의 입장을 이해시키는 것이 필요하다.

Answer **97.③ 98.③**

97 고객에게 고객중심 응대를 하는 것이 고객의 경계심과 망설임을 없애는 방법이다.

98 ① 안전의 욕구
② 애정과 소속의 욕구
④ 존중의 욕구

99 다음 중 텔레마케팅에서 상대적으로 중요도가 가장 낮은 대화 요소는?

① 감성 화법
② 시각적인 요소
③ 목소리 음색과 톤
④ 사용하는 단어와 문장

100 설득적 커뮤니케이션에 대한 설명으로 옳지 않은 것은?

① 어떤 목표를 달성하기 위하여 수용자들에게 의도된 행동을 유발시키는 역동적 과정이다.
② 설득이란 다른 사람의 의지를 유발시키기 위해 감성에 이성을 결부시키는 수단이다.
③ 누가, 무엇을, 어떤 매체를 통하여, 누구에게 말하여, 어떤 효과를 얻는가를 고려하면 효과적이다.
④ 설득적 커뮤니케이션은 PR 커뮤니케이션의 하위 개념이며 광고를 통해 의사진달을 한다.

Answer — 99.② 100.④

99 전화 상담으로 이루어지는 텔레마케팅에서 시각적인 요소는 상대적으로 중요도가 낮은 대화 요소이다.

100 설득적 커뮤니케이션은 PR 커뮤니케이션의 상위 개념이며 광고를 통해 의사전달을 한다.

21 2019년 제3회 기출문제

1 판매관리

1 다음 중 아웃바운드 텔레마케팅의 특성으로 옳은 것은?

① 고정고객관리는 신규고객 획득에 비해 시간과 비용이 더 많이 소요된다.
② 아웃바운드가 인바운드보다 더 고도의 기술을 요하며 마케팅 전략, 통합기법 등의 노하우, 텔레마케터의 자질 등에 큰 영향을 받는다.
③ 아웃바운드 텔레마케팅은 고객들에게 직접적으로 전화를 거는 소극적인 마케팅에 해당한다.
④ 아웃바운드는 무차별적 전화세일즈처럼 전화를 걸기 위한 사전준비가 필요하지 않다.

2 판매 전략을 위한 시장세분화 변수 중 지리적 변수에 해당하지 않는 것은?

① 기후
② 인구밀도
③ 가족수명주기
④ 지역

Answer 1.② 2.③

1 ① 고정고객관리는 신규고객 획득에 비해 시간과 비용면에서 더 경제적이고 효과도 높다.
③ 아웃바운드 텔레마케팅은 고객들에게 직접적으로 전화를 거는 면에서 적극적이면서도 공격적인 마케팅에 해당한다.
④ 아웃바운드는 무차별적 전화세일즈와는 달리 전화를 걸기위한 사전준비가 필요하다.

2 가족수명주기는 인구통계적 변수에 해당한다.
　※ 세분화 변수의 종류
　　• 지리적 변수 : 지역, 인구밀도, 도시의 크기, 기후 등
　　• 인구통계적 변수 : 나이, 성별, 가족규모, 가족수명주기, 소득, 직업, 교육수준, 종교 등
　　• 심리분석적 변수 : 사회계층, 생활양식, 개성 등
　　• 행태적 변수 : 추구하는 편익, 사용량, 제품에 대한 태도, 상표 충성도, 상품구매단계, 가격에 대한 민감도 등

3 유통경로의 설계과정을 바르게 나열한 것은?

> ㉠ 유통경로의 목표 설정
> ㉡ 주요 경로대안의 식별
> ㉢ 고객욕구의 분석
> ㉣ 경로대안의 평가

① ㉢→㉡→㉠→㉣
② ㉠→㉢→㉡→㉣
③ ㉢→㉠→㉡→㉣
④ ㉠→㉡→㉢→㉣

4 아웃바운드 텔레마케팅의 성공 요인로 가장 옳지 않은 것은?

① 정확한 대상고객의 선정
② 기업 니즈에 맞는 전용상품과 특화된 서비스 발굴
③ 전문적인 텔레마케터
④ 브랜드 품질의 확보와 신뢰성

5 자사 또는 경쟁사의 소비자들에게 현재 사용중인 제품을 반납하고 자사의 제품을 구입하는 조건으로 할인혜택을 제공하는 것을 말하는 판매촉진 수단은?

① 리베이트   ② 마일리지 서비스
③ 보상판매   ④ 보너스팩

Answer — 3.③   4.②   5.③

3 유통경로의 설계과정은 고객욕구의 분석→유통경로의 목표 설정→주요 경로대안의 식별→경로대안의 평가를 거친다.

4 아웃바운드 텔레마케팅의 성공 요인으로는 체계적인 사전준비, 정확한 대상고객의 선정, 전문적인 텔레마케터의 필요성, 고객 니즈에 맞는 전용상품 및 특화된 서비스 발굴 등이 있다.

5 보상판매는 기존고객만을 대상으로 낮은 가격을 제공하고 신규고객에 대해서는 정상가로 판매하기 때문에 가격차별의 일종이라고 볼 수 있다. 주로 PC, 휴대용 단말기 등 내구재 시장에서 많이 사용된다.

6 마케팅 인텔리전스 시스템에 포함되지 않는 것은?

① 경쟁사의 보고서　　　　　　② 인구통계학적 특성
③ 위장고객　　　　　　　　　　④ 판매자

7 다음 중 고가격정책이 유리한 경우가 아닌 것은?

① 시장수요의 가격탄력성이 높을 때
② 소량다품종생산인 경우
③ 진입장벽이 높아 경쟁기업의 진입이 어려울 경우
④ 시장에 경쟁자의 수가 적을 것으로 예상되는 경우

8 다음 중 서비스(Service)의 특징이 아닌 것은?

① 비분리성　　　　　　　　　② 무형성
③ 소멸성　　　　　　　　　　④ 동질성

9 인바운드 상담 시 (　　)안에 들어가는 말로 가장 적절한 것은?

상담준비 → 전화응답 → (　　　　) → 문제해결 → 동의와 확인 → 종결

① 상담원 소개　　　　　　② 고객의 니즈 파악
③ 고객 대기　　　　　　　④ 고객의 신분확인

─ *Answer* ─　6.② 7.① 8.④ 9.②

6 마케팅 인텔리전스 시스템은 기업 조직의 의사결정에 있어 영향을 미칠 수 있는 기업의 외부 정보 등을 수집하는 시스템을 말한다. 관리사, 판매자, 위장고객, 경쟁사의 보고서 등이 마케팅인텔리전스 시스템에 해당한다.

7 시장수요의 가격탄력성이 높을 때 저가전략이 유리하다.

8 서비스의 특징 : 비분리성, 무형성, 소멸성, 이질성
서비스는 규격화되어 있는 상태가 아니라 직원에 의해 전달된다. 그렇기 때문에 언제나 일정한 규격이나 품질을 유지하는 것은 어렵고, 고객의 유형에 따라 서비스는 다르게 제공될 수 있다.

9 고객의 전화에 응답을 한 후 주의 깊은 경청을 통하여 고객의 니즈를 파악해야 한다. 또한 고객과 통화하는 동안 적절한 호응을 하도록 한다.

10 기업의 환경분석을 통해 강점과 약점, 기회와 위협 요인을 규정하고 이를 토대로 마케팅 전략을 수립하는 기법은?

① BCG 매트릭스
② 5 Force 분석
③ SWOT 분석
④ 소비자 분석

11 다음 유통경로의 원칙 중 중간상의 역할부담을 중시하여 결국 비용부담을 줄이는 원칙을 무엇이라고 하는가?

① 총 거래 수 최소화 원칙
② 변동비 우위의 원칙
③ 집중저장의 원칙
④ 분업의 원칙

12 가격결정에 영향을 미치는 외부요인으로 옳지 않은 것은?

① 기업의 가격정책
② 제도적 요인
③ 경쟁자의 상황
④ 수요상황

Answer **10.③ 11.② 12.①**

10 SWOT 분석은 기업을 강점(Strength), 약점(Weakness), 기회(Opportunities), 위협(Threats)의 4가지 상황별, 요인별로 분석하여 이를 토대로 마케팅 전략을 수립하는 기법을 말한다.

11 • 총 거래 수 최소화 원칙 : 유통경로를 설정할 때 거래의 총량을 줄여, 제조업자, 소비자 양측에게 실질적인 비용부담을 감소시키게 하는 원칙
• 분업의 원칙 : 중간상을 통해 유통에도 분업을 이루고자 하는 원칙
• 집중저장의 원칙 : 도매상은 상당량의 브랜드 제품을 대량으로 보관하므로 유통경로 상에 가능하며 많은 수의 도매상을 개입시킴으로 각 경로 구성원에 의해 보관되는 제품의 수량이 감소될 수 있다는 원칙

12 마케팅목표, 기업의 가격정책, 조직의 특성, 원가 등은 가격결정에 영향을 미치는 내부 요인에 해당한다.

13 다음 중 코틀러(P.kotler) 교수의 3가지 제품수준에 해당하지 않는 것은?

① 전략제품
② 확장제품
③ 핵심제품
④ 유형제품

14 다음 중 편의품에 대한 설명으로 옳지 않은 것은?

① 대표적으로 양말, 라면 등 일상생활에서 쉽게 접할 수 있는 것들이 있다.
② 편의품을 구매할 때 가장 가까운 곳에 위치한 점포에서 선택하는 경우가 많다.
③ 구매하는 기간이 빈번하고, 가격이 비싸지 않다.
④ 제품 구매 시 여러 가지 대안을 비교하고 수고와 노력을 아끼지 않는다.

15 소비자 구매의사결정 과정의 순서로 옳은 것은?

A. 대안 평가	B. 자극
C. 선택	D. 정보 탐색
E. 문제 인식	F. 구매후 평가

① B − E − D − A − C − F
② C − D − B − E − A − F
③ E − B − D − A − C − F
④ A − B − C − D − E − F

16 다음 경영정보 시스템에서 아래의 내용들이 해당하는 단계는?

• 자재 관리	• 판매유통
• 회계	• 마케팅
• 재무	

① 기본시스템 수준   ② 일상영업 수준
③ 전술 수준   ④ 전략 수준

17 다음 중 현대적 마케팅의 특징과 가장 거리가 먼 것은?

① 생산자 지향성
② 소비자 지향성
③ 사회적 책임 회피
④ 전사적 마케팅 지향성

18 다음 중 인바운드 텔레마케팅의 활용 방안으로 가장 옳지 않은 것은?

① 고객의 불만이나 클레임 접수
② 해피콜
③ 각종 상담서비스
④ 자료 및 샘플청구

Answer — 16.②   17.④   18.③

16 주어진 내용들은 조직의 의사결정을 받들어 실제 업무를 처리하게 되는 단계에서 이루어지는 업무수준의 단계에 대한 내용이다.

17 현대적 마케팅의 특징으로 기업의 사회적 책임 지향성이 있다. 기업의 사회적 책임은 기업의 이해 당사자들이 기업에게 기대하거나 요구하는 사회적 의무들을 충족하기 위하여 수행하는 활동을 말한다.

18 해피콜은 소비자와의 최종 커뮤니케이션 단계로 고객이 상품이나 서비스에 만족여부 등을 확인하는 단계로 기업에서 소비자에게 전화를 거는 아웃바운드 텔레마케팅에 적합하다.

19 고객에 대한 구매제안 유형 중 고객의 구매이력 등의 관리를 통해 기존에 구매한 고객에게 다른 상품을 구입하도록 하는 제안은?

① 업셀링(UP-selling)
② Negative Option
③ 크로스셀링
④ Positive Option

20 다음 중 잠재고객의 대상으로 거리가 먼 것은?

① 웹 상에서 비록 회원가입은 하지 않았으나 자주 클릭하여 접촉을 하거나 하였다고 예측, 판단되는 고객
② 회사에 리스크를 초래하였거나 신용상태, 가입자격 등이 미달되는 고객
③ 현재는 다른 경쟁업체를 이용하고 있으나 해당 기업의 제품이나 서비스에 대해 알고 이어 향후 자사 고객으로 확보할 수 있다고 판단되는 고객
④ 특정 제품이나 서비스에 대해 문의를 하는 고객 또는 이 같은 고객이 자신의 신분이나 연락처를 밝히는 경우

21 유통경로에 대한 설명으로 옳은 것은?

① 판매자가 소비자에게 상품을 배달할 때 가장 빠른 이동 경로를 의미한다.
② 상품이 생산자에서 소비자에게 직접 또는 중간상인을 통하여 판매되는 경로를 의미한다.
③ 상품이 대리점에서 제품생산 본사로 전달되는 것을 말한다.
④ 제품생산 시 한 공정에서 다른 공정으로 이동하는 경로를 말한다.

Answer ── **19.③ 20.② 21.②**

19 교차판매(cross-selling)은 직접 찾아오거나 전화를 건 소비자들에게 다른 상품이나 서비스의 구매를 유도하는 것으로 고객이 불쾌해하거나 거북하게 생각하지 않도록 공손하면서도 치밀하게 이루어져야 한다.

20 잠재 고객이란 현재는 자사의 고객은 아니지만 잠재적으로 고객이 될 가능성이 있는 구매자를 말한다.

21 유통경로는 제품이나 서비스가 다양한 경로를 거쳐 최종고객에게 전달되거나 소비되는 경로를 말하며, 어떤 상품을 최종 구매자가 쉽게 구입할 수 있도록 만들어 주는 과정이다.

22 다음 중 기업의 자원이 제약되어 있을 때 한 개 또는 소수의 세분시장에서 시장점유율을 확대하려는 전략은?

① 집중화 마케팅
② 차별화 마케팅
③ 다이렉트 마케팅
④ 노이즈 마케팅

23 표적시장을 선택하기에 앞서 효과적인 시장세분화를 위해 충족되어야 하는 요건이 아닌 것은?

① 행동가능성 ② 실질성
③ 접근가능성 ④ 표현가능성

24 기업의 상품 중 "20%의 대표 상품이 전체의 80%에 해당하는 매출을 올린다"는 이론은 무엇인가?

① 파레토 법칙 ② 마케팅 믹스
③ 롱테일 법칙 ④ STP 전략

Answer   **22.③   23.④   24.①**

22 • 노이즈 마케팅 : 자신의 제품을 여러 구설수에 휘말리게 해서 소비자들의 관심을 집중시켜 판매를 늘리려는 기법
 • 차별화 마케팅 : 두 개 또는 그 이상의 세분시장을 표적시장으로 선정하고 각각의 세분시장에 적합한 제품과 마케팅 프로그램을 개발하여 공략하는 전략을 말한다.
 • 집중화 마케팅 : 전체 시장 구성원이 원하는 것의 차이를 인식하여 시장을 세분하고 그 결과로 도출된 세분시장들 중에서 하나의 표적시장을 선정하여 마케팅노력을 집중시키는 전략을 말한다.

23 효과적인 세분화의 조건
 • 측정가능성 : 세분시장의 규모와 구매력이 측정될 수 있는 정도
 • 접근가능성 : 세분시장에 도달할 수 있고 그 시장에서 어느 정도 영업할 수 있느냐의 정도
 • 실질성 : 어떤 세분시장의 규모가 충분히 크고, 이익이 발생할 가능성이 큰 정도
 • 행동가능성 : 세분시장으로 유인하고, 그 세분시장에서 영업활동을 할 수 있도록 구성되어질 수 있는 효과적인 프로그램의 정도

24 "상위20%의 고객이 매출의 80%를 창출한다" 또는 "20%의 대표 상품이 전체의 80%에 해당하는 매출을 올린다" 등의 의미로 사용되며, 80 : 20법칙(= 파레토 법칙)이라고 한다.

25 다음 중 마케팅정보 시스템의 종류에 해당하지 않는 것은

① 마케팅인텔리전스 시스템　　　② 내부정보 시스템
③ 고객정보 시스템　　　　　　　④ 재포지셔닝 시스템

 2　시장조사

26 다음 2차 자료의 종류 중 내부자료(internal data)는?

① 민간 연구소 연구자료
② 정부기관 발행물
③ 기업의 재무제표
④ 국책 연구소 간행 자료

27 우편조사법의 특징으로 옳지 않은 것은?

① 응답요령이 상세하게 설명되어 있는 구조화된 설문지를 우편으로 조사대상자에게 발송하고 응답 후 반송하도록 하는 조사방법이다.
② 조사자들이 시간을 두고 설문에 자세히 응답할 수 있기 때문에 높은 회수율이 장점이다.
③ 지역에 제한 받지 않고 조사가 가능하다.
④ 대인면접법보다 상대적으로 응답률이 낮다.

🦉 *Answer* ── **25.④　26.③　27.②**

25 마케팅정보 시스템의 종류에는 내부정보 시스템, 고객정보 시스템, 마케팅인텔리전스 시스템, 마케팅조사 시스템, 마케팅의사결정지원 시스템이 있다.

26 내부적 2차 자료는 조사를 실시하고 있는 기업 또는 조직내부에서 보유하고 있는 자료이다. 기업의 재무제표, 판매보고서, 영업부의 판매기록, 경리부의 회계기록, 원가 및 재고, 고객의 반응 등이 해당한다.

27 대게 우편조사에 대한 응답률을 10~20% 정도로 다른 유형의 자료수집방법에 비해 낮다. 그러므로 계획된 표본수만큼 설문지를 회수하기 위해서 많은 수의 설문지를 발송하여야 한다.

28 측정의 수준에 따라 4가지 종류의 척도로 구분할 때, 가장 적은 정보를 갖는 척도부터 가장 많은 정보를 갖는 척도를 순서대로 나열한 것은?

① 명목척도, 서열척도, 등간척도, 비율척도
② 등간척도, 명목척도, 비율척도, 서열척도
③ 서열척도, 명목척도, 등간척도, 비율척도
④ 비율척도, 등간척도, 서열척도, 명목척도

29 비확률표본추출방법에 해당하는 것은?

① 편의표본추출법
② 체계적추출법
③ 군집표본추출법
④ 층화표본추출법

30 확률표본추출방법과 비교한 비확률표본 추출방법의 특징으로 볼 수 없는 것은?

① 인위적 표본추출이 가능하다.
② 시간과 비용이 적게 든다.
③ 표본오차의 추정이 가능하다.
④ 연구대상이 표본으로 추출될 확률이 알려져 있지 않다.

Answer **28.① 29.① 30.③**

28 자료는 측정척도의 유형에 따라 비율척도, 등간척도, 서열척도, 명목척도로 구분되며 정보의 양은 명목척도〈서열척도〈구간척도(등간척도)〈비율척도 순으로 많다.

29 확률표본추출법에는 단순무작위표본추출법, 체계적추출법, 층화표본추출법, 군집표본추출법이 있고 비확률표본추출방법에는 편의표본추출법, 판단표본추출법, 할당표본추출법이 있다.

30

확률표출	비확률표출
연구대상이 표출될 확률이 알려져 있을 때	연구대상이 표출될 확률이 알려져 있지 않을 때
무작위 표출	인위적 표출
표본오차의 추정 가능	표본오차의 추정 불가능
시간과 비용이 많이 듦	시간과 비용이 적게 듦

31 1차 자료수집 계획이라고 할 수 없는 것은?

① 역할 조사
② 전화 조사
③ 관찰 조사
④ 실험 조사

32 설문지 작성의 기본원칙으로 적절하지 않은 것은?

① 설문의 효율성
② 목적에 의한 분류
③ 어렵고 까다로운 설문지 구성
④ 목적에 적합한 설문 문항 수

33 변인(Variable)에 대한 설명으로 거리가 먼 것은?

① 독립변인 이외에 종속변인에 영향을 주는 모든 변인이 매개변인이다.
② 인과관계를 분석할 목적으로 수행되는 연구에서 원인이 되는 변인이 독립변인이다.
③ 조작적 정의에 따라 관찰가능하고 측정 가능한 실체가 있는 변인이 관찰변인이다.
④ 독립변인과 종속변인의 관계에서 직접적인 인과관계가 아닌 제3변인의 효과를 포함하는 경우의 제3변인이 중재변인이다.

Answer— **31.**① **32.**③ **33.**①

31 역할조사는 1차 자료수집 계획에 포함되지 않는다.

32 설문지는 이해하기 쉬운 언어로 구성되어야 한다.

33 ① 매개변인은 독립변인과 종속변인의 연결고리 역할을 하는 변인으로, 매개변인은 독립변인의 결과이면서 동시에 종속변인의 원인이 되는 변인이다.
④ 중재변수란 독립변수와 종속변수 간의 관계를 설명하는데 개입되는 변수를 말한다. 즉 둘 사이의 관계를 설명하기 보다 이들 사이에 새로운 변수를 개입시켜 둘 사이의 관계를 쉽게 설명하는 것이 바로 매개변수이다.

34 마케팅 조사 설계 시 내적 타당성을 저해하는 요소에 해당되지 않는 것은?

① 통계적 회귀
② 반작용 효과
③ 특정사건의 영향
④ 사전검사의 영향

35 조사대상자의 언어능력과 지적(교육)수준에 따라 신뢰도의 격차가 크게 발생할 수 있는 척도는?

① 리커트 척도(likert scale)
② 거트만 척도(guttman scale)
③ 서스톤 척도(thurstone scale)
④ 의미분화 척도(semantic differential scale)

Answer — **34.② 35.④**

34 반작용 효과는 외적 타당성을 저해하는 요소이다. 내적 타당도를 저해하는 요인에는 외적사건(history), 성장효과 (maturation), 검사효과(testing effect), 도구효과, 통계적 회귀, 표본의 편중, 중도탈락, 치료의 모방 등이 있다.
  ※ 내적타당성과 외적타당성
    ㉠ 내적 타당성(Internal validity) : 측정된 종속변수의 변화가 실제로 독립변수(실험변수)의 조작에 의해 일어났는 지의 여부를 의미한다.
    ㉡ 외적 타당성(External validity) : 실험에 의해 나타난 인과관계의 일반화 여부를 말한다. 만약 실험결과가 실험 실밖의 다른 집단, 상황 또는 시점에서도 적용될 수 있다면 이 실험은 외적 타당성이 있다고 말할 수 있다.

35 의미분화척도(어의구별척도)는 어떤 개념에 함축되어 있는 의미를 평가하기 위해 사용된다. 개념에 대한 생각 다양 한 문항으로 제시하되, 각 문항을 형용사의 쌍으로 하고 극단에 서로 상반되는 형용사 배치하여 평가한다. 어의차가 애매 한 경우가 많아 평가자 집단 선별에 어려움이 따르며 평가자 집단 선별이 제대로 이루어지지 않은 경우 신뢰도에 큰 차이가 발생하게 된다.

36 다음의 설문 문항이 범하고 있는 주요 오류에 대한 설명으로 옳은 것은?

> [질문]
> 당신은 맥주를 얼마나 자주 드십니까?
> ㉠ 매일 마신다.　　　　　　　　㉡ 자주 마신다.
> ㉢ 종종 마신다.　　　　　　　　㉣ 거의 안 마신다.
> ㉤ 전혀 안 마신다.

① 하나의 항목으로 두 가지 내용을 질문하고 있다.
② 대답을 유도하는 질문을 한다.
③ 가능한 응답을 모두 제시하지 않고 있다.
④ 응답 항목들 간의 내용이 중복되고 있다.

37 다음 중 과학적 조사방법의 특성으로 옳지 않은 것은?

① 과학적 조사방법을 통해 시장조사과정과 분석과정에서 오류를 최소화하도록 해야 한다.
② 과학적 조사방법으로 시장의 문제점을 발견하고, 원인규명을 통하여 시장문제를 예측할 수 있다.
③ 과학적 조사방법은 개인적 경험, 직관, 감성을 근거로 자료를 수집하여 시장문제를 분석한다.
④ 조사자는 시장문제를 구성하고 있는 요소들을 구분하고 그 상호관계를 분석함으로써 시장문제의 원인을 파악하고 해결방안을 모색한다.

38 총 직원의 수가 1,000명인 회사에서 200명을 표집할 때의 표집률은?

① 20%　　　　　　　　　　　　② 40%
③ 60%　　　　　　　　　　　　④ 80%

Answer ── **36.**④　**37.**③　**38.**①

36 '매일', '자주', '종종'의 단어들로 인해 내용이 중복되는 항목이라고 할 수 있다.

37 과학적 조사방법에서는 개인적 경험, 직관, 감성 등은 과학지식의 습득을 저해하는 요인으로 본다.

38 표집률은 모집단에서 개별 요소가 선택될 비율이다.
(200 / 1000)×100 = 20%

39 특정상품에 대한 만족도를 조사하기 위하여 정확성이 공인된 체중계를 사용하여 체중계에 표시된 몸무게로 만족도를 측정하였다. 이러한 측정에 관하여 올바르게 나타낸 것은?

① 신뢰도와 타당도가 모두 낮다.
② 신뢰도와 타당도가 모두 높다.
③ 신뢰도는 높지만 타당도가 낮다.
④ 신뢰도는 낮지만 타당도는 높다.

40 다음이 설명하고 있는 것은?

> 마케팅 조사설계의 기본요소로서 일반적으로 마케팅 관리자가 통제하는 변수이다. 이 변수는 관찰하고자 하는 현상의 원인이라고 가정한 변수이다.

① 종속변수   ② 독립변수
③ 외생변수   ④ 결과변수

41 전화조사에서 무응답 오류의 의미로 옳은 것은?

① 응답자의 거절이나 비접촉으로 나타나는 오료
② 데이터 분석에서 나타나는 오류
③ 조사와 관련 없는 응답자를 선정하여 나타나는 오류
④ 부적절한 질문으로 인하여 나타나는 오류

Answer **39.③ 40.② 41.①**

39 만족도를 체중계로 조사했으므로 타당도가 낮다. 측정 도구로 일관성 있게 측정하였으므로 신뢰도는 높다.
※ 타당도와 신뢰도
  • 타당도 : '측정하고자 하는 개념을 얼마나 정확히 측정하였는가'를 말한다. 즉, 타당도는 측정한 값과 대상의 진정한 값과의 일치 정도를 의미한다. 타당한 측정도구는 측정하고자 하는 바를 정확하게 측정해야 한다.
  • 신뢰도 : 측정하고자 하는 현상을 일관성 있게 측정하려는 능력으로 안정성, 일관성, 예측가능성, 정확성 등으로 표현할 수 있는 것을 의미하는 것으로 동일한 개념이나 속성을 측정하기 위한 항목이 있어야 한다.

40 ① 종속변수 : 서로 관계가 있는 둘 이상의 변수가 있을 때, 어느 한쪽의 영향을 받아서 변하는 변수
  ③ 외생변수 : 연구의 대상이 되는 현상과 관련된 실험변수와 결과변수 이외의 기타 변수들로써, 결과변수에 영향을 미칠 수 있는 변수들을 말한다.
  ④ 결과변수 : 우리가 주로 관심이 있는 결과, 성과에 대한 것이다.

41 무응답 오류는 응답자의 거절이나 비접촉으로 나타나는 오류이다.

42 조사의 유형에 대한 설명으로 적절하지 않은 것은?

① 우편조사 : 조사 대상을 다양하게 할 수 있다.
② 집단설문조사 : 한 번에 많은 응답자의 반응을 얻을 수 있으므로 시간을 단축시킬 수 있다.
③ 면접조사 : 다수의 면접원이 조사에 참여하기 때문에 조사결과의 객관성이 유지된다.
④ 전화조사 : 특정표본 추출에 한계가 있다.

43 다음 중 설문지 조사에 적합한 질문 문항은?

① 지난 주 당신의 주당 근로시간은 총 몇 시간이었습니까?
② 당신의 A마트 점포방문시간은 몇 시간입니까?
③ 당신이 특정 정육점만을 간다고 한다면 그 이유는 무엇입니까?
④ 당신의 소득은 얼마입니까?

44 응답자들에게 느낌이나 믿음을 간접적으로 투사하게 하여 응답자의 심리상태를 알아내는 투사법에 해당하지 않은 것은?

① 문장완성법
② 단어연상법
③ 심층면접법
④ 역할행동법

Answer ─ **42.③ 43.① 44.③**

42 조사원의 개인차에 의한 편견과 부정의 소지가 있다는 것이 면접 조사의 단점이다.

43 설문지의 문항이 구체적인 ①번이 설문지 조사에 가장 적합한 질문이다.

44 ① **문장완성법** : 응답자들에게 완성되지 않은 문장을 제시하고 이를 채우도록 요구하는 방법
② **단어연상법** : 응답자들에게 단어들을 한 번에 하나씩 제시하고, 그 단어와 관련하여 첫 번째로 떠오르는 단어를 적거나, 말하도록 요구하는 방법
④ **역할행동법** : 응답자들에게 상황을 제시하고 그 상황에 처했을 경우에 대한 느낌이나 믿음 등을 말하게 하는 방법

45 자료 수집을 위해 사용된 방법론의 타당성을 확인하기 위한 것으로 가장 거리가 먼 것은?

① 출판시기
② 응답률과 질
③ 설문지 설계와 관리
④ 표본의 크기와 질

46 시장조사를 위한 면접조사의 주요 단점으로 틀린 것은?

① 면접자를 훈련하는 데 많은 비용이 소요된다.
② 면접을 적용할 수 있는 지리적인 한계가 있다.
③ 언어적인 커뮤니케이션만을 통해 자료를 수집한다.
④ 응답자들이 자신의 익명성 보장에 대해 염려할 소지가 있다.

47 최소의 경비와 노력으로 광범위한 지역과 대상을 표본으로 삼을 수 있는 자료수집방법은?

① 관찰방법
② 면접조사법
③ 전화조사법
④ 우편조사법

 *Answer* ── **45.① 46.③ 47.④**

45 출판시기는 신뢰성을 확인하기 위한 것이다.
　• **타당성** : 측정값을 얼마나 정확하게 옳게 측정하였는가를 나타내는 것이다.
　• **신뢰성** : 그 측정값이 옳든 틀리든, 얼마나 일관된 값을 가지는가를 보는 것이다.

46 면접조사는 언어적인 커뮤니케이션뿐만 아니라 감각기관을 통한 비언어적인 커뮤니케이션을 통해서도 자료를 수집한다.

47 우편조사법
　• **장점** : 응답자 1인당 조사비가 적게 들며 응답자가 조사문제에 대해 관심이 있는 경우에는 설문지의 양이 길어도 답변을 해 주는 경우가 많다. 자료수집비용은 설문지의 인쇄비와 발송 및 회수를 위한 우편료 정도이며, 조사원 수당을 절약할 수 있다.
　• **단점** : 응답자가 질문내용을 이해하지 못한 경우 보충설명이 불가능하며 응답률이 낮다.

48 마케팅 믹스의 4P's 중 제품(product) 결정과 관련된 시장조사의 역할과 목적으로 틀린 것은?

① 제품 판매에 적합한 유통경로를 파악할 수 있다.
② 브랜드명의 결정, 패키지, 로고 대안들에 대한 테스트를 할 수 있다.
③ 타겟 소비자가 제품으로부터 기대하는 편익이 무엇인지 알 수 있다.
④ 기존 제품에 새로 추가할 속성이나 변경해야 할 속성을 파악할 수 있다.

49 측정도구의 타당도 평가방법에 대한 설명으로 틀린 것은?

① 한 측정치를 기준으로 다른 측정치와의 상관관계를 추정한다.
② 크론바하 알파값을 산출하여 문항 상호 간의 일관성을 측정한다.
③ 개념타당도는 측정하고자 하는 개념이 실제로 적절하게 측정되었는가를 의미한다.
④ 내용타당도는 점수 또는 척도가 일반화하려고 하는 개념을 어느 정도 잘 반영해 주는가를 의미한다.

50 시장조사의 용어에 대한 설명으로 옳지 않은 것은?

① 독립변수란 종속변수의 결과로 측정된 변수를 말한다.
② 신뢰수준이란 신뢰구간이 모집단의 모수를 포함하는 확률을 말한다.
③ 가중치란 각각의 데이터에 대하여 서로의 상관관계를 고려하여 적용된다.
④ 코딩이란 각각의 질문에 응답한 결과를 보통 숫자로 변환하는 과정을 말한다.

Answer — **48.**① **49.**② **50.**①

48 ①번은 유통전략에 해당한다.

49 크론바하 알파계수를 사용하는 것은 신뢰도를 측정할 때이다.

50 독립변수는 다른 변수의 변화와는 관계없이 독립적으로 변화하고 이에 따라 다른 변수의 값을 결정하는 변수를 말한다.

51 상담원들의 이직관리에 대한 사항으로 옳지 않은 것은?

① 이직의 원인을 지속적으로 모니터링하고 개선한다.

② 즐겁게 일하는 콜 센터 분위기를 조성한다.

③ 상담원에게 콜 센터의 비전을 제시하고 동기부여 한다.

④ 상담원을 제외한 관리자와 스텝의 말만 충분히 고려한다.

52 통화 품질 관리자(QAA)의 업무능력과 가장 밀접한 관계가 있는 것은?

① 세일즈 능력   ② 인사관리 능력

③ 콜 분배 능력   ④ 경청 능력

53 다음과 같은 업무를 수행하는 사람은?

> 텔레마케팅 업무가 효율적으로 운영되도록 지휘, 지도를 하며 교육을 직접 담당하는 경우가 많으므로 강의기법, 교육매뉴얼 연구도 뛰어나야 한다. 또한 텔레마케팅 판촉전개, 스크립트 작성, 고객리스트 관리 등 텔레마케팅 수행의 실질적인 관리자이다.

① 경영   ② 슈퍼바이저

③ 고객   ④ 텔레마케터

Answer ─── **51.④ 52.④ 53.②**

51 상담원들의 이직관리를 위하여 관리자와 스텝 및 상담원들과의 의사소통이 충분히 이루어져야 한다.

52 QAA(Quality Assurance Analyst) : 통화품질 관리자는 상담원의 통화내용을 듣고 분석하여 통화목적에 가장 적합하도록 관리한다.

53 슈퍼바이저는 콜 센터 업무교육 및 훈련의 책임을 맡게 되는 중간관리자이다.

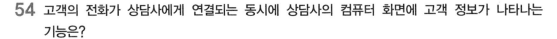

54 고객의 전화가 상담사에게 연결되는 동시에 상담사의 컴퓨터 화면에 고객 정보가 나타나는 기능은?

① 라우팅(Routing)
② 다이얼링(Dialing)
③ 스크린 팝(Screen Pop)
④ 음성 사서함(Voice Mail)

55 텔레마케팅 조직의 성과보상 방법으로 적합하지 않은 것은?

① 텔레마케터의 성과보상은 공정하게 이루어져야 한다.
② 텔레마케터의 성과 결과에 대한 정기적인 피드백이 필요하다.
③ 텔레마케터의 성과지표는 조직의 성과지표와 연계되어 있어야 한다.
④ 텔레마케터의 성과지표는 정성적인 지표보다는 정량적인 지표 위주로만 선정해야 한다.

56 텔레마케터의 임무와 역할에 대한 설명으로 가장 거리가 먼 것은?

① 텔레마케터는 고객응대에 최선을 다하여 고객만족을 달성해야 한다.
② 텔레마케터는 조직보다는 오직 자신의 이익추구에 최선을 다해야 한다.
③ 텔레마케터는 회사의 대표자라는 자부심과 사명을 가지고 업무에 임해야 한다.
④ 적절한 응대화법을 구사하여 고객의 고충을 해결해 주고 설득하여 구매의욕을 높이도록 한다.

Answer ── **54.③ 55.④ 56.②**

54 ③ 걸려오는 전화에 수반하는 호출자에 대한 정보를 자동적으로 띄우는 CTI 기능이다.
④ 오디오를 지원하는 인터넷 전자우편 시스템이다.
② 직접 인워드 다이얼링은 관할 전화국에서 전화번호 대역의 일부를 한 회사의 사설교환기에 전화가 걸리도록 할당하는 서비스이다.
① 어떤 네트워크 안에 통신 데이터를 보낼 경로를 선택하는 과정이다.

55 텔레마케터의 성과지표는 정상적인 지표와 정량적인 지표를 기반으로 공정하게 선정해야 한다.

56 텔레마케터는 자신보다는 조직의 이익추구에 최선을 다해야 한다.

57 변화적 리더십의 예로 볼 수 없는 것은?

① A는 어떤 장애물도 스스로의 능력으로 극복할 수 있다고 나를 신뢰한다.

② B는 내가 고민해 온 고질적인 문제를 새로운 관점에서 생각해 볼 수 있게 해 준다.

③ C는 내가 필요한 경우 나를 코치해 준다.

④ D는 내가 실수를 저질렀을 때만 관여한다.

58 텔레마케터의 상담품질 관리를 위해 모니터링 평가와 코칭 업무를 담당하는 사람을 표현하는 용어는?

① QC(Quality Control)

② QAA(Quality Assurance Analyst)

③ ATT(Average talk time)

④ CMS(Call Management System)

59 서비스 품질 성과지표가 아닌 것은?

① 콜 전환율

② 모니터링 접수

③ 포기율

④ 첫 번째 콜 해결율

Answer— **57.④ 58.② 59.③**

57 거래적 리더십에 관한 예이다.

※ 변화적 리더십 : 부하의 현재 욕구수준을 중심으로 한 교환관계에 의한 것이 아니고 부하의 욕구수준을 높여 더 높은 수준의 욕구에 호소함으로써 리더는 부하들로 하여금 자신의 이익을 초월하여 조직의 이익을 위해 공헌하도록 동기부여하는 리더십이다.

58 통화품질관리자는 상담 통화 품질 관리, 고객 상담 모니터링. 모니터링 후 코칭, 상담원 교육 등의 역할을 한다.

59 인입콜 중 상담사가 응답 전에 고객이 전화를 끊은 콜의 비율로 서비스 품질 성과지표에 해당하지 않는다.

60 한국산업표준(KS)에서 정한 상담원 교육훈련 강사선발 요건으로 틀린 것은?

① 고등학교 졸업 후 7년 이상의 전문분야 및 콜 센터 경력자
② 전문대학 졸업 후 5년 이상의 전문분야 및 콜 센터 경력자
③ 대학 졸업 후 3년 이상의 전문분야 및 콜 센터 경력자
④ 실습을 겸한 최소 500시간 이상의 강사교육을 이수한 콜 센터 경력자

61 리더십의 필수 요소가 아닌 것은?

① 장기적인 비전 제시
② 창조적인 도전 중시
③ 위험을 회피하기 보다는 감수
④ 사람보다는 일 중심의 관리

62 텔레마케터 전문 인력채용 시 면접기준으로 부적절한 것은?

① 품성, 조직 적응력
② 음성표현, 구술능력
③ 청취, 이해력
④ 세일즈경력, 경제력

Answer ── **60.**④ **61.**④ **62.**④

60 실습을 겸한 최소 600시간 이상의 강사교육을 이수한 콜 센터 경력자이다.
61 콜 예측량 모델링을 위한 콜 센터 지표
  • **평균통화시간(초)** : 일정시간 동안에 모든 상담원이 모든 호와 통화하는 데 소요되는 평균시간을 말한다.
  • **평균통화처리시간(초)** : 평균통화시간과 평균마무리처리시간을 합한 것이다.
  • **평균응대속도(초)** : 고객이 상담원과 대화 이전에 대기하고 있는 총시간을 응답한 총통화수로 나눈 값을 말한다.
  • **평균마무리처리시간(초)** : 평균통화시간 이후 상담내용을 별도로 마무리 처리하는 데 소요되는 평균적인 시간을 말 한다.
62 지원자의 경제력은 텔레마케터 채용 시 면접 기준에 해당하지 않는다.

63 인바운드 콜 센터의 인입콜 데이터 산정기준에 대한 설명으로 적합하지 않은 것은?

① 퍼펙트 콜 수를 기준으로 산정한다.

② 인입되는 모든 콜은 동일한 기준과 방법으로만 산정하며 시간별, 요일별 특성은 감안하지 않는다.

③ 먼저 걸려온 전화가 먼저 처리되는 순서를 준수하여 보다 정밀하고 객관적으로 산정되도록 한다.

④ 상담원의 결근, 휴식, 식사, 개인적 부재 등의 부재성을 배제한 상태에서 산정된 데이터를 기준으로 한다.

64 텔레마케팅에서 효과적인 코칭의 목적과 가장 거리가 먼 것은?

① 특정 행동에 대한 감시 감독

② 모니터링 결과에 대한 커뮤니케이션

③ 텔레마케터의 업무수행능력 강화 과정

④ 특정 부문에 대한 피드백을 제공하고 지도 교정해 가는 과정

65 텔레마케팅에 대한 설명으로 가장 적합한 것은?

① 일방향의 커뮤니케이션이다.

② 텔레폰과 마케팅의 결합어이다.

③ 고객반응에 대한 효과측정이 용이하다.

④ 무작위의 고객 데이터베이스를 사용한다.

Answer ── **63.② 64.① 65.③**

63 인입되는 콜을 산정할 때는 시간별, 요일별 특성을 감안해야 한다.

64 텔레마케터에 대한 코칭의 목적
- 목표부여 및 관리
- 자질 향상을 위한 지원
- 상담원의 역할 인식
- 텔레마케터로서의 집중적인 학습 및 자기계발

65 텔레마케팅은 전화를 활용한 마케팅 커뮤니케이션이며, 명확한 타겟을 설정해서 고객 데이터베이스화하여 활용하는, 쌍방향 커뮤니케이션의 방식이다. 고객과 마케터 간의 쌍방향 커뮤니케이션으로 인해 마케터는 고객의 반응에 대한 효율적인 측정이 용이해진다.

66 회원가입, 캠페인, 이벤트 등을 실시할 때 사전에 보내진 메일을 수신한 고객에게 전화고지를 해서 개봉 촉진 또는 반응 효과를 향상시키기 위해 실시하는 것은?

① Cold Call

② Pre-call

③ Handled Call

④ Pay-per-call

67 텔레마케팅을 위한 스크립트의 작성방법 중 응답되는 내용을 "예/아니오" 식으로 나누고 이에 따라 다음의 질문이나 설명이 뒤따르도록 작성하는 방식은?

① 혼합식   ② 회화식

③ 브랜치식   ④ 질문식

68 조직 내에서 교육의 필요성 분석 중 과업분석에 대한 설명으로 올바른 것은?

① 과업분석은 조직 내에서 누가 교육을 받아야 하는지를 알아보는 것이다.

② 과업분석은 개인이 과업수행에 요구되는 지식, 기술, 태도에 대한 조사가 필요하다.

③ 과업분석은 교육이 조직의 문제해결을 위한 올바른 해결책인지를 분석하는 것이다.

④ 과업분석은 교육에서 배운 기술을 실제 직무로 전이시키는데 미치는 요인에 대한 조사이다.

Answer— **66.②** **67.③** **68.②**

66 Pre-Call : 기업이 준비한 각종 행사나 이벤트 및 캠페인 등과 관련하여 미리 보낸 메일 등을 받은 고객에게 전화를 해서 메일 등의 개봉을 촉구하게 하는 것을 말한다.

67 브랜치식은 예/아니오 라는 각각의 노드에서 분기하여 실행되고 그 후에 각 노드(가지)에 대한 질문 또는 설명 등이 나오도록 하는 방식이다.

68 과업분석은 실제 업무를 수행하게 되는 구성원 개인이 업무수행을 함에 있어서 필요로 하는 각종 지식이나 스킬 등을 조사해나가는 것이다.

69 콜 센터 성과측정 중 고객 접근가능성 여부를 측정하는 지표로 가장 거리가 먼 것은?

① Average Speed of Answer
② Response Rate
③ Service Level
④ First call Resolution

70 기존의 콜 센터와 웹 콜 센터의 차이점으로 올바른 것은?

① 웹 콜 센터는 기존의 콜 센터에 비해 실시간 응대율이 떨어진다.
② 기존의 콜 센터에 비해 웹 콜 센터는 고객 불만을 효과적으로 해결할 수 있다.
③ 기존의 콜 센터는 웹 콜 센터에 비해 기업의 마케팅 활동을 효과적으로 수행할 수 있다.
④ 기존의 콜 센터는 PSTN(공중망)을 통하여 고객과 접촉하나, 웹 콜 센터는 IP를 통하여 고객과 접촉한다.

71 리더십 상황 이론의 설명이 잘못된 것은?

① 상황 이론은 리더십유형에 관한 유용한 데이터를 제공한다.
② 상황 이론은 리더(leader)가 리더십을 적절한 상황에 적합시키는 이론이다.
③ 상황 이론은 리더가 모든 상황에서 리더십을 발휘할 수 있다는 이론이다.
④ 상황 이론은 리더(leader)의 행동유형과 여러 상황특성 간의 관계에 대한 이론이다.

Answer ─ **69.**④ **70.**④ **71.**③

69 한 번의 전화로 문제를 해결하는 1차 처리율(FCR)은 고객 접근가능성 여부를 측정하는 지표로 거리가 멀다.

70 • PSTN : 공공 통신 사업자가 운영하는 공중 전화 교환망을 말한다. 교환국을 통해 불특정 다수의 가입자들에게 음성전화나 자료 교환 서비스를 제공한다.
　　• IP : PC통신망을 통해 정보를 제공해주고 대가를 받는 사업자를 말한다.

71 리더의 효과성은 리더의 특성이나 행위와 함께 상황적 조건에 따라 달라진다는 리더십 이론이다.

72 텔레마케팅 성장 배경에 관한 설명 중 '신용카드 보급으로 고객 정보의 취득과 수요 창출의 효과'를 고려한 측면은?

① 생산자 측면　　　　　　　　② 소비자 측면
③ 사회적 측면　　　　　　　　④ 기술적 측면

73 다음 (　)에 들어갈 알맞은 용어는?

> (　)은/는 신규 종업원에게는 직무환경에 자신의 능력을 적응시켜 효과적 직무수행에 도움을 주고 기존 종업원에게는 새로운 기술과 능력을 증진시켜 변화하는 환경에 능동적으로 대처하게 한다.

① 보상관리　　　　　　　　　② 교육훈련
③ 인사이동　　　　　　　　　④ 경력개발

74 교환기 및 CTI 장비에서 측정할 수 없는 성과지표는?

① 통화 포기율
② 서비스 레벨
③ 평균 통화시간
④ 통화품질 만족도

Answer　72.③　73.②　74.④

72 ③ 정보처리 기술의 발달로 컴퓨터 보급이 확대되어 고객 데이터베이스 구축 및 접근이 용이하게 되었다. 그리하여 보다 정밀한 시장 세분화로 전략적 활용이 가능해졌으며, 정보통신 기술의 발달로 전화를 이용해 소비자와의 접촉이 용이해졌을 뿐만 아니라 다양한 형태의 고객접촉이 가능해졌다.

73 교육훈련은 기업에 소속된 모든 종업원들의 지식·기술·태도를 향상시킴으로써 기업을 발전시키는 것을 목적으로 한다. 기업의 교육훈련은 기업의 목표를 달성하기 위한 수단으로 필요하며, 인적 자원의 수준을 예측하고, 장래에 예상되는 높은 수준의 업무수행이 가능하도록 종업원들의 자질과 능력을 개발하며, 미래의 기업을 경영할 유능한 후계자를 양성하고자 한다.

74 CTI 장비로는 통화품질 만족도를 측정할 수 없다

 4 고객관리

75 다음 ( )안에 들어갈 알맞은 것은?

> 컴퓨터의 저장용량 및 데이터 처리성능이 발전하면서 기업은 방대한 양의 고객관련 데이터를 (A)에 저장하고 (B)과(와) 같은 통계프로그램을 활용하는 고객분석이 가능해짐에 따라 CRM이 등장할 수 있었다.

① A - 데이터베이스, B - 데이터마이닝
② A - 데이터웨어하우스, B - 데이터베이스
③ A - 데이터마이닝, B - 데이터웨어하우스
④ A - 데이터웨어하우스, B - 데이터마이닝

76 다음의 고객관련 내용을 토대로 고객의 커뮤니케이션 유형을 진단할 때 이 고객과의 상담을 성공적으로 이끌기 위해 표현되는 응대화법으로 가장 적절한 것은?

> 고객 : 그 회사 상품 중 몇 가지 구입하고 싶은 게 있어서 전화했어요…. 물건을 빨리 받아 봤으면 좋겠어요….
> 　　　그런데 저는 전화로 신용카드번호를 불러주고 결제하는 건 좀 내키지 않는데….

① 그러면 좀 더 생각해 보시고 다시 전화 주시기 바랍니다.
② 요즘은 거의 모든 고객들이 전화로 신용카드 번호를 불러주십니다. 문제없습니다.
③ 카드결제가 가장 빠르지만 내키지 않으시면 온라인으로 송금을 해주시거나 직접 방문하셔서 구입하시는 방법도 있습니다.
④ 다른 방법은 전화주문만큼 빠르지 않습니다. 카드결제를 하셔야 빨리 상품을 받으실 수 있으니 카드결제를 하시기 바랍니다.

Answer— **75.④ 76.③**

75 데이터웨어하우스와 데이터마이닝
• 데이터웨어하우스 : 사용자의 의사 결정에 도움을 주기 위하여, 다양한 운영 시스템에서 추출, 변환, 통합되고 요약된 데이터베이스를 말한다.
• 데이터마이닝 : 많은 데이터 가운데 숨겨져 있는 유용한 상관관계를 발견하여, 미래에 실행 가능한 정보를 추출해 내고 의사 결정에 이용하는 과정을 말한다.

76 효과적인 고객상담은 고객의 입장에서 생각하고 판단하는 것이다. 보기에서 고객은 물건 구매를 하고 싶지만 전화로 신용카드번호를 유출하는 것에 부정적인 입장으로 다른 대안을 제시하는 것이 적절하다.

77 다음 중 CRM을 통한 기업의 핵심과제로 가장 거리가 먼 것은?

① 특정사업에 적합한 소비자 가치를 규명한다.
② 기업이 원하는 방법으로 고객가치를 충족한다.
③ 고객에 대한 이해를 바탕으로 시스템을 구축한다.
④ 각 고객집단이 가진 가치의 상대적 중요성을 인지한다.

78 고객응대시 요구되는 지식 중 구매고객층, 구매목적, 구매시기 등의 내용이 포함된 것은?

① 제품 및 서비스 지식
② 고객시장에 관한 지식
③ 고객의 구매심리에 관한 지식
④ 생산, 유통과정과 품질에 관한 지식

79 CRM의 등장배경이 되는 마케팅 패러다임의 변화로 틀린 것은?

① one-to-one 마케팅에서 mass 마케팅으로의 변화
② 생산자 중심에서 고객중심으로의 변화
③ 10인 1색에서 1인 10색으로의 변화
④ 양적 사고에서 질적 사고로의 변화

Answer ─ **77.② 78.③ 79.①**

77 CRM(고객관계관리)은 기업이 고객과 관련된 내외부 자료를 분석·통합해 고객 중심 자원을 극대화하고 이를 토대로 고객특성에 맞게 마케팅 활동을 계획·지원·평가하는 과정이다. 과거 은행·증권 등 금융 오프라인 기업들이 컴퓨터 응용기술로 가입자 신상명세, 거래내역 등을 데이터화 해 콜 센터를 구축하는 등에 많이 적용했으나 최근 회원관리가 생명인 닷컴기업들이 가입자 확보를 위해 서둘러 CRM을 도입하고 있다.

78 구매목적이나 구매시기는 고객의 심리적인 특성과 연관성이 깊다.

79 매스 마케팅(Mass Marketing)이란 불특정 다수를 대상으로 상품을 선전하거나 판매를 촉진하는 마케팅 전략을 말한다. 즉 기업이 전체 시장에 표준화된 제품과 서비스를 제공하는데 사용하는 전략으로 우리가 알고 있던 대량생산과 대량유통, 대량판매 형식이 바로 매스 마케팅의 일환으로 볼 수 있다. 현재와 같이 수요보다 공급이 훨씬 초과되는 시장 상황에서는 매스 마케팅이 더이상 효율적이지 못한 방식이기 때문에 각각의 소비자들을 자신의 고객으로 만들고, 이를 장기간 유지하고자 하는 경영방식인 고객관계관리(CRM)가 대두되었다.

80 커뮤니케이션의 기본요소에 대한 설명으로 옳지 않은 것은?

① 해석 및 수신자(Decoding&Receiver) : 일방적인 커뮤니케이션에서는 전달하려는 내용과 수신자가 받아들이는 내용 사이에 왜곡의 가능성이 높다.

② 메시지 및 매체 : 전달자가 수신자에게 전하려는 내용이며, 부호화의 결과이고 커뮤니케이션의 경로이다.

③ 부호화(Encoding) : 상징물이나 신호 등에는 전달자의 의도가 하나의 부호로 실려 있게 되는데 눈으로 보이지 않는 체계이므로 전달자와 수신자간의 보다 깊은 심리적인 교감이 필요하다.

④ 전달자(Communicator) : 전달의도가 커뮤니케이션의 시발점이 된다.

81 커뮤니케이션에 있어서 발신자와 수신자가 어떤 메시지에 대해 공감 하는 과정을 무엇이라고 하는가?

① 피드백   ② 메시지
③ 기호화   ④ 이해

Answer ── **80.① 81.④**

80 커뮤니케이션의 기본요소 의사소통 모델요인
- **환경** : 상담원의 메시지를 보내고 받는 환경, 즉 사무실, 상점, 집단이나 개별환경은 메시지의 효율성에 영향을 준다.
- **송신자** : 상담원은 고객과 메시지를 시작하면서 송신자의 역할을 맡는다. 반대로 고객이 반응을 보일 때에는 고객이 송신자가 된다.
- **수신자** : 처음에 상담원은 고객이 보내는 메시지의 수신자가 된다. 그러나 일단 상담원이 피드백을 하게 되면, 상담원의 역할은 송신자로 바뀐다.
- **메시지** : 메시지는 상담원이나 고객이 전달하고자 하는 생각이나 개념이다.
- **통로** : 상담원의 메시지를 이전하기 위해 선택하는 방법인 전화, 대면접촉, 팩스, 이메일이나 기타 통신수단을 말한다.
- **부호화** : 상담원의 메시지를 고객이 효과적으로 이해할 수 있는 형태로 바꾸기 위해서 부호화된다. 메시지를 해독할 수 있는 고객의 능력을 정확하게 파악하지 못하면 혼란과 오해를 일으킬 수 있다.
- **해독** : 해독은 상담원과 고객이 되돌려 받은 메시지의 의미를 해석함으로써 친밀한 생각으로 전환하는 것이다.
- **피드백** : 피드백은 양방향 의사소통 과정의 가장 중요한 요소 가운데 하나로 피드백이 없다면 상담원은 독백을 하는 것과 마찬가지이다.
- **여과** : 여과는 받은 메시지를 왜곡시키거나 영향을 미치는 요인들이다. 여과에는 태도, 관심, 경향, 기대, 교육 및 신념과 가치 등이 포함된다.
- **잡음** : 잡음은 정확한 정보의 수용을 방해하는 생리적이거나 심리적인 요인들인 신체적 특성, 주의력 부족, 메시지의 명확도나 메시지의 시끄러움과 같은 환경적 요인들이다.

81 • **기호화** : 상담원의 메시지를 고객이 효과적으로 이해할 수 있는 형태로 바꾸기 위해서 부호화된다. 메시지를 해독할 수 있는 고객의 능력을 정확하게 파악하지 못하면 혼란과 오해를 일으킬 수 있다.
- **피드백** : 양방향 의사소통 과정의 가장 중요한 요소 가운데 하나로 피드백이 없다면 상담원은 독백을 하는 것과 마찬가지이다.
- **메시지** : 상담원이나 고객이 전달하고자 하는 생각이나 개념이다.

82 상담자가 상담 초기에 파악해야 하는 고객의 기본적 상담 자료와 가장 거리가 먼 것은?

① 상담 목적　　　　　　　　　② 고객 인적사항
③ 이전 상담 경험　　　　　　　④ 상담 후 고객만족도

83 고객의 구체적 욕구를 파악하기 위한 질문기법이 아닌 것은?

① 구체적으로 질문한다.
② 가능하면 긍정적인 질문을 한다.
③ 고객의 틀린 말은 즉각적으로 바르게 고쳐주거나 평가해 준다.
④ 더 좋은 서비스를 제공하기 위해 소비자가 확실히 원하는 것을 찾아내는 질문을 한다.

84 상품을 구매한 고객 대상 응대 유형으로 틀린 것은?

① 지불, 환불, 교환에 관한 응대
② 구매행동을 위한 대안 제시
③ 구매 만족여부 확인 및 해피콜
④ 고객의 불만과 문제접수 및 해결

85 고객상담 시 고객과의 공감대를 형성하는 방법과 가장 거리가 먼 것은?

① 고객을 진심으로 칭찬한다.
② 공통적인 화제로 성의 있게 대화한다.
③ 인사는 격식에 따라서 위엄있게 한다.
④ 고객의 신분에 맞는 존칭어를 구사한다.

Answer　82.④　83.③　84.②　85.③

82 상담초기에는 고객만족도를 확인하기 어렵다.

83 고객의 말을 고치거나 평가하기 보다는 인정하며 수용하는 분위기를 조성한다.

84 구매행동을 위한 대안 제시는 상품을 구매하기 전이나 구매하는 고객을 위한 응대이다.

85 인사는 가장 편한 느낌이 들게 하는 것이 보편적이다.

86 성공적인 텔레마케팅을 위한 세일즈 화법과 가장 거리가 먼 것은?

① 고객과 보조를 맞추어가며 응대한다.

② 고객의 말을 성의 있게 경청한다.

③ 고객이 필요로 하는 정보를 제공해 준다.

④ 고객이 계속 말하고자 할 때는 적절히 중단시킨다.

87 고객응대 시 잘못된 응대와 그에 따른 효과적인 대응방법이 잘못 연결된 것은?

① 진정하세요. → 죄송합니다.

② 저는 모릅니다. → 제가 알아보겠습니다.

③ 제 잘못이 아닙니다. → 저희 관리자와 상의하십시오.

④ 다시 전화 주십시오. → 제가 다시 전화 드리겠습니다.

88 경청(Listening)에 대한 설명으로 옳지 않은 것은?

① 심리적 잡음은 경청의 방해요소가 된다.

② 경청은 수동적이며 인지적인 과정이다.

③ 경청이 어려운 이유 중 하나는 집중력의 부족이다.

④ 경청의 과정은 언어적 측면, 음성적 측면 모두에 집중하는 것이다.

Answer — 86.④ 87.③ 88.②

86 텔레마케터는 고객의 의견이 자신의 의견과 다르더라도 그들의 의견을 존중하고 이야기 도중에 말을 끊지 말아야 한다. 말을 끊으면 관계형성에 부정적인 영향을 미친다. 서로에 대한 신뢰를 전제로 하면 좋은 텔레마케터가 될 것이다.

87 제 잘못이 아닙니다. → 이 문제를 어떻게 처리할 수 있을지 연구해 봅시다.

88 경청은 집중하려는 능동적인 노력이 수반된다.

89 다음 대상에 따른 분류 중 B2B(Business to Business) CRM의 설명으로 틀린 것은?

① B2B 프로그램의 경우 기업과 소비자 모두를 대상으로 하기 때문에 개별 소비자 프로그램에 비해 범위가 넓다.

② B2B CRM은 B2C(Business to Consumer) CRM에 비해서 고려해야 할 범위가 일반적으로 좁다고 할 수 있다.

③ B2B 고객과의 관계 관리는 기업의 특성을 고려한 가치 있는 해법을 찾는 것이 과제이다.

④ 기업 대 기업의 판매는 본질적으로 기업이 아닌 실체적인 개별 인간과의 거래이므로 실체적 인간이 바라는 요구에 대응하는 것이 B2B CRM의 핵심이다.

90 다음은 고객의 행동별에 따른 단계 중 어디에 해당하는가?

> 자사의 제품이나 서비스를 필요로 하고 구매능력이 있는 자로서, 비록 자사의 제품을 사거나 서비스를 이용하지 않았더라도 자사의 서비스에 대해 알고 있거나 추천을 받은 자

① 탈락고객   ② 옹호고객
③ 구매가능자   ④ 구매용의자

91 불만고객의 상담원칙이 아닌 것은?

① 불만의 정도나 깊이를 파악한다.
② 상담원의 개인감정을 표출하지 않는다.
③ 회사의 규정과 기준에 대해 우선 설명한다.
④ 고객의 가치관을 바꾸려고 하지 않는다.

Answer — **89.② 90.③ 91.③**

89 B2B와 B2C가 고려해야 할 범위는 일반적으로 차이가 없다.

90 • 구매용의자 : 자사의 제품이나 서비스를 이용할 것인지 여부가 불확실하고 애매하게 느껴지는 사람
　　 • 옹호고객 : 자사의 제품이나 서비스를 모두 이용하는 사람
　　 • 탈락고객 : 자사의 제품이나 서비스를 이용하지 않는 고객으로 제외되는 사람

91 변명에 앞서 고객의 입장을 동감하고 사과해야 한다.

92 고객의 구체적인 욕구를 파악하기 위한 질문기법에 해당되는 것은?

① 폐쇄형 질문을 연속하여 한다.
② 가급적이면 긍정적인 질문을 한다.
③ 고객의 말을 평가하며 질문한다.
④ 반론을 제시하며 구체적으로 질문한다.

93 성공적인 상담진행을 위한 의사소통 전략으로 가장 거리가 먼 것은?

① 길고 기술적인 단어를 사용하여 전문성을 높인다.
② 소비자의 이름을 사용한다.
③ 대화내용에 대한 피드백을 주고받는다.
④ 긍정적인 내용은 "나" 혹은 "우리"라는 메시지를 사용한다.

94 고객과의 상담고정에서 재진술을 하는 목적이나 효과로 가장 거리가 먼 것은?

① 고객은 더 이상 자신의 문제나 욕구를 설명할 필요가 없게 된다.
② 고객의 이야기를 적극적으로 듣고 있다는 신뢰감을 줄 수 있다.
③ 고객의 문제 또는 욕구를 명확하게 이해할 수 있다.
④ 상담사가 잘못 이해했던 부분을 발견할 수 있다.

Answer ── **92.**② **93.**① **94.**①

92 ③, ④ 상대방의 말을 평가하거나 비판하지 말아야 한다.
① 폐쇄형이 아닌 구체적으로 질문해야 한다.

93 고객의 수준에 맞는 어휘를 사용해야 한다.

94 고객에 대한 상담은 항상 객관적인 입장에서 행해져야 하고, 고객 불만에 대한 책임소재가 명확히 파악되어야 한다.
고객에 대한 반응을 보이는 것은 고객의 이야기를 적극적으로 경청하고 있다는 신뢰감을 줄 수 있고, 이러한 과정에서
텔레마케터는 고객의 상담내용을 좀 더 자세히 파악할 수 있다.

95 고객관계관리의 변화과정에 대한 설명으로 틀린 것은?

① 고객이 수동적·선택적 구매자에서 능동적 구매자로 변화되었다.
② 고객과의 관계가 일시적인 관계에서 장기적인 관계로 변화되었다.
③ 고객관리가 영업과 판매부서 위주에서 전사적 관리로 변화되었다.
④ 고객과의 관계가 개별고객과 쌍방향 의사소통에서 그룹화된 고객과의 일방적 관계로 변화되었다.

96 고객 불평불만을 처리함으로써 얻을 수 있는 효과로 틀린 것은?

① 마케팅 및 경영활동에 유용한 정보로 활용할 수 있다.
② 고객유지율 증가로 장기적·지속적인 이윤을 높일 수 있다.
③ 고객으로부터 신뢰를 얻음으로써 구전효과를 얻을 수 있다.
④ 법적처리 등 사후 비용이 더욱 늘어나 장기적으로 회사의 손실을 초래할 수 있다.

97 전화 상담에서 필요한 말하기 기법에 관한 설명으로 틀린 것은?

① 명확한 발음을 하기 위해 큰소리로 반복해서 연습하는 것이 필요하다.
② 전화로 이야기할 때에도 미소를 지으며, 중요한 단어를 강조하여 말한다.
③ 어조를 과장하여 억양에 변화를 주는 것은 소비자의 집중력을 약화시키므로 바람직하지 않다.
④ 소비자가 말하는 속도에 보조를 맞추되, 상담원은 되도록 천천히 말하는 습관을 갖는 것이 좋다.

Answer — **95.④ 96.④ 97.③**

95 고객과의 관계가 그룹화된 고객과의 일방적 관계에서 개별고객과의 쌍방향 의사소통으로 변화되었다.

96 법적처리 등 사후 비용이 줄어들어 장기적으로 회사의 큰 손실을 방지할 수 있다.

97 억양의 변화는 소비자의 집중력을 높일 수 있다. 음성의 톤, 억양, 울림, 발음, 속도 등을 적절하게 조절하는 것은 고객에게 신뢰를 얻어 성공적인 커뮤니케이션을 이끌 수 있다.

98 효과적인 의사소통이 이루어지기 위해 지켜져야 하는 사항으로 틀린 것은?

① 서로 나누는 의사소통에 진실이 담겨 있어야 한다.
② 의사소통 시 최대한 많은 양의 정보를 제공하는 것이 좋다.
③ 서로에게 말하고자 하는 의도가 분명히 드러나도록 한다.
④ 의사소통의 목적을 파악하고 그 목적에 맞는 의사소통을 해야 한다.

99 고객에게 걸려온 전화를 다른 사람에게 돌려주어야 하는 경우 취해야 할 행동으로 옳지 못한 것은?

① 전화를 돌려준 후 신속히 끊어야 한다.
② 전화를 받을 사람에게 전화를 돌려도 괜찮은지 물어본다.
③ 전화를 다른 사람에게 돌려야 하는 이유와 받을 사람이 누구인지 말해준다.
④ 전화를 돌려받을 사람에게 전화를 건 사람의 이름과 용건을 말해준다.

100 새로운 패러다인의 요구에 의해 고객관계관리(CRM)의 중요성이 부각되었다. 고객관계관리가 기업운영에 있어서 중요하게 등장한 이유로 거리가 먼 것은?

① 컴퓨터 및 IT기술의 급격한 발전으로 인해 기업의 외적인 환경이 형성되었다.
② 광고를 비롯한 마케팅커뮤니케이션 방식에서 획일적인 매스마케팅 방식의 요구가 커졌다.
③ 고객의 기대와 요구가 다양해지고 끊임없이 더 나은 서비스나 차별화 된 대우를 요구하게 되었다.
④ 시장의 규제완화로 인하여 새로운 시장으로의 진입 기회가 늘어남에 따라 동일 업종에서의 경쟁이 치열하게 되었다.

Answer— **98.**② **99.**① **100.**②

98 의사소통 시 그 양이 과다할 경우에는 의사소통에 혼란이 생길 수 있다.

99 전화를 돌려준 후 통화가 연결되는 것을 확인하고 전화를 끊는다.

100 광고를 비롯한 마케팅커뮤니케이션 방식에서 쌍방향 매스마케팅 방식의 요구가 커졌다.

MEMO

MEMO

서원각이 취업을 찢었다!

봉투모의고사 <u>찐!5회</u> 횟수로 플렉스해 버렸지 뭐야 ~

국민건강보험공단 봉투모의고사(행정직/기술직)

국민건강보험공단 봉투모의고사(요양직)

합격을 위한 준비
서원각 온라인강의

요점만 담은
알짜이론

믿고보는
교수진

www.sojungedu.co.kr